国家卫生健康委员会"十三五"规划教材
全国高等学校教材
供基础、临床、预防、口腔医学类专业用

U0722838

中医学
Chinese Medicine

第9版

主　审　高鹏翔

主　编　陈金水

副主编　范　恒　徐　巍　金　红　李　锋

人民卫生出版社
PEOPLE'S MEDICAL PUBLISHING HOUSE

图书在版编目（CIP）数据

中医学/陈金水主编. —9 版. —北京：人民卫生出版社，2018

全国高等学校五年制本科临床医学专业第九轮规划教材

ISBN 978-7-117-26688-8

Ⅰ.①中⋯　Ⅱ.①陈⋯　Ⅲ.①中医学–高等学校–教材　Ⅳ.①R2

中国版本图书馆 CIP 数据核字（2018）第 164830 号

人卫智网　www.ipmph.com	医学教育、学术、考试、健康，购书智慧智能综合服务平台	
人卫官网　www.pmph.com	人卫官方资讯发布平台	

中 医 学
第 9 版

主　　编：陈金水

出版发行：人民卫生出版社（中继线 010-59780011）

地　　址：北京市朝阳区潘家园南里 19 号

邮　　编：100021

E - mail：pmph @ pmph.com

购书热线：010-59787592　010-59787584　010-65264830

印　　刷：人卫印务（北京）有限公司

经　　销：新华书店

开　　本：850×1168　1/16　印张：26

字　　数：769 千字

版　　次：1983 年 11 月第 1 版　　2018 年 8 月第 9 版
　　　　　　2023 年 11 月第 9 版第 9 次印刷（总第 72 次印刷）

标准书号：ISBN 978-7-117-26688-8

定　　价：66.00 元

打击盗版举报电话：010-59787491　E-mail：WQ @ pmph.com
　　（凡属印装质量问题请与本社市场营销中心联系退换）

编　者

毛　兵（四川大学华西临床医学院）

刘克林（西南医科大学）

杜广中（山东大学齐鲁医学院）

李　锋（空军军医大学西京医院）

吴天敏（福建医科大学附属第一医院）

吴喜利（西安交通大学第二附属医院）

辛效毅（新疆医科大学第一附属医院）

张　杰（中国医科大学附属第一医院）

陈金水（福建医科大学附属第一医院）

陈泽雄（中山大学附属第一医院）

范　恒（华中科技大学同济医学院附属协和医院）

金　红（湖南师范大学医学院）

贾爱明（大连医科大学附属第二医院）

徐　巍（哈尔滨医科大学附属第一医院）

凌江红（广西医科大学第一附属医院）

舒长兴（九江学院医学部）

谢　甦（贵州医科大学附属医院）

薛　霁（吉林大学第二医院）

戴幸平（中南大学湘雅医院）

学术秘书

林圣远（福建医科大学附属第一医院）

融合教材阅读使用说明

　　融合教材介绍:本套教材以融合教材形式出版,即融合纸书内容与数字服务的教材,每本教材均配有特色的数字内容,读者阅读纸书的同时可以通过扫描书中二维码阅读线上数字内容。

　　《中医学》(第9版)融合教材配有以下数字资源:

　　🀄 教学课件　　🀄 案例　　🀄 视频　　🀄 自测试卷

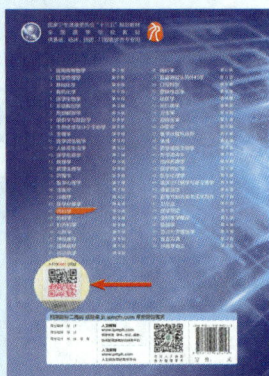

❶ 扫描教材封底圆形图标中的二维码,打开激活平台。

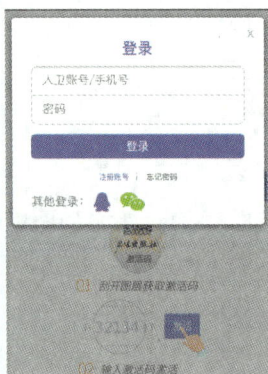

❷ 注册或使用已有人卫账号登录,输入刮开的激活码。

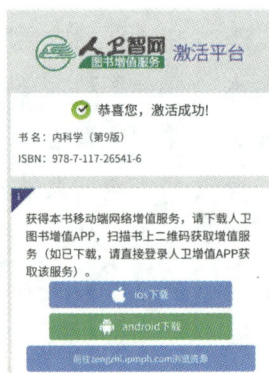

❸ 下载"人卫图书增值"APP,也可登录 zengzhi.ipmph.com 浏览。

❹ 使用 APP"扫码"功能,扫描教材中二维码可快速查看数字内容。

配套教材(共计56种)

全套教材书目

全套教材书目

《中医学》(第9版)配套教材

《中医学学习指导与习题集》(第3版)　主编:陈金水、李锋

读者信息反馈方式

　　欢迎登录"人卫 e 教"平台官网"medu.pmph.com",在首页注册登录后,即可通过输入书名、书号或主编姓名等关键字,查询我社已出版教材,并可对该教材进行读者反馈、图书纠错、撰写书评以及分享资源等。

　　党的十九大报告明确提出,实施健康中国战略。 没有合格医疗人才，就没有全民健康。 推进健康中国建设要把培养好医药卫生人才作为重要基础工程。 我们必须以习近平新时代中国特色社会主义思想为指引，按照十九大报告要求，把教育事业放在优先发展的位置，加快实现教育现代化，办好人民满意的医学教育，培养大批优秀的医药卫生人才。

　　着眼于面向 2030 年医学教育改革与健康中国建设，2017 年 7 月，教育部、国家卫生和计划生育委员会、国家中医药管理局联合召开了全国医学教育改革发展工作会议。 之后，国务院办公厅颁布了《国务院办公厅关于深化医教协同进一步推进医学教育改革与发展的意见》(国办发〔2017〕63 号)。 这次改革聚焦健康中国战略，突出问题导向，系统谋划发展，医教协同推进，以 "服务需求、提高质量" 为核心，确定了 "两更加、一基本" 的改革目标，即: 到 2030 年，具有中国特色的标准化、规范化医学人才培养体系更加健全，医学教育改革与发展的政策环境更加完善，医学人才队伍基本满足健康中国建设需要，绘就了今后一个时期医学教育改革发展的宏伟蓝图，作出了具有全局性、战略性、引领性的重大改革部署。

　　教材是学校教育教学的基本依据，是解决培养什么样的人、如何培养人以及为谁培养人这一根本问题的重要载体，直接关系到党的教育方针的有效落实和教育目标的全面实现。 要培养高素质的优秀医药卫生人才，必须出版高质量、高水平的优秀精品教材。 一直以来，教育部高度重视医学教材编制工作，要求以教材建设为抓手，大力推动医学课程和教学方法改革。

　　改革开放四十年来，具有中国特色的全国高等学校五年制本科临床医学专业规划教材经历了九轮传承、创新和发展。 在教育部、国家卫生和计划生育委员会的共同推动下，以裘法祖、吴阶平、吴孟超、陈灏珠等院士为代表的我国几代著名院士、专家、医学家、教育家，以高度的责任感和敬业精神参与了本套教材的创建和每一轮教材的修订工作。 教材从无到有、从少到多、从多到精，不断丰富、完善与创新，逐步形成了课程门类齐全、学科系统优化、内容衔接合理、结构体系科学的立体化优秀精品教材格局，创建了中国特色医学教育教材建设模式，推动了我国高等医学本科教育的改革和发展，走出了一条适合中国医学教育和卫生健康事业发展实际的中国特色医药学教材建设发展道路。

　　在深化医教协同、进一步推进医学教育改革与发展的时代要求与背景下，我们启动了第九轮全国高等学校五年制本科临床医学专业规划教材的修订工作。 教材修订过程中，坚持以习近平新时代中国特色社会主义思想为指引，贯彻党的十九大精神，落实 "优先发展教育事业" "实施健康中国战略" 及 "落实立德树人根本任务，发展素质教育" 的战略部署要求，更加突出医德教育与人文素质教育，将医德教育贯穿于医学教育全过程，同时强调 "多临床、早临床、反复临床" 的理念，强化临床实践教学，着力培养医德高尚、医术精湛的临床医生。

　　我们高兴地看到，这套教材在编写宗旨上，不忘医学教育人才培养的初心，坚持质量第一、立德树人；在编写内容上，牢牢把握医学教育改革发展新形势和新要求，坚持与时俱进、力求创新；在编写形式上，聚力 "互联网+" 医学教育的数字化创新发展，充分运用 AR、VR、人工智能等新技术，在传统纸质教材的基础上融合实操性更强的数字内容，推动传统课堂教学迈向数字教学与移动学习的新时代。 为进一步加强医学生临床实践能力培养，整套教材还配有相应的实践指导教材，内容丰富，图文并茂，具有较强的科学性和实践指导价值。

　　我们希望，这套教材的修订出版，能够进一步启发和指导高校不断深化医学教育改革，推进医教协同，为培养高质量医学人才、服务人民群众健康乃至推动健康中国建设作出积极贡献。

林蕙青

2018 年 2 月

全国高等学校五年制本科临床医学专业
第九轮　规划教材修订说明

　　全国高等学校五年制本科临床医学专业国家卫生健康委员会规划教材自 1978 年第一轮出版至今已有 40 年的历史。几十年来，在教育部、国家卫生健康委员会的领导和支持下，以裘法祖、吴阶平、吴孟超、陈灏珠等院士为代表的我国几代德高望重、有丰富的临床和教学经验、有高度责任感和敬业精神的国内外著名院士、专家、医学家、教育家参与了本套教材的创建和每一轮教材的修订工作，使我国的五年制本科临床医学教材从无到有，从少到多，从多到精，不断丰富、完善与创新，形成了课程门类齐全、学科系统优化、内容衔接合理、结构体系科学的由规划教材、配套教材、网络增值服务、数字出版等组成的立体化教材格局。这套教材为我国千百万医学生的培养和成才提供了根本保障，为我国培养了一代又一代高水平、高素质的合格医学人才，为推动我国医疗卫生事业的改革和发展做出了历史性巨大贡献，并通过教材的创新建设和高质量发展，推动了我国高等医学本科教育的改革和发展，促进了我国医药学相关学科或领域的教材建设和教育发展，走出了一条适合中国医药学教育和卫生事业发展实际的具有中国特色医药学教材建设和发展的道路，创建了中国特色医药学教育教材建设模式。老一辈医学教育家和科学家们亲切地称这套教材是中国医学教育的"干细胞"教材。

　　本套第九轮教材修订启动之时，正是我国进一步深化医教协同之际，更是我国医疗卫生体制改革和医学教育改革全方位深入推进之时。在全国医学教育改革发展工作会议上，李克强总理亲自批示"人才是卫生与健康事业的第一资源，医教协同推进医学教育改革发展，对于加强医学人才队伍建设、更好保障人民群众健康具有重要意义"，并着重强调，要办好人民满意的医学教育，加大改革创新力度，奋力推动建设健康中国。

　　教材建设是事关未来的战略工程、基础工程，教材体现国家意志。人民卫生出版社紧紧抓住医学教育综合改革的历史发展机遇期，以全国高等学校五年制本科临床医学专业第九轮规划教材全面启动为契机，以规划教材创新建设，全面推进国家级规划教材建设工作，服务于医改和教改。第九轮教材的修订原则，是积极贯彻落实国务院办公厅关于深化医教协同、进一步推进医学教育改革与发展的意见，努力优化人才培养结构，坚持以需求为导向，构建发展以"5+3"模式为主体的临床医学人才培养体系；强化临床实践教学，切实落实好"早临床、多临床、反复临床"的要求，提高医学生的临床实践能力。

　　在全国医学教育综合改革精神鼓舞下和老一辈医学家奉献精神的感召下，全国一大批临床教学、科研、医疗第一线的中青年专家、学者、教授继承和发扬了老一辈的优秀传统，以严谨治学的科学态度和无私奉献的敬业精神，积极参与第九轮教材的修订和建设工作，紧密结合五年制临床医学专业培养目标、高等医学教育教学改革的需要和医药卫生行业人才的需求，借鉴国内外医学教育教学的经验和成果，不断创新编写思路和编写模式，不断完善表达形式和内容，不断提升编写水平和质量，已逐渐将每一部教材打造成了学科精品教材，使第九轮全套教材更加成熟、完善和科学，从而构建了适合以"5+3"为主体的医学教育综合改革需要、满足卓越临床医师培养需求的教材体系和优化、系统、科学、经典的五年制本科临床医学专业课程体系。

其修订和编写特点如下：

1. 教材编写修订工作是在国家卫生健康委员会、教育部的领导和支持下，由全国高等医药教材建设研究学组规划，临床医学专业教材评审委员会审定，院士专家把关，全国各医学院校知名专家教授编写，人民卫生出版社高质量出版。

2. 教材编写修订工作是根据教育部培养目标、国家卫生健康委员会行业要求、社会用人需求，在全国进行科学调研的基础上，借鉴国内外医学人才培养模式和教材建设经验，充分研究论证本专业人才素质要求、学科体系构成、课程体系设计和教材体系规划后，科学进行的。

3. 在教材修订工作中，进一步贯彻党的十九大精神，将"落实立德树人根本任务，发展素质教育"的战略部署要求，贯穿教材编写全过程。全套教材在专业内容中渗透医学人文的温度与情怀，通过案例与病例融合基础与临床相关知识，通过总结和汲取前八轮教材的编写经验与成果，充分体现教材的科学性、权威性、代表性和适用性。

4. 教材编写修订工作着力进行课程体系的优化改革和教材体系的建设创新——科学整合课程、淡化学科意识、实现整体优化、注重系统科学、保证点面结合。继续坚持"三基、五性、三特定"的教材编写原则，以确保教材质量。

5. 为配合教学改革的需要，减轻学生负担，精炼文字压缩字数，注重提高内容质量。根据学科需要，继续沿用大16开国际开本、双色或彩色印刷，充分拓展侧边留白的笔记和展示功能，提升学生阅读的体验性与学习的便利性。

6. 为满足教学资源的多样化，实现教材系列化、立体化建设，进一步丰富了理论教材中的数字资源内容与类型，创新在教材移动端融入AR、VR、人工智能等新技术，为课堂学习带来身临其境的感受；每种教材均配有2套模拟试卷，线上实时答题与判卷，帮助学生复习和巩固重点知识。同时，根据实际需求进一步优化了实验指导与习题集类配套教材的品种，方便老师教学和学生自主学习。

第九轮教材共有53种，均为**国家卫生健康委员会"十三五"规划教材**。全套教材将于2018年6月出版发行，数字内容也将同步上线。教育部副部长林蕙青同志亲自为本套教材撰写序言，并对通过修订教材启发和指导高校不断深化医学教育改革、进一步推进医教协同，为培养高质量医学人才、服务人民群众健康乃至推动健康中国建设寄予厚望。希望全国广大院校在使用过程中能够多提供宝贵意见，反馈使用信息，以逐步修改和完善教材内容，提高教材质量，为第十轮教材的修订工作建言献策。

全国高等学校五年制本科临床医学专业第九轮规划教材
教材目录

序号	书名	版次	主编			副主编			
1.	医用高等数学	第7版	秦 侠	吕 丹		李 林	王桂杰	刘春扬	
2.	医学物理学	第9版	王 磊	冀 敏		李晓春	吴 杰		
3.	基础化学	第9版	李雪华	陈朝军		尚京川	刘 君	籍雪平	
4.	有机化学	第9版	陆 阳			罗美明	李柱来	李发胜	
5.	医学生物学	第9版	傅松滨			杨保胜	邱广蓉		
6.	系统解剖学	第9版	丁文龙	刘学政		孙晋浩	李洪鹏	欧阳宏伟	阿地力江·伊明
7.	局部解剖学	第9版	崔慧先	李瑞锡		张绍祥	钱亦华	张雅芳	张卫光
8.	组织学与胚胎学	第9版	李继承	曾园山		周 莉	周国民	邵淑娟	
9.	生物化学与分子生物学	第9版	周春燕	药立波		方定志	汤其群	高国全	吕社民
10.	生理学	第9版	王庭槐			罗自强	沈霖霖	管又飞	武宇明
11.	医学微生物学	第9版	李 凡	徐志凯		黄 敏	郭晓奎	彭宜红	
12.	人体寄生虫学	第9版	诸欣平	苏 川		吴忠道	李朝品	刘文琪	程彦斌
13.	医学免疫学	第7版	曹雪涛			姚 智	熊思东	司传平	于益芝
14.	病理学	第9版	步 宏	李一雷		来茂德	王娅兰	王国平	陶仪声
15.	病理生理学	第9版	王建枝	钱睿哲		吴立玲	孙连坤	李文斌	姜志胜
16.	药理学	第9版	杨宝峰	陈建国		臧伟进	魏敏杰		
17.	医学心理学	第7版	姚树桥	杨艳杰		潘 芳	汤艳清	张 宁	
18.	法医学	第7版	王保捷	侯一平		丛 斌	沈忆文	陈 腾	
19.	诊断学	第9版	万学红	卢雪峰		刘成玉	胡申江	杨 炯	周汉建
20.	医学影像学	第8版	徐 克	龚启勇	韩 萍	于春水	王 滨	文 戈	高剑波 王绍武
21.	内科学	第9版	葛均波	徐永健	王 辰	唐承薇	肖海鹏	王建安	曾小峰
22.	外科学	第9版	陈孝平	汪建平	赵继宗	秦新裕	刘玉村	张英泽	李宗芳
23.	妇产科学	第9版	谢 幸	孔北华	段 涛	林仲秋	狄 文	马 丁	曹云霞 漆洪波
24.	儿科学	第9版	王卫平	孙 锟	常立文	申昆玲	李 秋	杜立中	母得志
25.	神经病学	第8版	贾建平	陈生弟		崔丽英	王 伟	谢 鹏	罗本燕 楚 兰
26.	精神病学	第8版	郝 伟	陆 林		李 涛	刘金同	赵旭东	王高华
27.	传染病学	第9版	李兰娟	任 红		高志良	宁 琴	李用国	

序号	书名	版次	主编		副主编			
28.	眼科学	第9版	杨培增	范先群	孙兴怀	刘奕志	赵桂秋	原慧萍
29.	耳鼻咽喉头颈外科学	第9版	孙 虹	张 罗	迟放鲁	刘 争	刘世喜	文卫平
30.	口腔科学	第9版	张志愿		周学东	郭传瑸	程 斌	
31.	皮肤性病学	第9版	张学军	郑 捷	陆洪光	高兴华	何 黎	崔 勇
32.	核医学	第9版	王荣福	安 锐	李亚明	李 林	田 梅	石洪成
33.	流行病学	第9版	沈洪兵	齐秀英	叶冬青	许能锋	赵亚双	
34.	卫生学	第9版	朱启星		牛 侨	吴小南	张正东	姚应水
35.	预防医学	第7版	傅 华		段广才	黄国伟	王培玉	洪 峰
36.	中医学	第9版	陈金水		范 恒	徐 巍	金 红	李 锋
37.	医学计算机应用	第6版	袁同山	阳小华	卜宪庚	张筠莉	时松和	娄 岩
38.	体育	第6版	裴海泓		程 鹏	孙 晓		
39.	医学细胞生物学	第6版	陈誉华	陈志南	刘 佳	范礼斌	朱海英	
40.	医学遗传学	第7版	左 伋		顾鸣敏	张咸宁	韩 骅	
41.	临床药理学	第6版	李 俊		刘克辛	袁 洪	杜智敏	闫素英
42.	医学统计学	第7版	李 康	贺 佳	杨土保	马 骏	王 彤	
43.	医学伦理学	第5版	王明旭	赵明杰	边 林	曹永福		
44.	临床流行病学与循证医学	第5版	刘续宝	孙业桓	时景璞	王小钦	徐佩茹	
45.	康复医学	第6版	黄晓琳	燕铁斌	王宁华	岳寿伟	吴 毅	敖丽娟
46.	医学文献检索与论文写作	第5版	郭继军		马 路	张 帆	胡德华	韩玲革
47.	卫生法	第5版	汪建荣		田 侃	王安富		
48.	医学导论	第5版	马建辉	闻德亮	曹德品	董 健	郭永松	
49.	全科医学概论	第5版	于晓松	路孝琴	胡传来	江孙芳	王永晨	王 敏
50.	麻醉学	第4版	李文志	姚尚龙	郭曲练	邓小明	喻 田	
51.	急诊与灾难医学	第3版	沈 洪	刘中民	周荣斌	于凯江	何 庆	
52.	医患沟通	第2版	王锦帆	尹 梅	唐宏宇	陈卫昌	康德智	张瑞宏
53.	肿瘤学概论	第2版	赫 捷		张清媛	李 薇	周云峰	王伟林 刘云鹏 赵新汉

第七届全国高等学校五年制本科临床医学专业教材评审委员会名单

顾　　问

吴孟超　王德炳　刘德培　刘允怡

主 任 委 员

陈灏珠　钟南山　杨宝峰

副主任委员（以姓氏笔画为序）

王　辰　王卫平　丛　斌　冯友梅　李兰娟　步　宏

汪建平　张志愿　陈孝平　陈志南　陈国强　郑树森

郎景和　赵玉沛　赵继宗　柯　杨　桂永浩　曹雪涛

葛均波　赫　捷

委　　员（以姓氏笔画为序）

马存根　王　滨　王省良　文历阳　孔北华　邓小明

白　波　吕　帆　刘吉成　刘学政　李　凡　李玉林

吴在德　吴肇汉　何延政　余艳红　沈洪兵　陆再英

赵　杰　赵劲民　胡翊群　南登崑　药立波　柏树令

闻德亮　姜志胜　姚　智　曹云霞　崔慧先　曾因明

颜　虹

高 鹏 翔

男，1949 年出生于吉林长春。 教授、主任医师，全国老中医药专家学术经验继承工作指导老师，硕士研究生导师。 1977 年毕业于白求恩医科大学中医系，留校工作至今。 兼任国家基本药物评审专家，中华医学会海外中医药师资格认证委员会委员，吉林省中医、中西医结合学会常务理事，吉林省中西医结合学会青年工作委员会顾问，长春市中西医结合学会理事长，长春市中医学会副理事长等职。

曾任全国高等学校五年制临床医学专业规划教材《中医学》第 8 版主编，第 6、7 版副主编；国家卫生计生委"十二五"数字教材《中医学》主编；中华医学题库《中医学》主编；《临床中医学》副主编；教育部规划教材《中医学》编委；卫生部全科医生培训规划教材《社会常见病中医药照顾》编委。 主编《男性中医养生》等科普著作 5 部，参编《新编老年百科全书》等学术著作 18 部。 在国内外中医杂志上发表学术论文 50 余篇。

出身中医世家，幼承家学，行医 40 余年，有较丰富的学术经验。 主攻急症、高热、中晚期肿瘤的中医治疗，擅长治疗中医妇科、内科、皮肤科杂症。 临床治疗顽固性失眠、焦虑症、肝硬化腹水、慢性肾衰竭、咳喘、吐衄血、股骨头坏死等疑难病症有较好的疗效。 主持研制治疗失眠的中成药"百乐眠胶囊"和中药保健品"长青雄栓"已获国家食品药品监督管理局批准文号。 曾获省科技进步奖 2 项。 1998 年被评为全国百名中西医结合中青年科技工作者，2001 年获全国中西医结合贡献奖，2008 年被评为吉林省名中医。

陈金水

男，1957 年出生于福建长乐。 教授、主任医师，第五批、第六批全国老中医药专家学术经验继承工作指导老师，博士研究生导师，全国名老中医药专家传承工作室建设项目专家，福建省名中医。 1978 年毕业于福建医科大学中医系，1985 年中国中医研究院研究生班结业。 先后担任福建医科大学附属第一医院副院长、第一临床医学院副院长、附属第三医院筹建办副主任。 兼任中华中医药学会理事，中华中医药学会心病分会副主任委员、血栓病分会副主任委员、脑病分会常务委员，中国中西医结合学会脑心同治分会常务委员，福建省中医药学会副会长、脑病分会主任委员、内科分会副主任委员，福建省中西医结合学会脑心同治分会主任委员、微循环分会主任委员、心血管病分会副主任委员等职务。 2011 年荣获全国第二届中西医结合贡献奖。

从事中医临床、教学、科研工作 40 年，对中医内科杂病、疑难病证的辨证施治积累了丰富的临床经验，尤其对心脑血管疾病的中医诊疗具有较深的研究。 所领导的科室——心血管科，先后被评为省级、国家级中医重点专科，以及省级临床重点专科。 在国内外专业杂志发表论文 70 余篇，先后获福建省医药卫生科技进步一等奖 1 项、二等奖 2 项，福建省科技进步三等奖 2 项。 主编 2004 年执业医师资格考试习题及模拟试题系列《中医执业医师分册》《中医执业助理医师分册》《中西医结合执业医师分册》《中西医结合执业助理医师分册》共 290 万字，参编《高血压病中西医结合诊治研究》《脑膜瘤》《中医心血管疾病医案荟萃》等多部学术专著。 2007 年参编全国高等学校卫生部"十一五"规划教材《中医学》第 7 版，2012 年被聘为全国高等学校卫生部"十二五"规划教材《中医学》第 8 版副主编、配套教材《中医学学习指导及习题集》(第 2 版)主编、全国高等学校五年制本科临床医学专业国家卫生计生委"十二五"规划数字教材《中医学》副主编。

范　恒

男，1966 年出生于湖北浠水。 医学博士后，教授、主任医师、博士生（后）导师，科主任、教研室主任，全国临床重点专科学科带头人。 全国优秀中医临床人才，湖北省及武汉市中青年知名中医。 兼任中华中医药学会亚健康专业委员会副主任委员、世界中医药学会联合会综合医院中医药工作委员会副会长、湖北省中医药学会亚健康专业委员会主任委员、全国高等学校中西医结合专业教学指导委员会委员等职。 从事医教研工作 28 年，擅长消化、肿瘤、疑难病的中西医结合诊治。 主持国家及省部级课题 10 余项（国家自然科学基金 5 项），参与国家及省部级课题 10 余项。 获省部级科研奖项 10 余项，省科技进步二等奖 2 项（排名第一），发表论文 80 余篇(SCI 20 余篇)，出版教材和专著有 13 部（主编 6 部）。

徐　巍

女，1966 年出生于黑龙江哈尔滨。 教授、主任医师、博士研究生导师，黑龙江省名中医。 哈尔滨医科大学附属第一医院中医学教研室主任，中西医结合科、中医科主任，卫健委国家临床重点专科中医专业肿瘤科带头人。 世界中医药学会联合会综合医院中医药工作委员会会长，中华中医药学会肿瘤分会副主任委员，中国中西医结合学会第六届肿瘤专业委员会常务委员，中国抗癌协会肿瘤传统医学专业委员会第五届委员会常务委员，全国高等中医药院校研究生第二轮规划教材《中西医结合肿瘤临床研究》(人民卫生出版社) 第二主编。 从事医教研工作近 30 年，擅长肿瘤的中医、中西医结合治疗，在国内外期刊发表论文 50 余篇，论著 4 部。

金　红

女，1965年出生于上海。 医学博士，教授，硕士生导师，湖南省高校青年骨干教师。 现任湖南师范大学医学院中医药学教研室主任，校精品课程《中医学》《养生漫谈》课程负责人。 兼任国际数字医学会数字中医药分会常务委员，中国中西医结合学会诊断专业委员会委员，湖南省中医药学会中医基础专业委员会副主任委员，湖南省中医药文化科普专业委员会常务委员，《湖南中医杂志》编委。 从事医教研工作30余年，主持科研及教改项目19项，发表中英文学术论文63篇，其中第一作者/通讯作者36篇。 先后获湖南省高等教育省级教学成果二等奖1项，湖南省科技进步三等奖1项，湖南省中医药科技进步一等奖1项。 独著《生命与养生》一书，译著1部，作为副主编/常务编委出版教材及学术专著13部。

李　锋

男，1963年出生于陕西华县。 医学博士，教授、主任医师。 现任空军军医大学西京医院中医科主任，兼任教育部高等学校中西医结合类专业教学指导委员会委员、全国高等学校中西医结合类专业教材评委会委员，全军中医药学会副主任委员，中华中医药学会理事兼中成药专委会常委，陕西省中西医结合学会副主任委员、陕西省文史馆研究员等职。 从事中医学教学、临床与科研工作35年，提出"五结合模式"创新中医药，揭示大黄泻下的药理学新机制，创立"化瘀利水"法并组方治疗糖尿病肾病，创建中西医结合非透析综合疗法防治慢性肾衰竭，优化中医传统疗法防治战训伤技术。 主持国家与省/部级课题11项，发表学术论文106篇，主编专著4部、副主编教材2部。 获中华中医药学会"科技之星"荣誉称号，陕西省优秀中青年中医药科技工作者和卫生系统精神文明建设先进个人。

　　在不断深入认识生命、疾病、健康的过程中，中华民族凭借广阔博大的视野、富于哲理的思辨、乐于关怀的品德、勤于践行的务实、勇于创新的锐志，上究天人之际、宇宙之常，下通古今之变、中外之学，以道御术、术以载道，逐步构建了中医学恢宏的体系，历千百年，为中华民族的繁衍昌盛作出巨大贡献。它是中华文明的重要组成部分，是东方生活方式的背景底色。中医学等优秀传统文化的核心价值观念、原创思维方式，更是文化自信之所本，民族复兴之所依。直至今天，中医学薪火相传、道统不绝，又与时偕行、推陈出新。尤其在新时期，中西医并重，优势互补、互学互鉴，已经成为中国特色医药卫生与健康事业的重要特征和显著优势，也是中国与世界交流、共同建设人类命运共同体的重要载体。随着健康观念变化和医学模式转变，其融汇自然科学和人文科学的独特价值日益凸显。因此，医学生学习中医学的基本知识、完善知识体系，是培养高质量、高素质、高水平的合格医学人才的必然要求。全国高等医学院校"干细胞"教材第一批28个基本课程中，《中医学》就位列其中，成为广大医学生了解祖国传统医学的主要入门读本。

　　《中医学》教材的基本目标是：培养医学生较系统认识独特的中医理论和临床体系；在实践中逐步领会中医学的内在精神，掌握部分中医适宜技术，为临床、科研打下基础；开阔视野，训练多种思维模式；学习优秀传统文化知识，传承高尚的医德医风，提高人文素养。三十多年来历经八版修订，不断丰富、完善与创新，《中医学》已形成学科系统优化、内容衔接合理、结构体系科学的，由主干教材、配套教材、网络数字资源组成的立体化教材格局。

　　此次第9版修订时，广泛调查了一线师生对教材的使用及编写意见，分析历版教材存在的得失利弊，充分考虑医学院校学生在中医学文化背景、知识结构、思维和认知学习等方面的特点，主动适应需求。经探讨论证、制订纲目、分工编写、互审总审、集体讨论等大量工作，努力彰显基本架构和重点内容，对应基本理论、基础知识、基本技能的要求，进一步调整核心知识模块；内容编次更注重内在的逻辑顺序，术语使用更加规范；各个病证以藏象学说指导分门别类整理，凸显理、法、方、药的思维脉络，力求病因病机更加精确；及时更新学科的新进展，充分体现学科较为成熟的优秀成果，兼顾深度和广度，在继承发扬中有所创新。

　　全书分为三篇：上篇基本理论，中篇中药、方剂、针灸学等实践工具和技能，下篇常见病诊治。在有限的篇幅中，较为完整地体现了中医体系的基本轮廓，涵盖了中医学的主要知识、基本理论和实践应用。借此可以概览中医学的历史渊源和发展方向，学习中医基础理论的核心内容——以元气论、阴阳五行学说为指导，构建藏象经络学说、病因病机学说，认识人体生理和病理状态；熟悉诊法、辨证、治则治法、中药与方剂、针灸学等中医学独特的诊疗手段；通过常见病证的理、法、方、药应用，掌握中医辨证论治的精髓。此外，本教材是融合教材，主干教材还配有数字资源，另配套有《中医学学习指导与习题集》（第3版），对巩固、提炼、拓展知识有所裨益。

　　编写过程中，得到福建医科大学附属第一医院、空军军医大学西京医院及其他参编院校的大力支持，谨在此一并致谢。

　　中医学的生命力在于临床实践和兼收并蓄的开放精神。将中医学的经验成果放在历史的维度下考察，发皇古义、融汇新知，吸取其理念和技术的菁华，反思其利钝得失，进而去伪存真、博采众长，是继承发扬传统医学的必由之路。"博学之，审问之，慎思之，明辨之，笃行之"（《礼记·中庸》），每个精研覃思的习医者不可不察。 中医学的博大精深，一本教材难以全面展示；编者水平限制，疏漏之处在所难免。 诚恳希望读者提出宝贵意见，以便进一步修改完善。

主编　陈金水

2018 年 6 月 30 日

目　录

上　篇

下　篇

第一章　内科常见病证 ●● **278**

第二章　其他常见病证　　　　　　　　　　　　**338**

第三章　肿瘤　　　　　　　　　　　　　　　　**360**

本书测试卷

上 篇

第一章 导　论

【内容提要】

　　中医学是我国优秀传统文化的重要组成部分,它是具有独特理论风格和丰富诊疗经验的传统医学体系。本章主要介绍了中医学的起源;中医学理论体系和学科的发展;中医学摄生及预防思想及其成就;中医学的学科优势与发展;中医学理论体系的主要特点及其认知和思维方法;中西医结合的研究进展等内容。

【学习要点】

1. 掌握中医学理论体系的主要特点及认知和思维方法,掌握四大经典的主要贡献。
2. 熟悉金元四大家及其主要学术主张,温病学的主要贡献。
3. 了解中医学的起源及中医学理论体系的形成与发展史。

　　中医学,是以中医药理论与实践经验为主体,研究人类生命活动中健康与疾病转化规律及其预防、诊断、治疗、康复、保健的综合学科。

　　中医学起源于中国,自有文字记载以来已有数千年的悠久历史,是中华文化的主要载体之一,是我国优秀传统文化的一个重要组成部分,它植根于中国古代文化土壤之中,是中华民族在长期的生活与生产实践中,逐渐积累、不断发展而形成的具有独特理论风格和丰富诊疗经验的传统医学体系。它属于生命科学范畴,涵盖了自然科学和社会科学两部分内容。中医学强调"道法自然、天人合一""阴阳平衡、调和致中""以人为本",体现了中华文明的精神内核,提倡"三因制宜、辨证论治""大医精诚",更丰富了中华文化内涵,为中华民族认识和改造世界提供了有益启迪。因此说中医药学是中国人民长期同疾病作斗争中积累下极其丰富的经验的总结,为中华民族的繁衍生息作出了巨大贡献。时至今日,它仍然在人类的医疗和保健事业中发挥着重要作用,以特有的理论体系和卓越的诊疗效果,独立于世界医学之林。"中医药学凝聚着深邃的哲学智慧和中华民族几千年的健康养生理念及其实践经验,是中国古代科学的瑰宝,也是打开中华文明宝库的钥匙。"(习近平 2010 年 6 月 20 日在墨尔本皇家理工大学中医孔子学院授牌仪式上讲话)。

第一节　中医学的历史沿革

一、中医学的起源

　　中医学的起源,经历了从原始社会至东周春秋时期的漫长岁月。中医学知识如其他各门自然科学一样,从开始起便是由生产方式所决定的。我们的祖先在谋求生存和生活、生产实践中不断摸索,逐步积累了原始的医药卫生知识,总结出与疾病作斗争的经验,如"伏羲制九针""神农尝百草",均是上古时期我们祖先在生活和生产中探索总结医药知识的反映。

（一）卫生保健的起源

　　有了人类,就有了卫生保健活动。人类为了求得生存,必须首先进行衣、食、住的寻求和选择,进而形成了卫生保健活动。

根据考古发现,在距今100多万年前的原始社会,我们的祖先在与自然界和猛兽的长期斗争中,由最初的求得生存、保护自身的简单措施,自发地形成了疗伤治病的感性认识,继而又积极主动地摸索并有意识地进行各项养生疗病活动,逐渐积累了初步的医药卫生知识。

火的使用和人工取火的发明,改变了人们获取生活资料的方法,推动了人类由生食走向熟食,使一些难以下咽的"鱼鳖螺蛤"之类"燔而食之",从而扩大了食物的来源和种类,而且还对食物起到灭菌消毒作用,并大大地缩短了人体消化食物的过程,减少了疾病发生,增进了健康,延长了寿命。从烹调食物中,悟出了组合汤剂治病。火的使用与发明,在人类卫生保健史上有着极其重要的意义。

导引,是古代的一种医疗、保健方法,早在先秦的《庄子·刻意》中就已提及"道引"(即导引)。古人长期居住于潮湿阴暗的洞穴中,易得痿证之类的疾病(四肢软弱无力,尤其是下肢痿软,足不能行),他们利用摇筋骨、动肢节的舞蹈动作,以达到消肿、止痛和舒壮筋骨的作用,至此取材于一些舞蹈动作的导引方法逐渐形成。导引的出现,为医疗、护理和卫生保健增添了新的更为积极的内容,它与后世推拿及体育疗法都有着密切的渊源关系。

(二) 药物的起源

我国古代有关药物的传说颇多,如《史记》有神农尝百草,始有医药之说。在《帝王世纪》有"伏羲氏……乃尝味百药而制九针,以拯夭枉焉"的记载。在原始社会,由于受到生产力的极大限制,无论是人们赖以生存的食物或是治病疗伤的药物,都同样来自自然界的赐予,后世人称之为"医食同源"或"药食同源"。

人类最早发现的药物是植物药,这是因为人们最早用来充饥的食物,大部分来源于植物的缘故。经过无数次的尝试和经验积累,人们逐渐认识到了哪些植物对人体有害,哪些植物对人体有益,进而有意识地加以利用,逐步积累了一些植物药的知识。进入氏族社会后,人类社会狩猎、捕鱼有了显著的发展,为原始人提供了较多的肉类食物以后,逐渐认识了某些动物药,如以动物的脂肪、血液和骨髓来治病,稍后又发现了各种动物内脏的治疗作用。如《山海经》关于"河罗之鱼……食之已痈"和青耕鸟、珠鳖鱼、三足鳖"可以御疫"的记载,是对我国古代人们从食用动物中发现动物药的佐证。发展到原始社会末期,随着金属冶炼时代的到来,人们通过煮盐,逐渐发现了盐水明目、芒硝泻下,通过冶炼知道了硫黄壮阳和水银杀虫等,相继出现了矿物药。夏代酒的发明,为提高用药效果提供了帮助,战国时期就利用酒剂清理消毒外伤创口。

(三) 针灸与外治法的起源

针灸疗法是我国宝贵医学遗产的重要组成部分,是我们祖先的一项重大发明。它的起源,一般定在新石器时代,当时人们掌握了磨制技术,制出种类较多的又比较精细实用的石器,除生产、生活工具及装饰品外,还有适合医用的砭石,由于石器制作的原始,自然谈不上有专用的针刺工具,但有一些稍经敲打的粗糙石器,如针形、三棱形、刀形、剑形、锥形等各种形状,它是我国最早的原始外科工具,其后逐渐出现骨针、竹针、金属针等,用于切割痈疡、放血排脓等,后世用的刀、针也是在砭石的基础上发展而来的。

灸法,《说文解字·火部》谓"灸,灼也"。王冰注解《素问·异法方宜论》称"火艾烧灼,谓之灸焫"。"灸"字的含义,是指长时间用"火"治病,所以古代也有直接称灸法为"火"。

古代人在气候寒冷或身体不适时,偎近火堆取暖,在这一过程中,他们逐渐发现身体某些固有的病痛因此得到减轻或缓解,于是有了烘火取暖可治病的认识,进而逐步发展成以兽皮或树皮包上烧热的石块或沙土,贴附在身体某一部位,既舒适又方便,且能保持较长的热感,以治疗病痛;有时采用树枝或干草作燃料,点燃后,熏烤某些疼痛部位,以达到治病止痛的目的,这是原始的热熨法和灸法(后世经发展改用布包炒盐或其他矿物、植物药炒热熨疗)。用艾叶作灸治原料是常用的方法,由于艾叶具有温经、止痛、易燃、点燃后热力穿透性好、性味芳香、遍地生长和易于贮存等特点,故后世将其作为灸法的主要原料。

外治法起源于原始社会。对于外伤,人们用泥土、野草、树叶和树皮、草木灰等敷裹伤口,久而久之,人们逐渐地发现了一些适合于敷治外伤的外用药。人们为了减轻外伤所致的剧痛和出血,自然会用手抚摸或压迫伤处,从而形成了较早的按摩术和止血法。随着生产工具的改进和人们与疾病作斗争的经验积累,原始人逐渐懂得了用兽角进行"杯吸术",用甲壳、兽骨、鱼刺等剔除异物,排脓放血,进一步发展为"拔罐疗法"。后来逐渐学会用砭石刀切脓肿、续骨固定术等。

对于疾病的认识,也是经过不断探索和长期医疗实践的积累过程。在甲骨文中已有疟、疥、耳鸣、下利、不眠、疾首、疾耳、疾目、疾鼻等记载,表明当时对疾病已有了初步认识。

由此可见,中医学起源的历史,也就是人类文明史的发展史,它是古代劳动人民长期为了自身的生存和发展与疾病乃至一切危险因素作斗争的历史。它来源于感性认识,在长期的医疗实践活动中,逐渐形成了医疗理性认识,经过反复验证,不断更新、创造和发展,形成了中华民族特有的传统医药理论体系。

二、中医学理论体系的形成与发展

中医学理论体系的形成与发展大致经历了五个阶段。

(一) 春秋战国、两汉时期——中医理论体系的萌芽和奠基阶段

春秋战国时期"诸子蜂起,百家争鸣",学术思想空前活跃,对后世影响巨大的几大学术流派相继诞生,其中包括主要研究养生和医药的"医家",也被称为"方技家"。与中医理论密切相关的几种哲学思想,如元气论自然观、阴阳五行学说等在战国末年已具雏形,这些为医家总结医疗经验,形成理性认识,构建医学体系,提供了思想武器和方法。春秋战国时期一些医学理论的雏形,如病因学的"六气说"也相继出现,由感性认识走向理性认识,这就是医学理论的萌芽。

西汉以前,我国曾出现过一大批医药学专著,汉武帝时侍医李柱国就曾专门校勘过医书。据《汉书·艺文志》记载,当时尚存的医学文献为数很可观,"凡方技三十六家,八百六十八卷",分为医经和医方两大类。20世纪70～80年代,在湖南长沙马王堆、甘肃武威旱滩坡、湖北江陵张家山、四川成都老官山等汉墓考古发掘中,出土了大量医书及人体医学模型,如《阴阳十一脉灸经》甲乙本、《足臂十一脉灸经》《脉法》《五十二病方》《导引图》《养生方》《胎产方》《杂疗方》《治百病方》《脉书》《引书》等。这些古医书都是后世已经失传了的医书,连《汉书·艺文志》也未能收录。这部分医书可能成书于战国以前,甚至可以上溯到春秋时期。《足臂十一脉灸经》和《阴阳十一脉灸经》全面地论述了人体11条经脉的循行走向和所主治的疾病,这也是我国最早的专论经络学说的文献,《足臂十一脉灸经》还记载了三联律脉和手术治疗痔瘘。《五十二病方》真实地反映了西汉以前的医学水平。帛画《导引图》是我国最早的医疗体操图。马王堆三号汉墓出土的《十问》《合阴阳》《杂禁方》《天下至道谈》等四部竹木简医书所提倡的养生原则与《黄帝内经》《吕氏春秋》所论基本一致。

秦始皇统一中国后,文化一统成了当时的基本趋势。医学家也在这一大趋势中,求同存异,构建了统一的中医学理论体系,其主要标志是秦汉时期成书的几部奠基性的医学典籍。此时期相继问世的《黄帝内经》《难经》《伤寒杂病论》和《神农本草经》四大医学典籍可作为中医学理论体系初步形成的标志。其中《黄帝内经》确立了中医学理论体系;《难经》在《黄帝内经》的基础上有所补充和发展;《伤寒杂病论》奠定了中医学辨证论治理论体系的基础;《神农本草经》奠定了中药学理论体系的基础。

《黄帝内经》是我国现存较早的一部古医籍,大约成书于战国至秦汉时期。《黄帝内经》以问答体的形式,托名黄帝与大臣岐伯、雷公等人的对话以讨论医学问题。该书并非一人之作,而是将此前众多先贤、医家的论述几经修纂而成。《黄帝内经》包括《素问》和《灵枢》两部分,原书各9卷,每卷9篇,各为81篇,合计162篇。《黄帝内经》的内容十分丰富,它对人与自然的关系,人的生理、病理、疾病的诊断治疗及预防等方面进行了全面系统的阐述,内容涉及阴阳五行、五运六气、天人关系、形神关系、摄生、藏象、经络、病因、病机、诊法、辨证、治则、针灸、汤液以及行医规范和医德要求等。《黄帝内经》不仅是我国早期的一部医学总集,代表了当时我国医学理论的最高成就,同时还吸收了秦汉以前

有关天文学、历算学、生物学、地理学、人文学、心理学、逻辑学及古代哲学等多种学科的主要思想和观点，运用了阴阳五行学说，阐明因时、因地、因人制宜等辨证论治的原则，体现了人体与外界环境统一的整体观念。它总结了秦汉以前的医学成就，奠定了中医药学的理论基础。千百年来，它始终有效地指导着我国传统医学的临床实践，为国内历代医家所重视，而且对世界医学的发展亦有重要的影响。

《难经》原名《黄帝八十一难经》，成书于汉之前而稍后于《黄帝内经》，传说为勃海郡秦越人（扁鹊）所作。关于《难经》一书的名称，也有两种不同的理解。一是说内容深奥难懂之意，唐代杨玄操说："名为八十一难，以其理趣深远，非卒易了故也。"另一说"难"为问难之意。全书以问答解释疑难的形式，讨论了八十一个医学理论难题，主要论述了脏腑、经络、脉学、腧穴、针法、诊断、治疗、生理、病理等内容，以基础理论为主，还分析了一些病证。它在《黄帝内经》的基础上有所发展，补充了《黄帝内经》的不足，是继《黄帝内经》之后的又一部医学经典。

《神农本草经》是我国现存最早的一部药物学专著，大约成书于东汉时期。此书大约是秦汉以后的许多医药学家不断搜集各种药物学资料，直至东汉时期才最后加工整理成书的，托名于神农所著。《神农本草经》的序例是关于药物学的总论，论述了上、中、下品分类，这是中国药学史上最早的药物分类法。还论述了药物的君臣佐使、七情和合、性味、产地、真伪鉴别、各种剂型、用药宜忌、药用剂量、服药时间、诸药制使等。正文中共载药物 365 种，其中植物药 252 种，动物药 67 种，矿物药 46 种。根据药物的性能功效不同，在药物分类上提出了上、中、下三品分类法。上药 120 种为君，主养命以应天，无毒，多服久服不伤人，欲轻身益气不老延年者，本上经；中药 120 种为臣，主养性以应人，无毒有毒，斟酌甚宜，欲遏病补虚羸者，本中经；下药 125 种为佐使，主治病以应地，多毒，不可久服，欲除寒热邪气破积聚愈疾者，本下经。这里讲的毒不要完全理解为毒性，应包括副作用和不良反应为宜。书中还论述了君、臣、佐、使等组方原则，提出了药物的七情和合理论。《神农本草经》序例较早地指出了绝非所有的药物都可以配合使用，有的药物配合使用后，能相互增进疗效，有的能抑制另一种药物的毒性，有的药物配合使用后会产生毒副作用等，因此根据药物的性味、功效不同，必须配合得宜。书中还论述药物的四气（寒、热、温、凉）、五味（酸、苦、甘、辛、咸）及药物的采集加工方法和用药原则、服药方法等药物学理论基础知识，为中药理论体系的形成与发展奠定了基础。

《伤寒杂病论》为东汉末年伟大的医学家张机（字仲景）所著，张仲景在《黄帝内经》《难经》的基础上，结合当时人民同疾病作斗争的丰富经验及自身医疗实践而撰成的我国第一部临床医学专著。《伤寒杂病论》是我国医学史上影响最大的著作之一，自成书以来，一直指导着后世医家的临床实践，并遵循以六经辨证的原则治疗外感热病，以脏腑辨证的原则治疗杂病。该书对方剂学的发展有着重要的指导意义。原著因战乱而散失，后经晋代王叔和及宋代林亿等整理，分为《伤寒论》及《金匮要略》两书。《伤寒论》一书，分 10 卷，共计 397 条，主要是论述治疗外感热病的。张仲景参照《素问·热论》六经传变的原则，把外感热病发展过程中各个阶段所呈现的各种综合症状概括为六个类型，即太阳病、阳明病、少阳病、太阴病、少阴病、厥阴病，以此作为辨证论治的纲领。《伤寒论》除了介绍各经病证的特点和相应的治法外，还阐述了各经病证的传变、合病、并病，以及因处治不当而引起的变证、坏证与其补救方法等，在辨证论治过程中真正做到了原则性和灵活性的有机结合。《金匮要略》以疾病分二十五篇，以论述内科杂病为主，兼及外、妇科疾病，运用了《黄帝内经》的阴阳五行、脏腑经络学说，并以此作为辨证论治的理论依据。在诊断方面，不仅综合运用了望闻问切四诊，而且对舌诊和脉象有了更加深入的阐发。《金匮要略》继承了《黄帝内经》"不治已病治未病"的预防思想，书中对杂病的预防、病因、病种、传变、诊断方法及治疗原则等均有较全面的论述。它很重视疾病的预防，"脏腑经络先后病脉证第一"篇中，开篇即写道："问曰：上工治未病，何也？师曰：夫治未病者，见肝之病，知肝传脾，当先实脾……中工不晓相传，见肝之病，不解实脾，惟治肝也。"说明了仲景能较早地认识到早期治疗、积极地防止病情传变是区别"上工"和"中工"的重要标志。《伤寒论》载方 113 首，《金匮要略》载方 262 首，除去重复，两书实收方剂 269 首，使用药物达 214 种，基本概括了临床各科的常用方剂，故被后世誉为"众方之宗，群方之祖"。它对方剂学的贡献主要体现在如下几个方面：一是提出了完整的组方原则,充分体现了君、臣、佐、使相配合的组方原则;二是将中医的八法运用于方剂之中,所谓八法,即汗、下、吐、和、温、清、补、消等八种治疗方法;三是创造了许多剂型及大量的有效方剂,如该书所载方剂大致有汤剂、丸剂、散剂、酒剂、洗剂、浴剂、熏剂、膏剂、滴耳剂、灌鼻剂、肛门栓剂等。书中所载方剂,大多疗效可靠,切合临床实用,至今仍在临床上广泛应用。

除了以上典籍的问世,东汉末年,华佗创制麻醉剂"麻沸散",开创了麻醉药用于外科手术的先河;淳于意的"诊籍"是最早的医案。

(二)两晋隋唐时期——中医学理论体系充实、融合和临床学科发展阶段

从两晋至隋唐五代这一时期中医学发展表现出如下特点:中医理论体系不断充实,一批分支学科在分化中日趋成熟,实用临证医药著作显著增多,其中以荟萃临证方药为主要内容,医学教育、医政制度和中外医药交流有较大发展。王叔和的《脉经》总结了公元3世纪以前的脉学知识,标志着古代脉法进入全新的发展时期。巢元方的《诸病源候论》对疾病的病候病机进行了新的阐述,丰富了病因病机学的内容,为中医病理学的形成作出了杰出贡献,还记载了多项重大的发现和发明,如肠吻合术、结扎血管止血、漆过敏症、天花和麻疹的鉴别方法等。在《神农本草经》的基础上,相继出现了《新修本草》《本草拾遗》《蜀本草》《食疗本草》等药物学专著。其中《新修本草》是唐高宗显庆二年,朝廷指派长孙无忌、苏敬等主持编修的。它是我国政府颁行的第一部药典,也是世界上最早的药典,比纽伦堡政府颁行的《纽伦堡药典》(欧洲最早药典)早833年。《新修本草》全书总54卷,其中正经20卷、药图25卷、图经7卷、目录2卷,全书共载药844种(一说850种),分玉石、草木、兽禽、虫、鱼、果、菜、米谷、有名未用9类。该书内容丰富,取材精要,除国内药物外,还吸收了外来药物,如安息香、龙脑香、胡椒、诃子等。本书也是唐政府规定的医学生的必修课之一。在专科方面,出现了我国现存最早的第一部针灸专著——皇甫谧的《针灸甲乙经》,系统论述了有关脏腑、经络等理论,初步形成了经络、针灸理论;以及最早的儿科专著《颅囟经》、最早的外科专著《刘涓子鬼遗方》、最早的伤科专著《仙授理伤续断秘方》、较早的妇科专著《经效产宝》。这一时期,医学发展的突出表现还有一些著名医家的专著相继涌现,如葛洪的《肘后救卒方》、孙思邈的《备急千金药方》和《千金翼方》、王焘的《外台秘要》、宇妥·元丹贡布的《四部医典》等。这些著作的出现,说明了当时临床医学的发展在逐步走向专科化。同时社会稳定、经济繁荣也促进了中外医学的交流。中国医学曾传到日本、朝鲜及东南亚诸国;佛教的传入,也融入了印度、波斯等国的医药知识,丰富了中国医药学。

(三)宋、金、元时期——学术争鸣、理论突破、流派纷陈阶段

宋、金、元时期中医学建树颇多,表现突出的特点是:临床经验不断总结升华,各专科日趋成熟,专科体系相继确立,同时涌现出一些新的学派,不仅活跃了医坛学术气氛,更倡导了注重理论研究之风,在某些方面取得了突破,并开始研究处方、成药、经络腧穴的规范化。如南宋·陈无择在《三因极一病证方论》中确立了"内因、外因、不内外因"的病因分类,是对宋代以前病因理论的总结,对后世病因学的发展影响极为深远,是我国较早的病因学专著。元代杜清碧的《敖氏伤寒金镜录》论述了各种舌苔的主要证候及治法,是我国现存的第一部验舌专著。宋代钱乙的《小儿药证直诀》丰富了脏腑辨证内容。宋代宋慈依据历代法医知识和当时执法检验经验而编写的《洗冤集录》是我国最早的法医学专著,该书先后被译为朝鲜、日本、法、荷兰、英、德、俄等多种文字,流传于国际间,成为各国审理死伤案件的重要参考书。宋代发明了子午流注针法、精巧的医学教学模型——针灸铜人,陈自明的《外科精要》标志着外、伤科分立。元代发明了治疗脊椎骨折的悬吊复位法和外科缝合曲针。这个时期涌现出各具特色的医学流派,极大地推动了中医理论的创新和发展。被后世誉为"金元四大家"的刘完素、张从正、李杲和朱震亨是当时卓有成就的学派代表。

刘完素,字守真,号通玄处士、河间居士,金代河间人,故后人也称他为刘河间。他重视当时盛行的源于《黄帝内经》的"五运六气"学说,但不拘于它的宿命教条的机械模式。突出的学术思想是"火热论"。他认为伤寒临证各种证候的出现多与火热有关,而六气中暑火居其二。同时风、燥、湿、寒在病理变化中皆能化火生热,所以强调"六气皆从火化""五志过极皆能化火",火热是伤寒诸症的重要病因。据此,刘完素治病擅用寒凉药物以清泻火热,被后人称之为"寒凉派"。

张从正,字子和,号戴人,金代考城人。他反对囿于"局方",滥用温燥之品,理论上倡导攻邪。"邪去正自安",否则"补之适足资寇"。他继承了刘完素的学术思想,认为无论是在大之邪(风寒暑湿燥火)、在地之邪(雾露雨雹冰泥)或水谷之邪(酸苦甘辛咸淡,亦称人邪)都非人体素有的,一经致病,就要攻治,病去则止,不必尽剂,更不可迷信补药。攻邪以《伤寒杂病论》的汗、下、吐三法为基础:凡风寒诸邪在皮肤、经络的用汗法;凡风痰宿食在胸膈和脘腹的用吐法;凡寒湿痼冷、热客下焦等在下的疾病用下法。张从正还十分重视社会环境、精神因素等致病。"九气"(怒、喜、悲、恐、寒、暑、惊、思、劳)作祟,多生疾病。因此在临证时强调因人、因地、因时制宜。他把这一原则称为"达时变"。这一思想发展了《黄帝内经》的整体观,特别是人与社会环境和机体与情志的整体观,从而丰富了中医学中有关心身医学、医学社会学的内涵。张从正临证时善于攻下,被后世称为"攻下派"。

李杲,字明之,号东垣老人,金代真定人。《黄帝内经》中称"有胃气则生,无胃气则死",李杲发挥了这一见解,主张"内伤脾胃,百病由生"的学术思想,强调脾胃是运化水谷供一身元气之本,故临证中以调理脾胃之气为主。李杲认为造成脾胃损伤主要有三条:饮食不节、劳役过度和精神因素。具体说暴饮暴食造成"饮伤",饥饱失度造成"食伤",药物失当导致"肠胃复伤"等,均为饮食不节所致;战乱奔波致"形体劳役",造成脾胃损伤,是又一病因;因"喜、怒、忧、悲、恐、思、惊,损耗元气,资助心火",结果也会损伤脾胃,导致内伤疾病的发生。他认为这几种因素是错综复杂的,而精神因素是内伤脾胃发病过程中的主导因素。李杲在临证实践中,善用补上、中、下三焦元气而以补脾胃为主的原则,分别采取"调理脾胃""升举清阳"为主的治法,故被后世称为"补土派"。

朱震亨,字彦修,元代婺州义乌人。因"先生所居曰丹溪,学者遵之⋯⋯故因其地称之曰丹溪先生"。朱震亨的学术思想是在《黄帝内经》的"少火""壮火"基础上,充分研究了各家学说有关"壮火"的见解,侧重了内在火热的病机探讨,创造性地阐明了相火有常有变的规律。《格致余论》在"相火论"的基础上提出"阳常有余,阴常不足"之说,认为相火之常为生理,所谓"人非此火不能生";相火之变为病理,"其害甚大,其变甚速,其势甚彰,其死甚暴"(《金匮钩玄》)。相火之动是永恒的,但正常的动属"生"为生理,异常的动属"贼"为病理,这即为相火的两重性。这一理论补充了刘完素的"火热论",也发展了李杲的"阴火"说。朱氏还联系人体的精血难成易亏,加之"情欲无涯",相火易于妄动的特点,因此得出"阳常有余,阴常不足"的结论。临证中朱氏认为只凭滋阴降火不能完全解决"相火妄动"而致病的问题,因此他提出"收心养性""以防此火之动于妄也"。同时强调了节制食欲、"色欲"的重要性,"固纵口味"会"为口伤身""殉情纵欲"会亏阴精。因此他主张治病以"保养金水二脏"为要。因朱氏治病以滋阴降火为主,后世称其为"滋阴派"。

"金元四大家"引起的学术争鸣改变了以往"泥古不化"的保守局面,活跃了当时的中医理论研究气氛,开创了医学发展的新局面,对祖国医学的发展产生了深远影响。

(四)　明清时期——综合集成和深化发展阶段

明代以前,中医学在世界医学发展中处于领先地位,明清时期仍稳步发展,进入鼎盛和创新的时期,也出现了温病学、本草学等重大突破,但相对于西医学其发展相对缓慢。这一时期,是中医理论的集成和深化发展阶段,此期对前期中医学理论和经验进行了综合整理,出现了大批的集成性医学全书、丛书和类书,如《证治准绳》《医学纲目》《景岳全书》《张氏医通》《医宗金鉴》《四库全书·子部·医家类》《古今图书集成·医部全录》《古今医统大全》《先醒斋医学广笔记》《医学心悟》《寿世保元》《医学入门》等,对后世影响深远。这一综合集成趋势,主要体现在藏象理论、病源学、温病学、本草学。

明代赵献可、张介宾等在《黄帝内经》《难经》命门理论的基础上,发展形成了"命门学说";李中梓提出"肾为先天本,脾为后天本"的论断,至今仍被广泛应用。清代王清任重视解剖,提出了"灵机记性不在心在脑"的观点,并主张"业医疗病,当先明脏腑"。他在阅读前人有关脏腑的论述及所绘之图后,发现"处处自相矛盾"。因此,"尝有更正之心,而无脏腑可见⋯⋯虽竭思区画,无如之何。十年之久,念不少忘"。时至30岁,他到滦州稻地镇,正遇当地传染病流行,小儿死亡者甚众,观察小儿尸体,后来又根据自己观察受刑处死者内脏情况及向人请教绘成"亲见改正脏腑图",于1830年撰成《医林改错》两卷。王清任在《医林改错》中创立了多种补气、行气、活血化瘀的方剂,如血府逐瘀汤、膈下逐瘀汤、少府逐瘀汤、补阳还五汤等,已成为调理气血的名方,至今仍在临床上广泛运用,其创立的瘀血致病理论及气血理论为医学发展作出了卓越贡献。

温病学派的崛起,是此时期对中医学理论的重大创新和突破。明清以前,早在《黄帝内经》中就有"民疠温病"及"温病乃作"的记载,《黄帝内经》对温病的病因、分类、脉证、治疗原则等有零散的记载。《难经》提出"伤寒有五,有中风,有伤寒,有湿温,有热病,有温病"之说,其中后三者成为后世温病学说的主要病证。而后世历代医家对温病的论述颇多。如隋代巢元方在《诸病源候论·温病诸候》里提出了温病具有"转相染易"的传染流行特点;宋元时期,温病开始脱离伤寒学说体系,尤其刘完素明确提出热病初起,不可峻用辛温大热之药,主张采用辛凉之法以养阴退热、表里双解,打破了以往对外感热病初起一概用辛温解表和先表后里的传统治法;明代王履指出"温病不得混称伤寒",主张"时行……瘟疫等,决不可以伤寒六经病诸方通治",认为温病是伏热自内而发,治法应清里热为主。明、清时期,温病学无论在理论上还是在具体治疗措施上都有重大发展。明代吴有性在总结前人相关论述的基础上,通过深入细致的观察研究、认真探讨、实践后,于1642年著成《温疫论》一书,创立了"戾气"学说,对瘟病病因的认识独树一帜,认为"夫瘟疫之为病,非风、非寒、非暑、非湿,乃天地间别有一种异气所感"。吴氏把异气称为杂气、戾气、疠气或疫气,明确了戾气是物质性的,戾气是通过口鼻侵犯体内而引发疫情,具有大流行与散发性的不同表现,致病有地域性与季节性的不同情况,戾气的种类不同,所致疾病不同,侵犯脏腑部位也不一。人体感受戾气,是否致病则决定戾气的量、毒力及人体的抵抗力等。同时吴氏还提出了治疗疫病的基本原则和注意点。吴氏"戾气"学说所含的内容是相当全面的,在细菌和其他微生物被人类发现之前的二百年,吴氏对疫病病因及特点能有如此见解,确实是中医病因学上的一大发展。清代的温病学家在不同程度上受到吴有性关于温病论述的启发和影响,清代叶桂和吴瑭分别创立了卫气营血和三焦的温病传变规律及其辨证论治方法,使温病学说日趋成熟,逐渐走向系统和完善,成为在病因、病机传变、辨证论治等方面自成体系的一门学科。清代对温病学派的形成和发展作出重要贡献的医家及著作还有叶桂的《温热论》、薛雪的《湿热条辨》、吴瑭的《温病条辨》、王士雄的《温热经纬》等。

这一时期本草学成就巨大。《本草纲目》是一部中药学巨著,由明代李时珍所著。李时珍在行医过程中,发现在以往的本草书中存在不少"舛谬差讹,遗漏不可枚数",决心重新编著一部新的本草专书。李时珍历经27年,参考古书800余部,虚心向医生、药农、野老、樵夫、猎人、渔民等请教,不畏艰苦,奔走各地,亲临深山旷野考察和收集各种植物、动物、矿物标本,而且还亲自栽培(薄荷、红花等)、试服(曼陀罗、何首乌等)药材,以取得正确认识。他以唐慎微的《经史证类备急本草》为基础,进行整理补充,并加进自己的发现和见解,三易其稿,共52卷,约190万字,全书载药1892种,绘图1000余幅,收集方剂11 096首;并将药物作了科学分类,分为16纲62类,其分类方法是当时最先进、最完备的分类系统。《本草纲目》出版后相继被译为朝鲜、日、拉丁、英、法、德、俄文流传于国外,在国内外产生极其深远的影响,当代英国科学史学家李约瑟称李时珍为"药物学界之王子"。清代赵学敏的《本草纲目拾遗》、吴其濬的《植物名实图考》也在中药学、博物学等方面作出了贡献。

深化发展的趋势在临床方面还表现在医学家们潜心于某些常见病症的研究,涌现出了一批治虚劳、中风、吐血、郁证、痘疹、麻风、梅毒、外科、伤科、喉科的专家及专著。这一时期出现最早的医学杂志《吴医汇讲》,最早的民间医学学术团体"一体堂宅仁医会",《药性赋》《汤头歌诀》《医学三字经》《濒湖脉诀》等中医科普读物广泛流行,《外科正宗》《外科症治全生集》《疡科心得集》《傅青主女科》《审视瑶函》《针灸大成》等专科专著对后世影响巨大。此外,清朝终末期,西医学陆续传入我国,中西医学的争论和汇通思潮逐步萌芽。

（五）近现代——中医药学在坎坷发展中孕育着新的腾飞

近代的中国，随着西方科技文化的大规模传入、社会制度的重大变革，中西方文化激烈碰撞与交融，中医学受到西医学的巨大冲击，中医学发展的挑战和机遇并存，继承和创新共举，质疑和坚守各见。一方面继续整理、汇总前人的中医学成就，如20世纪30年代的曹炳章主编《中国医学大成》，是一部汇集古今中医学的巨著；一方面注重临床实践，以开放的学习态度敏感地吸收最新的现代医学成果，出现一批主张中西医汇通的著名医学家及著作，如张锡纯的《医学衷中参西录》、唐宗海的《中西汇通医书五种》、朱沛文的《华洋脏象约纂》、恽铁樵的《群经见智录》等。一些中医流派逐渐成熟壮大，或以地域、师承而论，如新安医学、孟河医派、岭南医派、海派；或以学科特色、学术源流而论，如温阳学派、伤寒学派，如骨伤、温病、妇科、儿科等诸多名医学派，形成了中医学"一源多流"的格局。另一方面，对中医"科学性"的质疑也甚嚣尘上，中医学遇到前所未有的困扰和挑战，出现过国粹主义、虚无主义、改良主义等不同观点和态度。

新中国成立以来，中国高度重视和大力支持中医药发展。中医药与西医药优势互补，相互促进，共同维护和增进民众健康，已经成为中国特色医药卫生与健康事业的重要特征和显著优势。1950年第一届全国卫生工作会议把"团结中西医"作为卫生工作三大方针之一，确立了中医学的地位和作用。在1982年修订颁布的宪法中，将"发展现代医药和我国传统医药"正式载入宪法总纲第二十一条。1986年国家中医管理局成立（1988年更名为国家中医药管理局），各省、自治区、直辖市也相继成立了中医药管理机构，为中医药发展提供了组织保障。1997年《中共中央、国务院关于卫生改革与发展的决定》进一步明确强调"中西医并重"，同时提出要"实现中医药现代化"。2003年，国务院颁布实施《中华人民共和国中医药条例》；2009年，国务院颁布实施《关于扶持和促进中医药事业发展的若干意见》，逐步形成了相对完善的中医药政策体系。2016年，中共中央、国务院印发《"健康中国2030"规划纲要》，作为今后15年推进健康中国建设的行动纲领，提出了一系列振兴中医药发展、服务健康中国建设的任务和举措。国务院印发《中医药发展战略规划纲要（2016—2030年）》，把中医药发展上升为国家战略，对新时期推进中医药事业发展作出系统部署。2016年12月25日，《中华人民共和国中医药法》颁布实施，为中医药事业发展提供了良好的政策环境和法制保障。2017年10月，中国共产党第十九次全国代表大会报告强调了"坚持中西医并重，传承发展中医药事业"，一系列鼓励中医药发展的政策措施相继出台实施。

中医药深入参与到中国特色的基本卫生保健中，作出了巨大贡献。城乡三级医疗卫生服务网、农村合作医疗、赤脚医生等具有中国特色的初级卫生保健制度，注重发挥中医药"一根针、一把草"简便验廉独特优势，服务广大群众。截至2015年年底，全国有中医类医院3966所，中医类别执业（助理）医师45.2万人（含民族医医师、中西医结合医师）。2015年，全国中医类医疗卫生机构总诊疗人次达9.1亿，全国中医类医疗卫生机构出院人数2691.5万人。中医药除在常见病、多发病、疑难杂症的防治中贡献力量外，在传染性非典型肺炎、艾滋病、手足口病、人感染H7N9禽流感、甲型H1N1流感等重大疫情防治，四川汶川特大地震、甘肃舟曲特大泥石流等突发公共事件医疗救治中也发挥了重要作用。

新时期广泛开展中医、中西医结合的基础和临床研究，相关的学会、杂志、高等院校、研究机构纷纷开办，对中医的发展起到了重大推动作用。1955年国家批准成立了中医研究院，1985年更名为中国中医研究院，2005年更名为中国中医科学院。之后大部分省、自治区、直辖市相继建立了中医药研究机构，中医药科研不断深入，不少学术研究取得了令人瞩目的成果。中医药教育事业也在持续发展壮大。截至2015年年底，全国有高等中医药院校42所（其中独立设置的本科中医药院校25所），200余所高等西医药院校或非医药院校设置中医药专业，在校学生总数达75.2万人。此外，中药产业、中医类图书出版、古籍文献整理研究等相关方面也获得快速发展。中医学的独特性，越来越受到国际的关注，中医也走出国门，成为代表中国形象的一张名片。古老的中医学在国家一系列方针政策的扶持和指引下，发展规模、发展水平和发展能力稳步提升，在社会发展中的地位和作用愈加重要，已成为独特的卫生资源、潜力巨大的经济资源、具有原创优势的科技资源、优秀的文化资源和重要的生态资源。中医药振兴发展迎来了天时、地利、人和的历史性机遇,孕育着新的腾飞。

三、中医学的摄生、预防医学思想及其成就

养生又称"摄生",它主要阐述人体要顺应自然规律、增强体质、预防疾病以及病后调理、防病复发,而达到延年益寿的理论和方法。中医学的养生学说,是中医预防医学思想的体现,通过养精神、畅情志、调饮食、练形体、慎房事、适寒温等方法手段,以使精气充沛,气机条达,气血运行通畅,脏腑功能健运,达到防病治病的目的。其特点是从整体上突出了"不治已病治未病"的中心思想,大致分为未病先防和既病防变两个方面。

未病先防,就是在未病之时,做好预防工作。中医学强调了调摄精神对人体健康的重要性。《素问·上古天真论》载:"恬惔虚无,真气从之,精神内守,病安从来。"主张"饮食有节,起居有常",反对"以酒为浆……起居无节",说明日常的饮食、起居和劳逸对健康有着重要影响。在锻炼身体以增强体质、减少和预防疾病发生方面,《黄帝内经》提出了"广步于庭",东汉医学家华佗吸收前人"导引"的精华,模仿动物的动作创造了"五禽戏",其后有太极拳、气功等方法,这些手段可促进血脉流通、关节疏利、气血畅通、增强体质、预防疾病,而且对某些慢性病也有一定的康复治疗作用。根据四时气候的不同变化,中医学注重采取相应的措施保护身体健康。如冬季防寒保暖、夏季防暑降温等。对于反常的气候变化或遇到疫疠流行则需要"虚邪贼风,避之有时"及"避其毒气",这对防病治病具有重要意义。此外,对传染病的隔离治疗也很注意,隋开皇初年就开辟了"疠人坊"对麻风病进行隔离治疗,明清医家对疫病的预防明确主张采取隔离措施,对遗传病、职业病的防治也有诸多创见。免疫学方面的思想历史悠久、成果丰富,如《黄帝内经》提出"正气存内,邪不可干"的观点。东晋葛洪用狂犬脑组织外敷伤口治疗狂犬咬伤,开创免疫法治疗狂犬病的先河,比巴斯德将狂犬疫苗首次用于人体早了大约1600年;宋、明时期,我国最早创制了"人痘接种法"以预防天花,17世纪清代张琰总结的《种痘新书》,先后传到欧亚各国,成为人工免疫法的先驱,是比英国18世纪末发明的牛痘接种法早几百年的先声。宋代沈存中提出浴后衣以火烘,明代李时珍主张病人衣服放于甑上熏,罗世瑶主张将病人衣服置蒸笼蒸,后世民间以艾叶、雄黄、苍术熏烟以消毒防病,以大青叶、贯众、板蓝根预防流感等均有一定作用。在饮食调理方面,中医学认为"药食同源",以四气五味等中医理论指导,唐代孙思邈指出:"夫为医者,当须洞晓病源,知其所犯,以食治之,食疗不愈,然后命药",并指出"食能排邪而安脏腑,悦神爽志,以资血气",是中华饮食文明的特色组成部分。"圣人不治已病治未病,不治已乱治未乱,此之谓也。夫病已成而后药之,乱已成而后治之,譬犹渴而穿井,斗而铸锥,不亦晚乎。"(《素问·四气调神大论》)

既病防变是指疾病已经发生,应早期诊断、早期治疗,以防止疾病的发展和传变。《素问·阴阳应象大论》谓:"邪风之至,疾如风雨,故善治者治皮毛,其次治肌肤,其次治六腑,其次治五脏。治五脏者,半生半死也。"中医学早已认识到外邪侵入人体应及早进行治疗。汉代张仲景在《伤寒杂病论》中特别重视外感疾病在邪正抗争中的传变规律,如由表及里、由腑及脏、由阳及阴等,示人唯有掌握疾病传变趋向,才能立足于既病防变,治疗得当;对内伤疾病也强调了要重视其传变规律,如"夫治未病者,见肝之病,知肝传脾,当先实脾",这是对肝病实证的治疗,除治肝本身外还要注意调治脾胃,防止肝病传脾,导致脾病。清代叶天士注意到温热病伤及胃阴之后,因病势进一步发展往往耗及肾阴的病变规律,故主张在甘寒养阴方中加入一些咸寒滋肾药,并提出"先安未受邪之地"的治疗原则。这些体现了既病防变的思想,是中医学强调整体观的斐然成就。

四、中西医结合研究成果及进展

鸦片战争后,伴随着西方科学技术迅速传入我国,西医也在我国得到了很大发展,由此出现了中西医并存的局面。两种医学的交叉与渗透,各有优势,取长补短,有机结合,更能有效地解除病人之疾

苦,务实的医学工作者进而提出了"中西医汇通"的思想。

我国的中西医结合科技工作者,肩负着弘扬中医学的历史使命和责任感,经历了风雨坎坷的几十年奋斗,始终怀着发展医学科学、造福人类健康的信念,将中西医药理论与实践有机地结合起来,发扬各自的优势,克服彼此的缺点,更有效地服务于广大民众的医疗和保健事业,已取得了举世瞩目的成就。下面仅列举若干中西医结合卓有成效的研究成果介绍如下。

（一）辨病与辨证相结合的研究与应用

中医的"证"是反映机体在疾病发展中的某一阶段的提炼概括,中医辨证能从中医本质揭示疾病的面貌;西医辨病的长处在于不断通过科学技术的进步而延伸或增强医务工作者感知患者病理变化的能力,从而使诊断明确或早期诊断逐渐成为可能,从而在现代生命科学意义上反映了疾病的本质。中医辨证的长处在于通过四诊合参获得病人的整体功能状态变化,即使西医检查未能发现任何阳性结果而难以诊断,但按中医理论进行辨证分析则是顺理成章。从各个系统疾病的现代医学检查所见与中医宏观辨证所见互参,丰富了对疾病的全面认识,进而做到中医辨证与西医辨病有机结合,大大提高了治疗的针对性。中西医结合工作者通过长期的临床实践和深入探讨,逐步建立起临床各科多种疾病的辨病与辨证相结合的诊断分型标准和处方遣药规范,不仅使临床实践逐步规范化,更重要的是大大提高了治疗措施的针对性和临床治疗效果;并在证的实质现代研究等方面也获得丰富成果,让病证结合有据可循。因而辨病与辨证相结合被认为是中西医结合领域最有代表性的切入点、最有成效的结合点、最闪光的亮点。

（二）热毒证与清热解毒法的研究

传统中医认识的热毒证类似于感染性等疾病,主要采用清热解毒的方药疗效良好。中医科技工作者对清热解毒法的机制进行了系列研究,发现一度被俗称为中药抗菌药物的清热解毒方药,其抗菌作用并不强,很难用抗菌效价来解释其治疗作用;进一步研究表明,清热解毒方药抗感染不仅有祛邪功效(如抗菌抗病毒、抗内毒素、抗炎性细胞因子、抗氧自由基等),而且还有扶正作用(如增强免疫功能、保护机体组织细胞等)。由此,部分揭示了清热解毒法抗感染的作用机制,并为清热解毒方药与抗菌药物联合应用治疗重症感染性疾病包括感染致多脏器功能衰竭提供了理论依据。

（三）血瘀证与活血化瘀法的研究

瘀血是中医学重要的病因和病理概念。中医认为血液不能在血脉内正常运行就是瘀血,由瘀血产生的证候称为血瘀证,以活血化瘀功效的方药或其他手段治疗血瘀证称为活血化瘀法。四十多年来,以陈可冀院士、李连达院士为代表的中西医结合工作者对血瘀证与活血化瘀法进行了长期不懈的临床与基础研究,其研究成果获得国家科技进步一等奖。系列研究表明,血瘀证存在血流动力学、血液流变学、微循环、凝血与纤溶系统、免疫系统、细胞因子平衡等多方面的紊乱,逐步阐明了血瘀证的生物学基础;对血瘀证的诊断标准和治疗方药进行了规范化研究,大大提高了中西医结合治疗心脑血管相关性疾病的疗效,使我国中医药治疗冠心病、心绞痛的疗效居于国际领先水平。活血化瘀的学术概念,不再是中医的专利,已经融入现代医学科学的各个领域。

（四）急腹症与通里攻下法的研究

急腹症是普外科的常见疾病,往往需要紧急手术治疗,并且风险大、病死率高。吴咸中院士等科技工作者,以中医学"六腑以通为用""通则不痛""不通则痛"理论为指导,运用通里攻下法为主的中西医结合综合治疗急腹症,大大降低了急腹症紧急手术率、手术并发症的发生率和危重急腹症如急性重症胰腺炎、急性梗阻性化脓性胆管炎、胃十二指肠溃疡病穿孔等疾病的病死率,研究成果达到国际先进水平。进一步对急腹症的中西医结合诊治规律以及针灸、中药的作用机制进行了深入探讨,拓展了下法的理论和实践。"通里攻下法在腹部外科疾病中的应用与基础研究"获2003年国家科技进步二等奖。

（五）恶性肿瘤的中西医结合治疗

对于恶性肿瘤实体瘤,现代医学以手术切除、放射治疗、化学药物、生物靶向治疗等方法为主,对于祛除肿瘤负荷疗效显著,尤其是对早期诊断的病例疗效更为满意。然而,恶性肿瘤往往不是局部性疾病,手术治疗不能彻底解决问题,放疗和化疗后产生的如骨髓抑制和免疫功能低下等毒副作用,对机体损伤极为严重;有时因治疗前难以预测肿瘤病人对放疗和化疗的敏感性和耐受性,部分病例甚至可能发生治疗中死亡。中医药重视扶助正气,以扶正固本、祛邪解毒、调理阴阳气血之法,配合手术、放化疗等手段,可起到增效减毒作用,尤其是可以显著改善或避免放疗和化疗产生的骨髓抑制和免疫低下,甚至有助于难以坚持治疗的肿瘤病人完成放疗和化疗方案,有效改善肿瘤病人的生存质量。中西医结合综合治疗恶性肿瘤,为发挥西医祛除肿瘤负荷之长、弘扬中医增强机体抵抗力之长,找到了一个很好的互补结合点,提高了治疗水平,因而被国际医学界誉为恶性肿瘤治疗的中国模式。

（六）青蒿素的发明与疟疾的治疗

疟疾是威胁人类生命的一大顽敌,与艾滋病和癌症一起,被世界卫生组织列为世界三大死亡疾病之一。屠呦呦等中国研究人员从东晋·葛洪《肘后备急方》中"青蒿一握,以水二升渍,绞取汁,尽服之"的记载中受到启发,改进方法并获得关键性突破,成功提取了高效新型抗疟药物青蒿素,实验证明对鼠疟、猴疟均具有 100% 的抗疟作用,同时也突破了抗疟药必须具有含氮杂环的理论"禁区",世界数亿人因此受益。中国中医科学院屠呦呦以"从中医药古典文献中获取灵感,先驱性地发现青蒿素,开创疟疾治疗新方法",获得 2015 年诺贝尔生理学或医学奖;此后再获 2016 年度国家最高科学技术奖。

（七）砷制剂治疗白血病

"以毒攻毒"的理论是中医学对临床运用剧毒药物治疗疑难重症的一种朴素认识。"砒乃大热大毒之药,而砒霜之毒尤烈"(《本草纲目》),砒石经升华而成砒霜,砒霜为传统去腐生肌毒药,其有效成分三氧化二砷(亚砷酸)。中医工作者在观察到民间医生以含砒石的制剂外用治疗皮肤癌取得良好效果后,应用含砒霜的复方中药癌灵一号治疗急性早幼粒性白血病,通过反复筛选并最终确定砒霜为主药、三氧化二砷为有效成分,以之治疗白血病取得了令人震惊的成果,达到世界领先水平。此后研究人员又进一步阐明了三氧化二砷治疗白血病的主要作用机制在于诱导白血病细胞的凋亡。*Science* 对此发表的评论,"古老的中医又放出新的光彩",砷制剂被广泛应用于治疗白血病,特别是急性早幼粒白血病(M3 型白血病)。成果先后获得美国拉斯克临床医学奖、第七届圣捷尔吉癌症研究创新成果奖、2018 年舍贝里奖等。

（八）针刺镇痛原理的研究与应用

针刺镇痛,是按照循经取穴、辨证取穴和局部取穴原则进行针刺,从而达到镇痛效果的一种针刺方法,其镇痛原理与可引起不同种类阿片肽和中枢、外周神经系统一系列神经化学物质释放,提高机体痛阈,调节人体应激反应强度等复杂机制有关。20 世纪 50 年代,中国中医工作者首创了针刺麻醉,到 20 世纪 60、70 年代得到广泛运用。目前主要主张针麻的同时加上小剂量镇痛药物的复合方法,研究表明确有它独有的优越性,具有使用安全、生理干扰少、术后恢复快、并发症少、术后伤口疼痛轻等优点。针刺镇痛和针刺麻醉作用机制的研究,也促进了中国神经生理学等学科的进步。

五、中医药走向世界

中医药发祥于中华大地,在不断汲取世界文明成果、丰富发展自己的同时,也逐步传播到世界各地。

早在秦汉时期,中医药就传播到周边国家,并对这些国家的传统医药产生重大影响。宋元时期与海外通商达 50 余国,中外医药交流也空前地发展起来,我国与朝鲜、日本、印度、东南亚诸国及阿拉伯诸国等都有医药交流。预防天花的种痘技术在明清时代就传遍世界,《本草纲目》被翻译成多种文字广为流传,达尔文称之为"中国古代的百科全书"。同时中医学也吸收利用了大量外来的药品、疗法、理念。20 世纪 70 年代后,数度出现了"中医热""针灸热""中药热",说明中医药在国际上具有独特的优势和强大的生命力。目前,中医药已传播到 183 个国家和地区。世界卫生组织将以中医药为主体的传统医学纳入新版国际疾病分类（ICD-11），中医针灸列入联合国教科文组织"人类非物质文化遗产代表作名录"，《本草纲目》和《黄帝内经》列入"世界记忆名录"。据世界卫生组织统计，已有103个会员国认可使用针灸，其中29个设立了传统医学的法律法规，18个将针灸纳入医疗保险体系。总部设在中国的世界针灸学会联合会有53个国家和地区的194个会员团体，世界中医药学会联合会有67个国家和地区的251个会员团体。中药逐步进入国际医药体系，已在俄罗斯、古巴、越南、新加坡和阿联酋等国以药品形式注册。有30多个国家和地区开办了数百所中医药院校，培养本土化中医药人才。中国已向亚洲、非洲、拉丁美洲的70多个国家派遣了医疗队，基本上每个医疗队中都有中医药人员，约占医务人员总数的10%，并在海外支持建立了10个中医药中心。到20世纪90年代初，世界上已有三分之二的人口接受过包括中药、针灸、按摩、气功等方法治病防病。许多国家已不能满足于对中医的运用，同时还注重到对中医理论的研究工作。日本科学技术厅曾组织10余所研究机构的专家教授，制定了"关于科学地证实'证'、经穴及确保生药资源的综合研究"的规划。近年，日本又以15～20年时间和33亿美元为代价，围绕中医的奥秘制定了"人体新领域研究计划"。韩国学者在对中药方剂的实验研究方面，除了进行一般的镇痛、镇静、解热、镇痉和抗炎等中枢神经系统药理作用研究外，还尝试了对方剂做有效成分的化学提取。法国太空研究中心的生命科学部已与我国中医药界合作，运用中医原理研究如何克服人体在失重情况下的反应。法国很重视对中医古典文献的研究，现已将《黄帝内经》等十余部古典医籍译成法文出版，出版中医学术刊物近10种，国内共有18家中医研究机构。

中医药已成为中国与东盟、欧盟、非洲、中东欧等地区和组织卫生经贸合作的重要内容，成为中国与世界各国开展人文交流、促进东西方文明交流互鉴的重要内容，成为中国与各国共同维护世界和平、增进人类福祉、建设人类命运共同体的重要载体。

六、中医学的展望

中医学作为一个自成体系且高度自洽的医学学科，其现实意义存在于学科的众多层面，展望中医学的发展，可以分层面展开。

1. **中医理论——亟须重新认识及阐发**　中医学中许多合理而深刻的观念，对研究医学有着重要的意义，有可能是未来更合理的中国医学的生长点。这类合理的观念有天人和谐的天人观；注重生存和健康，强调顺应自然的养生观；把生命看作是自我协调、自趋稳态，疾病则是这种协调失序，治疗则又追求"以平为期"的稳态观；注重自身"正气"的发病观；注重心身合一、协调的心身观等。观念的转变是"变革"的先导，近20多年来，海内外关于医学观、医学模式、医学目的以及健康观、疾病观、治疗观的讨论，正是出于构建未来更为合理的世界医学发展的需要。作为一个存在数千年而又与西医学全然异质的传统医学体系，观念层面值得发掘整理和提炼升华的内容非常丰富，完全可以进一步深入、系统、超前地进行研究、阐发、探索和创新。在洞察世界文化、科学与医学发展总体走向的前提下，提炼出有现实指导价值的合理观念和思想，以期为中医学自身的发展提供指南，并为世界医学方向的调整提供思路和借鉴。漫长的历史发展规律彰显，中医学理论的继承和创新是中医学生存之本、生命之源，也是其不断发展的内在要求和原动力。在科学技术飞速发展、民众医疗卫生需求不断增长的今天，面对新时期生活方式的改变、人群构成和疾病谱的变化、干预手段的多样、技术手段的拓宽、国际化的深入、多学科的交融等种种挑战和机遇，中医学理论也应该在继承的基础上，有其崭新的面目。

2. **中医临床——众多优势有待发扬**　中医临床有众多优势，在心脑血管病、肿瘤、免疫性疾病、代谢性疾病、内分泌疾病、心身疾病、传染病、老年病等病症中，中医显示了特色性的疗效。

中医学在长期实践中积累下丰富的知识有待深入挖掘阐发。如中医药治疗乙型脑炎等传染病、小夹板治疗骨折、针灸镇痛、下法治疗急腹症、扶正治疗肿瘤、中医治疗痔瘘等，发挥了中医的优势，大大丰富了临床的应用手段。近年来，有45项中医药科研成果获得国家科技奖励，其中科技进步一等奖5项。这些代表性的成就说明了中医学临床的内容极为丰富，其发展前景十分广阔，众多优势有待发扬。相信随着科技的发展,综合国力的提高,中医药研究的全面系统展开,现代科技对中医学的不断渗透,中医学这一瑰宝将再放异彩。

3.拓展新领域——未来中医学发展的更大空间　中医学在现代化的方向上,随着学术交流的逐步深入,学术视野不断开阔,研究活动日益活跃,研究水平显著提高,中医学从多学科的视角挖掘出新的科学内涵,拓展出新的领域。就临床而言,中医学十分关注病前和病后的状态,在这两方面积累了丰富的知识和经验。现代研究证明,如今疾病谱中占主导地位的各种多因素类疾病,是可以通过有效的病前综合性干预加以防范或减缓其威胁的。因此,对心脑血管疾病、糖尿病等慢性流行性疾病的处置重点,从原来的注重临床治疗转向同时重视病前的综合干预,如赵步长、伍海勤和赵涛提出"脑心同治理论"和"供血不足乃万病之源"就是中医学整体观念、养生和防治原则的运用和体现。

中医治病,注重调整偏离的正常状态,而无严格意义上的"病"的概念,而中医强调辨证的"证",内容颇为广泛,包括阴阳、气血、脏腑的不同偏离正常的状态。因此,不管西医学是否能明确诊断,中医运用望、闻、问、切四诊,总能作出一个中医诊断,然后确立相应的治法,以达到调整平衡、促进健康的效果。这是中医学的一大特点,也是中医学的一大优势。中医学的"未病先防"体现出很多潜在的优势,如"体质状态学说"就是中医的一大优势,改善和优化体质状态的相关内容,可成为新世纪中国医学体系中的重要组成部分。其中关于益智养性、增寿延年等内容,具有现实指导意义。若能在病前采取干预和防范,将真正达到防病于未然的目的。对病后状态的关注,也意义深远。中医治疗许多慢性疾患或疑难病症,即便是基本治愈,仍强调将息调整。其思想方法在许多病证中已得到验证,如肿瘤患者的中晚期治疗,许多患者在临床中已被宣布不治,但经中医调理后"带瘤生存",有效地提高了肿瘤患者的生活和生命质量。在现代医学中,病后调养、促进康复可以说是一个亟待解决的普遍问题。大量的病后虚羸、功能损伤或失调者亟待采取积极的措施,加以改善,促进康复,中医学在这方面的优势不容忽视。

此外,在一些新兴医学学科、边缘学科或潜在的新领域中,如时间医学、地理气象医学、行为医学、社会医学、运动医学、健康医学、男性学、进化医学等领域,中医学也有着很大的发展空间。

中医学探索的脚步也从未停滞。近年来涌现的一些理论创新,如中医学基础的"气学理论""体质学说",藏象经络的"脑病学""脉络论",病因学的"瘀毒致病学说""疫毒学说""新五积说",诊断学的"证素学说""微观辨证",方剂学的"君臣佐使论",治疗学的"治未病理论""脑心同治理论""芳香温通法""活血化瘀法""妇科调周法""菌毒并治法""冬病夏治法""肿瘤扶正法"等,顺应时代要求,推陈出新,对中医学实践起到了促进推动作用。

历史和现状表明,中医学确实是一个伟大的宝库,独特的价值决定了其发展潜力巨大、发展空间广阔。继承和弘扬中医学,使之更好地发扬光大,与现代健康理念相融相通,造福广大人民群众,促进健康中国建设,中医学的未来将会更加辉煌。

(陈金水)

第二节　中医学理论体系的基本特点

中医学理论体系是经过长期的临床实践,在唯物论和辩证法思想指导下逐步形成的,它来源于实践,反过来又指导实践。它有三个基本特点:整体观念、恒动观念和辨证论治。

一、整体观念

(一)整体观念的含义

整体是构成事物的诸要素的统一体,是由其组成部分以一定的联系方式构成的。整体观念是对事物和现象的统一性、完整性和联系性的认识。中医学理论认为人体是一个以五脏为中心的有机的整体,人与自然界密切相关,人体受社会、生存环境影响,这种机体自身整体性及其与内外环境统一性的认识,称为整体观念。这一思想是中国古代唯物论和辩证法思想在中医学中的体现,是中医学理论体系的基本特点之一,它贯穿于中医生理、病理、诊法、辨证、治疗等理论体系之中,对临床有重要的指导意义。整体观念着眼于人体的整体功能及整体反应能力,并成为中医方法论和认识论的核心。

（二）整体观念的主要内容

1. 人体是一个有机的整体　人体是由脏腑经络及生命的基本物质精、气、血、津液所构成的。形体结构上,人体由若干脏腑、组织器官所组成。这些脏腑器官在结构上是相互关联、不可分割的。人体以五脏为中心,通过经络系统,把六腑、五体、五官、九窍、四肢百骸等全身组织器官有机地联系起来,并通过精、气、血、津液等的作用,构成一个表里相联、上下沟通、密切联系、协调共济、井然有序的统一整体。每一个脏腑器官都是有机整体的一个组成部分。生理功能上,一方面各脏腑发挥着自身的功能,另一方面脏腑功能之间又有着相辅相成的协同作用和相反相成的制约作用。精、气、血、津液、神等是脏腑功能活动的基础,又依赖于脏腑功能活动而产生。形体结构和生命基本物质的统一,形神的统一,都反映了功能与形体的整体性。病理变化上,脏腑之间相互影响,任何局部的病变都可能引起全身的反应,整体功能的失调也可反映于局部。某一脏腑通过表里、五行生克、气血津液影响其他脏腑的功能。诊断治疗上,当对疾病进行分析判断时,把局部病理变化与整体病理反应有机地统一起来。由于各脏腑、组织、器官在生理、病理上存在着相互联系和影响,在诊断疾病时,就可以通过五官、形体、色脉等外在的变化来了解和判断内脏病变,从而做出正确的诊断,并从脏腑之间、脏腑与组织之间的关系入手,着眼于调节整体功能的失调,采取综合治疗,而不仅限于局部病变的处理。形体结构和生命基本物质的统一性,决定了功能活动的统一性,这种不同功能活动的互根互用、相互协调关系是维持人体生命活动的关键。这种五脏一体观,充分反映出人体内部各组织器官不是孤立的,而是一个相互关联的有机整体。

2. 人与自然环境的统一性　人类生活在自然界中,自然界存在着人类赖以生存的必要条件。如大自然存在的阳光、空气、水、各种物质、生物圈等,构成了人类生存、繁衍的基本环境。因此,自然界的风、寒、暑、湿、燥、火的运动变化,必然会直接或间接地影响人体,而机体则相应地产生生理和病理上的反应,故谓"人与天地相应也"(《灵枢·邪客》)。这种"天人一体观"认为,天有三阴三阳六气和五行的变化,人体又有三阴三阳六气和五脏之气的运动。自然界阴阳五行的变化,与人体五脏六经之气的运动是相互收受通应的。所以,人与自然环境密不可分,息息相通,即"人与天地相应"。《素问·四气调神大论》说:"阴阳四时者,万物之终始也,死生之本也,逆之则灾害生,从之则苛疾不起。"人生活在自然界,应顺应自然,而不是违背自然的规律。

季节气候对人体的影响:《灵枢·五癃津液别》所言"天暑衣厚则腠理开,故汗出……天寒则腠理闭,气湿不行,水下留于膀胱,则为溺与气",说明了四季气候的更替变化使人表现出规律性生理适应过程,因此人体应随春夏秋冬的气候交变而出现相应的变化。如夏季汗多尿少,冬季汗少尿多等,就是人体生理活动适应自然气候自我调节的结果。同样,脉应四时而见春偏弦、夏偏洪、秋偏浮、冬偏沉等变化。天气的风雨阴晴对人的气血运行也会产生影响,如晴天,阳光明媚,气血运行舒畅,人会感到神清气爽;而阴雨天,乌云密布,气血运行迟缓,则使人感到倦怠郁闷。

昼夜晨昏对人体的影响:《素问·生气通天论》有"阳气者,一日而主外,平旦阳气生,日中而阳气隆,日西而阳气已虚,气门乃闭",说明了昼夜晨昏的变化对人体生理有不同影响,人体应与之相适应。人体的阳气,白天趋于体表,推动人体脏腑组织器官进行正常的生理活动,有利于人们劳作;夜晚多趋于里,机体功能活动相对迟缓,便于睡眠休息,这反映了人体阴阳与自然界阴阳之间存在着适应性的自我调节变化。此外,人体的体温、脉搏、呼吸、血压等也有昼高夜低的节律变化。当人生病后,因晨起阳气生、中午阳气盛,人体内阳气与之相应,阳气渐生渐旺,阳气能胜邪,故白天病情较轻;午后阳气衰,夜晚阳气内藏,人身阳气亦随自然界阳气的渐退而渐衰,故而傍晚加重。这就是所谓"旦慧、昼安、夕加、夜甚"。

地域环境对人体的影响:《素问·宝命全形论》有"人生于地,悬命于天,天地合气,命之曰人",说明了地域环境对人体生理也有影响,人体应与之相适应。由于各个地区和方域都有其各自的自然环境和条件,因此各地区的气候、地理环境、人文习俗、生活习惯等也都存在差异。如南方气候炎热而多潮湿,故人体腠理较疏松,体格多柔弱瘦小;北方气候寒冷而多干燥,故人体腠理较密,体格壮实粗犷。一旦异地而居,环境突然变化,初期多感不太适应,出现"水土不服",容易患病。经过一段时间可逐渐适应,都说明了地域环境对人体生理活动有一定影响,又说明了人体具有适应自然的能力。

人与天地相应,不是消极的、被动的,而是积极的、主动的。在自然界中,四时气候、昼夜晨昏、土地方宜等,均给予人的生命活动与疾病一定影响。因此人类应主动地适应自然,与自然保持和谐统一,从而提高健康水平,减少疾病。人的适应能力是有限的,而人与人之间也存在差异。一旦自然界变化过分剧烈,或由于个体自身适应及调节能力偏弱,不能对自然环境的变化作出相应的调整,就会发生某些疾病。所以因时、因地、因人制宜,是中医治疗学的重要原则。

3. **人与社会环境的统一性**　社会是以一定物质生产活动为基础而相互联系的人类共同体,是生命系统的一个组成部分。人不单是生物个体,而且是社会中的一员,具备社会属性。社会环境不同,可造成个体的身心功能与体质的差异,如政治、经济、文化、宗教、法律、婚姻、风俗习惯、生活方式、人际关系、饮食习惯、兴趣爱好等社会因素,都会影响人体生理活动、心理活动及病理变化。心理因素与社会环境密切联系在一起,称之为社会-心理因素。人既有自身属性,又有社会属性。人生活在社会环境中,社会环境因素的变化与人们的身心健康和疾病密切相关。如社会安定,人们丰衣足食,生活规律,其抵抗力强,故病少而轻,寿命也长;社会动乱,人们流离失所,饥饱无常,其抵抗力下降,各种疾病易发生,故病多而重,死亡率也高。良好的社会环境,融洽的人际关系,可使人精神振奋,勇于进取,有益于身心健康;不利的社会环境,可使人精神压抑,或紧张恐惧,从而影响身心健康。政治、经济地位过高,易使人骄傲、霸道、目空一切;其地位低下,则易产生自卑感或颓丧情绪,从而影响人体脏腑功能和气血的流通,乃发疾病。社会进步,使人们的生活水平和健康意识提高,有益于健康和延年益寿;同时也会给人类带来一些不利于健康的因素,如人口增长、资源减少、环境污染、节奏紧张、失业下岗等,可使人精神紧张、情绪压抑、安全感低下与稳定感缺失等,导致一些新的身心疾病。中医学历来强调人与自然、社会的和谐统一,重视社会-心理因素,即情志因素对健康和疾病的影响。故《素问·上古天真论》说:"精神内守,病安从来?"

综上所述,中医的整体观念,是中国古代哲学天人合一的整体观在中医学中的应用和发展,是中医学在临床实践中观察和探索人体与自然界关系所得出的认识,也是中医诊疗疾病时所必备的思想方法,它贯穿于中医学的生理、病理、诊断、治疗、防病、养生之中,并对现代环境科学、认识和治疗身心疾病,以及解决天人对立的生态失衡,均有重要的指导意义。

二、恒动观念

(一) 恒动观念的含义

恒动,就是不停地运动、变化和发展。运动是物质固有属性。《格致余论·相火论》云:"天之生物,故恒于动,人之有生,亦恒于动。"中医学认为,一切物质,包括整个自然界,整个人体,都处于永恒而无休止的运动之中,"动而不息"是自然界的根本规律。因此,研究人的生命活动、健康和疾病等医学问题,应持有运动的、变化的、发展的观点,而不可拘泥一成不变的、静止的、僵化的观点。这种恒动观念也是中医学理论体系的基本特点之一。

(二) 恒动观念的主要内容

1. **生理上的恒动观**　人体脏腑器官的生理活动都是处于永恒无休止的运动变化之中。自然界生化万物有赖于恒动不休,人体生命活动也是如此。气是构成人体和维持人体生命活动的基本物质之一,气有很强的活动能力,无处不到,始终处于运动状态,时刻激发和推动着机体的各种生理活动。中医学把气的运动形式归纳成升、降、出、入,谓"升降出入,无器不有"(《素问·六气微旨大论》)。人体生、长、壮、老、已的生命活动过程就是一个升降出入气化作用的动态平衡过程。在这一过程中,充分体现了"动"。维持健康就要经常锻炼身体,即为"生命在于运动"之本意。如人体对饮食物的消化吸收,津液的环流代谢,气血的循环灌注,脏腑的功能活动,物质与功能的相互转化,无一不是在机体内部以及机体与环境之间阴阳运动中实现的。

2. **病理上的恒动观** 邪气伤人,非常则变,五脏相通,病变互传,移皆有次。从病因作用于机体到疾病的发生、发展、转归,整个疾病的全过程始终处于不停的动态变化之中。如外感表寒证未及时治疗,则可入里化热,转成里热证;实证日久可转为虚证;旧病未愈又添新疾、新疾又往往引动旧病等。另一方面疾病的病理变化多表现为一定的阶段性,发病初、中、末期都有一般规律和特点。如风温初在肺卫,中在气分,末期多致肺胃阴伤。又如气血瘀滞、痰饮停滞、宿食蓄积等,都是机体脏腑气化运动失常的结果,这些都是病理上的恒动观。

3. **疾病防治的恒动观** 人体的一切病理变化,都是机体脏腑、阴阳、气血津液失去平衡协调,即阴阳偏盛偏衰的结果。《素问·至真要大论》说:"谨察阴阳所在而调之,以平为期。"治病必求其本,以平为期,是指治疗应以调整机体的阴阳动态平衡为基本原则。中医学主张未病先防、既病防变的思想,就是以运动的观点去处理健康和疾病的矛盾,调整人体的偏盛偏衰,使之保持机体生理活动的动态平衡。因此,中医学养生及防治疾病的思想方法,均体现了运动是永恒的、静止是相对的恒动观念。

三、辨证论治

辨证论治,包括辨证和论治两大方面。是中医认识疾病和治疗疾病的基本原则,是中医学对疾病的一种特殊的研究和处理方法,也是中医学的基本特点之一。中医学将"人"置于自然、社会整体的核心,既注重人的群体共性,又注意区分个体差异。在对待健康与疾病的问题上,始终注意区别整体状态下的具体的"人",形成了中医学"辨证论治"的个体化诊疗特点。

所谓"辨",有审辨、甄别等意思。所谓"证",有"证候""证据"之意,它是机体在疾病发展过程中某一阶段的病理概括,它反映了疾病某一阶段的病因、病位、性质以及邪正关系和发展趋势,它揭示了疾病的本质。中医的"症""病"与"证"有着质的区别。"症"主要是指症状,是病人诉说的不适,如头痛、发热、身痛等,同一症状可以由多种不同病因引起,病理机制常大相径庭,基本性质也可以完全不同,如头痛可见瘀血头痛、痰湿头痛等。中医学中的"病"名比较复杂,有些是根据临床表现命名的,如黄疸、消渴等;有些是根据疾病部位命名的,如肠痈、肺痈等;有些是根据病因命名的,如伤食、中暑等。同一种疾病可以有不同的本质特点,可以由不同的病因所致,更可以有不同的发展阶段。"证"比单纯的症状或病名都更全面、深刻、确切地揭示了某阶段疾病变化的本质,在疾病诊治过程中更为重要。

辨证则是从整体观念出发,将望、闻、问、切四诊所收集的病史、症状和体征等资料,依据中医理论,进行综合分析,辨清疾病的病因、病位、性质以及邪正关系等,从而概括、判断为某种性质的证。因而,辨证的过程就是对病人的病情作出正确的全面分析、推理、判断、诊断的过程,也可以说是分析并找出主要矛盾的过程。论治,是根据辨证的结果,选择和确立相应的治疗原则和治疗方法的过程,也是研究和实施治疗的过程。辨证是确定治则和治法的前提和依据,辨证正确才能立法有据,提高疗效;论治则是在辨证的基础上,确定治疗原则、选择治疗的具体手段和方法,并加以实施,论治是辨证的目的,通过观察治疗效果,还可以检验辨证的正确性,二者密切相连,不可分割。

辨证论治作为指导临床诊治的基本规范,它指导人们辨证地看待"症""病"与"证"的关系,既应看到同一种疾病常表现出多种不同的"证",又须注意不同的疾病在其发展过程中的某些阶段,有时可出现类同的"证"。因此在临床治疗时,还可根据辨证结果分别采取"同病异治"或"异病同治"等方法。如同为水肿病,根据其本质特点,可辨为多种证候,就脏腑而言,主要涉及肺、脾、肾三脏;就性质而言,既可有虚证,又可有实证;就病因而言,有风热、风寒、邪毒、水湿等,因此在治疗时必须根据这些不同的性质与特点,采用相应的治疗方法。又如对久痢脱肛、子宫下垂、胃下垂等不同的病,其证都是中气下陷,均可用升提中气之法治疗。

　　辨证论治的过程,就是中医认识疾病和治疗疾病的过程,是中医的理、法、方、药理论体系在临床上的具体应用过程。中医强调个体差异,侧重辨证与辨病相结合,重视整体与局部、客观与微观的辩证关系。中医治病主要不是着眼于病的异同,而是着眼于病机的区别。相同的病机,其基本治法也就相同,不同的病机,其治法就不相同,即所谓"证同治亦同,证异治亦异",实质上是由于"证"的概念中含有病机的缘故,这种针对疾病发展过程中,不同性质的"证"用不同的治疗方法去解决的法则,就是辨证论治的实质与精髓。在临床中,针对疾病过程中的不同情况,随机应变,抓住主要矛盾,因时、因地、因人制宜,选择最佳的治疗方案,取得较好的临床疗效。

第三节　中医学的认知与思维方法

　　认知,是指一般认识活动或认识过程,认知过程是对客观世界的认识和察觉,包括感觉、知觉、记忆、思维、注意等心理活动。思维,是指理性认识过程,是人脑对客观事物能动的、间接的和概括的反映。间接性和概括性是思维的主要特征。认知和思维密切相关。所谓中医学的认知和思维方法,是指诸如四诊、治法、针法、灸法等具体操作方法而言的理性思维方法。

一、中医学认知与思维方法的主要特点

　　中医学的认知和思维方法,是中医理论体系构建过程中其理论认识的方法学,它借助于语言,运用概念、判断、推理等认知与思维方式反映人体内外的本质联系及其规律性。中医学在长期的医疗实践基础上,运用中国古代哲学的认知和思维方法,对人体的组织结构、生理功能、病因病机、诊法和治则、养生与预防等进行了综合分析、归纳和总结,逐渐形成了中医学的理性认识。因此了解和掌握中医学特有的认知和思维方法,是学习和理解中医学基础理论的入门途径,也是深入研究中医学的必要手段。

　　中医学的认知和思维方法,具有多元化、多层次的特点,如擅长哲学与类比思维,注重宏观与整体研究,强于捕获灵感和顿悟,长于逻辑思维、抽象能力和概括能力等,其内容丰富,具有中国传统文化特有的科学思维特征。

二、具有中医特色的认知方法

(一) 司外揣内

　　司外揣内,是指通过事物的外在表向,以揣测分析其内在变化的认知和思维方法,又称"以表知里"。古代学者认为"有诸内,必形诸外"。由于事物的内外是一个整体,相互之间有着密切联系,因此,一切事物的内在变化,通过某种方式都可在外部表现出来。中医学理论中关于人的生理病理许多知识皆源于此。具体而言,如心主血脉、其华在面及肝开窍于目等藏象学说的理论,都是借助对外在生理病理现象的观察,以推测和判断内在脏腑的生理病理变化的,以此作为诊断和治疗依据。

　　有人认为,司外揣内方法与现代控制论的"黑箱"方法类同,此方法可预测研究对象内部大致的联系与变化,可获得较多的信息。但由于司外揣内方法是在没有打开"黑箱",不太了解内在结构具体细节的情况下进行研究的,固然可以从总体上准确地把握对象之间错综复杂的联系和变化,却对许多细节的了解失之笼统,远不如还原分析方法那般细致准确,而细节的笼统又很大程度上限制了对总体认识的深入。因此司外揣内方法也有一定的局限性。

(二) 援物比类

　　援物比类,又称"取象比类",是运用形象思维,根据被研究对象与已知对象在某方面的相似或类同,从而认为两者在其他方面也有可能相似或类同,并由此推测被研究对象某些性状特点的认知和思维方法。《素问·示从容论》提出"援物比类,化之冥冥""不引此类,是知不明也",表明它是中医学常用的认知和思维方法。古人认为自然界的日月、寒温、昼夜均对人体的生理功能有影响,如《素问·八

正神明论》称"天温日明,则人血淖液而卫气浮,故血易泻(泄),气易行;天寒日阴,则人血凝泣而卫气沉"。对于人体生理功能在不同条件下发生细微变化的这些认识,已得到现代时间生物医学研究的证实。中医学之所以能获得这些知识,除了依据长期悉心的观察外,还着力借助了援物比类方法。如水的流动性状明显受到寒温变化的影响,人体的主要成分水、血液也是液态物质,其在体内循行就像水在河道中流动一样,因此它的运行也一定会受到天气寒温变化的影响。五行学说认为宇宙间的一些事物,都是由木、火、土、金、水五种物质构成,事物的发生、发展、变化都是这五种物质运动和相互作用的结果。中医学借助取象比类的方法,把人体脏腑组织功能特性按照五行各自特性相配归属,如将与"木"相类的肝及其功能活动归属于木,以此类推,心属火、脾属土、肺属金、肾属水,从而形成了人体的肝、心、脾、肺、肾五大生理病理系统。

中医学还运用取象比类的认知和思维方法,创造了"釜底抽薪法""提壶揭盖法""增水行舟法"等运用于临床。

然而,援物比类法虽在许多情况下十分有效,但也存在着局限性。因为事物之间存在着同一性与差异性,同一性提供了比类的逻辑依据,差异性则限制着比类结论的正确性。因此,比类推理的结论可能是正确的,也可能是错误的,对比类得出的结论,还须进行具体分析,不可盲从。

（三）心法和顿悟

心法,是指在研究过程中,对某些问题殚心思忖,反复琢磨,终于心领神悟,获得独到见解的一种认知方法。顿悟,原系佛教用语,它与逐渐理解相对而言,指对某问题苦思冥思突然独有所悟,一下子进入明澈的境界,它与通常所说的"灵感"相通。在中医学早期著作中有"慧然独悟""昭然独明",后期著作又称"禅悟""心悟"等,心法与顿悟这两种认知思维方法相互联系,均属非逻辑思维方式,且都是东方民族中的思维方式。

心理学研究表明:心法与顿悟并非玄秘莫测,它们是在人类思维中实实在在存在的、重要的创造性思维方法。科学史的研究也提示,许多科学也源自假说,而大多数假说的原型正是借助心法、顿悟等非逻辑思维方法,在科学研究中的意义有了新的认识和评价。中医学家亦然,历代许多医学家把自己的医学著作冠以"心法""心悟""心书""心得集"等,就体现了这一点。清·吴瑭《温病条辨·自序》中谈及"瑭进与病谋,退与心谋,十阅春秋,然后有得"。许多医家的治学都有类似的经验和体会。用心法与顿悟等非逻辑思维方法,探究医学,深察人体奥秘,阐发新观点、新见解,作出创造和发明。因此,心法与顿悟是衡量医家创造性思维能力强弱的一个重要标志。

心法与顿悟虽属非逻辑性思维,但不等于随心所欲、胡思乱想。它们不是轻而易举便能萌生的,需要两方面的因素:一是具备非逻辑思维的能力和技巧;二是要具备广博和深渊的知识,并立足事实,对有关问题有锲而不舍的、追究深思的精神。

必须指出,尽管心法与顿悟等是属于重要的创造性思维方式,但由此获得的只是些思路、想法等,随着医学的不断进步和发展,在改进和创造中不断完善自己,经过实践检验或进行严密的逻辑论证,才能升华为有重要认知意义的理性知识。

（四）试探和反证

试探,是指对复杂的对象先作一番考察,尝试性地提出初步设想,采取一些措施,然后根据实践结果,再作适当调整,完善修改原设想,以决定下一步措施的一种逐步接近的认知方法。反证,是指从结果来追溯或推测原因并加以证实的一种逆向的认知方法。这两种方法既有共性,又有区别,它们都从结果反推出原因,此为其同;试探是事先采取一定措施,以引起反应,反证则无此环节,此为其异。

试探与反证这两种认知方法在中医学中都被广泛应用。如汉·张仲景在《伤寒论》中说:"若不大便六七日,恐有燥屎。欲知之法,少与小承气汤,汤入腹中,转矢气者,此有燥屎也,乃可攻之;若不转矢气者……攻之必胀满,不能食也。"其中"少与小承气汤"便有试探之意。明·张景岳在《景岳全书》中说:"若疑其为虚,意欲用补而未决,则以轻浅消导之剂,纯用数味,先之探之。消而不投,即知为真虚矣。疑其为实,意欲攻而未决,则用甘温纯补之剂,轻用数味,先以探之。补而觉滞,即知其实也。假寒者略温之,必见烦躁;假热者略寒之,必加呕恶;探得其情,意自定矣。"张景岳不仅强调了试探法的重要性,也表明了中医把握病证性质的过程,常是既依赖经验又具备机敏智慧的认知和思维过程,而不是按图索骥。古代医家常借助试探法来审视病因,进行辨证,通常称为"审病法""消息法"。中医认识病因的"审证求因"法是典型的反证法。它通过对症状和体征的审辨甄别,从结果出发,去追索反推出病因。中医学关于"六淫"的认识,大多是这样形成的。反证法是依据"输出结果"来推测"输入信息"或黑箱内在结构的认知方法。它与"司外揣内"法有类似之处,这一方法在认识复杂疾病和现象时,具有一定参考意义。

除上述方法之外,注重整体直观而忽略还原分析,强调事物间的相互联系而疏于具体形质研讨,侧重于动态描述而弱于静态细究、归纳演绎推理等,都是中医认知和思维过程中的方法论特点。在此不一一赘述。

第四节　中医学与西医学的比较与结合

医学作为人类生存的一个重要组成部分,其发展与人类的历史是同步的。自从有了人类,便开始有了医学知识的积累。从世界医学的角度看,原始社会末期,由于生产力水平的提高,人类开始进入文明史时代。古埃及、古巴比伦、古印度、古希腊及古代中国被认为是人类文明的五个主要发源地。他们不仅创造了各自的文明,而且孕育了各自的医学,即古埃及医学、古巴比伦医学、古印度医学、古希腊医学、古罗马医学以及古代中国医学。这一时期的医学,尽管研究对象是同一的,医学的基本性质和基本任务是相同的,但其社会和文化基础则各有特色,使孕育中的医学从这时起就有各自的风格。后来,以古希腊医学为主,逐步发展为今天的西方医学——西医学;中国医学自其理论体系形成后,则一直保持其原有的理论传统,是世界上唯一经历了数千年发展而延续至今的传统医学——中医学。中医学与西医学都是先人在劳动创造中不断积累经验的基础上发展而来的预防和治疗疾病的科学体系,二者在医学知识最初的起源、发展过程中的医巫合一与分流、指导医学理论的哲学基础、医学伦理原则及对服务对象的平等尊重等许多方面具有相同或相似之处。但是,二者认知方法、理论体系、诊疗体系的基本属性和特征方面具有很大的差异。认真学习和分析中、西医学的差异,对我们坚持中西并重的方针,促进中、西医学的繁荣具有重要意义。

一、中医学与西医学基本属性及特点的比较

（一）归纳与分析

中医学和西医学起源于不同的地域,是在相异的文化背景下发生、发展和成熟起来的,所采用的认知方法也就显著不同。中医采用的认知方法是司外揣内、归纳演绎,在阴阳五行理论指导下,对所观察到的人体生理与病理现象在进行横向的取象比类之后判定其本质,采用文哲属性的语言进行提炼和总结,形成中医学特有的理论范畴。西医采取的认知方法则是深入地纵向分析,直接探讨生理与病理现象的原因和机制,采用科学属性的语言进行描述和分析,建立现代医学的逻辑概念体系。

（二）宏观与微观

中医学的整体观念决定了其认识人体生理与病理现象的宏观性。中医学着眼于从宏观上把握生理与病理现象的性质及其变化,从人体自身、自然环境、生活条件和社会状况等因素综合探讨健康与疾病的规律。任何发生在局部的病理现象,也被看作是整体的病理反映在局部的表现。西医则偏重于从微观入手,以还原论为指导,对医学现象不断进行深入细致的剖析,从物化的角度去把握人体生理与病理的现象和实质。

（三）抽象与具体

由于中医学司外揣内、演绎推理的认知方法,再加上阴阳五行等哲学概念和范畴融入其理论体系,使得中医学概念和术语具有间接符号特征,因而中医学富有抽象性,与西医概念和术语直观、直

接、具体的描述形成鲜明的对照。

（四）功能与结构

演绎推理的认知方法,使得源于观察结构的中医脏腑概念逐渐功能化。无论是人体五脏六腑的生理现象还是病理变化,中医强调的是脏腑的功能是否正常、气血的运行是否调和、阴阳是否平衡,反映中医病理本质的"证"也可以看作是机体所处特定状况下的一种"功能态";而西医的理论则可以说是建立在结构的基础之上,依赖于肉眼观察所见或借助仪器设备的观察与检测,即使论及功能也是以结构为基础的功能。

（五）辨证与辨病

如前所述,中医辨证就是分析病变的原因、了解病变的机制、弄清病变的部位、判断机体的正气与病邪的盛衰关系,最后辨明为某种性质的"证",因此中医的辨证过程就是中医的诊断过程;辨证是中医治疗的基础和前提,而"证"就是中医治疗的靶标。西医的诊断单元则是疾病,诊断与鉴别诊断都是以疾病为基础,因为西医疾病诊断的确立反映了病变的基本性质,在很大程度上决定了治疗方法和措施,预示了病变的发展趋势和预后。因此,西医病名的认定极为重要,而中医的疾病名称多来自某一症状或体征,对治疗不具决定性作用,而起决定作用的是证的不同。因此可以说,中医的诊断主要是辨证,西医的诊断则是辨病。如将二者结合起来进行诊断,则能更全面地反映出疾病的性质,将大大有利于提高疗效。

二、中医学的优势和中西医学的互补性

（一）中医学的优势

中医药在历史发展进程中,兼容并蓄、创新开放,形成了独特的生命观、健康观、疾病观、防治观,实现了自然科学与人文科学的融合和统一,蕴含了中华民族深邃的哲学思想。生命科学和中国哲学的完美结合是中医学的一大优势。随着人们健康观念的变化和医学模式的转变,中医药越来越显示出独特价值。

中医学作为生命科学范畴的传统学科,具有医学科学的一些共同特性。然而中医学是一门诞生在中华文化母体基础上的学科,又是目前世界上现存的唯一经历了数千年延绵不断之发展过程的医学学科,历史积淀厚实,有着一些不同于其他医学体系的特点与优势,因此日益受到世界各国人民的关注,有着无穷的生命力。

1. **综合性** 中医学的综合性体现在看待问题的多维性视角,知识构成上的多学科渗透和维护健康的综合性措施等方面。《黄帝内经》强调道者(学习医道的人)需"上知天文,下知地理,中知人事"。中医学研究的是人的生命及其健康和疾病问题,由于人有生物、社会等多重属性的特点,因此生老病死等不只是生物学问题,同时还与社会、心理、人伦及文化、环境等众多因素有关。中医认为人与自然、人与社会是一个相互联系、不可分割的统一体,人体内部也是一个有机的整体。重视自然环境和社会环境对健康与疾病的影响,认为精神与形体密不可分,强调生理和心理的协同关系,重视生理与心理在健康与疾病中的相互影响。中医学是天地人三才一体的整体医学模式,涵盖环境、社会、心理、生物、人伦等各个方面,可为当今世界医学发展的参照。由于视野开阔,视角多维,涉及广泛,故中医学渗透着众多相关学科的知识。除了古代的哲学思想曾对中医学的形成和发展起过重要作用外,我国古代的天文、气象、地理、物候、农牧、生物、植物、军事、数学、冶金、酿造等知识、技术及其成就,都曾对中医学的形成和发展起过促进作用。数千年的不断探索和积累,中医学形成了综合性强而多姿多彩的维护健康、防病治病的有效措施和方法,中医养生和防病实践早已与国人日常生活融为一体。如非药物疗法的针法、灸法、手术、推拿、正骨、导引、按摩、吐纳、食疗、气功、太极拳等,药物疗法的内服、外敷、药膳等。具体到每一类而言,又有分之又细的治法,如熏法、蒸法、敷贴、外洗、涂敷、含漱、引流、噙化、膏药等。如此丰富的治法,充分体现了中医的综合性。

2. **强调人本思想和个体化诊治** 中医学追求"治病求本"的境界,研究对象正是"以人为本"。

中医诊疗着眼于"病的人"而不仅是"人的病",着眼于调整致病因子作用于人体后整体功能失调的状态,强调因人、因时、因地制宜,强调个体化诊治,在临床上具体体现为"辨证论治"。张仲景总结的"观其病证,知犯何逆,随证治之"辨证论治思想,是中医学认识疾病和治疗疾病的基本原则。英国《柳叶刀》杂志载文称,当今所推崇的个体化诊疗方案的首倡者是中国 1800 多年前的中医师张仲景。

3. 注重自身内因、重在调整状态　中医学注重内因,注重调整机体状态,是治疗方面的一大优势。中医学认为,人之所以会生病,是致病因素和机体本身抗病因素相互斗争的结果,中医称为"邪正斗争",又称为"阴阳失调"。《黄帝内经》认为诸多疾病"非天降之,人自为之""正气存内,邪不可干"。这说明,外界病原体或其他致病因素("邪")只是促使发病的诱因,发病与否的关键常取决于人体自身的协调、适应和抗病能力("正")。因此,中医学始终把调整人体内在功能状态和调节阴阳平衡放在养生保健与防病治病的核心地位。正如《黄帝内经》所说的"阴平阳秘,精神乃治"。中医强调和谐对健康具有重要作用,认为人的健康在于各脏腑功能和谐协调,情志表达适度中和,并能顺应不同环境的变化,其根本在于阴阳的动态平衡。疾病的发生,其根本是在内、外因素作用下,人的整体功能失去动态平衡。维护健康就是维护人的整体功能动态平衡,治疗疾病就是使失去动态平衡的整体功能恢复到协调与和谐状态。同时,中医"未病先防,既病防变"的"治未病"思想和养生保健的思想,充分体现了中医学预防与治疗相统一的特点,这与现代医学重视和强调"预防为主"的观点不谋而合。然而,中医学在长期的发展过程中对养生保健积累了比西医更为丰富的知识和经验,如食疗、药浴、针灸和推拿等,不仅对健康和亚健康状态有多姿多彩的方法进行维护和调理,即便是在疾病的治疗过程中也极为重视调护机体正气,促进康复,完整地体现了治病与养生的有机结合。中医学的绝大多数治法,都是通过调整个体自身功能,改善机体内在环境后起效的。当然,中医学也不乏直接作用于病因或病邪的疗法与手段,但是在多数情况下,这些疗法或手段都组合在治病求本、调整内在功能之中。

4. 实用性　实用性是中医学存续、发展的缘由和活力之本。中医学是从养生、保健、治病及日常生活的实践中发展而来,又经数千年的历史洗涤,不断被后人重复检验、比较、筛选,优而精者留,劣而粗者汰,经历史锤炼而成,既能切实解决实际问题,且又具简、便、廉、验、安全、持久等优势。如就中医的主体——临床治疗学而言,历代医家运用砭石、针灸、推拿、按摩、药物(包括丸、散、膏、丹、酊剂等)、外敷、手术等多种治疗手段,在临床各学科的治疗中取得了较为理想的疗效。由于中医要求的诊疗条件、防治措施相对简单便捷、易学易行,许多非药物疗法不需要复杂器具,其所需器具(如小夹板、刮痧板、火罐等)往往可以就地取材,易于推广使用,尤其在医疗条件匮乏的农村、基层、灾区、战时等,具备更高的实用性。

5. 诊疗手段的非损伤性及安全性　中医学始终关注如何以最小的代价、最大的安全性来诊治疾病。《黄帝内经》反复强调养生、预防,《神农本草经》从安全性着眼把药物分为上、中、下三品,望、闻、问、切各种诊法的无创性,中药的炮制减毒、方剂的君臣佐使搭配,针灸、推拿、外敷、熏熨等非药物疗法,无不体现出中医学在这些方面努力的成就。即便是某些特殊病证必须用的一些毒副作用较大的药物或疗法,中医学也强调十去六七则止,再转平和之药以善其后,或强调断续用药、中病即止。

6. 丰富的积累　数千年传承有序的中医学积累了浩若烟海的医学典籍,记载着信息量巨大的理论和实践经验,这是绝无仅有的人类生物学知识宝库。充分继承、挖掘、利用好这个智慧的资源,造福全人类,这是每个医学工作者的使命和机遇。

(二) 中西医学的互补性

中西医学的本质区别是哲学观念的区别、思维方式的区别,在生命观、疾病观、医学观上各有优势,并且有互相启迪、互相阐发、互补互融的趋势。

中医学的思维模型具有符号性、功能性、超形体性、时序性、过程性、模糊性等特征,中医学对生命复杂现象的直觉观测、灵性感悟、整体把握上较为显著,主要体现在精神层面、整体层面、动态层面。与之相比,西医在物质层面、结构层面、个体层面、静态层面,以及对生命现象的知性观测、数理分析、微观把握上占优。中医学认为疾病产生的主要原因是人体气血脏腑功能的失衡,用辨证求本的方法,发掘正气潜能、自稳自主自调节,恢复动态平衡、稳态、和合态,重新达到"阴平阳秘"的健康状态。西医对病因、病理、病位的物质性指标把握精确细致,通过对抗、消除性为主的治疗,去除致病因素,干预致病环节。中医学独特的思维方式、理论体系和丰富的实践经验,在学术发展中吸收了现代科技的成果,也包括西医学的成果,不断传承、创新,同时也对西医的发展进步发挥了有益的影响。

　　新中国成立以来,中西医结合领域的一项重大进步就是将西医辨病与中医辨证结合起来进行诊治,这两种从不同角度、不同层面认识疾病本质和治疗规律的诊治方法具有明显的互补性,使医生在制订诊疗计划时能整体与局部兼顾、宏观和微观并调,治疗措施更具针对性和选择性。以微观的病原学、免疫和病理学等具体概念为基础的西医在治疗很多疾病方面有显著优势,如对实体性肿瘤的治疗,在祛除肿瘤病灶、减轻肿瘤负荷方面常能迅速取效。但恶性肿瘤不是局部性疾病,而是全身性疾病,仅针对肿瘤进行局部治疗不足以使肿瘤患者得以康复,而中西医结合对肿瘤的防治具有取长补短作用。随着西医治疗观念由"治病"到"治病人"的转化,医学目标更强调集中在病人的整体状况,使病人身心健康、延年益寿、享受生活。中医在提高机体抵抗力、消除症状和改善生活质量方面有显著优势。中医治疗历来强调标本缓急,急则治标,缓则治本。虽然中医在治疗急性危重疾病方面积累了丰富的经验,还显示出中医治疗急症的特色,但是综合来看,西医治疗急症更具快速取效、针对性强等特点。中医的突出长处在于治疗疾病的缓解期、慢性病、亚健康等方面。中医调整阴阳、调畅气血的作用,实现调理、调和、调养等功效,与慢性病、亚健康等多环节的病机非常对应,在治疗方面优势显著。一般来说,西药的化学成分与结构清楚,作用机制明确,常对患病机体明确的靶点或某一方面有显著的干预作用;而中药复方中更多的是分子结构不清楚的众多化学成分,它们通过多环节、多靶点、多途径的协同而发挥综合的治疗作用,作用机制不十分明确,我们通过进一步的研究,不仅可以提高临床疗效,而且对探索疾病的本质也十分有利。

　　虽然现代生命科学和医药科学取得了巨大进步,可是人类面临的健康问题依然严峻,西医学显然不能解决所有的疾病与健康问题。随着社会的发展和生活方式的变化,传统医药学的光芒在新的时期更加灿烂。究其原因,乃传统中医药学有其独特的理论体系和丰富的医疗实践,在医学模式转化和疾病谱改变的今天大有可为,显示出不可替代、不可或缺的优越性。

（范　恒）

复习思考题

1. 中医的四大经典著作是哪几部?
2. 简述金元四大家及其学术主张。
3. 吴有性对温病学说有何贡献?
4. 中医理论体系的基本特点包括哪些内容?
5. 什么是整体观念?整体观念包括哪些内容?
6. 中医学中"症""病""证"的概念与相互之间的区别?
7. 中医的认识和思维方法包括哪些内容?
8. 为什么说辨病与辨证相结合是中西医结合的最大成就?

第二章 中医学的哲学思想

【内容提要】

元气论和阴阳五行学说是我国古代认识自然并解释自然的世界观和方法论,也是中医学哲学思想的核心组成。本章讲述元气论、阴阳学说、五行学说的基本概念,气、阴阳、五行的相互关系及其在中医学之中的应用。

中医学以中国古代哲学的元气论、阴阳学说、五行学说为世界观和方法论,以"气、阴阳、五行"的不同特征,诠释人体脏腑结构与生理功能,病证发生与发展变化、疾病防治规律及人体与外环境的关系;元气论、阴阳学说、五行学说成为中医学理论体系的重要组成部分。

【学习要点】

1. 掌握气、阴阳、五行的基本概念与基本特征;掌握元气论、阴阳学说、五行学说的基本规律。

2. 熟悉气化、阴阳消长转化、五行生克乘侮关系;熟悉中医学运用元气论、阴阳与五行学说解释人体结构、脏腑生理功能、病证传变并指导疾病的辨证和治疗。

3. 了解划分事物阴阳属性与五行归类等中医学的哲学思想内容。

哲学是关于自然界和人类思维及其发展运动规律的理论化、系统化的世界观和方法论,概括各种自然现象和社会认知。中医学需要世界观和方法论的指导,学科的发展离不开哲学。距今约 2000 多年前的战国至两汉时期,中国古代哲学思想得以长足发展,代表科学文化进步的精气学说、阴阳学说、五行学说不仅渗透于天文、地理、政治、兵法与历法领域,也渗透至医学领域,对医学理论体系的形成影响深远。

中国古代哲学认为宇宙是动态的、有机的、变化万千的世界,"气"是最高哲学范畴,而"气"是世界的本原和天地万物同一的物质基础,宇宙的演化过程是气-阴阳-五行-万物变迁的过程;以气-阴阳-五行的逻辑系统,阐明物质世界一切事物的运动变化,揭示万物本质。元气论、阴阳学说和五行学说是中国古代关于世界本源和物质发展变化的宇宙观和方法论,这一中国古代哲学思想对中医学理论体系形成和发展有着深刻影响。中医学是中国传统的、自然地研究人类生命过程、健康与疾病变化规律的生命科学体系,中医学蕴含中国传统文化,自然以古代哲学思想为指导,构建中医学独特理论体系的世界观与方法论。

中医学用精气、阴阳、五行等学说,阐述关于人体生命、健康、疾病等一系列医学问题,以整体观念为主导,以脏腑经络和精气血津液的生理病理为基础,以辨证论治为诊疗特点的独特的医学理论体系;《黄帝内经》《难经》《神农本草经》《伤寒杂病论》等医学专著的问世,标志着中医学理论体系的形成。

气是物质世界的本原,标示物质存在的基本概念。万物变化皆因气,人之生属气之聚,气与医学相结合并应用于中医学之中,形成了中医学的元气论。阴阳学说是中国古代朴素的对立统一论,以元气论为基础,气是阴阳对立的统一体,物质世界通过阴阳二气的相互作用,不断地发生、发展、运动变化着;中医学以阴阳学说为基础,构建中医学自身科学观与方法论,冀以阐述生命的起源与本质,机体的生理功能、病理变化、病证辨治规律。五行学说是中国古代朴素的系统论,中医学以五行学说系统论的观点,探索事物的运动变化及其相互关系,揭示人体健康、病证及其辨治规律。

中医学借助古代哲学思想与方法构筑其独特的医学理论体系,而古代哲学思想与方法又逐渐萌发于这一认识人体生命现象过程的土壤之中;中医学以中国古代哲学的元气论、阴阳学说、五行学说为世界观和方法论,与自身固有的理论和经验相融合,以诠释人体的形态结构,生命活动过程,疾病的原因、机制与发展变化、辨证与防治规律及其与外环境的关系,元气论、阴阳学说、五行学说也成为中医学理论体系的重要组成部分。

第一节　元　气　论

元气论是中国古代哲人认识世界的自然观,萌生于先秦、成熟于战国末年和秦汉,历代不断充实发展,对中国传统文化影响深刻,亦称"气一元论"。元气论认为世界的一切现象皆源于气、世界的一切事物皆属气的不同形态。元气论应用于中医学之中,形成中医学认识生命活动现象的世界观和方法论,即中医学元气论。

一、元气论的主要内容

(一) 气的基本概念

1. 气的概念　气泛指自然界任何现象,具有物质与精神双重性,即物质现象与精神现象,气是物质与精神混沌的、统一的状态。

气的概念源于"云气说"。《说文》载:"气,云气也。"古人对自然界的云气与风气,人体的呼吸之气,抽象而产生气的一般概念。经过长期的生活体验,人们观察到无形之"风"能引起各种自然变化,如风吹来云、云凝成雨、雨润万物,而狂风暴雨则带来灾难,以此认为"风与云之类无形而变幻多端之物",造就了天地、产生了变化,据此逐渐萌生出一个重要观念:自然界一切有形事物,均由这类无形之气变化而成,即"有形生于无形"(《易·乾凿度》),这类无形之物终被冠名为"气"。

先秦时期出现的气的多种概念受两汉时期的"元气说"同化,气是构成宇宙万物最基本的、最原始的物质,即后世称之的"元气一元论"。《春秋繁露·重政》载:"元者,为万物之本。"《公羊传解诂·隐公元年》载:"元者,气也。无形以起,有形以分,造起天地,天地之始也。"

2. 气的分类　在中国古代哲学气的演变过程中,有"气""元气"和"精气"之称谓。气是极细微的物质,属构成世界万物的本原。

元气论之"气"指构成自然界万物的、活跃的细微物质。元气是产生和构成世界万物的原始物质,即原气,元气一词首见于《鹖冠子·秦录篇》:"故天地成于元气,万物乘于天。"中医学认为人体之元气是人体生命动力的源泉,分为元阴之气与元阳之气,其发源于肾,包括"命门",由先天之精化生,赖以后天之精不断滋养,藏于脐下之"丹田",借"三焦"通路输布全身,推动脏腑组织活动。精气是无法看到的极细微的精粹物质、亦称"精","精者,气之精者也";《管子》将"精气"与"精"并称,精气属世界的本原。"凡物之精,此则为生,下生五谷,上为列星,流行天地之间……是此气也"(《管子·内业》)。后世思想家一般认为精气是构成人体生命和精神的物质。

(二) 气的基本特征

1. 气是构成天地万物的本原　在天体自然演变初期,整个宇宙弥漫着浑浑沌沌的、性状不定的、烟云缥缈的无形物质——气,在这一物质作用下,出现了天地,再化生为万物,元气论据此认为气是构成万物的本原。气以弥散"无形"和聚合"有形"的形式存在并被人们感知,不是虚幻的,也不是超感觉的。

"无形"指气不占有固定空间、不具备稳定形态的存在形式,属气的弥散状态;松散、弥漫、活跃、多变,无垠的宇宙空间充满着无形之气,"无形"属气的最基本存在形式,故有"太虚无形,气之本体"之说(宋代张载《正蒙·太和》)。这也是物质基本的、客观的、永恒的存在形式之一。

　　"有形"指气占有各种相对固定空间、保持相对稳定形质特点的物体之中的存在形式,属气的聚合状态;凝聚一体、结构紧凑、相对稳定、不甚活跃的物体,肉眼清晰所见的各种具体性状的物体,都属"有形"之列,均是气聚合而成的结果。《素问·六节藏象论》载"气合而有形"。

　　"无形"与"有形"处于相互转化状态,"无形"之气聚合可成有形之物,"有形物"中之气也可离而复归弥散,无形之气与有形之物均是气的不同存在方式。明代哲学家王廷相指出"有形亦是气,无形亦是气,道寓其中矣"(《慎言·道体篇》)。元气论宏观辩证地把握不同物质的基本存在形式及其相互之间的转化关系,提供了解释复杂多样、千变万化的宏观世界锐利的思想武器。

　　2. 气是运动不息的物质　借助自然界之"风""云"等气活泼多动、变幻无常的特性,古人认为气亦颇为活跃、生机勃发、运动不息,而以"气"构成的整个自然界当然处于不停地运动与变化之中。

　　气的运动变化促成了自然界一切事物的纷繁变化。《素问·六微旨大论》载:"气之升降,天地之更用也……升已而降,降者谓天;降已而升,升者谓地。天气下降,气流于地;地气上升,气腾于天。故高下相召,升降相因,而变作矣。"天地之气的升降出入,引发了天地间的千变万化。

　　气的运动具有普遍性。《素问·六微旨大论》载气"以升降出入,无器不有"。气在不停息的运动中,使整个自然界充满了活力,既孕育产生无数新事物,使之成长壮大;也遏抑许多旧事物,摧枯拉朽使之逐渐衰退凋谢,乃至消亡。《素问·五常政大论》载:"气始而生化,气散而有形,气布而蕃育,气终而象变,其致一也。"可见,古人认为自然法则之新陈代谢过程的实现,都是气运动变化的结果。

　　气的运动取决于自身所固有的"阴"与"阳"两个方面的相互作用。"阳"主升、浮、动、散、排斥等,"阴"主降、沉、静、聚、吸引等。阴阳之间时刻进行着相互渗透、彼此推荡、胜负来回、屈伸交替的运动变化,气自身内在的阴阳平衡与交替决定着气的运动,而不依赖于外界的推动。《横渠易说》载:"太虚之气,阴阳一物也;然而有两体,健顺而已。"

　　3. 气是感应的中介　世间所有事物,按其性质分为不同"类",而同类事物间存在着《吕氏春秋·应同》所谓的"类同则召,气同则合,声比则应"的关系,古代哲学家称这种关系为"感应"。感应指事物能感受彼此相互变化以作出的回应,这是自然界最普遍、最重要的现象。宋代程颐《二程遗书》载:"天地间只有一个感应而已,更有甚事?"

　　气是自然感应现象中起中介作用的物质。古人认为相距甚远的物体,在气的中介下彼此能相互感应,如乐器共鸣、磁石吸铁、阳燧取火于日、月盈亏而有潮汐一样,皆以气参与其间产生自然感应,即谓"气有潜通"。

　　气的中介作用实现人与自然界的和谐统一,即天人相应。气既参与日月、昼夜、季节、气候交替变换,又调节人体生理功能与病理过程,通过气的中介影响人类与自然界的活动变化。宋代朱熹《朱子语类》载"人之气与天地之气常相接无间断",《灵枢·岁露》载"人与天地相参也,与日月相应也"。弥漫于空间的无形之气,不仅在物与物的相互感应中起中介作用,而且还使自然界有机联系成一个整体。《庄子·知北游》有"通天下一气耳"的理论观点。

　　4. 天地精气化生为人　宇宙万物皆由精或气构成,人是宇宙万物之一,自然由天地阴阳之气交合而化生。《素问·保命全形论》载:"天地合气,命之曰人。"《管子·内业》载:"人之生也,天出其精,地出其形,合此以为人。"人生由天地阴阳精气凝聚,人死复散为气,人之生死皆因气之聚散。《庄子·知北游》载:"人之生,气之聚也。聚则为生,散则为死。"

　　(三)气化和形气转化

　　1. 气化泛指气的作用所产生的变化　元气论认为万物的生成与变化皆缘于气。在气的作用下,事物出现形态、性能、表现形式的各种变化,均属"气化"的结果。气化的过程分为"化"与"变"两种类型。《素问·天元纪大论》载"物生谓之化,物极谓之变",化与变皆因气的运动。

　　2. 形气转化指形与气间的相互转换变化

　　(1)气与形之间的转化:无形之气交感聚合为有形之物,属"气生形"的形气转化过程;有形之物消散为无形之气,属"形化气"的形气转化过程。

（2）气与气之间的转化：无形之气间也可相互转化，《素问·阴阳应象大论》载："地气上为云，天气下为雨。"

（3）形与形之间的转化：有形之物在气的推动下相互转化，如冰化水、水化雾等。

（4）有形之物自身的不断更新变化：自然界植物自身一年四时的生长化收藏过程、人体自身的生长壮老已生命过程，均属有形之物自身更新变化过程。自然界形气转化井然有序、永无休止。

3. 气化的类型

一为"化"。化指气的渐进、缓和、不明显的运动，致使发生量多少的改变，即"量变"。《素问·六微旨大论》载："其微也，为物之化。"《正蒙·神化》载："气有阴阳，推行有渐为化。"

二为"变"。变指气的激进、剧烈、明显的运动，致使发生根本性的质改变，即"质变"。《素问·六微旨大论》载："其甚也，为物之变。"《正蒙·神化》载："化而载之谓之变，以著显微也。"

二、元气论对中医学形成与发展的影响

秦汉时期的古代哲学思想渗透至中医学，恰逢中医学理论体系形成阶段，中医学运用古代哲学的"气一元论"思想，逐渐形成了中医学理论体系基础的元气论，据此创建中医学整体观念与方法论，借以阐述生命过程的基本科学问题。

（一）说明生命过程的物质性与运动性

元气论认为气是万物的本原，而人作为万物之首，当由气凝聚而成。气维系着生命活动的全过程，气一旦离散，生命也随之终止，即人生命始于气聚、终于气散。《管子·枢言》载"有气则生，无气则死……"。人的各种生命活动、精神心理感觉（感觉、思维、情志等）也由气的运动所产生。气在体内的"升、降、出、入"运动发挥着畅达气机、协调功能、推动血运、布散精微、排泄废物等作用，使得生命活动得以正常进行；气的运动也参与精神、意识、思维等心理活动。《素问·阴阳应象大论》载"人有五脏化五气，以生喜、怒、悲、忧、恐"。气的运动促进了人体生长发育，使生命充满活力；随着气的运动衰弱，人亦渐渐衰老；气的运动停止则生命终结。

（二）诠释人体的整体性与联系性

元气论认识的人与自然界万物的同一性，时刻进行着多样的物质、能量、信息的交换，使人与自然界密切相关而呈现着统一性与整体性。气构成了人体有形的组织器官，且弥散于躯体组织器官之间，周流不息、无所不至；无形之气贯通于有形的组织之间，使各部分密切关联，形成统一的整体；局部变化可影响至整体，整体变化也可反映于局部；外在变化反映内在脏腑功能活动改变，内在脏腑功能改变亦可反映在体表；气属人体整体之本、联系之根，完善了中医学的整体观念。人与自然万物存在物质的同一性，也通过各种物质与信息的交换保持密切的联系。

（三）解析人体的生理现象和病理过程

中医学借助元气论之"气"解释人体的生命活动与生理现象，《类经·摄生》载："人之有生，全赖此气。"气是机体能量之源，运行于全身，推动激发着全身组织器官的功能活动；气又遍布周身，具有抗御外邪、控摄机体阴液类物质外泄作用；机体代谢全过程与相关功能活动均属气的运动所产生。《难经·八难》强调"气者，人之根本也"。

中医学认为体内之气充沛，运行协调正常，则功能活动健全、抗病能力强，整体处于协调旺盛的健康状态。而气有虚实之变或运行失常，致使整体或部分脏腑功能活动亢奋或减弱，则易为邪气所侵而罹病。

因气而生的本脏病变可以影响至他脏，因气而变的他脏病变也可波及本脏；调节内在脏腑功能活动，可治体表病变；元气论以气为本，注重调气促进机体康复，有效地指导着中医学临证辨治。

第二节　阴阳学说

阴阳学说是中国古代朴素的唯物论和辩证法思想，运用阴阳对立统一关系，研究阴阳内涵及其运

动变化规律,用以阐释自然界万物和现象所具有的相互对立依存、相互消长变化规律的学说。古人在长期的生活和生产实践中,通过对自然现象的观察,认识到宇宙间一切事物或事物内部都普遍存在着既相互对立、又相互统一的阴阳两个方面,两者的运动变化促进了事物的发生、发展和变化,经过不断总结,逐渐形成了阴阳学说,这是古人阐释自然界变化的世界观与方法论。

阴阳学说认为:世界是阴阳二气对立统一的结果,通过阴阳二气的相互作用,促成了事物的发生并推动着事物的发展变化。《易·系辞》提出"一阴一阳之谓道""道"指道理、规律。

中医学借助阴阳学说阐明生命的起源和本质,人体生理功能和病理变化,疾病诊断、治疗和预防的根本规律。阴阳学说是中医学理论体系的哲学基础和重要组成部分,贯穿于中医学理论体系的全过程,有效指导着中医学临床实践,《灵枢·病传》载"明之阴阳,如惑之解,如醉之醒",《景岳全书·传忠录》载"能明彻阴阳,则医理虽玄,思过半矣",明示掌握阴阳学说对研习中医学的重要性。

一、阴阳学说的基本概念

(一) 阴阳的概念

阴阳是对自然界相互关联的事物或现象对立双方的概括,或事物内部相互关联的对立双方的属性概括,属中国古代哲学范畴。《类经·阴阳类》载:"阴阳者,一分为二也。"

阴阳最初涵义指日光的向背,朝向日光为阳、背向日光为阴。山阜朝向太阳,日出则阳光普照,温暖明亮,一派欣欣向荣为阳;山阜背向太阳,日落则月光清澈,清冷阴暗,万物寂静无声为阴。凡是向着阳光或阳光照射的地方为阳;凡是背着阳光或阳光照射不到的地方为阴。"阴阳"一词本身并不玄秘,《说文》载:"阴,暗也。水之南,山之北也。""阳,高明也。"

古人通过日常生活和生产实践,逐步观察到天地与日月、白昼与黑夜、夏热与冬寒、晴天与阴天等现象的变化,逐步认识到自然界相互关联的事物和现象存在相互对立又统一的双方或两个方面,古代哲学家以"阴"与"阳"概括整个物质世界的两个基本属性。《老子·四十二章》载"万物负阴而抱阳",以此进行无限引申和扩大,阐述和推演一切事物发生、发展和变化的内在规律。《素问·阴阳应象大论》指出,"阴阳者,天地之道也,万物之纲纪,变化之父母,生杀之本始,神明之府也"。阴阳是自然界的普遍规律,事物的纲领,变化的由来,生长消亡的根本,无穷变化的起始。

(二) 事物现象的阴阳属性

阴阳有其基本特征,这是划分事物或现象阴阳属性的依据。除了初始的"阴阳"特征外,能明确诠释阴阳特征的当属"水"与"火"的特性。《素问·阴阳应象大论》指出:"水火者,阴阳之征兆也。"水性寒凉、下行、湿润、阴暗,故水属阴;火性温热、升腾、燥烈、光亮,故火属阳。从日光向背和水火特性认识阴阳的特征,即水与火的特性表述阴阳特征,也可用于事物阴阳属性的表述。

通过抽象、比类、推演法,具有"向日"或"火"特性的事物或现象归属性"阳",具有"背日"或"水"特性的事物或现象归属性"阴";以气温言,温热为阳、寒冷为阴;以昼夜言,白昼为阳、黑夜为阴;以方位言,上部为阳、下部为阴;以动静言,运动为阳、静止为阴;以生命状态言,具有推动、温煦、亢奋等作用及相应特性的为阳,具有凝聚、滋润、抑制等作用及相应特性的为阴。

阴和阳的基本特征:以运动的、外向的、上升的、温热的、明亮的、积极的、进取的、刚强的、无形的、亢奋的属"阳"的范畴;以静止的、向内的、下降的、寒冷的、晦暗的、消极的、退守的、柔弱的、有形的、抑制的属"阴"的范畴。

据此特征,将自然界一切事物和现象划分为阴阳两大类(表2-1)。

表2-1　事物与现象阴阳属性归类表

属性	空间	时间	季节	温度	湿度	重量	亮度	运动状态
阳	天、上、外、南	昼	春、夏	温、热	干燥	轻	明亮	动、升、兴奋、亢进
阴	地、下、内、北	夜	秋、冬	凉、寒	温润	重	晦暗	静、降、抑制、衰退

（三）阴阳属性的特点

1. **阴阳的抽象性**　阴阳代表相互对立而又相互关联的两方面的属性,而不是某一特定的事物或现象,属抽象的概念。《灵枢·阴阳系日月》载"阴阳者,有名而无形"。

2. **阴阳的普遍性**　自然界存在着相互对立而又相互关联的事物和现象,宇宙间一切相关的事物和现象均可用阴阳加以概括。阳性积极、进取、刚强,凡具有这些特性的事物和现象以阳的属性概括;阴性消极、退守、柔弱,凡具有这些特性的事物和现象以阴的属性来概括。阴阳具有普遍性。

在自然界:天气清轻为阳、地气重浊为阴,火热炎上为阳、水寒润下为阴;运动事物属阳、静止事物属阴,蒸腾气化的运动状态属阳、凝聚成形的静息状态属阴;古有"阳化气,阴成形"之说。在人体:具有推动、温煦、兴奋等作用的物质与功能属阳,具有凝聚、滋润、抑制等作用的物质与功能属阴。阴阳无处不在。

3. **阴阳的相关性**　划分事物或现象的阴阳属性,必须满足双方相互关联而又相互对立的基本条件。天与地、白昼与黑夜、晴天与阴雨天,温热与寒冷、升与降、明与暗等。不相互关联的事物和现象则无从划分阴阳。

4. **阴阳的相对性**　事物的阴阳属性划分取决于阴阳双方性质、位置、趋势等方面的比较,不是绝对的、恒定不变的,而是相对的、可变的。比较的对象、时间、范围改变时,比较的结果也随之发生改变。《素问·金匮真言论》载"言人之阴阳,则外为阳、内为阴。言人身之阴阳,则背为阳、腹为阴。言人身之脏腑中阴阳,则脏者为阴、腑者为阳;肝、心、脾、肺、肾五脏皆为阴,胆、胃、大肠、小肠、膀胱、三焦六腑皆为阳"。这是因比较的对象改变,致使阴阳属性的划分也发生变化。因此,事物的阴阳属性具有明显的相对性。

5. **阴阳的可分性**　自然界任何相互关联的事物或现象都可概括为阴阳两大类,而事物内部又可分为阴阳两个方面,每一事物内部的阴或阳的任何一方又可再分阴阳。

《素问·金匮真言论》载"平旦至日中,天之阳,阳中之阳也;日中至黄昏,天之阳,阳中之阴也。合夜至鸡鸣,天之阴,阴中之阴也;鸡鸣至平旦,天之阴,阴中之阳也。故人亦应之"。说明白昼为阳、黑夜为阴,而属阳的白昼再分阴阳,则上午太阳渐升属阳中之阳、下午日落西山属阳中之阴;将属阴的黑夜再分阴阳,则上半夜夜色渐重为阴中之阴;下半夜东方渐白为阴中之阳。人体脏腑中,五脏藏精气属阴、六腑传化物属阳;五脏中,心肺在膈上属阳、肝脾肾在膈下属阴;脏中再分阴阳,心有心阴、心阳之分,肾有肾阴、肾阳之别。可见,阴中有阴、阳中有阳,阴中有阳、阳中有阴,阴阳之中可再分阴阳,永无止境,以至无穷。正如《素问·阴阳离合论》载"阴阳者,数之可十,推之可百,数之可千,推之可万,万之大,不可胜数,然其要一也"。

阴阳所具有的抽象性、普遍性、相关性、相对性、可分性特点,对揭示客观事物和现象的本质及其运动规律具有普遍的指导意义。

二、阴阳学说的主要内容

阴阳的对立制约、互根互用、消长平衡与转化关系是阴阳学说的核心内容,以此关系认识自然界万物的生长、发展、变化的内在机制和规律。

（一）阴阳的对立制约

阴阳的对立指阴阳的属性相反,阴阳的制约指属性相反的阴阳双方相互约束的强弱变换的制约关系,表现为以下两方面。

1. **阴阳相互对立**　自然界一切相互关联的事物和现象都存在着相互对立的阴阳两方,如天与地、上与下、内与外、动与静、升与降、出与入、昼与夜、明与暗、寒与热、虚与实等。

2. **阴阳相互制约**　阴阳双方彼此相互牵制、约束的制约关系,通过制约维持着"阴平阳秘"状态。

自然界四季(春、夏、秋、冬)之温、热、凉、寒的气候变化,春夏温热是因春夏阳气上升,抑制了秋冬寒凉之阴气;秋冬寒冷是因秋冬阴气的上升,抑制了春夏温热之阳气。《素问·脉要精微论》载:

"是故冬至四十五日,阳气微上,阴气微下;夏至四十五日,阴气微上,阳气微下。"冬至到立春谓之一阳生,此时自然界阳气逐渐上升、阴气逐渐下降,夏季则阳气盛极、阴气伏藏;夏至到立秋谓之一阴生,此时自然界阴气逐渐上升、阳气逐渐下降,冬季则阴气盛极、阳气伏藏。如此循环,年复一年。正是由于自然界阴阳的相互制约,万物始终处于运动之中,生物才有"生长化收藏和生长壮老已"之变化。人体的生理活动如常进行,缘于机体阴阳的相互制约,始终维持动态平衡之果。白天阳气盛、阴气弱,阳主动、阴主静,故白天人精神振奋;夜间阴气盛、阳气弱,故夜晚人精神困倦。

阴阳的相互制约也表现为阴阳的任何一方太过或不足,引起对方的减弱或亢盛,即太过者使对方减弱、不足者导致对方相对亢盛。疾病的发生、转化、痊愈的过程,就是抗病能力(正气)与致病因素(邪气)相互对抗、相互制约的过程。"阳胜则阴病、阴胜则阳病"体现阴阳的对立制约关系。在治病过程中,运用阴阳对立制约关系,采取以静制动、以动制静,或以阴制阳、以阳制阴的应对措施,使阴阳趋于动态平衡,病祛身愈。《类经附翼·医易义》谓"动极者镇之以静,阴亢者胜之以阳"。

(二) 阴阳的互根互用

阴阳互根互用指相互对立的事物或现象之间,始终存在着相互依赖、相互为用的关系,表现为以下两方面。

1. **阴阳相互依存**　阴阳彼此均以对方的存在为存在前提,任何一方都不能脱离对方而单独存在。上为阳、下为阴,没有上也就无所谓下,没有下也就无所谓上;左为阳、右为阴,没有左就无所谓右,没有右也就无所谓左;热为阳、寒为阴,没有热就无所谓寒,没有寒也就无所谓热等。《医贯砭·阴阳论》指出,"阴阳又各互为其根,阳根于阴,阴根于阳;无阳则阴无以生,无阴则阳无以化",即阳依存于阴、阴依存于阳。阴阳相互依存是宇宙中普遍存在的规律。

2. **阴阳的相互为用**　阴阳之间相互资生、相互促进的关系,即阴生阳、阳生阴。自然界四时与气候寒暑更替,夏天虽热,但雨水增多,阴从阳生;冬日虽寒,干燥少雨,阳从阴化;阴阳二气既对立制约,又互根互用,维持一年四季气候相应变化与稳定。《淮南子·天文训》称"阳生于阴,阴生于阳"。

精与气是构成人体和维持机体生命活动的最基本物质,精是体内液态精华物质,有形属阴,气是含有巨大能量运行不息的极精微物质,无形属阳。精是气的化生本原,能量的化生基础,谓之"阳依存于阴并化生于阴"。没有精则不能化生气,能量的产生有赖于精的分解,故精亏则气少。气是精的功能体现,化精的动力源泉,谓之"阴依存于阳而又化生于阳"。没有气则难以生精,精华物质的合成以消耗能量为代价,故气少则不能生精。气与血亦是构成人体和维持机体生命活动的基本物质,气为阳、血为阴。气为血之帅,能生血、运血、统血,故气运行正常有序,有助于血的生成和运行;血为气之母,能载气、养气,故血旺盛促气充分发挥功能。精与气、气与血均存在着阴阳的互根互用关系,《素问·阴阳应象大论》载:"阳生阴长,阳杀阴藏。"可见自然界和人体也普遍存在阴阳的相互资生、相互促进关系。

阴阳互根互用的关系失常,阴阳的任何一方虚弱,不能资助另一方,必然导致另一方不足,出现阴阳互损的病理变化;甚者一方趋于消失,致使另一方失去存在前提,呈现"孤阳"或"孤阴"的"阴阳离决"状态,这意味着人体的"精气乃绝",生命即将终止。《素问·四气调神大论》载"阳气根于阴,阴气根于阳。无阴则阳无以生,无阳则阴无以化"。

阴阳的对立统一是宇宙中一切事物和现象运动变化的基本规律,是普遍存在的;而阴阳的对立制约和互根互用是阴阳对立统一基础上的具体理解和深化。基于阴阳属性特征的划分,如精与气、气与血、精与神较多体现阴阳的互根互用,而水与火、寒与热的阴阳关系主要侧重阴阳的相互制约。张介宾所著《景岳全书·新方八阵·补略》载"以精气分阴阳,则阴阳不可离;以寒热分阴阳,则阴阳不可混"。

(三) 阴阳的消长平衡

阴阳消长指阴阳运动中量的变化,消为减少、消耗,长为增多、增长,阴阳双方始终处于减弱或增强的运动变化之中,主要表现为以下两方面。

1. 阴阳消长　表现为阴阳双方你强我弱或我强你弱,基本形式有阳消阴长、阴消阳长。

一年四时气候变换,由夏至秋及冬,气候由炎热渐转凉变寒,即是"阳消阴长"的过程;从冬至春及夏,气候由寒冷渐转暖变热,即是"阴消阳长"的过程。人体生理活动中,各种营养物质(阴)的化生,又必然消耗一定的能量(阳),这是"阳消阴长"的过程;各种功能活动(阳)的发挥,必然消耗一定的营养物质(阴),这是"阴消阳长"的过程。

2. 阴阳皆长与阴阳皆消　表现为阴阳双方的我强你强或你弱我弱,基本形式为阴阳俱长、阴阳俱消。

气血是人体基本物质,气属阳、血属阴。气能生血,气虚日久,化血功能衰退,阳损及阴,可出现气血两虚;血虚日久,气生化无源,阴损及阳,亦可出现气血两虚;即谓阴阳皆消。以补气则可生血,阴随阳长,以养血当可益气,阳随阴长;即谓阴阳皆长。

阴阳的消长仅是阴阳运动变化的一种形式,阴阳的此消彼长和此长彼消,建立在阴阳对立制约基础上的盛衰变化(量变);而阴阳的皆消和皆长,建立在阴阳互根互用基础上的强弱变化(量变)。

阴阳的消长运动稳定在一定限度、一定时间、一定范围内,保持着相对的动态平衡。四时气候变迁,寒暑季节更替,阴阳消长不同,仅是量的多少变化,但仍是处于相对的平衡状态,并未超出一定的限度,仍处于阴阳总体协调的范围之内。若只有"阴消阳长"而无"阴长阳消",或仅有"阳消阴长"而无"阳长阴消",则破坏阴阳的相对平衡,形成阴阳偏盛或偏衰的阴阳失调病态。如此,则自然界非其时而有其气,意味着自然灾害的发生;人体则是病态。《素问·至真要大论》载"谨察阴阳所在而调之,以平为期",恢复阴阳消长运动过程中的动态平衡是中医学主要治疗原则之一。

(四) 阴阳的转化

阴阳转化指一切事物或现象中对立的双方,在一定条件下,向各自相反方转变的运动方式;阴阳发生由"化"至"极"的量变到质变,转向相反方。

中医学认为阴阳转化的条件为"重"或"极",有"重阴必阳,重阳必阴""寒极生热,热极生寒"之说。"重"和"极"指事物发展到极限或顶点,原表现以阴(或阳)为主的事物有可能转化为表现以阳(或阴)为主的事物;寒"极"则向热转化,热"极"则向寒转化。

人体生命活动过程中,物质与功能的新陈代谢,营养物质(阴)不断转化为功能活动(阳),而功能活动(阳)又不断转化为营养物质(阴),就是阴阳转化的具体表现之一。这一"物质与功能"代谢演变过程,即是阴阳"消长与转化、量变与质变"的统一。

人体生命活动的病变进程中,阴阳的转化也是存在的。急性感染病人,先现高热、面赤、烦躁、脉数有力等阳热之象;病情进展至休克状态,则突然出现体温下降、面色苍白、四肢厥冷、精神萎靡、脉微欲绝等阴寒危象,这即属阳热(实)证转化为阴寒(虚)证。若抢救及时、治疗得当,则可正气来复,四肢转温,阳气渐生,病情转危为安,这即是由阴证转为阳证。

三、阴阳学说在中医学中的应用

阴阳学说贯穿于中医学理论体系整体,据此说明人体结构、生理功能、病证演变规律,指导临床辨证论治。

(一) 说明人体的组织结构

中医学以阴阳学说的方法划分作为有机整体之人的组织结构,《素问·宝命全形论》载"人生有形,不离阴阳"。按机体部位:上部为阳、下部为阴,体表为阳、体内为阴。按胸背:背部为阳、胸部为阴,腰部为阳、腹部为阴。按四肢:外侧为阳、内侧为阴。按脏腑,六腑为阳、五脏为阴;按五脏:心肺居胸为阳、肝脾肾居腹为阴;而心有心阴、心阳,肾有肾阴、肾阳之分等(表2-2)。

(二) 解释人体的生理功能

阴阳学说认为人体的生理活动依赖阴阳互相制约、互相促进并协调平衡,以阴阳平衡维持着机体的正常生理功能,即"阴平阳秘"。

表 2-2　人体组织结构阴阳属性归类表

属性	部位	肢体	皮肉	脏腑	五脏	心	肾
阳	上部、体表、腰背	四肢外侧	皮肤	六腑	心肺	心阳	肾阳
阴	下部、体内、胸腹	四肢内侧	筋骨	五脏	肝脾肾	心阴	肾阴

1. 解释机体组织（物质）与功能基本关系　中医学以"阴精（物质）与阳气（功能）"的运动变化概括人体生理活动。营养物质（阴）是功能活动（阳）的动力源泉，而功能活动（阳）又促进营养物质（阴）的化生；《素问·阴阳应象大论》载"阴在内，阳之守也；阳在外，阴之使也"，说明物质属阴居于内，为属阳的功能而守，功能属阳现于外，为属阴的物质所遣，阴阳分居内外各司其职。物质与功能、阴与阳共处于机体之中，保持着动态平衡，维系着人体正常的生命活动。

2. 解释生命活动的基本形式　阳主升、阴主降，而阴阳之中复有阴阳；阳中之阴则降，阴中之阳则升；人体阴与阳的升降交互运动，即是阴阳的升降出入，气的升降出入是人体生命活动的基本形式。升降出入正常，即生命活动正常；升降出入失常，则生命活动异常。

人体生理活动的"物质与功能"的运动变化、阴与阳升降出入交互运动，必须依赖于机体阴阳平衡。阴阳失调则疾病发生，阴阳分离、升降出入停止，则生命活动终结。《素问·生气通天论》载"阴平阳秘，精神乃治，阴阳离决，精气乃绝"。

（三）阐明人体的病理变化

阴阳学说认为各种病因导致机体阴阳失衡，出现阴阳偏盛或偏衰而发病，即谓"阴阳乖戾，疾病乃起"。阴阳失调表现为以下四种形式。

1. 阴阳偏盛　盛即亢奋、过胜之意，偏盛指外邪（阳邪/阴邪）侵犯，邪气并于阴或阳，使其偏于亢奋，以邪气盛、正气未伤为特征的病理状态。此类证候属实证，包括阳偏盛和阴偏盛。

阳偏盛：功能亢奋或热量过剩，出现阳热亢盛之高热、汗出、面赤、脉数等表现，即"阳盛则热"的实热证。阳胜则阴病：指阳胜致病的发展趋势，阳胜必然损伤人体阴液，所致"阳盛伤阴"或"阳盛阴虚"之证。

阴偏盛：脏腑组织功能抑制或障碍，温煦气化不足，出现阴寒至盛之形寒肢冷、面白腹胀、泻下清稀、脉沉等表现，即"阴盛则寒"之实寒证。阴胜则阳病：指阴胜致病的发展趋势，阴胜必然损伤人体阳气，所致"阴盛伤阳"或"阴盛阳衰"之证。

2. 阴阳偏衰　衰即衰减、不足之意，偏衰指阴或阳一方低于正常水平，以正气虚弱为特征的病理状态。此类证候属虚证，包括阴偏衰和阳偏衰。

阳偏衰：阳气不足，温煦功能低下，不能制约阴，则阴相对偏亢而出现面色苍白、畏寒肢冷、神疲倦卧、自汗、脉微等"阳虚则寒"之象，即虚寒证。

阴偏衰：机体阴液不足，无力制约阳，则阳相对偏亢而出现颧红潮热、盗汗咽燥、五心烦热、脉细数等"阴虚则热"之象，即虚热证。

实热证与虚热证均现"热"象，实寒证与虚寒证均现"寒"象，但中医病机属"实证"与"虚证"不同，实证治当"泻之"，虚证治当"补之"。

3. 阴阳互损　指阴阳互根互用关系失调而出现的病理变化。阴阳之任一方亏虚或功能减退，不能资助另一方或促进其化生，必然导致另一方的虚衰或功能减退，阴阳偏衰至一定程度时，便会出现"阳损及阴、阴损及阳"的阴阳互损状态。王冰注《素问·四气调神大论》称"阳气根于阴、阴气根于阳，无阴则阳无以生、无阳则阴无以化"。

阳损及阴：体内阳气虚弱到一定程度，无力化生阴液，出现阴液亏虚；阴损及阳：体内阴液亏虚到一定程度，不能滋养阳气，导致阳气亦虚。在阴阳互损的病变过程中，表现为矛盾的主要和次要的方面不同，即阴阳俱损的因果关系不同。

4. 阴阳转化　在一定条件作用下，不同的病理状态可能向相反的方向转化。在一定条件作用下,阳热实证可转化为阴寒虚证,如外感阳热之邪,高热至极,突然出现四肢冰凉之虚脱证,由阳热实证转化为阴寒虚证;阴寒虚证可转化为阳热实证,如外感寒证,失治误治可致寒邪入里化热,寒证转化为热证。"寒极生热、热极生寒,重阴必阳、重阳必阴"即属此类病理变化,而"重"和"极"是转化的必备条件。

(四) 指导疾病的辨治用药

中医学认为阴阳失调是疾病发生、发展变化的基本病机。疾病的临床表现固然错综复杂,且千变万化,但均可概括于"阴阳"之中。《素问·阴阳应象大论》载"善诊者,察色按脉,先别阴阳"。

1. 指导临床辨证　临床以"阴阳"归纳病位(表、里)、病性(寒、热)、病势(虚、实)。表、热、实属阳,里、寒、虚属阴。以阴阳作为总纲,紧扣疾病本质,执简驭繁,有效地指导临床辨证。

通过望、闻、问、切四诊,临证辨别阴阳为首务。以色泽辨阴阳:色泽鲜明为阳,色泽晦暗为阴。以声息辨阴阳:语声高亢洪亮、言多而躁动属实、属热为阳,语声低微无力、言少而沉静者属虚、属寒为阴;呼吸有力、声高气粗属阳,呼吸微弱属阴。以脉象辨阴阳:寸为阳,尺为阴;数者为阳,迟者为阴;浮大洪滑为阳,沉小细涩为阴。实乃"微妙在脉,不可不察,察之有纪,从阴阳始"(《素问·脉要精微论》)。

2. 确立基本治则　调整阴阳是临床基本治则,即泻其有余、补其不足,恢复阴阳的相对平衡。

(1) 泻其有余:调治阴阳偏盛(实证)的基本原则,即实则泻之。阴或阳一方偏盛,机体正气尚未损及,治应损其有余。"阳盛则热",应治热以寒,以寒凉药泻其阳热,即"热者寒之";"阴盛则寒",应治寒以热,以温热药温散其阴寒,即"寒者热之"。"热者寒之"与"寒者热之"均属临床阴阳偏盛实证的治疗原则,亦称"实则泻之"。

阴阳偏盛的同时,可致另一方虚损,即阳胜则阴病、阴胜则阳病,如此不宜单纯损其有余,而需兼顾另一方不足。如逐寒或泻热的同时,佐以扶阳或益阴,"祛寒助阳"或"清热滋阴"即是此治法的体现。

(2) 补其不足:调治阴阳偏衰(虚证)的基本原则,即虚则补之。机体阴(液)或阳(气)的一方偏衰,正气不足,治应补其不足。"阴虚则热",治宜"滋阴壮水",即"阳病治阴",但不宜寒凉之药直折虚热;"阳虚则寒",治宜"温阳益火",即"阴病治阳",但不宜辛温之药发散虚寒。"滋阴壮水"或"温阳益火"均属阴阳偏衰虚证的治疗原则,亦称"虚则补之"。

损其有余、补其不足是临床治疗的基本原则,阳盛者泻热、阴盛者散寒,阳虚者温阳、阴虚者滋阴,调整阴阳的偏盛偏衰之象,使阴阳保持相对动态平衡的健康状态。张景岳据此提出了"阴中求阳、阳中求阴"的治法,《景岳全书·新方八阵·补略》强调"善补阳者,必于阴中求阳,则阳得阴助而生化无穷;善补阴者,必于阳中求阴,则阴得阳升而源泉不竭"。

3. 辨识药物性能　中医学以阴阳概括药物的性味和功能,作为临床用药的依据。药物性能取决于药物气性味能和升降浮沉,而药物的"气、味、升降浮沉"可用阴阳属性归纳(表2-3)。

表2-3　**药物性味阴阳属性归类表**

	四气	五味	升降浮沉
阴	寒、凉	酸、苦、咸	沉、降
阳	热、温	辛、甘(淡)	升、浮

(1) 归纳药性:药物有四性,包括寒、热、温、凉,亦称"四气"。能减轻或消除热证的药物(如黄芩、栀子),其性属寒或凉,寒与凉性药属阴;能减轻或消除寒证的药物(如附子、干姜),其性属温或热,温与热性药属阳。

(2) 辨别药味:药物有五味,包括辛、甘(淡)、酸、苦、咸,亦称"五味"。辛、甘、淡味药属阳,酸、苦、咸味药属阴。药味不同,功效差异较大。《素问·至真要大论》载"辛甘发散为阳,酸苦涌泄为阴,咸味涌泄为阴,淡味渗泄为阳"。

（3）分析升降浮沉：升指上升，降指下降，浮指浮散，沉指重镇。具有升阳发表、祛风散寒、涌吐、开窍等功效上行向外的药物，其性升浮属阳；具有清热泻下、利尿、重镇安神、潜阳息风、消导积滞、降逆收敛等功效下行向内的药物，其性沉降属阴。

中医学根据阴阳偏盛与偏衰，辨证病证的虚实寒热。依据辨证确定治疗原则，借助阴阳辨析药物性能，选择相应药物，纠治阴阳失衡状态，达到以平为期之治疗目的。

（五）指导疾病预防

中医学认为保持机体的阴阳平衡与自然界阴阳变化协调一致，即能防病延年。人生存于自然界，顺一年四时，调节阴阳，可使机体健康，并能预防疾病的发生；反之，不适应四时阴阳变化，致使机体阴阳失调，极易导致疾病的发生。《素问·四气调神大论》载："夫四时阴阳者，万物之根本也。所以圣人春夏养阳，秋冬养阴，以从其根。"明确指出春夏季节注意保养阳气，以为秋冬之用；秋冬季节注意维护阴液，以为春夏所需，便是防病摄生的根本。

第三节　五　行　学　说

五行学说是中国古代（战国至两汉时期）很有影响的唯物论和辩证法哲学思想以及原始的朴素的系统论，五行学说认为宇宙间的一切事物均由木、火、土、金、水五种基本要素组成，一切事物和现象的发展变化是这五种物质不断运动与相互作用的结果。天地万物的运动秩序遵守五行相生、相克制约，即遵守五行生克制化的法则。按照木、火、土、金、水的性质和特点将自然界的一切事物和现象归纳为五大系统，借助五行生克制化的法则，维系和推动着客观世界事物的运动变化。古人将自然界的许多事物或现象进行类比、演绎、归类，最终形成木、火、土、金、水五行系统理论。五行学说对中医学理论体系的形成有着巨大的推动作用，成为中医学认识人体生命活动的主要方法之一。

一、五行学说的基本概念

（一）五行的基本概念

五行之"五"指木、火、土、金、水五种基本物质元素，五行之"行"指五种基本物质元素行列次序及运动变化。"五行"指木、火、土、金、水五种基本物质元素及其运动变化。五行强调事物的整体结构关系和运动制约形式。

（二）五行学说的基本概念

五行学说是研究五行特性、归类方法及生克制化规律，用以阐释自然界万物相互关系和运动变化、探求自然规律的系统论和方法论。中医学运用五行学说阐述机体脏腑生理功能、病理变化，局部与局部、局部与整体之间的有机联系，机体与外界环境的和谐统一，指导临床辨证和治疗。

二、五行学说的主要内容

（一）五行的特性

古人通过长期生活实践，发现木、火、土、金、水各有其特性，《尚书·洪范》提出"水曰润下，火曰炎上，木曰曲直，金曰从革，土爰稼穑"，以此进行抽象的类比演绎、分析归纳，逐渐形成关于五行特性的理性和抽象认识。

木的特性："木曰曲直"。"曲直"指树干曲曲直直地向上、向外伸长舒展的生发姿态，借以类比具有生长、升发、条达、舒畅等特性的事物及现象，即具有此类特性的事物或现象归属"木"的范畴。

火的特性："火曰炎上"。"炎上"指火具有温热、升腾、向上的特征，具有温热、升腾等特性的事物或现象归属"火"的范畴。

土的特性："土爰稼穑"。"稼"指播种，"穑"指收获，"稼穑"指土地可供人们播种和收获农作物，具有生化、承载、受纳特性的事物或现象归属"土"的范畴。

金的特性："金曰从革"。"从"指顺从、服从，"革"指革除、改革、变革。金具有能柔能刚、变革、肃杀的特性，引申为肃杀、潜降、收敛、清洁之意，具有此类性能的事物或现象归属"金"的范畴。

水的特性："水曰润下"。"润下"指水具有滋润和向下的特性，具有寒凉、滋润、向下、静藏等特性的事物或现象归属"水"的范畴。

可以看出，五行学说中的五行特性，虽来源于木、火、土、金、水五者的具体观察，古人将其运用于对一切事物五行属性的总概括，它早已超脱各自原本的涵义，而具更为广泛、更抽象的意义。

（二）事物的五行归类

五行学说根据五行特性，类比事物和现象的性质、特点、作用特性，以划分事物的五行属性，类比归类的主要方法有直接与间接之分。

1. 直接归类法（取象类比法）　取象即采取事物的形象（指事物的性质、作用、形态），类比即具有共同特征的个体集合。五行学说对事物进行"取象类比"，以获得事物的五行属性。

方位配五行：旭日东升，与木之升发特性相类似，故东方归属木；南方炎热，与火之炎上特性相类似，故南方归属火；西部高原，日落之处，其气肃杀，与金之特性相类似，故西方归属金；北方气候寒冷，无霜期短，虫类蛰伏，与水寒凉、向下和静藏的特性相类似，故北方归属水；中央地带，气候适中，长养万物，统管四方，与土的特性相类似，故中部归属土。

五脏配五行：肝性喜舒展而主升，故肝归属木；心推动血液运行、温煦全身，故心归属火；脾主运化，为机体提供营养物质，故脾归属土；肺主宣肃而喜清降，故肺归属金；肾主水，司封藏，主水液，故肾归属水。

2. 间接推演法（推演络绎法）　自然界许多事物无法以直接归类法纳入五行之中，鉴于此，古人运用间接推演法归类。

四季配五行：春主生发属木，春季多风，风与春季关系密切，风随春季而归属木；夏季属火，夏季炎热，热与夏季关系密切，热随夏季而归火；长夏属土，长夏较潮湿，湿与长夏密切关联，湿随长夏而归土；秋季属金，秋季气候干燥，燥与秋季密切关联，燥随秋而归金；冬主封藏属水，冬季寒冷，寒冷与冬季关系密切，寒冷随冬季而归水。

脏腑配五行：肝属木行，肝与胆相表里，肝主筋，肝开窍于目，故胆、筋、目随肝而归木；心属火行，心与小肠相表里，心主脉，心开窍于舌，故小肠、脉、舌随心而归火；脾属土行，脾与胃相表里，脾主肌肉四肢，脾开窍于口，故胃、肌肉、口随脾而归土；肺属金行，肺与大肠相表里，肺主皮毛，肺开窍于鼻，故大肠、皮毛、鼻随肺而归金；肾属水行，肾与膀胱相表里，肾主骨生髓，肾开窍于耳及二阴，故膀胱、骨、髓、耳及二阴随肾而归水。

根据上述归类法，判别事物的五行属性归类，这是对各种事物和现象不同功能属性的总概括。人体与自然界事物五行属性的归类，见表2-4。

表2-4　人体与自然界事物五行属性归类表

自然界									五行	人体								
五音	五时	五味	五色	五谷	五化	五气	五方	五季		五脏	五腑	五官	五体	五华	五志	五液	五神	五声
角	平旦	酸	青	麦	生	风	东	春	木	肝	胆	目	筋	爪	怒	泪	魂	呼
徵	日中	苦	赤	黍	长	暑	南	夏	火	心	小肠	舌	脉	面	喜	汗	神	笑
宫	日西	甘	黄	稷	化	湿	中	长夏	土	脾	胃	口	肉	唇	思	涎	意	歌
商	日入	辛	白	谷	收	燥	西	秋	金	肺	大肠	鼻	皮	毛	忧	涕	魄	哭
羽	夜半	咸	黑	豆	藏	寒	北	冬	水	肾	膀胱	耳	骨	发	恐	唾	志	呻

无论采用直接归类法,还是间接推演法,凡归入同一"行"类的事物或现象之间,多少存在着某些联系,这种联系可能属本质性的,也可能只是表象上的而非本质的,有的甚至牵强附会。这一归类方法有其历史与合理性的一面,同时,必须注意其局限性的一面。

(三)五行的生克乘侮关系

五行学说以五行间的相生与相克、相乘与相侮关系,探索自然界的事物或现象的发生、发展,阐释事物及现象之间或内部的自我调控机制。

1. **五行相生** "生"即资生、助长、促进之意。五行相生指木、火、土、金、水之间存在着有序的递相资生、助长、促进的关系。

《春秋繁露·五行对》载"天(自然界)有五行,木、火、土、金、水是也,木生火、火生土、土生金、金生水"。一年季节归属五行的"春、夏、长夏、秋、冬"依次出现,生物对应"生、长、化、收、藏"变化,体现自然界相生关系这一正常现象,机体生命活动同样存在着此相生现象。正是这种相生或促进作用,自然界有繁茂的景象,生命过程也能生机旺盛。

五行相生的次序:木生火、火生土、土生金、金生水、水生木(图2-1)。五行相生关系链之任何一行存在"生我与我生"两方面。"生我者"为我母,"我生者"为我子。以"木"为例,"生我者"是水,"我生者"是火,则水是木之"母",而火是木之"子"。五行相生关系亦称母子关系。

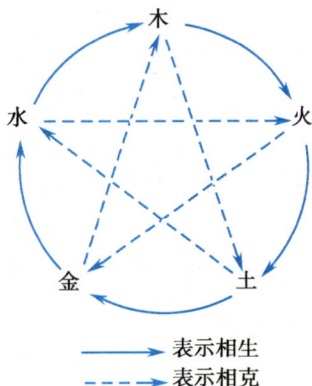

图2-1 五行相生相克关系图

——— 表示相生
- - - → 表示相克

2. **五行相克** "克"即抑制、制约、约束和削弱之意。五行相克指木、火、土、金、水之间存在着有序的递相克制和制约的关系。

《素问·宝命全形论》载:"木得金而伐,火得水而灭,土得木而达,金得火而缺,水得土而绝。万物尽然,不可胜竭。"世间一个事物往往受到另一事物的抑制和约束,使事物保持正常协调发展,将其归纳为五行相克。正是这类相克机制,自然界既生机蓬勃,又不亢而成害。

五行相克的次序:木克土、土克水、水克火、火克金、金克木(图2-1)。五行相克关系链之任何一行都存在"克我与我克"两方面。"克我者"为我"所不胜""我克者"为我"所胜"。以"木"为例,"克我者"是金,则金是木"所不胜""我克者"是土,则土为木"所胜"。五行相克关系亦称所胜所不胜关系。

3. **五行制化** 制即制约、克制之意,化即生化、变化之意。五行制化指五行间具有生中有制、制中有生的生克协调关系。没有生(化),就没有事物的发生发展;没有克(制),就不可能正常协调发展。《类经图翼》载"造化之机,不可无生,亦不可无制。无生则发育无由,无制则亢而为害"。只有生中有制、制中有生,才能维持和促进事物的相对协调和正常发展。

生中有制:五行间相互资生,同时又相互克制。以"木"为例,水生木、木生火,而水又克火,维持三者间的协调平衡(图2-2)。

制中有生:五行间相互制约克制,同时又相互资生促进。以"木"为例,金克木,木克土,而土又能生金,维持三者间的协调平衡(图2-2)。

五行间存在着生克制化关系,五行中的任何一行都有"生我、我生"和"克我、我克"四个方面的关系。五行生克制化的意义在于说明任何一个事物既受整体调节控制,而自身又影响着整体。通过这一复杂的调控机制,防止自身的某些太过或不及,以维持整体的动态平衡。

4. **五行乘侮** 乘即太过,侮即欺侮,有恃强凌弱之意。五行乘侮指五行相克太过或不及的异常变化。

(1)相乘:五行间相克太过的异常变化,亦称倍克。相乘次序与

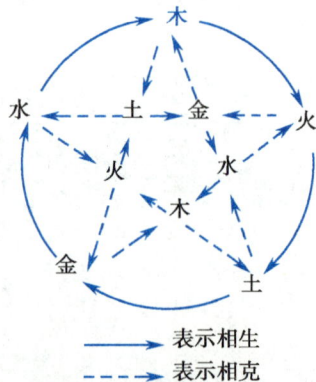

——— 表示相生
- - - → 表示相克

图2-2 五行制化关系示意图

相克同,即木乘土、土乘水、水乘火、火乘金、金乘木(图2-3)。

(2)相侮:五行间反向兑制的异常变化,亦称反克。相侮次序与相克反,即木侮金、金侮火、火侮水、水侮土、土侮木(图2-3)。

五行相乘、相侮发生的原因不外乎两方面:一行过弱(不及)、一行过强(太过)。以"木"为例,木弱,被其所胜金乘,受其所胜土侮;木强,乘其所胜土,侮其所不胜金。相乘是相克过度(太过),相侮是反克,相乘与相侮同时伴见。五行相乘指超过正常限度的太过相克,五行相侮指五行之间出现反克的异常现象,致使五行之间的平衡失调。

相生与相克是五行正常的资生和制约关系,属自然界正常现象、机体的生理状态。相乘与相侮是五行相克关系异常表现,属自然界异常现象、机体病理状态。

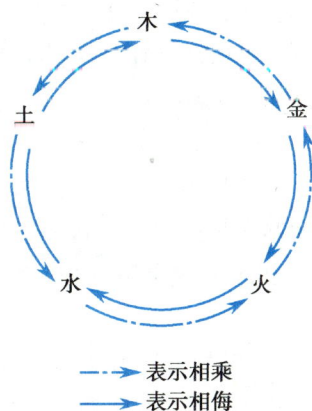

图2-3 五行乘侮关系示意图

三、五行学说在中医学中的应用

古人运用五行学说创建中医学理论,以五行的事物属性归类和人体脏腑组织器官的特点,说明脏腑的生理功能,解释人体脏腑功能与自然界的相互关系;以五行的生克制化分析脏腑间功能关系,研究脏与脏、脏与腑、腑与腑功能关系变化;以五行生克乘侮关系阐释脏腑病理变化及其相互影响。五行学说体现于中医学理论脏腑结构的认识,有效地指导着临床病证的辨证与治疗。

(一)说明脏腑的生理功能及其相互关系

五行学说广泛地应用于中医学对人体脏腑构成、生理功能及其相互关系的认识,形成以五脏为核心,外联六腑及对应体、华、窍和四肢百骸的中医学藏象整体系统。

木有生长、升发、条达、舒畅等特性,与肝喜舒展主升的功能特点相近,且肝与胆相表里,主筋、开窍于目,故胆、筋、目均属肝系统,属"木"的范畴。火有温热、升腾等特性,与心推动血行、温煦全身的功能特点相近,且心与小肠相表里,主脉、开窍于舌,故小肠、脉、舌均属心系统,属"火"的范畴。土有生化、承载、受纳等特性,与脾主运化、为机体提供营养物质的功能特点相近,且脾与胃相表里,主肌肉四肢、开窍于口,故胃、肌肉、四肢、口均属脾系统,属"土"的范畴。金有能柔能刚、变革、肃杀等特性,与肺主宣发肃降的功能特点相近,且肺与大肠相表里,主皮毛、开窍于鼻,故大肠、皮毛、鼻均属肺系统,属"金"的范畴。水有滋润和向下的特性,与肾主水、主纳气的功能特点相近,且肾与膀胱相表里,主骨生髓、开窍于耳及二阴,故膀胱、骨、髓、耳及二阴均属肾系统,属"水"的范畴。据此,五脏间存在生克关系,相互制约,维持着体内的动态平衡。

1. 说明五脏的生理功能 中医学依据五行学说之五行属性,比照五脏功能特点,将脏腑分属五行,以五行来说明五脏的生理特性。

木性曲直,枝叶条达,具有向上、向外、生长、舒展的特性,肝禀性喜条达舒畅,恶抑郁遏制,故肝属木,主疏泄。

火性温热,其势炎上,具有蒸腾、热烈的气势,心"禀阳气"推动血行,温煦全身,故心属火,主血脉。

土性生化、承载、受纳,具有化生万物的特性,脾性为后天之本,运化水谷,故脾属土,主运化。

金性柔刚并济、变革肃杀,具有肃杀、潜降、收敛的特性,肺主宣降,故肺属金,主气司呼吸,朝百脉主治节,通调水道。

水性滋润、向下,具有寒凉、滋润、向下、静藏的特性,肾主水司封藏,故肾属水,主藏精,司二便。

五行学说将自然界五方、五时、五气、五味、五色与人体脏腑功能相联系,以同一"行"事物的"同气相求"特性,体现人体与自然的统一性与关联性。

2. 阐释五脏的相互关系 中医学运用五行的生克关系,揭示五脏生理功能及其相互的内在联系,中医学认为人体五脏功能是互相关联的,而非孤立的,即五脏间存在相互资生、相互制约的关系。

五脏相互资生关系:肝藏血以济心血,肝木济心火,即肝生心;心阳助脾阳运化,心火助脾土,即心生脾;脾健运以益肺气,脾土益肺金,即脾生肺;肺气清肃下行助肾纳气,肺金资肾水,即肺生肾;肾藏精滋养肝血,肾水滋肝木,即肾生肝。

五脏相互制约关系:肝疏泄以运脾气,令其不致壅塞,肝木制脾土,即肝克脾;脾健运以控肾水,使水不致泛滥,脾土制水,即脾克肾;肾水上抑心阳,使心火不致过亢,肾水制心火,即肾克心;心阳以制肺肃,使肺金清肃不致太过,心火制肺金,即心克肺;肺肃降抑制肝升发,防其太过,肺金制肝木,即肺克肝。

(二)阐释脏腑病理传变

中医学借助五行的生克关系变化,阐释脏腑病理变化的相互影响,本脏之病可传至他脏,他脏之病也可影响本脏,即中医学称之"传变"。

1. **相生关系的传变**　病变顺着或逆着五行相生的次序传变。包括"母病及子"和"子病及母"。

(1)母病及子:病变由母脏累及子脏,亦称"顺传"。肾水生肝木,肾为肝之母、肝为肾之子。临床肾精亏虚,所致肝血不足,出现肝肾阴虚之证,肾病及肝即母病及子,临床又称"水不涵木"。脾土生肺金,脾为肺之母、肺为脾之子,临床脾胃虚弱所致肺气不足,出现脾肺气虚之证,脾病及肺即母病及子。

(2)子病及母:病变由子脏波及母脏,亦称"逆传"。子病及母有三种情况:①母子双亢:子亢导致母亢,如肝木生心火,心为肝之子,心火旺引起肝火旺,所致心肝火旺。②母子双虚:子弱上累母虚所致,如脾土生肺金,肺为脾之子,肺气虚弱可致脾运化功能异常。③子亢母虚:子脏亢损伤母气所致,又称"子盗母气",如肾水滋肝木,肝为肾之子,肝阳上亢,耗伤肾阴,所致肝亢肾虚之证。

2. **相克关系的传变**　病变顺着或逆着五行相克次序的传变,包括"相乘"与"相侮"。

(1)相乘:相克太过或被克不及的病理传变。机体生理状态下,肝木应制约脾土,若肝气过强(太过)横犯脾胃,则出现一系列病变,亦称肝木乘土;若脾虚(不及)而被肝乘,临床亦可出现"肝脾不和"的病理传变。

(2)相侮:逆着相克次序的病理传变,即反克的病理传变。以肺与肝关系为例,机体生理状态下,肺金应制约肝木,若肺虚或肝旺则出现肝木侮肺的病理传变,亦称"木火刑金"。

中医学以五行学说认识的五脏病理传变,说明脏腑病变的相互影响。但应注意病证传变并非绝对按照五行生克乘侮的关系进行,须从临床实际出发,活学活用。

(三)指导疾病辨证

中医学认为人体是一个有机的整体,脏腑功能可反映于体表,脏腑病变亦外现于体表,临床以患者面色、声音、口味、脉象等信息作为病证辨别的依据。五行学说认为:人体五脏与五色、五音、五味、脉象有其五行分类归属的联系,临床疾病辨证,当借助"望、闻、问、切"四诊所收集的临证资料,联系五行生克乘侮的变化规律,推断病位、病情及其传变趋势。如面见青色,喜食酸味,脉弦,可能与肝病有关;面见赤色,口苦,脉洪,辨证属心火亢盛;脾虚患者,面色见青,属木旺乘土;心病患者,面见偏黑,属肾水克心。

(四)指导临床治疗

疾病的发生与脏腑的生克乘侮关系密切,临床对所病脏腑治疗同时,也要根据脏腑五行属性及其生克乘侮规律,调整脏腑间的相互关系,控制疾病传变,取得整体疗效。

1. **指导控制疾病的传变**　病变过程中,一脏之病常可波及他脏而使疾病发生传变。如面见青色,喜食酸味,脉弦,可能与肝病有关,若肝病迁延不愈,可出现肝病传脾,治疗当先健脾护胃,防其传变于脾,阻断病情发展。《难经·七十七难》载:"见肝之病,则知肝当传之于脾,故先实脾气。"

2. **确定治则与治法**　中医学借助五行学说的生克乘侮关系确定临床治则与治法。

（1）根据相生规律确定治则：《难经·六十九难》载"虚则补其母、实则泻其子"，即脏虚证采用"补母脏"的原则，脏实证采用"泻子脏"的原则。根据五行学说"母能令子虚，子能令母实"的理论，当某脏现虚证时，其子脏也会现虚证；当某脏现实证时，其母脏也会现实证。母子两脏俱虚，则"虚则补其母"，强调补虚不单补本脏，更应补其母脏，如以滋水涵木法调补肝肾阴虚。母子两脏俱实，则"实则泻其子"，强调泻实不单泻本脏，更应泻其子脏，如以清心泻肝法调治心肝火盛。

（2）根据相生规律制订治法：根据"虚则补其母"原则制订治法。滋水涵木、滋肾养肝、滋补肝肾：以滋肾阴并养肝血之法治疗肝肾阴虚证；培土生金、补脾养肺：培补脾气以助益肺气之法，治疗肺脾气虚证；益火补土、温阳健脾：温肾阳以助脾胃之法，治疗脾肾阳虚之证；肝旺泻心：以清心火泻肝之法治疗心肝火旺之证。

（3）根据相克规律确定治则：五行相克异常表现的三种形式，包括相克太过、相克不及、反克。依据五行相克规律，确定"抑强"与"扶弱"治则，重在制强、弱者易于平复。

抑强：适于相克太过即相乘的病理状态。肝（木）气太过、横犯脾胃（土），出现肝脾不调、肝胃不和之证，即木旺乘土之证，以抑强的"疏肝或平肝"法为治疗原则。

扶弱：适于相克不及即相侮的病理状态。肝（木）虚郁滞、脾（土）失健运，出现木不疏土之证，自然以扶弱的"和肝兼运脾"为治疗原则。但脾胃壅滞加剧，导致肝失条达，而出现脾土侮肝木之证，则当以抑强的"运脾和胃"法为治疗原则。

（4）根据相克规律确定治法：依据"抑强"与"扶弱"的原则制订治法。

抑木扶土：以疏肝/平肝兼健脾法治疗肝旺脾虚即木旺乘土之证，临床出现胸闷胁胀、脘痞腹胀、纳呆嗳气、腹痛肠鸣、大便或溏或秘、矢气等症状。据此建立的疏肝健脾法、平肝和胃法、调理肝脾法均属抑木扶土原则的具体运用。

培土制水：以温脾行水法治疗脾虚不运、水湿泛滥、水肿胀满之证，此证属脾肾同病；以脾虚甚者，重在温运脾阳、健脾助运化湿；以肾阳虚甚者，单温脾阳仍不足制水，而肾不主水、水湿停聚，水反克土，如此则重在温（肾）阳利水、温脾阳行水，脾肾同治。借助"培土制水"原则，建立敦土利水法、温肾健脾法。

泻南补北（泻火补水）：以泻心火兼滋肾水治疗肾阴不足、心火偏旺，水火不济、心肾不交之证，临床出现心烦失眠、口舌生疮、腰膝酸楚、遗精，舌尖红、苔黄等症状。中医学认为肾为水火之脏，肾阴虚可致相火偏亢，临床出现头晕耳鸣、咽干盗汗、梦遗，舌质红、无苔或少苔等症状，这属"肾阴偏衰、肾阳偏亢"之证，此证与五行相克理论的"水不克火"迥然有异。

中医学运用五行学说解释人体结构与脏腑生理功能及其相互关系，说明人体与自然的统一性与联系性；依据五行的生克乘侮规律，认识脏腑病理变化与病证传变，进一步确定治疗原则，指导制订临床治法。从系统联系的视角，分清病证主次，兼顾彼此，以治母兼顾子、治子兼顾母，抑强辅以扶弱、扶弱辅以抑强的治则思路，系统调节整体平衡。中医学亦运用五行学说及其生克乘侮规律，指导临床用药、针刺选穴和情志病证的调节。

总之，中医学运用元气论、阴阳学说和五行学说认识人体脏腑结构与生理功能，解释机体病理状态与病证变化，指导临床辨证，确定治则治法，辨识中药性味功效，指导临证选药组方，以系统的观点与方式调治人体自身平衡，以整体的理念与模式调节人与自然、人与社会的平衡。

（李　锋）

复习思考题

1. 简述元气论之气的含义与基本特征。
2. 中医学运用元气论体现在哪些方面？
3. 简述阴阳的概念与阴阳学说的基本内容。

4. 中医学运用阴阳学说体现在哪些方面？

5. 阴阳偏盛与偏衰的基本病变形式有哪些？

6. 简述五行的基本特征与五行学说的基本内容。

7. 请画出五行生克乘侮的关系示意图。

8. 试述五行学说对中医学的指导意义。

第三章　藏象学说

【内容提要】

中医学正常人体观,主要包括藏象学说、经络学说、体质学说,它们分别是相对独立而完整又相互联系的理论体系。本章主要涉及藏象学说和体质学说,经络学说列入针灸学基础章节。

藏象学说是研究藏象的概念内涵,各脏腑的形态结构、生理功能、病理变化及其与精气血津液神之间的相互关系,以及脏腑之间、脏腑与形体官窍及自然社会环境之间的相互关系的理论体系。藏象学说以脏腑为基础,以五脏为中心。藏象学说是中医学关于人体生理病理的系统理论,也是中医学理论体系的核心内容。

【学习要点】

1. 掌握藏象的基本概念和藏象学说的主要内容,五脏、六腑、奇恒之腑的生理功能。
2. 熟悉五脏的系统连属,精、气、血、津液、神的主要生理功能。
3. 了解脏腑之间及精、气、血、津液、神之间的相互关系,体质学说的主要内容。

第一节　概　　述

藏象学说,是以脏腑的形态、生理病理及其相互关系为研究目标的理论体系。中医学既通过解剖分析的直接观察方法认识脏腑的形态和功能,又运用哲学思维以整体观的方法认识脏腑的生命活动规律。因此,中医学的脏腑,不仅是形态学结构的脏器,而且是具有某些功能的生理病理学系统。

本节主要阐述藏象的基本概念、藏象学说的主要内容及主要特点。

一、藏象的基本概念

藏,是指藏于人体内的脏腑器官,即内脏。象,即征象、形象,其涵义有二:一指脏腑器官的形态结构,如"心象尖圆,形如莲花"(明代李中梓《医宗必读·改正内景脏腑图》);其二指脏腑的生理功能活动和病理变化表现于外的征象。所以,藏象,是指人体内脏腑的生理功能活动和病理变化反映于外的征象。

二、藏象学说的主要内容

藏象学说的主要内容,以脏腑为基础,阐述脏腑的形态结构、生理功能、病理变化及其与精、气、血、津液、神之间的相互关系,以及脏腑之间、脏腑与形体官窍之间的相互关系。

脏腑,是内脏的总称。按其生理功能特点,可分为三类。五脏,即心、肺、脾、肝、肾(在经络学说中,心包络亦作为脏,故又称"六脏");六腑,即胆、胃、小肠、大肠、膀胱、三焦;奇恒之腑,即脑、髓、骨、脉、胆、女子胞。五脏,多为实质性脏器,其共同的生理功能主要是化生和贮藏精气;六腑,多为中空管腔性脏器,其共同的生理功能主要是受盛和传化水谷。《素问·五藏别论》提出的"所谓五脏者,藏精气而不泻也,故满而不能实。六腑者,传化物而不藏,故实而不能满也",即是对脏腑功能的总概括,并且简要阐明了五脏与六腑之间的主要区别。奇恒之腑,奇,异也;恒,常也。奇恒之腑,形态似腑,多为中空有腔的脏器,而功能似脏,贮藏精气,不同于五脏和六腑,故称奇恒之腑。

精、气、血、津液是构成人体和维持人体生命活动的基本物质,是脏腑、经络等生理活动的物质基础。神,是生命活动总的体现。精、气、血、津液、神都是脏腑功能活动的产物,它们之间存在着相互依存、相互制约的关系,它们与脏腑、形体官窍之间也存在着相互依赖、相互影响的密切关系。

因此,藏象学说的主要内容包括两方面:一是研究各脏腑组织器官的形态结构、生理功能、病理变化及其相互关系;二是研究精、气、血、津液、神的生理功能、病理变化及其相互关系,以及它们与脏腑之间的关系。

三、藏象学说的主要特点

(一)以五脏为中心的整体观

主要体现在以五脏为中心的人体自身的整体性及五脏与自然环境的统一性两个方面。

1. **以五脏为中心的人体自身的整体性**　藏象学说认为,人体是一个极其复杂的有机整体,人体各组成部分之间,结构上不可分割,功能上相互为用,代谢上相互联系,病理上相互影响。藏象学说是以五脏为中心,通过经络系统的沟通联系,将六腑、五体、五官、九窍、四肢百骸等全身脏腑形体官窍联结成一个有机整体。五脏,代表人体的五个生理系统,人体所有的组织器官都可以包括在这五大系统之中,即肝系统(肝、胆、筋、目、爪),心系统(心、小肠、脉、舌、面),脾系统(脾、胃、肉、口、唇),肺系统(肺、大肠、皮、鼻、毛),肾系统(肾、膀胱、骨、耳、二阴、发)。这五大系统之间通过经脉的络属沟通和气血的流贯相互联系。五脏功能的协调共济,相互为用,是维持人体生理平衡的重要保证。此外,五脏的生理功能与精神情志密切相关。人的精神活动由五脏精气化生和充养,故《素问·宣明五气》将精神意识思维活动分属五脏藏寓,即"心藏神,肺藏魄,肝藏魂,脾藏意,肾藏志";而《素问·阴阳应象大论》将情志活动分由五脏所司,即"心在志为喜""肺在志为忧""脾在志为思""肝在志为怒""肾在志为恐"。

2. **五脏与自然环境的统一性**　人体不仅本身是一个有机整体,而且与自然环境保持着统一性。人赖自然环境以生存,人的生命活动必然受到自然环境的制约和影响;机体对自然环境的影响,也必然要作出相应的反应。故《灵枢·岁露》提出"人与天地相参也,与日月相应也"。所以,藏象学说将人体与天地置于同一体系中考察研究,强调内外环境的统一性。藏象学说应用五行学说将自然界的五时、五方、五气、五化等与人体五大功能系统密切联系,构成人体内外环境相应的统一体。例如,五脏与五时之气是相互通应的,心通于夏气,肺通于秋气,脾通于土气(即长夏之气),肝通于春气,肾通于冬气(《素问·六节藏象论》)。

(二)从"象"来考察"脏"的功能活动

机体外部的各种表现与内脏的功能活动存在着相互的联系。藏象学说的形成,虽有一定的古代解剖学知识为基础,但其发展主要依赖于古代医家对长期生活实践的观察和医疗实践经验的积累,主要基于察外知内、取象比类、整体观察等研究方法,观察到内在脏腑反映于外的各种征象。其观察分析的结果,必然超越人体解剖学的脏腑范围,从而形成具有某些功能的生理病理学系统。因此,藏象学说着重对人体进行整体的观察,通过分析人体反映于外部的临床表现即征象,来认识内脏的生理功能和病理变化。

第二节　脏　　腑

脏腑是位于人体颅腔、胸腔和腹腔之内,视之可见,触之可及的内脏器官的总称,是一个形态结构和生理功能相统一的综合概念。脏腑包括五脏、六腑和奇恒之腑。

本节主要阐述五脏的主要生理功能与系统连属,六腑的主要生理功能,奇恒之腑的主要生理功能,脏腑之间的相互关系。

一、五脏

（一）心

心，位于胸腔之内，膈膜之上，两肺之间，脊柱之前，形似倒垂未开之莲花，外有心包护卫。心为神之舍，血之主，脉之宗，为五脏之首，在五行属火，在五脏阴阳中属阳中之阳，起着主宰人体生命活动的作用。心的主要生理功能是主血脉，主神志。心在志为喜，在体合脉，其华在面，开窍于舌，在液为汗。手少阴心经与手太阳小肠经在心与小肠之间相互属络，故心与小肠相表里。

1. 心的主要生理功能

（1）心主血脉：是指心气推动血液在脉中循行，周流全身，发挥营养和滋润作用。心、脉、血三者密切相关，共同构成一个循环于全身的系统。这个系统的生理功能，以心气充沛、血液充盈、脉道通利为基本条件，其中心气起着主导作用。心主血脉包括心主血和心主脉两个方面。

心主血：心主血的基本内涵，是指心气能推动血液运行，以输送营养物质于全身脏腑形体官窍的作用。人体各脏腑器官、四肢百骸、肌肉、皮毛及心脉自身，皆有赖于血液的濡养才能发挥其正常的生理功能，以维持生命活动。血液的运行与五脏功能密切相关，其中以心的功能尤为重要。而心脏的正常搏动，主要依赖心气的推动和调节作用。心气充沛，心阴与心阳协调，心脏搏动有力，频率适中，节律一致，血液才能正常输布全身而发挥濡养作用。若心气不足，或心阴不足，或心阳不足，心脏搏动无力，均可导致血液运行失常。心主血的另一内涵是心有生血作用，即"奉心化血"（清代唐宗海《血证论·脏腑病机论》）。主要指饮食水谷经脾胃受纳运化而生成的水谷精微，经心阳的作用，化为赤色血液，即《素问·经脉别论》所谓"浊气归心，淫精于脉"。由上可见，心有总司一身血液运行及参与血液生成的作用。若心阳虚衰，可致血液化生和运行障碍。

心主脉：是指心气推动和调节心脏的搏动和脉管的舒缩，使脉道通利，血流通畅。心与脉直接相连，脉是血液运行的通道，心、血、脉三者共同形成一个循环于全身的密闭的管道系统。心气充沛，心脏有规律地搏动，脉管有规律地舒缩，血液则被输送到各脏腑形体官窍，发挥濡养作用，以维持人体正常的生命活动。由此可见，《素问·痿论》所说的"心主身之血脉"和《素问·六节藏象论》所说的"心者……其充在血脉"，是针对心脏、脉管和血液构成的一个相对独立系统而言。

心主血脉的功能是否正常，可以通过四征象即面色、舌色、脉象及心胸部感觉进行观察。若心气充沛，血液充盈，脉道通利，则面色红润有光泽，舌质淡红，脉和缓有力，心胸部感觉舒畅；若心气不足，血脉空虚，则心悸怔忡，胸闷气短，面白无华，舌质淡，脉细弱无力；若心脉瘀阻，则心胸憋闷疼痛，面色与舌色青紫，舌质有瘀斑瘀点，脉象细涩或结代。

（2）心主神志：心主神志，又称心主神明或心藏神，是指心有主宰人体五脏六腑、形体官窍的一切生理活动和人体精神、意识、思维等心理活动的功能。故《素问·灵兰秘典论》称"心者，君主之官，神明出焉"。神，有广义和狭义之分。广义之神，是指整个人体的生命活动及其外在表现；狭义之神，是指人的意识、思维等精神活动。"心者，五脏六腑之大主也，精神之所舍也"（《灵枢·邪客》），即是对心主神志这一功能的总结，表明心既主广义之神，又主狭义之神。

心主广义之神：是指心主宰五脏六腑、形体官窍的一切生理活动。心在脏腑组织中居于首位，起主导作用。人体五脏六腑、形体官窍在心的主宰和调节下，彼此协调，才能共同完成整体的生命活动。若心神正常，人体各脏腑的功能相互协调，分工合作，则全身安泰。若心主神志的功能失常，心神不明，失去主宰和调节作用，则可出现"心动则五脏六腑皆摇"（《灵枢·口问》）的病证，甚至危及生命活动。故《素问·灵兰秘典论》称"主明则下安……主不明则十二官危"。

心主狭义之神：是指心主宰人体的精神活动。心能够接受外界客观信息并作出反应，进行意识、思维、情志等活动，如《灵枢·本神》提出的"所以任物者谓之心"。故七情内伤，首伤心神。但必须认识到，心主神志的功能，属大脑的生理功能，是大脑对外界事物的反映。

若心主神志的功能正常，则精神振奋，神志清晰，思维敏捷，反应灵敏；若心主神志的功能异常，则可出现精神、意识、思维的异常,如失眠、多梦、健忘、反应迟钝、精神委顿,甚则出现谵妄、昏迷、不省人事等临床表现。

心主血脉和心主神志之间有着密切关系。一方面,"血者,神气也"(《灵枢·营卫生会》),即指血液是神志活动的主要物质基础,心神必须得到心血的濡养才能正常工作。另一方面,心主神志,主宰整个生命活动,心主血脉的功能也受心神的主宰。

2. 心的系统连属

(1)心在志为喜:心的生理功能与情志的"喜"有关。《素问·阴阳应象大论》称"在脏为心……在志为喜"。喜,一般而言,是人对外界信息所产生的良性反应,对心主血脉等生理功能有益。但若喜乐过度,则可使心脉、心神受损,因而有"喜伤心"(《素问·阴阳应象大论》)、"喜乐者,神惮散而不藏"(《灵枢·本神》)、"神有余则笑不休,神不足则悲"(《素问·调经论》)之说。

(2)心在体合脉,其华在面:脉指血脉,心合脉,是指全身的血脉都属于心。华,是光泽、华丽之义。其华在面,是指心脏气血的盛衰,可以从面部的色泽变化显露出来。《灵枢·邪气脏腑病形》说:"十二经脉,三百六十五络,其血气皆上于面而走空窍。"由于头部血脉极其丰富,全身气血皆上注于面,故心的气血盛衰及其生理功能正常与否皆可显露于面部的色泽变化。若心气旺盛,血脉充盈,则面部红润有光泽;若心气血不足,则可见面色㿠白无华;若心脉瘀阻,则见面色青紫。

(3)心在窍为舌:又称心开窍于舌,是指通过对舌的观察,可以了解心主血脉和心主神志的生理功能状态,故《素问·阴阳应象大论》称"心主舌……在窍为舌"。舌的主要生理功能是司味觉和表达语言,故《灵枢·忧恚无言》谓"舌者,音声之机也"。若心的生理功能正常,则舌体红润、柔软,运动灵活,语言流利,味觉灵敏,故《灵枢·脉度》称"心气通于舌,心和则舌能知五味矣"。若心有病变,如心阳不足,则可见舌质淡胖或紫黯;心阴不足,则可见舌质红绛;心血不足,则可见舌体瘦薄,舌质淡白;心火上炎,则可见舌质红赤,甚则生疮;心血瘀阻,则可见舌质紫黯或有瘀斑瘀点。若心主神志的功能异常,则可见舌卷、舌强、语謇,甚或失语等。

(4)心在液为汗:心与汗液的生成和排泄关系密切。汗乃体内津液通过阳气的蒸化后由玄府(汗孔)排出体表之液体,即"阳加于阴谓之汗"(《素问·阴阳别论》)。由于汗为津液所化生,血与津液同出一源,而血又为心所主,故有"汗为心之液""血汗同源"之称。一般来说,在正常的情况下,汗液的排泄常感觉不到出汗,而仅表现为肌肤的润泽。人体出汗有两种情况:一是散热性出汗,如气候炎热,衣被太厚,或动而生热,或表证发热时用发汗药,此时体内之热随津液外出而解,即属于此类出汗;二是惊恐伤心可致出汗,是指人在精神紧张时,或受惊时出汗,"惊而夺精,汗出于心"(《素问·经脉别论》),即指这类出汗。由此可见,心以主血脉和主神志这两大功能为基础,主司汗液的生成与排泄,从而维持人体内外环境的协调平衡。

[附]心包络

心包络,简称心包,又称"膻中",是心脏外面的包膜,具有保护心脏的作用。心居包络之中,包络在心之外,所以《黄帝内经》比之为心之宫城,如《灵枢·胀论》谓"膻中者,心主之宫城也"。在经络学说中,手厥阴经属于心包络,与手少阳三焦经相为表里,故心包络亦称为脏。古代医家认为,心为人身之君主,不得受邪,而心包络是心之外围,有保护心脏的作用,若当外邪侵犯心脏时,则首先心包络受病,故心包有"代心受邪"之功用。因此,在温病学说中,将外感热病中出现的神昏、谵语等心神功能失常之证,称为"热入心包"。实际上,心包受邪所出现的病证,即是心的病证。心和其他脏器一样,皆可以受到邪气的侵犯。

(二)肺

肺,位于胸腔,居横膈之上,分为左肺、右肺;气管、支气管、咽喉和鼻共同构成肺系,与肺相连。肺在人体脏腑中位置最高,故称肺为"华盖"。因肺叶娇嫩,不耐寒热,易被邪侵,故又称肺为"娇脏"。肺为魄之处,气之主,在五行属金,在五脏阴阳中属阳中之阴。肺的主要生理功能是主气,司呼吸,主宣发和肃降,通调水道,朝百脉,主治节。肺在志为悲忧,在体合皮,其华在毛,开窍于鼻,在液为涕。

手太阴肺经与手阳明大肠经在肺与大肠之间相互属络,故肺与大肠相表里。

1. 肺的主要生理功能

（1）肺主气,司呼吸:肺主气,包括主呼吸之气和一身之气两个方面。

肺主呼吸之气:呼吸为机体与外界环境进行气体交换的过程。肺主呼吸之气,是指肺是体内外气体交换的场所。通过肺的呼吸,吸入自然界的清气,呼出体内的浊气,实现体内外气体的交换。通过肺不断地呼浊吸清,吐故纳新,从而保证人体新陈代谢的正常运行,维持人体的生命活动。

肺主一身之气:是指肺具有主持、调节全身之气的作用。一方面体现在宗气的生成。宗气是由肺吸入的自然界清气与脾胃运化的水谷精气相结合而成,宗气在肺中生成,积存于胸中,呼则上走息道出喉咙以促进肺的呼吸,吸则入而能贯注心脉以助心推动血液运行。因此呼吸功能正常与否,直接影响宗气的生成,也影响全身之气的生成和盛衰。另一方面体现在对全身气机的调节,肺有节律的呼吸运动,调节着全身之气的升降出入运动。

肺司呼吸:是指肺为人体主司呼吸运动的器官,具有呼吸功能。肺主要是通过呼吸功能发挥主气作用,也就是说,肺主呼吸之气和一身之气,实际上是隶属于肺的呼吸功能。肺的呼吸均匀和调,是气的生成和气机调畅的根本条件;若肺的呼吸功能失常,则会影响气的生成和运行;若肺司呼吸的功能丧失,则清气不能吸入,浊气不能排出,体内外之气不能进行交换,生命也随之而告终。肺司呼吸的功能,又有赖于肺的宣发和肃降运动,呼即宣发,吸即肃降。肺的宣降正常,散纳有度,则呼吸调匀有序;若肺失宣降,则会出现胸闷、咳嗽、喘促、呼吸不利等临床表现。

（2）肺主宣发和肃降:肺主宣发,是指肺气具有向上升宣和向外周布散的作用;肺主肃降,是指肺气具有向内向下清肃通降和使呼吸道保持洁净的作用。

肺主宣发:肺主宣发的功能,主要有三个方面。一是通过肺的宣发作用,将体内的浊气排出体外;二是通过肺气的向上向外周的扩散运动,将脾转输至肺的津液和水谷精微向上布散于全身,外达于皮毛,以滋润和濡养脏腑器官、四肢百骸、肌腠皮毛;三是宣发卫气于皮肤肌腠,卫气具有护卫肌表、温养肌腠皮毛、调节腠理开合的作用,并促进汗液有节制地排出体外。若肺失宣发,则可出现呼气不利、胸闷、咳喘、鼻塞、无汗、喷嚏等症。

肺主肃降:肺主肃降的功能,主要有三个方面。一是使肺能充分吸入自然界之清气;二是将肺吸入的清气和脾转输至肺的津液、水谷精微向下向内布散于全身,并将代谢产物和多余的水液下输于肾和膀胱,变为尿液排出体外;三是肃清肺和呼吸道内的异物,以保持呼吸道的洁净。若肺失肃降,则可出现呼吸短促或表浅、咳痰等症。

肺的宣发和肃降作用是相反相成的矛盾运动,它们在生理上相辅相成,在病理上相互影响。宣发和肃降是相互制约、相互为用的两个方面,宣发与肃降协调,有节律地一宣一肃,以维持呼吸均匀协调,气机调畅,实现体内外气体正常交换,促进全身津液的正常输布代谢。若宣发和肃降失调,则会发生肺气失宣或肺失肃降的病理变化,而出现呼吸失常和津液代谢障碍的临床表现,如呼吸不利、气喘、咳嗽、咯痰等症。

（3）肺通调水道:又称肺主行水。通,即疏通;调,即调节;水道,是水液运行和排泄的通道。肺通调水道,是指肺气的宣发和肃降运动对体内水液的输布、运行和排泄起着疏通和调节作用。一方面,通过肺气的宣发作用将脾气转输至肺的津液向上、向外布散,外达全身皮毛以濡润之;并将代谢后输送到皮毛肌腠的水液,在卫气的作用下化为汗液,由汗孔排泄。另一方面,通过肺气的肃降作用将脾气转输至肺的津液向内向下输送到体内各脏腑组织器官以濡润之;并将机体代谢所产生的废水和剩余的水液下输于肾和膀胱,经肾的气化作用生成尿液而排出体外。由于肺为华盖,位于高位,故《血证论·肿胀》称“肺为水之上源,肺气行则水行”。临床上对因肺通调水道的功能失常而形成的痰饮、水肿等病证,可用宣肺利水或降气利水的方法进行治疗。

（4）肺朝百脉,主治节:肺朝百脉,是指全身的血液通过百脉会聚于肺,经肺的呼吸,进行体内外清浊之气的交换,然后再将富含清气的血液通过百脉输送至全身。肺朝百脉的功能,是肺气的运动在血液运行中的具体体现。说明全身的血和脉虽统属于心，但血液在全身的正常循环运行尚需肺的协助，因此肺朝百脉的作用，是助心行血。所以，临床上治疗血行不畅之疾，除活血、行血之外，常配以行气、补气之品。

肺主治节：治节，即治理调节。肺主治节，是指肺具有治理调节全身各脏腑组织生理功能的作用。《素问·灵兰秘典论》谓："肺者，相傅之官，治节出焉。"肺主治节的功能，主要体现在四个方面。一是肺司呼吸，主呼吸之气，保持呼吸节律均匀和调；二是肺主一身之气，调节全身气机的升降出入；三是肺朝百脉，助心行血，能辅助心脏，调节血液的运行；四是肺通调水道，通过肺气的宣发和肃降，调节津液代谢。由此可见，肺主治节，实际上是对肺的主要生理功能的高度概括。

2. 肺的系统连属

（1）肺在志为悲忧：肺的功能与情志的"悲""忧"有关。《素问·阴阳应象大论》认为"在脏为肺……在志为忧"，《素问·宣明五气》认为"精气……并于肺则悲"。悲和忧虽然略有不同，但其对人体生理活动的影响大致相同，因而悲和忧同属肺志。两者均属于非良性刺激的情绪反应，过度悲哀或过度忧伤皆可耗伤肺气，出现呼吸气短等症，如《素问·举痛论》提出的"悲则气消"。反之，若肺气虚或肺失宣降，机体对外来非良性刺激的耐受力下降，则容易产生悲忧的情绪变化。

（2）肺在体合皮，其华在毛：皮毛，包括皮肤、汗腺、毫毛等组织，为一身之体表，依赖于肺所宣发的卫气和津液的温养、润泽，是机体抵抗外邪的第一屏障。若肺的生理功能正常，则皮肤致密，毫毛光泽，抵御外邪侵袭的能力亦较强；若肺气虚，宣发卫气和输精于皮毛的生理功能减弱，卫表不固，抵抗外邪侵袭的能力低下，则可出现自汗多汗，或易感冒，或皮毛枯槁不泽等现象。

（3）肺在窍为鼻：鼻和喉是呼吸的通道，与肺相连，故称鼻为肺之外窍，喉为肺之门户。鼻为呼吸道的最上端，具有主通气和主嗅觉的功能。鼻的通气、嗅觉与喉部的发音等功能，都必须依赖肺气的宣发作用和津液的滋养，故《素问·阴阳应象大论》称"肺主鼻……在窍为鼻"。若肺气和，呼吸利，则嗅觉灵敏，声音能彰；若肺失宣发，则鼻塞不通，呼吸不利，嗅觉亦差，暗哑或失音。故《灵枢·脉度》提出"肺气通于鼻，肺和则鼻能知臭香矣"。由于肺开窍于鼻，上通于喉，所以外邪袭肺，多从鼻喉而入；肺的病变，也多见鼻、喉等肺系之症，如鼻塞、流涕、喷嚏、喉痒、暗哑和失音等。所以临床上常把鼻的异常变化作为诊断肺病的依据之一。

（4）肺在液为涕：涕，即鼻涕，是鼻窍的分泌物，有润泽鼻窍的作用。鼻为肺窍，鼻涕由肺精所化，经肺气的宣发作用布散于鼻窍，故《素问·宣明五气》称"五脏化液……肺为涕"。若肺的功能正常，肺气充足，则鼻涕润泽鼻窍而不外流；若肺寒，则鼻流清涕；若肺热，则涕黄浊；若肺燥，则见鼻干。

（三）脾

脾，位于中焦，在左膈之下，形如镰刀。《素问·太阴阳明论》称"脾与胃以膜相连"。脾胃同居中焦，是人体消化系统的主要脏器，在五行属土，在五脏阴阳中属阴中之至阴。脾胃共为后天之本，气血生化之源，故《素问·灵兰秘典论》谓"脾胃者，仓廪之官，五味出焉"。脾的主要生理功能是主运化，主升，主统血。脾在志为思，在体合肌肉，主四肢，开窍于口，其华在唇，在液为涎。足太阴脾经与足阳明胃经在脾与胃之间相互属络，故脾与胃相表里。

1. 脾的主要生理功能

（1）脾主运化：运，即转运输送；化，即消化吸收。脾主运化，是指脾具有把饮食水谷转化为水谷精微，并将精微物质吸收转输至全身的生理功能。脾主运化的功能包括运化水谷和运化水液两个方面。

脾运化水谷：水谷泛指各种饮食物。脾运化水谷，是指脾对饮食物的消化吸收并转输其水谷精微的功能。饮食入胃后，经胃的受纳和腐熟作用，使其初步消化并下达于小肠，再经小肠受盛化物作用，使之进一步消化分解成清浊两部分。食物的消化虽在胃和小肠中进行，但必须依赖于脾的运化功能，才能将水谷化为精微；同样，也有赖于脾的转输和散精的功能，才能把水谷精微上输于肺，经肺之宣发向上向外布散、肺之肃降向下向内输布，使水谷精微得以输布全身。而水谷精微是人自出生之后维持生命活动所需要的营养物质的主要来源,也是生成气血的主要物质基础。所以说脾为"后天之本"(明代李中梓《医宗必读·肾为先天本脾为后天本论》),气血生化之源。因此,脾运化水谷的功能正常,才能为化生精、气、血、津液提供足够的养料,使脏腑经络、四肢百骸以及筋肉皮毛等组织得到充分的营养而发挥正常的生理功能。若脾运化水谷的功能减退,称为脾失健运,则食物的消化吸收功能因之而失常,出现食少、腹胀、便溏,以致倦怠、消瘦等症。

脾运化水液:是指脾对水液的吸收、转输和布散作用,是人体津液代谢的一个重要环节,又称为运化水湿。人体所摄入的水液,经过脾的吸收和转化,成为津液以布散全身而发挥滋养、濡润的作用;同时脾又把各组织器官利用后的多余水液,及时地转输于肺和肾,通过肺的宣发和肾的气化作用,化为汗和尿排出体外。脾居中焦,为水液升降输布的枢纽。因此,若脾运化水液的功能健旺,则水液在体内运行正常;若脾运化水液功能失常,则可导致水液在体内停滞,而产生湿、痰、饮等病理产物,甚则导致水肿。所以《素问·至真要大论》提出"诸湿肿满,皆属于脾"。临床治疗此类病证,一般采用健脾燥湿或健脾利水之法。

(2)脾气主升:是指脾气的运动特点,以上升为主,具体表现为升清和升举内脏两个方面。

脾主升清:清,指水谷精微等营养物质。脾主升清,是指脾气上升,将水谷精微上输于心、肺、头目,通过心肺的作用化生气血,以营养濡润全身。若脾的升清功能正常,水谷精微等营养物质才能吸收和向上正常输布;若脾气虚而不能升清,则可见神疲乏力、头晕目眩、腹胀、便溏、泄泻等。脾主升清与胃主降浊是相对而言的,藏象学说中常以脾升胃降来概括整个消化系统的生理功能,两者相互为用,相反相成,共同完成饮食水谷的消化、吸收和输布。故清·叶天士《临证指南医案·脾胃》提出"脾宜升则健,胃宜降则和"。若脾不升清,胃不降浊,则可出现上不得水谷精微之滋养、中有浊气停滞、下有精微下注之症,正如《素问·阴阳应象大论》所说的"清气在下,则生飧泄,浊气在上,则生䐜胀"。

脾升举内脏:脾气上升能维持内脏位置的相对恒定,是防止内脏下垂的重要保证。若脾气虚弱,无力外举,反而下陷,则可导致某些内脏下垂,如胃下垂、肾下垂、子宫下垂、脱肛等病证,称之为脾气下陷证或中气下陷证,临床治疗常采用健脾升阳举陷的方法。

(3)脾主统血:统,即统摄、控制。脾主统血,是指脾具有统摄、控制血液在脉中正常运行,以防止逸出脉外的生理功能。脾主统血的作用是通过气摄血来实现的,正如《金匮要略编注·下血》所说:"五脏六腑之血,全赖脾气统摄。"若脾气健运,气血生化有源,则气固摄血液的功能得以正常发挥,血液不至于逸出脉外而发生出血;若脾气虚弱,运化无力,化生无源,脾气固摄血液的功能减弱,则可使血逸出脉外而见各种出血病证。由于脾气虚不能统摄血液,又脾气主升,并主全身肌肉,因此习惯上把人体下部的和肌肉或皮下的各种慢性出血如便血、尿血、崩漏、肌衄等,称为脾不统血证。

2. 脾的系统连属

(1)脾在志为思:脾的生理功能与情志的"思"有关。《素问·阴阳应象大论》提出"在脏为脾……在志为思"。思,即思虑、思考,是人皆有之的一种心理活动。正常限度内的思,对于机体无不良影响。思虑太过,最易妨碍脾气的功能,使脾的运化、升清功能失常,出现不思饮食、脘腹胀闷、眩晕健忘等症。思虑过度,所思不遂,也会影响气的升降出入,导致气机郁结。

(2)脾在体合肌肉,主四肢:脾胃为气血生化之源,人体的肌肉、四肢都需要脾所运化的水谷精微以营养滋润,才能使肌肉发达,丰满健壮,四肢轻劲有力。若脾主运化的功能失常,水谷精微及津液的生成和转输障碍,四肢、肌肉失其滋养,则必致肌肉消瘦,四肢倦怠无力,甚至痿废不用。故临床上以健脾胃、益气血作为治疗痿证的基本原则,《素问·痿论》称为"治痿独取阳明"。

(3)脾在窍为口,其华在唇:脾开窍于口,是指人的食欲、口味与脾主运化的功能有密切关系,故《素问·阴阳应象大论》称"脾主口……在窍为口"。若脾气健旺,则食欲、口味正常;若脾失健运,湿浊内生,则见食欲不振、口味异常,如口淡乏味、口腻、口甜等。故《灵枢·脉度》谓"脾气通于口,脾和则口能知五谷矣"。

脾之华在唇：口唇的色泽，可以反映脾气功能的盛衰，并与全身的气血是否充足有关。若脾气健运，气血充足，营养良好，则口唇红润有光泽；若脾失健运，气血衰少，营养不良，则口唇淡白不泽。

（4）脾在液为涎：口津，即唾液，俗称"口水"。涎，属于口津，为唾液中较清稀的部分，由脾气化生并转输布散，故《素问·宣明五气》称"五脏化液……脾为涎"。涎具有保护口腔黏膜、润泽口腔的作用，在进食时分泌较多，有助于食物的咀嚼、吞咽和消化。在正常情况下，脾气充足，涎液化生正常，上行于口，但不溢出于口外。若脾胃不和，或脾虚不能摄津，则导致涎液分泌剧增，而发生口涎自出等现象；若脾气化生不足，津液不充，则见涎液减少、口干舌燥。

（四）肝

肝，位于膈下，腹腔之右上方，右胁之内。肝为魂之处，血之藏，筋之宗，在五行中属木。肝为刚脏，体阴用阳，故《素问·灵兰秘典论》称"肝者，将军之官，谋虑出焉"。肝的主要生理功能是主疏泄，主藏血。肝在志为怒，在体合筋，其华在爪，开窍于目，在液为泪。胆附于肝，足厥阴肝经与足少阳胆经在肝与胆之间相互属络，故肝与胆相表里。

1. 肝的主要生理功能

（1）肝主疏泄：疏，即疏通；泄，即发泄、升发。肝主疏泄，是指肝具有疏通、畅达全身气机，使气通而不滞、散而不郁的生理功能。肝主疏泄的功能反映了肝气主升、主动、主散的生理特性，其性刚强，故称肝为"刚脏"。肝主疏泄的功能主要表现在以下四个方面。

肝调畅气机，维持血液和津液运行：气机，即气的升降出入运动。肝主疏泄的中心环节是调畅气机。肝主疏泄的功能正常，则气机调畅，气血和调，经络通利，脏腑组织器官的功能活动正常有序。肝主疏泄的功能失常，称为肝失疏泄，其病理变化可分为两个方面。一是肝疏泄功能减退，疏泄不及，肝气郁结，多因情志抑郁、肝气不舒而致。临床多见闷闷不乐，悲忧欲哭，胸胁、两乳或少腹等部位胀痛不适等症。二是肝疏泄功能亢进，疏泄太过，肝气上逆，多因暴怒伤肝，或气郁日久化火而致。临床表现为头目胀痛、面红目赤、急躁易怒等症，或血随气逆而出现吐血、咯血，甚则猝然昏厥、不知人事等。此外，肝调畅气机的作用也是维持血液运行和津液运行的一个重要因素，这是因为气与血、气与津液之间的相互关系，血液循行和津液输布有赖于气机的调畅。肝气疏泄，调畅气机，使全身之气的运行畅达有序，气能行血，气行则血行，故肝气的疏泄作用能使血液的运行畅达而无瘀滞；若肝疏泄不及，气机郁结，则血行障碍，血运不畅，血液瘀滞停积而为瘀血，或为癥积、肿块，在女子可出现经行不畅、月经后期、痛经、闭经等病证；若肝疏泄太过，肝气上逆，迫血上涌，又可使血不循经，而出现呕血、咯血等，或女子月经过多、崩漏等病证。气能行津，气行则津布，故肝气的疏泄作用也能促进津液输布，使之无聚湿成水、生痰化饮之患；若肝气疏泄功能失常，气机郁结，则会导致津液的输布代谢障碍，形成水湿痰饮等病理产物，而出现水肿、痰核等病证。因此，疏肝理气是临床治疗瘀血内阻和痰饮水湿内停的常法。

肝助脾升胃降及胆汁分泌排泄：一方面，脾气以升为健，胃气以降为和，脾升胃降与肝的疏泄功能密切相关。肝的疏泄功能正常，全身气机疏通畅达，有助于脾升胃降的协调平衡，促进脾胃对饮食物的消化、吸收和转输。若肝失疏泄，影响脾的升清功能，在上则为眩晕，在下则为飧泄；影响胃的降浊功能，在上则为呕逆、嗳气，在中则为脘腹胀满或疼痛，在下则为便秘。另一方面，饮食物的消化吸收还要借助胆汁的分泌与排泄，胆汁来源于肝，胆汁的分泌与排泄有赖于肝气的疏泄功能。若肝气郁结或肝气上逆，则影响胆汁的分泌与排泄，可导致胆汁郁滞，临床可出现厌食、腹胀、口苦、胁痛、黄疸、结石等。

肝条达情志：情志，即情感、情绪，是指人类精神活动中以反映情感变化为主的一类心理过程。正常的情志活动主要依赖于气血的正常运行，肝主疏泄，调畅气机，维持血液的运行，所以肝条达情志的作用是以调畅气机的功能为基础。若肝的疏泄功能正常，气机调畅，气血和调，则心情舒畅。若肝的疏泄功能减退，肝气郁结，则心情抑郁不乐、沉闷欲哭；若肝的疏泄功能太过，肝气上逆，则心情急躁、亢奋易怒。反之，若情志活动异常，则多导致气机失调的病变，如"怒则气上"（《素问·举痛论》）；而强烈或持久的情志刺激,亦会影响肝主疏泄的功能,导致肝气郁结或肝气上逆的病理变化,如"怒伤肝"(《素问·阴阳应象大论》)。

肝调节生殖功能:男子的排精、女子的排卵和月经来潮与肝的疏泄功能密切相关。男子精液的贮藏和排泄,是肝肾二脏之气的疏泄与闭藏作用相互协调的结果。若肝的疏泄功能正常,则精液排泄通畅有度;若肝失疏泄,则排精不畅或排精无度。女子的按时排卵和月经通畅有度,也是肝气疏泄与肾气闭藏功能相互协调的体现,其中肝调畅气机尤为关键。若肝的疏泄功能正常,气机调畅,则月经周期正常,经行通畅,孕育正常;若肝失疏泄,气机失调,则月经周期紊乱、经行不畅、痛经、闭经、不孕,或崩漏、滑胎等。相对男子而言,肝气的疏泄功能对女子的生殖功能更为重要,故有"女子以肝为先天"(清代叶天士《临证指南医案·调经》)之说。

(2)肝主藏血:是指肝具有贮藏血液、调节血量及防止出血的功能。其生理意义有以下三个方面。

肝贮藏血液:肝贮藏充足的血液,化生和涵养肝气,既可以濡养自身,又可以制约肝阳而维持肝的阴阳平衡,防止阳气升腾太过而肝气亢逆。肝贮藏充足的血液,可以濡养肝之形体官窍,使其发挥正常的生理功能,如《素问·五藏生成》所说的"肝受血而能视,足受血而能步,掌受血而能握,指受血而能摄"。肝贮藏充足的血液,为经血之源,是女子月经来潮的重要保证。由于女子以血为本,女子月经和孕育无不涉及血,所以肝主藏血的功能对女子的生殖功能也十分重要。

肝调节血量:肝贮藏充足的血液,可根据生理需要调节人体各部分血量的分配,尤其是对外周血量的调节起着重要作用。当人体处于安静状态时,机体外周的血液需求量减少,部分血液就回流到肝脏并贮藏起来;当人体处于活动状态时,机体外周的血液需求量增加,肝内的血液又被动员出来,通过肝的疏泄作用输送到外周,以供各组织器官的需要。故《素问·五藏生成》称"人卧血归于肝"。但必须注意的是,肝调节血量的功能是以肝贮藏血液为前提,只有充足的血量贮藏,才能有效地进行血量调节。若肝的藏血功能失常,血量分配不足,则会导致机体许多部位血液濡养不足的病证。如肝血不足,不能濡养目,则两目干涩昏花,或为夜盲;若不能养筋,则筋脉拘急,肢体麻木,屈伸不利;肝血不足时,女子经血乏源,则可见月经量少,甚则闭经。

肝防止出血:肝主藏血,有防止出血的作用。肝藏血失职,引起各种出血,称为肝不藏血。若肝不藏血,血不养气,则气虚固摄血液无力而出血;或肝不藏血,肝阳升腾,则血不得凝而出血;或肝火亢盛,灼伤脉络,迫血妄行。临床上皆可出现吐血、咯血、衄血、月经过多、崩漏等出血现象。此外,临床所用的止血药多归肝经,也正是这一理论在中药学中的体现。

肝主疏泄和肝主藏血之间有着密切的关系。肝为藏血之脏,血为阴,故肝体为阴;肝主疏泄,其气主升主动,其作用属阳,故肝用为阳。因此,清·叶天士《临证指南医案·肝风》中有肝"体阴用阳"之说。肝的疏泄和藏血是相辅相成、相互为用的,藏血是疏泄的物质基础,疏泄是藏血的功能表现。肝主疏泄的功能正常,气机调畅,则血液能正常地贮藏和调节;而肝主藏血的功能正常,则血能养肝,不使肝气亢逆,才能保证肝主疏泄的功能正常,全身气机疏通畅达。若肝失疏泄,疏泄不及,肝气郁滞,则可导致血瘀证;若疏泄太过,肝气上逆,血随气逆,则可导致出血证。若肝藏血不足,肝血不足,则可导致肝气上逆,而致肝火、肝风等。

2. 肝的系统连属

(1)肝在志为怒:肝的生理功能与情志的"怒"有关。《素问·阴阳应象大论》谓"在脏为肝……在志为怒"。怒是人们在情绪激动时的一种情志变化。一般而言,怒志人人皆有,它是在一定限度内的情绪发泄,对维护机体生理平衡有重要意义。但郁怒不解或大怒,则属于一种不良的刺激,前者可引起肝气郁结,后者可致肝气上逆。故《素问·举痛论》称"怒则气逆,甚则呕血及飧泄,故气上矣"。若郁怒伤肝,则表现为心情抑郁、闷闷不乐;若大怒伤肝,则表现为烦躁易怒、激动亢奋。若肝气亢盛,或肝血不足,阴不制阳,肝阳亢逆,则稍有刺激,即易发怒。

(2)肝在体合筋,其华在爪:筋,即筋膜,包括肌腱和韧带,附着于骨而聚于关节,有连接和约束骨节肌肉、主司关节运动和保护内脏的功能。《素问·痿论》称"肝主身之筋膜",主要是指全身筋膜有赖于肝血的滋养。若肝血充盛,则筋膜得到充分的濡养,才能运动灵活而有力。若肝血亏虚,筋膜失养,则筋的运动能力就会减退,而表现为筋力不健、动作迟缓、运动不灵活。此外,肝血不足,筋失所养,还可出现肢体无力、动作失灵、手足震颤、肢体麻木、抽搐拘挛、屈伸不利等症。

肝之华在爪:爪,即爪甲,包括指甲和趾甲,乃筋之延续,明代张景岳《类经·藏象类》称"爪者筋之余"。若肝血充盛,则爪甲坚韧、红润光泽;若肝血不足,则爪甲软薄、色泽枯槁,甚则变形、脆裂。故《素问·五藏生成》谓"肝之合筋也,其荣爪也"。

(3)肝在窍为目:目,又称"精明",为视觉器官,具有视物功能。《素问·脉要精微论》说:"夫精明者,所以视万物,别白黑,审短长。"目之所以能视物,有赖于肝气的疏泄和肝血的濡养,故《素问·阴阳应象大论》说:"肝主目……在窍为目。"若肝血不足,则两目干涩、视物不清,甚或夜盲;若肝经风热,则目赤痒痛;若肝火上炎,则目赤肿痛;若肝阳上亢,则头晕目眩;若肝风内动,则两目斜视、目睛上吊等。

(4)肝在液为泪:泪,由肝精、肝血所化,肝开窍于目,泪从目出,故泪为肝之液。《素问·宣明五气》说:"五脏化液……肝为泪。"泪有濡养、滋润和保护眼睛的功能。在正常情况下,泪液的分泌是濡润而不外溢,但在异物侵入目中时,泪液即可大量分泌,起到清洁眼睛和排除异物的作用。在病理情况下,可见泪液的分泌异常。如肝血不足时,泪液分泌减少,可见两目干涩;肝经风热或肝经湿热时,可见目眵增多、迎风流泪。此外,在极度悲哀的情况下,泪液的分泌也可大量增多。

(五)肾

肾,位于腰部,脊柱两旁,左右各一。《素问·脉要精微论》称"腰者,肾之府"。肾为封藏之本,精之处,先天之本,脏腑之本,在五行属水。肾的主要生理功能是藏精,主水,主纳气。肾在志为恐,在体合骨生髓,其华在发,开窍于耳及二阴,在液为唾。足少阴肾经与足太阳膀胱经在肾与膀胱之间相互属络,故肾与膀胱相表里。

1. 肾的主要生理功能

(1)肾藏精:藏,即闭藏。肾藏精,是指肾具有贮存、封藏精气的生理功能。肾闭藏精气,主要是为精气在体内充分发挥其生理功能而创造必要的条件,防止精气从体内无故流失。故《素问·六节藏象论》称"肾者,主蛰,封藏之本,精之处也"。

精,是构成人体和维持机体生命活动的最基本物质,是脏腑形体官窍功能活动的物质基础。

精,就其存在状态而言,有肾精、肾气之分。一般来说,肾精是有形的,肾气是无形的;肾精散则化为肾气,肾气聚则变为肾精。肾闭藏精气,精与气在不断地相互转化之中。肾精和肾气的关系,犹如水与水蒸气,实为同一物质,只是存在的状态不同而已。但是,肾精更具有物质性,属阴;而肾气则更具有功能性,属阳。因此,既不能将肾精与肾气完全等同,也不能将肾精与肾阴、肾气与肾阳完全等同,它们之间既有联系,又有区别。

精,就其来源而言,有先天之精和后天之精之分。先天之精来源于父母,是禀受于父母的生殖之精,与生俱来,藏于肾中。出生之前,先天之精是构成胚胎发育的原始物质,是形成生命的本原,是生命之源;出生之后,先天之精则是人体生长发育和生殖的物质基础。由于肾藏先天之精,故称为"先天之本"(明代李中梓《医宗必读·肾为先天本脾为后天本论》)。后天之精来源于饮食水谷,由脏腑之精产生。即人出生后从饮食物中所摄取经脾胃化生的水谷精微,转输至各脏腑而化为脏腑之精,再经脏腑代谢平衡后的剩余部分,贮藏于肾。先天之精和后天之精的来源虽然不同,但却同藏于肾,两者相互依存,相互为用。先天之精是生命遗传物质,是后天之精的物质基础;但先天之精有赖于后天之精的不断充养和培育,才能充分发挥其生理效应;而后天之精也只有得到先天之精的活力资助,才能源源不断地化生。

肾藏精,肾中精气的生理功能主要体现在以下两个方面。

肾主生长发育和生殖:人体的生长发育和生殖与肾藏精的生理功能密切相关,是肾精及肾气的生理作用。《素问·上古天真论》说:"女子七岁,肾气盛,齿更发长。二七而天癸至,任脉通,太冲脉盛,月事以时下,故有子。三七,肾气平均,故真牙生而长极。四七,筋骨坚,发长极,身体盛壮。五七,阳明脉衰,面始焦,发始堕。六七,三阳脉衰于上,面皆焦,发始白。七七,任脉虚,太冲脉衰少,天癸竭,地道不通,故形坏而无子也。丈夫八岁,肾气实,发长齿更。二八,肾气盛,天癸至,精气溢泻,阴阳和,故能有子。三八,肾气平均,筋骨劲强,故真牙生而长极。四八,筋骨隆盛,肌肉满壮。五八,肾气衰,发堕齿槁。六八,阳气衰竭于上,面焦,发鬓斑白。七八,肝气衰,筋不能动,天癸竭,精少,肾藏衰,形体皆极。八八,则齿发去。"上述经文,一是记述了肾中精气由未盛到逐渐充盛,由充盛到逐渐衰少继而耗竭的演变过程。生、长、壮、老、已是人类生命的自然规律,与肾中精气的盛衰密切相关,在人体的生命过程中,人的生长、发育和生殖能力都取决于肾中精气的盛衰。二是指出了齿、骨、发的生长状态是观察肾中精气的外候,是判断机体生长发育状况和衰老程度的客观标志。若肾精及肾气不足,则小儿会表现为生长发育迟缓,如出现五迟(齿迟、发迟、语迟、立迟、行迟),五软(头软、项软、手足软、肌肉软、口软),在成人则为早衰。三是提出了"天癸"与人体的生长发育和生殖密切相关,肾主生长发育和生殖的功能是通过天癸来体现的。天癸,是肾中精气充盈到一定程度时产生的具有促进人体生殖器官成熟,并维持生殖功能的物质。天癸藏于肾,并随肾中精气的生理消长而变化。肾气初盛,天癸亦微;肾气既盛,天癸蓄积而泌;肾气渐衰,天癸乃竭。

肾为脏腑之本:由于肾藏精,为先天之本,故将肾精及肾气称为机体生命活动之本,即全身各脏腑的功能及精气血津液各物质的新陈代谢皆依赖于肾中精气的生理作用,因此,肾为脏腑之本(清代李延昰《脉诀汇辨·冲阳、太溪二脉论》)。肾中精气的这一生理效应可以用肾阴和肾阳进行概括。肾阴称为元阴、真阴,主全身之阴,"五脏之阴气,非此不能滋"(明代张景岳《景岳全书·传忠录·命门余义》),说明肾阴为脏腑阴液之本,对机体各脏腑组织器官起着滋润、濡养作用;肾阳称为元阳、真阳,主一身之阳,"五脏之阳气,非此不能发"(明代张景岳《景岳全书·传忠录·命门余义》),说明肾阳为脏腑阳气之本,对机体各脏腑组织器官起着推动、温煦作用。因此,肾阴肾阳又称为"五脏阴阳之本",维护着机体各脏腑阴阳的平衡。一方面,肾阴肾阳相互制约、相互依存,共同维持全身阴阳的协调平衡;而肾阴肾阳发生虚衰,会导致全身阴阳失调而引起病证。若肾阳虚衰,推动、温煦的功能减退,则脏腑功能减弱,精神不振,而发为虚寒性病证;若肾阴不足,滋润、濡养的功能减退,则脏腑功能虚性亢奋,精神虚性躁动,而发为虚热性病证。另一方面,肾阴肾阳与他脏的阴阳之间也存在着相互资助和相互为用的动态关系,在病理变化中它们相互影响。肾阴肾阳失衡,可导致他脏的阴阳失调;而他脏阴虚或阳虚,日久也会导致肾阴肾阳的虚衰。故明代张景岳《景岳全书·妇人规》说:"五脏之伤,穷必及肾",临床称之为"久病及肾"。

(2)肾主水:是指肾具有主持和调节人体津液代谢的生理功能,又称为肾的气化作用。一方面,肾中精气的蒸腾气化,主宰着整个津液代谢,肺、脾等脏腑对水液的输布等均依赖于肾的气化作用;另一方面,尿液的生成和排泄,更是与肾的气化作用直接相关,而尿液的生成和排泄是津液代谢的一个重要环节,在维持机体津液代谢平衡过程中起着极其关键的作用。

在人体整个津液代谢过程中,胃、小肠、大肠中的水液(津液)以三焦为通道,经脾的运化转输作用,吸收并输送至肺,再通过肺的宣发肃降输布于全身,以发挥滋润、濡养作用,并将宣发至皮毛肌腠的水液化为汗液排泄;脏腑形体官窍代谢后所产生的水液(浊液即废液),通过肺的肃降作用从三焦下行输送到肾与膀胱,再经肾的蒸腾气化作用,吸收可以再利用的水液,而剩余的则化为尿液排泄。此外,大肠排出粪便时也随糟粕带走一些残余的水液。

由上可见,水液的生成、输布和排泄,是在肾、脾、肺、胃、大肠、小肠、膀胱、三焦等多个脏腑的共同参与下完成的,但对于津液代谢中的每一个环节都需要在肾的气化作用下进行,肾的气化作用贯穿于津液代谢的始终。从另一个角度来认识,由于肾阴肾阳是五脏阴阳之本,所以各脏腑阴阳必须在肾阴肾阳协调平衡的状态下才能正常参与津液代谢。故《素问·逆调论》称"肾者水脏,主津液"。在病理情况下,若肾中精气虚衰,气化功能、肾阴肾阳的推动和调控作用失常,则可出现尿少、尿闭、水肿,或见小便清长、尿多、尿频等症。

（3）肾主纳气：纳，即受纳、摄取。肾主纳气，是指肾具有摄纳肺所吸入的自然界之清气，保持吸气的深度，防止呼吸表浅的生理功能。人体的呼吸运动，由肺所主，肺气宣发而呼气，肺气肃降而吸气。但吸入的清气，必须依赖于肾的摄纳潜藏，使其维持一定的深度，以利于气体的正常交换，保持呼吸均匀和调。故《难经·四难》称"呼出心与肺，吸入肾与肝"。肾主纳气，实际上是肾的封藏作用在呼吸运动中的具体体现。肾主纳气的功能正常，则呼吸均匀和调。若肾主纳气的功能减退，摄纳无权，则出现呼吸表浅、呼多吸少、动则气喘等病理表现，称为"肾不纳气"。故清代林珮琴《类证治裁·喘证》谓"肺为气之主，肾为气之根"。所以一般而言，咳喘之病，"在肺为实，在肾为虚"（清代叶天士《临证指南医案·喘》），初病治肺，久病治肾。

在肾的上述生理功能中，肾藏精是其最基本的功能。肾主水及主纳气等功能，都是其藏精功能的延伸。因此，在认识肾的各种功能时，必须把肾藏精的功能作为最根本的功能来理解和把握。

2. 肾的系统连属

（1）肾在志为恐：肾的生理功能与情志的"恐"有关。《素问·阴阳应象大论》说："在脏为肾……在志为恐。"恐，是一种恐惧、害怕的情志活动，属于一种不良刺激。由于肾藏精而位居下焦，肾精化生的肾气必须通过中上二焦才能布散全身。恐，使精气却而不上行，反而令气下行，则肾气不能正常布散，所以说"恐伤肾"（《素问·阴阳应象大论》）。

惊，与恐相似，也是处于一种惧怕的心理状态，对于机体生理活动来说，也是一种不良刺激，但两者又有区别。恐为自知而胆怯，是内生的恐惧；惊为不自知，事出突然而受惊慌乱，是外来的惊惧。恐、惊属于肾，恐为肾之志，但总与心主神明相关。惊，常与恐或者喜相伴，如惊恐、惊吓、惊喜等。

《素问·举痛论》提出"恐则气下……惊则气乱"，是指过度的惊恐，会损伤脏腑精气，导致脏腑气机逆乱。若过度恐惧或猝然受惊，损伤心肾功能，则导致肾气不固，气泄于下，可见二便失禁，甚则遗精、滑精等症；或导致心神不定，气机逆乱，可见惊悸不安、慌乱失措、夜不能寐，甚至精神错乱、昏厥等症。

（2）肾在体合骨，生髓，其华在发：肾在体合骨、生髓，是指肾精具有促进骨骼生长发育和滋生骨髓、脑髓、脊髓的作用。由于肾藏精，精生髓，髓居于骨腔之中而称骨髓，以滋养骨骼，故肾主骨生髓。如《素问·阴阳应象大论》所说的"肾生骨髓"，《素问·痿论》所说的"肾主身之骨髓"，《素问·六节藏象论》所说的肾"其充在骨"。肾主骨生髓，实际上是肾藏精功能的具体体现。若肾精充盈，骨髓生化有源，则骨骼得到髓的充养而坚固有力；若肾精不足，骨髓生化无源，不能营养骨骼，则会出现小儿囟门迟闭、骨软无力，老年人骨脆弱、易折断等症。

髓，分骨髓、脊髓和脑髓，皆由肾精所化生。肾精的盛衰，不仅影响骨骼的生长发育，而且也影响脊髓和脑髓的充盈。脊髓上通于脑而聚集，髓聚而成脑，故《灵枢·海论》称"脑为髓之海"。若肾精充足，髓海得养，脑的发育就健全，则精力充沛、思维敏捷、耳聪目明；若肾精不足，髓海空虚，脑失所养，则可见神疲倦怠、反应迟钝、耳鸣目眩等症。由于肾的生理作用广泛，藏精生髓主骨，与人的智慧和机敏有关，故《素问·灵兰秘典论》谓"肾者，作强之官，伎巧出焉"。

"齿为骨之余"（明代张景岳《类经·针刺类·诸热病死生刺法》）。齿与骨同出一源，亦由肾中精气所充养。若肾精充沛，则牙齿坚固而不易脱落；若肾精不足，则牙齿易于松动，甚至早期脱落，小儿则牙齿生长迟缓。所以，牙齿的生长与脱落与肾中精气的盛衰密切相关，牙齿是判断肾中精气盛衰的重要指标。

肾之华在发，发的生长赖血以养，故明代张景岳《类经·藏象类·藏象》称"发为血之余"。但发的生机根源于肾，肾藏精，精化血，血养发。若肾精足则血旺，血旺则发黑而润泽；若肾精虚衰，则毛发转白、枯槁或脱落。故《素问·六节藏象论》谓"肾……其华在发"。由于发为肾之外候，所以发的生长与脱落、润泽与枯槁常能反映肾精的盛衰，也是判断肾中精气盛衰的重要指标。

（3）肾在窍为耳和二阴：耳，是听觉器官。肾开窍于耳，是指耳的听觉依赖于肾中精气的充养，故

《素问·阴阳应象大论》说："肾主耳……在窍为耳。"若肾精充盛，髓海得养，则听觉灵敏；若肾精不足，髓海空虚，耳失所养，则出现耳鸣、听力减退，甚至耳聋等症。老年人出于肾中精气虚衰，则多听力减退。故《灵枢·脉度》提出"肾气通于耳，肾和则耳能闻五音矣"。

肾开窍于二阴：二阴指前阴和后阴。前阴是指尿道口和外生殖器，有排尿和生殖功能；后阴是指肛门，有排泄粪便功能。肾司二阴，是指肾与尿液的生成和排泄、粪便的排泄及生殖功能密切相关，故《素问·金匮真言论》谓"肾……开窍于二阴"。一方面，二阴主司二便。尿液的贮藏和排泄虽由膀胱所司，粪便的排泄虽属大肠传化糟粕的功能，但尿液的生成和排泄、糟粕的传化都必须依赖于肾的气化作用，依赖于肾气的推动和固摄作用。若肾的气化功能失常，不司二阴，则可出现遗尿、尿频、尿失禁、尿少、尿闭等小便异常之病证，或便秘、久泄或五更泄、大便失禁等大便异常之病证。另一方面，人的生殖功能亦由肾所主，与肾中精气的关系密切。若肾精充足，肾气充盛，则男子精液及时溢泻，女子月经正常，男女阴阳合而有生育能力；若肾中精气不足，固摄失司，则男子可见阳痿、早泄、遗精等，女子则见梦交、月经异常及不孕等。

（4）肾在液为唾：唾，为口津（即唾液）中较稠厚的部分，为肾精所化，有润泽口腔、滋润食物及滋养肾精的功能。故《素问·宣明五气》提出"五脏化液……肾为唾"。唾为肾之液，唾源于肾精，若咽而不吐，则能回滋肾精；若多唾或久唾，则会耗伤肾精。因此，古代养生家主张"漱醴泉"（隋代巢元方《诸病源候论·风病诸候上·风身体手足不随候》）以养肾精。"漱醴泉"，即咽津，又称吞唾、咽唾，其方法是以舌抵撩唇口牙齿，使津液满口，然后徐徐咽下。

〔附〕命门

命门作为内脏提出始见于《难经》，有生命之门的含义。

1. 关于命门的部位　关于命门的部位，历来有不少争论，影响较大的有下列三种观点。

（1）右肾命门说：《难经·三十六难》提出"肾两者，非皆肾也，其左者为肾，右者为命门"。自此以后，晋代王叔和《脉经》，宋代陈无择《三因极一病证方论》，宋代严用和《济生方》，明代李梴《医学入门》等，均崇此说。

（2）两肾总号为命门说：元代滑寿首倡此说。明代虞抟则明确提出"两肾总号为命门"，并在《医学正传·医学或问》中提出"夫两肾固为真原之根本，性命之所关，虽有水脏，而实有相火寓乎其中，象水中之龙火，因其动而发也。寓意当以两肾总号为命门，其命门穴正像门中之枢阑，司开阖之象也"。明代张景岳《类经图翼》亦遵此说。

（3）两肾之间为命门说：明代赵献可根据《素问·刺禁论》记载"七节之傍，中有小心"，指出命门在两肾之间。他在《医贯·内经十二官论》中提出"越人谓'左为肾，右为命门'，非也。命门即在两肾各一寸五分之间，当一身之中，《黄帝内经》曰'七节之旁，中有小心'是也。名曰命门，是为真君真主，乃一身之太极，无形可见，而两肾之中，是其安宅也"。清代医家陈士铎、陈修园、林珮琴等皆认为命门在两肾之间。

2. 关于命门的功能　关于命门的功能，历来亦有不同认识，主要有下列四种。

（1）命门是机体生命活动的原动力。《难经·八难》认为命门者"肾间动气也"，"此五脏六腑之本……诸精神之所舍，原气之所系也"。认为两肾之间只是存在着一种原气（元气）发动之机，是一种生生不息造化之机枢而已，命门是机体生命活动的原动力。

（2）命门与生殖功能有密切关系。《难经·三十九难》谓"命门者……男子以藏精，女子以系胞，其气与肾通"。认为命门与生殖功能密切相关。

（3）命门为全身阳气的根本，主一身阳气。命门内寓真火，清代陈士铎《石室秘录·书集·伤寒相舌秘法·论命门》指出"命门者，先天之火也……命门之火，阳火也"，并指出脏腑"无不借命门之火以温养之也"。认为命门乃真火，是各脏腑功能活动的根本。

（4）命门为水火之宅，包括肾阴、肾阳的功能。明代张景岳《景岳全书·传忠录·命门余义》指出"命门为元气之根，为水火之宅。五脏之阴气，非此不能滋。五脏之阳气，非此不能发"，又提出"命门之火,谓之元气,命门之水,谓之元精"（明代张景岳《类经附翼·求正录》）。强调命门之中具有阴阳水火二气,为全身五脏阴阳之本,对全身起着滋养和激发作用,实际上包括了肾阴、肾阳两方面作用。

综观上述,命门学说见解颇多,但在命门的生理功能与肾息息相通的认识上基本一致。而且,大多数医家认为命门与肾同为元气之本,五脏阴阳之本,内寓真阴真阳。因此,目前可以认为,命门之火相当于肾阳,命门之水相当于肾阴;肾阴、肾阳,即是真阴、真阳,或元阴、元阳。古代医家之所以称之为"命门",无非是强调肾中所藏之精气及肾阴肾阳在生命活动中的重要性。

二、六腑

六腑,是胆、胃、小肠、大肠、膀胱、三焦的总称。六腑的共同生理功能是受盛和传化水谷,具有通降下行的特性,故《素问·五藏别论》谓"六腑者,传化物而不藏,故实而不能满也。所以然者,水谷入口,则胃实而肠虚。食下,则肠实而胃虚"。说明每一腑都必须适时排空其内容物,才能保持六腑通畅,维持功能协调,故"六腑以通为用,以降为顺"。

（一）胆

胆,为六腑之一,又为奇恒之腑。胆位于右胁下,附于肝之短叶间,与肝相连。胆与肝由足少阳胆经和足厥阴肝经相互络属,互为表里。胆的主要生理功能是贮存和排泄胆汁,主决断。

1. **胆贮存和排泄胆汁** 胆汁来源于肝,由肝之精气所化生,味苦,呈黄绿色,贮存于胆,在饮食物的消化过程中经肝气的疏泄作用向小肠排泄,以促进饮食水谷的消化和吸收。胆汁为精纯、清净的精微物质,《难经·四十二难》称为"精汁",故《灵枢·本输》谓"胆者,中精之府",《难经·三十五难》称胆为"清净之府",唐代孙思邈《备急千金要方·胆腑方·胆腑脉论》称胆为"中清之府"。

胆汁的排泄有赖于肝主疏泄功能的控制和调节。肝胆的功能正常,有助于胆汁的正常排泄,则脾胃的运化功能亦健旺。若肝胆功能失常,胆汁的排泄不利,则影响脾胃功能,而出现胸胁胀满疼痛、食欲不振、厌食油腻、腹胀、便溏等症;若胆汁上逆,则可见口苦、呕吐黄绿苦水等症;若湿热蕴结肝胆,以致胆汁外逸于肌肤,则出现目黄、身黄、小便黄等症。

2. **胆主决断** 胆主决断,是指胆具有判断事物、作出决定的作用。故《素问·灵兰秘典论》说:"胆者,中正之官,决断出焉。"处事不偏不倚、刚正果决而为"中正",故能直而不疑地作出"决断"。肝胆相为表里,两者功能相互协调,谋虑出于肝,决断出于胆。故明代张景岳《类经·藏象类》指出:"肝气虽强,非胆不断,肝胆相济,勇敢乃成。"胆气豪壮者,剧烈的精神刺激对其所造成的影响较小,且恢复也较快;若胆气虚怯,在受到不良精神刺激时,则易胆怯怕事,或虽善谋略而不能决断,见善恐易惊、失眠多梦等。

（二）胃

胃,位于腹腔上部,上接食管,下通小肠。胃的上口为贲门,下口为幽门。胃又称胃脘,分上、中、下三部。胃的上部称上脘,包括贲门;胃的中部称中脘,即胃体部分;胃的下部称下脘,包括幽门。胃与脾由足阳明胃经与足太阴脾经相互络属,互为表里。胃的主要生理功能是主受纳,腐熟水谷,主通降,以降为和。

1. **胃主受纳,腐熟水谷** 受纳,是接受和容纳之意。腐熟,是指饮食物经胃的初步消化,变成食糜。饮食入口,经食管容纳并暂存胃中,进行初步消化,故胃有"太仓"（《灵枢·胀论》）、"水谷之海"（《灵枢·海论》）之称。机体的生理活动和精气血津液的化生,都有赖于饮食物中的营养物质,故又称胃为"水谷气血之海"（《灵枢·玉版》）。水谷经胃的腐熟成为食糜,下传于小肠,其精微物质经脾的运化而营养全身。若胃的受纳与腐熟水谷的功能失常,则可出现胃脘胀痛、纳呆厌食、嗳腐吞酸,或多食善饥等症。

胃主受纳和腐熟水谷的功能必须和脾的运化功能相配合,才能使水谷化为精微,以化生精气血津液,供养全身,故脾胃共为后天之本,气血生化之源。脾胃对饮食水谷的消化功能,对人体生命和健康至关重要,关系到人体的生命活动及其存亡。因此,也有医家将脾胃的综合功能称为"胃气"。基于此,在临床上将胃气的盛衰有无作为判断预后的重要依据,如《素问·平人气象论》说:"人以水谷为本,故人绝水谷则死,脉无胃气亦死。"而在治疗上则把"保胃气"作为重要的治疗方法,处方用药应时刻注意顾护胃气。

2. **胃主通降,以降为和**　胃主通降,是指胃的向下通降运动,胃以通畅下降为顺。饮食物入胃,经胃的腐熟后,下行入小肠作进一步消化吸收,小肠将食物残渣下输于大肠,大肠传化糟粕。在这整个过程中,都必须依赖于胃气通畅下行的作用,才能保证胃肠虚实更替,促进饮食物的消化及糟粕的排泄,所以说,胃主通降,以降为和。若胃失和降,则会影响六腑的通降。藏象学说以脾胃升降来概括整个消化系统的生理功能,脾为升清,胃为降浊,脾宜升则健,胃宜降则和,脾升胃降,彼此协调,共同完成饮食物的消化吸收过程。

胃主受纳和胃主通降的功能相互为用,胃的通降是受纳的前提条件。若胃失通降,则可见纳呆、胃脘胀满或疼痛、口臭、腹胀、大便秘结等症;若胃气上逆,则可见恶心、呕吐、呃逆、嗳气等症。

（三）小肠

小肠,位于腹中,包括十二指肠、空肠和回肠,上端接幽门与胃相通,下端经阑门与大肠相连。小肠与心由手太阳小肠经与手少阴心经相互络属,互为表里。小肠的主要生理功能是主受盛化物,主泌别清浊。

1. **小肠主受盛化物**　受盛,即接受,以器盛物之意;化物,即彻底消化、化生精微之意。小肠主受盛和化物的功能,是指小肠接受经胃初步消化的食糜,即受盛作用;并在小肠内对食糜进一步消化,化为精微和糟粕两部分,即化物作用。故《素问·灵兰秘典论》说:"小肠者,受盛之官,化物出焉。"若小肠的受盛化物功能失调,则可出现腹胀、腹痛、便溏等症。

2. **小肠主泌别清浊**　泌,即分泌;别,即分别。清,指水谷精微和津液;浊,指食物残渣和部分水液。小肠主泌别清浊功能,是指小肠将经过胃初步消化后的食糜分为清浊两部分。清者由小肠吸收,小肠在吸收水谷精微的同时,也吸收大量水液,再经脾的运化升清作用,上输心肺,输布全身。浊者即食物残渣和部分水液,一方面经胃和小肠的作用通过阑门下送大肠,形成粪便排出体外;另一方面将脏腑代谢后产生的浊液,经肾的气化作用下输于膀胱,形成尿液排出体外。由于小肠参与了津液代谢,故有"小肠主液"（金代李杲《脾胃论·大肠小肠五脏皆属于胃胃虚则俱病论》）之说。若小肠泌别清浊的功能正常,则水液与糟粕各走其道而二便正常;若小肠泌别清浊的功能异常,则水走大肠,可见小便短少、便溏、泄泻等症。故临床上可应用这一理论,采用"利小便所以实大便"的方法治疗泄泻。

（四）大肠

大肠,位于腹中,包括结肠和直肠,其上口于阑门处接小肠,其下端连肛门。大肠与肺由手阳明大肠经与手太阴肺经相互络属,互为表里。大肠的主要生理功能是主传化糟粕。

大肠主传化糟粕的功能,是指大肠接受小肠泌别清浊后下移的食物残渣,吸收其中多余的水液,形成粪便,经肛门排出体外。故《素问·灵兰秘典论》说:"大肠者,传导之官,变化出焉。"若大肠的功能失调,则主要表现为排便异常,常见的有大便秘结或泄泻。又由于大肠吸收水液,参与了津液代谢,因此有"大肠主津"之说。故金代李杲《脾胃论·大肠小肠五脏皆属于胃胃虚则俱病论》说:"大肠主津,小肠主液,大肠、小肠受胃之荣气,乃能行津液于上焦,灌溉皮肤,充实腠理。"若大肠湿热,气机阻滞,则可见腹痛、下利脓血、里急后重等症;若大肠实热,肠液干枯,则可见便结、发热、腹满硬痛等症;若大肠虚寒,不能吸收水液,则可见腹痛、肠鸣、腹泻等症。

（五）膀胱

膀胱,位于小腹部,居肾之下,大肠之前,其上有输尿管与肾相通,其下连尿道,开口于前阴。膀胱与肾由足太阳膀胱经与足少阴肾经相互络属,互为表里。膀胱的主要生理功能是贮存和排泄尿液。

膀胱主贮存和排泄尿液的功能,是指人体的津液经代谢后,其浊液下输于肾,经肾的气化作用化为尿液,由膀胱贮存,即为贮存尿液;尿液在膀胱内贮存至一定程度时,通过肾的气化作用使膀胱开合有度,则尿液可及时自主地排出体外,即为排泄尿液。故《素问·灵兰秘典论》说:"膀胱者,州都之官,津液藏焉,气化则能出矣。"若膀胱贮尿和排尿的功能失常,则可见尿频、尿急、遗尿、小便失禁等,或见小便不利、癃闭等。

（六）三焦

三焦的概念有二。一是指六腑之一;二是指人体上中下部位的划分,即三焦是上焦、中焦、下焦的合称。

1. 六腑之三焦　三焦,作为六腑之一,位于腹腔中。三焦与心包由手少阳三焦经和手厥阴心包经相互络属,互为表里。六腑之三焦的主要生理功能是运行水液,通行元气。

（1）运行水液:三焦是水液运行的通道。全身水液的输布和排泄,是由肺、脾、肾等多个脏腑的协同作用共同完成的,但必须以三焦为通道,水液的升降出入运行才能正常。故《素问·灵兰秘典论》谓"三焦者,决渎之官,水道出焉"。

（2）通行元气:三焦是元气(原气)运行的通路。元气是人体最根本的气,由肾精化生,但必须以三焦为通道才能运行全身,发挥作用。故《难经·六十六难》称"三焦者,原气之别使也"。

2. 部位之三焦　三焦作为部位划分,分为上焦、中焦、下焦三个部位。部位之三焦,包括上至头、下至足的整个人体,所以有"一腔之大腑"之称。正如明代张景岳《类经·藏象类·藏府有相合三焦曰孤府》所说:"三焦者……分明确有一府。盖即脏腑之外,躯体之内,包罗诸脏,一腔之大府也。"因其大而五脏六腑之中无一与之匹配,故又有"孤府"(《灵枢·本输》)之称。部位之三焦的生理功能各有特点,分述如下。

（1）上焦:一般将膈以上的胸部,包括心、肺两脏和头面部,称上焦。也有人将上肢归属于上焦。上焦主宣发卫气、布散水谷精微和津液,"若雾露之溉"(《灵枢·决气》),发挥营养和滋润全身的作用。《灵枢·营卫生会》将上焦的生理特点概括为"如雾",喻指心肺输布气血的作用。

（2）中焦:是指膈以下至脐的上腹部,包括脾与胃。中焦具有消化、吸收并输布水谷精微和津液,化生气血的作用。《灵枢·营卫生会》将中焦的生理特点概括为"如沤",喻指脾胃腐熟水谷、消化饮食物时的状态。

（3）下焦:一般以脐以下的部位称为下焦,包括小肠、大肠、肝、肾、膀胱、女子胞等脏腑以及下肢。下焦主要有排泄糟粕和尿液的作用。《灵枢·营卫生会》将下焦的生理特点概括为"如渎",喻指肾、膀胱、大肠等脏腑生成和排泄二便的作用,有如沟渠向下疏通、向外排泄之势。

肝就其部位而言属中焦,但就其功能而言属下焦。因温病学以"三焦"作为辨证纲领,将外感热病后期出现的一系列肝风内动病证归属于"下焦"范畴,而现在临床辨证中,仍多从之,故将肝归入下焦。

三、奇恒之腑

奇恒之腑,包括脑、髓、骨、脉、胆、女子胞六个脏器组织。它们在形态上多为中空的管腔或囊状器官,与腑相似;在功能上贮藏精气而不泻,与脏相似。既区别于脏,又不同于腑,故称之为奇恒之腑。其中除胆为六腑与肝相表里之外,其余皆无表里配合,亦无五行配属。

髓、骨、脉、胆前已述及,此处主要阐述脑与女子胞。

（一）脑

脑,由髓汇集而成,居颅腔之中,故又称"髓海"(《灵枢·海论》)。脑的主要生理功能是主宰生命活动及精神活动,主感觉运动。

1. 主宰生命活动　脑是人体极其重要的器官,是生命的枢机,主宰着人体的生命活动。明代李时珍《本草纲目·木部·辛夷条》称"脑为元神之府"。元神由先天之精气化生和充养,故又称先天之神。元神存则生命在,元神败则生命逝;得神则生,失神则亡。

2. 主宰精神活动　脑是产生认识、情感、意志和行为的器官,也是精神活动的枢纽,主司精神活动。人的精神活动,包括思维、意识和情志活动等,都是客观外界事物反映于脑的结果。脑主宰精神活动的功能正常,则精神饱满、意识清楚、思维敏捷、记忆力强、语言清晰、情志正常;否则,就会出现精神萎靡、反应迟钝、记忆力下降、狂躁易怒,甚至昏迷等。

3. **主感觉运动**　人的视、听、言、动等感觉运动的生理功能皆与脑有密切关系。脑主感觉运动的功能正常,则视物精明、听力聪颖、嗅觉灵敏、感觉正常、运动如常、轻劲有力;若脑主感觉运动的功能失常,则出现视物不明、听觉失聪、嗅觉不灵、感觉迟钝、平衡失调、肢体懈怠等症。

(二)女子胞

女子胞,又称胞宫、子宫、子脏、胞脏、子处、血脏,位于小腹部,在膀胱之后,直肠之前,下口(即胞门,又称子门)与阴道相连。女子胞,是女子发生月经和孕育胎儿的器官,其主要生理功能是主月经、主孕育胎儿。

1. **主月经**　女子胞是女性生殖功能成熟后主司月经的主要器官。月经,又称月信、月事、月水,是女子生殖细胞发育成熟后周期性子宫出血的生理现象。幼年期,肾气未盛,天癸未至,子宫发育未成熟,任脉未通,冲脉未盛,所以没有月经;到青春期,肾中精气充盛,天癸至,任脉通,冲脉盛,子宫发育完全,月经按期来潮,并具有生殖能力;进入五十岁左右,肾中精气渐衰,天癸渐竭,冲任二脉气血渐少,月经闭止。若女子胞主持月经的功能异常,则可出现月经不调,如闭经、月经量过多过少,或崩漏等。"天癸"是肾中精气充盈到一定程度时的产物,具有促进性腺发育而至成熟的生理作用,天癸、肾中精气及冲任二脉的盛衰直接影响月经变化。此外,由于女子以血为本,心主血,肝主疏泄而藏血,脾为气血生化之源,所以月经的来潮和周期也与心、肝、脾三脏生理功能密切相关。

2. **主孕育胎儿**　女子胞是女性孕育胎儿的器官。月经正常来潮后,女子胞就具备了受孕生殖的能力。受孕以后,女子胞聚血养胎,成为保护胎儿和孕育胎儿的主要器官。胎儿在母体子宫中发育,靠母血充养,直至十月期满,然后子宫收缩,娩出胎儿。

[附] **精室**

精室,为男子之胞,是指男性生殖器官,具有藏精和生殖功能。睾丸,又称外肾,亦称势。精室为肾所主,与肝、冲脉、任脉和督脉相关。临床实践中,精少、精冷、精浊等精室病变多从肾、肝、任脉和督脉论治。

四、脏腑之间的相互关系

人体是一个有机的整体,它以五脏为中心,通过经络的联结作用,将脏腑、形体、官窍统一起来。脏腑之间的相互关系主要包括:脏与脏之间的相互关系、腑与腑之间的相互关系、脏与腑之间的相互关系。

(一)脏与脏之间的相互关系

1. **心与肺**　心肺同居膈上。心主血脉,肺主气而司呼吸。心与肺之间的相互关系,主要表现为气与血的关系。气为血帅,血为气母,心肺生理功能的相互配合是气血正常运行的保障。若肺气虚弱,行血无力,则可致心血瘀阻;若心气不足,心阳虚,致血行不畅,则也可影响肺的呼吸功能,而导致胸闷、咳嗽、气促等症。

2. **心与脾**　心主血,脾生血;心主行血,脾主统血。心与脾的关系,主要表现在血液的生成和运行方面。其一是血液生成。脾主运化而为气血生化之源,脾气健运,血液化生有源,心血充盈;心血充足,脾得濡养,脾气健运。若脾失健运,气血生化无源,致心血不足而心神失养,则临床可见心悸、失眠、多梦、食少、腹胀、乏力、面色无华等症。其二是血液运行。血液在脉中运行,既有赖于心气的推动而不致迟缓,又依靠脾气的统摄而不致逸出脉外,心脾协同,血液运行正常。若心气不足,血行无力,或脾气虚损,统摄无权,则均可导致血行失常的病理状态,或见气虚血瘀,或见气虚失摄的出血之象。

3. **心与肝**　心主行血,肝主藏血;心主神志,肝主疏泄而条达情志。心与肝的关系,主要表现在血液运行和精神情志两个方面。其一是血液运行。肝藏血,心行之。心血充足,心气旺盛,则血行正常,肝有所藏,才能充分发挥其贮藏血液和调节血量的作用;肝藏血充足,疏泄正常,随生理需求调节血量,有利于心主血脉。所以临床常见的血虚证或血瘀证主要表现为心肝血虚证和心肝血瘀证。其二是精神情志。心主神志,主精神活动;肝主疏泄,条达情志。心血充盈,心神健旺,有利于肝气疏泄,情志调畅;肝气疏泄有度,情志畅达,有利于心神内守。病理上,心神不安与肝气郁结、心火亢盛与肝火亢逆可相互影响,前者可出现以精神恍惚、情绪抑郁为主症的心肝气郁证,后者则出现以心烦失眠、急躁易怒为主症的心肝火旺证。

4. **心与肾**　心与肾之间的关系,主要表现为心肾相交。心在五行属火,位居于上而属阳;肾在五行属水,位居于下而属阴。从阴阳、水火的升降理论来说,在下者以上升为顺,在上者以下降为和。心火必须下降于肾,与肾阳共同温煦肾阴,使肾水不寒;肾水必须上济于心,与心阴共同涵养心阳,使心火不亢。这种心肾之间的阴阳水火升降的互济,维持了两脏之间生理功能的协调动态平衡,称为"心肾相交"或"水火既济"。心与肾之间的水火、阴阳的动态平衡失调,称为心肾不交,临床可见心烦失眠、心悸健忘、头晕耳鸣、腰膝酸软、遗精梦交等症。

5. **肺与脾**　肺司呼吸而摄纳清气,脾主运化而化生水谷之精气;肺主行水,脾主运化水液。肺与脾的关系,主要表现在气的生成和津液代谢两个方面。其一是气的生成。肺吸入的清气和脾化生的水谷精气,在肺中汇为宗气。脾化生的水谷精气,有赖于肺的宣降运动以输布全身;而肺维持生理活动所需的水谷精气又依靠脾运化水谷的作用以生成。故有"肺为主气之枢,脾为生气之源"之说。若肺气久虚,子病犯母而累及脾,则可致脾气虚;若脾气虚,母病及子则影响肺;最终导致肺脾两虚证,临床出现食少、腹胀、便溏、消瘦、懒言、咳嗽等症。其二是津液代谢。肺主宣发肃降和通调水道,使水液正常输布与排泄,有助于脾的运化水液功能;脾能转输津液,散精于肺,使津液正常生成和输布。若脾虚不运,水湿不化,聚为痰饮或水肿,影响肺通调水道,则出现喘咳不愈、痰多稀白等症。故有"脾为生痰之源,肺为贮痰之器"(清代李用粹《证治汇补·内因门·痰症章》)之说。

6. **肺与肝**　肺主肃降,肝主升发。肺与肝的关系,主要表现在气机升降方面。肺主肃降而肝主升发,肺气以肃降为顺,肝气以升发为宜,肝升肺降,升降协调,对全身气机的调畅具有重要作用。在病理状态下,肝肺病变可相互影响。若肝郁化火,或肝气上逆,肝火上炎,可耗伤肺阴,使肺气不得肃降,则出现咳嗽、胸胁胀痛、烦躁、咯血等肝火犯肺之证。若肺失肃降,燥热内盛,可伤及肝阴,致肝阳亢逆,则可出现咳嗽、头痛、易怒、胁肋胀痛、面红目赤等肺病及肝之候。

7. **肺与肾**　肺通调水道,肾主水;肺主呼吸,肾主纳气。肺与肾的关系,主要表现在津液代谢和呼吸运动两个方面。其一是津液代谢。肺为水之上源,肾为主水之脏。肺的宣发肃降和通调水道,有赖于肾的蒸腾气化;肾主水的功能亦有赖于肺气的肃降而下归于肾和膀胱。肺肾协同,才能保证体内水液输布与排泄的正常。若肺失宣降,通调水道失司,损及肾脏,则可出现尿少、水肿等症;若肾阳虚,气化失司,关门不利,水泛为肿,可影响肺的宣降,则可出现咳逆、喘促等症。其二是呼吸运动。肺主气而司呼吸,肾藏精而主纳气,人体的呼吸运动虽由肺所主,但需肾纳气作用的协助。肾中精气充盛,封藏功能正常,才能将肺吸入之清气经其肃降而下纳于肾,以保持吸气的深度。故有"肺为气之主,肾为气之根"(明代张景岳《景岳全书·杂证谟·喘促》)之说。若肾中精气不足,摄纳无权而气浮于上,或肺气久虚而久病及肾,则均可导致肾不纳气,出现气短喘促、呼吸表浅、呼多吸少等症。

8. **肝与脾**　肝主疏泄,脾主运化;肝主藏血,脾主生血统血。肝与脾的关系,主要表现在消化吸收和血液调控两个方面。其一是消化吸收。肝主疏泄而助脾胃运化,肝的疏泄功能正常,则脾的运化功能健旺;脾主运化,气血生化有源,肝体得以濡养而使肝气冲和条达,有利于肝的疏泄功能正常发挥。若肝失疏泄,致脾失健运,形成肝脾不和证,则临床可见精神抑郁或急躁易怒、两胁胀痛、纳差、腹胀、便溏等症。其二是血液调控。肝主藏血而调节血量、防止出血,脾主生血、统血。脾气健旺,生血有源,统血有权,则肝有所藏;肝血充足,藏泄有度,血量得以正常调节,则脾气健运,气血才能运行无阻。若脾气虚弱、生血无源,或脾不统血、失血过多,均可致肝血不足。同时,肝藏血而脾统血,共同发挥防止出血的作用,若二脏受损,藏统失司,则可导致出血。

9. **肝与肾**　肝藏血,肾藏精;肝主疏泄,肾主封藏;肝属木而肾属水,肝为水之子,肾为木之母。

肝与肾的关系,主要表现在精血同源、藏泄互用和阴阳互资互制三个方面。其一是精血同源。精与血皆由水谷精微化生和充养,精血同源互化。肝藏血,肾藏精,肾精可化生肝血,肾精充盈,则肝有所养,血有所充;肾中精气的充盛,亦有赖于血的滋养,肝藏血充盛,则肾有所藏,精有所资,故称为"精血同源",亦称"肝肾同源""乙癸同源"(以天干配五行,肝属乙木,肾属癸水)。若肾精亏损,可导致肝血不足;肝血不足,亦可导致肾精亏损。临床上肝血不足与肾精亏损多可相互影响,而出现头晕目眩、耳聋耳鸣、腰膝酸软等肝肾精血两亏之证。其二是藏泄互用。肝主疏泄,肾主封藏,两者之间相反相成,从而调节女子月经来潮、排卵和男子泄精的生理功能。若肝主疏泄与肾主封藏的关系失调,则可出现女子月经周期紊乱、经量过多或闭经、排卵障碍,男子遗精滑泄或阳强不泄等症。其三是阴阳互资互制。肝在五行属木,肾在五行属水,水为母,木为子,水能生木,这种母子相生的关系,称为"水能涵木"。肾阴肾阳为五脏阴阳之本,肾阴滋养肝阴,共同制约肝阳;肾阳资助肝阳,共同温煦肝脉。肝肾阴阳之间的互资互制,维持了肝肾之间的协调平衡。若肾阴不足可致肝阴不足,阴不制阳而致肝阳上亢,则可见眩晕、中风等病证,称为"水不涵木";若肾阳虚衰而致阳不制阴,阴寒内盛,则可见下焦虚寒,肝脉寒滞,小腹冷痛,阳痿精冷,宫寒不孕等。若肝阴不足,也可致肾阴亏虚,虚火内扰;若肝火过盛也可下劫肾阴,形成肾阴虚损之证。

10. 脾与肾　脾为后天之本,肾为先天之本;脾主运化水液,肾主水。脾与肾的关系,主要表现在后天先天和津液代谢两个方面。其一是后天与先天。脾主运化水谷精微,化生气血,为后天之本;肾藏先天之精气,是生命之源,为先天之本。脾之健运,化生精微,有赖于肾阳的温煦和推动作用;肾中精气亦有赖于水谷精微不断充养,才能保持充盛。后天与先天,相互资生,相互促进,先天激发温养后天,后天补充培育先天。两者在病理上亦相互影响,互为因果。若先天不足,后天失养,以致肾精不足,则多出现生长发育迟缓或未老先衰之症;若脾肾气虚,则多表现为腹胀、便溏,或大小便失禁,或虚喘乏力等症;若肾阳不能温煦脾阳,或脾阳久虚损及肾阳,可形成脾肾阳虚证,则见腰腹冷痛、五更泄泻、完谷不化、水肿等症。其二是津液代谢。脾主运化水液的功能正常,须赖肾的气化作用;肾主持津液代谢,亦有赖于脾气及脾阳的协助,即所谓"土能制水"。若脾虚失运,水湿内生,经久不愈,则可发展至肾虚水泛之证;若肾虚蒸化失司,水湿内蕴,则也可影响脾的运化功能;最终均可导致尿少浮肿、腹胀便溏、畏寒肢冷、腰膝酸软等脾肾两虚、水湿内停之证。

(二) 腑与腑之间的相互关系

六腑,包括胆、胃、大肠、小肠、膀胱、三焦,其生理功能是以传化水谷、输布津液为特点。六腑之间的相互关系,主要体现于饮食物的消化吸收、津液的输布和废物的排泄等方面。

饮食物入胃,经胃的腐熟,初步消化成食糜,下传于小肠,同时胆排泄胆汁进入小肠,以助其消化。小肠受盛食糜,再进一步消化,并泌别清浊,其清者为水谷精微和津液,经脾的运化和转输,以营养全身;其浊者为剩余的水液和食物残渣,水液通过肾的气化作用经三焦渗入膀胱,形成尿液,排出体外;食物残渣下传于大肠,经大肠吸收水液并向下传导,形成粪便,排出体外。在上述食物的消化、吸收和排泄过程中,还有赖于三焦作为通道以运行水液。由于六腑传化水谷,需要不断地受纳、消化、传导和排泄,虚实更替,宜通而不宜滞,故有"六腑以通为用"之说。

六腑之间在病理上亦相互影响。若胃有实热,灼耗津液,则可使大肠传导不利,大便燥结;若大肠传导失司,亦可犯胃,或胆火炽盛犯胃,而致胃失和降,出现嗳气、呕恶,或呕吐苦水等症;若脾胃湿热,熏蒸肝胆,可使胆汁外溢,则见口苦、黄疸等。

六腑病变,多表现为传化不通,故在治疗上又有"腑病以通为补"(清代叶天士《临证指南医案·脾胃》)之说。这里所谓"补",是指用通泄药物使六腑以通为顺。

(三) 脏与腑之间的相互关系

脏与腑之间的相互关系,实际上就是脏腑阴阳表里关系。脏属阴,腑属阳;脏为里,腑为表。一脏一腑,一阴一阳,一里一表,相互配合,并有经络互相络属,从而构成了脏与腑之间的密切联系。

1. 心与小肠　心与小肠通过经脉的互相络属构成了表里关系。生理上,心主血脉,心阳温煦,心血濡养,有助于小肠的化物功能;小肠化物,泌别清浊,清者经脾上输心肺,化赤为血,以养心脉。病理上,若心有实火,可移热于小肠,则出现尿少、尿赤、尿痛、尿血等症;若小肠有实热,亦可循经上炎于心,则出现心烦、舌赤、口舌生疮等症。

2. **肺与大肠**　肺与大肠通过经脉的相互络属而构成表里关系。生理上,肺气的肃降有助于大肠传导功能的发挥;而大肠的传导功能正常又有助于肺气的肃降。病理上,若肺失肃降,津液不能下达,则可见大便燥结;若大肠实热,腑气不通,则可使肺失宣降,而见胸满、咳喘等症;若肺气虚弱,大肠传化无力,则可出现气虚便秘,大便艰涩而难行。

3. **脾与胃**　脾胃同居中焦,通过经脉相互络属而构成表里关系,脾胃共为气血生化之源,后天之本。脾与胃的关系,主要表现为纳运协调、升降相因、燥湿相济三个方面。其一是纳运协调。胃主受纳,为脾主运化提供前提;脾主运化,为胃的继续受纳提供条件和能量。若脾失健运,可导致胃纳不振;而胃气失和,也可导致脾运失常;均可出现纳少、脘痞、腹胀、泄泻等症。其二是升降相因。脾胃居中,脾气主升,胃气主降,脾宜升则健,胃宜降则和。脾气升,水谷精微得以输布;胃气降,水谷及其糟粕得以下行。所以,脾升胃降不仅是水谷精微转输和食物残渣下行的动力,而且也是人体气机上下升降的枢纽。若脾虚气陷,可导致胃失和降而胃气上逆;而胃失和降,也影响脾气主升的功能;均可出现脘腹坠胀、头晕目眩、久泻不止、呕吐呃逆,或内脏下垂等症。其三是燥湿相济。脾为阴脏,性喜燥而恶湿;胃为阳腑,性喜润而恶燥。脾易湿,得胃阳以制之;胃易燥,得脾阴以制之。脾湿则其气不升,胃燥则其气不降。所以,脾胃燥湿相济,阴阳相合,方能保证脾胃纳运、升降的协调,完成饮食物的运化过程。若脾为湿困,运化升清失职,可导致胃纳不振;胃津或胃阴不足,亦可影响脾运功能;均可出现中满痞胀、排便异常等症。

4. **肝与胆**　胆附于肝,通过经脉相互络属而构成表里关系。一方面,胆汁来源于肝,胆汁的贮藏和排泄有赖于肝的疏泄;而胆汁排泄通畅,又有利于肝的疏泄功能正常发挥。因此,在病理上,肝病及胆、胆病及肝较为常见,故往往肝胆同病,如肝胆火旺、肝胆湿热等证,临床常见胸胁胀痛、口苦、黄疸等症。另一方面,肝主谋虑,胆主决断,两者必须协调配合,肝胆相济,勇敢乃成。若肝胆气滞或胆郁痰扰则均可导致情志抑郁或惊恐、胆怯等病证。

5. **肾与膀胱**　肾与膀胱通过经脉相互络属而构成表里关系。肾为水脏,膀胱为水腑。膀胱的贮尿和排尿功能,有赖于肾的气化和固摄作用。若肾气充足,固摄有权,膀胱开合有度,则小便排泄正常;若肾气不足,气化失常,固摄无权,膀胱开合失度,则导致小便不利、癃闭或尿失禁、遗尿等病证。

第三节　精、气、血、津液、神

　　精、气、血、津液、神,是关于人体生命物质与功能活动的理论。精、气、血、津液是构成人体和维持人体生命活动的基本物质,是脏腑生理活动的物质基础,也是脏腑生理活动的产物。神是人体一切生命活动及其外在表现的统称,以精、气、血、津液为物质基础,又对这些物质起着调节作用。精、气、血、津液、神与脏腑之间始终存在着密切的关系,它们在生理上相互为用,在病理上相互影响,共同维持人体正常的生理功能活动。

　　本节主要阐述精、气、血、津液、神,以及它们之间的相互关系。

一、精

(一)精的基本概念

　　人体之精可分为广义之精和狭义之精。广义之精,是指人体一切精微物质,包括气、血、津液、生殖之精以及水谷精微等。狭义之精,是指生殖之精,由肾闭藏。如《素问·上古天真论》提出男子"二八……精气溢泻,阴阳和,故能有子"。精是构成人体和维持人体生命活动的最基本物质。

　　从具体物质的生成与功能而言,精与气、精与血、精与津液是有区别的。所以,一般说来,精的概念范畴,仅限于先天之精、水谷之精、生殖之精及脏腑之精,并不包含气、血、津液。

（二）精的生成

从精的生成来源而言,精有先天之精和后天之精之分。

1. 先天之精　先天之精禀受于父母,是构成胚胎的原始物质,与生俱来。古人通过对生殖繁衍过程的观察和体验,认识到男女生殖之精相结合能产生新的生命个体。所以,将父母遗传的生命物质,谓之先天之精。

2. 后天之精　后天之精来源于水谷,饮食水谷所化生的精微物质又称为"水谷之精"。古人通过对饮食水谷消化吸收乃至糟粕排泄过程的观察,认识到人体必须吸收饮食物中的精华物质才能得以维持生命。脾主运化,变饮食水谷为水谷之精,再转输至各脏腑而化为脏腑之精,是人出生后赖以维持生命活动的精微物质,故称后天之精。

人体之精,以先天之精为本,但需要后天之精的不断充养,才能充分发挥其生理效应;而后天之精则需要先天之精的活力资助,才能源泉不绝。

（三）精的功能

精,既是脏腑功能活动的物质基础,又是脏腑功能活动的产物。精的生理功能主要有以下三个方面。

1. 繁衍生命　先天之精禀受于父母,父母将生命物质通过生殖之精遗传给后代。生殖之精承载着生命遗传物质,是新生命的"先天之精"。因此,精是生命的本原,具有繁衍生命的作用。

2. 濡养作用　精能滋润濡养人体各脏腑形体官窍。先天之精与后天之精充盛,脏腑之精充盛,机体各种生理功能才能得以正常发挥。

3. 化血化气化神　精可以转化为血,是血液生成的来源之一,故精足则血旺,精亏则血虚。精也可以化气,精是气的化生本原,脏腑之精化生脏腑之气,故脏腑之精充盈则化气充足,脏腑之精亏虚则化气不足。精能化神,是神的物质基础,故精足则神全,精亏则神疲,精亡则神散。

二、气

（一）气的基本概念

人体之气,是人体内活力很强、运行不息的极精微物质,是构成人体和维持人体生命活动的基本物质。

中医学的气概念,既有物质属性,又有功能属性。气,既是人体赖以生存的具体物质,如水谷之气、呼吸之气等,又是人体脏腑组织功能活动的总称,如元气、心气、脏腑之气等。

（二）气的生成

人体之气,来源于父母的先天之精气,饮食物中的水谷之精气,以及存在于自然界的清气,通过肾、脾胃和肺等脏腑功能的综合作用而生成。

先天之精气,禀受于父母,通过肾的闭藏,才能充分发挥其生理功能。水谷之精气,来源于饮食物,依赖脾胃的运化功能,才能化生而成为人体之气的主要部分。存在于自然界的清气,则依赖于肺的呼吸功能和肾的纳气功能,才能吸入体内。因此,肾、脾胃、肺的生理功能正常并保持协调平衡,人体之气才能充沛;若肾、脾胃、肺等生理功能的任何环节异常或配合失调,则均能影响气的生成。

（三）气的功能

气的生理功能主要有以下五个方面。

1. 推动作用　气的推动作用,是指气具有激发和促进作用。主要体现于:能激发和促进人体的生长发育和生殖功能,能激发和促进各脏腑经络的生理功能,能激发和促进精、血、津液的生成和运行,还能激发和兴奋精神活动。若气的推动作用减弱,则可见生长发育迟缓或早衰,脏腑经络功能减退,精血、津液生成不足或运行障碍,亦可见精神委顿等症。

2. 温煦作用　气的温煦作用,是指阳气发挥温煦人体的作用。人体的体温恒定,各脏腑经络、形体官窍进行正常的生理活动,以及精血津液的正常运行,都有赖于气的温煦作用。若气的温煦作用失常,则表现为畏寒肢冷、脏腑功能减退、精血津液的运行迟缓等。

3. **防御作用**　气的防御作用,是指气具有护卫肌表、防御外邪入侵和祛除病邪的作用。若气的防御功能正常,则邪气不易入侵,虽有邪气入侵也不易发病,即使发病也易于治愈。故《素问(遗篇)·刺法论》说"正气存内,邪不可干"。若气的防御作用减弱,机体防御能力下降,则邪气易入侵而发生疾病,患病后不易痊愈。故《素问·评热病论》说"邪之所凑,其气必虚"。

4. **固摄作用**　气的固摄作用,是指气对体内液态物质的固护、统摄和控制作用以防止其无故流失,以及气对脏器位置的固护作用。具体表现在:固摄血液,使血液循脉而行,防止其逸出脉外;固摄汗液、尿液、唾液、胃液、肠液和精液等,控制其分泌量和排泄量,使之有度而平衡,并防止其妄泄及无故流失;固护胃、肾、子宫、大肠等脏器,不致下移。若气的固摄功能减弱,则可致出血、自汗、尿失禁、流涎、泛吐清水、泄泻、崩漏、带下、滑精、早泄、早产、滑胎,以及胃、肾、子宫下垂,脱肛等。气的固摄作用与推动作用相反相成,相互协调,共同调节和控制着体内液态物质的正常运行、分泌和排泄,这对于人体正常的血液循环和津液代谢具有重要意义。

5. **气化作用**　气化是指通过气的运动而产生各种变化。气化作用的过程,实际上就是体内新陈代谢的过程,是物质转化和能量转化的过程,具体表现在精、气、血、津液各自的新陈代谢及其相互转化。如饮食物转化成水谷精微,然后再化生为气、血、津液等;津液经过代谢,转化成汗液和尿液;饮食物经过消化吸收以后,其残渣转化成糟粕等,都是气化作用的具体表现。若气化功能失常,则影响到气、血、津液的代谢及饮食物的消化吸收,还可影响到汗液、尿液和粪便等的排泄,从而形成各种代谢异常的病证。

(四) 气的运动

气的运动,称为气机。人体之气不断运动,流行全身,无处不在,推动和激发着人体的各种生理活动。

1. **气的运动形式**

(1) 气运动的基本形式:气的运动形式,因气的种类和功能的不同而有所不同,但从总体来说,可以将气的运动归纳为升、降、出、入四种基本形式。升,是指气行向上;降,是指气行向下;出,是指气行由内而外;入,是指气行由外而内。

升降出入是机体生命活动的基本规律。一方面,升与降、出与入,是对立统一的矛盾运动,相互为用,相反相成,共同完成人体内部及其与外界环境之间的气化过程。升者升其阳,降者降其阴,出者吐其故,入者纳其新。气的升降出入,存在于生命过程的始终,是机体生命活动的基本过程,也是对机体生命规律的高度概括。气的升降出入运动一旦止息,人的生命活动也就终止了。另一方面,升与降、出与入之间必须协调平衡。气的升降出入运动之间的协调平衡,称为"气机调畅"。从整个机体的生理活动来看,只有气机调畅,才能维持机体正常的生理活动,才能保证生命活动的正常进行。

(2) 脏腑之气的运动规律:气的升降出入运动,只有在脏腑、经络、形体、官窍的生理活动中,才能得到具体体现。所以,升降出入也是脏腑之气的运动规律,机体生命活动的具体体现。脏腑之气的运动规律,既体现了脏腑生理活动的特性,也表现了脏腑之气运动的不同趋势。以五脏而论之,心肺位置在上,在上者宜降;肝肾位置在下,在下者宜升;脾胃位置居中,通连上下,为气机升降转输的枢纽。以六腑而总论之,六腑传化物而不藏,以通为用,以降为顺。以脏腑之间关系而论之,如肺主出气、肾主纳气、肝主升发、肺主肃降、脾主升清、胃主降浊等,都说明了脏与脏、脏与腑之间处于升降运动的统一体中。以某一脏腑而论之,其本身也是升降出入的统一体,如肺气的宣发肃降、肺的呼气与吸气等。

2. **气机失调的表现形式**　气的运动失常、升降出入之间失去协调平衡,称为"气机失调"。气机失调有多种表现。例如气的阻滞不通称为气滞,气的上升太过或下降不及称为气逆,气的上升不及或下降太过称为气陷,气外逸太过而不内守称为气脱,气结聚闭塞于内而不外达称为气闭。在临床上,常以"调理气机"为治疗原则,根据气机失调的各个表现分而治之。

(五)气的分类

人体之气循行于全身,无处不到。由于其生成来源、分布部位和功能特点的不同,又有各种不同的名称。气的分类主要有以下四种。

1. 元气 元气,又名"原气""真气",是人体最根本、最重要的气,是人体生命活动的原动力。

(1)生成与分布:元气主要由肾中所藏的先天之精化生,并得到后天水谷精气的滋养补充,通过三焦而循行全身,内至脏腑,外达肌肤腠理,无处不到。

(2)主要生理功能:元气的主要生理功能有两个方面。一方面,元气推动和调节人体的生长发育和生殖功能。元气是人体生命活动的原动力,其盛衰变化体现于机体生、长、壮、老、已的生命过程中。另一方面,元气激发全身脏腑经络、形体官窍的生理活动。机体的元气充沛,则脏腑经络等组织器官的活力就旺盛。

2. 宗气 宗气是积于胸中之气,属后天之气的范畴。宗气在胸中积聚之处,称为"气海"(《灵枢·五味》),又名"膻中"(《灵枢·海论》)。

(1)生成与分布:宗气是由肺从自然界吸入的清气和脾胃从饮食物中所化生的水谷之精气相互结合而成。肺的呼吸功能和脾胃之运化功能的强弱,直接与宗气的盛衰密切相关。宗气聚集于胸中,上"出于喉咙,以贯心脉,而行呼吸焉"(《灵枢·邪客》),下"蓄于丹田,注足阳明之气街(相当于腹股沟部位)而下行于足"(明代张景岳《类经·针刺类·解结推引》)。

(2)主要生理功能:宗气的主要生理功能有两个方面。一方面,宗气走息道以司呼吸。凡呼吸、语言、声音都与宗气的盛衰有关。若宗气充盛,则呼吸徐缓而均匀,语言清晰,声音洪亮;若宗气不足,则呼吸短促微弱,语言不清,发音低微。另一方面,宗气贯心脉以行气血。宗气贯注于心脉之中,促进心脏推动血液运行,凡血液的运行、心脏搏动的力量及节律等,都与宗气的盛衰有关。若宗气充盛,则脉搏徐缓、节律一致而有力;若宗气不足,则脉来躁急,节律不规则,或脉微弱无力。

3. 营气 营气是行于脉中而具有营养作用的气。因其富有营养,于脉中营运不休,故称为营气。营气在脉中,是血液的重要组成部分,营与血关系密切,可分不可离,故常以"营血"并称。营气与卫气相对而言,属于阴,故又将营气称为"营阴"。

(1)生成与分布:营气主要来自脾胃运化的水谷精微,由水谷精微中的精华部分所化生。营气充盈于血脉之中,循脉上下,营运全身。

(2)主要生理功能:营气的主要生理功能有两个方面。一是化生血液。营气注入脉中,化为血液,成为血液的组成成分之一。二是营养全身。营气循脉流注全身,为脏腑经络、形体官窍的生理活动提供营养物质。若营气亏少,则会引起血液亏虚,以及全身脏腑组织因营养不足而造成的生理功能减退的病证。

4. 卫气 卫气是行于脉外而具有防御作用的气。因其有护卫人体、避免外邪入侵的作用,故称之为卫气。卫气与营气相对而言,属于阳,故又将卫气称为"卫阳"。

(1)生成与分布:卫气主要来自脾胃运化的水谷精微,由水谷精微中的慓悍滑利部分所化生。卫气行于脉外、皮肤腠理之间、胸腹脏腑之中,布散全身。

(2)主要生理功能:卫气的主要生理功能有三个方面。其一是防御外邪。卫气布达于肌表,可以护卫肌表,抵御外来邪气,使之不能入侵人体。卫气充盛则肌表固密,外邪不易入侵;卫气虚弱则常易于感受外邪而发病。其二是温养全身。内至脏腑,外达肌肉皮毛,都得到卫气的温养,从而保证脏腑肌表的生理活动得以正常进行。卫气充足,温养机体,则可维持人体体温的相对恒定。卫气虚亏则温煦之力减弱,易致风寒湿等邪气侵袭而出现寒性病证。其三是调控腠理。卫气能够调节、控制肌腠的开阖,使汗液有节制地排泄,以维持人体体温的恒定和机体内外环境之间的协调平衡。当卫气虚弱时,调控腠理的功能失司,则可出现无汗、多汗或自汗等症。

三、血

（一）血的基本概念

血，即血液，是循行于脉中的富有营养的红色液态物质，是构成人体和维持人体生命活动的基本物质。

脉是血液运行的管道，血液在脉中循环于全身，所以又将脉称为"血府"（《素问·脉要精微论》）。脉具有阻遏血液逸出脉外的功能，血液循脉运行全身，内至脏腑，外达肢节，周而复始。若因某些原因，致血液在脉中运行迟缓涩滞，停积不行，则成瘀血。若因某些原因，致血液不在脉中运行而逸出脉外，则为出血，又称为"离经之血"（清代凌奂《凌临灵方·离经之血未净》）。离经之血若不能及时排出或消散，则变为瘀血。离经之血及瘀血均失去了血液的正常生理功能。

血必须在脉管内有规律地正常循行而流于全身，才能充分发挥营养和滋润的作用，从而为脏腑、经络、形体、官窍提供营养物质。血液是人体生命活动的根本保证，人体任何部位缺少血液的供养，都会影响其正常生理活动，严重缺血甚至危及生命。

（二）血的生成

血，主要由营气和津液所组成。营气和津液都来源于脾胃化生的水谷精微，所以说脾胃是气血生化之源。血液的生成过程，是中焦脾胃受纳运化饮食水谷，吸取水谷精微，其中包含化为营气的精专物质和有用的津液，再经脾气的升清上输于心肺，与肺吸入之清气相结合，贯注于脉，在心气的作用下变化而成为红色血液。故《灵枢·决气》说："中焦受气取汁，变化而赤，是谓血。"

此外，肾精也是化生血液的基本物质。肾精化生血液，主要通过骨髓和肝脏的作用而实现。肾藏精，精生髓，髓养骨，可化为血。精和血之间存在着相互资生和相互转化的关系，精血同源，所以肾精充足，则可化为肝血以充实血液。

（三）血的功能

血的生理功能主要有以下两个方面。

1. **营养滋润全身**　血液具有营养滋润作用。血在脉管中循行于全身，内至脏腑，外达皮肉筋骨，为全身各脏腑组织器官的功能活动提供营养，以维持人体正常的生理活动。全身各个部分无一不是在血的营养滋润下而发挥其生理功能，如鼻能嗅、目能视、耳能听、足能步、手能摄物等都是在血的作用下完成的。血的营养和滋润作用，较明显地反映在面色、肌肉、皮肤、毛发、感觉和运动等方面。血液充盈，血的营养和滋润作用正常，则面色红润、肌肉壮实、皮肤和毛发润泽、感觉灵敏、运动自如。若血液亏虚，血的营养和滋润作用减弱，脏腑功能低下，则见面色萎黄、肌肉瘦削、皮肤干燥、毛发干枯、肢体麻木或无力等。

2. **神志活动的主要物质基础**　血液是神志活动的主要物质基础。血富有营养，能充养脏腑，人的精力充沛、神志清晰、感觉灵敏、思维敏捷，均有赖于血液的充养。无论何种原因形成的血液亏虚或运行失常，均可能出现精神疲惫、健忘、失眠、多梦、烦躁、惊悸，甚至神志恍惚、谵狂、昏迷等神志失常的临床表现。

（四）血的运行

血液的正常运行与五脏的生理功能皆相关，血主于心，藏于肝，统于脾，布于肺，根于肾，但与心、肺、肝、脾四脏的关系尤为密切。

心主血脉，心气推动血液在脉中运行全身，发挥其营养滋润作用。心脏、脉管和血液构成了一个相对独立的系统，心气在血液循环中起着主导作用。肺朝百脉，肺主一身之气而司呼吸，肺主宣发肃降，能调节全身气机，辅助心脏，推动和调节血液的运行；尤其是宗气贯心脉以助心行血。脾主统血，全身之血有赖于脾气统摄；脾气健运，气足血旺，则气固摄有力，血行常道。肝主藏血，肝具有贮藏血液、调节血量和防止出血的功能；同时肝主疏泄，调畅气机，对血液的运行也起着重要作用。

由上可见，血液运行是在心、肺、肝、脾等脏腑功能相互协调下进行的，具体表现在推动力和固摄力这两种力量的协调配合。心气的推动、肺气的宣降、肝气的疏泄,是推动血液运行的重要因素;脾气的统摄和肝气的藏血,是固摄控制血液运行而不逸出脉外的重要因素。推动力和固摄力之间的协调平衡,共同维持着血液的正常运行。其中任何一脏的生理功能失调,推动或固摄作用失衡,都会引起血行失常的病证。若心气不足或肺气虚弱,推动力不足,则可出现血液流速迟缓、滞涩,甚至瘀血等病理变化;若脾气亏虚,固摄力不足,或肝失疏泄而上逆,则血液运行不循常道,外逸而产生出血病证。

四、津液

（一）津液的基本概念

津液,是机体一切正常水液的总称,包括各脏腑组织器官的内在液体及其正常的分泌物,如胃液、肠液、关节液和涕、泪等。津液,是构成人体和维持人体生命活动的基本物质。

津液是津和液的总称。津和液虽同属于水液,但两者在性状、分布和功能上有所不同,所以从概念上应加以区别。质地较清稀,流动性较大,布散于体表皮肤、肌肉和孔窍,并能渗注于血脉,起滋润作用的,称为津;质地较稠厚,流动性较小,灌注于骨节、脏腑、脑、髓等组织,起濡养作用的,称为液。津与液亦有阴阳之分,津走腠理而属阳,液注骨而属阴。但一般而言,津与液本为同类,且两者之间可以互补转化,故津和液常同时并称。

津和液的区别,主要用于临床上对"伤津""脱液"的病理变化的分辨。简单而言,伤津主要是丢失水分,常见于吐、泻之后;脱液不但丧失水分,更损失精微物质,常见于热病后期或久病伤阴耗液。伤津未必脱液,脱液必兼津伤;脱液重于伤津,伤津乃脱液之渐,脱液乃伤津之甚。

（二）津液的生成、输布与排泄

津液代谢,又称水液代谢,包括津液的生成、输布和排泄,涉及脾、肺、肾等多个脏腑的一系列生理活动,是一个复杂的生理过程。《素问·经脉别论》说:"饮入于胃,游溢精气,上输于脾,脾气散精,上归于肺,通调水道,下输膀胱,水精四布,五经并行。"即是对津液的生成、输布与排泄过程的简要概括。

1. 津液的生成 津液来源于饮食水谷,其生成主要与脾、胃、小肠、大肠等脏腑有关。胃受纳腐熟饮食水谷,"游溢精气"而吸收水谷中的部分精微;小肠泌别清浊,小肠主液,吸收大部分的营养物质和水分;大肠主津,大肠吸收食物残渣中的残余水分;胃、小肠、大肠所吸收的水谷精微和水液,输送至脾,经脾运化而为津液,然后通过脾气的转输而布散全身。

2. 津液的输布 津液的输布,主要依靠脾、肺、肾、肝和三焦等脏腑生理功能的综合协调作用来完成。脾主运化水谷精微,运化水液。通过脾的转输作用,一方面将津液上输于肺,另一方面又可直接将津液向四周布散。肺主行水,通调水道,为水之上源。肺接受从脾转输而来的津液之后,一方面通过宣发作用将津液输布至人体上部和体表,另一方面通过肃降作用将津液输布至肾和膀胱。肾主水,对津液输布起着主宰作用,表现在两个方面:一是肾的蒸腾气化作用主宰着整个津液代谢,是胃吸收水谷精微、脾散精、肺通调水道、肝气行津、小肠泌别清浊、三焦通利水道以及津液排泄等各个环节的动力,推动着津液的输布代谢;二是肾脏本身也是参与津液输布的一个重要环节,由肺下输到肾的浊液,在肾的气化作用下,将其中的清者蒸腾后经三焦上输于肺而散布全身,将其浊者化为尿液注入膀胱,排出体外。此外,肝主疏泄,调畅气机,气行则津行,促进了津液输布的通畅。而三焦是水液运行的通道,三焦水道通利,津液得以正常输布。

3. 津液的排泄 津液的排泄途径主要有汗液、呼气、尿液和粪便。肺将宣发至体表的津液化为汗液,由汗孔排出体外;肺在呼气时会随之带走部分水分;肾将水液蒸腾气化生成尿液贮存于膀胱,并排出体外;大肠排出粪便时亦带走一些残余的水分。

综上所述,津液代谢依赖于诸多脏腑功能的协调配合,其中以脾、肺、肾尤为重要。若各相关脏腑特别是脾、肺、肾的功能失调,则会影响津液的生成、输布和排泄,从而破坏津液代谢的平衡,导致津液生成不足或耗损过多的病证,或导致津液输布与排泄障碍而形成内湿、痰饮、水肿等水液停滞的病证。

（三）津液的功能

津液的生理功能主要有以下四个方面。

1. **滋润濡养**　津液是液态物质，又含有营养物质，所以津液既具有滋润作用，又有濡养作用。内至脏腑筋骨，外至皮肤毫毛，都有赖于津液的滋养。一般认为，津的质地清稀，其滋润作用明显；液的质地稠厚，其营养作用明显。在体表的津液，能使肌肉丰润，毛发光泽；体内的津液，能滋养脏腑，维持各脏腑的正常生理功能；注入各孔窍的津液，使目、鼻、口、耳等九窍濡润；流入关节的津液，能滑利关节；渗入骨、脊和脑的津液，能充养骨髓、脊髓和脑髓。

2. **化生血液**　津液是化生血液的基本成分之一。渗入血脉的津液，具有充养和滑利血脉的作用，而且也是组成血液的基本物质。

3. **调节机体阴阳平衡**　在正常情况下，人体阴阳之间处于相对的平衡状态，津液作为阴液的一部分，对调节人体的阴阳平衡起着重要作用。人体根据外界环境的变化，通过津液的自我调节使机体保持正常状态，以适应外界变化。如寒冷时，皮肤汗孔闭合，津液不能借汗液排出体外，而下输膀胱，则小便增多；夏季汗多，则津液减少下行，小便减少。当体内丢失水液后，则需通过增加饮水补充体内津液。津液通过以上代谢，能有效地调节机体的阴阳平衡，从而维持人体的正常生命活动。

4. **排泄代谢产物**　津液在其自身的代谢过程中，能把机体的代谢产物通过汗、尿等方式不断地排出体外，以维持机体脏腑组织器官正常的生理功能。若这一作用受到损害，则会使代谢产物潴留于体内，产生痰、饮、水、湿等多种病理产物。

五、神

（一）神的基本概念

人体之神可分为广义之神和狭义之神。广义之神，是指人体一切生命活动及其外在表现的统称，包括形色、眼神、言谈、表情、应答、举止、精神、情志、声息、脉象等各个方面。狭义之神，是指人的意识、思维、情志等精神活动。

神依附于形体而存在。形为神之基，神为形之主。形存则神存，形亡则神灭。

（二）神的生成

精、气、血、津液是神产生的物质基础，而血液是神志活动的主要物质基础。如《素问·八正神明论》说："血气者，人之神。"

肝、心、脾、肺、肾五脏皆藏神，由五脏内所藏的精、气、血、津液化生，称为五神，分别为魂、神、意、魄、志。正如《灵枢·本神》说："肝藏血，血舍魂……脾藏营，营舍意……心藏脉，脉舍神……肺藏气，气舍魄……肾藏精，精舍志。"若五脏精气血津液充足，则五神安藏守舍；若五脏精气血津液亏虚，不能化生或涵养五神，则神志活动异常。

（三）神的功能

神对生命活动具有重要的调节作用。故《素问·移精变气论》说："得神者昌，失神者亡。"

1. **主宰生命活动**　神的盛衰是生命力盛衰的综合体现，神是机体生命存在的根本标志，是人体生理活动和心理活动的主宰。呼吸运动、血液循环、消化吸收、津液代谢、生长发育、生殖功能等，只有在神的统率和调节下才能发挥正常作用。精神活动是人体生命活动的最高级形式，心神统率魂、意、魄、志，是精神活动的主宰。

2. **调节脏腑生理功能**　脏腑精气产生神，神通过对脏腑精气的主宰来调节其生理功能，神的存在是脏腑生理功能正常与否的反映。"五脏藏五神""五脏主五志"，体现了生命存在的形神统一观。

3. **调节精气血津液**　神既由精、气、血、津液等物质所产生，又能统领和调节这些物质的生成、运行等。

六、精、气、血、津液、神之间的相互关系

（一）气与血的相互关系

气属阳，血属阴。"气主煦之，血主濡之"（《难经·二十二难》）简要概括了气与血在功能上的区别。但气与血之间又有相互依存、相互资生和相互制约的密切关系。气是血液生成和运行的动力，血是气的化生基础和载体。因此气与血的关系，可概括为"气为血之帅，血为气之母"。

1. 气为血之帅

（1）气能生血：气能生血，是指气参与并促进血液的生成，是血液生成的动力。在脏腑之气的作用下，从摄入的饮食物转化成水谷精微，从水谷精气转化成营气和津液，从营气和津液转化成赤色的血液，均离不开气化作用。气旺则化生血的功能强健；气虚则化生血的功能减弱，甚则可致血虚。所以临床上治疗血虚病证时，在使用补血药的同时常配以补气药，旨在补气生血。

（2）气能行血：气能行血，是指血的运行有赖于气的推动。血的运行，主要依靠心气的推动，肺主气助心行血及肝气的疏泄条达。因此，气的正常生理功能的发挥，是血液正常运行的保证，气行则血行，气滞则血瘀。在病理上，若气虚而推动无力，或气滞而不能推动，均可形成血瘀病证。若气机逆乱，血行失序，血随气升则出现面红目赤，甚至吐血、衄血；或血随气陷则出现下腹坠胀，甚至便血、崩漏等。所以临床上治疗血液运行失常病证，常配以补气、理气药物。

（3）气能摄血：气能摄血，是指气对血液具有统摄和固摄作用，使血循行于脉中而不致外逸。气能摄血，主要是通过脾统血的功能来实现。若脾气虚，气不摄血，可导致各种出血病证。所以临床上治疗这些出血病证，必须用健脾补气之法，使用补气药，旨在益气以摄血。尤其在发生大出血的危重证时，应用大剂补气药物以摄血。

2. 血为气之母

（1）血能载气：血能载气，是指血为气的载体，气存于血中，依附于血而不致散失，赖血之运载而达全身。若血不载气，则气浮散无根，无以所归而发生气脱。所以，大出血时，气亦随之涣散，往往出现"气随血脱"的危重病证。故《景岳全书·杂证谟·血证》称"失血如涌，多致血脱气亦脱"。

（2）血能养气：血能养气，是指气的充盛及其生理功能的发挥离不开血液的濡养。血足则气旺，血虚则气衰。所以，临床上血虚患者常兼有气虚表现。

（二）气与津液的相互关系

气属阳，津液属阴。气与津液的关系，相似于气与血的关系。津液的生成、输布和排泄，有赖于气的升降出入运动和气化、推动、固摄作用；而气在体内的存在及其运动变化，既依附于血，也依附于津液。气与津液的关系主要表现在以下四个方面。

1. 气能生津　气能生津，是指气是津液生成的动力。津液来源于饮食物，饮食水谷经脾胃运化、小肠泌清别浊、大肠主津等一系列气化过程而生成，其中以脾胃之气的作用最为关键。脾胃气旺，则化生津液之力强，人体津液充足；脾胃气虚，化生津液之力弱，则津液不足。所以临床上治疗津液不足的病证，常采用补气生津之法。

2. 气能行津　气能行津，是指津液的输布、排泄等代谢活动，有赖于气的生理功能和气的运动。通过脾气的转输，肺气的宣降，肾中精气的蒸腾气化，津液才能输布于全身；津液代谢后转变为汗液、尿液或水汽排出体外，也是通过气化作用完成的。因此，气行则水行，气停则水聚。若气虚，推动和气化无力，或气机郁滞不畅而气化受阻，则均可导致津液输布和排泄的障碍，水液停聚，而形成痰饮、水湿等病理产物，称之为"气不行水"或"气不化水"。所以临床上治疗这些病证，常以补气法、行气法与利水法并用。

3. 气能摄津　气能摄津，是指气的固摄作用控制着津液的分泌和排泄，使体内津液量保持相对恒定，以维持津液的代谢平衡。若气虚，固摄无力，则可致多汗、自汗、多尿、遗尿等。所以临床上常采用补气方法以控制津液的过多外泄。

4. 津能载气　津能载气，是指津液是气运行的载体之一。气无形而动，必须依附于有形之津液，才能存在体内。因此，津液的丢失必定导致气的耗损。例如，暑热病证，不仅伤津耗液，见口渴喜饮，而且气随汗液外泄导致气亦不足，出现少气懒言、体倦乏力等气虚表现。当大汗、大吐、大泻等津液大量丢失时，气也随之丧失，往往出现"气随津脱"的危重病证。故《金匮要略心典·痰饮》称"吐下之余，定无完气"。

（三）精、血、津液的相互关系

精、血、津液，同为液态物质，皆由水谷精微化生，均具有濡养和化气化神等作用。因此，精、血、津液之间存在着相互资生和相互转化的关系。

1. 精血同源　精与血都由水谷精微化生和充养，精血化源相同；肾藏精，肝藏血；精能生血，血能化精，精与血相互资生、相互转化。精与血的这种化源相同又相互资生的关系，称为"精血同源"。血虚可致精亏，精亏也可致血虚，均形成精血亏损。

2. 津血同源　血与津液，都来源于脾胃化生的水谷精微，都具有滋润濡养作用。两者来源相似，皆属于阴，又相互渗透转化，所以将血与津液之间的这种关系称为"津血同源"。由于津液可化为汗液排泄于外，故又有"血汗同源"之说。

血液由营气和津液组成，行于脉中。血液中的清稀部分与营气分离，渗于脉外而化为津液。若失血过多，脉中血少，则脉外津液注入脉内以维持血量，因而导致脉外津液不足，出现口渴、尿少、皮肤干燥等症，称为"耗血伤津"。此时，对失血者应慎用发汗等方法，以防进一步耗伤津液。故《灵枢·营卫生会》谓"夺血者无汗"。

津液是血液的组成部分。津液在心肺的作用下，注入脉中，与营气结合，化为血液的组成部分。若津液大量耗损，如大汗、大吐、大泻等，脉外津液严重不足，则血中的津液渗出脉外以补充津液，因而导致血脉空虚、血液浓稠而流行不畅的病证，称为"津枯血燥"。此时，应慎用放血疗法或破血逐瘀之峻剂，以防进一步耗伤血液。故《灵枢·营卫生会》称"夺汗者无血"。

（四）精、气、神的相互关系

精、气、神，为人身"三宝"。精是生命产生的本原，气是生命维系的动力，神是生命活动的体现。精、气、神之间存在着相互依存和相互为用的关系，精气神合一是生命活动的根本保证。

1. 精气相关　精能化气，气能生精、摄精、行精，精与气相互资生、相互依存。肾精和肾气互生互化，相互为用，常合称为肾中精气。一方面，精能化气，精为气的生化之源。先天之精化生元气，水谷精微化生宗气、营气、卫气，全身各脏腑之气都依赖于精的滋养。故精盈则气盛，精亏则气衰。另一方面，气能生精、行精、摄精。精的生成依赖于气的充盛，故气足则精充，气虚则精亏。气的推动作用能促进精的运行，气的固摄作用能防止精的无故流失；若气失固摄，精关不固，则出现早泄、滑精。

2. 精神互用　精是生命产生的本原，是神的物质基础；神是生命活动的外在表现，对精有统率和调节作用。故精盈则神明，神安则精足；精亏则神疲，神失则精竭。

3. 神气互生　气为神志活动提供物质基础，神则是气的运动和变化的主宰。若气虚或气机失调，均可导致神志异常；而精神异常，或七情内伤，均可导致气机紊乱。

第四节　体　质

人是形与神的统一体。人体既有脏腑经络、形体官窍、精气血津液等相同的形质和功能活动，也有魂、神、意、魄、志及喜、怒、忧、思、悲、恐、惊等相同的心理活动，这是人体的生理共性。但正常人体其个体之间是有差异的，不同的个体在形质、功能、心理上又存在着各自的特殊性。

体质是一个重要的医学命题。中医学对于体质的认识由来已久，始见于《黄帝内经》，基本成熟于明清时期。中医学的体质学说融生物学、医学、人类学、社会学和心理学于一体，是以中医理论为指导，以研究人体体质的形成、特征、类型、差异及其与疾病的发生、发展、演变过程的关系等为主要内容,并以此指导疾病的诊断和防治的理论。体质学说,是中医学对人体认识的一个部分,在养生保健和防治疾病等方面均有重要意义。

本节主要阐述体质的基本概念与分类,体质的生理学基础与形成因素,以及体质学说的应用。

一、体质的基本概念与分类

(一)体质的基本概念

体质的"体",指形体、身体,可引申为躯体和生理;"质"指特质、性质。体质,是指人类个体,禀受于先天,调养于后天,在生长、发育和衰老过程中所形成的形态结构、生理功能和心理状态方面与自然、社会环境相适应的相对稳定的人体个性特征。它充分体现出中医学"形神合一"的体质观。

理想健康的体质,是指人体在充分发挥先天禀赋(遗传)潜力的基础上,经过后天的积极培育,使机体的形态结构、生理功能、心理状态以及对环境的适应能力等各方面得到全面发展,处于相对良好的状态,即形神统一的状态。

(二)体质的分类

中医学的体质分类,是以整体观念为指导思想,主要是根据阴阳五行、脏腑、精气血津液神等基本理论,来确定人群中不同个体的体质差异。古代医家从不同角度对体质作了不同的分类,如阴阳分类法、五行分类法、脏腑分类法、体型肥瘦分类法及禀性勇怯分类法等。现代医家多从临床实践出发进行分类,如六分法、九分法等。

理想的体质,应是阴阳平和质。但是,人体的阴阳在正常生理状态下,总是处于动态的消长变化之中,使正常体质出现偏阴或偏阳的状态。一般而言,人体正常体质大致可分为阴阳平和质、偏阳质和偏阴质三种类型。

1. **阴阳平和质** 是功能较为协调的体质类型。其体质特征为身体强壮,胖瘦适度;面色与肤色虽有五色之偏,但都明润含蓄;食量适中,二便通调;舌质红润,脉象和缓有力;目光有神,性格开朗、随和;夜眠安和,精力充沛,反应灵活,思维敏捷;自身调节和对外适应能力强。具有这种体质特征的人,不易感受外邪,很少患病;即使患病,往往自愈或易于治愈;若后天调养得宜,无暴力外伤、慢性疾患及不良生活习惯,则易获长寿。

2. **偏阳质** 是指具有偏于兴奋、偏热、多动等特性的体质类型。其体质特征为多见形体偏瘦或适中;面色多略偏红或微苍黑,或呈油性皮肤;食量较大,大便易干燥,小便易黄赤;平时畏热喜冷,或易出汗,喜饮水;唇舌偏红,脉多滑数;性格外向,喜动好强而少静,易急躁,自制力较差;精力旺盛,动作敏捷,反应灵敏,性欲较强。具有这种体质特征的人,阳气偏亢,受邪发病后多表现为热证、实证,并易化燥伤阴;皮肤易生疖疮;内伤杂病多见火旺、阳亢或兼阴虚之证;易发生眩晕、头痛、心悸、失眠及出血等病证。

3. **偏阴质** 是指具有偏于抑制、偏寒、多静等特性的体质类型。其体质特征为形体偏胖或适中,易疲劳;面色偏白而少华;食量较小;平时畏寒喜热;唇舌偏白偏淡,脉多沉细;性格内向,喜静少动,或胆小易惊;精力偏弱,动作迟缓,反应较慢,性欲偏弱。具有这种体质特征的人,阳气偏弱,受邪发病后多表现为寒证、虚证;冬天易生冻疮;内伤杂病多见阴盛、阳虚之证;易发生湿滞、水肿、痰饮、血瘀等病证。

二、体质的生理学基础与形成因素

(一)体质的生理学基础

人体是一个有机整体,以脏腑为中心,经络为联结,精气血津液为物质基础,调节着体内外环境的平衡。所以,脏腑经络及精气血津液,是体质形成的生理学基础。

脏腑经络的盛衰偏颇决定着体质的差异。脏腑的形态和功能特点是构成并决定体质差异的最根本因素,体质既取决于脏腑功能活动的强弱,又依赖于脏腑功能活动的协调;而经络是人体全身气血运行、上下内外沟通的道路,是协调脏腑功能活动的结构基础。因此,在个体先天禀赋与后天因素相互作用下,不同的个体,由于脏腑生理功能的强弱、脏腑精气阴阳的盛衰及经络气血的多少不同,常表现为脏腑功能各异,也表现出外部形态特征的差异性。

精气血津液是决定体质特征的重要物质基础。先天之精是生命的本原,先天之精与后天之精结合,充养脏腑形体官窍,推动和调节机体的生理功能和心理活动,故精的盈亏是导致个体体质差异的根本因素。精气血津液均为人体生命活动的基本物质,同源于水谷之精,气血津互生,精血津同源,精气相关。因此,精、气、血、津液的多少与盈耗,都影响着体质,是构成体质并决定体质差异的物质基础。

（二）体质的形成因素

体质的形成,是机体内外环境多种复杂因素共同作用的结果。不同的体质由形态结构、生理功能和心理状态三方面的差异性所构成,并表现于外。由于脏腑经络及精气血津液是体质的生理学基础,因此,凡能影响脏腑经络及精气血津液的因素,均可以影响体质的形成。体质的形成因素,主要有先天因素和后天因素两个方面。

1. **先天因素**　体质形成的先天因素,即先天禀赋,是指子代出生之前在母体内所禀受的一切。先天禀赋是体质形成的基础,是人体体质强弱的前提条件。父母生殖之精的盛衰和体质特征决定着子代禀赋的厚薄强弱,影响着子代的体质;父母形质精血的偏倾和生理功能的差异可使子代也有同样的倾向性。明代万全《幼科发挥·胎疾》认为"子与父母,一体而分"。子代的形体始于父母,父母的体质是子代体质的基础,父母体质的强弱使子代的禀赋不同,从而表现出体质的差异,如身体强弱、肥瘦、刚柔、长短、肤色、性格、气质乃至先天性生理缺陷和遗传性疾病。由此可见,在体质形成过程中,先天因素起着关键性作用,确定了体质的"基调"。但是,先天因素只对体质的发展提供了可能性,而体质的发育和强弱与否,还有赖于后天各种因素的综合作用。

2. **后天因素**　后天是指人从出生到死亡前的生命历程。后天因素包括年龄因素、性别差异、饮食因素、劳逸所伤、情志因素、地理因素及疾病针药的影响等。其中性别差异以先天构成为基础,又与后天因素有着密切关系。人的体质在后天各种因素的综合影响下可不断发生变化,对体质的形成与发展始终起着重要作用。良好的生活环境,合理的饮食起居,稳定的心理情绪,可增强体质,促进身心健康。反之,则体质衰弱,甚至产生疾病。改善后天体质形成的条件,可弥补先天禀赋之不足,从而使弱者的体质得到增强。

三、体质学说的应用

体质学说,主要研究正常人体在形态结构、生理功能、心理状态等综合方面的特殊性,并认为体质的特殊性是由脏腑经络的盛衰、精气血津液的盈亏所决定。体质对疾病的发生发展、转归预后、辨证治疗及养生预防等各个方面均有不同程度的影响,因此,体质学说在临床诊疗中具有重要的应用价值。

（一）说明个体对某些病因的易感性和耐受性

体质因素决定着个体对某些病因的易感性和耐受性。体质可以反映机体自身生理范围内阴阳寒热的盛衰,这种偏倾性决定了个体的功能状态,因而对外界刺激的反应性、亲和性和耐受性不同,即选择性不同,正所谓"同气相求"(《周易·乾》)。

一般而言,偏阳质者,易感受风、暑、热之邪而耐寒。感受风邪易伤肺脏,感受暑热之邪易伤肺胃肝肾之阴液。偏阴质者,易感受寒湿之邪而耐热。寒邪入里,常伤脾肾之阳气;感受湿邪易困遏脾阳,产生内湿而为泄为肿等。

（二）阐释发病及病理变化

体质因素决定发病及发病情况。一方面,邪正斗争是疾病发生的基本原理,正气虚是形成疾病的内在根据,邪气是疾病形成的外在条件。疾病发生与否,主要决定于正气的盛衰,而体质可以反映正气的盛衰偏倾。一般而言,体质强,正气旺,抗病力强;体质弱,正气虚,抗病力差。因此,人体能否发病主要取决于个体的体质强弱。另一方面,人体受邪之后,由于体质不同,发病情况也不尽相同,或即时而发,或伏而后发,或时而复发。此外,体质还决定着机体发病的倾向性。一般而言,肥人多痰湿,易患中风、眩晕;瘦人多火,易得劳嗽。小儿体质未壮,易患咳喘、泄泻、食积等;老年体质转弱,多病痰饮、咳喘、心悸、消渴等。

体质因素决定病机的从化。从化,是指病情随体质而变化。由于个人体质的差异,在疾病过程中,病情会随其体质的倾向性不同而发生相应的病理变化。例如,同为感受风寒之邪,偏阳质者得之则易从阳化热,偏阴质者得之则易从阴化寒;同为湿邪,偏阳质者得之则湿易从阳化热而为湿热之证,偏阴质者得之则湿易从阴化寒而为寒湿之证。所以,由于体质的差异,机体对病因有化热、化寒、化燥、化湿等区别。从化的一般规律是:素体阴虚或阳盛者多从热化,素体阳虚或阴盛者多从寒化,素体津亏血耗者多从燥化,素体气虚湿盛者多从湿化。

(三)指导辨证论治

体质是辨证的基础,体质决定临床证候类型。因此,临床上可以出现同病异证和异病同证的情况。一方面,同病异证的产生与体质密切相关,同一病因或同一种疾病,由于体质各异,其临床证候类型可表现出阴阳表里寒热虚实之证的不同,称为"同病异证"。另一方面,异病同证的产生也与体质密切相关,病因不同或疾病不同,由于体质在某些方面具有共同点,可出现相同或类似的临床证型,称为"异病同证"。因此,同病异证和异病同证的主要影响因素,不在于病因而在于体质,体质是证形成的内在基础,个体体质的差异决定着发病后临床证候类型的倾向性。

体质与论治关系密切。个体体质的不同,决定了临床证型的不同,治疗也应当针对其证而有区别。中医"因人制宜"治疗原则的核心是根据个体体质的差异而论治。例如,面色白而体胖,属阳虚体质者,感受寒湿阴邪,易从阴化寒化湿,当用附子、肉桂、干姜等大热之品以温阳祛寒或通阳利湿;面色红而形瘦,属阴虚体质者,内火易动,同样感受寒湿阴邪,反易从阳化热伤阴,治宜清润之品。因此,偏阳质者,多发热证,宜甘寒、酸寒、咸寒、清润,当慎用温热伤阴之剂;偏阴质者,多发寒证,宜温补祛寒,慎用寒凉伤阳之剂。素体气虚者,宜补气培元,忌耗散克伐等。此外,中医论治重视善后调理,常涉及多种措施相互配合,包括药物、饮食、精神等方面。这些措施的具体选择应用,均须视患者的体质特征而异。例如,偏阳质者病后初愈,慎食狗肉、羊肉、桂圆等温热及辛辣之品;偏阴质者大病初愈,慎食龟鳖、熟地黄等滋腻之品或乌梅等酸涩收敛之品。

(四)指导养生

善于养生者,应该修身养性,形神共养,以增强体质,预防疾病,增进身心健康。调养时应根据不同的体质特征,选择合适的方法。

中医学的养生方法很多,主要有顺时摄养、调摄精神、起居有常、劳逸适度、饮食调养及运动锻炼等。无论哪种方法调养,都应与体质特征相适应,才会有良好的效果。例如,在饮食方面,体质偏阳者饮食宜凉忌热,体质偏寒者饮食宜温而忌寒;形体肥胖者多痰湿,食宜清淡而忌肥甘之品;阴虚之体饮食宜甘润生津之品,阳虚之体宜食温补之品。在精神调摄方面,要根据个体体质特征,采用各种心理调节方法,以保持心理平衡,增进心理健康。例如,气郁质者,精神多抑郁不爽,多愁善感,故应注意情感上的疏导,消解其不良情绪;阳虚质者,精神多萎靡不振,神情偏冷漠,多自卑而缺乏勇气,应帮助其树立起生活的信心。在音乐娱心养性时,也须因个体心理特征的不同选择适宜的乐曲。以上这些方法对养生保健、增强体质具有积极作用。

(金 红)

复习思考题

1. 如何理解"藏象"的概念?
2. 简要阐明五脏、六腑、奇恒之腑之间的区别。

3. 基于五脏生理功能,简要分析血液正常运行的影响因素。

4. 如何理解肾精、肾气、肾阴和肾阳之间的关系?

5. 分别说明"心其华在面""肺其华在毛""脾其华在唇""肝其华在爪""肾其华在发"的生理与病理学意义。

6. 六腑如何协调完成"受盛和传化水谷"的功能?

7. 气与血、气与津液的相互关系有何临床意义?

8. 为什么称精气神为人身"三宝"?

9. 如何理解"夺血者无汗""夺汗者无血"?

10. 如何理解中医学形神合一的体质观?

第四章　病因病机

【内容提要】

中医认识病因,除直接询问发病的经过及有关情况以推断病因外,主要是以病证的临床表现为依据,通过分析疾病的症状、体征来推求病因,为治疗用药提供依据,这种方法称为"辨证求因",又称"审证求因"。本章主要介绍了六淫等外感致病因素,七情内伤、饮食失宜和劳逸失度等内伤致病因素,痰饮、瘀血、结石等病理产物性致病因素以及外伤等其他致病因素。病机方面主要介绍了邪正盛衰、阴阳失调、精气血津液失常等基本病机。

【学习要点】

1. 掌握六淫各自性质和致病的共同特点,邪正盛衰与虚实变化情况。
2. 熟悉七情的概念、七情内伤的含义和致病特点,阴阳盛衰与寒热变化情况。
3. 了解痰饮、瘀血的基本概念和致病特点。
4. 了解精、气、血、津液失常等基本病机。

中医学认为,人体是一个有机的整体,各脏腑组织之间及其与外界环境之间始终保持着既对立又统一的相对动态平衡状态,从而维持着机体的正常生命活动。如果因某种原因使这种平衡状态遭到破坏,且又不能自行调节得以及时恢复,机体就会发生疾病。病因病机,主要探讨破坏这种平衡的原因,以及疾病发生、发展与变化的机制。

第一节　病　　因

凡能破坏人体相对动态平衡状态而引起疾病发生的原因,称为病因,即致病因素。又称"病邪""病原"等。致病因素是多种多样的,如气候的异常、疫疠的传染、饮食劳倦、跌仆金刃外伤以及虫兽所伤等,均可导致疾病的发生。此外痰饮、瘀血和结石等,既是疾病过程中所形成的病理产物,又能成为致病因素,作用于人体而发生疾病。

病因具有相对性的特点:一是指有些致病因素的致病与非致病具有相对性。如六气(风、寒、暑、湿、燥、火)、七情(喜、怒、忧、思、悲、恐、惊)及饮食劳逸等,正常情况下是人体的正常情志反应和生理需要,并不导致机体发病,只有在异常情况下才会演变成为致病因素。二是指病理产物与病因具有相对性。如痰饮、瘀血等是疾病发展过程中形成的病理产物,这些病理产物一经形成,反过来又可引起新的病理改变,此时则成为新的致病因素。

中医认识病因,除直接询问发病的经过及有关情况以推断病因外,主要是以病证的临床表现为依据,通过分析疾病的症状、体征来推求病因,为治疗用药提供依据,这种方法称为"辨证求因",又称"审证求因"。

一、外感致病因素

外感致病因素,是指来源于自然界,多从肌表、口鼻侵入机体而发病的病邪。主要包括六淫、疠气等。

（一）六淫

六淫，是指风、寒、暑、湿、燥、火六种外感病邪的统称。风、寒、暑、湿、燥、火是自然界六种不同的气候，在正常情况下，称为"六气"。六气的不断运动变化，决定了一年四季气候的不同，即春风、夏暑（火）、长夏湿、秋燥、冬寒。人们在生活中，不但体验认识到六气变化特点，而且通过自身调节机制产生了一定适应能力，从而使人体的生理活动与六气的变化规律相适应，所以六气一般不会导致人体发病。但当气候变化异常，如六气的太过和不及，或非其时而有其气（如春天应温而反寒，秋天应凉而反温），或气候变化过于急骤（如骤冷、暴热等），超过了人体的适应能力；或人体抗病能力下降，不能适应气候变化，这时六气才成为致病因素，导致疾病的发生。此时的"六气"，便称为"六淫"。"淫"有太过、浸淫之意。

六淫致病具有以下的共同特点。

外感性：六淫邪气侵犯人体，多从肌表、口鼻而入，或上述两个途径同时受邪而发病，因六淫之邪多从外受，故称"外感六淫"。所致疾病，称为"外感病"。

季节性：六淫致病常有明显的季节性，如春多风病、夏多暑病、长夏多湿病、秋多燥病、冬多寒病等。

地域性：六淫致病常与生活地域密切相关，不同的地域具有不同的发病特点，如西北地区多寒病、燥病，东南沿海地区多湿病、温病。

环境性：六淫致病常与生活、工作的区域和环境密切相关。一般来说，西北高原地区，地势高而天气寒凉，故多寒病、燥病；东南沿海地区，地势低下而气温偏高，湿度偏大，故多湿病和热病。久居湿地或水上作业之人易患湿病，高温作业之人易燥热为病。

相兼性：六淫邪气既可单独导致人体发病，又可两种以上邪气相合同时侵犯人体而致病。如风寒感冒、湿热泄泻、风寒湿痹等。

转化性：六淫在发病过程中，不仅可以互相影响，而且可以在一定条件下互相转化。如寒邪入里可以化热，暑湿日久可以化燥等。转化并不是说六淫中的一种邪气变成了另一种邪气，而是指六淫所致证候的性质发生转化，多与机体本身的体质特点有关。

此外，临床上还有某些并非因为六淫之邪外感，而是由于脏腑、气血津液功能失调所产生的化风、化寒、化湿、化燥、化热、化火等病理变化。为了与外感六淫相区别，称其为"内生五邪"，即内风、内寒、内湿、内燥、内火（内热）等。由于它们与外感六淫在发病过程中常相互影响，且性质特点和致病表现又相近似，故也在本节一并讨论。

1. 风邪的性质及其致病特点　风为春季之主气，因四季皆有风，故风邪致病虽以春季为多，但又不仅限于春天，其他季节亦可发生。风邪侵犯人体多从皮毛而入，是六淫中最常见的致病因素，常为寒湿燥火（热）等邪气的先导，故称"六淫之首"。风邪是外感发病中一种较重要和广泛的致病因素。

（1）风为阳邪，其性开泄，易袭阳位：风性善动而不居，具有轻扬升发、向上、向外的特性，故属阳邪。开泄，是指风邪易使腠理疏泄而开张，气液外泄，出现汗出、恶风等症。易袭阳位，是指风邪常易侵犯人体的上部（头面）、阳经和肌表、肺等阳位，常出现恶风寒、发热、头痛、鼻塞咽痒、身背项痛等症状。

（2）风性善行而数变：善行，是指风具有善动不居、易行而无定处的特征。风邪致病，病位游移而行无定处。如"行痹"（又称风痹），症见游走性关节痛，痛无定处。数变，是指风邪致病具有发病急、变化快的特点。如荨麻疹的皮疹，皮肤瘙痒，发无定处，此起彼伏，反映了风性数变的特点。

（3）风性主动：风主动，是指风具有使物体摇动的特性，故其致病具有动摇不定的特点，出现头目眩晕、瞤动、抽搐等症多与风邪有关。

（4）风为百病之长：长者，始也，首也。一是指风邪常夹带他邪合而伤人，为外邪致病的先导。因风性开泄,而寒、暑、湿、燥、火诸邪多依附于风邪而侵及人体致病,如风寒、风热、风湿、风燥等。二是指风邪致病极为广泛,风邪四季均有,风邪侵入无孔不入,其致病最多、变化最快,可导致多种病证。故有风为"百病之长""百病之始"之说。

2. 寒邪的性质及其致病特点 寒为冬季之主气。冬季气温寒冷,且常气温骤降,若人体防寒保暖不当,易感受寒邪。其他季节也可感受寒邪,如气温骤降、汗出当风、淋雨、饿冻露宿、过饮寒凉等。感寒有伤寒、中寒之别。寒邪伤及肌表,郁遏卫阳,称为"伤寒";寒邪直中于里,伤及脏腑阳气,称为"中寒"。

(1)寒为阴邪,易伤阳气:"阴盛则寒",是指寒为阴气盛的表现,故其性属阴。寒邪阴盛可困遏阳气,体内阳气与之抗争,势必要损耗大量的阳气;阳气受损,失其正常的温煦气化作用,则表现出寒证。如寒邪袭表,卫阳被遏,可见发热、恶寒、无汗等症;寒邪直中太阴,损伤脾阳,则见脘腹冷痛、呕吐、腹泻等症。

(2)寒性凝滞:寒邪犯体,阴盛阳损,可使经脉失于温煦,气血凝滞不通,不通则痛,故见疼痛症状。如头项强痛、骨节疼痛之太阳伤寒证,关节疼痛剧烈的痛痹等,均与寒性凝滞相关,故有"寒主疼痛"之说。

(3)寒主收引:收引即收缩、牵引之意。寒邪袭体,使体内气机收敛,腠理、经络、筋脉收缩而挛急。如寒邪袭表,使皮肤腠理收缩,汗孔闭塞,可见恶寒、发热、无汗等症;寒客经络关节,筋脉牵引拘急而见关节屈伸不利、拘挛作痛等症。

(4)寒性清澈:分泌物或排泄物出现清稀状,多属寒邪所致。如风寒感冒初起,鼻流清涕;寒邪束肺,咯痰清稀等。

3. 暑邪的性质及其致病特点 暑为夏季之主气,为火热之气所化。暑与火热虽属同类,但暑邪致病具有明显的季节性,主要发生于夏至以后立秋以前。暑邪纯属外邪,只有外感而没有内生,故无内暑之说,这是暑邪与六淫中其余五种邪气的不同点。

(1)暑为阳邪,其性炎热:暑为夏季火热之气所化,其性炎热,故属阳邪。由于夏季气候炎热,暑与其他季节之温热邪气相比,其势炽盛,更具独特的炎热性。因此,暑邪致病可迅速出现壮热、面赤、目红、心烦、脉洪数等一派热势鸱张上炎的症状。

(2)暑性升散,扰神耗气伤津:暑为阳邪,主升主散,故侵犯机体可上扰心神及头目,出现心烦闷乱而不宁、头昏、目眩等症;多直入气分,使腠理开泄而多汗,汗多则易耗伤津液,可见口渴喜饮、尿少短赤等;大量汗出则气随津泄而耗气,常见气短、乏力;严重者可致气随津脱而出现突然昏倒、不省人事等气津两伤或气脱症状。

(3)暑多夹湿:暑季炎热,且多雨而潮湿,故暑邪多兼夹湿邪侵犯机体。临证除有发热、烦渴等暑热证外,常兼见四肢困倦、胸闷呕恶、大便溏泄不爽等湿阻证。

4. 湿邪的性质及其致病特点 湿为长夏之主气。长夏,正值夏秋之交,为一年中湿气最盛的季节,故长夏多湿病。其他季节也可感受湿邪,如气候潮湿、涉水淋雨、久处潮湿环境或汗出衣里而受湿渐渍等,均可感受湿邪而为病。脾主运化水湿,脾失健运,水湿内停,亦易招致湿邪为病。

(1)湿为阴邪,易阻气机,损伤阳气:湿为有形之邪,最易阻滞气机,使气机升降失常;湿性类水,其性属阴,阴胜则阳病,故湿邪易损人之阳气;脾喜燥恶湿,所以湿邪常先困伤脾阳,从而影响脾胃的运化和气机升降功能,出现胸闷、胃纳呆滞、脘痞腹胀等症;水湿停聚,则出现腹泻、尿少、水肿、腹水等症。

(2)湿性重浊:重,指湿邪的临床表现具有沉重、重着的特点,如湿袭肌表,则周身困重、四肢酸沉怠惰;湿困于头,则头重如裹、昏昏欲睡;湿留关节,则肌肤不仁、关节疼痛重着、沉重不举,故又称"着痹"。浊,指湿邪为病,其排泄物和分泌物具有秽浊不清的特点。如湿浊在上,则面垢眵多、苔腻厚;湿阻中焦,则便溏不爽、下利黏稠脓血、小便混浊;湿浊下注,在妇人则见带下黄白黏稠有秽臭;湿在皮肤则湿疹破溃、流脓渗水等。

（3）湿性黏滞：湿为重浊有形之邪，具有黏腻停滞的特点，主要表现在两个方面：一是湿病症状黏滞，如湿留大肠，则大便黏腻不爽或里急后重；湿阻膀胱，则小便涩滞不畅或频急涩痛；湿浊内盛，则舌苔黏腻。二是湿病病程缠绵，如湿痹、湿疹、湿温等病，均有病程长、反复发作或时起时伏、缠绵难愈的特点。

（4）湿性趋下，易袭阴位：湿性类水，水性润下，故湿邪有下趋之特性，其致病易伤机体下部。如湿邪为病的水肿，多以下肢较明显；湿邪下注之病，有淋病、尿浊、带下、痢疾等，均为湿性趋下之表现。

5. 燥邪的性质及其致病特点　燥为秋季之主气，秋天气候干燥，故多燥病。其他季节也可感受燥邪，如久晴无雨、骄阳久曝、火热烘烤等均可感受燥邪而为病。燥邪多从口鼻、皮毛袭入，侵袭肺卫。燥邪为病有温燥、凉燥之分。初秋有夏热之余气，或久晴无雨，秋阳以曝，燥热相合，易发为温燥；深秋因有近冬之寒气，燥寒相合，易发为凉燥。

（1）燥性干涩，易伤津液：燥邪干燥而涩滞，易耗伤阴液。故燥邪为病，可见鼻燥咽干、口唇皲裂、舌上少津、干咳少痰、大便干结或皮肤干燥、毛发不荣等。燥邪有温燥、凉燥之分。温燥，燥而偏热，见头痛身热、咽痛声嘶、痰中带血、舌红等；凉燥，燥而偏寒，见恶寒发热、头痛无汗、舌苔薄而干等。燥邪为病，虽有温燥、凉燥之分，但因所兼邪气属性不同，并不影响燥邪的自身特性。

（2）燥易伤肺：肺为娇脏，喜润而恶燥；肺外合皮毛，开窍于鼻，司呼吸而与外界大气相通。燥邪多从口鼻、皮毛而入，最易伤肺。肺津耗伤，宣降失司，甚则伤及肺络，可见干咳或痰黏而难咯出，或痰中带血、咽干痛、呼吸不畅、喘息胸痛等症。燥邪由肺影响到大肠，可见大便干燥不畅等症。

6. 火（热）邪的性质及其致病特点　热为夏季之主气。热邪引起的病证，称温热病。但温热病，不只限于夏季，其他季节均可发生。如春有春温，暑有暑温，秋有温燥，冬有冬温等。温、热、火三者属同一性质的病邪，均为阳盛所化，虽常混称温热或火热之邪，但三者之间却有程度之不同，一般认为热为温之渐，火为热之极。就致病邪气而论，热多指外邪，属"六淫"之一，如风热、燥热、湿热之类；而火多由内生，如"内生五邪"的心火、肝火等。

（1）火（热）为阳邪，其性炎上：火热之性燔灼，升腾上炎，故属阳邪。阳胜则热，常见高热、恶热、面赤、脉洪等症。火热之邪侵犯人体，症状多见于人体上部，如头痛、面赤、咽喉红肿热痛、齿衄、龈肿或口舌糜烂等。

（2）火（热）易扰心神：心在五行属火，火热躁动，与心相应，故火热之邪伤人易扰心神，轻者心神不宁而见烦躁、失眠等症；重者神不守舍可见狂躁不安、神昏谵语等症。

（3）火（热）易耗气伤津：火属阳邪，阳胜则阴病。一是热迫津液外泄而致大汗，使津液化汗耗伤；二是热邪消灼煎熬阴津，可出现口渴引饮、咽干舌燥、小便短赤、大便秘结等津伤液耗之症。当热迫津液外泄的同时，气随津泄，故又易导致津伤气耗，轻者见体倦乏力、少气懒言等气虚征象；重者出现气脱亡阴、阴损及阳，亦可见亡阳之危象。

（4）火（热）易生风动血：热盛生风，又称"热极生风"，是由火热之邪燔灼肝经，劫灼阴液，使筋脉失其滋养濡润而致肝风内动，出现高热神昏、四肢抽搐、颈项强直、角弓反张、两目上视等症。热盛动血，是由热入营血，火热之邪迫血妄行，甚则灼伤脉络，而致各种出血证。如吐血、衄血、妇女月经过多、崩漏等。

（5）火热易致肿疡：火热之邪侵犯人体血分，可壅迫聚于局部，腐蚀血肉而发为疮疡痈肿，故《灵枢·痈疽》说："大热不止，热胜则肉腐，肉腐则为脓……故命曰痈。"临床可见局部红肿热痛，溃破化脓等。

（二）疠气

疠气，即疫疠之气，是一类具有强烈传染性的外邪。在中医文献中，疠气又称为"疫毒""疫气""异气""戾气""毒气""乖戾之气"等。疠气与六淫不同，如《温疫论》称"夫瘟疫之为病，非风、非寒、非暑、非湿，乃天地间别有一种异气所感"。可见疠气有别于六淫。疠气致病为疫病，实际包括了许多现代所指的传染病。

1. 疠气的致病特点

（1）发病急骤，病情危重：疠气致病，潜伏期较短，甚可"触之者即病"，且病情凶险，发展变化快，死亡率高。如白喉、疫痢、霍乱、天花等均发病急骤、来势凶猛、病情危笃。病情急重者，若抢救不及时，可于发病后数小时死亡。一般来说六淫致病比内伤杂病发病急，而疠气发病则比六淫致病更为急重。

（2）传染性强，易于流行：传染性强是疠气致病最主要的特点。疠气主要通过空气传染，从口鼻等传播途径侵入人体而致病。此外，还有随饮食、接触、蚊虫叮咬及其他等途径在人群中发生传播，甚至出现流行。《诸病源候论》明确指出疠气对人类的严重危害，谓"人感乖戾之气而生病，则病气转相染易，乃至灭门"。

（3）一气一病，症状相似：疠气致病极为专一，疠气不同于六淫、痰饮、瘀血等病邪，如风邪可引起"伤风"，还可导致"风疹""痹证""眩晕"等多种疾病，症状表现各不相同。疠气种类繁多，但一种疠气仅引起一种疫病发生，并且每一种疫病，其临床症状基本一致。故《素问·刺法论》说："五疫之至，皆相染易，无问大小，病状相似。"

2. 影响疫疠发生与流行的因素　疫病的发生与流行，除与人群的正气强弱有关外，还与下列因素有关。

（1）气候因素：自然界气候急骤或持久的反常变化，如久旱、酷热、淫雨、洪涝、湿雾、山岚瘴气等均可助长疠气滋生、传播而导致疫病的流行。

（2）环境与饮食因素：环境卫生不良，如水源或空气污染易滋生疠毒；动物尸体未及时掩埋，秽恶杂物处理不善，日久腐败，亦有利于疫毒的滋生；食物污染、饮食不洁等也易引起疫病的发生和流行。

（3）预防措施因素：预防和隔离是防止疫病发生、控制其流行蔓延的有效措施。因为疠气具有强烈的传染性，发现疫病病人，应立即隔离治疗，防止疫病的蔓延。对易接触感染者，应服食或注射预防药物，并注意饮食起居，保养正气，提高机体抵抗力。

（4）社会因素：疫病的发生和流行与社会制度、社会状态密切相关。社会动荡不安、战乱不停、天灾、贫穷落后等因素，均能造成抗御自然灾害能力低下，而易使疫病暴发流行，使疠气肆虐。若国家安定，经济繁荣，民众安居乐业，又注重卫生防疫工作，疫病发病会显著下降，并不易发生流行。

二、内伤致病因素

内伤致病，是指人的情志活动或生活起居有违常度，超过了人体自身调节范围，直接伤及脏腑气血阴阳而发病。内伤致病因素与外感致病因素相对而言，病自内而生，主要有七情内伤、饮食失宜和劳逸失度等。

（一）七情内伤

七情，是指人的喜、怒、忧、思、悲、恐、惊七种情志活动，是人对外界事物和现象的七种不同情志反应（精神状态），一般情况下属正常情志活动，不会致病。但当人受到突然、强烈或持久的情志刺激，并超过了人体自身生理调节范围与耐受能力，造成气机紊乱、脏腑气血阴阳失调时，才会成为导致疾病发生的原因。因七情异常能直接影响内脏，病自内生，故又称"七情内伤"。

七情内伤的致病特点：

1. 直接伤及内脏　由于五脏与情志活动有相对应的密切关系，七情内伤不同于六淫之邪从口鼻或皮毛入侵机体，而是直接影响相应的脏腑，导致脏腑气血紊乱而发病。因心主神明，为五脏六腑之大主，所以七情内伤均可损及心神，再影响其他脏腑，故在七情内伤中"心"起主导作用。不同的情志刺激伤对各脏腑有不同的伤害，如《素问·阴阳应象大论》称"喜伤心""怒伤肝""悲伤肺""思伤脾""恐伤肾"。从临床看，七情内伤又以心、肝、脾三脏功能失调为多见。如过喜、惊吓、思虑劳神均可伤心，致心神不宁，症见心悸、失眠、健忘，甚则精神失常。郁怒伤肝，肝气郁结，症见两胁胀痛、善太息或咽中似有异物梗阻，妇女可致月经不调、痛经、经闭等，或癥瘕、积聚等亦常发生。思虑忧愁伤脾，脾失健运,见食欲不振、脘腹胀满、大便溏泄等症。若思虑劳神,同时损伤心脾时,则可导致心脾两虚,而同时出现上述心神不宁及脾失健运的兼症。

2. 影响脏腑气机　七情内伤又能影响脏腑气机,使气机升降失常、气血运行紊乱而发病。不同的情志内伤,对气机的影响也不相同,具体表现如下。

(1)怒则气上:大怒可影响肝的疏泄功能,而致肝气上逆,血随气逆并走于上,可见头目胀痛、面红目赤或呕血,甚则昏厥猝倒等症。

(2)喜则气缓:包括两个方面,一是喜可缓和精神紧张,使心情舒畅,营卫通利;二是喜乐过度,可导致心神涣散,神不守舍,可见注意力不集中,甚则失神狂乱等症。

(3)悲则气消:是指过度悲忧,耗伤肺气,肺失宣降,出现气短声低、倦怠乏力、精神萎靡不振等症。

(4)恐则气下:是指恐惧过度,可使肾气不固,气泄于下,血亦随之下行而见面色苍白、头昏,甚则昏厥;肾气下陷不固常见尿频或二便失禁、遗精、孕妇流产等;恐伤肾精可见骨酸痿厥等。

(5)惊则气乱:是指突受惊吓,使心气紊乱,致心无所倚,神无所归,虑无所定,而见心悸、惊慌失措等症。

(6)思则气结:是指思虑劳神过度,伤神损脾导致脾气郁结,脾失运化,可见食欲减退、脘腹胀满、便溏等症。思虑劳神不但使脾胃气机结滞,还可暗耗心血而成"心脾两虚"证。

3. 影响病情转归　在疾病演变过程中,若遇异常剧烈的情志波动,往往会使病情加重,或急剧恶化,甚至加速死亡。如素有肝阳上亢之人,再遇事恼怒,可致肝阳暴涨,亢极化风,而出现眩晕欲仆,甚则昏厥不省人事、半身不遂等。胸痹患者,因暴喜暴怒,可致怔忡、心痛欲绝、大汗淋漓、面色青紫、四肢厥冷等心阳暴脱之危重证候。

(二)饮食失宜

饮食是人体赖以生存和维持生命活动的必需物质。良好的饮食习惯,要求定时、定量、有规律和有节制,讲究饮食卫生和合理的食谱。每人的饮食量依年龄、性别、体质、工种、健康状况和食品种类等因人而异。饮食失宜,是指饥饱失常、食无定时、饮食不洁、饮食偏嗜等,损伤脾胃的运化功能,使其升降失常,导致聚湿、生痰、化热或变生他病等。主要包括饮食不节、饮食不洁和饮食偏嗜三种情况。

1. 饮食不节　饮食不节是指饮食无一定规律,失其常度而致疾病,主要有过饥、过饱和食无定时三方面。

(1)过饥:是指摄食量不足,或食不接续,导致气血生化乏源,久之使气血得不到足够的补充而衰少,症见面色不华、气短心悸、神疲乏力,消瘦等。亦可因正气亏虚,抗病能力降低而变生或易感他病。

(2)过饱:是指长期过量进食,或暴饮暴食,均会加重脾胃的负担,或超出脾胃的受纳、腐熟和运化能力,导致饮食停积,损伤脾胃,初见嗳腐吞酸、厌食、矢气、脘腹胀满或吐泻,甚则可突然气逆上壅,厥逆昏迷,口不能言,肢不能举,称为"食中"或"食厥";久则因饮食停滞,郁而化热,聚湿生痰,变生他证。如婴幼儿,因脾胃功能尚未健全,自控力较弱,极易发生过饱损伤,食积日久可酿成疳积,见面黄肌瘦、腹胀、五心烦热、易哭易惊等症;过食肥甘,易生内热,引致痈疽疮毒等。在疾病初愈阶段,由于脾胃尚虚,若饮食过饱或食不消化食物,或热病后食热量过盛的食物,常可引起疾病复发,此称"食复"。

(3)食无定时:一是因时饥时饱,从而导致上述饥饱失常所引起的病证;二是影响脾胃气机升降以及六腑传化虚实更替的正常秩序,从而导致气机郁滞,或进一步发展为气滞血瘀、气滞津停生湿酿痰的病变。如脾胃气滞的胃脘痛;日久肝乘脾虚的嗳气反酸;病久入络的瘀血内蓄,症见疼痛加剧、消瘦、肌肤甲错、吐血、便血、聚积等。

2. 饮食不洁　饮食不洁是指因食用了不清洁、不卫生,或陈腐变质有毒,或被污染的食物,引发疾病,如痢疾、霍乱等,出现腹痛、吐泻等症;亦可引起各种肠道寄生虫病,表现为时有腹痛、嗜食异物、面黄肌瘦,甚至蛔厥等;若误服腐败变质、有毒食物,可引起食物中毒,出现剧烈腹痛、吐泻,重者可致昏迷或死亡。

3. 饮食偏嗜 饮食偏嗜是指饮食嗜好于某些食物,可因偏嗜造成营养不均衡,一方面出现部分营养物质受纳不足,另一方面又会导致某些物质吸收太过,久之会导致阴阳失调而发病。主要有饮食的寒热偏嗜、五味偏嗜及种类偏嗜等。

(1)寒热偏嗜:饮食之寒热,一般指食物性质的寒性或热性,也包括饮食温度的寒热。偏嗜寒热可致体内阴阳失衡,如饮食偏嗜寒,过食生冷寒凉之品,易损脾胃阳气,遂致寒湿内生,可见脘腹冷痛、喜暖喜按、泄泻等症;饮食偏热,偏嗜辛燥温热之品,易致胃肠积热,出现口渴、口臭、腹满胀痛、便秘或痔疮等。

(2)五味偏嗜:五味,即酸、苦、甘、辛、咸五种食味。由于五味与五脏各有对应,若长期偏嗜某种味道的食物,造成与之相应的脏腑功能偏亢,久之亦损其他脏腑,产生疾病。如过食咸味,可致肾盛乘心,而见胸闷气短、面色无华、血脉瘀滞等。所以饮食品种要多样化,不应偏嗜,这也是保健防病的重要内容之一。

(3)种类偏嗜:人的膳食结构应以谷类为主,肉类为副,蔬菜为充,水果为助,这样才有益于健康。若专食某种或某类食品,或厌恶某类食物而不食,或膳食中缺乏某些食物等,久之可成为导致某些疾病发生的原因,如瘿瘤(碘缺乏)、佝偻(钙、磷代谢障碍)、夜盲(维生素A缺乏)等。此外,偏嗜烟酒可损伤脾胃,生湿酿热,可出现脘腹胀满、胃纳减退、口苦口腻、舌苔厚腻等症。

(三)劳逸失度

正常的劳作,必要的体育锻炼,有助于体内气血流畅,增强体质;适当的休息,可以消除疲劳,恢复体力与脑力,均有利于人体正常生理活动。若长期过度劳累或过度安逸,则会使脏腑气血、筋骨肌肉功能失调,导致疾病的发生。

1. 过劳 指过度劳累,积劳成疾。包括劳力过度、劳神过度和房劳过度三个方面。

(1)劳力过度:长期劳力过度,体力劳动负担过重,或剧烈运动,时间过长,得不到应有的休息,均能损耗机体元气,而积劳成疾。《素问·举痛论》载有"劳则气耗……劳则喘息汗出,外内皆越,故气耗矣"。临床可见全身酸痛、少气懒言、四肢困倦、精神疲惫等症,日久常见形体消瘦、气短自汗、便溏纳呆等。此外,劳力过度还可损伤相关的组织器官,导致腰膝筋骨酸软等。

(2)劳神过度:长期思虑太过,暗耗心血,损伤脾气,可见心悸、心烦、健忘、失眠、多梦等心神失养之证;兼见纳呆、腹胀、便溏等脾不健运之证,久则血气日消,肌肉消瘦,神疲乏力等。

(3)房劳过度:又称"肾劳",是指如房事过度、手淫成习、妇女早婚多育等,耗伤肾中精气而致病。肾藏精,主封藏,肾精不宜过度耗泄。损伤肾中精气可见腰膝酸软、眩晕耳鸣、精神萎靡、性功能减退或遗精、早泄、阳痿、月经不调或不孕不育等症。

2. 过逸 过逸是指过度安逸。其致病特点有三个方面:一是安逸少动,气机不畅。如果长期运动过少,则人体气机失于畅达,导致脾胃等脏腑功能活动呆滞不振,出现食少、胸闷、腹胀、肢困、肌肉软弱或发胖臃肿等。二是阳气不振,正气虚弱。过度安逸,或长期卧床,阳气失于振奋,以致脏腑组织功能减退,体质虚弱,正气不足,抵抗力下降等。故过逸致病常见动则心悸、气喘汗出等,或抗邪无力,易感外邪致病。"久卧伤气,久坐伤肉"(《素问·宣明五气》)就是指过逸致病。三是长期用脑过少,加之阳气不振,可致神气衰弱,常见精神萎靡、健忘、反应迟钝等。

三、病理产物性致病因素

可致病的病理产物包括痰饮、瘀血、结石等。它们既是在疾病过程中形成的病理产物,也是能引起其他疾病的致病因素之一,亦称为"继发性病因"。

(一)痰饮

痰饮是机体津液代谢障碍所形成的病理产物,一般较稠浊的称为痰,清稀的称为饮。痰饮滞留体内,作为一种致病因素作用于机体,阻滞气血运行,影响脏腑功能,从而引起各种复杂的病理变化,导致各种新的病证出现。

痰饮有广义和狭义之分。狭义之痰饮,指咳吐之痰涎;广义之痰饮,指由津液代谢障碍所形成的病理产物及其病理变化和临床表现,由机体功能失调、津液停蓄蕴结而成。

从形质来分,痰又可分为有形之痰和无形之痰。有形之痰,是指视之可见、闻之有声的痰液如咳嗽吐痰、喉中痰鸣等,或指触之有形的痰核;无形之痰,是指只见其征象,不见其形状之痰,如眩晕、癫狂等,但可通过其致病特点和临床症状分析而确定诊断和治疗。饮流动性较大,可留积于人体脏器组织的间隙或疏松部位。从饮的停留部位可分为"痰饮""悬饮""溢饮""支饮"等。

1. **痰饮的形成**　痰饮的形成,多由外感六淫,或七情内伤,或饮食不节等,引起肺、脾、肾、肝等脏腑功能失调、气化不利,津液代谢障碍,水液停聚而成。

2. **痰饮的致病特点**　痰饮一旦产生则可流窜全身,外至经络、肌肤、筋骨,内至脏腑,全身各处,无处不到,从而产生各种不同的病变。概括而言,其致病特点有以下几个方面。

(1) 阻滞气血运行:痰饮为有形之邪,可随气流行,或停滞于经脉,或留滞于脏腑,阻滞气机,妨碍血行。如痰饮流注于经络,则致经络气机阻滞,气血运行不畅,出现肢体麻木、屈伸不利,甚至半身不遂,或形成瘰疬痰核、阴疽流注等。若痰饮留滞于脏腑,则阻滞脏腑气机,使脏腑气机升降失常。如痰饮阻肺,肺气失于宣降,则见胸闷气喘、咳嗽吐痰等;痰饮停胃,胃气失于和降,则见恶心呕吐等。

(2) 影响津液代谢:痰饮本为津液代谢失常的病理产物,但是痰饮一旦形成之后,可作为一种继发性致病因素,进一步影响肺、脾、肾等脏腑的功能活动,影响津液代谢。如痰湿困脾,可致水湿不运;痰饮阻肺,可致宣降失职,水液不布。因此,痰饮致病能影响人体津液的输布与排泄,使津液进一步停留于体内,加重津液代谢障碍。

(3) 易扰乱神明:痰浊之邪易上扰神明,影响心藏神功能,出现一系列心神失常的病证。如痰迷心窍,则可见神昏、痴呆;痰火扰心,则发为癫狂;痰蒙清窍,可见头昏头重、精神不振。

(4) 致病广泛,变化多端,病势缠绵:痰饮可流布于全身,外至肌肤,内至脏腑,无处不到。因此,痰饮致病部位广泛,且易于兼邪致病,故有"百病多由痰作祟"之说。痰饮致病的表现变化多端。如癫痫,平时无事,一旦发作,痰浊内动,则突然昏倒,牙关紧闭,四肢抽搐,口吐白沫,故有"怪病多痰"之说。痰饮停滞于体内,可伤阳气,变生寒湿,或郁而化火,可夹风、夹热,可化燥伤阴,上犯清窍,下注足膝,且病情反复发作,缠绵难愈,病程较长。

(二) 瘀血

瘀血指血液停滞,包括离经之血积存体内,或血运不畅,阻滞于经脉及脏腑内的血液。

1. **瘀血的形成**　凡外感六淫、内伤七情、跌仆损伤等原因,一旦引起心、肺、肝、脾等脏腑功能失常,血液运行不畅,或致血离经脉而瘀积体内,均可导致瘀血的形成。

常见的气虚、气滞、血寒、血热、外伤等因素均可导致瘀血的发生。

此外,中医学尚有"久病多瘀"的说法,是指病证久治不愈,由浅入深,可影响血液运行,导致瘀血发生。

2. **瘀血的致病特点及临床表现**　瘀血有易阻气机、影响血运及新血生成、病位固定、病证繁多等致病特点。瘀血所致的病证常因瘀血阻滞部位不同而异。如瘀阻于心,见心悸、胸痛、心痛、口唇指甲青紫;瘀阻于肺,见胸痛、咯血;瘀阻胃肠,见呕血或大便色黑如漆;瘀阻于肝,见胁痛痞块;瘀血攻心,可致发狂;瘀阻胞宫,见小腹疼痛、月经不调、痛经、闭经或崩漏;瘀阻肢体末端,可成脱疽病;瘀阻肢体肌肤局部,见局部肿痛、青紫。其病证虽繁多,但临床表现方面有以下共同的病症特点:①疼痛,多为刺痛,痛处固定不移、拒按、夜间痛甚。②肿块,外伤局部见青紫肿胀;积于体内者,久聚不散,可成癥积,按之痞硬,固定不移。③出血,血色紫黯或血块。④望诊,久瘀见面色黧黑,肌肤甲错,唇甲青紫,舌质紫黯或有瘀点、瘀斑、舌下脉络曲张。⑤脉象,多见细涩、沉弦或结代。

(三) 结石

凡体内湿热浊邪,蕴结不散,或久经煎熬,形成砂石样的病理产物,称为结石。古代医家所论述的主要是导致石淋病的肾与膀胱结石。如《中藏经》载有"虚伤真气,邪热渐强,结聚而成砂。又如以水煮盐,火大水少,盐渐成石之类"。《诸病源候论·小儿杂病诸候五·石淋候》谓:"石淋者……肾主水,水结则化为石,故肾客砂石,肾虚为热所乘。"临床常见的有肾结石、膀胱结石、胆结石等。

1. 结石的形成 结石的形成主要是由于脏腑本虚,湿热浊邪乘虚而入,蕴郁积聚不散,或湿热煎熬日久而成。肾与膀胱结石,常因饮食肥甘厚味,影响脾胃运化,内生湿热,或者长期饮用含有易形成结石的水,湿热浊邪流注下焦,羁留肾与膀胱,日久则湿热水浊淤结而为肾与膀胱结石。胆结石常因外感或内生的湿邪内阻,交蒸于肝胆;或情志失调,气机不畅,郁而化热,导致肝失条达之性,胆汁疏泄不利,湿热与胆汁互结,日久煎熬而成。

2. 结石的致病特点及临床表现

(1)病位不同,病证不一:结石由于病位的不同,阻滞不同脏腑气机,所导致病证亦不相同。如结石阻于肾与膀胱,可致腰痛、尿血、石淋或癃闭,甚至尿毒攻心等;结石阻于胆腑,可导致胁痛、黄疸等病症。

(2)易致疼痛,易惹湿热:结石为有形病理产物,停滞于脏腑之内,多易阻滞气机,影响气血运行,阻闭不通,不通则痛。故结石症,一般可见到局部胀痛、掣痛、按压痛、叩击痛、剧烈绞痛等。如胆结石可引发胁腹绞痛,痛引右肩;肾结石可导致腰及少腹剧烈绞痛,痛引阴器或两股内侧。绞痛时疼痛难忍,常伴冷汗淋漓,恶心呕吐。

结石因脏腑本虚,湿热浊邪蕴郁结聚,或湿热煎熬日久而成。故结石患者,每当外感湿热邪气,或内生湿热之邪,均易致湿热浊邪乘虚贯注滞留于脏腑而发病。如胆石症患者,常易发肝胆湿热,而见身热起伏或寒热往来、胁痛、脘闷不饥、恶心呕吐等症状。肾与膀胱结石患者,则易见小便频急、短赤滞涩不畅、尿道灼热刺痛、腰痛如绞、痛引少腹等膀胱湿热症状。

(3)病程较长,时起时伏:如结石得不到及时恰当的治疗,会长期滞留于脏腑之内,缓慢地增大或增多,病程较长。由于病程长,结石滞留体内日久,如果邪正相持,脏腑气机尚且通畅,则病情轻微,甚至无任何症状;若因外感、情志、饮食、劳累等因素的影响,扰动结石,阻滞气机,引发湿热,则可使病情加剧,从而表现出病情时起时伏、休作无定时的特点。

四、其他致病因素

除上述介绍的病因之外的致病因素,统称为其他致病因素,主要有外伤、烧烫伤、虫兽伤等。

外伤,主要包括枪弹、金刃、跌仆、持重努伤等。这种外伤可致皮肤肌肉出血、瘀血肿痛,或骨折、关节脱臼等,甚者可损伤内脏,或出血过多导致气随血脱、亡阳虚脱而危及生命。

烧烫伤,主要由温度过高的物品、沸水、热油或火焰等灼伤所致。轻者灼伤皮肤出现红、肿、热、痛,或出现水疱伴疼痛,严重者损伤肌肉筋骨,患部如皮革样,或出现蜡白、焦黄或炭化样改变,甚者因大面积烧烫伤,出现神志昏迷、亡阴亡阳。

虫兽伤,主要由毒蛇、猛兽、疯狗、猫等动物咬伤,或蜂、蝎、蚂蚁螫伤等。轻者局部皮肉损伤,出现出血、肿痛。重者损伤内脏,可因失血过多而死亡。疯狗、猫咬伤可发为"狂犬病"而致死。毒蛇咬伤因全身中毒症状严重而有可能迅速导致死亡。

第二节 病 机

病机,是指疾病发生、发展与变化的机制,它是疾病的临床表现、发展转归和诊断治疗的内在根据。病邪作用于人体,机体正气奋起抗邪,正邪相争,人体阴阳失去相对平衡,使脏腑、经络、气血的功能失常,从而产生全身或局部多种多样的病理变化。因此,病证种类繁多,其临床表现亦错综复杂,但从整体来说,大多数的病证都有某些共同的病机过程。

一、邪正盛衰

（一）邪正盛衰与发病

正，指人体的功能活动（包括脏腑、经络、气血等功能）和抗病、康复能力，是正气的简称。邪，泛指各种致病因素，为邪气的简称。邪正盛衰，是在疾病的发生、发展过程中正气与邪气之间相互斗争所发生的盛衰变化。

1. **正气不足是发病的内在因素**　正气旺盛，脏腑功能正常，气血充盈，卫外固密，则病邪难以侵入，病无以发生，正所谓"正气存内，邪不可干"（《素问（遗篇）·刺法论》）。只有在正气相对虚弱，卫外不固，防御能力低下时，邪气方能乘虚而入，使人体阴阳失调，脏腑经络功能紊乱，才能发生疾病，如《素问·评热病论》所言"邪之所凑，其气必虚"。

2. **邪气侵袭是发病的重要条件**　邪气可引起疾病的发生，在一定的条件下，有时甚至可能起主导作用。如烧伤、冻伤、疫疠、毒蛇咬伤、食物中毒等，此时即使正气强盛亦难逃伤害。又如疠气引发疫疠大流行时，如《温疫论》所描述的"此气之来，无论老少强弱，触之者即病"，说明许多传染病的发生与流行，邪气是主要条件而起主导作用。

3. **正邪斗争的胜负决定发病与不发病**　正邪相争，正胜邪去则不发病。一则正气强盛，抗邪有力，其病邪难于侵入；二则即使邪气已侵入，正气能及时消除或排出邪气，不产生病理改变，也不会发病。邪胜正负则发病。一为正虚抗邪无力，邪气得以乘虚侵入，造成阴阳气血失调而发病；二为邪气毒烈，致病作用强，正气相对不足，亦能损害机体而致病。

（二）邪正盛衰与病邪出入

当疾病发生后，正邪斗争及其消长盛衰的变化会直接影响疾病的发展趋势，表现为表邪入里，或里邪出表。

1. **表邪入里**　指外邪侵入机体，首先伤及肌肤卫表层次，而后内传入里，转为里证的病理传变过程。多因邪气过盛，或因失治、误治，正气受损，抗邪无力，正不胜邪，使疾病向纵深发展。如外感风温，初见发热恶寒、头痛鼻塞、咽喉肿痛、脉浮数等邪气在表的症状，失治或误治，继而见发热不恶寒、口渴汗出、咳嗽胸痛、咯痰黄稠、脉滑数等邪热壅肺的症状，这是表热证转化为里热证的表现。

2. **里邪出表**　指病变原在里在脏腑，正邪斗争后病邪由里透达于外的病理转变过程。多是护理得当，治疗及时，正气渐复，邪气日衰，正气祛邪外出，预示病势好转和向愈。如温病内热炽盛，出现汗出热退，或斑疹透发于外等，均属里病出表的病理转变过程。

（三）邪正盛衰与虚实变化

邪正盛衰的运动变化，贯穿于疾病过程的始终。邪正双方力量对比的盛衰，决定着患病机体的虚与实两种不同的病理状态，正如《素问·通评虚实论》所说："邪气盛则实，精气夺则虚。"

1. **实证**　是邪气过盛，脏腑功能活动亢盛或障碍，或气血壅滞而瘀结不通等所表现的证候，主要表现为致病邪气比较亢盛，而机体正气未衰尚能与病邪抗争，正邪相搏剧烈，反应明显，可出现一系列病理反应比较剧烈的有余的证候表现。常见于外感六淫致病的初、中期，或因痰、食、水、血等滞留体内引起的病证。

2. **虚证**　指正气不足，脏腑功能低下致气血生化不足或气化无力，以及气机升降不及等证候，主要表现为精气血津液等亏少和功能衰弱，脏腑经络生理功能减退，抗病能力低下，因而正邪斗争难以出现较剧烈的反应，可出现一系列虚弱、衰退和不足的证候表现。常见于先天禀赋不足；或后天失养，精气血津液等生化不足；或外感、内伤病后期及多种慢性病证损耗，如大病、久病或大汗、吐利、大出血等。

3. **虚实转化**　指在疾病过程中，由于实邪久留而损伤正气，或正气不足而致实邪积聚等所导致的虚实病理转化过程。主要有由实转虚和因虚致实两种情况。如肝胆湿热证初见黄疸、胁痛、脘闷等症，之后影响脾胃运化，逐步演变为面色苍白、神疲乏力、纳少腹胀的脾气虚证，此由实证转化为虚证；

又如初见面白神疲、少气乏力、舌淡、脉虚无力的气虚患者,日久失治或误治,气虚推动无力以致瘀血蓄积,逐步演变为面色黧黑、肌肤甲错、脘腹有痞块、舌质紫黯、脉细涩的血瘀证,此为因虚致实的转化过程。

4. 虚实真假　疾病在发展过程中某些特别的情况下,疾病的现象与本质不完全一致的时候,可出现与疾病不相符的假象。临床上有"至虚有盛候"的真虚假实证,以及"大实有羸状"的真实假虚证。所以在临床上必须透过现象看本质,不被假象所迷惑,才能真正把握住疾病的虚实所在。

（四）邪正盛衰与疾病转归

在疾病发展过程中,邪正消长盛衰的变化对于疾病发展的趋势与转归起着决定性的作用。

1. 正胜邪退　指在疾病过程中,正气奋起抗邪,正气日盛,邪气日衰,疾病向好转和痊愈方面转归的一种结局。

2. 邪胜正衰　指邪气亢盛,正气虚弱,机体抗邪无力,疾病向恶化甚至死亡方面转归的一种趋势。

此外,若邪正双方力量对比势均力敌,则出现邪正相持或正虚邪恋,或邪去而正未复等情况,常是某些疾病由急性转慢性,或留下后遗症,或成为慢性病持久不愈的主要原因。

二、阴阳失调

阴阳失调,是阴阳之间失去平衡协调之简称。由于各种致病因素作用于人体,主要是引起机体内部的阴阳失调才能发生疾病,故阴阳失调是疾病发生、发展与变化的内在根据。

（一）阴阳失调与发病

正常情况下,人体阴阳保持相对的动态平衡和协调。当机体在某致病因素作用下,脏腑经络、气血津液等发生改变,超出常态,破坏了整体或局部的阴阳动态平衡,便会发病,所谓"阴阳乖戾,疾病乃起",并出现相应的临床症状。

（二）阴阳盛衰与寒热变化

阴阳的偏盛与偏衰,决定了虚实证候的产生,所谓"邪气盛则实,精气夺则虚",如阳或阴的偏盛可致实证,阴或阳的偏衰可致虚证。

1. 阴阳偏盛　指人体阴阳中的一方过于亢盛的病理变化。

（1）阳偏盛:指机体在疾病过程出现的一种阳气偏盛、功能亢奋、代谢活跃、机体反应强烈的一种病理变化,即实热证。由于阳气的温煦、兴奋、推动等作用,其主热、主动,故实热证表现为壮热、烦渴、喜凉、面红、目赤、便干、尿黄、苔黄、脉数等症,即所谓"阳盛则热"。另外,由于热邪耗伤津液,故阳偏盛日久可出现口渴、苔干等表现。

（2）阴偏盛:指机体在疾病过程中出现的一种阴气偏盛、功能抑制、代谢衰弱、机体反应减退的一种病理变化,即实寒证。由于阴气凉润、宁静等作用,其主凉、主静,故实寒证表现为形寒、肢冷、蜷卧、冷痛、便溏、苔润、脉迟等症,即所谓"阴盛则寒"。另外,寒邪易伤阳气,故阴偏盛日久可出现喜温、舌胖大、脉沉弱无力等表现。

2. 阴阳偏衰　指人体阴阳中的一方虚衰不足的病理状态。

（1）阳偏衰:指机体阳气虚损,温煦、推动、兴奋等作用减退,出现相应的功能减退、代谢减衰、产热不足的病理变化,即虚寒证。由于阳气的温煦功能不足,虚寒证多表现为畏寒肢冷、喜温喜暖、面色㿠白、脘腹冷痛、蜷卧乏力、小便清长、下利清谷、舌淡脉弱等症,即所谓"阳虚则寒"。此外,阳偏衰多由于先天禀赋不足、后天失养、久病伤阳所致,与阴偏盛之寒证虽均有寒象,但病史相对较长,且伴有虚弱表现。

（2）阴偏衰:指机体阴气不足,凉润、宁静、抑制等作用减退,出现相应的功能亢奋、代谢加快、产热相对增加的病理变化,即虚热证。由于阴不制阳,阳气相对偏盛,虚热证多有五心烦热、午后低热、潮热盗汗、消瘦颧红、舌红少苔、脉细数等症,即所谓"阴虚则热"。另外,阴虚多由于火热伤阴、五志过极、久病损阴所致,与阳偏盛之热象不同,阴虚之热,热势不剧,病史相对较长,且伴有虚象。

在疾病发展过程中,寒热证的属性不是一成不变的,常随机体阴阳两方消长盛衰的变化而变化,主要有阴阳盛衰病位转移,或阴阳互损所致的寒热错杂,阴阳转化所致的寒热转化,阴阳格拒所致的寒热真假等。

(三) 阴阳盛衰与疾病转归

阴阳盛衰消长变化,不仅是疾病发生、发展与变化的内在依据,也是疾病好转或恶化、痊愈或死亡的根本机制。

一般情况下,失调的阴阳经调整得以重新恢复平衡,疾病则好转和痊愈。当出现亡阴、亡阳,则是阳或阴的功能严重衰竭,疾病恶化,甚至死亡。亡阳,是机体阳气发生突然性脱失,而致全身属于阳的功能突然严重衰竭的一种病理状态,主要表现为突发而极重的虚寒证。亡阴则是机体阴气发生突然性的大量损耗或丢失,而致全身属于阴的功能出现严重衰竭的一种病理状态,主要表现为极重的虚热证,二者均属疾病发展过程中的危重阶段。根据阴阳互根原理,阳亡则阴无以化生而耗竭,阴亡则阳无所依附而散越,最终导致"阴阳离决,精气乃绝"的结果。

三、精、气、血、津液的失常

(一) 精的失常

精的失常主要包括精虚和精的施泄失常两方面的病变。精有广义和狭义之分,这里的精,主要指的是由先天之精和水谷之精相辅相成的同藏于肾内的肾精,以及由其化生的生殖之精。

1. **精虚**　精虚,主要指的就是肾精不足,及其功能低下所产生的病理变化。肾精内藏先天之精,亦为脏腑之精之一,且受后天水谷之精的充养,在生理上,肾精为生殖之精和脏腑之精的根本,其具有化生肾气、促进生长发育生殖、生髓化血以及充脑养神等功能。因此,由于先天禀赋不足,或后天失养,或过劳伤肾,或脏腑精亏,或久病及肾等,均可导致肾精不足的病理变化。肾精不足在临床上有多方面的表现,主要与生长生殖发育有关,如小儿身材矮小,囟门关闭过迟,女子不孕,男子精少不育,牙齿早落、须发早白,精神萎靡、耳鸣健忘,以及体弱多病、未老先衰等。

肾精亦有赖于水谷之精的补充,而脾是化生水谷之精的重要脏器,故精虚之源又与脾关系密切。若因脾失健运,或饮食减少等,致使水谷之精缺乏或生成不足,便可形成水谷之精匮乏的病理变化。表现为面色萎黄无华、肌肉瘦削、头昏目眩、疲倦乏力、少气懒言、舌淡脉弱等虚弱状态。

2. **精的施泄失常**　精的施泄,主要指的是生殖之精适度排泄。生殖之精,是由藏于肾中的先天之精在水谷之精的资助充养下,并借天癸的促发作用合化而成。肾精充沛,肾气充盛,男性在青春期后有排精现象是符合生理规律的。藏精是排精的基础,排精也是藏精的生理功用之一。精的施泄失常,临床表现为排泄过度和排泄障碍,为失精和精瘀的病理变化。

(1) 失精:失精是指生殖之精大量丢失的病理变化。精闭藏于肾中而不妄泄,有赖肾气的封藏作用与肝气的疏泄作用的协调平衡。若房室过度,耗伤肾气,或久病及肾,累及肾气,或过度疲劳,伤及肾气,以致肾气虚衰,封藏失职,生殖之精因之过度排泄而成失精,甚则精脱。或素体阳盛,性欲过旺,相火偏亢,内扰精室,肝气疏泄失常,也可致生殖之精排泄过度而成失精。失精临床表现为精液排泄过多,如滑精、梦遗、早泄等症,并兼有精力不支、思维迟缓、反应迟钝、失眠健忘、少气乏力、耳鸣目眩、尿频肢冷、腰膝酸软等症。若精泄不止,则成精脱,精脱则为失精之重证。精为气的化生本源,精足则气盛,精脱必致气的大量损耗而致气脱。

(2) 精瘀:精瘀是指男子精滞精道,排精障碍的病理变化。如果房室过度,忍精不泄,年少手淫,或久旷不交,或惊恐伤肾,或瘀血、败精、湿热、痰浊瘀阻,或手术所伤等,皆可导致精瘀而排泄不畅。若肾气虚而推动无力,或肝气郁结而疏泄失司,亦致精泄不畅而瘀。

精瘀的主要临床表现是排精不畅或排精受阻,可伴随精道疼痛、睾丸坠胀、小腹挛痛、精索小核硬结如串珠、腰痛、头晕等症状。

（二）气的失常

气的失常，主要包括两个方面：一是气的生化不足或耗散太过，造成气的防御、气化、推动、温煦等功能减弱的病理变化，即气虚；二是气的运动失常及气的某些功能障碍，出现气滞、气逆、气陷、气闭或气脱等气机失调的病理变化。

1. 气虚　气虚，指一身之气不足而表现出相应功能减退或低下的病理变化。

气虚形成的原因，主要由于先天禀赋不足，或后天失于调养，或肺脾肾的功能失调而致气的生成不足。也可因饮食劳倦、七情内伤、久病不愈等，过多耗散人体之气所致。

气虚常见精神萎靡、倦怠乏力、懒言神疲、头目晕眩、自汗动甚、易于感冒、面白舌淡、脉虚无力等症状。偏于元气虚者，可见生长发育迟缓、生殖功能低下、齿落发白早衰等症；偏于宗气虚者，可见心悸怔忡、呼吸气短等症。偏于营气虚者，可见营养偏衰，脏腑失养等症；偏于卫气虚者，可见汗出异常、防御无力、肢体不温等症。另各脏腑、经络气虚的病机，则各有特点，临床表现亦各有不同。

由于元气为先天之精所化，是人身最根本、最重要、最基础的气，也是生命活动的原动力，故元气亏虚可引起全身性气虚，而无论何种气虚如迁延不愈，亦终将导致元气亏损，尤其在小儿和老人表现得尤为明显。

2. 气机失调　气机失调，是指气的升降出入失常的病理变化，可影响脏腑经络及精气血津液等各种功能的协调平衡，病变涉及脏腑经络、形体官窍等各个方面。

升降出入，是气的基本运动形式。气的升降出入运动，推动和调节着脏腑经络的功能活动和精气血津液的贮藏、运行、输布、代谢，维系着机体各种生理功能的协调。一般地说，气机失调可概括为气滞、气逆、气陷、气闭和气脱等几种情况。

（1）气滞：是指气的运行不畅，郁滞不通的病理变化。

气滞的形成，主要因为情志抑郁，或痰湿、食积、热郁等的阻滞，影响了气的运行；或因脏腑功能失调，如肝失疏泄、大肠传导失职等，皆可形成局部的气机不畅或郁滞，从而导致某些脏腑、经络的功能障碍。气滞一般属实证，但亦有因气虚推动无力而滞者。

由于气滞于某经络或局部，其临床病理表现有多个方面，但共同点是闷、胀、疼痛，疼痛走窜不定。由于肝升肺降、脾升胃降，在调整全身气机中起着极其重要的作用，故脏腑气滞以肺、肝、脾胃为多见，且不同脏腑的气滞，其临床表现各有不同。肺气壅塞，见胸闷、咳喘，呼吸不畅；肝气郁滞，见情志不畅、胸胁或少腹胀痛；脾胃气滞，见脘腹胀痛，休作有时，大便秘结等。另气滞则血行不利，津液输布不畅，故气滞日久者，可引起血瘀、津停，形成瘀血、痰饮水湿等病理产物，且可造成气滞夹杂血瘀、痰饮等共同致病。

（2）气逆：指气升之太过，或降之不及，以脏腑之气逆上为特征的一种病理变化。

气逆多由情志不遂，或因饮食不当，或因外邪侵袭，或因痰浊阻滞所致。气逆最常见于肝、肺和胃等脏腑。在肝，则肝气上逆，发为头痛头胀，面红目赤，易怒等症。肝为刚脏，主升主动，而肝又为藏血之脏，因此肝气上逆时，甚则可导致血随气逆，可为咯血、吐血、衄血，甚则壅塞清窍而致昏厥。在肺，则肺失肃降，肺气上逆，表现为咳嗽喘息、咳逆上气。在胃，胃以降为顺，如胃失于和降，则胃气上逆，发为恶心、呕吐、嗳气、呃逆。一般地说，气逆于上，以实为主，偶可见因虚而气逆者。如肾不纳气者，也可导致肺气上逆；胃阴亏虚者，也能导致胃气上逆。

（3）气陷：指气的上升不足，或下降太过，以气虚升举无力而下陷为特征的一种病理变化。

气陷的形成，多由气虚调摄不当，渐变发展而来，尤与脾气的关系最为密切。如素体虚弱，或病久损耗，致脾气虚损，清阳不升，或中气下陷，均可形成气虚下陷的病变。

气陷的病理变化，主要有上气不足与中气下陷两方面。上气不足，主要指气不能上荣于头目。一般由于脾气虚损，升清不足，无力将水谷精微上输于头目，致头目失养，临床可见头晕目眩、摇晃易倒、耳鸣如蝉等症。中气下陷，指脾气虚损，升举无力，气机趋下，内脏正常位置无力维系，而发生某些内脏的位置下移，表现为腰腹胀满重坠，形成胃下垂、肾下垂、子宫脱垂、肛门坠胀，甚则脱肛等病变。由于气陷为气虚发展而成,故还伴有气虚之面色无华、乏力气短、语低声微、脉弱无力等症。

(4)气闭:即气闭阻于内,不能外出,以致清窍闭塞,出现昏厥的一种病理变化。

气闭,指气之出入障碍,气不能外达,郁闭结聚于内,而出现气机突然闭厥的病理状态。气闭多因情志刺激导致气郁之极,或痰饮、外邪、秽浊之气阻闭气机所致。如因感受秽浊之气而致气机闭厥;外感热病过程中的热盛闭厥;突然遭受巨大的精神刺激所致的气厥;因强烈疼痛刺激所致的痛厥等。无论病因如何,其病机都属于气的外出突然严重受阻,而致清窍闭塞,神失所主的病理状态。气闭于内,多有气机不利的表现,如气闭于心胸,闭塞清窍,可见突然昏倒、不省人事、牙关紧闭;阳气内郁,不能外达,则见四肢逆冷、拘挛、两掌握固;肺气闭郁,气道阻滞,则见呼吸困难、气急鼻扇、面青唇紫;气闭于内,腑气不通,则见二便不通等。

(5)气脱:即气不内守,大量亡失,以致生命功能衰竭的一种病理状态。

气脱的形成,多由于正不胜邪,或慢性疾病,迁延不愈,消耗正气,以致气不内守而外脱;或因大出血、大汗等血液津液亡脱,造成气随血脱或气随津脱,从而出现生命功能突然衰竭的病理状态。气脱可见面色苍白、冷汗不止、目闭口开、全身瘫软、手撒肢冷、二便失禁、脉微欲绝或虚大无根等症状。

需要指出的是,气脱与亡阳、亡阴在病机和临床表现方面多有相同之处,病机都属气的大量脱失,临床上均可见因气的脱失而致虚衰不固及生命功能严重衰竭的表现。但亡阳是阳气突然大量脱失,当见冷汗淋漓、四肢厥冷等寒象;亡阴是阴液突然大量脱失,当出现大汗而皮肤尚温、烦躁、脉数疾等热性征象。而气脱主要是无明显寒象或热象,仅见气虚不固及生命功能衰竭的表现。

(三)血的失常

血的失常,主要表现为两个方面:一是血虚。表现为血的濡养功能减退,多由于血的生化不足或耗损太过所致。二是血的运动失常,具体又分为两个方面,其一为血瘀,即血行迟缓,瘀积于经络、脏腑、组织等,多由气虚、气滞、寒凝所致;其二为出血,表现为血行逆乱,血流薄疾,多由感受热邪、内火炽盛所致。

1. 血虚 血虚,是指血液不足,血的濡养功能减退所致的血脉、脏腑、组织失养的病理状态。其原因多为失血过多,新血未及时补充;或因脾胃虚弱,饮食营养低下,血液生化乏源;或因血液的化生功能障碍;或因久病不愈,或因情志内伤、慢性消耗等因素而致营血暗耗等,均可导致血虚。脾胃为后天之本,气血生化之源;肾主骨生髓,输精于肝,皆可化生血液,故血虚的成因与脾胃、肾、肝的关系较为密切。

全身各脏腑、经络、组织器官,皆有赖于血的濡养功能,方能维持其正常的生理功能,所以血虚自然不能濡养周身器官,必然会出现全身或局部的失荣失养,进而功能活动逐渐衰退,出现虚弱证候。心主血、肝藏血,血虚与心、肝两脏的关系最为密切,相关症状比较多见。心血不足常见惊悸怔忡、失眠健忘、心神不宁、不寐多梦、脉细涩或结代等心失血养的症状。肝血亏虚可见两目干涩、视物昏花、口唇爪甲颜色暗淡,或手足麻木、筋惕肉瞤、关节屈伸不利等症。若肝血不足,导致冲任失调,又可出现妇女经少、月经愆期、闭经诸症。

另外,血为气之母,血虚者气亦弱,严重者还可出现"气随血脱"之重症,故血虚除见失于滋荣的症状外,多伴气虚症状,常见面色淡白或萎黄、不思饮食、唇舌爪甲色淡无华,神疲乏力、自汗易出,动则加重,头眩目晕、心悸不安、脉细弱等临床表现。

2. 血运失常 血液运行失常出现的病理变化,主要有血瘀和出血。

(1)血瘀:是指血液的循行迟缓,流通不畅,甚则血液瘀结停滞的病理状态。血瘀可以为全身性病变,亦可瘀阻于脏腑、经络、形体、官窍的某一局部,从而产生不同的临床表现。导致血瘀的病因,主要有气虚、气滞、痰浊、血寒、血热等。气虚而推动无力;气滞而血行受阻;痰浊瘀血阻闭脉络;血寒而凝滞;血热则煎熬津液,稠滞难行;另外"久病入络"、跌打外伤亦可造成血瘀。但无论无何种原因所致,血瘀均易见疼痛,且痛有定处,甚则局部形成肿块,触之较硬,位置比较固定,如肿块发于体表,则为青紫色,如肿块生于腹内,称为"癥积"。另外,唇舌紫暗,舌有瘀点、瘀斑,皮肤赤丝红缕或青紫网状,肌肤甲错,面色黧黑,指端白紫色变等,也是血液瘀滞的临床表现。

（2）出血:是指各种原因造成血液逸出血脉的病理变化。逸出血脉的血液,称为离经之血。若此离经之血不能及时消散或排出,蓄积于体内,则称为瘀血。瘀血停积体内,又形成了血瘀病机,进而引起多种病理变化。另外,若突然出血,可引起全身功能衰减,此种出血不是单纯的出血,还兼有血虚、气虚之病理变化,大量出血者可出现亡阴、亡阳而危及生命。

导致出血的病机很多,主要有气虚、外伤、瘀血以及血热等。气虚不摄、瘀血内阻及外伤导致出血的机制,前面已有介绍,此处着重叙述血热。

血热,即热入血脉之中,使血行加速,脉络扩张,甚或迫血妄行而致出血的病理变化。血热多由于热入血分所致,外感六淫、情志内伤等均可引起。如温热邪气、疫疠之气入于血分,或其他外感病邪入里化热,伤及血分。情志不遂,肝气郁结,五志过极化火,内火炽盛郁于血分,或病久及阴,阴虚火旺,亦可导致血热。

血热病变,除可见发热、便干、舌红等一般的热性症状外,其血热炽盛,易灼伤脉络,迫血妄行,常可引起各种出血,如吐血、衄血、便血、尿血、皮肤斑疹、月经提前量多等,其出血颜色鲜红。由于血行加速,脉络扩张,可出现面红目赤、肤色发红、舌色红绛、脉搏增快等症状。心主血脉而藏神,血热则心神不安,可见心烦不眠,或心悸怔忡,或躁扰不安,甚则出现神昏谵语、发狂失神等症。肝藏血,血热亦可出现肝火上炎之表现,如耳鸣暴聋,头晕头胀,脉弦数。血热的临床特征,以既有热象,又兼有动血为表现。此外,由于血液主要由津液和营气组成,热入血脉不仅可以耗伤津液、营气而致血虚,而且由热邪灼伤津液,血失润泽流动之性,使之变得浓稠而不易流动,乃至干涸不能充盈脉道,血液运行不畅而为瘀。

（四）津液失常

津液失常是指津液生成、输布或排泄过程障碍。津液的正常代谢,是维持体内津液生成、输布和排泄之间相对恒定的基本条件。津液代谢失常,包括津液不足、津液输布和排泄障碍两方面。

1. **津液不足**　津液不足是指津液匮乏导致内则脏腑,外则孔窍、皮毛,失于濡润、滋养,而产生的一系列干燥枯涩的病理变化。

津液不足的形成因素有三方面:一是化源不足,主要是摄入不足,如饮食失调、食少饮乏,则生津乏源。二是脏腑气化功能减弱,如久病体虚、劳倦内伤,虽化源充足,但脏腑气化功能减退,将水谷精微转化为津液的能力低下,使津液生成减少。三是耗伤过多,如外感燥热之邪,灼伤津液;或邪热内生,如阳亢生热、五志过极化火等耗伤津液;或吐泻无度、外伤出血或大面积烧伤等均可损失大量津液。另外,误用辛燥之剂、慢性疾病长期消耗,亦可致津液亏耗。

津与液常并称,一般不予严格区别,但在出现津液耗伤的病理变化时,因其病机及临床表现不同,有"伤津"与"脱液"之分。伤津以丧失水分为主要病机特点,临床上常见于吐、泻之后。如夏秋季节,若饮食伤中可出现呕吐、泄泻或吐泻交作,导致大量津液损失,如不及时补充,可出现目陷、螺瘪、尿少、口干舌燥、皮肤干涩;甚则见目眶深陷、啼哭无泪、小便全无、精神萎顿、转筋等症。另外,炎夏、高热、多汗也易伤津,常见口渴引饮、大便燥结、小便短少色黄;气候干燥的季节,常见口、鼻、皮肤干燥等亦属于伤津为主的临床表现。脱液以水分及精微物质的丢失为主要病机特点。如热病后期或久病伤阴耗液,可见形瘦骨立,大肉尽脱,肌肤毛发枯槁,或手足震颤、肌肉瞤动、唇裂、舌光红无苔或少苔,则属于脱液的临床表现。

2. **津液输布和排泄障碍**　津液的输布和排泄障碍,是指津液在体内不正常的停滞,或尿液、汗液排泄失常的病机变化。二者虽有不同,但常互相影响,是体内产生水湿痰饮等病理产物的根本原因。

引起津液输布障碍的原因很多,如脾失健运,水液不能正常转输布散,停滞而为痰饮水湿;肺失宣发肃降,不得行治节之令,则津液不能布散全身;肝失疏泄,气机郁滞,可致津液的输布代谢障碍;此外三焦气化失司,不仅直接影响津液的环流,而且影响津液的排泄。上述多种成因中,脾的运化功能障碍具有特殊意义。

　　津液的排泄障碍,主要是指津液转化为汗液和尿液的功能减退,导致水液潴留于体内,外溢于肌肤。肺气的宣发有助于津液转化为汗液,肾气的蒸化有助于津液转化为尿液,而三焦为水液运行的通道,故肺和肾的功能减弱,三焦气化失调,均可引起水液潴留,发为水肿。但因肾为五脏阴阳之根本,能推动和调节各脏腑的输布和排泄水液的功能,而且水液主要是通过尿液而排泄的,故肾气蒸化作用失常起主导作用。

　　津液的输布障碍和排泄障碍,可导致水、湿、饮、痰病理产物的生成。但四者又难决然划分,而且可以相互转化,故有痰湿、水饮、痰饮并称者。

（张　杰）

复习思考题

1. 何谓六淫? 简述六淫致病的共同特点。
2. 试述七情内伤的致病特点。
3. 试述瘀血的病症特点。
4. 试述邪正盛衰与发病的关系。

第五章 四 诊

【内容提要】

　　四诊即望、闻、问、切四种诊察疾病的方法,是搜集临床资料的主要方法,是辨证论治的基础。本章主要介绍了望诊、闻诊、问诊、切诊的方法、内容和意义。临床上必须把望、闻、问、切四诊有机地结合起来-即"四诊合参",才能全面、系统地了解病情。

【学习要点】

　　1. 掌握五种病色的特征与主病;掌握常见病舌的特征与主病;掌握常见病脉的特征与主病。

　　2. 熟悉望神的方法、临床意义;熟悉望舌及切脉的方法及注意事项;熟悉问诊的主要内容及其临床意义。

　　3. 了解望形体、望动态、望头面、望五官、望颈项躯体、望皮肤、望毛发的临床意义;了解闻诊、按诊的基本内容及其临床意义。

　　四诊,是指中医诊察和收集疾病有关资料的基本方法,包括望、闻、问、切四法,简称"四诊"。

　　人体是一个有机的整体,人体皮肉筋骨脉、经络与脏腑息息相关,且以脏腑为中心,以经络相通联,外部的征象与内脏功能关系密切,因而局部病变可影响全身,内脏病变也可从神色、形态及五官、四肢、体表等各个方面反映出来。《丹溪心法》说:"欲知其内者,当以观乎外;诊于外者,斯以知其内。盖有诸内者必形诸外。"所以,可以通过望、闻、问、切四诊来收集有关疾病的全部资料,进行科学的整理和归纳,并进行分析、综合、推理、判断,从而探求疾病的本质,为辨证论治提供充分的依据。

　　四诊合参,是指诊察疾病时,将望、闻、问、切四诊所收集的资料全面结合分析,为准确判断病证提供依据。《素问·阴阳应象大论》曰:"善诊者,察色按脉,先别阴阳;审清浊,而知部分;视喘息,听音声,而知所苦;观权衡规矩,而知病所主;按尺寸,观浮沉滑涩,而知病所生。以治无过,以诊则不失矣。"即强调四诊合参的重要性。

第一节 望 诊

　　望诊,是医生运用视觉观察病人的全身和局部表现、舌象及排出物等,以收集病情资料的诊察方法。由于人体脏腑、气血、经络等变化,均可以反映于体表的相关部位或出现特殊表现,因而通过望诊能够认识和推断病情。望诊应在充足的光线下进行,以自然光线为佳。望诊须结合病情,有步骤、有重点地仔细观察,一般分全身望诊和局部望诊。

一、全身望诊

　　全身望诊主要是望病人的神、色、形、态等整体表现,从而对病性的寒热虚实、病情的轻重缓急形成总体的认识。

(一) 望神

　　神,广义是指高度概括的人体生命活动的外在表现,狭义是指人的精神、意识、思维活动。望神即通过观察人体生命活动的整体表现来判断病情的方法。望神可知正气存亡、脏腑盛衰、病情轻重、预后善恶。望神包括望精神表情、意识思维、面色眼神、语言呼吸、动作体态等,其中望神情、眼神最为重要。

1. **得神**　又称"有神",多见神志清楚,表情自然,言语清晰,反应灵敏,精力充沛,面色明润含蓄,两目灵活明亮,呼吸顺畅,形体壮实,肌肉丰满等。提示正气充盛,脏腑功能未衰,或病情较轻,预后良好。

2. **少神**　又称"神气不足",多见精神不振,动作迟缓,少气懒言,思维迟钝,面色少华,两目晦滞,目光乏神等。提示正气已伤,脏腑功能不足,多见于虚证。

3. **失神**　又称"无神",多见神志昏迷,或烦躁狂乱,或精神萎靡;目睛呆滞或晦暗无光,反应迟钝,呼吸气微,甚至目闭口开,手撒尿遗,或搓空理线,循衣摸床等。提示正气大伤,脏腑功能虚衰,病情严重,预后较差。

4. **假神**　是指垂危病人出现的暂时性的某些症状"好转"的假象,如原本精神萎靡,面色晦暗,声低气弱,懒言少食,突然精神转佳,两颊色红如妆,语声清亮,喋喋多言,思食索食等。提示病情恶化,脏腑精气将绝,预后不良。古人比作"回光返照"或"残灯复明"。

(二) 望色

望色是指通过观察病人皮肤色泽变化以了解病情的方法。

皮肤色泽,是脏腑气血之外荣,因而望色能了解脏腑功能状态和气血盛衰情况。《素问·脉要精微论》云:"夫精明五色者,气之华也。"望色,以望面部气色为主,兼望肤色、目睛、爪甲等部位。根据五行学说和藏象理论,五色(青、黄、赤、白、黑)配五脏,故五色变化能反映相应脏腑的精血盈亏,光泽的变化能反映精气的盛衰。此外,病邪的性质、邪气部位等,也会通过色泽变化而有所反映。

1. **常色**　常色即正常面色与肤色,因种族不同而异。我国健康人面色应是微黄透红,明润光泽,这是人体精充神旺、气血津液充足、脏腑功能正常的表现。常色有主色与客色之分,主色指由禀赋所致、终生不变的色泽;客色指受季节气候、生活和工作环境、情绪及运动等不同因素影响所致气色的短暂性改变,非疾病所致。

2. **病色**　病色即由疾病造成的面色及全身肤色变化,包括五色善恶与变化。五色善恶主要通过色泽变化反映出来,提示病情轻重与预后吉凶。其中明润光泽而含蓄为善色,表示病情较轻,预后较好;晦暗枯槁而显露为恶色,表示病情较重,预后欠佳。现将五色主病分述如下:

青色:主寒、痛、瘀血、惊风。

青色属木,为气血运行不畅所致,如寒凝气滞,或瘀血内阻,或筋脉拘急,或因疼痛剧烈,或因热盛动风等均可出现。常见于面部、口唇、爪甲、皮肤等部位。如面、唇、爪甲青白为寒,青黑晦暗为阳虚,青紫多为阳气大衰;面色青黑多为寒痛证;鼻头色青多腹中疼痛;面色青,喜热饮,尿清长或腹满下利,多为腹中寒痛;腹痛时作,泛吐清水,面色乍青乍白,多为虫积腹痛;口唇青灰,常为心阳不振,心血瘀阻;小儿眉间、鼻柱、唇周见青色,为小儿惊风。

赤色:主热。

赤色属火,多为火热内盛,鼓动气血,充盈脉络所致。常见于面、唇、舌、皮肤等部位。主病有实热、虚热之分。外感温热,可见面赤、发热;实热证可见面赤、高热、口渴、便秘;虚热证常见两颧嫩红或潮红,多发于午后;虚损劳瘵,多见两颧潮红、午后潮热、五心烦热、盗汗等症。

黄色:主湿、虚、黄疸。

黄色属土,多为脾失健运,水湿不化,或气血乏源,肌肤失养而致。常见于面部、皮肤及白睛等部位。面色淡黄而晦暗无泽者为萎黄,属脾胃气虚;面目虚浮淡黄者为黄肿,属脾虚湿盛;面目一身俱黄者为黄疸,其中色黄鲜明如橘皮者为阳黄,证属湿热熏蒸,色黄晦暗如烟熏为阴黄,证属寒湿郁阻;小儿生后遍体皆黄,多为胎黄;小儿面色青黄或乍黄乍白可见于疳积。病者黄色渐趋明润为胃气渐复,病情好转;若黄色转枯为胃气衰败,预后不良。

白色:主虚、寒、失血。

白色属金,乃阳气虚衰,血行无力,脉络空虚,气血不荣所致。多表现在颜面、口唇、舌及皮肤、爪甲、眼睑等部位。血虚者苍白无华;气虚者淡白少华;阳虚者色白无华而浮肿;肺脾气虚见面色淡白;面色青白多为寒证;产后面色㿠白多为夺血伤气;猝然失血见苍白,为气随血脱之危候;若突然面色苍白,冷汗淋漓,多为阳气暴脱。

黑色:主肾虚、水饮、瘀血。

黑色属水,为阳虚阴盛,水饮内泛,气血凝滞,经脉肌肤失养而致。其色可见黧黑、紫黑或青黑,多见于面部或口唇及眼眶。面色黧黑,唇甲紫暗可见于肾阳衰微、阴寒凝滞的虚寒证;面黑干焦者,多属肾阴虚;妇人眼眶灰黑无华,多为肾虚水饮或寒湿带下;黑色浅淡为肾病水寒;鼻头色黑,目窠微肿多为水饮内停;色黑而肌肤甲错,为瘀血;心病额见黑色为逆证;环口黧黑多为肾绝。

（三）望形

望形,即望形体,是通过观察病人形体的强弱胖瘦、体质形态和异常表现等来诊察病情的方法。

1. **形体强弱**　主要反映脏腑的虚实和气血的盛衰。

（1）体强:指身体强壮。表现为骨骼粗大,胸廓宽厚,肌肉充实,皮肤润泽,精力充沛,食欲旺盛。说明内脏坚实,气血旺盛,抗病力强,不易患病,有病易治,预后较好。

（2）体弱:指身体衰弱。表现为骨骼细小,胸廓狭窄,肌肉瘦削,皮肤枯槁,精神不振,食少乏力。说明内脏脆弱,气血不足,抗病力弱,容易患病,有病难治,预后较差。

2. **胖瘦**　主要反映阴阳气血的偏盛偏衰。

（1）肥胖:其体形特点是头圆形,颈短粗,肩宽平,胸厚短圆,大腹便便,体形肥胖。肥胖并见皮肤细白、食少乏力为形盛气虚之痰湿体质。

（2）消瘦:其体形特点是头长形,颈细长,肩狭窄,胸狭平坦,大腹瘦瘪,体形显瘦长。消瘦并见皮肤苍黄、肌肉瘦削为阴虚内热之多火体质。

（四）望态

望态,即望姿态,是观察病人身体的姿势和动态以诊察病情的方法。

1. **动静**　喜动者多为阳证、热证、实证,多见卧时面常向外,转侧时作,喜仰卧伸足,揭衣弃被,不欲近火,坐卧不宁,烦躁不安;喜静者多为阴证、寒证、虚证,多见喜卧,面常向内,蜷缩成团,不欲转侧,喜加衣被。

2. **抽搐**　多为动风之象。手足拘挛,面颊牵动,伴有高热烦渴者,多为热盛动风先兆;伴有面色萎黄,精神萎靡者,多为血虚风动;四肢抽搐,目睛上吊,眉间、唇周色青灰,时发惊叫,牙关紧闭,角弓反张,多为破伤风;手指震颤蠕动者,多为肝肾阴虚,虚风内动。

3. **偏瘫**　猝然昏仆,不省人事,偏侧手足麻木,运动不灵,口眼㖞斜,为中风偏枯证。

4. **痿痹**　关节肿痛,屈伸不利,沉重麻木或疼痛者多是痹证;四肢痿软无力,行动困难,多是痿证。

二、局部望诊

局部望诊是在全身望诊的基础上再根据病情和诊断的需要,对病人的某些局部进行深入细致的观察,从而帮助了解整体的病变。望局部时,要熟悉各部位的生理特征及其与脏腑经络的内在联系,把病理征象与正常表现相比较,并联系其与脏腑经络的关系,结合其他诊法,从整体角度综合分析,以明确其临床意义。

（一）望头面

头部过大过小均为异常,多由先天不足而致;小儿囟门凹陷或迟闭,多为先天不足或津伤髓虚;面肿者,或为水湿泛溢,或为风邪热毒;腮肿者,多为外感风温毒邪所致;口眼㖞斜者,或为风邪中络,或为中风。

（二）望五官

1. 望目　五脏六腑之精气皆上注于目。中医的"五轮学说"将目的不同部位分属于五脏，即目眦血络属心，白睛属肺，黑眼属肝，瞳仁属肾，眼睑属脾。故目可反映五脏的情况。

（1）色泽：目眦赤为心火；白睛赤为肺火；全目肿赤为肝火或肝经风热；眼睑红肿湿烂为脾有湿热；白睛色黄为湿热或寒湿；白睛青蓝为肝风或虫积；目眦色淡白多为血虚；目眶周围色黑为脾肾虚损、水湿为患。

（2）形态：眼目胀痛流泪可见肝经郁热；目胞浮肿为水肿；目睛突出，伴有喘息多为肺胀，伴颈前肿物多为瘿肿；目窠内陷多因津液耗伤或气血不足；睡时露睛多为脾气虚弱或小儿疳积；针眼（麦粒肿）或眼丹（霰粒肿），多为风热邪毒或脾胃蕴热；胬肉攀睛多为风热或湿热壅盛；眼生斑翳，视物障碍多见于热毒、湿热、痰火、外伤；两目上视、直视可见于肝风内动或精气衰竭；目睛呆滞无神，可见痰热内扰或元神将脱；两眼深陷，视物不见多为真脏脉现、阴阳离决之征兆。

2. 望耳　主要反映肾与肝胆的情况。耳轮肉厚，色红明润为肾精充足或病浅易愈。耳轮肉薄干枯色黑则为肾精不足；焦黑为肾精亏耗之兆；色淡白属气血亏虚；青黑属阴寒内盛或有剧痛者。耳肿痛多为邪气实；耳旁红肿疼痛可因风热外袭或肝胆火热；耳中疼痛，耳道流脓者为肝胆湿热；久病血瘀可见耳轮甲错。

3. 望鼻　主要反映肺与脾胃的情况。色青多为阴寒腹痛，色赤多为脾肺蕴热，色黄多为湿热，色白则为气血不足，色黑为肾虚水气内停；鼻燥色黑可因热毒炽盛，鼻冷色黑为阴寒内盛；鼻肿为邪气盛，鼻陷为正气虚；鼻塞多为外感，涕清为风寒，涕浊为风热；久流浊涕，色黄稠黏，香臭不分多为鼻渊；鼻翼扇动，发病急骤者为风热痰火或实热壅肺；鼻柱溃陷可见于梅毒、麻风病等。

4. 望口与唇　主要反映脾胃的情况。色红明润为正常。唇色红紫为实热；鲜红为阴虚；呈樱红色为煤气中毒；淡白为脾虚血少，白枯晦暗其证凶险；青紫多属血瘀；淡青为寒，青黑多属寒甚、痛极。口唇糜烂，为脾胃湿热；口疮，多为心脾积热；小儿口腔颊黏膜近臼齿处，见边有红晕的白色小点，为将出麻疹之征。口角歪斜可见于中风；口噤不语为痉病；口开不闭，多属虚证；牙关紧闭，多属实证；睡时口角流涎，多属脾气虚弱或脾胃有热。

5. 望齿与龈　主要反映肾与胃的情况。牙齿干燥不泽，为阴液已伤；齿如枯骨是肾阴涸竭；牙齿黄垢为胃浊熏蒸；牙干焦有垢是胃肾俱热，干焦无垢是胃肾阴虚。齿衄兼痛为胃火，不痛为脾虚或肾火。咬牙磨齿者多为肝风内动，或惊厥之征；小儿眠中磨牙多因胃有积滞或虫积。齿龈色淡白为血虚；色深红或紫为热证；牙龈红肿疼痛是胃火上炎；牙龈溃烂流腐臭血水，甚则唇腐齿落者，称为牙疳，多为疫毒内热所致。

6. 望咽喉　主要反映肺胃与肾的情况。咽部红赤肿痛可见肺胃有热；咽红干痛为热伤肺津；若咽部嫩红，痛不甚剧，为阴虚火旺。一侧或两侧喉核红肿疼痛，甚或溃烂有黄白色脓点，称为乳蛾，属肺胃热盛，火毒熏蒸所致；咽喉有灰白点膜，迅速扩大，剥落则出血可见于白喉。

（三）望颈项躯体

瘿瘤，为肝气郁结，气滞痰凝；瘰疬，为肺肾阴虚，虚火灼津，或感受风火时毒，挟痰结于颈部所致；项强，或为风寒外袭，经气不利，或为热极生风或肝阳暴亢；鸡胸，多为先天不足，或后天失养；腹部深陷，多为久病虚弱，或新病津脱；若单腹膨胀，四肢消瘦，甚者腹壁青筋暴露，肚脐突出，为臌胀，多属肝郁血瘀或癥积形成。

（四）望皮肤

主要观察皮肤的色泽形态变化及皮肤特有的病症如斑疹、痘疮、痈疽、疔疖等。

1. 望色泽形态　正常人皮肤润泽，柔软光滑而无肿胀。全身皮肤肿胀，或只有眼皮、足胫肿胀，按之有凹痕者，为水肿；皮肤干瘪枯槁者是津液耗伤；小儿骨弱肌瘦，皮肤松弛多为疳积证；肌肤甲错者常为瘀血内阻。

2. 望皮肤病症

（1）望斑疹：斑形如锦，或红或紫，平摊于皮肤，摸之不碍手。斑与疹不同，一般斑重于疹。斑有阴斑、阳斑之分，阴斑多为脾失统摄；阳斑多为温热病邪郁于肺胃，内迫营血所致。疹形如米粟、色红，稍高于皮肤，摸之有碍手感。疹有麻疹、风疹、隐疹之别，多为外感风邪或疫毒时邪所致。斑疹有顺逆之分，以其色红活润泽，分布均匀，疏密适中，松浮于皮面为顺证，预后良好；其色深红或紫暗，布点稠密成团，紧束有根为逆证，预后不良。

（2）望痈疽疔疖：皮肤赤色，红疹集簇，烧灼刺痛，继而出现水疱，每多缠腰而发者多为缠腰火丹；皮肤先红斑、瘙痒，迅速形成丘疹、水疱，破后渗液，形成红赤湿润糜烂面者，为湿疹；若局部红肿热痛，高出皮肤，根部紧束者为痈，属阳证；漫肿无头，坚硬而肤色不红者为疽，属阴证；初起如粟米，根部坚硬，麻木或发痒，顶白痛剧者为疔；形如豆粒梅核，红热作痛，起于浅表，继而顶端有脓头者为疖。

（五）望毛发

应注意色泽、分布及有无脱落等情况。头发茂密，分布均匀，色黑润泽，为肾气充盛之象；白发多为肝肾亏损，气血不足；若毛发稀疏脱落，色枯无泽，多为肾气虚或血虚不荣；脱发可因血热或血燥；病久发脱多为精血亏虚；不规则片状脱发常因血虚或血瘀。小儿发结如穗，干枯不荣，多为疳积之征；初生少发、无发或头发稀疏黄褐，多为先天不足或体质较差。

三、望排出物

排出物指排泄物和分泌物，包括痰涎、呕吐物、大小便、涕泪、白带等。通过对其色、质、量的观察，了解有关脏腑的盛衰和邪气的性质。一般而言，排出物色白清稀者，多为寒证、虚证；色黄稠黏者，多属热证、实证。

（一）望痰、涎、涕、唾

痰清有泡沫为风痰；色白清稀为寒痰；痰多色白，咯之易出多为湿痰；痰黄稠黏为热痰；痰少色黄，不易咯出，或痰夹血丝者是燥痰。咳唾腥臭痰或脓血的是肺痈；劳瘵久咳，咯吐血痰多为虚火灼伤肺络；多涎喜唾可见于脾胃虚寒。

（二）望呕吐物

胃热则吐物稠浊酸臭，胃寒则吐物清稀无臭；食滞则呕吐酸腐；朝食暮吐，暮食朝吐，宿谷不化，为胃反；胃络伤则见呕血；呕吐黄绿苦水，多为肝胆郁热；呕吐清水痰涎，多属痰饮。

（三）望大便

虚寒之证大便溏薄，实热之证大便燥硬；便如羊粪为肠燥津枯；大便清稀如水样，属寒湿泄泻；大便黄褐如糜状，溏黏恶臭多为湿热泄泻；小儿绿便有泡多为消化不良或受惊；大便脓血，赤白相杂是下痢；便血色鲜红者是血热，色黑如漆为瘀血内积。先便后血，其色褐黑者，病多在脾胃，又称远血；先血后便，其色鲜红或深红者，病多在大肠与肛门，又称近血。

（四）望小便

小便清澈而长为寒，赤而短少为热；其色黄甚可见于湿热证；黄赤混浊，或偶有砂粒为石淋；混浊如米泔、淋沥而痛是膏淋；尿带血色、热涩刺痛为血淋。小儿尿如米泔，多是食滞肠胃，内生湿热，或为脾虚。

四、望小儿指纹

望小儿指纹是指通过观察小儿食指掌侧前缘浅表络脉的部位及形色变化来诊察病情的方法。适用于3岁以内的小儿，与诊成人寸口脉具有相同的原理及意义。

小儿指纹是手太阴肺经的分支，按部位可分为风、气、命三关。食指第一节为风关，第二节为气关，第三节为命关（图5-1）。

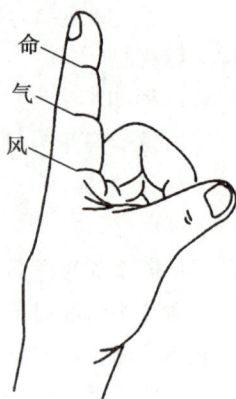

图5-1　小儿指纹三关图

诊察时,抱置小儿向光亮处,医生用左手握患儿食指端,以右手拇指蘸水推小儿食指掌侧前缘,从指端向手掌方向推动数次,用力须适中,使络脉显露,便于观察。

正常指纹:红黄隐隐于食指风关之内。异常指纹:临床意义可概括为"浮沉分表里,色泽辨病性,淡滞定虚实,三关测轻重"。即指纹浮显者多表证,指纹深沉者多为里证;红紫多为热证,色鲜红者为寒证,青色主惊风或疼痛,紫黑者是血络闭郁,病情危重;色浅淡而白者为虚证,色浓滞者为实证;指纹突破风关,显至气关,甚至显于命关,表明病情渐重,若直达指端称为"透关射甲",为临床危象。

五、望舌

舌诊历来为医者所重视,望舌对了解疾病本质、指导辨证论治有重要意义,故有"舌为心之苗,又为脾之外候"之说。

望舌主要是观察舌质与舌苔的变化。舌质也称舌体,是舌的肌肉脉络组织。舌苔是附于舌面的一层苔状物,由胃气上蒸而成。病苔由胃气挟邪气上蒸而成。足太阴脾经、足少阴肾经、足厥阴肝经、手少阴心经均通过经络或经筋直接或间接地联于舌,说明脏腑经络与舌有密切关系,即脏腑的精气上荣于舌,其病变则可从舌质与舌苔的变化反映出来。

前人在长期临床实践中发现舌的特定部位与相应的脏腑密切相关:舌尖主心肺;舌边主肝胆;舌中主脾胃;舌根主肾(图5-2)。若某脏腑有病变,在舌相应的部位可反映出来。舌的分部诊察在临床上虽具有一定的参考价值,但需"四诊合参",灵活掌握。望舌时应注意:光线充足,以自然光线为佳。病人应注意伸舌姿态,应自然伸舌,不可用力太过。医生应循舌尖、舌中、舌根、舌边顺序查看,先看舌苔,后看舌质,并注意辨别染苔。

正常舌象:概括为"淡红舌,薄白苔",即舌质淡红明润,胖瘦适中,柔软灵活,舌苔薄白均匀,干湿适中。

(一)望舌质

1. 望舌神　是判断疾病预后的关键。舌质红活明润,舌体活动自如者为有神,说明津液充足,气血充盈,或病情轻浅,正气未伤;舌质干瘪晦暗,舌体活动呆滞为无神,说明津液匮乏,气血虚衰,正气已伤,病较危重。

2. 望舌色

(1)淡白舌:舌色较淡红舌浅淡,主虚证、寒证。多为阳气衰弱或气血不足,使血不盈舌而致。舌淡白而胖嫩多为阳气虚弱,淡白而瘦薄多为气血两虚。

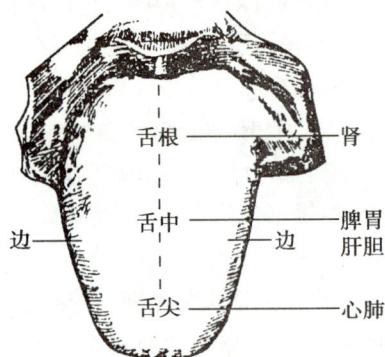

图5-2　舌诊脏腑部位分属图

(2)红舌:舌色较淡红舌为深,甚至呈鲜红色,主热证。多为热迫血行,热邪炽盛,舌之血脉充盈所致。全舌红,质粗有苔,甚至起芒刺者多为实热新病;舌红而舌心干燥可为热灼胃津;舌边红赤为肝胆有热;舌尖红起刺多为心火上炎;舌质鲜红,少苔或无苔,多为阴虚内热;舌红而见紫色瘀点多为血热发斑之象。

(3)绛舌:舌色深红甚于红舌,主热盛,主瘀。实热者多为外感热病:舌绛而起刺为热入营血;绛而舌心干者乃心胃火燔,劫铄津液;绛而干燥裂纹是热灼阴精;绛而苔黑者是实热盛极;舌绛而舌面黏腻,似苔非苔,为中焦秽浊。虚热者多为内伤杂病:舌绛少苔或无苔多为阴虚火旺;舌绛无苔,舌面光亮无津称为镜面舌,为内热阴液亏耗;舌绛不鲜,干枯而萎者,可见肾阴枯竭。舌绛色黯或有瘀斑、瘀点,是血瘀夹热;舌面红斑散在,可见热入血分,斑疹欲发。

(4)青紫舌:色淡紫无红者为青舌,舌深绛而黯是紫舌,两者常常并见。青舌主阴寒,瘀血;紫舌主气血壅滞,瘀血。舌色淡紫带青,嫩滑湿润,多为寒邪直中肝肾阴经,阴寒内盛;舌色深青,或舌边青,口干漱水不欲咽,可见于气血凝滞,瘀血内停;舌色紫绛,干燥苔黄,多为瘀热闭阻,热毒炽盛;舌色深紫可见于热入血分,脏腑皆热;色紫晦暗而湿润,多为痰湿或瘀血;全舌青紫为血瘀重证;局部见紫色斑点者,是瘀血阻滞于局部,如见于舌尖,为心血瘀阻,见于舌边,为肝郁血瘀;舌紫肿大可见于酒毒攻心。

3. 望舌形

(1) 老嫩:辨虚实的关键。舌体坚敛苍老,纹理粗糙,为老舌,主实证或热证,多见于热病极期;舌体浮胖娇嫩或边有齿痕,纹理细腻,为嫩舌,主虚证或寒证,多见于疾病后期。

(2) 胖瘦:舌体肥大肿胀为胖肿舌,主脾虚湿蕴;舌体瘦小薄瘪为瘦瘪舌,主气血虚或阴虚。舌淡白胖嫩,苔白水滑,多为脾肾阳虚,水湿停留;舌红绛胖大,苔黄厚腻,多是脾胃湿热,痰浊停滞;舌赤肿胀而苔黄,乃热毒壅盛,心脾有热;舌肿胀紫黯多为中毒。舌瘦瘪淡红而嫩为心脾两虚,气血不足;舌瘦薄绛干多为阴虚火旺。

(3) 芒刺:舌面有乳头高突如刺,状如草莓,扪之碍手,为芒刺舌,主热盛。芒刺兼苔焦黄者,多为气分热极;舌红绛而干有芒刺为热入营血;舌紫绛而干有芒刺为热甚伤阴、气血壅滞。舌边芒刺为肝胆火盛;舌中有芒刺为胃肠热甚;舌尖红赤起刺为心火上炎。

(4) 裂纹:舌面有裂沟,深浅不一,浅如划痕,深如刀割,常见于舌面的前半部及舌尖两侧,主阴血亏虚。舌质红绛,少苔燥裂为热盛伤阴或阴虚火旺;舌浅淡而有裂纹者多为血虚;舌生裂纹而细碎者常见于年老阴虚。

(5) 齿印:舌边有齿痕印称为齿痕舌,常与胖大舌并见,主脾虚、水湿内停。舌质淡红而嫩,边有齿痕,多为脾虚;舌质淡白,苔白湿润而有齿痕,常为寒湿困脾或阳虚水湿内停。

(6) 舌疮:以舌边或舌尖为多,形如粟粒,或为溃疡,局部红痛,多因心经热毒壅盛而成;疮不出舌面,红痛较轻,多是肝肾阴虚,虚火上炎所致。

(7) 舌下络脉:舌体上翘,可见舌底两侧络脉,呈青紫色。若粗大迂曲,兼见舌有瘀斑、瘀点,多为血瘀之象。

4. 望舌态

(1) 痿软:是指舌体痿软无力,伸卷不灵,多为病情较重。久病舌体痿软,舌色淡白,属气血两虚,筋脉失养;痿软色绛,舌光无苔为肝肾阴液枯涸;突发舌体痿软,色红绛少津则为热灼阴液。

(2) 强硬:舌体板硬强直,活动不利,言语不清,称舌强,为无胃气之重证。舌强而干,舌色红绛多为热入心包,灼伤津液;舌强语謇,口眼㖞斜,半身不遂者,多为中风;舌胖苔厚腻而强者,多因痰浊阻滞。

(3) 震颤:是指舌体不自主地颤动。新病舌色红绛而颤动,常因热极生风;久病舌色淡白,蠕蠕微动,多为血虚风动。

(4) 歪斜:是指伸舌时,舌尖向左或向右偏斜,多为风中经络,或风痰阻络而致。

(5) 卷缩:是指舌体卷缩,不能伸出口外,多为危重之证。舌卷缩而赤干,属热极伤阴;舌卷缩而淡白湿润,是阳气暴脱,寒凝经脉;舌胖黏腻而短缩多为痰浊内阻。

(6) 吐弄:舌伸口外,久不回缩为吐舌;舌体反复伸出舐唇,旋即缩回为弄舌。舌红吐弄为心脾有热;舌紫绛吐弄为疫毒攻心;小儿弄舌多是惊风先兆,或久病危候;先天不足,智能低下者,也可见弄舌。

(7) 麻痹:舌体麻木,转动不灵称舌麻痹,常见于血虚风动或肝风挟痰等证。

(8) 舌纵:舌体伸出口外,难以回缩称为舌纵。舌纵麻木可见于气血两虚;舌纵深红,口角流涎,口眼歪斜,多为风痰或痰火扰心;舌纵不收,舌枯无苔,言语謇涩,多属危重症。

(二)望舌苔

1. 苔质

(1) 厚薄:反映病邪的深浅和重轻。透过舌苔能隐约见到舌质者为薄,不见舌质者为厚。苔薄者多邪气在表,病轻邪浅;苔厚者多邪入脏腑,病较深重。由薄渐厚,为病势渐增;由厚变薄,为正气渐复。

(2)润燥:反映津液之存亡。舌苔润泽有津,干湿适中,不滑不燥,称为润苔;舌面水分过多,伸舌欲滴,扪之湿滑,称为滑苔;舌苔干燥,扪之无津,甚则舌苔干裂,称为燥苔。润苔表示津液未伤;滑苔主脾虚湿盛或阳虚水泛;燥苔多为津液耗伤或热盛伤津或阴液亏虚,亦可因阳虚不运,津不上承所致。

(3)腐腻:主要反映中焦湿浊情况。颗粒粗大,苔厚疏松,状如豆腐渣,边中皆厚,易于刮脱者,称为腐苔,主食积胃肠,痰浊内蕴;颗粒细小,致密而黏,中厚边薄,刮之不脱者,称为腻苔,主湿浊、痰饮、湿温。舌苔霉腐,或糜点如渣,称霉腐苔,可见于胃脘腐败之危象;舌苔白中夹红,腐黏如脓,称脓腐苔,多为内痈;苔厚腻色黄,是湿热、痰热或暑湿;苔滑腻而色白多为寒湿。

2. 苔色

(1)白苔:多主表证、寒证。苔薄白为病邪在表,病情轻浅;苔薄白而滑,主外感风寒;苔白而厚,主湿浊内盛,或寒湿痰饮;苔白滑黏腻多主痰湿;若舌苔白如积粉,舌质红赤,则主湿遏热伏,或瘟疫初起;苔白厚燥裂,可见于湿温病邪热炽盛,暴伤津液。

(2)黄苔:多主里证、热证。根据苔黄的程度,有微黄、深黄和焦黄之分,黄色越深,热邪越重。薄黄苔常为风热在表;舌苔黄滑润,舌淡胖嫩,多为阳虚水湿不化;苔黄厚滑,多因湿热积滞;苔黄黏腻,为湿热或痰热食滞;焦黄干裂或有芒刺,为里热盛极,耗伤气阴。

(3)灰黑苔:主里热、里寒之重证。苔色浅黑为灰苔,苔色深灰为黑苔,灰苔与黑苔只是轻重程度之差别,故常并称为灰黑苔。苔灰黑湿润多津,多由白苔转化而成,为寒湿;苔灰黑干燥无津液,多由黄苔转化而成,为火热;舌面湿润,舌边尖部呈白腻苔而舌中舌根部苔灰黑,多为阳虚寒湿内盛或痰饮内停;舌边尖见黄腻苔,而舌中为灰黑苔,多为湿热内蕴,日久不化所致;苔焦黑干燥,舌质干裂起刺者,无论是外感还是内伤病,均为热极津枯之证。

3. 苔形　舌苔布满全舌者为全苔,分布于局部者为偏苔,部分剥脱者为剥苔。全苔主痰湿阻滞;苔偏舌之左右者,多属肝胆病证;苔剥多处而不规则称花剥苔,主胃气阴不足;小儿苔剥,状如地图者,多见于虫积;舌苔全部剥脱,舌面光洁如镜者,称为"镜面舌",为胃阴枯竭,胃气大伤。

(三)望舌的临床意义

在疾病的发生发展过程中,舌质与舌苔的变化是正邪斗争病邪进退的反应。一般情况下舌质与舌苔的变化和主病是一致的,如实热证多见舌红苔黄;虚寒证多见舌淡苔白;热邪内盛,津液耗伤者,则舌红干苔燥;寒湿内停者,则舌淡润苔滑。若见舌质与舌苔变化不相一致时,应结合全身症状,进行综合分析,做出正确判断。

舌质与舌苔是中医辨证论治的重要观察依据之一,一般认为,舌质主要反映脏腑虚实、气血盛衰等证的变化情况;舌苔主要反映病证寒热的深浅,邪正的消长变化。舌质与舌苔的变化能够客观地反映正气的盛衰、病邪的深浅、邪气的性质、疾病的进退等,还可以判断疾病的转归和预后。

1. 判断正气盛衰　舌质红润,气血旺盛;舌质淡白,气血亏虚。舌苔薄白而润,胃气旺盛;舌光无苔,胃之气阴衰败。

2. 辨病位深浅　舌苔薄白,疾病初起,病位在表;舌苔厚,病邪入里,病位较深;舌质绛,热入营血,病情危重。

3. 区别病邪性质　白苔多主寒证;黄苔常主热证;腐腻苔多主食积、痰浊。青紫舌或舌边的瘀点、瘀斑主瘀血。

4. 推断病势进退　舌苔自白转黄,变为灰黑色,表示病邪由表入里,由轻到重,病情发展;舌苔由润转燥,多是热邪渐盛而耗伤津液;舌苔由厚变薄、由燥转润,常常是病邪渐消,津液复生。

5. 预测病情预后　舌胖瘦适中,活动自如,淡红润泽,舌面有苔,是正气内存,胃气旺盛,预后多佳;若舌质枯晦,舌苔骤剥,舌强或偏歪等,多属正气亏损,胃气衰败,病情危重,预后不良。

应注意的是,舌的变化只是全身生理病理变化在局部的一个反应,临床应用时应结合其他诊法,进行综合分析,方符合四诊合参的原则。

第二节 闻 诊

闻诊是通过听声音和嗅气味来诊察疾病的方法。声音和气味都是在脏腑生理和病理活动中产生的,因而能够反映出脏腑的变化情况。

一、听声音

1. **声音** 实证和热证,声音重浊而粗、高亢洪亮、烦躁多言;虚证和寒证,声音轻清、细小低弱、静默懒言。声音重浊,或声音嘶哑,见于新病骤起,多为外感风寒或风热犯肺;久病喑哑或失音者,多为肺肾阴亏,或虚劳之证;神昏不醒,鼾声作响,手撒尿遗,多见于中风危候。

小儿阵发惊呼,尖利高亢,多见惊风;阵哭拒食,辗转不安,多因腹痛;小儿夜啼,可因惊恐、虫积、饥饱不调而致;呻吟不已,哀号啼叫,多为剧烈疼痛。

2. **语言**

(1)谵语:神志不清,语无伦次,语意数变,声音高亢,多为热扰心神之实证。

(2)郑声:神志不清,声音细微,语多重复,时断时续,为心气大伤,精神散乱之虚证。

(3)独语:喃喃自语,喋喋不休,逢人则止,属心气不足,或气郁痰阻、清窍阻蔽所致。

(4)狂语:精神错乱,语无伦次,狂躁妄言,不避亲疏,多为痰火扰心。

(5)言謇:舌强语謇,言语不清,多因风痰阻络,为中风病。

3. **呼吸** 呼吸主要与肺肾病变有关。呼吸声高气粗而促,多为实证和热证;呼吸声低气微而慢,多为虚证和寒证;呼吸急促而气息微弱,为元气大伤的危重证候;久病肺肾之气欲绝,可见虽气粗但呼吸不匀,或时断时续。

(1)喘:指呼吸急促,甚则鼻翼扇动,张口抬肩,难以平卧。喘有虚实之分。实喘者,发作较急,胸满声高气粗,呼出为快,多为病邪壅塞肺气;虚喘者,来势较缓,气怯声低,吸少呼多,气不得续,吸入为快,动则喘甚,为肾虚不纳气或肺气虚衰。

(2)哮:指呼吸时喉中有哮鸣音,时发时止,反复难愈。多因痰饮内伏,复感外邪所诱发,临床有冷哮、热哮之别。

(3)短气:指自觉呼吸短促而不相接续,似喘而不抬肩,气急而无痰声。短气有虚实之别,虚者多因肺气不足,实者多因痰饮、胃肠积滞、气滞或瘀阻。

(4)少气:又称气微,指呼吸微弱而声低,气少不足以息,言语无力。属诸虚劳损,多因久病体虚或肺肾气虚。

4. **咳嗽** 有声无痰为咳,有痰无声为嗽,有痰有声为咳嗽。暴咳声哑为肺实;咳声低弱而少气,或久咳音哑,多为虚证;外感病多咳声重浊;小儿咳嗽阵发,连声不绝,终止时作鹭鸶叫声,为百日咳;小儿咳声嘶哑,如犬吠,可见于白喉。

5. **呕吐** 胃气上逆,有声有物自口而出为呕吐,有声无物为干呕,有物无声为吐。虚证或寒证,呕吐来势徐缓,呕声低微无力;实证或热证,呕吐来势较猛,响亮有力。

6. **呃逆** 指胃气上逆,自咽喉出,其声呃呃,不能自主,俗称"打呃"。虚寒者,呃声低沉而长,气弱无力;实热者,呃声频发,高亢而短,响而有力。新病呃逆,声响有力,多因邪客于胃;久病呃逆不绝,声低气怯,多为胃气衰败征兆。

7. **太息** 又称叹息,指时不自觉地发出长呼短叹声,多为情志抑郁,肝失疏泄所致。

二、嗅气味

1. **口气** 酸馊者是胃有宿食;臭秽者多属胃热,腐臭者,可为牙疳或内痈。

2. **汗气**　汗有腥膻味为湿热蕴蒸;腋下汗臭者,多为狐臭。

3. **痰涕气味**　咳唾浊痰脓血,味腥臭者是肺痈;鼻流浊涕,黄稠有腥臭为肺热鼻渊。

4. **二便气味**　大便酸臭为肠有积热,大便溏薄味腥为脾胃虚寒,矢气奇臭为宿食积滞。小便臊臭黄赤多为湿热,小便清长色白无臭为虚寒。

5. **经带气味**　带下色黄臭秽多为湿热,带下清稀腥臊多为寒湿。

6. **病室气味**　有腐臭气味,多属患者疮疡溃烂;有尸臭味,为脏腑衰败;尿臊味者,多见于水肿病晚期患者;有血腥臭气的是血证;有烂苹果味者可见于消渴重证。

一般而言,各种排泄物与分泌物,凡有恶臭者多属实证、热证,凡带腥味者多属虚证、寒证。

第三节　问　诊

问诊,是医生通过对病人或陪诊者进行有目的的询问,了解疾病的起始、发展及治疗经过、现在症状和其他与疾病有关的情况,以诊察疾病的方法。

问诊主要包括一般情况、主诉、现病史、既往史、个人生活史、家族史等,其中尤其应注重围绕主诉询问现病史。自明代张景岳以后,一般认为"十问歌"是比较全面而重点突出的问诊方法,即:"一问寒热二问汗,三问头身四问便,五问饮食六胸腹,七聋八渴俱当辨,九问旧病十问因,再兼服药参机变。妇女尤必问经期,迟速闭崩皆可见。再添片语告儿科,天花麻疹全占验。"

一、问寒热

问寒热是指询问病人有无怕冷或发热的感觉。寒与热是临床常见症状之一,是辨别病邪性质、机体阴阳盛衰及病属外感或内伤的重要依据。"寒"指病人自觉怕冷的感觉,临床上有恶风、恶寒和畏寒之分。病人遇风觉冷,避之可缓者,谓之恶风;病人自觉怕冷,多加衣被或近火取暖而不能缓解者,谓之恶寒;病人自觉怕冷,多加衣被或近火取暖而能够缓解者,谓之畏寒。"热"即发热,是指病人体温升高和体温正常而病人自觉全身或局部发热,如壮热(指高热持续不退,体温39℃以上)、潮热(指按时发热或按时热甚,如潮水之有定时)。

1. **恶寒发热**　指恶寒与发热同时出现,多为外感病的初期,是表证的特征。若恶寒重、发热轻,为外感风寒的特征;发热重、恶寒轻,为外感风热的特征;发热轻而恶风,多属外感风邪,伤风表证。

2. **但寒不热**　指病人只感寒冷而不发热,为里寒证。新病畏寒,多为寒邪直中;久病畏寒,多为阳气虚衰。

3. **但热不寒**　指病人只发热而无怕冷之感,为里热证。高热不退为壮热,多因里热炽盛;定时发热,或定时热甚为潮热,其中日晡潮热者,多为阳明腑实证;午后潮热,入夜加重,或骨蒸痨热者,多为阴虚;午后热盛,身热不扬者,可见于湿温病;身热夜甚者,也可见温热病热入营血。

4. **寒热往来**　指恶寒与发热交替而发,是正邪交争于半表半里,互为进退之象,可见于少阳证和疟疾。

二、问汗

汗液是阳气蒸化津液出于腠理而成。问汗可辨邪正盛衰、腠理疏密和气血盈亏。问汗主要诊察有无汗出及其汗出部位、时间、性质、多少等。

1. **表证辨汗**　表证无汗为表实,多为外感风寒;表证有汗为表虚或表热证。

2. **里证辨汗**　汗出不已,动则加重者为自汗,多因阳气虚损,卫阳不固;睡时汗出,醒则汗止者为盗汗,多属阴虚内热;身大热而大汗出,多为里热炽盛,迫津外泄;汗热味咸而黏,脉细数无力,多为亡阴之证;汗凉味淡清稀,脉微欲绝者,多为亡阳之证;先恶寒战栗,继而全身大汗者为战汗,多见于急性热病正邪剧烈交争,为疾病之转折点,若汗出热退,脉静身凉为邪去正复之吉兆,而汗出身热,烦躁不安,脉来急促为邪盛正衰之危候。

3. 局部辨汗 头汗可因阳热或湿热;额部汗出,脉微欲绝,为元阳离散,虚阳浮越之危象;半身汗出者,多无汗部位为病侧,多因风痰、瘀血或风湿阻滞、营卫不和或中风偏枯;手足心汗出甚者,多因脾胃湿热,或阴经郁热而致。

三、问疼痛

疼痛有虚实之分。一般而言,新病剧痛属实,久病痛缓属虚;痛而拒按属实,痛而喜按属虚。问疼痛,应注意询问疼痛的部位、性质、程度、时间及喜恶等。

1. 疼痛的性质和特点 导致疼痛的病因病机不同,即所谓"不荣则痛"和"不通则痛",可使疼痛的性质及特点各异。疼痛伴有胀感者为胀痛,为气滞所致,如见于胸胁为肝郁气滞,头目胀痛为肝阳上亢或肝火上炎;痛如针刺刀割者为刺痛,为瘀血所致;绞痛者,或为有形实邪阻滞气机,或为阴寒之邪凝滞气机;隐痛者,多为精血亏虚,或阳虚有寒;重痛者,常为湿邪困阻,气机不畅所致;酸痛见于肢体多为湿阻,见于腰膝多属肾虚;冷痛者,常因寒邪阻络或阳虚所致;灼痛者,多因邪热亢盛。痛处走窜,病位游走不定,为窜痛,或为气滞,或为风胜;痛处固定者,发于胸胁脘腹多为血瘀,见于关节的为痹证。

2. 疼痛的部位

(1)头痛:后脑痛连项背,属太阳经病;痛在前额或连及眉棱骨,属阳明经病;痛在两颞或太阳穴附近,为少阳经病;头痛而重,腹满自汗,为太阴经病;头痛连及脑齿,指甲微青,为少阴经病;痛在巅顶,牵引头角,气逆上冲,甚则作呕,为厥阴经病。

(2)胸痛:多为心肺之病,常见于热邪壅肺、痰浊阻肺、气滞血瘀、肺阴不足所致之肺痈、胸痹、肺痨等病证。

(3)胁痛:多与肝胆病关系密切,可见于肝郁气滞、肝胆湿热、肝胆火盛、瘀血阻络及水饮内停等证。

(4)脘腹痛:其病多在脾胃。有寒热虚实之分,一般喜暖为寒,喜凉为热;拒按为实,喜按为虚。既可因寒凝、热结、气滞、血瘀、食积、虫积而发,也可由气虚、阴血虚、阳虚所致。

(5)腰痛:或为寒湿痹证,或为湿热阻络,或为瘀血阻络,或为肾虚所致。

(6)四肢痛:多见于痹证。风邪偏盛,疼痛游走不定者,为行痹;寒邪偏盛,剧痛喜暖者,为痛痹;湿邪偏盛,重着而痛者,为湿痹;热邪偏盛,红肿疼痛者,为热痹。足跟或胫膝酸痛者,多为肾虚。

(7)周身痛:新病乍起者,多为实证,以感受风寒湿邪者居多;久病不愈者,多为虚证,以气血亏虚常见。

四、问饮食口味

主要问食欲好坏,食量多少,有无口渴,饮水多少,冷热喜恶,口味偏嗜,以及异常口味等情况,以判断胃气有无及脏腑虚实寒热。

1. 食欲与食量 食少纳呆者,或为脾胃气虚,或为内伤食滞,或为湿邪困脾;厌食脘胀,嗳腐吞酸,多为食滞胃脘;喜热食或食后常感饱胀,多是脾胃虚寒;厌食油腻,胁胀呕恶,可见于肝胆湿热;消谷善饥者,多为胃火炽盛,伴有多饮多尿者,可见于消渴病;饥不欲食者,常为胃阴不足所致;食入即吐,其势较猛,多属胃中实火;朝食暮吐,暮食朝吐,多因脾胃虚寒;吞咽艰涩,哽噎不顺,胸膈阻塞者,可见于噎膈证;久病重病,厌食日久,突然思食、索食、多食,多为脾胃之气将绝之"除中"证,属"回光返照"之象。小儿嗜食异物,如泥土、纸张、生米等,可见于虫积、疳积证。

2. 口渴与饮水 口渴可见于津液已伤,或水湿内停,津气不运。渴喜冷饮为热盛伤津;喜热饮,饮水不多或水入即吐者,可见于痰饮水湿内停,或阳气虚弱;口干但欲漱水不欲咽者,多为瘀血之象;口渴伴多饮多尿者,可见于消渴。

3. **口味**　口苦多见于胃热、肝胆火盛或肝胆湿热;口淡多见于脾胃虚寒或水湿内停;口甜多见于脾胃湿热;口酸多见于肝胃不和;口咸多见于肾虚;口腻多见于脾胃湿阻。

五、问睡眠

睡眠失常可分为失眠与嗜睡两类。以不易入睡或睡而不酣,易于惊醒或醒后难眠,甚至彻夜不眠者为失眠,为阳不入阴,神不守舍所致。虚者或为心血不足,心神失养,或为阴虚火旺,内扰心神;实证可由邪气内扰,或气机失调,或痰热食滞等所致。时时欲睡,眠而不醒,精神不振,头沉困倦者为嗜睡,实证多为痰湿内盛,困阻清阳,虚证多为阳虚阴盛或气血不足。

六、问二便

问二便,主要是询问二便次数、便量、性状、颜色、气味以及便时有无疼痛、出血等症状,以了解脾胃、大肠的寒热虚实和肺、脾、肾及膀胱情况。

1. **问小便**　小便色黄赤而短少者,多属热证;清长量多者,多属寒证;多尿且多饮而消瘦者,为消渴;尿频量多而清,为下焦虚寒;尿频数短赤不畅,急迫疼痛,见于淋证,多为膀胱湿热,其中伴尿流中断,有砂石排出者为石淋;夜间遗尿或尿失禁,多为肾气不固,膀胱失约;老人膀胱胀满,小便不利或癃闭,多因肾气虚弱,或血瘀湿热所致;产妇尿闭,常因血瘀或胞宫膨大压迫膀胱所致;重病之中癃闭无尿,或神昏遗尿,为阳气外脱,精气衰败之征兆。

2. **问大便**　便秘以大便次数减少,质硬便难,或排便时间延长为特征。便秘有寒热虚实之分:实热者,多腹胀满闷,痛而拒按,苔黄燥裂,为热邪炽盛;实寒者,多腹痛拒按,苔白身冷,为寒邪阻遏阳气,腑气不通;大便燥结,硬如羊粪,排便困难,常见于病久不愈、年老体弱、孕中产后,乃因阴血亏少,无水行舟或气虚无力推动所致。

泄泻以大便次数增加,一日数次或更多,便质溏稀或稀水状为特征。泄泻有寒热虚实之别:湿热泄泻,可见暴发泄泻,大便臭秽,腹痛肠鸣,肛门灼热;寒湿泄泻,可见泻如稀水,色淡黄而味腥臭;食滞泄泻,可见吐泻交作,吐物酸臭,泻下臭秽;脾虚泄泻,可见完谷不化,便稀溏薄,迁延日久;大便时干时稀,多为肝郁脾虚,肝脾不调;大便先干后稀,多属脾胃虚弱;大便脓血,下利赤白,多为痢疾;里急后重者,多为湿热痢疾;肛门灼热者,多为大肠湿热;排便不爽,或因湿热内蕴,或为饮食积滞;每日黎明前腹痛泄泻,泻后则安,多为肾阳虚泄泻,又称"五更泄";肛门气坠,甚则脱肛,多为中气下陷。

七、问小儿及妇女

1. **问小儿**　主要应了解出生前后的情况、预防接种和是否患过麻疹、水痘等传染病及传染病接触史。小儿常见致病因素有易感外邪、易伤饮食、易受惊吓等,故受寒、喂养、受惊等情况应详细问及。此外,父母兄妹健康状况及遗传性疾病史均应询问。

2. **问妇女**　除常规问诊内容外,妇女应加问月经、带下、妊娠和产育等情况。

（1）月经:主要了解初潮、末次月经、绝经年龄、月经周期、行经天数、经量、经色、经质以及有无痛经、闭经等情况。正常月经:周期为28天左右,行经约3~5天,经量适中,色正红,质地不稀不稠,无瘀块。经色浅淡,质地清稀多为气血亏虚;经色鲜红,质地浓稠多为血热;紫黑有块者多为血瘀。常见以下情况:

月经先期,即经期提前7天以上,连续发生3个月经周期以上者,多为血热妄行或气虚不能摄血。

月经后期,即经期延后7天以上,连续发生3个月经周期以上者,多为任脉不充的血虚证,或为寒凝气滞,经血不利。

月经先后不定期,即经期不定,或提前或延后7天以上,且连续发生3个月经周期以上者,多为肝郁气滞。

经量过多,即经量超过了正常生理范围,其色红而稠者为实证、热证,其色淡者为气虚证。

经量过少,即经量少于正常生理范围,其色淡、量少为精血亏虚证,色紫黯、有块者为瘀血。

闭经,即未妊娠而停经在 3 个月以上者,为化源不足,血海空虚或因寒凝气滞血瘀所致。

痛经,是行经期间或行经前后发生阵发性小腹疼痛,或痛引腰骶,甚至剧痛难忍者。实证多为寒凝、气滞血瘀所致,虚证多因气血两虚、阳虚。

(2)带下:主要了解色、量、质、气味等情况。如白带量多,质稀如涕,淋漓不绝者,多为脾肾阳虚,寒湿下注;带下色黄,质黏臭秽,多属湿热下注;带下有血,赤白夹杂,多属肝经郁热或湿热下注。

第四节 切 诊

切诊,包括脉诊和按诊,是医生用手对病人体表某些部位进行触、摸、按、压,以了解病情的诊察方法。

一、脉诊

(一)脉象的形成原理与脉诊的临床意义

脉象与心脏的活动密切相关。因心主血脉,心脏搏动把血液排入血管,形成脉搏,而血液行于脉中,除心主血脉的主导作用外,还必须由各脏腑协调配合才能正常。如肺朝百脉;脾胃为气血生化之源,脾主统血;肝藏血,主疏泄,以调节循环血量;肾藏精,精化血等。可见脉象的形成与各脏均有密切关系,因而脉诊的临床意义在于:可以了解疾病的病因、病位、病性、邪正盛衰,推断病情轻重及其预后情况。

(二)脉诊的部位和方法

脉诊常用"寸口诊法"。部位在手腕部的寸口,此处为手太阴肺经的原穴所在,是脉之大会,脏腑的生理和病理变化均能在这里有所反映。寸口脉分为寸、关、尺三部(图 5-3),通常以腕后高骨处(桡骨茎突)为标记,其内侧为关,关前(腕侧)为寸,关后(肘侧)为尺。其临床意义大致为左手寸候心、关候肝胆,右手寸候肺、关候脾胃,两手尺脉候肾。

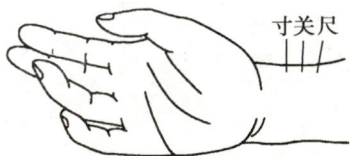

图 5-3 脉诊寸关尺部位图

脉诊时以环境安静,医患双方气血平和为佳。患者将前臂平伸,掌心向上,腕下垫脉枕。医生切脉时,用左手按病人的右手,用右手按病人的左手。布指时,以中指定关位,食指切寸位,无名指切尺位,三指呈弓形,指头平齐,以指腹切按脉体,布指疏密应根据病人手臂长短而调整。诊脉时用指力轻切在皮肤上称为举,即浮取或轻取;用力不轻不重称为寻,即中取;用重力切按筋骨间称为按,即沉取或重取。如此脉分三部,每部有轻、中、重取三法,共称三部九候。脉诊时,医生以正常的一呼一吸(即一息)作为时间单位去计算病人的脉搏至数,一般一息四~五至。切脉的时间必须在 1 分钟以上。

(三)正常脉象

正常脉象又称"平脉"或"常脉",其特点是:三部有脉,不浮不沉,不快不慢(一息四~五至,约每分钟 60~90 次),和缓有力,节律均匀。这些特征在脉学中称为"有胃、有神、有根"。有胃即从容、和缓、流利为主要特点,反映脾胃运化功能的强盛和营养状况的良好;有神以应指有力柔和、节律整齐为主要特点,反映病情轻浅或病虽重而预后良好;有根以尺脉有力,沉取不绝为特点,反映肾气犹存,生机不息。平脉反映了机体气血充盈,脏腑功能健旺,阴阳平衡,精神安和的生理状态,是健康的标志。平脉可由于人体内外诸多因素的影响而发生相应的生理性变化,如性别、年龄、体格、情志、劳逸、饮食、季节气候、地理环境等,但总以有胃、有神、有根者为平脉范围。此外,临床所见少数人脉不见于寸口,而从尺部斜向手背,此名"斜飞脉";也有脉见于腕部背侧的,此名"反关脉",均为脉道位置的生理变异,不属于病脉。

（四）常见病脉及主病

在历代脉学文献中,关于脉象的论述很多,李中梓《诊家正眼》为二十八脉(表 5-1)。现将其中常用脉象分述如下:

表 5-1　二十八种脉象特点及分类和主病简表

脉纲	共同特点	脉名	脉象	主病
浮脉类	轻取即得	浮	举之泛泛有余,按之相对不足	表证或虚证
		洪	脉来如波涛汹涌,来盛去衰	热盛
		濡	浮小而细软	主虚,又主湿
		散	浮散无根	元气离散,脏腑之气将绝
		芤	浮大中空,如按葱管	失血,伤精
		革	浮而搏指,中空外坚	精血亏虚
沉脉类	重按始得	沉	轻取不应,重按始得	里证
		伏	重按推筋着骨始得	邪闭、厥证、痛极,又主阳衰
		弱	柔细而沉	气血不足
		牢	沉实弦长	阴寒内积,疝气癥瘕
迟脉类	一息不足四至	迟	一息脉来不足四至	寒证
		缓	一息四至,脉来怠缓	湿证,脾虚(如一息四至而脉来从容和缓者为正常脉)
		涩	脉细行迟,往来艰涩,如轻刀刮竹	精伤、血少、气滞、血瘀
		结	脉来缓中时止,止无定数	阴盛气结、寒痰血瘀、气血虚衰
数脉类	一息五至以上	数	脉来急促,一息五至以上	热证或虚阳外越
		促	脉来急数,时见一止,止无定数	阳盛热实,气滞血瘀,痰饮,宿食停滞,脏气衰败
		疾	脉来急疾,一息七~八至	阳极阴竭,元气将脱
		动	脉短如豆,见于关上	痛,惊
虚脉类	应指无力	虚	举按无力	虚证,多为气血两虚
		细	脉细如线,应指明显	诸虚劳损,以阴血虚为主;又主湿
		微	极细极软,似有似无,至数不明	阴阳气血诸虚,多为阳衰危证
		代	动而中止,不能自还,良久复动,止有定数	脏气衰微,风证,痛证,七情惊恐,跌仆损伤
		短	首尾俱短,不及本位	有力主气郁,无力主气损
实脉类	应指有力	实	举按均有力	实证,热结
		滑	往来流利,应指圆滑	痰饮,食滞,实热
		紧	脉来绷急,紧张有力,状如转索	寒,痛,宿食
		弦	端直以长,如按琴弦	肝胆病,诸痛,痰饮
		长	首尾端直,超过本位	阳气有余,热证

1. 浮脉

脉象:轻取即得,重按反减。

主病:主表证,虚证。见于表证者,为卫阳与邪气交争,脉气鼓动于外而致;见于虚证者,多因精血亏损,阴不敛阳或气虚不能内守,脉气浮散于外而致,为虚象严重。

2. 沉脉

脉象:轻取不应,重按始得。

主病:主里证。所主里实证可见于气滞血瘀、积聚等,为邪气内郁,气血困阻,阳气被遏,不能浮应于外而致,多脉沉而有力,按之不衰;所主里虚证,为气血不足,阳气衰微,不能运行营气于脉外而致,多脉沉而无力,愈按愈弱。

3. 迟脉

脉象:脉来缓慢,一息不足四至(每分钟少于60次)。

主病:主寒证。若里虚寒者,多阳气衰微,脉迟而无力;里实寒者,多因阴寒积冷,凝滞阻闭,脉迟而有力。此外,若邪热内结,脉气郁闭,亦见迟脉,但迟而有力且伴有热结之象。久经体力锻炼者,脉迟和缓而有力,为健康之象。

4. 数脉

脉象:脉来急促,一息脉来五至以上(每分钟90次以上)。

主病:主热证。若数而有力,多因邪热鼓动,气盛血涌,血行加速而致;数而无力,甚则数大而空,多因精血不足,虚阳外越所致。

5. 虚脉

脉象:举之无力,按之空虚,应指软弱。

主病:主虚证。多见于气血两虚,气虚则血行无力,血少则脉道空虚。

6. 实脉

脉象:脉来坚实,三部有力,来去俱盛。

主病:主实证。乃邪气亢盛,正气不衰,正邪剧烈交争,气血壅盛,脉道坚满而致。若虚证见实脉则为真气外越之险候。

7. 弦脉

脉象:形直体长,如按琴弦。

主病:主肝胆病、诸痛、痰饮、疟疾。弦为肝脉,以上诸因致使肝失疏泄,气机失常,经脉拘急而致。此外,老年人脉象多弦硬,为精血亏虚,脉失濡养而致。春令平脉亦见弦象。

8. 滑脉

脉象:往来流利,如珠走盘,应指圆滑。

主病:主痰饮、食积、实热。为邪正交争,气血壅盛,脉行通畅所致。脉滑和缓者,可见于青壮年和妊娠妇女。

9. 洪脉

脉象:脉形宽大,状如波涛,来盛去衰。

主病:主气分热盛。属实证,乃邪热炽盛,正气抗邪有力,气盛血涌,脉道扩张而致。

10. 紧脉

脉象:脉来绷紧有力,屈曲不平,左右弹指,如牵绳转索。

主病:主寒证、痛证、宿食。乃邪气内扰,气机阻滞,脉道拘急紧张而致。

11. 濡脉

脉象:浮而细软。

主病:主诸虚、湿证。气血亏虚则脉浮而软,阴血不足则脉形细小;湿邪内侵,机体抗邪,气血趋于肌表则脉浮,湿邪阻遏脉道,则脉细而软。

12. 细脉

脉象:脉细如线,应指明显,按之不绝。

主病:主气血两虚,诸虚劳损;又主伤寒、痛甚及湿证。虚证因营血亏虚,脉道不充,气虚血运无力而致;实证因暴受寒冷或疼痛导致脉道拘急收缩,脉细而弦紧,湿邪阻遏脉道则见脉象细缓。

13. 涩脉

脉象:脉细行迟,往来艰涩不畅,如轻刀刮竹。

主病:主气滞血瘀、伤精血少、痰食内停。脉涩有力,多为有形之邪闭阻气机,脉道不畅而致;脉涩无力,多因精亏血少,脉道不充而致。

14. 结脉

脉象:脉来缓中时止,止无定数。

主病:主阴盛气结、寒痰瘀血、气血虚衰。实证者为实邪郁遏,脉气阻滞而致;虚证者脉为气虚血衰,脉气不相顺接所致。

15. 代脉

脉象:脉来缓而时一止,止有定数,良久方来。

主病:主脏气衰微,亦主风证、痛证、七情惊恐、跌打损伤。脉代而无力,良久不能自还,为脏气衰微,脉气不复所致;脉代而有力,多为痹证、痛证、七情内伤、跌打损伤等邪气阻抑脉道,涩滞血行所致。

16. 促脉

脉象:往来急促,数而时止,止无定数。

主病:主阳热亢盛,气血痰食郁滞,脏气衰败。见于实证者,脉促有力,或因阳热亢盛,迫动血行而脉数,热灼阴津,津血衰少,致急行血气不相接续,或因气滞、血瘀、痰饮、食积等有形之邪阻闭气机,亦可致脉气不相接续;见于虚证者,脉促无力,多因阴液亏耗,真元衰惫,脏气衰败,气血不相顺接而致。

(五) 相兼脉、真脏脉及主病

1. **相兼脉**　由于疾病常由多种病因相兼而致,因而脉象也常是两种以上的脉象相兼出现。凡脉象由两种或两种以上复合构成者称为"相兼脉"或"复合脉"。

相兼脉象的主病,往往就是各组成脉象主病的综合,如浮紧脉多主外感风寒表实证或风寒湿痹;浮缓脉主外感风寒表虚证;浮数脉主表热证;浮滑脉多见于表证夹痰;沉迟脉多主里寒证;沉涩脉多主阳虚寒凝血瘀;沉缓脉主脾肾阳虚,水湿内停;沉细数脉多主阴虚内热;弦紧脉常见于寒滞肝脉或肝郁气滞证;弦数脉多主肝郁化火或肝胆湿热等证;弦细脉多主肝肾阴虚、血虚肝郁或肝郁脾虚;滑数脉多主痰热、湿热或食积内热;洪数脉主气分热盛等。

总之,每种脉象均通过脉位、脉率、脉形、脉势体现出来,并因某一方面突出异常而命名。诊脉时必须综合考察其变化,从而确认相兼脉象及主病,以正确地认识疾病。

2. **真脏脉**　真脏脉是指疾病危重期出现的脉象,以无胃、无神、无根为特点,又称"败脉""死脉""绝脉"等。根据其主要形态特征,大致可分成三类:

(1) 无胃之脉:以无冲和之意,应指坚搏为主要特征,提示邪盛正衰,心、肝、肾等脏气外现,是病情危重之兆。

(2) 无神之脉:以脉率无序,脉形散涩滞为主要特征,提示脾胃或肾阳衰败,神气耗散,生命将绝。

(3) 无根之脉:以虚大无根或微弱不应指为主要特征,均为三阴寒极,亡阳于外,虚阳外越之象。

(六) 诊妇人脉与小儿脉

1. **诊妇人脉**

(1) 诊月经脉:妇人如无它病,左关尺脉忽洪大于右是月经将至;寸关脉调和而尺脉弱或细数者多见月经不利;妇人闭经,尺脉虚细涩者为精亏血少,迟脉弦涩者多为气滞血瘀。

(2) 诊妊娠脉:已婚妇女月经停止,脉来滑数和缓者多为妊娠的表现;若孕妇脉沉而涩多见精血不足,胎元受损;涩而无力多为阳气虚衰。

(3) 诊临产脉:临产时见尺脉转急浮大而滑,中指动脉搏动明显,称为离经脉,为欲产征象。

2. **诊小儿脉**　诊小儿脉多用一指总候三部的诊法,即"一指定三关"。小儿平脉至数,因年龄不同而异,多为一息六~八至。小儿脉象一般只诊浮沉、迟数、强弱、缓紧,以辨别阴阳、表里、寒热、邪正盛衰。数为热,迟为寒;浮数为阳,沉迟为阴;强弱可测虚实,缓紧可测邪正;沉滑为食积,浮滑为风痰;紧主寒,缓主湿,大小不齐多食滞。

(七) 脉症的顺逆与从舍

脉象和症状是疾病的表现,二者通常对于病情的反映一致,即脉症相应。但也有脉症不相应,甚至相反的情况。一般脉症相应者为顺证,多易治;反之为逆证,预后较差。临床上脉症相悖时,常有真假之别。在症真脉假时,须"舍脉从症";而症假脉真时,须"舍症从脉"。

二、按诊

按诊是医生用手直接触摸或按压病人某些部位,以了解局部冷热、润燥、软硬、压痛、肿块或其他异常变化,从而推断疾病部位、性质和病情轻重等情况的一种诊病方法。其手法主要是触、摸、按、叩四法。临床上多先触摸,后按压,由轻到重,由浅入深,先远后近,先上后下地进行诊察。

1. **按胸胁** 主要诊察心、肺、肝的病变。前胸高起,叩之膨膨然,其音清者,多为肺胀;胸胁按之胀痛者,多为痰热气结或水饮内停;胁下肿块,多属气滞血瘀;疟疾日久,左胁下可触及痞块,按之硬者,为疟母。

2. **按虚里** 虚里位于左乳下心尖搏动处,反映宗气的盛衰。若微动不显,多为宗气内虚;若动而应衣,为宗气外泄;若按之弹手,洪大而搏或绝而不应者是心气衰竭,为危重之象;"其动欲绝"而无死候的,多为痰饮。

3. **按脘腹** 主要了解有无压痛及包块。腹部疼痛,按之痛减,局部柔软者为虚证;按之痛剧,局部坚硬者为实证。右少腹疼痛而拒按为肠痈。腹中包块固定不移,痛有定处,按之有形者,称为积,病在血分;若包块往来不定,痛无定处,聚散无常者,称为聚,病在气分。脐腹包块,起伏聚散,往来不定,按之指下蠕动者多为虫积。

4. **按肌肤** 主要了解寒热、润燥、肿胀等内容。肌肤灼热为热证;冰冷为寒证;湿润多为汗出或津液未伤;干燥者多为无汗或津液已伤;肌肤甲错,为内有瘀血;按之凹陷,应手而起者为气胀,不能即起者为水肿。

5. **按手足** 按手足的冷暖,可判断阳气的盛衰。手足俱冷者属寒证,多为阳虚或阴盛;手足俱热者属热证,多为阴虚或阳盛;手足心热甚于手足背者,多为内伤发热。

6. **按腧穴** 通过按压某些特定腧穴以判断脏腑的病变。如肺病:肺俞、中府;心病:心俞、膻中;肝病:肝俞、太冲、期门;脾病:脾俞、章门、梁门;肾病:肾俞、气海、京门;胃病:胃俞、足三里;胆病:胆俞、日月;膀胱病:膀胱俞、中极;小肠病:小肠俞、关元;大肠病:大肠俞、天枢。此外,指压某些腧穴还可以辅助诊断,如双侧胆俞压痛可见胆道蛔虫腹痛,指压双侧阑尾穴可诊断阑尾炎等。

(凌江红)

复习思考题

1. 简述五色主病及其意义。
2. 病理性舌色、苔色有哪几种? 各自主病如何?
3. 何谓寒、热? 各有哪些常见类型? 临床有何意义?
4. 请叙述16种常见病脉的脉象和主病。

第六章 辨　证

【内容提要】

本章主要介绍中医常见的辨证方法。八纲辨证是各种辨证的总纲;脏腑辨证是以人体脏腑生理功能和病理变化为理论基础,辨明脏腑的阴阳、气血、虚实、寒热变化及正邪盛衰状态的辨证方法;六经辨证是以经络、脏腑理论为基础,以阴阳为纲,将外感热病过程中所表现出的各种证候,通过表里、寒热、虚实之别,归纳为三阴三阳的辨证方法;卫气营血辨证是辨明外感温热病的一种辨证方法,既是对温热病的四类证候的概括,又代表着温热病发展过程中深浅轻重的四个不同阶段。

【学习要点】

1. 掌握八纲辨证中各个纲领证的病因病机和证候特点及阴、阳、表、里、寒、热、虚、实的鉴别要点。掌握脏腑辨证的基本内容及在病理情况下各脏腑所产生的主要证候类型、临床表现及其产生机制和辨证要点。熟悉各脏腑之间相互影响的病变规律与脏腑兼证类型。

2. 掌握卫气营血辨证的定义,熟悉卫分证、气分证、营分证、血分证的证候特点及传变规律,了解六经辨证的特点及与八纲辨证的关系。

3. 了解八纲之间的相兼、错杂、真假、转化关系;了解温病与伤寒的区别。

辨证,就是分析、辨认疾病的证候,是中医学认识和诊断疾病的方法。辨证的过程即是诊断的过程,也就是从整体观念出发,以中医理论为指导,将四诊收集的病史、症状、体征等资料进行综合分析,判断疾病的病因、病位、病性和正邪盛衰变化,从而作出诊断的过程。

中医学的辨证方法主要有八纲辨证、脏腑辨证、六经辨证、卫气营血辨证和三焦辨证等,其中八纲辨证是各种辨证的总纲。脏腑辨证主要应用于内科杂病,它是其他各种辨证的基础。以上各种辨证方法均各有特点,对不同疾病的诊断既各有侧重,又相互联系和相互补充。

第一节　八 纲 辨 证

八纲,即阴、阳、表、里、寒、热、虚、实。它们根据四诊所收集的资料,经过分析和综合,以概括病变的类别、部位、性质以及邪正盛衰等方面情况,从而归纳为阴证、阳证、表证、里证、寒证、热证、虚证、实证八类基本证候。

八纲辨证是概括性的辨证纲领,它是根据病人的整体证候表现概括出来的规律。因为任何一种疾病,从类别上都可分为阴证和阳证,从病位上都可分为表证和里证,从病性上都可分为寒证和热证,从邪正盛衰又可分为实证和虚证。尽管疾病的临床表现错综复杂,但基本上都可以用八纲来加以归纳,找出疾病之关键,掌握要领,从而确立治疗原则。所以,运用八纲辨证可起到执简驭繁的作用。

一、表里辨证

表里辨证是辨别病变部位、病情轻重和病势趋向的一种辨证方法,以辨别疾病病位内外和病势深浅为纲领。人体的皮毛、肌腠、经络在外,属表;五脏六腑在内,属里。表里辨证,适用于外感病,其意义在于可察知病情的轻重深浅及病理变化的趋势。表证病浅而轻,里证病深而重,表邪入里为病进,里邪出表为病退。了解疾病的轻重进退,就能掌握疾病的演变规律,取得治疗上的主动权,是采用解表与攻里等治法的依据。

(一)表证

表证是病位浅在肌肤的一类证候,是外感六淫、疫疠之邪从皮毛、口鼻侵入机体所致的外感病初起阶段。表证多具有起病急、病程短、病位浅的特点。表证的临床表现是以发热恶寒(或恶风)、头身痛、舌苔薄白、脉浮为主症,常兼见鼻塞流涕、咽喉痒痛、咳嗽等症状。

(二)里证

里证是病位深在于内(脏腑、气血等)的一类证候。里证可由表邪不解,内传入里,侵入脏腑而产生;或邪气直接侵入脏腑而发病;或由情志内伤、饮食劳倦等其他原因,导致脏腑功能失调而致。

里证包括的证候范围很广,临床表现多种多样,概括起来则以脏腑的证候为主。里证病程长,无恶风寒,脉象不浮,可与表证相鉴别。其具体内容详见虚实寒热辨证及脏腑辨证部分。里证常见壮热、烦躁神昏、口渴、腹痛、便秘或腹泻、呕吐、小便短赤、舌苔黄或白厚腻、脉沉等症状。

(三)表证与里证的关系

1. 表里同病 表证和里证同一时期出现的,称为表里同病。如病人既有发热、恶寒、头痛等表证,又有腹胀、便秘、小便黄等里证。表里同病,一般多见于表证未解,邪已入里,或病邪同时侵犯表里,亦有旧病未愈,复感外邪所致。常见的有表寒里热、表热里寒、表虚里实、表实里虚等。

2. 表里转化 表证、里证还可以相互转化,即所谓"由表入里"和"由里出表"。表证和里证之间相互转化是有条件的,主要取决于正邪相争的状况。当机体抵抗力下降,或邪气过盛、护理不当、失治误治等,皆能导致表证转化为里证。凡病邪由表入里,表示病势加重;病邪由里出表,表示病势减轻。

3. 半表半里 外邪由表内传,尚未达于里,或里证出表,尚未至于表,邪正搏于表里之间的一种证候,称为半表半里证(六经辨证中称为少阳证)。其证候表现为寒热往来,胸胁苦满,口苦咽干,目眩,心烦喜呕,不欲饮食,脉弦等。

二、寒热辨证

寒热是辨别疾病性质的两个纲领,是阴阳偏盛偏衰的具体表现。辨寒热就是辨阴阳之盛衰。辨别疾病性质的寒热,是治疗时立法用药的依据之一。

(一)寒证

寒证是感受寒邪,或阳虚阴盛,表现为机体功能活动抑制或衰减的证候。多由外感寒邪,或因内伤久病,耗伤阳气,阴寒偏盛所致。其主要临床表现有:恶寒或畏寒喜暖,口淡不渴,面色苍白,肢冷蜷卧,小便清长,大便稀溏,舌淡苔白而润滑,脉迟等。

(二)热证

热证是感受热邪,或阳盛阴伤,表现为机体功能活动亢进的证候。本证多由外感热邪,或素体阳盛,或寒邪入里化热,或情志内伤,郁而化火,或过食辛辣,蓄积为热,而使体内阳热过盛。其临床表现有:发热喜凉,口渴喜冷饮,面红目赤,烦躁不宁,痰涕黄稠,大便秘结,小便短赤,舌红苔黄而干,脉数等。

(三)寒证与热证的鉴别

辨别寒证与热证,不能孤立地根据某一症状作出判断,应对疾病的全部表现综合观察,才能得出正确结论。临床多从病人的面色、寒热喜恶、四肢冷暖、口渴与否、二便情况、舌象、脉象等的变化进行辨别。

(四)寒证与热证的关系

寒证与热证虽然有着阴阳盛衰的本质区别,但又互相联系,它们既可以在病人身上同时出现,表现为寒热错杂的证候,并且在一定条件下又可互相转化,在疾病的危重阶段,还可出现假象。

1. **寒热错杂**　寒证和热证同时并存,称之为寒热错杂。临床上所见上热下寒、上寒下热、表寒里热、表热里寒等皆属此类。如患者在同一时间内,既可见胸中烦热、频频呕吐的上热证,同时又可见腹痛喜暖喜按、大便稀溏的下寒证,这便是寒热错杂证。寒与热同时并见,除了要分清表里上下经络脏腑之外,还要分清寒热孰多孰少和标本先后主次,这些鉴别十分重要,是用药的准绳。

2. **寒热转化**　临床上先出现寒证,后出现热证,当热证出现,其寒证消失,此谓寒证转化为热证。若临床中先见热证,后见寒证,而当寒证出现时,其热证消失,此即为热证转化为寒证。寒热转化是病情进一步发展的表现。如某些温热病,在危重阶段,由于热毒极重,大量耗伤机体的元阳,阳气骤虚,可由原来的壮热、目赤而突然转化为面色苍白、四肢厥冷、大汗淋漓等一派阳气暴脱所致的阴寒危象,由热证转化为寒证。又如风寒束肺证,初起表现咳嗽、痰涎清稀、苔白滑,但由于失治、误治,寒邪郁久从阳化热而见发热、咯黄稠痰、胸痛、苔黄、脉洪大而数等痰热壅肺的症状,属于由阴转阳,由寒证转化为热证。寒热证的互相转化,反映邪正盛衰情况,由寒证转化为热证是人体正气尚盛,寒邪郁而化热;热证转化为寒证,多属邪盛正虚,正不胜邪。

3. **寒热真假**　在疾病过程中,一般情况下,疾病的本质与其所反映的现象是一致的,即热证见热象,寒证见寒象。但在疾病的危重阶段,有时会出现真热假寒、真寒假热的证候,即寒证见热象,热证见寒象。因其临床症状与疾病的本质不一致,故需要细心辨别。

(1) 真热假寒:又称阳盛格阴,由于内热过盛,深伏于里,阳气被郁而不能外达四肢,就会出现格阴于外的一些假寒的现象。如四肢厥冷、脉沉等,似属寒证,但其身寒而不喜加衣被,脉沉而有力,并且又可见口渴喜冷饮、咽干口臭、谵语、小便短赤、大便燥结等热象,说明内热炽盛是真,外呈寒象是假。

(2) 真寒假热:又称阴盛格阳,由于阴寒内盛,阳气虚弱已极,阳不制阴,虚阳浮越于外,使阴阳不相顺接而致。临床表现为身热、面红、口渴、脉大等,似为热证,但见其身热而欲加衣被,面红而四肢寒冷,口渴而又喜热饮,饮而不多,脉大但无力,且又见小便清长、大便稀、舌淡、苔白等寒象,此即阴寒内盛是真,外呈热象是假。

辨别寒热的真假,除必须了解疾病的全过程外,还应从以下两方面注意观察:①假象的出现,多在四肢、皮肤和面色方面,而脏腑、气血、津液等方面的内在表现则如实地反映了疾病的本质,故辨证时应以里证、舌象、脉象等作为诊断的依据。②假象毕竟和真象不同,如假热之面赤是面色白而仅在颧颊上浅红娇嫩,时隐时现,而真热的面赤却是满面通红。假寒常表现为四肢厥冷,而胸腹部则是大热,按之灼手,或周身寒冷而反不欲近衣被;真寒是身蜷卧,欲得衣被。

三、虚实辨证

虚实辨证是用以概括和辨别正气强弱和邪气盛衰的两个纲领。实证主要取决于邪气盛方面,而虚证则主要取决于正气虚方面,即“邪气盛则实,精气夺则虚”(《素问·通评虚实论》)。

辨别疾病属虚属实,是治疗时确定扶正法或祛邪法的主要依据。

(一) 虚证

虚证,是指人体的正气不足,脏腑功能衰退所表现的证候。虚证的形成,有先天不足和后天失养两个方面,但以后天失养为主。如饮食失调,后天之本不固;七情劳倦,内伤脏腑气血;房室过度,耗伤肾脏元真之气;或久病失治误治,损伤正气等,均可成为虚证。虚证大体包括阴、阳、气、血的虚证。在此,介绍虚证中四大类常见的表现:

1. **血虚证**　是指血液不足,不能濡养脏腑、经脉、组织、器官而出现的证候。临床表现有:面色苍白或萎黄无华,唇色淡白,头晕眼花,心悸失眠,手足麻木,妇人月经量少、延期或经闭,舌质淡,脉细无力等。

2. **气虚证**　是指全身或某一脏腑功能减退而产生的证候。临床表现有:面色无华,少气懒言,语声低微,疲倦乏力,自汗,动则诸症加重,舌淡,脉虚弱。

3. **阴虚证**　由于体内阴液亏损所出现的证候。临床表现有：午后潮热，盗汗，颧红，咽干，手足心热，小便短黄，舌红少苔，脉细数等。

4. **阳虚证**　由于体内阳气不足所出现的证候。临床表现有：形寒肢冷，面色㿠白，神疲乏力，自汗，口淡不渴，小便清长，大便稀溏，舌淡苔白，脉弱等。

（二）实证

实证，是指邪气过盛，脏腑功能亢盛所表现出来的证候。实证的成因有两个方面：一是外邪侵入人体；二是由于内脏功能失调，以致痰饮、水湿、瘀血等病理产物停留在体内所致。由于邪气的性质及其所在的部位不同，因此临床上表现亦不一样。一般常见症状有：发热，形体壮实，声高气粗，精神烦躁，胸胁脘腹胀满，疼痛拒按，大便秘结或热痢下重，小便短赤，舌苔厚腻，脉实有力等。

（三）虚证与实证的鉴别

辨别虚证和实证，主要从病程的长短、病人的形体盛衰、精神状态的好坏、声音气息的强弱、痛处的喜按与拒按，以及舌、脉的变化上相鉴别。

（四）虚证与实证的关系

疾病的变化是一个复杂的过程，常由于体质、治疗、护理等各种因素的影响，使虚证和实证之间发生虚实夹杂、虚实转化等相关变化。

1. **虚实夹杂**　在病人身上虚证和实证同时出现，此谓虚实夹杂。虚实夹杂的证候，有的是以实证为主而夹有虚证，有的是以虚证为主而夹有实证，有虚实证并见、并重者。

2. **虚实转化**　在疾病发展过程中，由于邪正相争，故在一定条件下，虚证和实证还可以相互转化。实证转化成为虚证，多因实证失治或误治，或邪气过盛伤及正气而成，出现如低热、无力、面色苍白、脉细无力等虚证表现；虚证转化为实证，在临床上比较少见，临证中多见先为虚证，而后转化为虚实夹杂证者，如脾虚食滞证，见食少、纳呆、身倦乏力等脾虚症状，由于脾失健运，继而会出现脘腹痞满、嗳腐吞酸、大便臭秽、舌苔厚腻等虚实夹杂证。

3. **虚实真假**　虚证和实证有真假疑似之分，辨证时要从错杂的证候中辨别真假，以去伪存真，才不致犯"虚虚实实"之戒。辨别虚实之真假与虚实错杂证绝不相同，应注意审查鉴别。

总之，辨别虚实真假，应注意下述几点：①脉象的有力无力，有神无神，浮取如何，沉取如何；②舌质的胖嫩与苍老；③言语发声的高亮与低怯；④病人体质的强弱，发病的原因，病的新久，以及治疗经过如何。

四、阴阳辨证

阴阳是概括病证类别的一对纲领，大之可以概括整个病情，小之可以用于对所出现症状的分析。阴阳是八纲的总纲，它可以概括其他三对纲领，即表、热、实属阳，里、寒、虚属阴。因此可以说，尽管病证千变万化，但总括起来不外乎阴证和阳证两大类。

（一）阴证与阳证

阴证是体内阳气虚衰，或寒邪凝滞的证候，属寒、属虚。此类病证，机体反应多呈衰退表现。主要见证有：精神萎靡，面色苍白，畏寒肢冷，气短声微，口不渴，大便溏，小便清长，舌淡胖嫩，脉沉迟、微弱、细涩等。

阳证是体内热邪壅盛，或阳气亢盛的证候，属热、属实。此类病证，机体反应多呈亢盛表现。主要见证有：身热面赤，精神烦躁，气壮声高，口渴喜饮，呼吸气粗，大便秘结，小便短赤，舌红绛，苔黄，脉洪滑实等。

阴阳消长是相对的，阴证可转阳，阳证可转阴，一般说阳证转阴是病情加重，阴证转阳是病情减轻。

（二）亡阴证与亡阳证

亡阴证和亡阳证是疾病过程中出现的危重证候。发生的原因主要有两个方面：一是病情的发展和突变;二是治疗的错误。

亡阴证,是指体内阴液大量消耗或丢失,而出现阴液衰竭的病变和证候。主要见证有:汗出而黏,呼吸短促,身热,手足温,烦躁不安,渴喜冷饮,面色潮红,舌红而干,脉细数无力等。

亡阳证,是指体内阳气严重耗损而表现出阳气虚脱的病变和证候。主要见证有:大汗淋漓,面色苍白,精神淡漠,身畏寒,手足厥逆,气息微弱,口不渴或渴喜热饮,舌淡,脉微欲绝等。

亡阴可迅速导致亡阳,亡阳后亦可出现亡阴,只不过其先后主次不同而已。为此,临床上应分清亡阴、亡阳的主次矛盾,才能达到及时正确的抢救目的。

五、八纲之间的相互关系

在临床应用八纲辨证过程中,虽然每一纲都各自有其独特的内容,但它们之间又相互关联而不能截然分割。如辨别表里应与寒热虚实相联系,辨别虚实又必须与表里寒热相联系。例如表证有表寒、表热、表虚、表实之区别,还有表寒里热、表实里虚等错综复杂的病理变化。表证如此,其他之里证、寒证、热证、虚证、实证也基本一样。在一定的条件下,表里、寒热、虚实是可以互相转化的,如由表入里、由里出表、寒证化热、热证化寒、虚证转实、实证转虚等。有的病情发展到严重阶段,病势趋于寒极和热极的时候,往往出现与疾病本质相反的假象。为此,在运用八纲辨证过程中,既要掌握八纲各自不同的辨证、证候特点,又要注意八纲之间的相兼、转化、夹杂、真假,才能对疾病作出全面正确的判断。

第二节　脏腑辨证

脏腑辨证,是根据脏腑的生理功能、病理表现,结合八纲、病因、气血等理论,通过四诊收集病情资料,对疾病证候进行分析和归纳,以推究病机,判断病位、病性以及正邪盛衰状况的一种辨证方法。这是中医临床辨证方法中的一个重要组成部分。

一、心与小肠病辨证

心的病证有虚有实,虚证为气、血、阴、阳之不足,实证多为火、热、痰、瘀等邪气侵犯而致。心病的常见症状:心悸怔忡,心烦,心痛,失眠多梦,健忘,谵语。

小肠病有小肠实热、小肠虚寒等,小肠实热是因心火下移致肠内积热所致,小肠虚寒多由脾阳受损而累。心与小肠相表里。

(一) 心气虚、心阳虚与心阳暴脱证

心气虚证和心阳虚证是指心气不足,心之阳气虚衰所表现出来的证候。

[证候] 心悸,气短,活动时加重,自汗,脉细弱或结代,为其共有症状。

若兼见面白无华,体倦乏力,舌淡苔白,此属心气虚证;若兼见形寒肢冷,心胸憋闷,舌淡胖,苔白滑,此属心阳虚证。若突然冷汗淋漓,四肢厥冷,呼吸微弱,面色苍白,口唇青紫,神志模糊或昏迷,则是心阳暴脱的危象。

[分析] 临床诊断本证,若见心之常见症状,又兼见气虚证的共见症者,此为心气虚证;若见心之常见症状,又兼见阳虚证之共见症者,此为心阳虚证。

心气虚与心阳虚时,心脏鼓动乏力,不能推动血液正常运行而强为鼓动,故见心悸;心气不足,胸中宗气运转无力,则见气短,动则耗气,故活动劳累时加重;气虚表卫不固,则自汗出;心气不足,血液运行无力,不能上荣,故见面白无华,舌淡;气血不足,不能充盈脉管或脉气不相连续,故见脉细弱或结代。气虚及阳,损伤心阳,故为心阳虚,心阳虚则心脉阻滞,气血运行不畅,则心胸憋闷,舌质紫黯;心阳虚不能温煦周身,故见形寒肢冷。若心阳衰败而暴脱,阳气衰亡不能卫外则冷汗淋漓,不能温煦肢体故四肢厥冷。心阳衰,宗气泄,不能助肺以行呼吸,故见呼吸微弱不得续;阳气外失,无力推动血行致络脉瘀滞,血液不能外荣肌肤,所以面色苍白,口唇青紫;心神失常或涣散,致神志模糊,甚则昏迷。

（二）心血虚、心阴虚证

心血虚证，是由于心血亏虚，心失濡养所出现的证候。心阴虚证是由心阴亏损，虚热内扰所致的证候。

[证候]心悸、失眠、健忘多梦为其共有症状。若见面白无华，眩晕，唇舌色淡，脉细，此为心血虚证；若见心烦，颧红，潮热，五心烦热，盗汗，舌红少津，脉细数，此为心阴虚证。

[分析]临床诊断本证，若见心的常见症状同时兼见血虚证，为心血虚证；若见心的常见症状同时兼见阴虚证，为心阴虚证。此两证常由于久病耗伤阴血或失血过多，或阴血不足，或情志不遂，进而耗伤心血或心阴所致。心阴（血）不足，心失所养，故出现心悸；心主神志，阴不敛阳，神不守舍，故健忘，失眠多梦。心血虚时，不能上荣清窍，故出现眩晕，面白无华，唇舌色淡，脉细。心阴虚时，心阳偏亢，虚火内扰，故见五心烦热，潮热，盗汗，舌红少津，脉细数。

（三）心火炽盛证

心火炽盛证，是指心火炽盛所表现出来的实热证候。

[证候]心胸烦热，失眠，面赤口渴，舌尖红赤，苔黄，脉数；或见口舌生疮，舌体糜烂疼痛，或吐血衄血，甚或狂躁、谵语等。

[分析]本证常因七情郁久化火或六淫内郁化火所致。心火炽盛，内扰心神，轻者为心胸烦热、失眠，重者见狂躁、谵语。心火炽盛，灼伤津液，则见口渴，尿黄，便秘。心火上炎，故见舌体糜烂疼痛，或见口舌生疮，舌尖红赤。心火炽盛，灼伤络脉，迫血妄行，故见吐衄、苔黄、脉数有力等实热之象。

心火炽盛证与心阴不足证都能反映心病的常见症状和热象。但前者属实，后者属虚，有着本质的不同，应注意鉴别。

（四）心血瘀阻证

心血瘀阻证，是指瘀血、痰浊阻滞心脉所表现出来的证候。

[证候]心胸憋闷或刺痛，痛引肩背内臂，时发时止，或伴心悸、怔忡，舌质紫黯或见瘀点瘀斑，脉细涩或结代；重者暴痛欲绝，口唇青紫，肢厥神昏，脉微欲绝。

[分析]本证多继发于心气虚证或心阳虚证后。由于心气不充、气血运行不畅，或心阳虚衰，无力温运血脉，使瘀血内阻或痰浊停聚，致心脉痹阻，又因情绪激动、劳累、受寒凉、过食肥甘、饮酒等因素而诱发或加重。心阳不振，体内气血运行不畅致心脉痹阻，故可见心胸憋闷或刺痛，手少阴心经循肩背而行，故能引肩背内臂疼痛，或伴心悸、怔忡。心血瘀阻，故见面唇青紫，舌紫黯或见瘀斑、瘀点，脉细涩或结代。心阳暴绝，血脉凝滞不通，故心暴痛，见口唇青紫，甚至神昏，脉微欲绝。

瘀阻心脉的疼痛以刺痛为特点，伴见舌色紫黯、紫斑，脉细涩或结代等瘀血内阻的症状；痰浊停聚心脉的疼痛以闷痛为特点，患者多见体胖痰多、身重困倦、舌苔白腻、脉象沉滑等痰浊内阻的症状；阴寒凝滞心脉的疼痛，以痛势剧烈、突然发作、得温痛减为特点，伴见畏寒肢冷、舌淡苔白、脉象沉迟或沉紧等寒邪内盛的症状；气滞心脉的疼痛以胀痛为特点，其发作往往与精神因素有关，脉多见弦象，气滞多影响血行，影响较轻则舌淡红，稍重则黯红。

（五）痰迷心窍证

痰迷心窍证，是指因情志不遂，气结痰凝，痰浊蒙蔽心神所致的证候。

[证候]面色晦滞，脘闷作恶，意识模糊，语言不清，呕吐痰涎或喉中痰鸣，甚则昏迷不省人事，苔白腻，脉滑；或有精神抑郁，表情淡漠，神志痴呆，喃喃自语，举止失常。

[分析]本证多因外感热病或其他疾病恶化所致，或因七情所伤，肝气郁结，气郁生痰，痰浊阻闭于心神所致。痰蒙心神，可见神志异常或表现为精神抑郁、神志痴呆、喃喃自语的癫证，突然昏倒、不省人事、两目上视、手足抽搐之痫证；或表现为面色晦滞、胸闷痰多、舌苔腻、脉滑等痰浊蒙蔽心神证。在辨证上要注意区分痰浊阻窍和痰热阻窍之不同。

外感湿浊之邪，湿浊郁遏中焦，清阳不升，浊气上泛，故见面色晦滞；胃失和降，胃气上逆则脘闷作恶；湿邪留恋不化，酝酿成痰，痰随气升则喉中痰鸣；上迷心窍，神识受蒙则意识模糊，语言不清，甚则人事不省。舌苔白腻,脉滑是痰浊内盛确据。

(六) 痰火扰心证

痰火扰心证,是指火热痰浊之邪侵扰心神所表现出来的证候。

[证候] 面赤,发热,气粗,口苦,喉间痰鸣,咯痰色黄,舌质红,苔黄腻,脉滑数;或失眠心烦,或神志错乱,哭笑无常,狂躁谵语,甚则打人骂人。

[分析] 痰火扰心证,多由情志不遂,气机不舒,郁而化火,灼津成痰,内扰心神所致。外感热病是以高热、痰盛、神志不清为辨证要点;内伤杂病中,轻者见失眠心烦,重者以神志狂乱为其辨证要点。

外感热病,因其邪热亢盛,炼液为痰,痰热相结,内扰心神;邪热炽盛,火性上炎,故见面赤气粗,口苦;蒸腾于外,故发热;痰热阻滞气机,气激痰涌,则见喉中痰鸣;舌红苔黄腻,脉滑数,乃痰火内盛之征。内伤病中,因痰火扰心,则见失眠、心烦;若出现神志错乱,哭笑无常,狂躁谵语,此为痰火互结,内扰心神所致。

(七) 小肠实热证

小肠实热证,是指心火下移,致小肠里热炽盛所表现出来的证候。

[证候] 心中烦热,口渴喜凉饮,口舌生疮,小便赤涩,尿道灼痛,尿血,舌质红,苔黄,脉数。

[分析] 本证多由于心热之邪下移小肠所致。心与小肠相表里,小肠主泌别清浊,今心移热于小肠,影响其泌清别浊功能。症见小便赤涩,尿道灼痛;热盛灼伤血络,则见尿血;心火炽盛,内扰心神,轻者见心胸烦热,甚者见心烦失眠;心火上炎,故见口舌生疮;热盛伤津,见渴喜凉饮;舌红苔黄,脉数,皆为内热炽盛之征。

(八) 小肠虚寒证

小肠虚寒证,是指脾阳受损累及小肠,致小肠阳虚所表现出来的证候。

[证候] 腹痛绵绵或时有隐痛,喜暖喜按,肠鸣泄泻,小便频数不爽或清长,面色淡白,神疲乏力,畏寒肢冷,口淡不渴,舌质淡苔薄白,脉沉细。

[分析] 本证多因饮食不节、劳累过度等,损伤脾阳,累及小肠,致使小肠阳气亏虚所致。小肠阳虚,肠道失于温煦,则腹痛绵绵或隐痛时作;证属虚寒,故见喜暖喜按;小肠泌别清浊功能失司,故见小便清长或频而不爽;水湿不化而下趋,故有肠鸣泄泻;阳虚则神失所养,故神疲;机体功能衰退,则少气乏力;形体失于温煦,故畏寒肢冷;阳虚寒盛,津液未伤,故口不渴;舌淡,脉沉细,均为虚寒之征。

二、肺与大肠病辨证

肺的病证有虚有实,虚证多见气虚和阴虚;实证则由风、寒、燥、热等邪气侵袭或痰湿阻肺所致。肺病的常见症状有咳嗽、气喘、胸痛、咯血等。

大肠病变常见于饮食不节或热病后津液耗亏所致,常见有大肠实热、大肠津亏和大肠热结证。大肠传导功能失常,主要表现为便秘或泄泻。肺与大肠相表里。

(一) 肺气虚证

肺气虚证,是指肺气不足所表现出的证候。

[证候] 咳喘无力,动则气短,面色㿠白无华,体倦乏力,声音低微,痰清稀,或自汗畏风,易于感冒,舌淡,脉虚弱。

[分析] 本证多因久咳、久喘,或禀赋不足,或他脏变化累及肺,导致肺气虚,全身功能活动减弱所致。肺气亏虚,宗气生化不足,故咳喘无力,动则气急;气虚功能低下,故气短,声低,自汗,面色㿠白无华;气虚卫外不固,腠理不密,防御功能降低,故易受外邪侵袭而常患感冒;肺为水之上源,今肺气虚,其输布水液功能相应减弱,水液停聚于肺,故见痰多而质清稀;面色无华,体倦乏力,声低,舌淡,脉虚,均为肺气虚之征。

(二) 肺阴虚证

肺阴虚证,是指肺阴不足,虚热内生所表现出的证候。

[证候]　干咳无痰,或痰少而黏稠,或咳痰带血,口干咽燥,声音嘶哑,形体消瘦,潮热,颧红,五心烦热,盗汗,舌红少津,脉细数。

[分析]　本证多因久咳伤阴或痨虫袭肺,邪热恋肺,耗伤肺阴所致。肺阴不足,虚火内灼,肺为热蒸,气机上逆,则为咳嗽;肺津为热灼,炼液成痰,故痰量少而质黏稠;虚火灼伤肺络,则痰中带血;津液耗伤不能上润咽喉,故见口干咽燥;虚火内炽则午后潮热、五心烦热;热扰营阴则盗汗;虚热上炎则颧红;舌红少津,脉细数,均为阴虚火旺之征。

（三）　风寒束肺证

风寒束肺证,是指感受风寒,肺卫失宣所表现出来的证候。

[证候]　咳嗽气喘,痰稀色白,鼻塞流清涕,或恶寒发热,无汗,头身疼痛,舌苔薄白,脉浮紧。

[分析]　本证是由外感风寒,肺卫失宣所致。肺失宣降,肺气上逆则咳嗽;寒属阴,故痰液稀薄而色白;鼻为肺窍,喉为门户,今肺失宣降,故有鼻塞流清涕,咽痒;邪客肺卫,卫气郁遏则恶寒;正气抗邪,邪正交争则发热;毛窍郁闭则无汗;苔薄,脉浮紧,为风寒束表之征。

本证与风寒表证的临床表现很相近,但辨证要点各有侧重。本证以咳嗽为主症,兼见风寒表证,且表证一般较轻,有时甚至不太明显;风寒表证,以恶寒发热为主症,或有咳嗽,即使出现亦很轻微,这是两者的主要区别。

（四）　风热犯肺证

风热犯肺证,是指风热之邪侵犯肺卫所表现出的证候。

[证候]　咳嗽,咯吐黄稠痰而不爽,恶风发热,口渴咽干痛,目赤头痛,鼻流黄涕,舌尖红,苔薄黄,脉浮数。

[分析]　本证是由外感风热之邪犯肺,肺失清肃、宣降之功,出现咳嗽;风热灼肺津,炼液为痰,则见痰黄稠而不爽;肺卫受邪,卫阳抗邪则发热;卫气被郁,故微恶风寒;咽喉为肺之门户,风热上壅,故见口渴、咽喉干痛;肺开窍于鼻,肺气不宣,鼻窍不利,津液为风热所灼,故见鼻流黄浊涕;肺为华盖,其位在上,而舌尖常候上焦病变,今肺为风热侵袭,故见舌尖红;目赤身痛,苔薄黄,脉浮数,皆为风热犯肺之征。

（五）　燥邪犯肺证

燥邪犯肺证,是指燥邪侵犯肺卫所表现出的证候。

[证候]　干咳无痰或痰少而黏,不易咯出,唇、舌、口、鼻、咽干燥,或身热恶寒,头痛或胸痛,咯血,舌干红,苔白或黄,脉浮数或细数。

[分析]　本证多因秋令燥邪犯肺,耗伤肺津,津亏液少,肺失滋润,清肃失职,故见干咳无痰或痰少而黏,不易咯出;燥伤肺津,津液不布,则唇口舌干,鼻、咽喉干燥;肺气通于皮毛,肺为燥邪所袭,肺卫失宣,故身热恶寒,脉浮;燥邪化火,灼伤肺络,故胸痛咯血;燥邪伤津,津伤阳亢,故唇舌干红;燥邪袭表则苔白;燥热伤肺入里则苔黄、脉浮数或细数。

（六）　痰热壅肺证

痰热壅肺证,是指热邪夹痰内壅于肺所表现出的实热证候。

[证候]　咳嗽喘促,甚则鼻翼扇动,咯痰黄稠或痰中带血,或咯脓血痰有腥臭味,发热,胸痛,烦躁不安,口渴,小便黄,大便秘结,舌红苔黄腻,脉滑数。

[分析]　本证多因温热之邪从口鼻而入,热邪壅肺,煎熬津液成痰,痰热郁阻,肺气不利,宣降失常,故见咳嗽喘促,鼻翼扇动,痰黄稠;痰热阻滞肺络则胸痛,血败肉腐化脓则咯脓血痰有腥臭味;热邪郁遏于里,肺热炽盛,痰热内灼阴津,故身热口渴,小便黄,大便秘结;痰热内扰心神,则烦躁不宁;舌红苔黄腻,脉滑数,皆为痰热内壅之征。

（七）　痰湿阻肺证

痰湿阻肺证,是指由痰湿阻滞于肺而表现出的证候。

[证候]　咳嗽痰多,色白而黏,容易咯出,胸部满闷或见气喘,喉中痰鸣,舌淡苔白腻,脉滑。

[分析]本证多因久咳伤肺,或脾气亏虚,或感受寒湿等病邪所引起。病机则为久咳伤肺,肺不布津,水湿停聚而成痰湿;脾虚生湿,输布失常,水湿凝聚为痰,上渍于肺;感受寒邪,肺失宣降,水液停聚而为痰湿。痰湿阻肺,失于宣降,故咳嗽,痰多色白黏易咯出;痰湿阻滞气道,肺气不利,则见胸部满闷,甚则气喘痰鸣;舌淡苔白腻,脉滑,皆为痰湿内阻之征。

（八）大肠湿热证

大肠湿热证,是指湿热蕴结于大肠所表现出的证候。

[证候]腹痛,泄泻秽浊,或有下利脓血,里急后重,肛门灼热,口渴,小便短赤,舌红苔黄腻,脉滑数。

[分析]本证多因饮食不节,或过食辛辣、不洁之物,暑湿热毒侵犯肠胃所致。湿热蕴结于大肠,胶结不解,壅阻气机,传导失常,故见腹痛,里急后重;湿热熏灼肠道,脉络损伤,血腐成脓,故见下利脓血;湿热下注大肠,传导失职,则泄泻秽浊,肛门灼热;发热口渴,舌红苔黄腻,脉滑数,均为湿热内结之征。

湿热为病,有湿重、热重之分,湿重于热,脉象多见濡数,热重于湿,脉象多见滑数。

（九）大肠津亏证

大肠津亏证,是指大肠津亏液少所表现出来的证候。

[证候]大便干燥,难于排出,舌唇干燥,咽干口臭,头晕,舌红少津,脉细。

[分析]本证多由于热病后,或汗、吐、下后,肠道无津以润,以致粪便在肠道中涩滞难下;阴伤于内,故口唇及咽部失润而见干燥;大便日久不下,浊气不得下泄而上逆,故见口臭、头晕;阴津不足,虚火上扰,故有舌红少津;阴液不足,脉道不充,则脉细。

（十）大肠结热证

大肠结热证,是指邪热结于大肠所表现出的实热证候。

[证候]大便干结,身热口渴,腹部胀满,拒按疼痛,日晡热甚,口舌生疮,尿赤,舌红,苔黄而干起芒刺,脉沉实兼滑。

[分析]本证多由邪热炽盛于胃,胃肠热结里实,大肠传导难行,故见大便干结,数日不下;腑气不通,则见腹胀痛而拒按;里热蒸腾,则有身热,面赤,口渴;日晡正当阳气旺时,其与邪相争,今阴不胜阳,故日晡热甚;热盛津伤则有尿赤;邪热上扰则见口舌生疮;舌红,苔黄而干起芒刺,脉沉实兼滑,皆为燥热内结之征。

三、脾与胃病辨证

脾胃病证,皆有寒热虚实之不同。脾病多虚证,以脾阳虚衰,运化失调,水湿痰饮内生及气虚下陷为常见。胃病多实证,以受纳腐熟功能障碍,胃气上逆为主要的病理改变。脾病的常见症状有腹胀腹痛、泄泻便溏、浮肿、出血等。胃病多见脘痛、呕吐、嗳气、呃逆等症。脾与胃相表里,脾升胃降,燥湿相济,共同完成食物的消化、吸收与输布,为气血生化之源,后天之本。

（一）脾气虚证

脾气虚证,是指脾气不足,失其健运而出现的证候。

[证候]食少纳呆,口淡无味,脘腹胀满,便溏,面色萎黄,少气懒言,四肢倦怠消瘦,舌淡边有齿痕,苔白,脉缓弱。

[分析]本证多因饮食不节或饮食失调,或过度劳倦,或其他疾病影响,损伤脾气所致。脾气虚,运化失常,故食少纳呆,口淡无味;脾虚失运,消化迟缓,食后脾气反为所困,故食后腹胀愈甚;脾虚生湿,水湿不化,清浊不分,水谷齐下,并走肠中,故有便溏;脾虚食少,精微不布,气血生化之源匮乏,不荣润于面,则面色萎黄;肌体失于奉养,则少气懒言,四肢倦怠,消瘦;舌边有齿痕,脉缓弱等,皆为脾气亏虚,气血不充之征。

（二）脾阳虚证

脾阳虚证，是指脾阳虚衰，阴寒内盛所表现出的证候。

[证候]纳呆食少，脘腹胀满冷痛，喜温喜按，畏寒肢冷，面色萎黄，口淡不渴，或肢体困重，或周身浮肿，大便溏薄清稀，或白带量多质稀，舌质淡胖，苔白滑，脉沉迟无力。

[分析]本证多因脾气虚日久，损伤脾阳所致；或因过食生冷，过用寒凉药物；或命门火衰，火不暖土所致。脾阳虚衰，运化减弱，故见食少纳呆，脘腹胀满；中阳不振，虚寒内生，寒凝气滞，故腹中冷痛，喜温喜按；阳虚阴盛，温煦失职，故有畏寒肢冷；中阳不运，水湿内盛，水湿流注肠中，故便溏清稀；水湿泛溢肌肤，故周身浮肿；水湿渗注于下，故白带清稀量多；舌淡胖，苔白滑，脉沉迟无力，均为脾阳虚之征。

脾阳虚证，由于寒象明显，胃阳也虚，故又称"脾虚寒证"或"脾胃虚寒"。

（三）脾气下陷证

脾气下陷证，是指脾气虚弱，升举功能失常所表现出的证候。

[证候]脘腹有坠胀感，食后益甚，或便意频频，肛门坠重，或久利不止，甚则脱肛，或内脏下垂，或小便混浊如米泔，伴头晕目眩，少气无力，肢体倦怠，食少便溏，舌淡苔白，脉虚弱。

[分析]本证多由久病虚损，劳倦伤脾或脾气不升及脾气虚进一步发展而来。脾气虚则升举无力，内脏无托，故见脘腹坠胀，便意频频，或见脱肛、内脏下垂；固摄无权，故久利不止，小便混浊如米泔；清阳之气不能上升于头，清窍失养，故见头晕目眩。少气无力，肢倦，食少便溏，舌淡，脉虚弱等，均为脾气虚弱之征。

（四）脾不统血证

脾不统血证，是指脾气虚不能统摄血液所表现出的证候。

[证候]便血，尿血，肌衄，鼻衄，齿衄或妇人月经过多，崩漏，伴有食少便溏，神疲乏力，少气懒言，面白无华，舌淡，脉细弱。

[分析]本证多由久病脾气虚弱所致。脾气虚失于统摄，血液不能循经而行，逸于肌肤，故见肌衄；逸于胃肠，则便血；逸于膀胱，则见尿血；脾虚统血无权，冲任不固，故月经过多，崩漏；食少便溏，神疲乏力，舌质淡，脉细弱，均为脾气虚甚之征。

（五）寒湿困脾证

寒湿困脾证，是指寒湿内盛，脾阳受困所表现出的证候。

[证候]脘腹痞闷，食少便溏，泛恶欲吐，口黏乏味，头身沉重，面色晦黄或见肢体浮肿，小便短少，妇人白带过多，舌淡胖，苔白腻，脉濡缓。

[分析]本证多因贪凉饮冷，过食生冷瓜果，或居处潮湿，或内湿素盛所致。脾为太阴湿土，喜燥而恶湿。今寒湿内侵，中阳被困，升降失常，故见脘腹痞闷，重则作胀疼痛，食少便溏，泛恶欲吐，口黏乏味；寒湿滞于经脉，湿性黏滞重浊，阳气被困失展，故见头重身困；脾为湿困，生化不足，气血不能外荣，故有面色晦黄；阳气被寒湿所困，不能温化水湿，湿泛肌表，故见肢体浮肿，小便短赤；寒湿渗注于下，故白带量多；舌胖，脉濡，皆为寒湿内盛之征。

寒湿困脾和脾阳虚都有脾失健运、寒象以及湿阻的表现，但两者重点不同。鉴别要点如下：寒湿困脾证是寒湿内侵，中阳受阻，性质属实，病程短，苔白腻，脉濡缓；脾阳虚证是阳虚失运，寒湿内生，性质属虚，病程长，苔白腻滑，脉沉迟。

（六）脾胃湿热证

脾胃湿热证，是指湿热蕴结脾胃所表现出的证候。

[证候]脘腹痞闷，纳呆呕恶，口黏而甜，肢体困重，便溏尿黄，身目发黄或皮肤发痒，或身热起伏，汗出热不解，舌红苔黄腻，脉濡数或滑数。

[分析]本证多由感受湿热之邪或饮食不节，或过食肥甘酒酪，酿成湿热，内蕴脾胃所致。湿热之邪蕴于脾胃，受纳运化失职，升降失常，故见脘腹痞闷，纳呆呕恶；湿热上泛，故口黏而甜；脾主肌肉，湿

性重着,脾为湿困,故肢体困重;湿热蕴结,不得泄越,熏蒸肝胆,胆汁外逸,故见身目发黄,皮肤瘙痒;湿热蕴脾,交阻下迫,故便溏、尿黄;湿遏热伏,热处湿中,湿热郁蒸,故身热起伏,汗出热不解;舌红苔黄腻,脉濡数或滑数,均为湿热内盛之征。

（七）胃阴虚证

胃阴虚证,是指胃阴亏虚,虚热内生所表现出的证候。

[证候]胃脘隐痛,饥不欲食,口燥咽干,或脘痞不舒,干呕呃逆,形瘦便干,舌红少津,脉细数。

[分析]本证多因湿热病后,热盛伤津所致。胃阴不足,胃阳偏亢。虚热内生,胃气不和,故见胃脘隐痛,饥不欲食;胃阴亏虚不能滋润咽喉,故口燥咽干;燥热伤津,津不下润,不能濡润大肠,故大便干结;胃纳不足,形体失养,故消瘦;阴虚热扰,胃气上逆,则见干呕呃逆;舌红少津,脉细数,皆为阴虚内热之征。

（八）胃火炽盛证

胃火炽盛证,是指胃中火热炽盛所表现出的证候。

[证候]胃脘灼热疼痛,吞酸嘈杂,或食入即吐,渴喜冷饮,消谷善饥,或牙龈肿痛溃烂,齿衄,口臭,小便短黄,大便秘结,舌红苔黄,脉滑数。

[分析]本证多由平素过食辛辣,化热生火或邪热犯胃,或情志不遂,气郁化火所致。胃火内炽,煎灼津液,故见胃脘灼热疼痛,渴喜冷饮;肝经郁火横逆侮土,肝胃气火上逆,则吞酸嘈杂,呕吐,或食入即吐;胃热炽盛,腐熟水谷功能亢进,故消谷善饥;胃的经脉上络齿龈,胃热上蒸,故有口臭,齿龈肿痛或溃烂;热灼血络,迫血妄行,故见齿衄;大便结秘,溲短黄,舌红苔黄,脉滑数,皆为胃中热盛之征。

（九）食滞胃脘证

食滞胃脘证,是指食物停滞胃脘所表现出的证候。

[证候]脘腹胀满或疼痛,嗳腐吞酸,或呕吐酸腐饮食,吐后腹痛得减,厌食,矢气酸臭,大便溏泄,泻下物酸腐臭秽,舌苔厚腻,脉滑。

[分析]本证多由饮食不节,暴饮暴食,或脾胃素虚,食滞于胃脘,阻滞气机,故见脘腹胀满疼痛;胃失和降而上逆,胃中腐败谷物挟腐蚀之气上泛,故见嗳腐吞酸,吐酸臭馊食,厌食;吐后食积得去,实邪得消,故腹胀痛得减;食浊下趋,积于肠道,则腹痛,腹泻,矢气酸臭,泻下物酸腐臭秽;苔厚腻,脉滑,皆为食浊内阻之征。

（十）胃阳虚证

胃阳虚证,是指胃中阳气不足所表现出的证候。

[证候]胃脘隐痛,吐清水,喜温喜按,得食痛减,面色白,畏冷肢凉,神疲乏力,舌质淡,苔白,脉弱。

[分析]本证是由胃气虚证发展而致。胃为阳土,主受纳腐熟水谷,今胃阳不足,虚寒内生,阳不化气,故见胃脘隐痛,时发时止;得温得食得按,则寒气可散,胃络得养,热气得至,其症自解;阳虚胃寒,水饮不化,故吐清水;阳虚生外寒,温煦功能减退,故见面色白,畏冷肢凉;食少,生化之源匮乏,机体失养,故神疲乏力;舌质淡,苔白,脉弱,皆为阳虚之征。

（十一）肝气犯胃证

肝气犯胃证,是指木郁伐土,不利于胃之和降所表现出的证候。

[证候]胃脘胀满,疼痛连胁,嗳气频作,呃逆呕吐,食少嘈杂吞酸,郁闷不畅,烦躁易怒,舌苔薄黄,脉弦。

[分析]本证多由肝郁气滞致胃腑气滞,不得散越,故见胃脘胀满;肝脉布于胁肋,故有窜痛连胁;胃失和降,气逆于上,故嗳气频作,呃逆呕吐;气滞胃中,肝失条达,郁而生热,故有嘈杂吞酸;气滞不舒,肝失条达,故情志抑郁或烦躁易怒;胃腑气滞,不能受纳,故饮食减少;气郁胃中,久而生热,故苔薄黄;气郁则脉气紧,故脉沉弦。

四、肝与胆病辨证

肝的病证有虚有实。虚证多见肝阴、肝血不足;实证多见气郁火盛、寒滞肝脉、肝胆湿热,甚或肝阳上亢、肝风内动等,多为虚实夹杂之证。肝病的常见症状有胸胁少腹胀痛窜痛、烦躁易怒、头晕胀痛、肢体震颤、手足抽搐,以及目疾、月经不调、睾丸胀痛。胆病常见口苦、发黄、惊悸、失眠等症。肝与胆相表里。

(一) 肝气郁结证

肝气郁结证,是指肝失疏泄,气机郁滞所表现出的证候。

[证候]情志抑郁或易怒,善太息,胸胁或少腹胀痛,或咽有哽塞感,或胁下痞块,妇人见乳房胀痛,痛经,月经不调,甚至闭经,舌质紫或边有瘀斑,脉沉弦涩。

[分析]本证多因情志不遂,肝的疏泄失常所致。肝属木,主疏泄,以疏达为畅,今因情志不遂,肝失条达,故见精神抑郁、易怒,胸闷不舒,善太息;肝脉布胁肋,肝郁则经脉不利,故见胸胁少腹胀痛;气郁生痰,痰随气逆,痰气搏结于咽喉,故咽喉有异物梗塞感,俗称"梅核气";肝气郁结,气血不畅,冲任失调,故有月经不调,经前乳房胀痛;肝郁经久不愈,气病及血,则成癥瘕痞块,痛经或闭经;舌质紫或有瘀斑,脉沉弦涩,皆为气滞血瘀之征。

(二) 肝火上炎证

肝火上炎证,是指肝经气火上逆所表现出的证候。

[证候]头胀痛,眩晕,面红目赤,急躁易怒,口苦咽干,不眠或噩梦纷纭,胁肋灼痛,耳鸣耳聋,尿黄便秘,或吐血、衄血,或目赤肿痛,舌红苔黄,脉弦数。

[分析]本证多由情志不遂,肝郁化火,过食肥甘厚腻、嗜酒,或因外感火热之邪所致。肝火上攻于头,故见头胀痛,眩晕,面红目赤,肿痛;肝火循经上扰于耳,则耳鸣耳聋;肝火内盛不能疏泄情志,故急躁易怒,不能藏神,失眠,多噩梦;火热内盛,肝不藏血,血热妄行,则吐血,衄血;口干,尿黄,便秘,脉弦数,均为肝火内盛之征。

(三) 肝血虚证

肝血虚证,是指肝藏血不足,导致肝血亏虚所表现出的证候。

[证候]眩晕耳鸣,面白无华,爪甲不荣,两目干涩,视物模糊,夜盲,肢体麻木,筋脉拘挛,月经量少或闭经,舌质淡,脉细。

[分析]本证多因生血不足或失血过多所致。肝血不足,不能上荣于头面,故有眩晕,面白,舌质淡;肝血不足,不能上注于目,故视物模糊,两目干涩,夜盲;肝血亏虚,血不荣筋,故肢体麻木,筋脉拘挛,爪甲不荣;肝血不足,血海空虚,故经少经闭;血少,脉失充盈,故见脉细。

(四) 肝阴虚证

肝阴虚证,是指肝阴不足,虚热内扰所表现出的证候。

[证候]头晕,头痛,耳鸣,胁肋隐痛,两目干涩,视物模糊,烦躁失眠,五心烦热,潮热盗汗,咽干口燥,舌红少津,脉弦细数。

[分析]本证多因情志不遂,气郁化火,灼伤阴液,致肝阴不足所致。肝阴不足,不能上滋于头目,故见头晕,头痛,耳鸣;肝阴不足,不能濡养肝络,故有胁肋隐痛;肝血不足,不能上注于目,则两目干涩,视物模糊;阴虚内热,热扰心神,故见烦躁,失眠;五心烦热,潮热盗汗,咽干口燥,舌红少津,脉细数,均为阴虚内热之征。

肝阴虚证与肝火上炎证,均有热象的表现,但前者属虚热,后者为实火,有着本质的不同。临床辨证,应予注意。

(五) 肝阳上亢证

肝阳上亢证,是指肝气亢奋,或肝肾阴虚,阴不潜阳,肝阳上扰头目所表现出的证候。

[证候]急躁易怒,头胀痛,眩晕目胀,或面部烘热,口苦咽干,小便黄,大便秘结,舌红苔黄,脉

弦数。

[分析]本证多由素体阳旺或七情内伤所致。肝失疏泄,肝气亢奋,或肝阴不足,肝阳上扰于头目,故见头胀痛,眩晕目胀或面部烘热;肝阳失潜,肝失疏泄,气郁化火,内耗阴血,阴不制阳,阴虚阳亢,故见急躁易怒,口苦咽干,小便黄,大便秘结,舌红苔黄,脉弦数。

肝气郁结、肝火上炎、肝阴不足、肝阳上亢四证的病理机制,往往不断变化。如肝气久郁,可以化火;肝火上炎,火热炽盛,可以灼铄肝阴;肝阴不足,可致肝阳上亢;而肝阳亢盛又可化火。所以在辨证上既要掌握其临床表现的各个特征,又要分析其内在联系的不断变化,才能及时地作出判断。

（六）肝风内动证

肝风内动证,是指肝阳化风、热极生风、血虚生风所表现出来的证候。

1. 肝阳化风证　是指肝阳亢逆无制而表现出的风动证候。

[证候]眩晕欲仆,头痛而摇,项强肢麻,肢体震颤,语言不利,步履不稳,舌红,脉弦细;或见猝然昏倒,不省人事,口眼㖞斜,半身不遂,舌强语謇,喉中痰鸣等中风证候。

[分析]本证多由肝阳上亢而致。肝阳亢逆无制,阳亢于上,阴亏于下,则风自内生,上达巅顶,横窜脉络,而见面红目赤、烦躁、眩晕欲仆、肢体麻木、震颤头摇等动风之象。上盛下虚,故有步履不稳,行走飘浮。阳盛灼液而成痰,风阳夹痰上扰,蒙蔽清窍,则见猝然昏倒,不省人事;风痰窜络,经气不利,则见口眼㖞斜,半身不遂,舌强语謇等。

2. 热极生风证　是指热邪炽盛引起抽搐等动风的证候。

[证候]高热,烦渴,躁扰不安,抽搐,两目上翻,甚见角弓反张,神志昏迷,舌红苔黄,脉弦数。

[分析]本证多因外感温热邪毒入里,热邪炽盛,燔灼肝经,筋脉失养而动风,故见抽搐项强,角弓反张,两目上翻;热入心包,心神被扰,则见烦躁不宁;蒙蔽心窍,则神志昏迷;高热,口渴,舌红苔黄,脉弦数,均为热邪炽盛之征。

3. 血虚生风证　是指血虚、筋脉失养所表现出的证候。

[证候]手足震颤,肌肉𥆧动,关节拘急不利,肢体麻木,眩晕耳鸣,面色无华,爪甲不荣,舌质淡,苔白,脉细。

[分析]本证多由失血过多,或久病血虚所致。肝血不足,不能上荣于头面,故见眩晕耳鸣,面色无华,舌质淡;筋脉失去营血的濡养,则爪甲不荣;血虚动风,故见肢麻,筋挛,肉𥆧震颤;血少则脉不充盈,故脉细。

（七）肝胆湿热证

肝胆湿热证,是指湿热蕴结肝胆所表现出的证候。

[证候]胁肋胀痛,口苦纳呆,呕恶腹胀,小便短黄,大便不调,苔黄腻,脉弦数;或兼见身目发黄,发热;或见阴囊湿疹,睾丸肿大热痛,外阴瘙痒,带下黄臭等症。

[分析]本证多因感受湿热之邪,或嗜酒、过食肥甘,酿生湿热所致。湿热内蕴,肝胆疏泄失常,气机郁滞,故见胁肋胀痛;湿热熏蒸,胆气上泛则口苦;胆汁不循常道而外逸,则面目周身发黄,发热;湿热郁阻,脾胃升降失常,故有纳呆,腹胀,呕恶,大便不调;肝脉绕于阴器,湿热下注,则阴囊湿疹或睾丸肿痛,妇人则见外阴瘙痒,带下黄臭等症。

（八）寒凝肝脉证

寒凝肝脉证,是指寒邪凝滞于肝脉所表现出的证候。

[证候]少腹胀痛,睾丸坠胀遇寒加重、得温痛减;或见阴囊内缩,痛引少腹,面色青白,形寒肢冷,口唇青紫,小便清长,舌淡苔白,脉沉弦。

[分析]本证多因寒邪侵袭肝脉,使气血凝滞而致。寒凝肝脉,气血凝滞,故见少腹胀痛,睾丸坠胀;寒则气血凝涩,热则气血通利,故疼痛遇寒加重,得温痛减;寒主收引,肝脉受寒,则阴囊冷缩而痛引少腹;寒为阴邪,寒盛阻遏阳气,阳气不得布达,故见面色青白,形寒肢冷;阴寒内盛不能化气行水,泌清浊,水走肠间,而见小便清长,便溏;肝络环唇,寒滞于肝,故口唇青紫;舌淡苔白,脉沉弦,皆属寒

盛于肝之征。

寒凝肝脉证,常见于疝气病中的寒疝,因其具有小肠从少腹下垂阴囊而致气胀坠痛的特点,故又称小肠气痛。

(九) 胆郁痰扰证

胆郁痰扰证,是指胆失疏泄,痰热内扰所表现出的证候。

[证候] 惊悸不寐,烦躁不安,口苦泛恶呕吐,胸闷胁胀,头晕目眩,耳鸣,舌黄苔腻,脉弦滑。

[分析] 本证多由情志不遂,气郁化火,炼津生痰所致。肝与胆相表里,互为络属,肝热及胆,痰热内扰,胆气不宁,故见惊悸不寐,烦躁不安;胆热犯胃,胃气上逆,故口苦泛恶呕吐;胆气郁滞,见胸闷胁胀;痰热循经上扰,则头晕目眩,耳鸣;苔黄腻,脉滑,均为痰热内蕴之征。

五、肾与膀胱病辨证

肾为先天之本,藏真阴而寓元阳,宜固藏而不宜泄。另外,多种疾病发展到严重阶段,都可累及肾,故肾病多虚证。肾病的常见症状有腰膝酸软而痛、耳鸣耳聋、发白早脱、齿牙动摇、阳痿遗精、精少不育、女子经少经闭以及水肿、二便异常等。膀胱病常见尿频、尿急、尿痛、尿闭以及遗尿、小便失禁等症。肾与膀胱相表里。

(一) 肾阳虚证

肾阳虚证,是指肾脏阳气虚衰所表现出的证候。

[证候] 腰膝酸软,形寒肢冷以下肢为甚,头晕耳鸣,神疲乏力,阳痿,不孕,尿少,浮肿或五更泄,面色㿠白,舌质淡胖,脉沉弱。

[分析] 本证多因素体阳虚、久病劳损或年高肾亏所致。肾主骨生髓,肾阳虚则骨失所养,髓液不充,故见腰膝酸软;阳气不能温煦肌肤,故畏寒肢冷;肾阳不足,阴寒盛于下,故下肢尤其两足发冷明显;阳衰精髓不足,脑失所养,故神疲,甚则头晕耳鸣;肾藏精主生殖,肾阳不足,命门火衰,其生殖功能减退,故见阳痿或精冷、不孕;阳虚气化不及,故尿少、浮肿;阳虚不能温煦脾胃,故五更泄;舌淡胖,脉沉弱,均为阳虚之征。

(二) 肾气不固证

肾气不固证,是指肾气亏虚,固摄无权所表现出的证候。

[证候] 腰膝酸软,耳鸣耳聋,小便频数清长,遗尿,小便失禁或余沥不尽,夜尿多,滑精早泄,白带清稀,胎动易滑,舌淡苔白,脉沉弱。

[分析] 本证多由年高肾气衰弱,或年幼肾气不充,或久病劳损而伤肾,使肾气亏损,失去封藏固摄之权所致。肾气不固,肾与膀胱相表里,膀胱失约,不能贮藏津液,故小便频数清长,遗尿,小便失禁或余沥不尽;夜为阴盛阳衰之时,肾气虚则阴寒尤甚,故夜尿多;肾失封藏,精关不固,故滑精早泄;不能固胎涩带,故白带清稀,滑胎;腰为肾之府,开窍于耳,故有腰膝酸软,耳鸣耳聋;舌淡苔白,脉沉弱,皆为肾气虚而不固之征。

(三) 肾虚水泛证

肾虚水泛证,是指肾阳虚不能温化水液,水湿泛滥所表现出的证候。

[证候] 全身水肿,腰以下尤甚,按之没指,腹胀满,小便少,腰膝酸软,形寒肢冷,或见心悸,气短,喘咳痰鸣,舌淡胖嫩有齿痕,苔白滑,脉沉细。

[分析] 本证多因素体虚弱或久病,肾阳虚衰以致水湿泛滥所致。肾阳虚衰致膀胱气化无权,故小便不利而尿少;肾阳虚不能化气行水,水溢于肌肤,停滞胃肠,故有全身水肿,腹胀满;水湿趋下,故腰以下肿尤甚;阳虚不能温煦肢体,则形寒肢冷;水气凌心,心阳受阻,则心悸、气短;水气射肺,肺失肃降,故喘咳痰鸣;舌胖有齿痕,苔白滑,脉沉细,皆为阳虚水泛之征。

(四) 肾不纳气证

肾不纳气证,是指肾气虚衰,气不归元所表现出的证候。

[证候]喘促、气短,呼多吸少,气不得续,动则喘息益甚,自汗神疲,声音低怯,腰膝酸软,舌淡苔白,脉沉细无力。

[分析]本证多由久病咳喘,肺虚及肾,或年老体衰,肾气虚弱所致。肺司呼吸,肾主纳气。经久咳喘由肺及肾,肾虚下元不固,摄纳无权,气不归元,故见喘促,气短,呼多吸少,气不得续;动则耗气,故动则益甚;肾虚腰膝失养,故腰膝酸软;肾阳虚亏,则自汗神疲,声音低怯;舌淡苔白,脉沉细无力,均为肺肾气虚之征。

（五）肾阴虚证

肾阴虚证,是指肾阴亏虚,虚热内扰所表现出的证候。

[证候]眩晕,耳鸣耳聋,失眠多梦,咽干舌燥,腰膝酸软,形瘦,五心烦热,潮热盗汗,男子遗精,女子经闭,不孕或崩漏,舌红苔少而干,脉细数。

[分析]本证多因久病伤肾,或房室过度,或热病伤阴,或情志内伤,耗伤肾阴后所表现出的证候。腰为肾之府,肾主骨生髓,肾阴虚不能生髓充骨养脑,故见眩晕,耳鸣耳聋,腰膝酸软;肾阴不足,形体失于濡养则形瘦;阴虚生内热,故见五心烦热,失眠多梦,潮热盗汗,咽干;肾阴虚而相火妄动,火扰精室,则男子遗精或不育,女子崩漏经闭或不孕;舌红苔少而干,脉细数,均为肾阴虚之征。

（六）肾精不足证

肾精不足证,是指肾精亏损所表现出的证候。

[证候]男子精少不育,女子经闭不孕,性功能减退;小儿发育迟缓,身材矮小,智力低下,动作迟钝,囟门迟闭,骨骼痿软;成人可见早衰,发脱齿摇,耳鸣耳聋,健忘恍惚,足痿无力。

[分析]本证多因先天禀赋不足,元气不充,或后天失养所致。肾精亏虚,则性功能减退,男子精少不育,女子经闭不孕;精亏则髓少,髓少不能充骨养脑,骨骼失充,脑髓空虚,故见小儿五迟、五软;肾精不足,无以化生,故在小儿则见身材矮小、智力低下、动作迟钝、囟门迟闭等发育迟缓症状,成人则见发脱齿摇、耳鸣耳聋、健忘恍惚、足痿无力等早衰症状。

（七）膀胱湿热证

膀胱湿热证,是指湿热蕴结于膀胱所表现出的证候。

[证候]尿频,尿急,排尿灼热疼痛,小便短赤涩少或尿血,或尿有砂石,尿浊,或腰痛,少腹拘急胀痛,发热,舌红苔黄腻,脉濡数。

[分析]本证多由湿热之邪蕴结于膀胱,或饮食不节,湿热内生,下注于膀胱所致。湿热蕴结,膀胱气化失常,故见小便短涩不利,淋沥不尽;湿热下迫尿道,故尿频、尿急、尿赤混浊;湿热阻滞,故尿痛;伤及阴络,则尿血;湿热煎熬津液,渣滓沉结而成砂石;湿热阻滞肾府,故腰痛;湿热郁蒸则发热;舌红苔黄腻,脉濡数,皆属湿热内阻之征。

六、脏腑兼病辨证

人体各脏腑之间,生理上相互联系、密切相关,发生病变时亦常会相互影响。凡两个以上脏腑相继或同时发病者,即为脏腑兼病。临床上,常见的脏与脏、脏与腑的兼证辨证如下。

（一）心肺气虚证

心肺气虚证,是指心肺两脏气虚所表现出的证候。

[证候]心悸气短,久咳不已,咳喘少气,动则尤甚,胸闷,痰液清稀,声音低怯,头晕神疲,自汗乏力,面白无华,舌淡苔白,脉细无力。

[分析]本证多由久病咳喘,耗伤心肺之气,或先天禀赋不足所致。肺气虚弱,宗气生成不足,致使心气亦虚;而当心气先虚时,其宗气耗散,亦可致肺气不足,导致心肺气虚。宗气不足,心的鼓动力弱,故见心悸,脉细无力;肺气虚则肃降无权,气机上逆则咳喘;宗气不足,则气短乏力,声音低怯,动则尤甚;胸阳不振,肺气不宣,则胸闷;肺气不能敷布津液,则痰稀;肺主一身之气,心主血脉,今心肺气虚,全身功能活动减弱,肌肤及头面供养不足,则面白无华,头晕神疲;表卫不固则自汗;舌淡白,脉细

无力为气虚之征。

（二）心脾两虚证

心脾两虚证，是指心血亏虚，脾气虚弱所表现出的证候。

[证候]心悸健忘，失眠多梦，饮食减少，腹胀便溏，倦怠乏力，面色萎黄，或皮下出血，妇人月经量多色淡，或崩漏或经少，经闭，舌淡，脉细弱。

[分析]本证多因久病失调、失血，或思虑过度，致心血耗伤，脾气受损所致。脾气虚弱，生血不足或统摄无权，血逸脉外可致心血虚；心血不足，无以化气以温煦脾胃，则脾气变虚，形成心脾两虚证。心血不足，心神失养，神不守舍故心悸健忘，失眠多梦；脾气虚，脾失健运，故食少，腹胀便溏，倦怠乏力，面色萎黄；脾主统血，脾气虚，摄血无力，故皮下出血，月经量多，或崩漏；脾为后天之本，脾虚气血生化无源，故经少，经闭；舌淡，脉细弱，均为心脾两虚，气血不充之征。

（三）心肾不交证

心肾不交证，是指心肾水火既济失调所表现出的证候。

[证候]心烦失眠，心悸健忘，头晕耳鸣，咽干，腰膝酸软，多梦遗精，潮热盗汗，小便短赤，舌红少苔，脉细数。

[分析]本证多由久病伤阴，房室过度，或思虑太过所致。肾水不足，不能上滋心阴，心阳偏亢；或心火亢于上，内耗阴精，致肾阴亏于下。心肾阴阳水火失去了协调相济的关系，形成了心肾不交。肾水不升，心火无制，心神不安，故见心烦失眠，健忘心悸；肾阴虚，则腰膝酸软；虚火内扰，精关不固，故见多梦遗精；津亏火旺则咽干，小便短赤；舌红少苔，脉细数，皆为阴虚内热之征。

（四）心肾阳虚证

心肾阳虚证，是指心肾阳气虚衰，失却温运而表现出的证候。

[证候]形寒肢冷，心悸，小便不利，肢体浮肿，甚则唇甲青紫，舌青紫黯淡，苔白滑，脉沉微。

[分析]本证多因久病不愈，或劳倦内伤所致。心阳虚衰，病久及肾，导致肾阳亦衰，造成心肾阳虚。阳衰不能温养机体，故形寒肢冷；心肾阳虚，鼓动乏力，不能温运血液，血行瘀滞，则见心悸，心胸憋闷，甚则唇甲青紫，舌青紫黯淡，脉沉微；心肾阳衰，肾阳不能气化水液，水液内停，故小便不利；泛滥肌肤则肢体浮肿，水气凌心则喘息。

（五）肝脾不调证

肝脾不调证，是指肝失疏泄，脾失健运所表现出的证候。

[证候]胁肋胀闷疼痛，善太息，情志抑郁或急躁易怒，纳呆腹胀，便溏，或腹痛欲泻，泻后痛减，苔白腻，脉弦。

[分析]本证乃因肝失疏泄，气机不利，以致脾失健运，形成肝脾不调。胁乃肝之分野，肝失疏泄，肝郁气滞，则胁肋胀闷疼痛，善太息，情志抑郁或急躁易怒；脾失健运，则纳呆腹胀，便溏；肝郁乘脾，气机失调，脾失健运，清气不升，则腹痛泄泻，泻后气滞得畅，故泻后疼痛缓解；苔白腻，脉弦，均属肝脾不调之征。

（六）肝胃不和证

肝胃不和证，是指肝失疏泄，胃失和降所表现出的证候。

[证候]胸胁、胃脘胀满疼痛，呃逆嗳气，吞酸嘈杂，郁闷或烦躁易怒，苔薄黄，脉弦。

[分析]本证多因情志不遂，肝气横逆犯胃，胃失和降所致。肝郁气滞，横逆犯胃，则胃脘胀痛；肝胃郁热，胃失和降，胃气上逆则呃逆嗳气，吞酸嘈杂；肝气郁结，肝失条达，故性情郁闷或烦躁易怒等；苔薄黄，脉弦，均属肝胃不和之征。

（七）肝火犯肺证

肝火犯肺证，是指肝火上逆犯肺所表现出的证候。

[证候]胸胁灼痛，咳逆上气，甚则咯血，急躁易怒，头晕目赤，烦热口苦，舌红苔薄黄，脉弦数。

[分析]本证多由情志郁结，肝郁化火，上逆犯肺，肺失清肃所致。肝郁化火，故胸胁灼痛，急躁易

怒;肝火上逆犯肺,肺失清肃,则咳逆上气;火热灼伤肺络,则咯血;肝火上炎,故烦热口苦,头晕目赤,苔薄黄,脉弦数。

（八）肝肾阴虚证

肝肾阴虚证,是指肝肾两脏阴液亏损所表现出的证候。

[证候] 头晕目眩,视物模糊,耳鸣,胁痛,腰膝酸软,咽干,颧红盗汗,五心烦热,遗精,月经不调,舌红少苔,脉细数。

[分析] 本证多由久病失调、房室过度、情志内伤等所致。肝藏血,肾藏精,精血互相资生,在病理上亦相互影响。当肾阴不足,则水不涵木,因之肝阴亦亏;肝阴亏虚,子病及母,又可累及肾阴,导致肾阴亦亏,形成肝肾阴虚。肝肾阴虚,肝脉失养,虚火上扰,故头晕目眩、视物模糊、胁痛等;肾精不足,耳失所养,则耳鸣;冲任隶属于肝肾,肝肾阴亏,冲任失调,故月经不调;虚火扰动精室,则遗精;腰为肾府,腰膝失于肾精滋养,则腰膝酸软;五心烦热,咽干,颧红盗汗,舌红少苔,脉细数,皆属肝肾阴虚之征。

（九）肺脾气虚证

肺脾气虚证,是肺脾两脏气虚所表现出的证候。

[证候] 久咳不止,气短而喘,痰多稀白,食欲不振,腹胀便溏,甚则面浮足肿,舌淡苔白,脉细弱。

[分析] 本证多由久病咳喘,肺虚累及脾,或饮食不节,劳倦伤脾,不能输精于肺所致。脾肺之气均不足,水津无以布散,痰湿由内而生,形成肺脾气虚。肺气受损,故见久咳不止,气短而喘;肺气虚,水津不布,聚湿生痰,故痰多稀白;脾虚运化失常,故食欲不振,腹胀便溏;肺失宣发,脾失健运,肺脾之气不能化气行水,故面浮足肿;舌淡苔白,脉细弱,皆属肺脾气虚之征。

脾肺气虚证与心肺气虚证均有气虚表现,所不同的是前者伴有脾病证候,后者兼有心病证候。

（十）肺肾阴虚证

肺肾阴虚证,是指肺肾两脏阴亏所表现出的证候。

[证候] 咳嗽痰少,间或咯血,消瘦,腰膝酸软,骨蒸潮热,颧红,口干咽燥或声音嘶哑,盗汗,遗精,舌红少苔,脉细数。

[分析] 本证多因久咳耗伤肺阴,进而耗伤肾阴,致肺肾阴虚。阴虚肺燥,津液不能上承,肺失清肃,则干咳少痰,口燥咽干,甚或声音嘶哑;虚火上炎,灼伤肺络,故咯血;肾阴不足,故见腰膝酸软,遗精;阴精不足,虚热内生,故见形体消瘦、骨蒸潮热、颧红盗汗、舌红少苔、脉细数等阴虚内热之征。

肝肾阴虚证与肺肾阴虚证都有肾阴不足、虚火内炽的表现,所不同的是前者尚有肝阴虚、肝阳亢的症状,后者反映肺阴虚的现象。

（十一）脾肾阳虚证

脾肾阳虚证,是指脾肾阳气亏虚所表现出的证候。

[证候] 形寒肢冷,面色㿠白,腰膝或下腹冷痛,下利清谷,或五更泄泻,或面浮肢肿,小便不利,甚则出现腹水,舌淡胖大,脉沉弱。

[分析] 本证多由脾、肾两脏久病,耗气伤阳,形成脾肾阳虚证。脾肾阳虚,不能温养形体,故见形寒肢冷,面色㿠白,舌质淡胖、脉沉细弱;肾阳不能正常温煦腰膝,故腰膝冷痛;脾阳虚失于运化水谷精微,则下利清谷,五更泄泻;脾阳虚不能运化水液,水湿内停,膀胱气化失司,则小便不利;水湿泛滥肌肤,则面浮肢肿;土不制水,水湿内聚,水渗腹腔,则出现腹水,甚之见腹胀如鼓。

第三节　六　经　辨　证

六经辨证是《伤寒论》辨证论治的纲领,是东汉张仲景所创立,用于对外感伤寒发生发展过程中所表现出的证候进行分类归纳的一种辨证方法。

六经是指太阳、阳明、少阳、太阴、少阴、厥阴而言,是人体脏腑经络气血的生理功能和病理变化的概括。张仲景在《黄帝内经》的基础上,总结前人的经验,依据机体抗病的强弱、病邪的盛衰及病势的进展、缓急,结合八纲,联系经络、脏腑、气血,对外感伤寒演变过程中所表现的各种证候,进行分类、归纳,概括为六经病证,即太阳病、阳明病、少阳病、太阴病、少阴病、厥阴病,用以说明病变的部位、性质,正邪斗争的消长盛衰、病势趋向和六类病证之间的传变关系。

六经辨证是以六经为纲,将外感病在发生发展过程中表现出的不同证候,归纳为三阳病和三阴病两大类。将太阳病、阳明病、少阳病归为三阳病,太阴病、少阴病、厥阴病归为三阴病。一般说来,三阳病多属阳证、热证、实证,三阴病多属阴证、寒证、虚证。就表里而言,太阳属表,其余各经病变属里,但表里的概念又是相对的。例如三阳属表,三阴属里;阳明病属表,太阴病属里等。

根据经络脏腑相关理论,每条经脉在体内都与一定的脏腑相联系。六经病证是经络、脏腑病理变化的反映,其中三阳病证是以六腑病变为基础,三阴病证是以五脏病变为基础。所以说,六经辨证实际上基本概括了脏腑十二经的病变。

六经辨证从病变部位上分,太阳病主表,阳明病主里,少阳病主半表半里,三阴病则统属于里。从病变性质及正邪关系上分,凡正盛邪实,抗病能力强,病势亢奋,表现为热为实的,多属三阳病证,治疗当以祛邪为主;凡抗病能力衰减,病势虚衰,表现为寒为虚者,多属三阴病证,治疗当以扶正为主。

一、太阳病证

太阳统摄营卫,主一身之表,有抗御外邪侵袭的功能,故称太阳为六经之藩篱。寒邪袭表,多从太阳而入,为外感病的初期阶段。由于患者体质有差异,感受病邪性质之不同,因而有太阳中风(表虚)与太阳伤寒(表实)的区别。

(一)太阳中风证

太阳中风证,是指风邪袭表,卫气不固所表现出的证候。

[证候]发热,恶风,汗出,头痛,苔薄白,脉浮缓。

[分析]本证多由风邪袭表,腠理不固,营卫失调所致。卫阳与风邪相抗相争,故有发热;风性开泄,腠理疏松,营阴不能内守,故汗出、恶风;风邪袭表,经气不利,故头痛;汗出营阴受损,则脉浮缓。

(二)太阳伤寒证

太阳伤寒证,是指寒邪袭表,卫阳被郁所表现出的证候。

[证候]恶寒发热,头项强痛,身痛腰痛,骨节疼痛,无汗而喘,脉浮紧。

[分析]本证乃因寒邪侵袭腠表,风寒外束所致。卫阳被郁,肌肤失于温煦,故有恶寒;邪正相争,阳气被郁,故见发热;邪郁经脉,腠理闭塞,故无汗;寒邪凝滞营卫,气血不得宣通,故身痛腰痛;肺主皮毛,邪犯太阳,肺失宣降,故见喘;寒邪束于肌表,故脉浮紧。

二、阳明病证

阳明主里主燥,为此当病邪传入阳明胃肠时多化热化燥,表现出一派阳亢热极的证候,为外感伤寒化热过程中邪热炽盛之阶段。由于体质的差异和邪气侵犯的部位不同,阳明病有经证和腑证之分。

(一)阳明经证

阳明经证,是指邪客阳明,邪热弥漫全身所表现出的证候。

[证候]面赤心烦,身大热,汗大出,口大渴,舌苔黄燥,脉洪大。

[分析]本证乃因邪热客于阳明经,里热弥漫全身,但肠内尚未结燥所致。邪热侵客阳明,造成里热亢盛蒸腾于外,故见身大热、面赤;热迫津液外泄,故大汗出;汗出津伤,则口渴;里热扰于心神,则心烦;舌苔黄燥,脉洪大,皆为里热炽盛,热盛伤津之征。

(二)阳明腑证

阳明腑证,是指邪热传入阳明之腑,热邪与肠中糟粕相结,致使腑气通降不利所表现出的证候。

[证候]身热,日晡潮热,汗出连绵,大便秘结,腹满硬痛,拒按,烦躁,甚则神昏谵语,舌苔黄燥或

焦黄起芒刺,脉沉实有力。

[分析] 本证乃由热邪入里,传入阳明之腑所致。阳明经气旺于日晡,今阳热亢盛,邪正交争,故日晡潮热;里热蒸腾于外,故汗出连绵;邪热与肠中糟粕相搏,燥屎内结,致使腑气不通,故大便秘结,腹满硬痛,拒按;邪热炽盛,上扰于心,故见烦躁,甚则神昏谵语;里热亢盛成实,故脉沉实有力;苔黄燥或焦黄起芒刺,为燥热内结伤津之征。

三、少阳病证

少阳病,是病邪已离太阳之表,尚未进入阳明之里的阶段,病邪客于半表半里之间。足少阳经属胆,胆居六腑之首,与肝脏相表里,其主半表半里。因其为介于表里之间的证候,故临床称"半表半里证"。

[证候] 口苦,咽干,目眩,往来寒热,胸胁苦满,心烦喜呕,默默不欲饮食,脉弦。

[分析] 本证乃因邪犯少阳经,处半表半里,正邪相争所致。热邪犯少阳,胆火上炎,耗伤津液,故口苦,咽干;热邪上熏,则目眩;邪处半表半里间,邪正相争,病邪出入未定,故见寒热往来;少阳经脉布于胸胁,今热郁少阳,经气不利,故胸胁苦满;胆之郁热犯胃,胃为热扰,故默默不欲饮食;热郁则心烦,胃逆则呕,故有心烦喜呕;弦脉为少阳病之主脉。

四、太阴病证

太阴病证,为脾阳虚、寒湿内盛的里虚寒证。其形成有两个因素:一为阳经传变而来,多由三阳病失治、误治,以致里虚而邪传太阴;二为素体脾胃虚弱,寒邪直中于太阴,引起虚寒下利及脾阳虚等证候。

[证候] 腹满呕吐,食欲不振,腹泻,腹痛阵发,喜温喜按,口不渴,舌淡苔白滑,脉迟缓。

[分析] 本证多由阳经病失治或误治传入太阴,或由素体脾胃虚衰,寒邪直中,导致脾阳虚,寒湿内盛而成。脾阳不足,脾失健运,寒湿内停,故见腹满,食欲不振;阳虚致阴寒凝滞,故腹痛阵发,喜温喜按;脾胃为寒湿所伤,升降失职,胃气上逆,则呕吐;脾阳虚,中阳不运,寒湿内盛,故腹泻;口不渴,苔白滑,脉迟缓,皆为脾阳虚、寒湿内盛之征。

五、少阴病证

少阴病证,是指心肾功能衰退的病变,无论其来自传变,或因体质素虚而外邪直中,皆为疾病的严重阶段。其病变以阳虚里寒为主,有寒化、热化两个证型。

(一) 少阴寒化证

少阴寒化证,是指病邪从阴化寒,阴盛阳衰所表现出的证候。

[证候] 畏寒蜷卧,四肢厥冷,下利清谷,舌淡苔白,脉沉微。

[分析] 本证乃因心肾两脏阳气虚亏所致。阳气虚衰不能温煦机体,故见畏寒蜷卧,四肢厥冷;肾阳虚不能温暖脾阳,使脾虚不运水谷,故下利清谷;舌淡苔白,脉沉微,皆属阳虚阴盛之征。

(二) 少阴热化证

少阴热化证,是指病邪从阳化热,阴虚而阳亢所表现出的证候。

[证候] 心烦不寐,口燥咽干,舌红少津,脉细数。

[分析] 本证乃因邪入少阴,灼耗肾阴,心火独亢所致。邪袭少阴从阳化热,灼伤肾阴,水亏而不能上济于心,使心火独亢,故见心烦不寐;阴虚内热,耗灼津液,故口燥咽干;舌质红少津,脉细数,皆为阴虚内热之征。

六、厥阴病证

厥阴病证,是六经病证的最后阶段,因此阶段正气和病邪在做最后抗争,故病变表现极其错综复杂。若阳气由虚衰而转复,则示病势好转;若阴寒盛极而阳气不续,则示病势重危;若阴寒虽盛而阳气尚能与之抗争,则病势多表现为寒热错杂的证候。因厥阴病证是一个病情严重的阶段,临床表现又错综复杂,为此抓住辨证要点是非常重要的。在临证当中,必须随时关注厥阴病证的正邪进退之状况,及时调整治疗方案,才能获得疗效。

(一) 寒热错杂证

寒热错杂证乃由正邪交争,阴阳失调形成的上热下寒、胃热肠寒的证候。

[证候]口渴饮水不止,气上冲心,胸中热痛,饥而不欲食,食则吐蛔,四肢厥冷,下利呕吐。

[分析]本证乃由厥阴证阴寒与阳气相抗,造成阴阳失调,气机逆乱,所形成的寒热错杂证。若见上热,则口渴不止,气上冲心,心胸热痛而知饥渴;若见下寒,则不欲食,下利;若蛔虫上窜,故吐蛔;若阳气不能达于四肢,故四肢厥冷。

(二) 厥热胜复证

厥热胜复证,为厥阴病发展过程中阴阳消长的外在表现。

[证候]四肢厥冷与全身发热交替而作。

[分析]本证乃由邪正相搏,正邪之间进退,表现出的阴阳交争之证候。阴气盛,则厥冷;阳气复,则发热。厥冷时多,发热时少,为阳消阴长,其病为进;先发热而后厥冷者,病重。邪正相搏、厥热往来代表病之进退,故临床上常以厥热的时间长短以及厥热的多少,作为预测疾病病情转归和判断预后的依据。如厥热相等,为阳气来复,阴阳则趋于平衡,其病情向愈;热多厥少,乃为正能胜邪,故病势好转;厥多热少,则是正不胜邪,其病为进。热而复厥,为阳复不及,病又发作;但厥不热,则为阴盛而阳衰,病情危重;厥退而热不止,此为阳复太过,病从热化。

六经辨证是《伤寒论》辨证论治的纲领,八纲辨证是对一切疾病的病位和证候性质的总概括,两者相互补充,不可分割。因为疾病是在外邪的作用下,正邪斗争的临床反映,而正邪的消长盛衰,决定着疾病的发展变化,关系着疾病的证候性质,所以六经辨证的具体运用,无不贯穿着阴阳表里寒热虚实等内容。后世所说的八纲辨证,就是从《伤寒论》中得到启发而加以系统化的。由此可见,六经辨证与八纲辨证的关系是相辅相成的,必须明确这一点,才能有效地运用于临床的辨证和治疗。

第四节　卫气营血辨证

卫、气、营、血的名称出自《黄帝内经》,原指人体的物质基础和功能活动。卫和气属阳,在外,是人体的功能活动;营和血属阴,在内,指人体的营养物质。它们之间相互资生而又相互制约。四时温热病邪侵袭人体,造成卫气营血生理功能的失常,导致温热病的发生。叶天士引申了卫气营血之间的生理关系,创立了卫气营血辨证,将外感温热病在其病程发展过程中所表现出的证候,进行分析、归纳,概括为卫、气、营、血四个不同阶段的证候类型,即卫分证、气分证、营分证、血分证四个阶段,用以说明其病位深浅、病情轻重以及各阶段的病理变化及其传变规律,为临床治疗提供依据。卫气营血辨证是针对温病而创立的辨证方法。

"温病",即温热病,是温热病邪所引起的急性发热病的总称。其特点是发病急速,病情多变,具有传染性、流行性、季节性、地域性等。温热病是由特异的致病因素"温邪"引起,"温邪"一词首见于叶天士的《温热论》,该书谓:"温邪上受,首先犯肺。"温邪包括风热、暑热、暑湿、湿热、燥热、伏寒化温等,发病后以发热为主症。温邪的特异性体现在从外侵袭人体,温热性质显著,易消耗人体阴津,不同的温邪大多具有特定的侵犯部位等。

温热病邪侵袭人体,多起于卫分,渐次转入气分、营分、血分,这是病情发展的一般规律。但是,这种传变规律并不是一成不变的。由于病人的体质有强弱之分,感邪有轻重之别,临床上亦有起病即从营分或气分开始者,亦有病虽入气分而卫分之邪仍未消除者,还有不仅气分有热而血分同时受到热灼者,从而酿成气血两燔。为此,临床当中应根据病情的具体情况作出具体分析加以灵活运用。

温热病的临床治疗大法是:卫分证,治宜辛凉解表;气分证,治宜清热生津;营分证,治宜清营透热;血分证,治宜凉血散瘀。下面,仅就温病典型的证候,作一简要介绍。

一、卫分证

卫分证,是温热病的初期阶段,为温热病邪侵袭肌表,卫气功能失调所表现出来的证候。属八纲证候中的表热证。因肺主皮毛,卫气通于肺,故卫分证常见肺经病变的证候。

[证候]发热,微恶风寒,舌尖边红,苔薄白或微黄,脉浮数。常伴有头痛,咳嗽,口微渴,无汗或有少许汗,咽喉肿痛。

[分析]温邪初袭肌表,卫气被郁,肌肤失去温煦,故见恶寒;正邪交争于肌表,则发热;温为阳邪,温热之邪袭体则见发热重,恶寒轻;温热上扰于清窍,则头痛;温热犯表,肺失宣降,故咳嗽;咽喉为肺之门户,温热袭肺,则咽喉肿痛;温热袭表,卫气被郁,开合失司,故有汗或无汗;热邪伤津不甚,则口微渴;舌尖边红,苔薄白或微黄,脉浮数,为热邪在卫分之征。

二、气分证

气分证,是指温热病邪内入脏腑,为正盛邪实,正邪剧争,阳热炽盛的里热证。其病变范围较广泛,凡温邪不在卫分,又未传入营(血)分,皆属于气分范围。温热入气分的途径大致有两方面:一是从卫分传来;二是温热病邪直入气分。由于邪犯气分所在脏腑部位不同,故病理变化与临床证候也不一样。常见者有气分大热的阳明经证及热结肠道的阳明腑证。

(一)气分大热证

气分大热证是指邪热炽盛所表现出的证候。

[证候]大热,大汗,大渴,喜冷饮,面赤,心烦,舌红苔黄燥,脉洪大。

[分析]本证多由邪热炽盛而灼伤津液,气分热甚,弥漫全身,故见大热、大渴喜冷饮;邪热蒸腾,迫津外泄,故大汗出;热扰心神,故心烦;里热炽盛,气盛血涌,故呈面赤;因其为实热,故见苔黄燥,脉洪大。

(二)热结肠道证

热结肠道证,是指邪热入腑与糟粕互结,耗伤津液所表现出的证候。

[证候]日晡潮热,大便燥结,腹满硬痛,拒按,舌苔黄燥,脉沉实。

[分析]肠道属阳明经,而阳明经气旺于日晡。今热入气分,燥热内盛,正邪交争,故见日晡潮热;热结肠道,耗伤津液,肠道津亏,使肠内不润,故大便燥结;燥屎内结,腑气不通,故腹满,硬痛,拒按;舌苔黄燥,脉沉实为里热实之征。

三、营分证

营分证,是指温热之邪,内陷心营之深重阶段,以实质损害为主要病机变化。营分证是以营热伤阴、心神被扰的病变为主,其病位在心和心包。营分证多为气分不解而内传入营者;亦有从卫分证不经气分而直入营分者,此称为"逆传心包";或由温邪直入营分者。

(一)热伤营阴证

热伤营阴证,是指温热之邪深入营分,耗伤营阴所表现出的证候。

[证候]身热夜甚,口干不欲饮,心烦不寐,或见神昏谵语,斑疹隐隐,舌红绛,脉细数。

[分析]本证乃由邪热入营,灼伤营阴所致。温热之邪侵袭而入营,灼耗而伤及营阴,故见身热而夜甚;营气通于心,今邪热入营,内扰心神,则见心烦不寐或神昏谵语;热伤血络,故斑疹隐隐;热入营分,蒸腾营阴,营气上升则口干不欲饮;舌红绛,脉细数,均为热伤营阴之征。

（二）热入心包证

热入心包证,是指卫分邪热直接内陷心包所表现出的证候。

[证候]高热,神昏谵语,手足厥冷,舌红绛,脉细数。

[分析]本证是因温热之邪内陷于心包所致。热邪内陷心包,心神被扰,阻闭心窍,故见高热,神昏谵语;邪热闭遏于内,则自觉身灼热而手足厥冷;舌红绛,脉细数,皆为邪热伤营之征。

四、血分证

血分证,是温热病发展到最危重阶段,亦是卫气营血病变的最后阶段,病变已属极期和后期,以动血耗血、瘀热内阻为主要病机变化。凡邪热久留必使其体内真阴耗损,故病久而累及肾,为此血分证候是以心肝肾的病变为主。温热之邪入血分,多由营分证不解而传入血分,或由气分直接传入血分,此称为"气血两燔"。

（一）血热妄行证

血热妄行证,是指血分热炽,灼伤血络所表现出的证候。

[证候]在营分证的基础上,出现躁扰不安,斑疹透露,吐血,便血,尿血,血色鲜红或深红,舌质深绛,脉细数;常兼见全身壮热、口渴引饮、多汗等气分见证者,为气血两燔证。

[分析]本证乃因热入血分,灼伤血络所致。热入血分,血分热炽,神明被扰,故见躁扰不安;血热迫血妄行,故见发斑、吐血、衄血、尿血、便血等,且血色鲜红;若血热深重,则血色深红带紫;舌质深绛,脉细数,均为热邪深入血分之征。

（二）肝热动风证

肝热动风证是指血热灼伤肝经,肝风内动所表现出的证候。

[证候]发热,心烦,口渴,头痛眩晕,手足抽搐,角弓反张,舌红绛,脉弦数。

[分析]本证是由温热之邪亢盛,灼伤津液,故见发热,心烦,口渴;热邪上扰清窍,故见头痛,眩晕;血热灼伤肝络,筋脉失养,则抽搐,角弓反张;舌质红绛,脉弦数,皆属肝经热邪内盛之征。

（三）血热伤阴证

血热伤阴证是指血分热盛,耗伤阴液所表现出的证候。

[证候]低热不退,夜热早凉,五心烦热,口燥咽干,神疲,耳聋,舌红少苔,脉细数。

[分析]本证多由温热病后期,邪热久留,导致肝肾真阴亏损,虚热内生所致。虚热内炽,故见低热不退,夜热早凉,五心烦热;阴虚阳亢,虚火上炎,则口燥咽干;阴精亏损,正气虚衰,故见神疲无力;肾开窍于耳,肾精耗损,则耳聋;舌红少苔,脉细数,均为阴虚内热之征。

温病与伤寒类外感疾病的区别主要在于病源不同。温病是感受温热邪气而致,阳盛则阴病,乃化燥伤阴,多热势偏盛,甚至耗血动血;在病变过程中,又易于出现神昏谵语,斑疹,吐衄,动风痉厥等症。伤寒则是感受寒邪,阴盛则阳病,乃寒化伤阳。在治疗上,病变初期,温病宜辛凉解表以透热,伤寒宜辛温解表以散寒;后期,温病应重在养阴,伤寒应注意回阳。

（徐　巍）

复习思考题

1. 什么是八纲及八纲辨证?

2. 为什么说八纲之间是相互联系不可分割的?

3. 心与小肠病的常见证有哪些? 其临床表现和病机特点如何?

4. 肺与大肠病的常见证有哪些? 其临床表现和病机特点如何?

5. 脾与胃病常见哪些症状? 其各自的病机生理基础是什么?

6. 肝阴虚证与肝血虚证如何鉴别?

7. 肾精不足证与肾阴虚证如何鉴别？

8. 常见的脏腑兼证有哪些？其临床表现如何？如何理解其各自的病机？

9. 六经辨证的概念是什么？

10. 太阳病证、阳明病证、少阳病证、太阴病证、少阴病证、厥阴病证的主要表现是什么？

11. 什么是卫气营血辨证？

12. 卫分证、气分证、营分证、血分证的主要表现是什么？

第七章 防治原则与治疗方法

【内容提要】

防治原则与治疗方法是在整体观念和辨证论治的基础上，根据疾病的具体情况，确定合适的治疗原则，提出具体的治疗方法，以利于对疾病进行正确的治疗。

本章主要介绍未病先防、既病防变、治病求本、调整阴阳、扶正祛邪、三因制宜六大治疗总则，以及汗、吐、下、和、温、清、补、消及其他治疗大法。

【学习要点】

1. 掌握中医治疗疾病的总原则和八种基本治疗方法的概念和基本内容。
2. 熟悉中医"未病先防"及"既病防变"的预防医学思想。
3. 熟悉标本缓急、病治异同等治则的应用规律以及八大治法的临床适应证。

中医历来十分重视疾病的预防，明确地提出了"治未病"的预防思想，在《素问·四气调神论》中说："圣人不治已病治未病，不治已乱治未乱……夫病已成而后药之，乱已成而后治之，譬犹渴而穿井，斗而铸锥，不亦晚乎。"强调"防患于未然"的原则。所谓治未病，包括未病先防和既病防变两方面内容。

中医学在长期的临床医疗实践过程中，积累了丰富的治疗经验，确立了临床治疗原则，创造了多种行之有效的治疗方法，逐步形成了系统的中医治疗学。中医治疗学，分为治疗原则和治疗方法两大部分。治疗原则简称治则，即治疗疾病的总原则，是指在整体观念和辨证论治思想指导下，临床治疗立法、处方、用药的普遍原则。治疗方法简称治法，是治疗疾病的基本方法，即是治则的具体化。我国历代医学家经过反复临床实践，总结、归纳出"八法"，八法是针对八纲辨证以及方药的主要作用而概括出来的基本治疗方法。随着社会的进步、医学科学的发展和医疗实践的需要，现代临床上的实际应用早已超出"八法"范围。本章仅介绍属于临床上常用且具有共性的治疗大法。

第一节 防治原则

防治原则，是未病先防、既病防变、治病求本、调整阴阳、扶正祛邪、三因制宜等治疗总则。

由于疾病的证候表现多种多样，病理变化复杂多变，病变过程有轻重缓急，不同的时间、地点和个体的病情变化也会各异。因此必须善于从复杂多变的疾病现象中，抓住疾病的本质进行治疗，即"治病求本"。如根据体内邪正斗争所产生的虚实变化而施以"扶正祛邪"，依阴阳盛衰而治以"调整阴阳"，按脏腑、气血失调的病机而予以调理脏腑功能和气血关系，按发病的不同时间、地点和不同的病人而循以"三因制宜"。

一、养生与预防

中医学历来重视养生与预防。养生，是指研究增强体质、预防疾病，以达到延年益寿的理论和方法。中医又称为"摄生""道生""保生"，摄是保养、珍重的意思，摄生即是保养生机、延续生命的意思。

因此,养生对于强身、防病、益寿均有着十分重要的意义。养生是中医预防医学的重要组成部分,养生与预防,两者在理论上常相互交融,在使用上常互为补充,相互为用。早在《素问·上古天真论》中就有"恬惔虚无,真气从之,精神内守,病安从来"等精辟论述,突出了"不治已病治未病"的预防思想,并以"渴而穿井,斗而铸锥"为比喻来阐述"治未病"的重要意义,这些"未雨绸缪"的防重于治的理论,是中医学理论的精髓内容,对疾病的预防和治疗颇有现实意义。

（一）未病先防

未病先防是指在疾病发生之前,充分调动人体的主观能动性,增强体质,养护正气,提高机体的抗病能力,同时主动地适应客观环境,避免病邪侵袭,做好各种预防工作,以防止疾病的发生。由于疾病的发生与机体内的正气有关,亦与外邪侵入密切相关。盖邪气是导致疾病发生的重要条件,而正气不足是疾病发生的内在原因和根据,外邪通过内因而起作用。因此,治未病,必须从养生和预防两方面着手。

1. **注重调养正气,提高机体的抗邪能力** 情志刺激可致正气内虚,易招致外邪而致病,故平时注意调摄精神,保持精神愉快,使气机调畅,气血和平,以利于健康。经常锻炼身体,既能增强体质,又可减少或防止疾病的发生;同时要适应自然环境的变化,对饮食起居、劳逸等有适当的节制和安排,并适当进行药物的预防及人工免疫,这也是防病和调养正气的重要方法。

2. **注意防止邪气的侵害** 包括讲究卫生,防止环境、水源和食物的污染,以及避免六淫、疫疠、七情、饮食与劳逸等致病邪气的侵袭,这些均是未病先防的有效手段和方法。

3. **养生保健** 养生的内容很广泛,方法众多,包括养精神、调饮食、练形体、慎房事、适寒温等,以使精气充沛,气机条达,气血运行通畅,脏腑功能健运,则疾病远离。

（二）既病防变

既病防变是指疾病已经发生,应早期诊断、早期治疗,以防止疾病的发展和传变。

1. **早期诊治** 外邪侵入人体,如果不及时做出正确诊断和治疗,其邪就可能由表传里,步步深入,极易侵犯脏腑,使病情愈来愈复杂、深重,治疗起来就会愈加困难。为此,一定要掌握疾病的发展规律及其传变途径,见微知著,做到早期诊断、有效治疗,才能防止传变。

2. **先安未受邪之地** 根据疾病的发展传变规律,对尚未受邪而即将可能被传及之处,事先调理安抚,则可阻止传变的发生,达到截断扭转病情的目的。"上工治未病,中工治已病……见肝之病,则知肝当传之与脾,故先实其脾气,无令得受肝之邪"(《难经·七十七难》)。肝属木,脾属土,肝木能乘克脾土,故治疗肝病,常须配合健脾和胃的方法。这就是以其脏腑传变规律,先安未受邪之地的实例。清代叶天士曾根据温热病伤及胃阴后,热病进一步发展耗及肾阴的病变规律,主张在甘寒养胃的方药中加入某些咸寒滋肾之品,此即是既病防变法则的具体应用,并称之为"务必先安未受邪之地"。

3. **愈后防复** 在疾病初愈、缓解或痊愈时,此时机体状态往往尚未完全企稳,仍应注意调整阴阳平衡,预防疾病复发、病情反复。如《素问·热论》指出:"病热少愈,食肉则复,多食则遗,此其禁也。"即是提示饮食调护、防止热病复发的重要性。

二、治病求本

治病求本,是指在治疗疾病时,必须寻找出疾病的根本原因,并针对根本原因进行治疗。主要包括治标与治本、正治与反治两方面。它是辨证论治的一个基本原则。

本与标,具有多种含义,且有相对的特性。如以正邪而言,则正气是本,邪气是标;以病因和症状论,则病因为本,症状为标;其他如旧病、原发病为本,新病、继发病为标等亦同此义。疾病的发生、发展是通过临床症状显示出来的,但这些症状只是疾病的现象,不是疾病的本质。因此,只有充分地收集疾病的各方面信息,并在中医学理论指导下进行综合分析,才能准确地判断其标本状况,找出疾病的根本原因,并针对其"本"确立相应的治疗方法。

在运用"治病求本"这一治则时,必须正确掌握"正治反治""标本缓急"等内容。

（一）正治与反治

逆者正治,从者反治,这两种治疗方法,是治病求本这一治疗原则的具体运用。

1. **正治**　是逆其疾病证候性质而治的　种常规治疗法则,又称"逆治"。"逆",是指采用方药的性质与疾病的性质相反,如临床上常用的"寒者热之""热者寒之""虚则补之""实则泻之"等。它适用于疾病的征象(症状、体征)与疾病的本质(病因、病机)相一致的病证。常用的正治法如下:

（1）寒者热之:寒性病证表现寒象,用温热性质的方药来治疗。如表寒证运用辛温解表的方药,里寒证运用辛热温里散寒的方药等。

（2）热者寒之:热性病证表现热象,用寒凉性质的方药来治疗。如表热证运用辛凉解表的方药,里热证运用苦寒攻里的方药等。

（3）虚则补之:虚损病证表现虚弱的征象,用补益性质的方药来治疗。如阳气虚用温补阳气的方药,阴液亏少用滋阴养血的方药等。

（4）实则泻之:邪实病证表现实证的征象,用攻邪泻实的方药来治疗。如火热毒盛内炽用清热解毒泻火的方药,阳明腑实、积滞内结证用通腑泻热的方药,瘀血疼痛证用活血化瘀的方药等。

2. **反治**　是顺从疾病假象而治的一种治疗法则,又称"从治"。"从",是指采用方药的性质顺从疾病的假象而施治。常用的有"热因热用""寒因寒用""塞因塞用""通因通用"等。适用于疾病的征象与本质不一致,甚至相反的病证。这是一种在治病求本法则指导下,针对疾病本质进行治疗的方法。常用的反治法如下:

（1）寒因寒用:是以寒治寒,即用寒凉性质的方药来治疗具有假寒征象的病证。适用于里热盛极、阳盛格阴,反见寒象的真热假寒证。虽外见寒象,但热盛是其本质,故用寒凉药以治其热从而消除假寒之征象。如外感热病中热入心包之四肢厥冷的假寒证,依其外在的寒象而用寒性药治疗。

（2）热因热用:是以热治热,即用热性药治疗具有假热症状的病证。适用于阴寒内盛、格阳于外,反见热象的真寒假热证。临床虽见热象,但其本质为真寒,治本之法当用温热药治之。如亡阳虚脱患者,其本质属阳衰内寒,而有时却出现烦躁、面红等热的假象。必须用人参、附子回阳救逆以急救之。

（3）塞因塞用:是以补开塞,即用补益药治疗具有闭塞不通症状的病证。适用于因虚而致闭阻的真虚假实证,如脾虚便秘、血枯经闭等证;其治应以补开塞,不要妄用通泄,否则更伤正气。如脾虚失运所致的腹胀满闷、时胀时减、大便不畅等闭塞症状,应用补脾益气之剂治疗。

（4）通因通用:是以通治通,即用通利药治疗具有实性通泄症状的病证。适用于因实邪内阻出现通泄症状的真实假虚证。一般情况下,对泄泻、崩漏、尿频等症,多用止泻、固冲、缩尿等法,但这些通泄症状出现在实性病证中则当以通治通。如食滞内停,阻滞胃肠,致腹痛泄泻,泻下物臭如败卵时,不仅不能止泄,相反当消食、导滞、攻下,推荡积滞,使食积去而泄自止。又如瘀血内阻,血不循经所致的崩漏,如用止血药,则瘀阻更甚而血难循其经,则出血难止,此时当活血化瘀,瘀去则血自归经而出血自止。再如湿热下注而致的淋证,若见尿频、尿急、尿痛等症,以利尿通淋清其湿热,则诸症自消。这些都是针对邪实本质而治的常用治疗方法。

以上所说的反治法,主要是顺从疾病反映于外的症候而治,表面上是与正治法相反,但在治病求本的原则指导下,选择了针对疾病的内在本质及病因而治疗的方法,符合辨证施治的原则,可以说仍然是正治法。

正治与反治相同之处,都是针对疾病的本质而治,故同属于治病求本的范畴。其不同之处在于正治适用于病变本质与其外在表现相一致的病证,而反治则适用于病变本质与临床征象不完全一致的病证。

（二）标本缓急

在复杂多变的病证中,常有标本主次的不同,因而在治疗上就有先后缓急的区别。

1. **急则治其标**　是指标病危急,如若不先治其标,就会危及患者生命或者影响对本病的治疗,因而采取的一种暂时性的应急方法。临证中出现中满、大小便不利等较急重病情时,不论其本为何,均应先治其标,待急重症状稳定后,再治其本证。又如大出血者,无论属于何种出血,均应采取应急措施,先止血以治标,血止后再治其本病;某些慢性病者,原有宿疾复感外邪而新感证又较急时,亦应先治外感之标,待新病愈后,再治宿疾以治其本。

2. **缓则治其本**　是在病情不急的情况下,针对疾病本质进行治疗的一种原则。适用于慢性病或急性病转变平稳后的治疗方法,病本既除则标证自愈。对于慢性病或急性病恢复期者,如肺痨咳嗽、热病伤阴等证,虽见标证如咳嗽等,亦应针对肺肾阴虚之本来加以治疗。

3. **标本兼治**　当标本并重或标本均不太急时,应标本兼治。如素体气虚又患外感,治宜益气解表,益气为治本,解表是治标;又如表证未解,里证又现,治宜表里双解。

三、调整阴阳

疾病的发生、发展变化,其本质是机体阴阳相对平衡遭到破坏,造成体内阴阳偏盛偏衰的结果。为此,调整阴阳,损其偏盛,补其偏衰,恢复阴阳的相对平衡,促进阴平阳秘,是治疗疾病的根本法则之一。

（一）损其偏盛

损其偏盛,又称损其有余,主要是对阴阳偏盛,即阴或阳的一方过盛有余的病证,采用"损其有余"的治法。如对阳盛则热的实热证,采用清泻阳热的方法进行治疗,遵"治热以寒"即"热者寒之"之法,清泻阳热,治疗阳热亢盛之实热证;对阴盛则寒的实寒证,采用温散阴寒的方法治疗,遵"治寒以热"即"寒者热之"之法,温散阴寒,治疗阴寒内盛之实寒证。

在阴阳偏盛的病变过程中,阳热亢盛易伤阴,阴寒偏盛易伤阳,故在损其有余的同时,应兼顾对方偏衰的情况,若"阳盛则阴病",治疗以清热泻火为主兼以养阴;若"阴盛则阳病",治疗以温散阴寒为主兼以助阳。

（二）补其偏衰

补其偏衰,又称补其不足,主要针对阴或阳的一方甚至双方虚损不足的病证,采用"补其不足"的治法。

由于疾病的类型有阴虚、阳虚、阴阳两虚之分,故治法有滋阴、补阳、阴阳双补之别。

1. **滋阴制阳,扶阳制阴**　滋阴制阳,或称阳病治阴,即"壮水之主,以制阳光"。适用于阴液不足,阳热相对偏亢所致的虚热证,用滋养阴液的方药以制约相对亢盛的阳热。扶阳制阴,或称阴病治阳,即"益火之源,以消阴翳"。适用于阳气不足,阴寒内盛所致的虚寒证,用温补阳气的方药来消除相对亢盛的阴寒。

2. **阴中求阳,阳中求阴**　根据阴阳互根的原理,阴中求阳是指在治疗阳虚证时,在助阳剂中适当佐以滋阴药,即"阳得阴助而生化无穷";阳中求阴是指在治疗阴虚证时,在滋阴剂中适当佐以补阳药,即"阴得阳升而泉源不竭"。

3. **阴阳双补**　根据阴阳互根互化的原理,在慢性疾病的后期,可出现阴损及阳、阳损及阴的阴阳两虚证,治疗应阴阳双补。

另外,由于阴阳概念的广义性,故诸如解表攻里、升清降浊、寒热温清、虚实补泻、调和营卫等治疗方法,亦都属于调整阴阳的范围。

人体是一个有机的整体,脏与脏、腑与腑以及脏与腑之间在生理上相互协调,在病理上必然相互影响,脏腑的病变也均受阴阳平衡的影响。所以在治疗脏腑病变时,应根据脏腑及其病变的阴阳属性调整其盛衰虚实。

四、扶正与祛邪

疾病的演变过程,从邪正关系来说,是正气与邪气双方互相斗争的过程。邪正斗争的胜负决定疾病的转归和预后,正能胜邪则病退,邪能胜正则病进。通过扶助正气,祛除邪气,改变邪正双方的力量对比,使其有利于疾病向痊愈方向转化,这是中医治疗学中的一个重要法则。

扶正,即扶助正气,增强体质,提高机体的抗邪能力。扶正多用补虚方法,包括用药、针灸、气功、身体锻炼、精神调摄、饮食调养等。祛邪,即祛除病邪,减轻或消除邪气的毒害作用,使邪去正安。祛邪多用泻实方法,由于邪气不同,部位有异,其治法亦不一样。

扶正与祛邪,虽然各异,但两者相互为用,相辅相成。扶正使正气加强,有助于机体抗御和祛除病邪;祛邪能排除病邪的侵害和干扰,使邪去正安,有利于正气的保存和恢复。运用本法时,必须全面分析正邪双方的消长盛衰状况,并根据其在疾病中的地位,决定扶正与祛邪的主次和先后。一般单纯扶正法,适用于以正气虚为主要矛盾,且邪气又不盛的虚性病证。如气虚、阳虚、血虚、阴虚者,分别用补气、补阳、补血、滋阴法治之。单纯祛邪法,适用于以邪实为主要矛盾,而正气未衰的实性病证。如表邪亢盛、痰涎壅塞、食物中毒、食积胀满等,分别用解表祛邪、消导化痰、吐、下等法治之。扶正与祛邪兼用,适应于正虚邪实病证,扶正而不留邪,祛邪又不伤正。但在具体应用时,还应分清是正虚为主,还是邪实为主,酌情有所偏重。先祛邪后扶正,适用于邪盛正虚,但正气尚能耐攻伐者,如瘀血所致之崩漏证,应先活血祛瘀,然后再调养经血,如不然则瘀血不去,崩漏难止。先扶正后祛邪,适用正虚邪实,以正虚为主的病人,如虫积者因其正气太虚而不宜驱虫,宜先健脾以扶正,待正气恢复后,再驱虫消积。

五、同病异治与异病同治

同病异治,指同一种疾病,由于病邪性质不同,机体反应有异,疾病发展的阶段不同,其病机和疾病性质也不一样,治疗上应根据具体情况,运用不同的治法加以治疗。如同为感冒,可有风寒、风热、暑热、气虚等不同,治法亦各有不同。

异病同治,指不同的疾病,在其病情发展过程中出现相同的病机变化或同一性质的证候,可以采用相同的治法治疗。如久泄脱肛、崩漏、子宫脱垂、胃下垂等几种截然不同的疾病,如果辨证均符合中气下陷这一证型,则治法皆应以益气升提的补中益气汤进行治疗。

六、三因制宜

三因制宜即因时、因地、因人制宜的简称。疾病的发生、发展与转归,是由多方面因素所决定的。中医学十分重视时令气候、地理环境、情志、饮食等条件对疾病的影响,尤其患者本身的体质因素对疾病的影响更大。因此,治疗疾病时应充分考虑这些因素,区别不同情况,制订出相应的治疗方法。

(一) 因时制宜

根据不同季节的气候特点考虑治疗用药原则,这种原则叫因时制宜。因一年四季,气候有寒、热、温、凉之不同,对人体生理活动及病理变化产生的影响不同,所以治疗疾病时,要根据不同季节和气候特点来指导治疗用药。如夏季气候温热,人体腠理开泄,故不宜过用辛温发散药,避免开泄太过,耗伤气阴;冬季气候寒凉,人体腠理致密,当慎用寒凉,以防伤阳;暑季多雨,气候潮湿,故病多夹湿,治宜加入化湿、渗湿之品。

(二) 因地制宜

根据不同地区的地理特点考虑治疗用药原则,这种原则叫因地制宜。不同地区的地理环境、气候、生活习惯等各不相同,因而人的生理活动和病理变化特点也不尽一致,所以治疗用药应有所差别。如西北地高气寒,病多燥寒,治宜辛润,寒凉之剂必须慎用;东南地低气温多雨,病多温热或湿热,治宜清化,而温热及助湿之剂必须慎用。如同一风寒表证,治宜辛温发汗以解表,而西北地区多用麻黄、桂枝、细辛,东南地区多用荆芥、苏叶、淡豆豉、生姜,湿重地区多用羌活、防风、佩兰等。

此外,某些地区还有地方病,如地方性甲状腺肿、大骨节病等,在治疗疾病时也应因地制宜。

(三) 因人制宜

根据患者的年龄、性别、体质、生活习惯等的不同特点来确定治疗用药原则,这种原则叫因人制宜。

年龄不同,生理状况及气血盈亏亦不同,治疗用药应有差别。如老年人生机渐减,气血亏虚,故病多虚或虚实夹杂,治宜偏于补益,实证时攻之宜慎;小儿生机旺盛,气血未充,脏腑娇嫩,易寒易热,易虚易实,病情变化较快,故治疗时忌峻攻、峻补,用量宜轻。

男女性别不同,其生理特点各异,尤其是妇女有经、带、胎、产等生理特点,治疗用药应考虑随证施治。如妇人用药要根据其经、带、胎、产等情况,妊娠期禁用或慎用峻下、破血、滑利、走窜、有毒之品,产后用药应兼顾气血亏损、恶露等。男子多患阳痿、遗精、滑精、早泄、不育等,治疗用药实证应以祛邪为主,虚证应遵补肾及调补相关脏腑的治则。

人有先天禀赋及后天调养不同,形体有强弱、胖瘦不同,以及寒热阴阳偏盛之别,所以治疗用药当加以区别。阳热体质或平素偏食辛辣者,用药宜偏凉,慎用温热;阳虚体质或嗜食生冷者,用药宜偏温,慎用苦寒。另外,亦当注意肥人多痰、瘦人多火及素有慢性疾患、职业病等不同情况,在治疗时均应根据各自情况予以考虑。

总之,三因制宜原则,就是要求诊治疾病时不能孤立地看待病证,既要看到患者的整体性和不同特点,又要看到自然环境对人体的影响。它体现了中医治病的整体观念和辨证论治思想,以及在实际应用中的原则性和灵活性。

第二节　治　　法

治法,包括治疗大法和具体治法。治疗大法也叫基本治法,它概括了许多具体治法的共性,在临床上具有普遍意义。基本的治法包括汗、吐、下、和、温、清、补、消"八法"。具体治法是针对具体病证而拟定的治法,属于个性的,各具特定应用范围的治疗方法,如辛温解表法、清胃泄热法、温补脾肾法等。以下介绍属于共性的治疗大法,即"八法"。

一、汗法

汗法,也叫解表法或解肌法,是运用发汗解表的方药,以开泄腠理,调和营卫,逐邪外出,解除表证的一种治疗方法。它适用于一切外感疾病初起,病邪在表,症见恶寒发热、头痛身疼、苔薄、脉浮等。此外,水肿病腰以上肿甚、疮疡病初起、麻疹将透未透等有表证者,也可运用。

汗法的临床应用,根据外感表证的表寒、表热的性质不同,分为辛温发汗(或解表)和辛凉发汗(或解表)两类。

辛温发汗,适用于外感风寒,恶寒甚、发热轻的表寒证;辛凉发汗,适用于外感风热或温燥,发热重、恶寒轻的表热证。

如果病人正气素虚,则应根据其阴虚、阳虚、气虚、血虚或痰饮等具体症状,在解表剂中适当配伍滋阴、助阳、益气、养血或化痰等药物,以达到扶正祛邪的目的。此即滋阴发汗、助阳发汗、益气发汗、养血发汗、蠲饮化痰发汗等方法。此外,还有理气、清热、消食等与发汗并用的方法,亦称"表里双解法"。

应用汗法的注意事项:

1. 汗法的应用,宜汗出邪去为度,发汗太过会耗散津液,损伤正气。

2. 对于表邪已解、麻疹已透、疮疡已溃,以及自汗、盗汗、失血、吐泻、热病后期津亏者,均不宜用。

3. 上述诸证患者,如必须使用汗法时,则需配伍加用益气、滋阴、助阳、养血等药物进行治疗。

4. 凡用发汗剂时,服药后应避风寒,忌食油腻厚味及辛辣食物。

二、吐法

吐法,也叫催吐法,是利用药物涌吐的性能,引导病邪或有毒物质从口中吐出的一种治疗方法。

《素问·阴阳应象大论》说:"其高者,因而越之。"它适用于食积停滞胃脘、顽痰留滞胸膈、痰涎阻塞于气道而病邪有上涌之势者,或误食毒物尚在胃脘等病证。此外,有时吐法还可以代替升提法,用于癃闭或妊娠胞阻等病证。

吐法多用于病情严重急迫,必须迅速吐出积滞或毒物的实证。但因邪有寒热之分,又有邪实正气未伤和邪实正气已伤的不同。因此,吐法的具体运用一般可分为四类:寒药吐法,适用于热邪郁滞于上的病证;热药吐法,适用于寒邪郁滞于上的病证;峻药吐法,适用于邪实于上,病势急迫的病证;缓药吐法,适用于邪实正虚,病在上焦,且须采用吐法的病证。

应用吐法的注意事项:

1. 吐法是一种急救的方法,用之得当,收效迅速;用之不当,最易伤正气,故必须慎用。

2. 临床中凡见病势危笃、老弱气衰、失血证、喘证、幼儿及孕妇或产后气血虚弱者,均不得用吐法。

3. 吐法,一般以一吐为快,不宜反复使用。

4. 凡给予催吐剂时,吐后宜进稀粥等以自养,禁食辛辣、硬性食物,防止七情刺激、房室劳倦,谨避风寒。

三、下法

下法,也叫泻下法,是运用具有泻下作用的药物通泻大便,攻逐体内实热结滞和积水,以解除实热蕴结的一种治疗方法。它适用于寒、热、燥、湿等邪内结在胸膈、肠道,以及水结、宿食、蓄血、痰滞、虫积等里实证。

下法在临床中的运用,由于里实证有寒、热、水、血、痰、虫及病情的新、久、缓、急等不同,而分为多种下法。

寒下,适用于里实热证之大便不通、热结旁流以及肠垢结滞之痢疾等病证;温下,适用于寒痰结滞、胃肠冷积、寒实结胸及大便不通之病证;逐水,适用于阳水实证;润下,适用于肠道津液不足、阴亏血少的大便不通证;通瘀,适用于蓄血、瘀血内结证;攻痰,适用于痰滞壅阻证;驱虫,适用于虫积在肠道较重者;攻瘀,适用于瘀热结于下焦,体质尚实者。

以上诸法虽皆属下法,但通瘀、攻痰、驱虫等法中,均有其对症的主药,而下法只用以为佐。另以上各法又皆有缓急之分。峻下,必须在病势急迫且病人体质尚强时才能使用;缓下,是在病势轻缓或病人体质较弱的情况下使用。

应用下法的注意事项:

1. 下法中,特别是峻下逐水剂,极易损伤人体正气,故应用时务须注意以邪去为度。

2. 根据病情和病人的体质,以邪去为度,不可过量或久用,以防正气受损。服药后大便已通,应中病即止。

3. 邪在表或半表半里者不可下,阳明病腑未实者不可下。

4. 高龄津枯便秘或素体虚弱、阳气衰微者,以及新产后营血不足而大便难下者,皆不宜用峻下法;妇人行经期、妊娠期及脾胃虚弱者,均应慎用或禁用。

四、和法

和法,也叫和解法,是用和解或疏泄的方药,来达到祛除病邪、调整机体、扶助正气的一种治疗方法。和法的应用范围很广泛,除适宜于外感病中的往来寒热之少阳证外,凡内伤病的肝胃不和、肝脾不和、肠胃不和,肝气郁结的月经不调及肝木乘脾土之痛泻等脏腑不和病证,皆可应用。

和法适用于邪气在半表半里之间的少阳证,肝气犯胃、胃失和降之肝胃不和证,肝脾失调导致的腹痛、泄泻或月经不调等病证,邪在肠胃导致寒热并见的肠胃失调证等。一般情况下,在病势不太强盛,而汗、吐、下等法皆不适用且正气并不虚弱的状况下,均可使用。具体应用时,依病情的偏表、偏

里、偏寒、偏热以及邪正虚实,可分为以下几种和法:

和而兼汗,适用于病偏表而又需和解者;和而兼下,适用于病偏里实而又需和解者;和而兼温,适用于病偏寒而又需和解者;和而兼清,适用于病偏热而又需和解者;和而兼消,适用于内有积滞而又需和解者;和而兼补,适用于正气偏虚而又需和解者。

应用和法的注意事项:

1. 凡病邪在表,尚未入少阳者,慎用和法。

2. 邪气入里、阳明热盛之实证者,不宜用和法。

3. 症见三阴寒证者,均不宜使用和法。

五、温法

温法,也称祛寒法,是运用温热的方药来祛除寒邪和补益阳气的一种治疗方法。它是采用回阳救逆、温中散寒的方药,从而达到消除沉寒痼冷、补益阳气的一种方法。

温法,适用于里寒证。用以治疗寒邪侵及脏腑,阴寒内盛的寒实证;亦用于阳气虚弱,寒从内生的虚寒证。温法在临床应用时,根据寒邪所犯部位及正气强弱的不同,可分为温中祛寒、温经散寒、回阳救逆等方法。

温中散寒,适用于寒邪直中中焦,或阳虚中寒证;温经散寒,适用于寒邪凝滞经络、血脉不畅的寒痹证;回阳救逆,适用于亡阳虚脱、阴寒内盛的危候。另外,中医临床上常用的温肺化饮、温化寒痰、温肾利水、温经暖肝、温胃理气等治法,亦都属于温法的范围。

应用温法的注意事项:

1. 温法所用药物,性多燥热,易耗伤阴血。

2. 凡素体阴虚、血虚以及血热妄行的出血证,禁用温法。

3. 内热火炽、夹热下痢、神昏欲绝脱者,禁用温法。

4. 孕妇、产妇,均应慎用或禁用。

六、清法

清法,也叫清热法,是运用寒凉的方药,通过泻火、解毒、凉血等作用,以清除热邪的一种治疗方法。本法治疗范围广泛,凡外感热病,无论热在气分、营分、血分,只要表邪已解而里热炽盛者,均可应用。清热法的运用,根据热病发展阶段的不同和火热所伤脏腑不同,有清热泻火、清热解毒、清营凉血、清泻脏腑等不同用法。

清热泻火,适用于热在气分,属于实热的证候;清热解毒,适用于时疫温病、热毒疮溃等证;清热凉血,适用于热入营血的证候。按照邪热入气分、营分、血分之不同,临床上又可分为以下具体治法。

辛凉清热,适用于热在气分,热炽津伤之证;苦寒清热,适用于热在气分,属实热证者;透营清热,适用于热入营分证;咸寒清热,适用于热入血分证;养阴清热,适用于热灼伤阴,水不制火证;清热开窍,适用于高热不退、神志昏迷者。

邪热入于脏腑,用本法清泻脏腑之热邪,则有泻肺清热、清心降火、清肝泻火、清泻胃火等不同治法。

应用清法的注意事项:

1. 清热法所有的方药多具寒凉之性,常易损伤脾胃阳气,故一般不宜久用。

2. 凡体质素虚、脾胃虚寒者,表邪未解、阳气被郁而发热者,因气虚或血虚引致虚热证者,皆不宜用清法。

七、补法

补法,也叫补益法,是运用具有补养作用的方药,以益气强筋、补精益血,消除虚弱证候的一种治疗方法。适用于各种原因造成的脏腑气血、阴阳虚弱或某一脏腑虚损病证。补法一般分为补气、补血、补阴、补阳四大类,还依其病情不同,选用峻补、平补、缓补等治法。

补气法,适用于脾肺气虚,倦怠乏力,少气不足以息,自汗,脉虚大等症;补血法,适用于血虚与失血的患者,视其血热(宜补血行血以清之)、血寒(宜温经养血以和之)之不同,分别用药;补阴法,适用于阴精或津液不足而引起的病证;补阳法,适用于脾肾阳虚,表现为腰膝冷痛、下肢酸软不任步履、小腹冷痛、小便频数、阳痿、早泄等症者。除以上四类外,临床中使用补法时,常根据其虚在何脏,予以直补其脏。如补养心血法、补益心气法、养血柔肝法、滋阴润肺法、补气健脾法、滋阴补肾法、温补肾阳法等。另当某些脏腑的气、血、阴、阳俱虚时,则应几法相兼治疗,如脾肾双补、滋补肝肾、益气养阴等。

应用补法的注意事项:

1. 运用补法时应注意,对"真实假虚",即"大实有羸状"证,应绝对禁补,免犯误补益疾之戒。

2. 对邪实正虚而以邪气盛为主者,亦当慎用,防止造成"闭门留寇"的不良后果。

3. 在采用补剂时,为防止因虚不受补而发生气滞症,故宜在补剂中稍佐理气药。

八、消法

消法,也叫消导法或消散法,包括消散和破消两方面。是运用消食导滞、行气、化痰、利水等方药,使积滞的实邪逐步消导或消散的一种治疗方法。它适用于气、血、食、痰、湿(水)所形成的积聚、癥瘕、痞块等病证。

消法的运用,应依据疾病病因的不同而分别选择使用,通常可分为五类:

消食导滞,适用于饮食不当,脾胃不适,以致宿食停滞的病证;行气消瘀,适用于气滞血瘀证;消坚化积,适用于体内痰、湿、气、血相结,形成痞块、积聚、癥瘕等病证;消痰化饮,适用于痰饮蓄积的病证;消水散肿,适用于气不化水,水湿泛溢的病证。此外,虫积、内外痈肿等病证,亦可采用消法治疗。积聚癥瘕病有初期、中期、末期的不同,应根据正气的状况采用消散、消和、消补等不同治法。

应用消法的注意事项:

1. 消法虽不比下法峻猛,但用之不当,亦能损伤人体正气。

2. 气滞中满之臌胀及土衰不能制水之肿满;阴虚热病或脾虚而腹胀、便泻、完谷不化,妇人血枯而致月经停闭者,均应禁用消法。

3. 消法乃为祛邪而设,凡正气虚而邪实者,则应在祛邪的同时兼以扶正。

九、其他治法

(一)活血化瘀法

活血化瘀法,是运用具有行血、活血、祛瘀作用的药物治疗瘀血病证的治法。因血液循经而行,环流不息,周而复始,濡养全身,若脉道因内外各种致病因素的侵袭,影响血液的正常功能和运行,或体内存储离经之血,或有污秽之血,即可形成血瘀证。所以本法适用的范围很广泛,因成因和瘀阻部位不同,临床表现各异。临证时,应四诊合参,全面收集病情资料,辨明血瘀证的病因、病位、病性、症状、分型等,灵活应用活血化瘀之法。临床上常用的有以下具体治法:

行气化瘀法,适用于气滞血瘀所致的胸痛、胁痛、头痛、脘腹胀痛等症,常佐以疏肝理气或行气宽中之品,使气机疏通,血流无阻,促其瘀化;温经化瘀法,适用于寒邪外袭或阳气不足,寒以内生所致的血液瘀滞不通的血瘀兼寒证,常与温经散寒同用,以祛寒邪而促瘀化;益气化瘀法,适用于久病或正气不足,不能运血而致血瘀阻络者,常与补气药物并举,以扶正祛邪,逐瘀生新;通络化瘀法,适用于久治不愈的慢性病和一些身体各部脉络瘀阻,疼痛较盛之病证,以疏通经络,活血止痛;软坚逐瘀法,适用于十气为血滞,聚而成形之脘腹包块,按之有形之证,常同时配伍软坚散结之品。

应用活血化瘀法的注意事项:

1. 瘀血证有轻重,治疗应选用不同方药治疗。

2. 祛瘀过猛易伤正,在使用活血化瘀法时,常辅以益气养血之品,使祛瘀而不伤正。

3. 活血化瘀能促进血行,故凡出血证、妇女月经过多及孕妇均当慎用。

(二)开窍法

开窍法,是用辛香走窜、通窍开闭的方药,治疗窍闭神昏病证的治法。用于救治邪闭心窍而神志昏迷者。药物常用麝香、冰片、苏合香、石菖蒲等。针灸常选百会、人中、涌泉、内关、十宣或十二井等穴为主。

因病因有寒热之别,开窍法又有凉开、温开的不同。凉开法用于治疗温邪热毒内陷心包的热闭证或痰火内闭神昏证。常用方如安宫牛黄丸、紫雪丹、至宝丹等。常用药如牛黄、麝香、冰片、水牛角、黄连、羚羊角等。温开法用于治疗寒邪或痰浊内闭的寒闭证。常用方如苏合香丸、玉枢丹、通关散等。常用药如苏合香、丁香、荜茇、麝香、冰片等。

应用开窍法的注意事项:

1. 开窍法只适用于邪气盛实的闭证,脱证禁用。

2. 开窍方药大都气味芳香,辛散走窜,不可久服。

(三)固涩法

固涩法,也叫收涩法,是用药味酸涩,具有收敛固涩作用的方药,治疗精气血津液外遗或滑脱之证的一种治疗方法。它适用于自汗盗汗、久咳虚喘、久痢久泻、精关不固、小便失禁、崩中漏下、久带清稀等症。

因病因、病位不同,固涩法又分为敛汗固表法、涩精止遗法、涩肠固脱法、固崩止带法等。敛汗固表法,用于体虚汗出不止之证。阳虚卫外不固者,以补气固表,方如玉屏风散、牡蛎散等;阴虚盗汗者,以滋阴敛汗,方如当归六黄汤。常用药如麻黄根、浮小麦、龙骨、牡蛎等,配伍益气或养阴药。涩精止遗法,用于治疗肾虚不固所致的遗精、遗尿症。固肾涩精,常用方如金锁固精丸;止遗尿,常用方如桑螵蛸散、缩泉丸等。常用药如金樱子、菟丝子、山茱萸、益智仁、莲须、桑螵蛸、芡实、覆盆子、五味子等。涩肠固脱法,用于治疗脾肾虚寒,肠道不固的久泻久痢、滑脱不禁等症。常用方如四神丸、真人养脏汤等。常用药如诃子、赤石脂、石榴皮、禹余粮、补骨脂、肉豆蔻等,尚须配伍健脾益气或温阳药。固崩止带法,用于治疗妇女崩漏不止及带下淋漓之症。常用方如固冲汤、完带汤、易黄汤等。常用药如芡实、海螵蛸、白果、煅龙骨、煅牡蛎等固涩药,配伍健脾利湿药。

应用固涩法的注意事项:

1. 临床应用此法时,常配伍补益药,以标本兼顾。

2. 若外邪未尽,不宜过早使用此法,以免"闭门留寇"。

3. 痢泻初起,忌用固涩法,崩漏遗精、遗尿有热者,均慎用此法。

(刘克林)

复习思考题

1. 中医学的基本治则有哪些?

2. 何谓正治? 何谓反治? 各有哪些具体内容?

3. 何谓治病求本? 治病求本包括哪些内容?

4. 何谓"八法"? "八法"的临床适应证有哪些?

中　篇

第一章 中 药

【内容提要】

本章主要分中药概述及简介两部分。概述简要介绍了中药的炮制、性能及基本用法,包括配伍、禁忌等内容。中药简介部分按常用中药以功效分类,每类中药介绍1~3味,包括产地、性味归经、功效主治、用法用量、使用禁忌等内容。同类其他药列简表说明,以供参考。

【学习要点】

1. 掌握常用中药的性味、归经、功效主治以及特殊药物的用量、用法、配伍、禁忌。
2. 熟悉中药配伍理论及中药的性能。
3. 了解中药炮制方法及其基本知识。

中药是我国传统药物的总称。凡是以中医传统理论为指导,进行采收、加工、炮制、制剂,以利于临床应用的药物统称为中药。中药来源于天然药及其加工品,主要包括植物药、动物药、矿物药及部分化学、生物制品类药物等。由于中药以植物药居多,故一直以来人们习惯把中药称为"本草"。

历代医药学家在长期医疗实践中,大胆探索,不懈努力,积累了丰富的用药经验与方法,并逐步形成了独特的中药理论体系和应用形式。中药是中医学的重要组成部分,数千年来,中药作为防病治病的主要武器,在保障我国人民健康和民族繁衍中发挥着巨大作用。

第一节 中 药 概 述

一、中药的炮制

炮制是指药物在应用或制成各种剂型前必要的加工处理过程,包括对原药材进行的一般修制整理和部分药物的特殊处理。炮制是否得当,对保证药效、用药安全及制剂等有十分重要的意义。

(一) 炮制目的

1. **消除或降低毒副作用**　经炮制使有毒中药毒性成分减少或发生改变,毒副作用消除或降低,更能安全地服务于临床。如川乌、草乌及附子等,经炮制后,有毒成分乌头碱水解为乌头原碱,毒性大为降低。

2. **增强药效**　经炮制使有些药物有效成分的溶出和含量增加,或产生新的有效成分,使药效增强。

3. **改变药物性能**　炮制可影响药物的归经、四气五味及升降浮沉,使应用范围改变或扩大。如生地黄清热凉血、滋阴生津,炮制成熟地黄则能滋阴补血、填精补髓。

4. **利于贮存**　药物经纯净修制、除去杂质、制成饮片、干燥等方法炮制处理后,有利于药材贮藏和保存药效。

5. **便于服用**　一些动物药、动物粪便及有特殊臭味的药,经炮制后可矫味矫臭。

(二) 炮制方法

1. **修制法**　主要包括纯净、粉碎和切制三道工序,为进一步加工、贮存、调剂、制剂作准备。

2. **水制法**　用水或其他辅料处理药材的方法称水制法。其作用主要在于清洁药物、除去杂质、降低毒性、软化药物便于切制等。常用方法有漂洗、闷润、浸泡、喷洒、水飞等。

3. **火制法**　用火对药物进行加热处理的方法称火制法。根据加热的方法、温度、时间不同,可分为炒、炙、烫、煅、煨、炮、燎、烘等八种。火制法是应用最广泛的一种炮制方法。

4. 水火共制法　本法既要用水,又要用火。基本方法有蒸、煮、潬、淬、炖。

5. 其他制法　主要有制霜、发酵、发芽、药拌等。

此外,中药炮制过程中,常会应用炮制辅料。常用辅料有液体辅料(如酒、醋、蜂蜜、生姜汁及甘草汁等)和固体辅料(如白矾、食盐、麦麸、蛤粉及朱砂等)两大类。

二、中药的性能

中药的性能即中药药性理论,是历代医家在数千年医疗实践中,根据药物作用于人体所反映出来的各种生理病理信息,经不断推测、判断、总结出来的用药规律;并在长期临床实践中不断产生新的药性理论,使原有的药性理论得到不断充实和完善。

中药的性能主要包括四气、五味、升降浮沉、归经及毒性等内容。

（一）四气

四气是指药物具有寒、热、温、凉四种不同的药性,又称四性。药物的寒、热、温、凉是从药物作用于机体所发生的反应概括出来的。温次于热,温热属阳;凉次于寒,寒凉属阴。凡能治疗温热性疾病的药物,多属凉性或寒性;凡能治疗寒凉性疾病的药物,多属温性或热性。此外,还有一些寒、热之性不甚明显,作用平和的药物称平性药。

（二）五味

五味是指药物具有辛、甘、苦、酸、咸五种味道。药味不同则作用不同,现分述如下。

1. 辛　"能行、能散",即具有行气、发散、行血作用。如解表药、理气药、活血药,大多具有辛味,故多用于治疗外感、气滞血瘀等病证。

2. 甘　"能补、能和、能缓",即具有补益、调和、缓急的作用。补益药、调和药及止痛药多具有甘味,故多用于虚损、脏腑不和及疼痛等病证。

3. 酸　"能收、能涩",即具有收敛、固涩作用。收敛固涩药多具有酸味,故多用于治疗体虚多汗、肺虚久咳、久泻滑脱、遗精遗尿、崩漏带下等病证。

4. 苦　"能泄、能燥",即具有通泄、燥湿作用。如清热燥湿药大多具有苦味,故能泄热燥湿,常用于实热、实火及湿热等病证。

5. 咸　"能下、能软",即具有泻下通便、软坚散结等作用。如泻下药和软坚药大多具有咸味,故常用于治疗大便秘结、瘰疬瘿瘤、癥瘕痞块等病证。

此外尚有"淡"味药,本类药无明显味道,"淡"则"能渗、能利",即能渗湿利小便,常用于水肿、小便不利等病证。"涩"与"酸"味药作用相似,大多具有收敛固涩作用。

由于每一种药物都具有性和味,因此,两者必须结合起来看,性与味显示了药物的部分功能,也显示了某些药物的共性。只有认识和掌握每一味药的性能,才能准确地了解和使用药物。

（三）升降浮沉

升、降、浮、沉是指药物在治疗疾病时对人体的作用有不同趋向性。升,即上升提举;降,即下达降逆;浮,即向外发散;沉,即向内收敛。也就是说,升、降、浮、沉是指药物对机体有向上、向下、向外、向内四种不同作用趋向。药物的这种性能可用于调整机体气机紊乱,使之恢复正常,或因势利导,驱邪外出,达到治愈疾病的目的。

一般地讲,升浮药,大多性温、热,味属辛、甘、淡,多为气厚味薄之品,总的属性为阳。本类药物质地轻清空虚,其作用趋向特点多为向上、向外;沉降药,大多性寒、凉,味属酸、苦、咸,多为气薄味厚之品,总的属性为阴。其质地多重浊坚实,药物趋向多为向下、向内。

药物的升降浮沉受多种因素影响,主要与气味厚薄、四气、五味、用药部位、质地轻重、炮制、配伍等有关。

（四）归经

药物对某经（脏腑或经络）或某几经发生明显作用，而对其他经作用较少，甚至无作用，这种对机体某部分的选择性作用称归经。如酸枣仁能安神治心悸失眠，归心经。有些药物，可以同时归数经，说明该药对数经病变均有治疗作用。如山药能补肾固精、健脾止泻、养肺益阴，归肾、脾、肺经。因此，归经指明了药物治病的范围，药物的归经不同，治疗的范围也就不同。

一些不但能自入某经，而且还能引导它药进入某经的药物称为引经药。引经药起"向导"作用，能引导"诸药直达病所"。部分引经药如手太阴肺经的桔梗、升麻、辛夷、葱白；手阳明大肠经的白芷、石膏；手少阴心经的细辛；手太阳小肠经的竹叶；足太阴脾经的苍术；足阳明胃经的石膏、葛根；足少阴肾经的肉桂、细辛；足太阳膀胱经的羌活；足厥阴肝经的柴胡、吴茱萸；足少阳胆经的柴胡、青皮；手厥阴经心包经的柴胡、丹皮；手少阳三焦经的连翘、柴胡。

（五）中药毒性

正确认识中药毒性，是安全用药的重要保证。有毒中药大多效强功捷，临床用之得当，则可立起沉疴；若用之失当，则可引起中毒。

1. **毒性分级**　根据中毒表现严重程度，可将其分为三级，即大毒、有毒及小毒。

（1）大毒：中毒症状严重，常引起主要脏器严重损害，甚至造成死亡者，归为"大毒"。如生草乌、生川乌、马钱子等。

（2）有毒：当用量过大或用药时间过久，出现严重中毒症状，并引起重要脏器损害，甚至造成死亡者，归为"有毒"。如附子、蜈蚣、白花蛇、雄黄等。

（3）小毒：中毒症状轻微，一般不损害组织器官，不造成死亡者，归为"小毒"。如吴茱萸、细辛、鸦胆子、苦杏仁、䗪虫等。

2. **中毒原因**　了解中药中毒的原因，对于预防中药中毒十分必要。其主要原因有：

（1）剂量过大：超过常规剂量或超大量服用是引起中毒的重要原因之一，即使毒性不大的一些常用药物，如果超大量服用，亦可造成中毒，甚至死亡。

（2）服用太久：超疗程长期服用，容易导致蓄积中毒。如长期服用朱砂可引起中枢神经系统和肾脏损害，出现痴呆及血尿、蛋白尿等。

（3）炮制不当：不少中药，特别是有毒中药，如川乌、草乌、附子等，使用前必须经过严格炮制，以降低药物毒性或消除药物副作用，如使用上述炮制不当或未经炮制的生品，即会引起中毒。

（4）配伍失误：临床处方中，违背了"十八反""十九畏"配伍禁忌，或配伍不当，如朱砂与碘化物或溴化物类药物同用，即会引起中毒反应。

（5）制剂不妥：药物因制剂不同，其药效、毒性也不同。酒能使川乌、草乌、附子等毒性增加。在制剂过程中，煎煮时间适宜，可以消除或缓解毒性，如乌头、附子等，先煎久煮可使其毒性下降，若煎煮时间太短，即会引起中毒。

（6）外用失控：外用中药可经皮肤、黏膜吸收引起中毒，甚至死亡。主要为大面积广泛、长期使用所致。

（7）误食误用：民间常因自采、自购、自用而误食；医界常因错收、错买、错发而误用。

3. **预防措施**　应用有毒药物时，除在炮制、配伍、制剂等环节尽量减轻或消除其毒副作用外，还应做到以下几点：首先，应掌握有毒中药的品种及其使用的特殊要求和注意事项；其次，要根据病人体质强弱和病情轻重，严格控制药物剂量和服药时间；第三，要在治疗过程中严密观察可能出现的毒副反应，做到早诊断、早停药、早处理。

三、中药的用法

（一）配伍

根据病情不同和临床辨证，有选择地将两种或两种以上药物组合在一起应用叫配伍。在长期临床用药实践中，把单味药的应用和药物的配伍关系总结为"七情"，以表示药物之间的相互作用。现将"七情"配伍关系分述如下。

1. **单行** 用一味药治疗疾病谓单行。如人参治疗气虚欲脱证。

2. **相须** 两种性能、功效相同或相似的药物合用,以增强疗效的配伍叫相须。如麻黄配桂枝,增强了发汗解表、祛风散寒作用。

3. **相使** 两种药合用,一种药物为主,另一种药物为辅,辅药可以提高主药功效的配伍叫相使。如吴茱萸配生姜,生姜可增强吴茱萸暖肝温胃、下气止呕的作用。

4. **相畏** 一种药物的毒副作用,被另一种药物所抑制,使其毒副作用减轻或消失的配伍叫相畏。如半夏畏生姜,即生姜可抑制半夏的毒副作用。

5. **相杀** 一种药物能够清除另一种药物毒副作用的配伍叫相杀。如金钱草杀雷公藤毒,防风杀砒霜毒等。

6. **相恶** 一种药物能破坏另一种药物的功效,使其作用减弱,甚至消失的配伍叫相恶。如生姜恶黄芩,黄芩能削弱生姜的温胃止呕作用。

7. **相反** 两种药物配伍应用后,产生毒性反应或副作用,即谓之相反。如贝母反乌头、附子等,详见用药禁忌"十八反""十九畏"。

七情配伍关系中,临床用药时,除单行外,相须相使、相畏相杀是常用的配伍方法,而相恶相反则是配伍禁忌。

（二）用药禁忌

为了保证用药安全和药物疗效,应当注意用药禁忌。中药用药禁忌主要包括配伍禁忌、妊娠用药禁忌、证候用药禁忌及服药食忌四方面的内容。

1. **配伍禁忌** 是指某些药物配伍使用,会产生或增强毒副作用,或破坏和降低原药物的药效,因此临床应当避免配伍使用。

（1）中药配伍禁忌:主要包括药物七情中相反、相恶两个方面的内容。历代医家对配伍禁忌药物的认识都不一致,金元时期才把药物的配伍禁忌概括为"十八反""十九畏",并编成歌诀传诵至今。

（2）中西药联合应用配伍禁忌:中西药联合应用不当时也会产生不良反应,出现毒副作用而影响临床疗效。在中西药并用,或中西药在一日之内交替使用时,都必须严格掌握中西药的配伍禁忌。主要有:①形成难溶性物质,影响吸收而降低疗效;②影响药物的分布与排泄;③抑制酶活性;④酸碱中和;⑤产生毒性反应;⑥拮抗作用;⑦产生酶促作用,加速体内代谢,使疗效降低;⑧产生酶抑作用,增加副作用;⑨作用类似,易致中毒。

2. **妊娠用药禁忌** 是指对妊娠母体或胎儿具有损害,干扰正常妊娠的药物。根据药物作用的强弱,一般分为禁用和慎用两类,禁用的药物大多毒性强、药性猛烈,如斑蝥、麝香、虻虫、水蛭、三棱、莪术等;慎用的药物主要有活血破血、攻下通便、行气消滞及大辛大热之品,如桃仁、红花、乳香、没药、大黄、枳实、附子等。

3. **证候用药禁忌** 由于药物具有寒热温凉和归经等特点,因而一种药物只适用于某种或某几种特定的证候,而对其他证候无效,甚或出现反作用,即为禁忌证。一般药物大多有证候禁忌,其内容详见于各论每味药物的"使用注意"项。

4. **饮食禁忌** 是指服药期间对某些食物的禁忌,简称食忌。食忌包括病证食忌和服药食忌两方面的内容。

（1）病证食忌:是指治疗疾病时,应根据病情的性质忌食某些食物,以利于疾病的痊愈。

（2）服药食忌:是指服药时不宜同吃某些食物,以免降低疗效、加剧病情或变生他证。如服人参时忌食萝卜等。

（三）中药用量

中药的用量即剂量,是指用药的分量。用量是否得当,是直接影响药效及临床疗效的重要因素之一。中药绝大多数来源于生药,药性平和,安全剂量幅度大。但对于一些药性猛烈和有剧毒的药物,必须严格控制用量。一般地讲,应根据以下几方面因素来确定中药的剂量。

1. 药物性质与剂量　毒性大、作用峻烈的药物,如马钱子、砒霜等用量宜小;质坚体重的药物如矿物、介壳类用量宜大;质松量轻的药物如花、叶等用量宜小;鲜药含水分较多,用量宜大,而干品用量宜小。

2. 药物配伍与剂量　单方剂量比复方重;复方中,君药比辅药重;入汤剂要比入丸、散剂量重。

3. 年龄、体质、病情与剂量　一般地讲,小儿、妇女产后及年长体弱者均要减少用量;五岁以上用成人量的1/2,五岁以下用成人量的1/4;或根据体重酌情加减;病情轻、病势缓、病程长者用量宜小;病情重、病势急、病程短者用量宜大。

4. 季节、地域与剂量　如发汗解表药夏季用量宜小,冬季用量宜大;苦寒泻火药夏季用量宜重,冬季用量宜轻。解表药在严寒冬天的北方,用量宜重;在炎热夏天的南方,用量宜轻。

(四) 中药煎服法

中药汤剂是临床最常用的口服剂型,其煎法和服法对药效发挥具有重要影响。

1. 煎药法　是指中药汤剂的煎煮方法。煎煮质量的好坏直接影响疗效和用药安全。

(1) 煎药用具:以砂锅、瓦罐为最好,搪瓷罐次之,忌用铜、铁锅,以免发生化学反应而影响疗效。

(2) 煎药用水:古时曾用井水、雨水、泉水、米泔水煎煮。现在多用自来水、井水等洁净的水。

(3) 煎煮火候:有文火及武火之分。使温度上升及水液蒸发迅速的火候谓武火,缓慢的火候称文火。

(4) 煎煮方法:正确的方法是先将药物放入容器内,加冷水漫过药面,浸泡30~60分钟,使有效成分易于煎出。一般煎煮2~3次,煎液去渣滤净,混合后分2~3次服用。煎药火候的控制根据药物性能而定。一般地讲,解表药、清热药宜武火急煎,补益药宜文火慢煎。有些药物因质地不同,煎法特殊,归纳起来主要有:①先煎:介壳及矿石类药宜打碎先煎20~30分钟后,再下其他药物同煎,以使有效成分完全析出。对乌头、附子等毒副作用较强的药物,宜先煎45~60分钟,以降低毒性,保证用药安全。②后下:气味芳香的药物如薄荷、木香、砂仁、沉香等,久煮易使有效成分挥发;钩藤、大黄及番泻叶等,久煎可使有效成分破坏,故均宜后下。③包煎:对于蛤粉、滑石等黏性强、粉末及带有绒毛的药物,宜用纱布包好,再与其他药物同煎,可避免药液混浊,或刺激咽喉引起咳嗽,或沉于锅底焦化。④另煎:对于人参等贵重药物,宜单独另煎2~3小时,以便更好地煎出有效成分。⑤溶化:又称烊化。如阿胶、龟胶、鹿角胶等为避免入煎粘锅,往往用水或黄酒加热溶化兑服。

2. 服药法　主要包括服药时间及服药方法。

(1) 服药时间:汤剂一般每日一剂,一次剂量约100~200ml,小儿酌减,分2~3次服。急重病可不拘时间,慢病应定时服。一般地讲,病在胸膈以上宜饭后服,病在胸膈以下宜饭前服;补益药多滋腻碍胃,宜早晚空腹服;对胃有刺激的药物宜饭后服;驱虫药及泻下药宜空腹服;宁心安神药宜睡前服。

(2) 服药方法:一般汤剂宜温服,但解表剂宜偏热服;寒证用热药宜热服,热证用寒药宜冷服;丸、散剂均可用温开水吞服。

第二节　中药分类及常用中药

一、解表药

以发散表邪为主要作用,解除表证的药物称解表药。根据其药性和主治不同,一般将其分为发散风寒药和发散风热药两类。发散风寒药多属辛温,故又名辛温解表药,适用于风寒表证;发散风热药多属辛凉,故又名辛凉解表药,适用于风热表证。解表药通过发汗解除表证,若用之不当,汗出过多,则伤津耗气。因此,本类药物不可久用或过量使用,应中病即止。凡自汗盗汗、呕吐泻痢、吐血下血、麻疹已透、疮疡已溃、热病后期津液已亏等病证,均应慎用。

(一) 辛温解表药

这类药物大多味辛性温,辛能散,温能通,故发汗作用强,适用于外感风寒表证。有些辛温解表药还具有温经通脉、祛风除湿、透疹止痒等功效,可用于风寒湿痹及风疹、麻疹等病证。

桂 枝

为樟科植物肉桂 *Cinnamomum cassia* Presl 的嫩枝。主产于广西、广东等地。

【性味归经】 辛、甘,温。归心、肺、膀胱经。

【功效主治】

1. **辛温解表** 用治外感风寒表证。属表实证者,常与麻黄同用;属表虚证者,常与白芍、生姜同用。
2. **温经通脉** 用治寒凝经脉所致的胸痹,常与瓜蒌、丹参、川芎等同用;痛经者,常与桃仁、牡丹皮同用;风寒湿痹者,常与附子、独活、黄芪等同用。
3. **助阳化气** 用治脾肾阳虚所致的水湿内停,常与白术、茯苓同用。

【用法用量】 煎服,3~10g。

【使用注意】 温热病、阴虚火旺、血热妄行及孕妇慎用。

麻 黄

为麻黄科植物草麻黄 *Ephedra sinica* stapf. 、木贼麻黄 *E. equisetina* Bge. 及中麻黄 *E. intermedia* Schrenk et C. A. Mey. 的草质茎。草麻黄主产于河北、山西等地;木贼麻黄主产于宁夏、新疆、内蒙古等地;中麻黄主产于甘肃、青海等地。

【性味归经】 辛、微苦,温。归肺、膀胱经。

【功效主治】

1. **辛温解表** 用治外感风寒表实证,常与桂枝等配伍,以增强发汗解表作用。
2. **宣肺平喘** 用治风寒外束、肺气失宣的寒喘,常与干姜、苦杏仁等同用;风热犯肺之喘咳痰多,常与生石膏、黄芩、苦杏仁等配伍。
3. **利水消肿** 用治风水泛滥证。风寒偏盛,常与生姜、苏叶等同用;风热偏盛,常与生石膏、白术等同用。

【用法用量】 煎服,3~10g。发汗生用;止咳平喘蜜炙用。

【使用注意】 发汗力强,用量不宜过大。体虚多汗、肺虚咳喘者慎用。

（二） 辛凉解表药

本类药物多味辛性凉,发汗解表作用和缓,主要适用于外感风热表证。有些辛凉解表药还有透疹、解毒功效,可用于风疹、麻疹和疮疡肿毒初起。

柴 胡

为伞形科植物柴胡 *Bupleurum chinense* DC. 或狭叶柴胡 *Bupleurum scorzonerifolium* Willd. 的根或全草。前者习称"北柴胡",主产于河北、辽宁、黑龙江、吉林、陕西等地;后者习称"南柴胡",主产于湖北、四川、江苏等地。

【性味归经】 苦、辛,微寒。归肝、胆、脾、胃、三焦经。

【功效主治】

1. **疏散风热** 用治外感风热表证,常与葛根、黄芩、升麻等同用。
2. **和解表里** 用治邪入少阳的半表半里证,常与法半夏、黄芩等同用。
3. **疏肝解郁** 用治肝气郁结,常与白芍、当归等同用。
4. **升阳举陷** 用治气虚下陷的久泻、脱肛、阴挺等,常与升麻、黄芪同用。

【用法用量】 煎服,3~10g。升阳生用或酒炙;疏肝醋炙;解表退热生用。

【使用注意】 本品药性升发,凡气逆不降、肝阳上亢者等均当慎用。

葛 根

为豆科植物野葛 *Pueraria lobata*（Willd.）Ohwi 的根。主产于四川、重庆、浙江、河南、湖南等地。

【性味归经】甘、辛,凉。归脾、胃经。

【功效主治】

1. **发表解肌**　用治外感表证。属风寒者,常与麻黄、桂枝等同用;属风热者,常与柴胡、黄芩等同用。
2. **生津止渴**　用治热病口渴或消渴,可单用或与天花粉、麦冬等同用。
3. **透发麻疹**　用治麻疹初起或疹出不畅,常与升麻、白芍等同用。
4. **升阳止泻**　用治脾虚泄泻,常与党参、白术等配伍;湿热泻痢,常与黄芩、黄连等同用。

【用法用量】煎服,9~15g。发表解肌、生津止渴、透疹生用;升阳止泻煨用。

【使用注意】夏日表虚多汗及胃寒者慎用。

其他解表药见表1-1所示。

表1-1　其他解表药简表

	药名	性味	归经	功效	主治	用量(g)	备注
辛温解表药	羌活	辛、苦,温	膀胱、肾	散寒解表 祛风除湿 通痹止痛	外感风寒,风寒湿痹 风水浮肿,疮疡肿毒	3~10	阴亏血虚及头痛者慎用。血虚痹痛忌用
	细辛	辛,温	肺、肾	发散风寒 祛风止痛 温肺化饮	阳虚外感,痰饮壅盛 风寒湿痹,鼻渊头痛	1~3	反藜芦。有小毒,散剂每次0.5~1g
	紫苏	辛,温	肺、脾、胃	散寒解表 行气和胃 化痰平喘 安胎解毒	外感风寒,脾胃气滞 痰壅咳喘,胎动胎漏	6~10	解表散寒用叶,可解鱼蟹毒;安胎用梗;止咳平喘用子
	白芷	辛,温	肺、胃、大肠	散寒解表 消肿排脓 通窍止痛 祛风除湿	外感风寒,痈疡疮疖 鼻渊浊涕,风湿痹证	6~10	长于治鼻渊 阴虚血热忌服
	苍耳子	辛、苦、温	肺	散寒解表 通窍止痛 祛风除湿	外感风寒 鼻渊头痛 风寒湿痹	3~10	小毒。一次用量超过100g可中毒致死
	藁本	辛,温	膀胱	散寒解表 祛风止痛	外感风寒,巅顶头痛 头晕目眩,风寒湿痹	3~10	血虚、阳亢及火热头痛忌用
	辛夷	辛,温	肺、胃	散寒解表 宣通鼻窍	外感风寒 鼻渊头痛	3~10	
辛温解表药	防风	辛、甘,微温	膀胱、肝、脾	祛风解表 胜湿止痛 祛风止痉 透疹止痒	风寒风热,风寒湿痹 风中经络,麻疹初起	3~10	阴血亏虚、热病动风者不宜用
	荆芥	辛,微温	肺、肝	祛风解表 透疹止痒 散瘀止血	风寒风热,风疹瘙痒 疹出不畅,各种血症	3~10	止血宜炭用;阴虚火旺、面赤头痛不宜用
	生姜	辛,温	肺、脾、胃	散寒解表 温中止呕 温肺化饮	外感风寒,虚寒呕吐 寒湿痰壅,脘腹胀满	3~10	解毒半夏、南星中毒。热胜者忌服
	葱白	辛,温	肺	发汗解表 通阳散寒	风寒外感,阴盛格阳	5~15	外敷有散结通络下乳之功

续表

药名	性味	归经	功效	主治	用量(g)	备注
辛凉解表药						
牛蒡子	辛、苦,寒	肺、胃	疏风散热 宣肺透疹 解毒利咽	外感风热,风疹瘙痒 麻疹不透,痈疽咽痛	6~12	热毒壅滞兼大便秘结尤宜
桑叶	苦、甘,寒	肝、肺	疏散风热 清肺润燥 平肝明目	风热表证,燥热伤肺 肝阳上亢,目赤肿痛	6~12	外用煎水洗眼;润肺止咳蜜炙
升麻	辛、微甘,微寒	肺、脾、胃、大肠	辛凉解表 宣毒透疹 升阳举陷 清热解毒	外感风热,麻疹初起 中气下陷,胃热口疮	3~10	麻疹已透,阴虚火旺或阳亢者忌服
薄荷	辛,凉	肺、肝	疏散风热 清利头目 疏肝行气	外感风热 肝郁气滞	3~10	宜后下;体虚多汗者不宜用
菊花	甘、辛、苦,微寒	肺、肝	疏散风热 清肝明目 平肝潜阳 清热解毒	风热表证,温病初起 肝经风热,肝火上攻 肝阳上亢,疔疮痈疽	3~10	疏散风热宜黄菊花,明目宜白菊花,清热解毒宜野菊花
辛凉解表药						
蔓荆子	辛、苦,微寒	肝、胃、膀胱	疏风散热 清肝明目 祛风除湿	外感风热,目赤肿痛 风湿痹痛,肿胀作痛	6~12	本品长于治风热头痛
蝉蜕	甘,寒	肺、肝	疏风散热 透疹止痒 明目退翳 息风止痉	外感风热,风疹瘙痒 翳膜遮睛,神昏抽搐	5~10	孕妇慎用
淡豆豉	苦、辛,凉	肺、胃	解表除烦 宣发郁热	外感表证,胸中烦闷 热郁懊恼,虚烦不眠	6~12	本品发散而不伤正

二、祛风湿药

以祛风除湿为主要作用,治疗风寒湿痹的药物称为祛风湿药。此类药物辛散祛风,苦燥除湿,性温散寒,有的祛风湿药还有补肝肾、强筋骨作用,有的兼有发汗解表、利水消肿、和中化浊、活血解毒等作用,部分辛散温燥的药对阴虚血亏者应慎用。

独 活

为伞形科植物重齿毛当归 *Angelica pubescens* Maxim. *f. biserrata* Shan et Yuan 的根。主产于湖北、重庆、四川、安徽、浙江、江西、广东等地。

【性味归经】辛、苦,微温。归肾、膀胱经。

【功效主治】

1. 祛风除湿 用治风寒湿痹证,常与秦艽、桑寄生、细辛、牛膝等同用。

2. 散寒止痛 用治外感风寒夹湿证,常与羌活、蔓荆子、藁本等同用。

【用法用量】煎服,3~10g。外用适量。

【使用注意】本品辛散温燥,阴虚及气血不足者慎用。

桑　寄　生

为桑寄生科植物桑寄生 *Taxillus chinensis*（DC.）Danser 的干燥带叶茎枝。主产于广西、广东等地。

【性味归经】苦、甘，平。归肝、肾经。

【功效主治】

1. **祛风除湿**　用治风湿痹证，常与防风、独活等同用。
2. **强筋健骨**　用治肝肾不足证，常与杜仲、牛膝同用。
3. **养血安胎**　用治血虚崩漏、妊娠下血等，常与菟丝子、阿胶、续断等同用。

【用法用量】煎服，6～15g。

【使用注意】血压低者慎用。

其他祛风湿药见表1-2所示。

表1-2　其他祛风湿药简表

药名	性味	归经	功效	主治	用量(g)	备注
秦艽	辛、苦，微寒	胃、肝、胆	祛风除湿 清热除蒸 清利湿热	风湿痹证 阴虚内热 湿热黄疸	3～10	
威灵仙	辛、咸，温	膀胱	祛风除湿 通络止痛 软坚消鲠	风寒湿痹 跌打损伤 诸骨鲠喉	3～10	有小毒。气血虚者忌用
五加皮	辛、苦、温	肝、肾	祛风除湿 强筋健骨 利水消肿	风寒湿痹 肝肾不足 小便不利	5～15	阴虚火旺者慎用
海风藤	辛、苦 微温	肝、肾	祛风除湿 通络止痛	风湿痹痛 跌打损伤	6～12	
桑寄生	苦、甘，平	肝、肾	祛风除湿 强筋健骨 养血安胎	风湿痹痛 肝肾不足 血虚胎漏	6～15	
木瓜	酸，温	肝、脾	祛风除湿 舒筋活络 化湿和胃	风寒湿痹 筋脉挛急 夏伤暑湿	6～10	
豨莶草	辛、苦，寒	肝、肾	祛风除湿 舒筋活络 清热解毒	风湿热痹 风中经络 痈肿疔毒	6～12	
伸筋草	辛、苦，温	肝、肾、脾	祛风除湿 舒筋活络	风寒湿痹 筋脉拘急	6～12	可浸酒服。孕妇慎用
防己	苦、辛，寒	肺、脾、膀胱	祛风除湿 利水消肿 清热利湿	风湿热痹 肢肿腹满 膀胱湿热	6～10	小毒。木防己含马兜铃酸，有毒，慎用
马钱子	苦，温	肝、脾	祛风除湿 散结消肿 通络止痛	风湿顽痹 疔毒痈疽 跌打损伤	0.3～0.6	大毒。炮制后入丸散用。过量易致中毒，不可多服久服

续表

药名	性味	归经	功效	主治	用量(g)	备注
昆明山海棠	苦、涩,温	肝、肾	祛风除湿 续筋接骨 祛瘀通络	风寒湿痹 骨折筋伤 跌打损伤	6~10	大毒。服用过量易中毒。孕妇禁用
川乌	辛、苦,热	心、肝 肾、脾	祛风除湿 温经止痛	风寒湿痹 寒疝作痛	1.5~3	大毒。内服制用,先煎。反半夏、白蔹、瓜蒌、贝母等
草乌	同川乌	同川乌	同川乌	同川乌	1.5~3	毒性比川乌更大
桑枝	微苦,平	肝	祛风除湿 通络消肿 祛风止痒	风湿痹痛,中风不遂 水肿脚气,风疹瘙痒	10~15	
络石藤	苦,微寒	心、肝、肾	祛风通络 凉血消肿	风湿热痹 热毒疮疡	6~12	阳虚畏寒及便溏者慎用
乌梢蛇	甘,平	肝	祛风通络 定惊止痉 祛风杀虫	风湿顽痹 抽搐痉挛 恶疮皮癣	9~12	
雷公藤	苦、辛,寒	肝、脾	祛风除湿 利水消肿 杀虫止痒	风湿顽痹 水肿腹满 皮肤顽癣	6~12	大毒。孕妇忌用

三、祛湿药

以祛除湿邪为主要作用,治疗水湿停聚的药物称祛湿药。据其性味功效不同,又分为化湿燥湿、利水渗湿、清热利湿等三类。本类药物易耗气伤阴,故气虚及阴虚血燥者慎用。

(一)化湿燥湿药

以化湿燥湿、健脾和胃为主要作用,治疗湿阻中焦的药物称化湿燥湿药。因药物气味芳香,故又称芳香化湿药。本类药物主要适用于湿犯中焦所致的脘腹痞满、食少倦怠、呕恶泄泻等病证。其药物大多含挥发油,宜后下,不应久煎。

藿 香

为唇形科植物广藿香 Pogostemon cablin(Blanco)Benth. 或藿香 Agastache rugosa(Fisch. et Mey)O. Ktze. 的地上部分。藿香又名"土藿香",全国大部分地区均产,主产于重庆、四川、云南等地。广藿香主产于广东、海南等地。

【性味归经】辛,微温。归脾、胃、肺经。

【功效主治】

1. **化湿解暑** 用治夏季外寒内冷所致的暑湿证,常与佩兰、紫苏、厚朴等同用。
2. **和中止呕** 用治湿阻中焦,常与半夏、丁香、白术等同用。
3. **醒脾化湿** 用治寒湿困脾,常与苍术、厚朴等同用。

【用法用量】煎服,5~10g。鲜品解暑化湿、辟秽力强,用量加倍。

【使用注意】阴虚血燥者忌用。

苍　术

为菊科多年生植物茅苍术（南苍术）*Atractylodes lancea*（Thunb.）DC. 或北苍术 *Atractylodes chinensis*（DC.）Koidz. 的根茎。前者主产于江苏、湖北、河南、安徽等地；后者主产于河北、山西、陕西、内蒙古及东北等地。

【性味归经】辛、苦,温。归脾、胃、肝经。

【功效主治】

1. 燥湿健脾　用治中焦湿滞,常与茯苓、厚朴、陈皮等同用。

2. 祛风除湿　用治风湿寒痹,常与桂枝、防风、独活、秦艽等同用;风湿热痹,常与黄柏、薏苡仁、川牛膝等同用。

3. 散寒解表　用治外感风寒夹湿,常与白芷、川芎、羌活等同用。

4. 养肝明目　用治青盲、夜盲等,常与黑芝麻、草决明、猪肝等同用。

【用法用量】煎服,5～10g。亦可熬膏或入丸散用。

【使用注意】苍术香燥伤阴,阴虚内热及表虚多汗者忌用。

（二）利水渗湿药

以利水渗湿、通利小便为主要作用,治疗水湿停聚的药物称利水渗湿药。本类药物大多味淡,又称淡渗利湿药,主要适用于水湿停聚所致的水肿胀满、小便不利等病证。本类药物易伤阴耗液,阴虚津亏者慎用。

茯　苓

为多孔菌科真菌茯苓 *Poria cocos*（Schw.）Wolf 的菌核。寄生于松科植物赤松或马尾松等树根上。色白者名"白茯苓",淡红者名"赤茯苓",黑色外皮为"茯苓皮",菌核中带有根的为"茯神"。主产于云南、湖北、河南、贵州等地。

【性味归经】甘、淡,平。归心、脾、肾经。

【功效主治】

1. 利水渗湿　用治水肿胀满、小便不利,常与猪苓、泽泻、白术等同用。

2. 补中健脾　用治脾虚湿盛之食少便溏,常与党参、白术等同用。

3. 宁心安神　用治心悸怔忡、失眠健忘等,常与龙眼肉、酸枣仁等同用。

【用法用量】煎服,10～15g。利水宜用茯苓皮;安神宜用茯神;健脾宜用茯苓。

【使用注意】虚寒滑精者忌服。

（三）清热利湿药

以清利湿热为主要作用,治疗湿热证的药物称清热利湿药。本类药物主要适用于湿热所致黄疸、热淋、血淋等病证。热盛常配清热解毒药,湿盛常配芳香化湿药。

茵　陈

为菊科植物茵陈蒿 *Artemisia capillaris* Thunb. 或滨蒿 *A. scoparia* Waldst. et Kit. 的幼苗。全国大部分地区均产,主产于山西、陕西、安徽等地。

【性味归经】苦、辛,微寒。归脾、胃、肝、胆经。

【功效主治】

1. 利胆退黄　用治湿热阳黄,常与栀子、大黄等同用;寒湿阴黄,常与附子、白术、干姜等同用。

2. 除湿止痒　用治湿热内蕴所致风瘙隐疹、湿疹疥疮等,可与黄柏、苦参、地肤子等配伍。

【用法用量】煎服,10~15g。外用适量,煎汤熏洗。

【使用注意】脾虚血亏所致萎黄慎用。

其他祛湿药如表1-3所示。

四、清热药

以清除里热为主要作用,治疗热性病证的药物称清热药。根据其作用不同,分清热泻火、清热解毒、清热凉血、清热燥湿、清热解暑、清热明目、清虚热七类。清热药物大多药性苦寒,故脾胃虚弱、虚寒或便溏者慎用。

(一)清热泻火药

以清热泻火为主要作用,治疗气分实热证的药物称清热泻火药。热为火之渐,火为热之极,清热与泻火两者不可截然分开,凡能清热的药物,大多皆能泻火。本类药物主要适用于热入气分所致高热、口渴、汗出、脉洪大、烦躁,甚至神昏谵语等病证。

表1-3 其他祛湿药简表

	药名	性味	归经	功效	主治	用量(g)	备注
化湿燥湿药	佩兰	辛,平	脾、胃、肺	化湿和中解暑发表	湿浊中阻外感暑湿	5~10	鲜用加倍
	砂仁	辛,温	脾、胃、肾	化湿开胃温脾止泻理气安胎	湿阻中焦虚寒吐泻妊娠恶阻	3~6	
	豆蔻	辛,温	肺、脾、胃	化湿消痞温中止呕	湿浊中阻胃寒呕吐	3~6	
	草蔻	辛,温	脾、胃	燥湿健脾温胃止呕	寒湿中阻腹胀呃逆	3~6	入散较佳
	草果	辛,温	脾、胃	燥湿温中除痰截疟	寒湿中阻疟疾痰饮	3~6	
	厚朴	辛、苦,温	脾、胃、肺、大肠	燥湿消积行气除满	湿阻中焦,咳喘痰饮脘腹痞满,食积不化	3~10	孕妇慎用
利水渗湿药	猪苓	甘、淡,平	肾、膀胱	利水渗湿	脾虚湿停	6~12	
	薏苡仁	甘、淡,凉	脾、胃、肺	健脾渗湿清热排脓除痹止痛	脾虚湿盛,湿痹拘挛肺痈吐脓,肠痈腹痛	10~30	健脾止泻炒用,清热除湿生用
	萆薢	苦,平	肾、胃	利湿化浊祛风除湿	下焦湿浊风湿痹痛	6~15	
	玉米须	甘,平	肝、胆、膀胱	利水渗湿平肝利胆	水湿停聚阳黄阴黄	30~60	
	冬瓜皮	甘,凉	脾、小肠	利水渗湿清热解暑	水湿肿满暑热烦渴	15~30	仁清热化痰、排脓消痈
	蝼蛄	咸,寒	膀胱、大肠、小肠	利水渗湿清淋通闭	面浮腹肿石淋砂淋	6~10(研末)	
	赤小豆	甘、酸,平	心、小肠	利水渗湿解毒排脓	水肿胀满肠痈乳痈	10~30	治疗疮肿毒宜研末外用

续表

	药名	性味	归经	功效	主治	用量(g)	备注
清热利湿药	滑石	甘、淡,寒	胃、肺、膀胱	利尿通淋 解暑祛湿 解毒敛疮	热结膀胱,暑湿湿温 湿疹湿疮,热痱作痒	10~15	包煎。脾虚、热病伤津及孕妇忌用。外用适量
	海金沙	甘、咸,寒	膀胱、小肠	清热利湿 通淋止痛	膀胱湿热 诸淋涩痛	6~15	宜包煎。肾阴亏虚者慎服
	金钱草	甘、咸,微寒	肝、胆、肾、膀胱	清热利湿 排石退黄 解毒消肿	肝胆湿热 石淋热淋 疮疖疔毒	15~60	鲜品加倍。外用适量
	车前子	甘、微寒	肝、肾、肺、小肠	清热利湿 渗湿止泻 明目祛痰	热结膀胱 湿盛水泻 目赤咳嗽	10~15	车前草兼有清热解毒之功
	木通	苦,寒	心、小肠、膀胱	利尿通淋 清心除烦 通经下乳	热淋水肿 心火上炎 经闭乳少	3~6	有毒。不宜过量或久服。孕妇忌用
	萹蓄	苦,微,寒	膀胱	清热利湿 杀虫止痒	下焦湿热 湿疹阴痒	10~15	外用适量。脾虚慎用
	泽泻	甘,淡,寒	肾、膀胱	利水渗湿 清热通淋	水湿停聚 湿热下注	3~15	无湿热者忌用
	石韦	苦、甘,微寒	肺、小肠、膀胱	清热利湿 凉血止血 清肺止咳	膀胱湿热 血热出血 肺热咳嗽	6~12	
	瞿麦	苦,寒	心、小肠	清热利湿 破血通经	膀胱湿热 血瘀经闭	10~15	孕妇忌用
	通草	甘、淡,微寒	肺、胃	清热利湿 通经下乳	膀胱湿热 乳汁不下	3~5	孕妇慎用
	灯心草	甘、淡,微寒	心、肺、小肠	清热利尿 清心除烦	小便涩痛 心烦失眠	1~3	外用适量

石　膏

为硫酸盐类矿物硬石膏族石膏 Gypsum 矿石。主含二水硫酸钙(CaSO$_4$·2H$_2$O)。主产于湖北、安徽等地,山东、河南、山西、甘肃、云南、四川亦产。

【性味归经】辛、甘,大寒。归肺、胃经。

【功效主治】

1. 清热泻火　用治肺胃气分实热证,常与知母同用;邪热郁肺证,常与麻黄、苦杏仁同用;胃火上炎,常与升麻、黄连同用。

2. 除烦止渴　用治肺胃燥热之烦渴引饮,常与知母、人参等同用。

3. 敛疮生肌　外用治疮疡溃不收口、烧伤烫伤等,常与青黛、黄柏等同用。

【用法用量】煎服,15~60g。先煎。清热泻火生用;敛疮收湿煅用。

知 母

为百合科植物知母 *Anemarrhena asphodeloides* Bge. 的根茎。主产于河北、山西、陕西、内蒙古等地。

【性味归经】 苦、甘,寒。归肺、胃、肾经。

【功效主治】

1. 清热泻火 用治肺胃气分实热,常与生石膏配伍;肺热所致咯吐黄痰,常与黄芩、瓜蒌仁、栀子等同用。

2. 滋阴降火 用治阴虚所致骨蒸潮热,多与黄柏、生地黄、龟甲等同用。

3. 生津润燥 用治内热伤津及消渴病,常配生石膏、葛根、麦冬等同用;肠燥便秘,常与玄参、麦冬、生地黄等同用。

【用法用量】 煎服,6～12g。清热泻火生用;滋阴降火盐水炙用。

【使用注意】 本品性寒滑润,有滑肠之弊,脾虚便溏者慎用。

（二）清热解毒药

以清热解毒为主要作用,治疗各种热毒、火毒证的药物称清热解毒药。本类药物主要适用于痈疽疔疮、瘟毒发斑、丹毒喉痹、热毒血痢等病证。

金 银 花

为忍冬科植物忍冬 *Lonicera japonica* Thunb.、红腺忍冬 *Lonicera hypoglauca* Miq.、山银花 *Lonicera confusa* DC. 或毛花柱忍冬 *Lonicera dasystyla* Rehd. 的花蕾。产于全国各省,主产于河南、山东、重庆等地。

【性味归经】 甘,寒。归肺、心、胃经。

【功效主治】

1. 清热解毒 用治温病初起,身热、口渴,常与连翘、板蓝根等同用;疮痈初起,红肿热痛,常与蒲公英、野菊花、紫花地丁等同用。

2. 疏散风热 用治外感风热表证,常与连翘、薄荷、马勃等同用。

3. 凉血止痢 用治热毒血痢,可配马齿苋、白头翁等同用。

【用法用量】 煎服,6～15g。

【使用注意】 脾胃虚寒及疮疡脓清属气虚者慎用。

连 翘

为木犀科植物连翘 *Forsythia suspensa*（Thunb.）Vahl 的果实。主产于山西、河南、陕西、湖北、山东等地。白露前采收的初熟果实为"青翘",寒露后采收的成熟果实为"黄翘",其种子称"连翘心"。

【性味归经】 苦,微寒。归肺、心、小肠经。

【功效主治】

1. 清热解毒 用治温病初起的发热头痛、咽痛,常与金银花、板蓝根、牛蒡子同用;热入心包的高热神昏,常用连翘心与水牛角、莲子心、竹叶等同用。

2. 消痈散结 用治痈疮疖肿、瘰疬痰核,常与夏枯草、浙贝母、皂角刺、穿山甲、蒲公英、牡丹皮等同用。

3. 疏风散热 用治外感风热表证,常与薄荷、桑叶、荆芥等同用。

【用法用量】 煎服,6～15g。清热解毒宜用青翘;疏风散热宜用黄翘;清心泻火宜用连翘心。

【使用注意】 脾胃虚寒及虚寒阴疽慎用。

（三）清热凉血药

以清热凉血为主要作用,清营分、血分热的药物称清热凉血药。本类药物适用于营分、血分实热所致身热夜甚、躁扰不安、神昏谵语、吐血衄血等病证。

生 地 黄

为玄参科植物地黄 *Rehmannia glutinosa* Libosch. 的块根。我国大部分地区皆有生产,主产于河南、浙江、陕西、山西、江苏等地。

【性味归经】 甘、苦,寒。归心、肝、肾经。

【功效主治】

1. 清热凉血　用治温病热入营血所致壮热神昏,常与水牛角、玄参等同用;血热妄行所致衄血、便血,常与牡丹皮、赤芍、水牛角等同用。

2. 养阴生津　用治热病伤津及阴虚内热所致发热口渴、大便秘结,常与玄参、麦冬、玉竹同用;骨蒸潮热,可与鳖甲、青蒿等同用。

【用法用量】 煎服,10～15g。清热凉血宜用鲜地黄;滋阴生津宜用生地黄。

【使用注意】 脾虚湿滞、腹满便溏者慎用。

牡 丹 皮

为毛茛科植物牡丹 *Paeonia suffruticosa* Andr. 的根皮。全国各地均有栽培,主产于安徽、四川等地。

【性味归经】 苦、辛,微寒。归心、肝、肾经。

【功效主治】

1. 清热凉血　用治温病热入营血所致斑疹、吐血、衄血者,常与水牛角、生地黄、赤芍等同用;阴虚发热、夜热早凉及无汗骨蒸,常与鳖甲、知母等同用。

2. 活血散瘀　用治血瘀所致经闭痛经、癥瘕积聚等,常与桃仁、赤芍、桂枝等同用;外伤瘀肿疼痛,常与乳香、没药、赤芍等同用。

【用法用量】 煎服,6～12g。清热凉血生用,活血散瘀酒炒用。

【使用注意】 血虚有寒及孕妇忌用;月经过多慎用。

（四）清热燥湿药

以清热燥湿为主要作用,治疗湿热内蕴或湿邪化热的药物称清热燥湿药。本类药物主要适用于湿温、暑温、湿疹、湿疮等湿热病证。其药物苦寒伐胃、性燥伤阴,凡脾胃虚寒、津伤阴亏者慎用。

黄 芩

为唇形科植物黄芩 *Scutellaria baicalensis* Georgi 的根。主产于山西、河北、内蒙古、山东、河南、甘肃及东北等地。

【性味归经】 苦,寒。归肺、脾、胃、胆、大肠、小肠经。

【功效主治】

1. 清热燥湿　用治暑温湿阻证,常与滑石、白蔻仁、通草等同用;湿热中阻所致痞满呕吐,常与黄连、半夏等同用;胃肠湿热下痢,常与黄连、葛根等同用。

2. **泻火解毒** 用治肺热所致咯吐黄痰,可单用;火毒炽盛的疮痈肿毒、咽喉肿痛,常与连翘、牛蒡子、板蓝根等同用。

3. **清热凉血** 用治热毒炽盛、迫血妄行,常与牡丹皮、赤芍等同用。

4. **清热安胎** 用治血热之胎动不安,常与白术、黄柏等同用。

【用法用量】煎服,3~10g。清热多生用;安胎多炒用;止血炒炭用;清中上焦热可酒炙用。

【使用注意】本品苦寒伐胃伤津,故脾胃虚寒及津伤者慎用。

黄 连

为毛茛科植物黄连 *Coptis chinensis* Franch.、三角叶黄连 *C. deltoidea* C. Y. Cheng et Hsiao. 或云连 *C. teetoides* C. Y. Cheng 的根茎。以上三种分别习称"味连""雅连""云连"。主产于湖北、四川、云南等地。

【性味归经】苦,寒。归心、脾、胃、胆、大肠经。

【功效主治】

1. **清热燥湿** 用治湿热中阻,常与木香、黄芩、半夏等同用;湿热泻痢,常与木香、白芍、白头翁等同用。

2. **泻火解毒** 用治三焦热盛的高热烦躁,常与黄芩、黄柏、栀子等同用;痈疮疔毒症见红肿热痛者,常与黄柏、连翘、金银花等同用;用治火热扰心,常与黄芩、栀子等同用;胃火上炎,常与升麻、牡丹皮等同用。

【用法用量】煎服,2~5g;外用适量。清心火宜生用;疏肝和胃宜吴茱萸水炒用;胃热呕恶宜姜汁炒用。

【使用注意】本品苦寒伐胃伤津,故脾胃虚寒及阴虚津伤者慎用。

黄 柏

为芸香科植物黄皮树 *Phellodendron chinense* Schneid. 的树皮。习称"川黄柏"。主产于四川、重庆、云南、贵州、湖北等地。

【性味归经】苦,寒。归肾、膀胱、大肠经。

【功效主治】

1. **清热燥湿** 用治膀胱湿热之小便涩痛,常与车前草、萆薢等同用;带下黄稠臭秽,常与苍术、薏苡仁、车前子等同用;大肠湿热所致泻痢脓血,常与白头翁、黄连等同用;湿热黄疸,常与栀子、茵陈等同用。

2. **泻火解毒** 用治热毒壅盛的痈疽疮疡,常与黄芩、黄连、栀子等同用;骨蒸潮热、盗汗,常与熟地黄、龟板同用。

【用法用量】煎服,3~12g。外用适量。清热燥湿生用;泻相火、退骨蒸盐水炒用;止血炒炭用。

【使用注意】本品苦寒伤胃,脾胃虚寒者忌用。

(五) 清热解暑药

以清热解暑为主要作用,治疗暑热或暑湿证的药物称清热解暑药。本类药物主要适用于感受暑邪所致的发热烦渴、头痛头晕、吐泻腹痛等病证。

青 蒿

为菊科植物黄花蒿 *Artemisia annua* L. 的全草。全国大部分地区均产,主产于湖北、四川、重庆、浙江等地。

【性味归经】 苦、辛,寒。归肝、胆经。

【功效主治】

1. **清热解暑**　用治外感暑热证,常与滑石、连翘、西瓜翠衣等同用。

2. **退热除蒸**　用治温病后期邪伏阴分出现的夜热早凉,常与鳖甲、知母、牡丹皮同用;阴虚内热,常与银柴胡、地骨皮等同用。

3. **清胆截疟**　用治邪郁少阳所致寒热往来,常与黄芩等同用;用治间日疟、恶性疟,可大剂量单用。

【用法用量】 煎服,6～12g。外用适量。

【使用注意】 不宜久煎。鲜用绞汁服。脾胃虚弱者慎用。

（六）　清热明目药

以清热明目为主要作用,治疗目赤肿痛及目暗不明的药物称清热明目药。本类药物主要适用于风热、热毒、湿热及脏腑积热上炎所致的目疾诸证。

决　明　子

为豆科植物决明 *Cassia obtusifolia* L. 或小决明 *C. tora* L. 的成熟种子。全国大部分地区均产,主产于安徽、广西、四川等地。

【性味归经】 甘、苦、咸,微寒。归肝、大肠经。

【功效主治】

1. **清热明目**　用治肝火上炎所致目赤肿痛,常与夏枯草、钩藤、菊花等同用;风热上冲所致目赤肿痛、羞明多泪,常与青葙子、茺蔚子、菊花等同用。

2. **润肠通便**　用治内热肠燥所致大便秘结,常与火麻仁、瓜蒌仁等同用。

【用法用量】 煎服,10～15g。

【使用注意】 脾虚便溏者慎用。通便不宜久煎。

（七）　清虚热药

以清虚热为主要作用,治疗虚热病证的药物称清虚热药。本类药物主要适用于阴虚内热所致骨蒸潮热、五心烦热、盗汗等病证。使用这类药物时,应适当配伍凉血养阴之品以治其本。

地　骨　皮

为茄科植物枸杞 *Lycium chinense* Mill. 或宁夏枸杞 *L. barbarum* L. 的根皮。全国大部分地区均产,主产于宁夏、江苏、浙江、河南等地。

【性味归经】 甘,寒。归肺、肝、肾经。

【功效主治】

1. **清虚热**　用治阴虚内热、盗汗骨蒸,常与鳖甲、知母、银柴胡等同用。

2. **清肺热**　用治肺热咳喘,常配桑白皮。

【用法用量】 煎服,9～15g。

【使用注意】 风寒发热及脾胃虚寒者慎用。

其他清热药如表1-4所示。

表 1-4　其他清热药简表

	药名	性味	归经	功效	主治	用量(g)	备注
清热泻火药	栀子	苦,寒	心、肺、三焦	泻火除烦 清热利湿 凉血解毒	邪热扰心,湿热黄疸 目赤肿痛,热毒疮疡	6~10	便溏者慎用
	龙胆	苦,寒	肝、胆	泻肝胆火 清热燥湿	肝胆实火 湿热下注	3~9	阴虚津伤者 慎用
	芦根	甘,寒	肺、胃	清热生津 除烦止呕 清肺泻热	热病伤津,胃热呕吐 肺热咳嗽,小便涩痛	15~30	
	天花粉	甘、微苦, 微寒	肺、胃	清热生津 解毒排脓 清肺润肺	热病烦渴 痈疽疮疡 燥热干咳	10~15	不宜与乌头类 同用
	竹叶	甘、辛、淡, 寒	心、胃、小肠	清热利尿 除烦生津	热病烦渴 口疮尿赤	6~15	阴虚火旺及骨 蒸潮热者忌用
清热解毒药	大青叶	苦,寒	心、胃	清热解毒 凉血消斑	痄腮丹毒 热毒发斑	10~15	
	白头翁	苦,寒	胃、大肠	清热解毒 凉血止痢	疮疡肿痛 热毒血痢	9~15	虚寒泄泻忌用
	蒲公英	苦,甘,寒	肝、胃	清热解毒 利湿通淋 清肝明目	乳痈疔疖 湿热黄疸 肝火上炎	10~15	外用鲜品适量, 捣烂敷患处;剂 量过大可致腹泻
	板蓝根	苦,寒	心、胃	清热解毒 凉血利咽	瘟疫热毒,痄腮痈肿 瘟毒发斑,咽喉肿痛	10~15	
	鱼腥草	辛,微寒	肺	清热解毒 消痈排脓 利尿通淋	热毒疮疡 肺痈吐脓 膀胱湿热	15~30	鲜品用量加 倍。虚寒证及 阴疽忌用
	败酱草	辛、苦, 微寒	胃、肝、大肠	清热解毒 消痈排脓 祛瘀止痛	痈肿疮毒,肺痈吐脓 肠痈腹痛,产后瘀阻	6~15	
	穿心莲	苦,寒	心、大肠、肺、 膀胱	清热解毒 燥湿止痢 凉血消肿	咽喉肿痛 湿热泻痢 痈肿疮疡	6~10	煎剂易致呕 吐。不宜多服 久服
	白花蛇 舌草	微苦、甘, 寒	胃、大肠、 小肠	清热解毒 利湿通淋	咽喉肿痛 热淋涩痛	15~30	阴疽者忌用
	射干	苦,寒	肺	清热解毒 利咽消痰	痰热咳喘 喉痹音哑	3~10	脾虚便溏及孕 妇忌用
	山豆根	苦,寒	肺、胃	清热解毒 利咽消肿	热毒咽痛 牙龈肿痛	3~6	有毒。过量易致 呕吐,腹泻,心悸
	蚤休	苦,微寒	肝	清热解毒 消肿止痛 息风定惊	痈肿疔疮,毒蛇咬伤 外伤肿痛,惊风搐搦	3~10	有小毒。阴疽 及孕妇慎用
	马齿苋	酸,寒	肝、大肠	清热解毒 凉血止痢	痈肿疮疡,湿疹丹毒 崩漏便血,热毒血痢	10~15	鲜品用量加倍

续表

	药名	性味	归经	功效	主治	用量(g)	备注
清热解毒药	半枝莲	辛、苦,寒	肺、肝、肾	清热解毒 散瘀止血 利尿消肿	热毒痈肿,诸痈癌肿 瘀血衄血,血淋水肿	15～30	
	山慈菇	甘、微辛,凉	肝、脾	清热解毒 化痰散结	疮疡肿毒 瘰疬瘿瘤	5～10	正虚体弱者慎用
	黄药子	苦、辛,凉	肺、肝	解毒消肿 化痰散结 凉血止血	咽喉肿痛,痈肿疮毒 蛇虫咬伤,甲状腺肿 吐血咯血	9～15	小毒。服用过量可引起中毒
	紫花地丁	苦、辛,寒	心、肝	清热解毒 凉血消肿	痈肿疔疮 乳痈肠痈	15～30	鲜品捣汁内服,药渣与雄黄外敷患处解蛇毒
清热凉血药	赤芍	苦,微寒	肝	清热凉血 散瘀止痛	斑疹吐衄 经闭痛经 癥瘕腹痛	6～12	反藜芦,血寒经闭者忌用
	玄参	甘、苦、咸,寒	肺、胃、肾	清热凉血 清热解毒 滋阴润燥	温毒发斑 热毒痈疮 烦渴便燥	10～15	反藜芦
	紫草	甘、咸,寒	心、肝	清热凉血 解毒透疹 活血消痈	温病发斑 疹出不畅 痈疽肿毒	5～10	
	水牛角	苦,寒	心、肝	清热凉血 解毒定惊	高热神昏 疮疡肿痛 谵语癫狂	15～30	宜先煎3小时以上
清热燥湿药	苦参	苦,寒	心、肝、胃、大肠、膀胱	清热燥湿 杀虫止痒	湿热泻痢,湿热蕴结 湿疹湿疮,皮肤瘙痒	5～10	反藜芦。阴虚津伤者忌用
	白鲜皮	苦,寒	脾、胃、膀胱	清热燥湿 祛风止痒	湿热疮毒 湿疹疥癣	5～10	
	秦皮	苦、涩,寒	肝、胆、大肠	清热燥湿 清肝明目	湿热泻痢,赤白带下 肝经郁火,目赤肿痛	6～12	
清热解暑药	绿豆	甘,寒	心、胃	消暑利尿 清热解毒	暑热烦渴 痈肿疮毒	15～30	生研服汁可解附子、巴豆、砒霜毒
	荷叶	苦、涩,平	脾、心	清暑利湿 健脾升阳 凉血止血	暑热烦渴 脾虚泄泻 血热出血	9～15	
	香薷	辛,微温	肺、胃、脾	解暑辟秽 发汗解表 利水消肿	外感暑湿 夏感咽痒 脚气浮肿	6～10	不宜久煎。夏月之麻黄。表虚有汗及暑热忌用

续表

药名	性味	归经	功效	主治	用量(g)	备注
夏枯草	辛、苦,寒	肝、胆	清肝明目 散结消肿	肝火上炎,目赤肿痛 瘰疬瘿瘤,乳痈疮腮	10～15	
青葙子	苦,微寒	肝	清肝泻火 明目退翳	肝火上炎 目暗翳障	10～15	青光眼者禁用
谷精草	辛、甘,平	肝、肺	疏风散热 明目退翳	目赤肿痛,羞明多泪 目生翳膜,风热头痛	5～10	阴虚血亏之眼疾者忌用
密蒙花	甘,微寒	肝、胆	清肝泻火 明目退翳	肝火上炎 目生翳障	10～15	
银柴胡	甘,微寒	肝、胃	清虚热 除疳热	阴虚内热 疳积发热	3～10	外感风寒及血虚无热者忌用
胡黄连	苦,寒	肝、胃、大肠	退虚热 清湿热 除疳热	阴虚骨蒸 湿热泻痢 疳积发热	3～10	
白薇	苦、咸,寒	胃、肝、肾	清热凉血 利尿通淋 解毒疗疮	阴虚发热 热淋血淋 疮痈肿毒	5～10	

左侧分类：清热明目药（夏枯草、青葙子、谷精草、密蒙花）；清虚热药（银柴胡、胡黄连、白薇）

五、消导药

以消除胃肠积滞、促进消化为主要作用,治疗饮食积滞的药物称消导药或消食药。本类药物主要适用于饮食不消、宿食停滞所致脘腹胀满、嗳腐吞酸等病证。若脾胃虚弱,应健脾助运与消食导滞相结合,标本同治。

山 楂

为蔷薇科植物山里红 *Crataegus pinnatifida* Bge. var. *major* N. E. Br. 、山楂 *C. pinnatifida* Bge. 的果实。主产于河南、山东、河北等地。

【性味归经】 酸、甘,微温。归脾、胃、肝经。

【功效主治】

1. **消食化积** 用治肉食积滞,可与莱菔子、神曲等同用。

2. **行气散瘀** 用治气滞血瘀所致胁肋刺痛、血瘀经闭,可与川芎、桃仁、红花等同用;产后瘀阻腹痛、恶露不尽,常与当归、香附、益母草等同用。

【用法用量】 煎服,10～15g。消食散瘀多生用或炒用;止泻止痢多炒焦或炒炭用。

【使用注意】 孕妇及胃酸分泌过多者均慎用。

其他消导药如表1-5所示。

表1-5 其他消导药简表

药名	性味	归经	功效	主治	用量(g)	备注
莱菔子	辛、甘,平	脾、胃、肺	消食除胀 降气化痰	食积腹胀 痰涎咳喘	6～12	消食下气宜炒用。不宜与人参同用
麦芽	甘,平	脾、胃、肝	行气消食 健脾开胃 回乳消胀 肝气郁滞	饮食积滞 脾虚食少 乳汁郁积 肝郁胁痛	10～15	回乳炒用60g。生麦芽健脾和胃,炒麦芽回乳消胀,焦麦芽消食化滞

NOTE

续表

药名	性味	归经	功效	主治	用量(g)	备注
神曲	甘、辛,温	脾、胃	消食和胃 退热解表	食积腹胀 外感食滞	6~15	消食宜炒焦用
鸡内金	甘,平	脾、胃、小肠、膀胱	运脾消食固精止遗	食滞疳积 遗尿滑精 化坚消石	3~10	脾虚无积滞者慎用。 研末每次1.5~3g

六、催吐药

以促使呕吐为主要作用,祛除胃内宿食或毒物的药物称催吐药或涌吐药。本类药物主要适用于宿食停胃或误食毒物。由于此类药物具有毒性,且作用峻猛,故应中病即止,不可连服、久服。

瓜　蒂

为葫芦科植物甜瓜 *Cucumis melo* L. 的果蒂。全国各地均产。

【性味归经】苦,寒。归胃经。

【功效主治】

1. **催吐痰食**　用治误食毒物或宿食停滞,可与赤小豆为末,香豉煎汤送服;痰热内扰所致痰涎上涌、喉痹喘息者,单用本品为末取吐。

2. **利湿退黄**　用治湿热黄疸难愈者,可单用本品研末吹鼻。

【用法用量】煎服,2.5~5g;入丸散,0.3~1g。

【使用注意】体虚、吐血、咯血、孕妇及无实邪者忌用。

其他催吐药如表1-6所示。

表1-6　其他催吐药简表

药名	性味	归经	功效	主治	用量(g)	备注
常山	辛、苦,寒	肺、肝、心	涌吐痰涎 截疟	痰饮壅塞 各种疟疾	4.5~9	体虚及孕妇忌用
胆矾	涩、辛、酸,寒	肝、胆	涌吐痰涎 祛腐蚀疮 解毒收湿	风热痰壅 风眼赤烂 胬肉疮疡	0.3~0.6	温水化服或研末调 敷,或水溶化后外洗

七、泻下药

以促进排便为主要作用,治疗胃肠积滞、水饮停聚的药物称泻下药。本类药物主要适用于便秘及水肿。根据药物作用特点及使用范围,分为攻下药、润下药及逐水药三类。其中攻下药及逐水药泻下峻猛,年老体弱、久病正虚宜慎用;妇女胎前产后及经期忌用。

（一）攻下药

本类药物味苦性寒,具有较强清热泻火及泻下通便作用,主要适用于热结便秘及火热上炎之里实热证。

大 黄

为蓼科植物掌叶大黄 *Rheum palmatum* L.、唐古特大黄 *R. tanguticum* Maxim. ex Balf. 或药用大黄 *R. officinale Baill.* 的根和根茎。主产于甘肃、青海、四川、陕西、西藏、贵州、云南等地。

【性味归经】苦,寒。归脾、胃、大肠、肝、心包经。

【功效主治】

1. **泻热通便** 用治热结便秘,单用即可;里热炽盛,可与芒硝、枳实同用。

2. **凉血解毒** 用治血热妄行所致吐血、衄血、咯血者,常与黄芩、黄连同用;火邪上炎所致目赤肿痛、咽喉牙龈肿痛、热毒痈肿等,常配金银花、蒲公英、牡丹皮、黄芩等同用;湿热黄疸,常与茵陈、栀子等同用。

3. **逐瘀通经** 用治妇女产后瘀阻腹痛、恶露不尽者,常与桃仁、红花等同用;跌打损伤、瘀血肿痛或癥瘕积聚,可与赤芍、穿山甲、桃仁等同用。

【用法用量】煎服,5~15g。外用适量,研末调敷。攻下通便宜生用;活血逐瘀酒制用;止血炭用。

【使用注意】入汤剂应后下,或用温开水泡服,久煎则泻下作用减弱。脾胃虚寒者慎用。孕妇、月经期及哺乳期忌用。

（二）润下药

本类药物多为植物种仁,富含油脂,具有润燥滑肠作用。主要适用于年老津枯、产后血虚、热病伤津及失血等所致的肠燥津枯便秘。使用本类药物需根据病情适当配伍,热盛津伤宜与清热养阴药同用,血虚者宜与补血药同用,气滞者宜与行气药同用,气虚者宜与益气药同用。

火 麻 仁

为桑科植物大麻 *Cannabis sativa* L. 的成熟果实。主产于山东、浙江、河北、江苏及东北等地。

【性味归经】甘,平。有毒。归脾、胃、大肠经。

【功效主治】

润肠通便 用治津血不足的肠燥便秘,常与当归、桃仁、熟地黄等同用。

【用法用量】煎服,10~15g。打碎入煎。

【使用注意】孕妇及习惯性流产者忌用。食入过量可致中毒。

（三）逐水药

本类药物泻下作用峻猛,能引起剧烈腹泻,使体内积液从大便排出故称逐水药。其中部分药物兼有利尿作用,主要适用于水肿、臌胀、胸胁停饮等病证。逐水药均力峻有毒,易伤正气,年老体弱及孕妇忌用。临床应用时,应注意用量、炮制方法及禁忌等,并做到中病即止,不可久服。

甘 遂

为大戟科植物甘遂 *Euphorbia kansui* T. N. Liou ex T. P. Wang 的干燥块根。主产于陕西、河南、山西等地。

【性味归经】苦,寒。有毒。归肺、肾、大肠经。

【功效主治】

1. **泻水逐饮** 用治水肿臌胀、胸胁停饮、正气未衰者,单用即效,亦可与大戟、芫花等同用。

2. **消肿散结** 用治疮痈肿毒,可用甘遂末水调外敷。

【用法用量】入丸散,每次服 0.5~1g。外用适量。

【使用注意】过量服用易中毒。内服醋制可减轻毒性。反甘草。

其他泻下药如表 1-7 所示。

表 1-7   其他泻下药简表

	药名	性味	归经	功效	主治	用量(g)	备注
攻下药	芒硝	咸、苦,寒	胃、大肠	软坚泻下 清热解毒	实热便秘 火热上炎 肠痈初起	3~12	不与三棱同用。孕妇及哺乳期忌用
	番泻叶	甘、苦,寒	大肠	泻热通便 行水消胀	热结便秘 腹水臌胀	3~6	温水泡服 1.5~3g
	芦荟	苦,寒	肝、胃、大肠	泻热通便 清泻肝火 疗疳杀虫	热结便秘 肝火躁怒 小儿疳积	1~2 (入丸散)	
润下药	郁李仁	辛、苦、甘,平	脾、大肠小肠	润肠通便 利水消肿	肠燥便秘 水肿腹胀	6~10	
逐水药	大戟	苦、辛,寒	肺、肾、大肠	泻下逐饮 消肿散结	水肿臌胀 疮痈瘰疬	1.5~3	内服醋制,入丸散每次1g。反甘草
	芫花	辛、苦,温	肺、肾、脾	泻下逐饮 杀虫疗癣	胸腹停饮 头疮顽癣	1.5~3 (入丸散)	内服醋制。反甘草
	牵牛子	苦,寒	肺、肾、大肠	泻下逐水 杀虫攻积	痰饮咳喘 虫积腹痛 水肿臌胀	3~9	炒用药性减缓。不宜与巴豆及霜同用。入丸散1.5~3g
	商陆	苦,寒	肺、脾、肾、大肠	泻下逐水 解毒散结	水肿臌胀 疮疡痈疽	5~10	醋炙减毒
	巴豆	辛,热	胃、肺大肠	泻下寒积 逐水消肿 祛痰蚀疮	寒积便秘 腹水臌胀	0.1~0.3 (入丸散)	制成巴豆霜可减毒。不与牵牛同用

八、祛痰止咳平喘药

以祛除痰涎为主要作用,治疗咯痰不畅的药物称祛痰药;以制止或减轻咳嗽喘息为主要作用,治疗咳嗽、喘息的药物称止咳平喘药。痰、咳、喘三者相互兼杂。痰多易致咳嗽,因而祛痰可以止咳;咳嗽往往与喘并现,因而止咳可以平喘。化痰药主要用于痰多咳嗽,咯痰不爽以及病机上与痰有关的癫痫、瘿瘤、瘰疬、阴疽流注和中风痰迷等病证;止咳平喘药主要用于外感、内伤所致肺失宣降的咳嗽气喘等病证。按药性及功效,本类药物可分为清化热痰药、温化寒痰药及止咳平喘药三类。

(一)清化热痰药

以清化热痰为主要作用,治疗痰热证的药物称清化热痰药。本类药物主要适用于热痰壅肺所致的咳嗽气喘、咯吐黄痰等病证。其药物寒凉清润,易伤阳助湿,故寒痰、湿痰及脾胃虚寒者慎用。

前 胡

为伞形科植物白花前胡 *Peucedanum praeruptorum* Dunn 或紫花前胡 *P. decursivum* Maxim. 的根。前者主产于四川、浙江、湖南等地;后者主产于江西、浙江、安徽等地。

【性味归经】苦、辛,微寒。归肺经。

【功效主治】

1. **清化热痰** 用治肺热咳嗽所致痰黏而黄,常与桑白皮、贝母等同用。
2. **降气平喘** 用治咳嗽喘促、胸膈满闷,可与麻黄、枳壳、贝母等同用。
3. **疏散风热** 用治外感风热所致咳嗽咽痛,常与桑叶、薄荷、桔梗等同用。

【用法用量】 煎服,6~10g。

贝 母

本品主要分川贝母、浙贝母二大类。川贝母为百合科植物川贝母 *Fritillaria cirrhosa* D. Don 、暗紫贝母 *F. unibracteata* Hsiao et K. C. Hsia、甘肃贝母 *F. przewalskii* Maxim. 或棱砂贝母 *F. delavayi* Franch. 的鳞茎,主产于四川、甘肃、云南等地;浙贝母为百合科植物浙贝母 *F. thunbergii* Miq. 的鳞茎,主产于浙江等地。

【性味归经】 川贝母:苦、甘,微寒;浙贝母:苦,寒。归肺、心经。

【功效主治】

1. **清热化痰** 用治外感风热所致咯痰黄稠者,常与黄芩、知母同用;燥热伤肺所致咽干喉痛、咯痰不爽者,常与瓜蒌、沙参、麦冬、桔梗等同用。
2. **解毒散结** 用治痈疽疮疡初起,常与金银花、白芷、天花粉等同用;肺痈胸痛,常与红藤、桔梗、连翘等同用;瘰疬痰核,常与玄参、牡蛎等同用。

【用法用量】 煎服,3~10g。研末冲服,每次1~2g。川贝母药性凉润,多用于肺热燥咳及阴虚劳嗽;浙贝母苦寒,多用于肺热咳嗽及瘰疬痰核。

【使用注意】 反乌头类。

（二）温化寒痰药

以温肺化痰或燥湿化痰为主要作用,治疗寒痰、湿痰的药物称温化寒痰药。本类药物主要适用于寒饮、痰湿犯肺所致的咳嗽痰多、痰白清稀等病证。其药物性温燥烈,易助火伤津,凡痰热咳嗽、阴虚燥咳及吐血、咯血者均当慎用。

半 夏

为天南星科植物半夏 *Pinellia ternata* (Thunb.) Breit. 的块茎。主产于四川、重庆、湖北、安徽、贵州等地。晒干为"生半夏";经白矾制者称"清半夏";经生姜、白矾制者称"姜半夏";经石灰制者称"法半夏"。

【性味归经】 辛,温。有毒。归脾、胃、肺经。

【功效主治】

1. **温化寒痰** 用治寒饮伏肺,常与干姜、桂枝、细辛等同用。
2. **燥湿化痰** 用治痰湿阻肺,常与陈皮、茯苓、甘草等同用。
3. **降逆止呕** 用治痰饮犯胃,常与生姜同用;胃热呕吐,常与黄连、竹茹同用;胃寒干呕、吐涎沫,常与干姜同用。
4. **消痞散结** 用治痰气郁结所致梅核气,常与厚朴、生姜、苏叶等同用;瘿瘤痰核,常与昆布、海藻等同用。

【用法用量】 煎服,3~10g,宜制用。消痞和胃多用清半夏;降逆止呕多用姜半夏;燥湿止咳多用法半夏;竹沥半夏常用于清热化痰;外用适量消肿散结。

【使用注意】 反乌头类。

（三）止咳平喘药

以止咳平喘为主要作用,治疗咳嗽气喘的药物称止咳平喘药。本类药物主要适用于外感、内伤等引起的咳喘、气逆、胸膈痞闷等病证。

杏　仁

为蔷薇科植物山杏 *Prunus armeniaca* L. var. *ansu* Maxim.、西伯利亚杏 *P. sibirica* L.、东北杏 *P. mandshurica*（Maxim.）Koehne 或杏 *P. armeniaca* L. 的成熟种子。主产于内蒙古、辽宁、山西、陕西、河北等地。

【性味归经】苦，微温。有小毒。归肺、大肠经。

【功效主治】

1. **止咳平喘**　用治风寒袭肺所致咳嗽气喘，常与麻黄、甘草等同用；风热犯肺所致痰黄黏稠，可与桑叶、菊花、桔梗等同用。

2. **润肠通便**　用治阴虚津亏所致肠燥便秘，常与柏子仁、郁李仁等同用。

【用法用量】煎服，3~10g。打碎入煎。

【使用注意】用量不宜过大。婴儿慎用。

桔　梗

为桔梗科植物桔梗 *Platycodon grandiflorun*（Jacq.）A. DC. 的干燥根。全国大部分地区均产。

【性味归经】苦、辛，平。归肺经。

【功效主治】

1. **宣肺祛痰**　用治风寒咳嗽痰多，常与紫苏叶、苦杏仁等药同用；用治风热咳嗽痰多者，常与桑叶、菊花等药同用。

2. **利咽排脓**　用治外邪犯肺，咽痛失音者，常与甘草、牛蒡子等同用；用治热毒壅盛咽喉肿痛者，常与射干、马勃、板蓝根等同用。用治肺痈咳嗽胸痛，咯痰腥臭，常与甘草、鱼腥草、冬瓜仁等同用。

【用法用量】煎服，3~10g。

【使用注意】本品性升散，凡气机上逆，呕吐等不宜用。用量大易致恶心、呕吐。

其他祛痰止咳平喘药如表1-8所示。

表1-8　其他祛痰止咳平喘药简表

	药名	性味	归经	功效	主治	用量(g)	备注
清化热痰药	瓜蒌	甘、微苦，寒	肺、胃、大肠	清热化痰 宽胸散结 润肠通便	痰热阻肺 胸痹疼痛 肠燥便秘	10~15	仁偏润燥化痰通便；皮偏宽胸化痰。不宜与乌头类同用
	竹茹	甘，微寒	肺、胃	清热化痰 除烦止呕	肺热咳嗽 胃热呕吐	5~10	清化痰热宜生用，和胃止呕宜姜汁炙用
	天竺黄	甘，寒	心、肝	清热化痰 凉心定惊	痰热咳喘 惊风神昏	3~10	研末冲服，每次0.6~1g
	海藻	咸，寒	肝、肾	化痰软坚 利水消肿	瘰疬瘿瘤 痰饮水肿	10~15	反甘草
	昆布	咸，寒	肝、肾	化痰软坚 利水消肿	瘰疬瘿瘤 痰饮水肿	6~12	
	胖大海	甘，寒	肺、大肠	清肺利咽 润肠通便	肺热声哑，干咳咽痛 热结便秘，头痛目赤	2~4枚	沸水泡服或煎服用
	枇杷叶	苦，微寒	肺、胃	清热化痰 降逆止呕	肺热咳喘 胃热呕逆	5~10	止呕生用；止咳炙用

续表

	药名	性味	归经	功效	主治	用量(g)	备注
温化寒痰药	天南星	苦、辛,温	肺、肝、脾	温化寒痰 燥湿化痰 祛风止痉 散结消肿	寒痰咳嗽 湿痰壅肺 风痰阻络 痰湿凝结	3～10	有毒。孕妇忌用
	白芥子	辛,温	肺、胃	温化寒痰 利气通络	寒痰咳喘 痰湿流注	3～10	久咳肺虚及阴虚火旺者慎用
	白前	辛、苦,微温	肺	降气化痰	寒痰阻肺 痰湿壅盛	3～10	外感咳嗽生用;内伤咳嗽炙用
止咳平喘药	旋覆花	苦、辛、咸,微温	肺、胃	化痰降气 和胃止呕	痰多喘咳 痰浊中阻	3～10	宜包煎
	紫菀	辛、苦、甘,微温	肺	祛痰止咳 润肺下气	外感风寒 阴虚劳嗽	5～10	外感暴咳生用;肺虚久咳蜜炙用
	百部	甘、苦,微温	肺	润肺止咳 灭虱杀虫	新久咳嗽 虫虱疥癣	3～10	久咳虚嗽宜蜜炙用
	款冬花	辛、微苦,温	肺	止咳下气 润肺祛痰	寒邪伤肺 肺阴不足	5～10	内伤久咳宜炙用;外感咳嗽宜生用
	桑白皮	甘,寒	肺	泻肺平喘 利水消肿	肺热咳喘 水肿胀满	5～15	利水消肿生用;止咳平喘炙用
	白果	甘、苦、涩,平	肺	敛肺定喘 止带缩尿	哮喘痰嗽 带下尿频	5～10	有毒。过服易中毒
	葶苈子	辛、苦,大寒	肺、膀胱	泻肺平喘 利水消肿	痰涎壅盛 水肿胀满	5～10	研末3～6g

九、温里药

以温散里寒为主要作用,治疗里寒证的药物称温里药,亦称祛寒药。本类药物主要适用于外寒内侵、脏腑阳虚及亡阳厥逆等病证。温里药多辛热燥烈,易伤津耗液,凡热证、阴虚证忌用。

附　子

为毛茛科植物乌头 *Aconitum carmichaeli* Debx. 的子根加工品。如子附母,故名附子。主产于四川、陕西等地。由于炮制方法不同,而有盐附子、黑顺片、白附片之分。黑顺片、白附片可直接入药;盐附子需加工炮制成淡附片或炮附片用。

【性味归经】辛、甘,大热。有毒。归心、肾、脾经。

【功效主治】

1. **温里助阳**　用治脾胃虚寒,常与干姜、党参、白术等同用;脾肾阳虚水肿,常与茯苓、桂枝、白术等同用;肾阳不足所致阳痿宫冷等,可与熟地黄、肉桂、山茱萸等同用。

2. **回阳救逆**　用治亡阳证,常与干姜、甘草同用;若阳气欲脱,则与人参同用。

3. **祛寒止痛**　用治风寒湿痹所致关节疼痛,常与桂枝、白术同用;虚寒痛经,常与桂枝、当归、小茴香等同用。

【用法用量】煎服,3～15g。先煎30～60分钟,至口尝无麻辣感为度。

【使用注意】阴虚阳亢及孕妇忌用。反半夏、瓜蒌、贝母、白蔹、天花粉、白及。内服需经炮制。若服用过量,或炮制、煎煮方法不当均可引起中毒。

干　姜

为姜科植物姜 *Zingiber officinale* Rosc. 的干燥根茎。主产于四川、重庆、贵州、广西、广东、湖北等地。

【性味归经】辛,热。归肾、脾、胃、心、肺经。

【功效主治】

1. **温里散寒**　用治里寒证。脾胃虚寒所致脘腹冷痛,常与党参、白术配伍;胃寒呕吐,常与高良姜同用;肺寒停饮,常与麻黄、细辛、茯苓等同用;治中寒水泻,可单用,亦可与党参、白术等同用。

2. **回阳通脉**　用治亡阳厥逆,常与附子、人参同用。

【用法用量】煎服,3～10g。

【使用注意】阴虚内热及血热者慎用。

其他温里药如表1-9所示。

表1-9　其他温里药简表

药名	性味	归经	功效	主治	用量(g)	备注
肉桂	辛、甘,大热	脾、肾、心、肝	补火助阳 散寒止痛 温经通脉 引火归原	肾阳衰微 寒凝痛症 阳虚血滞 元阳亏虚	1～5	畏赤石脂。孕妇慎用
吴茱萸	辛、苦,热	肝、脾、胃、肾	散寒止痛 降逆止呕 助阳止泻	厥阴头痛 霍乱腹痛 五更泄泻	2～5	小毒。不宜多用、久服。孕妇慎用
丁香	辛,温	脾、胃、肾	温中降呕 温肾助阳	胃寒呕吐 阳痿宫寒	1～3	畏郁金
小茴香	辛,温	肝、脾、胃、肾	散寒止痛 理气和中	寒疝腹痛 胃寒呕吐	3～6	
胡椒	辛,热	大肠、胃	温中散寒 下气消痰	脾胃虚寒 痰气郁滞	2～4	研末每次服0.6～1.5g,外用适量

十、理气药

以疏通气机、行气解郁为主要作用,治疗气机郁滞诸证的药物称理气药,亦称行气药。本类药物主要适用于脾胃气滞、肝气郁结、肺气壅塞等病证。其药物大多辛温香燥,易耗气伤阴,故气虚、阴虚者慎用。

陈　皮

为芸香科植物橘 *Citrus reticulata* Blanco 及其同属栽培变种成熟果实的果皮,又名"橘皮"。主产于四川、浙江、湖南等地。

【性味归经】苦、辛,温。归脾、胃、肺经。

【功效主治】

1. **理气和中**　用治脾胃气滞,常与苍术、半夏、厚朴等配伍。

2. **燥湿化痰** 用治湿痰、寒痰之咳嗽胸满、痰多色白,常与半夏、茯苓等同用。

【用法用量】 煎服,3～10g。

枳 实

为芸香科植物酸橙 *Citrus aurantium* L. 及其栽培变种或甜橙 *C. sinensis* Osbeck 的幼果。近成熟的果实名"枳壳"。土产于重庆、浙江、江西、江苏、福建等地。

【性味归经】 苦、酸、辛,温。归脾、胃、大肠经。

【功效主治】

1. **破气消积** 用治胃肠实热积滞所致便秘腹胀,常与大黄、芒硝、黄连等同用;饮食积滞所致腹痛痞满,常配神曲、麦芽、木香等同用。

2. **化痰散痞** 用治痰滞胸脘、痰热结胸所致咯吐黄痰,常与瓜蒌、黄芩等同用;痰饮停胸所致咳喘痞满,常与半夏、陈皮、厚朴等同用。

【用法用量】 煎服,3～10g。

【使用注意】 枳壳与枳实同出一物,二者功效相同。枳壳力缓,偏于行气开胸、宽中除胀。孕妇忌用。

其他理气药如表1-10所示。

表1-10 其他理气药简表

药名	性味	归经	功效	主治	用量(g)	备注
青皮	苦、辛,温	肝、胆、胃	疏肝破气 消积化滞	肝郁气滞 食积癥瘕	3～10	醋炙疏肝止痛力强
香附	辛、微苦、微甘,平	肝、脾、三焦	行气解郁 调经止痛	肝郁气滞 经行腹痛	3～12	醋炙增强止痛力
沉香	辛、苦,微温	脾、胃、肾	行气止痛 温中止呕 温肾纳气	胸腹冷痛 寒邪犯胃 下元虚冷	1.5～4.5	宜后下或磨汁冲服。入丸散,0.5～1g
檀香	辛,温	脾、胃、肺、心	行气止痛 散寒调中	寒凝气滞 胃脘寒痛	2～5	实热吐衄慎用。宜后下。入丸散,1～3g
乌药	辛,温	肺、脾、肾、膀胱	行气止痛 温肾缩尿	寒凝气滞 阳虚频数	3～10	
木香	辛、苦,温	脾、胃、大肠、三焦、胆	行气止痛 健脾消食	脘腹疼痛 食滞中焦	3～6	宜后下
砂仁	辛,温	脾、胃、肾	化湿开胃 温脾止泻 理气安胎	寒湿气滞 脾胃虚寒 妊娠呕逆	3～6	阴虚血燥者慎用。宜后下
薤白	辛、苦,温	肺、胃、大肠	通阳散结 行气导滞	痰瘀中阻 胃肠气滞	5～10	
川楝子	苦,寒	肝、小肠、膀胱	行气止痛 杀虫疗癣	肝郁腹痛 虫积头癣	3～10	有毒。不宜过量或持久服用。脾胃虚寒者慎用
大腹皮	辛,微温	脾、小肠、大肠、胃	行气宽中 利水消肿	食积痞满 水肿胀满	5～10	
佛手	辛、苦,温	肝、胃、脾、肺	疏肝解郁 理气和中 燥湿化痰	肝郁气滞 脾胃气滞 湿痰久咳	3～10	
柿蒂	苦、涩,平	胃	降气止呃	各种原因所致的呃逆	5～10	

十一、理血药

以补血、活血、凉血、止血为主要作用,治疗血分证的药物称理血药。根据药物功效及主治不同,可将其分成补血药、活血药、止血药及凉血药四类。凉血药及补血药分别在清热药及补益药中介绍,这里只介绍活血药及止血药。

(一)活血药

以通畅血行、消除瘀血为主要作用,治疗血瘀证的药物称活血化瘀药或活血祛瘀药,简称活血药。其中活血化瘀作用峻猛者称破血逐瘀药。活血药主要适用于一切瘀血阻滞之病证。本类药物易动血耗血,故对出血证、月经过多或孕妇忌用。

川　芎

为伞形科植物川芎 *Ligusticum chuanxiong* Hort. 的根茎。主产于四川、重庆、贵州、陕西、山东等地。

【性味归经】辛,温。归肝、胆、心包经。

【功效主治】

1. 活血行气　用治肝气郁结、跌仆损伤、瘀血阻滞所致各种痛证。胸痹心痛,常与丹参、赤芍同用;肝气郁结所致胁痛,常与柴胡、香附同用;瘀血阻滞所致闭经痛经,常与当归、白芍等同用。

2. 祛风止痛　用治风寒湿痹所致关节痛,常与独活、姜黄、附子等同用;头痛属风寒者,常与白芷、藁本同用;属风热者,常与蔓荆子、桑叶等同用。

【用法用量】煎服,3～10g;研末吞服,每次1～1.5g。

【使用注意】阴虚火旺、热盛及孕妇慎用。

丹　参

为唇形科植物丹参 *Salvia miltiorrhiza* Bge. 的根及根茎。主产于四川、山西、江苏、安徽等地。

【性味归经】苦,微寒。归心、心包、肝经。

【功效主治】

1. 活血通经　用治血滞经闭、痛经及产后瘀滞腹痛,可单用本品研末服。

2. 祛瘀止痛　用治胸痹心痛,常与红花、川芎、赤芍等同用;跌打损伤,瘀血作痛,常与当归、乳香、没药等同用。

3. 凉血消肿　用治疮疡痈肿,常与金银花、连翘、白芷、赤芍等同用;风湿热痹,常与忍冬藤、赤芍、桑枝等同用。

4. 清心除烦　用治热扰心神所致心烦不寐,常与金银花、麦冬等同用。

【用法用量】煎服,5～15g。活血化瘀宜酒炒用。

【使用注意】反藜芦。孕妇慎用。

(二)止血药

以制止体内外出血为主要作用,治疗各种出血证的药物称止血药。本类药物主要适用于咯血、咳血、衄血、吐血、便血、尿血、崩漏、紫癜及外伤出血等病证。止血药有凉血止血、收敛止血、化瘀止血及温经止血药之分,应根据不同出血原因选择应用。

仙　鹤　草

为蔷薇科植物龙芽草 *Agrimonia pilosa* Ledeb. 的全草。产于全国各地,主产于浙江、江苏、湖南、河南、湖北、山东等地。

【性味归经】苦、涩,平。归心、肝经。

【功效主治】

1. **收敛止血** 用治各种出血证。属血热者,常与生地黄、小蓟、白茅根等同用;属虚寒者,常与党参、黄芪、艾叶等同用。

2. **除湿止痢** 用治虚寒泻痢,常与诃子、肉桂等同用;湿热泻痢,黏滞黄臭者,常与黄连、白头翁、地榆等同用。

3. **解毒疗疮** 用治痈肿疮毒,常与金银花、蒲公英、紫花地丁等同用。

4. **截疟杀虫** 用治疟疾,可与常山、青蒿配伍。滴虫性阴道炎可单煎冲洗。

【用法用量】 煎服,10～15g,大剂量可用到30～60g。外用适量。

三 七

为五加科植物三七 *Panax notoginseng*（Burk.）F. H. Chen 的干燥根和根茎。主产于云南、广西等地。

【性味归经】 甘、微苦,温。归肝、胃经。

【功效主治】

1. **散瘀止血** 用治体内外各种出血,可单品研末服用,或与血余炭、花蕊石等同用。

2. **消肿定痛** 用治跌打损伤所致瘀血疼痛,可单味研末,黄酒或白开水送服;用治痈疽溃烂,常与乳香、没药、儿茶等同用。

【用法用量】 煎服,3～10g。研末吞服,每次1～3g。外用适量。

【使用注意】 孕妇慎用。

其他理血药如表1-11所示。

表 1-11　其他理血药简表

	药名	性味	归经	功效	主治	用量(g)	备注
活血药	延胡索	辛、苦,温	肝、脾、心	活血通络 行气止痛	气滞血瘀 肝郁诸痛	3～10	孕妇忌用
	桃仁	苦、甘,平	心、肝、大肠	活血祛瘀 止咳平喘 润肠通便	瘀血阻滞 咳嗽气喘 肠燥便秘	5～10	小毒。孕妇忌用。便溏者慎用
	红花	辛,温	心、肝	活血化瘀 通经止痛	血瘀痛经 胸痹心痛	3～9	孕妇忌用。有出血倾向者慎用
	郁金	辛、苦,寒	肝、胆、心	活血行气 清心解郁 利胆退黄	气滞血瘀 痰蒙心窍 湿热黄疸	5～12	研末2～5g。畏丁香
	姜黄	辛、苦,温	肝、脾	破血行气 通经止痛	气滞血瘀 风寒湿痹	3～10	孕妇忌用
	乳香	辛、苦,温	心、肝、脾	活血止痛 消肿生肌	血瘀诸痛 疮疡痈疽	3～10	宜炒去油用。胃弱者慎用;孕妇忌用
	没药	苦,平	心、肝、脾	活血止痛 消肿生肌	瘀血诸痛 疮疡痈疽	3～10	同乳香
	五灵脂	苦、咸、甘,温	肝	活血止痛 化瘀止血	瘀血诸痛 血瘀出血	3～10	包煎。畏人参。孕妇慎用
	泽兰	苦、辛,微温	肝、脾	活血调经 利水消肿	血瘀经闭 水瘀互结	6～12	血虚无瘀者慎用

续表

药名	性味	归经	功效	主治	用量(g)	备注
牛膝	苦、甘、酸,平	肝、肾	活血通经 强筋健骨 引血下行 利尿通淋	痛经闭经 腰膝酸痛 头痛眩晕 诸淋水肿	6~15	活血通经、引血下行、利水通淋宜生用;强筋健骨宜酒炙用。孕妇及月经多者忌用
莪术	辛、苦,温	肝、脾	破血行气 消积止痛	经闭癥块 气滞腹痛	3~15	醋制增效。孕妇及月经过多者禁用
益母草	苦、辛,微寒	肝、心、膀胱	活血调经 利尿消肿 清热解毒	血瘀痛经 水瘀互结 疮痈肿毒	10~30	鲜品12~40g。阴虚血少及孕妇慎用
鸡血藤	苦、微甘,温	肝、肾	活血调经 舒筋通络 养血补血	月经不调,经闭腹痛 风湿痹痛,血虚萎黄	10~15	浸酒服,或熬膏服
银杏叶	苦、涩,平	心、肺	活血止痛 敛肺平喘	胸痹心痛 肺虚咳喘	10~15	
王不留行	苦,平	肝、胃	活血通经 下乳消痈 利尿通淋	经闭痛经,乳汁不下 乳痈肿痛,小便涩痛	5~10	孕妇慎用
刘寄奴	苦,温	心、肝、脾	散瘀止痛 破血通经 消食化积	瘀滞肿痛 血瘀经闭 食积腹胀	3~10	瘀滞肿痛可生用捣烂外敷。孕妇忌用
三棱	苦、辛,平	肝、脾	破血行气 消积止痛	气滞血瘀 食积腹胀	3~10	醋制可加强止痛作用。孕妇及月经过多忌用
水蛭	咸、苦,平	肝	破血逐瘀 散结消癥	血瘀经闭 癥瘕积聚	1.5~3	小毒。研末每次0.3~0.5g。孕妇及月经过多忌用
斑蝥	辛,热	肝、胃、肾	破血消癥 攻毒蚀疮 散结逐瘀	癥瘕积聚 痈疽恶疮 瘰疬顽癣	0.03~0.06	大毒。多入丸散用。外用研末以酒调敷。孕妇忌用
骨碎补	苦,温	肝、肾	活血续筋 补肾壮骨	筋骨折伤 骨软腰痛	3~10	浸酒外用可治斑秃及白癜风。阴虚火旺及血虚风燥慎用
马钱子	苦,寒	肝、脾	通络止痛 散结消肿	骨折肿痛 风湿顽痹 痈疽疮毒	0.3~0.6	大毒。孕妇及体虚者忌用
穿山甲	咸,微寒	肝、胃	活血消癥 通经下乳 消肿排脓	癥积痞块,痈疽瘰疬 血瘀经闭,乳汁不下	3~10	痈肿已溃及孕妇忌用。研末吞服每次1~1.5g

活血药

续表

药名	性味	归经	功效	主治	用量(g)	备注
止血药						
大蓟	苦、甘,凉	心、肝	凉血止血 解毒消痈	血热出血 热毒痈疮	10~15	鲜品用30~60g
蒲黄	甘,平	肝、心包	化瘀止血 利尿通淋	血热出血 血淋尿血	3~10	包煎。生用行血利尿,炒用止血
白及	苦、甘、涩,寒	肺、肝、胃	收敛止血 消肿生肌	肺胃出血 疮疡初起	3~10	反乌头类。研末吞服,每次1.5~3g
地榆	苦、酸、涩,微寒	肝、大肠	凉血止血 解毒敛疮	血热出血 疔毒痈疽	10~15	生用凉血解毒敛疮;炒黄用止血。治水火烫伤,研末麻油大剂量可用至30g
槐花	苦,微寒	肝、大肠	凉血止血 清肝明目	血热出血 目赤头痛	10~15	泻火生用,止血炭用
侧柏叶	苦,微寒	肺、肝、脾	凉血止血 祛痰止咳	血热出血 肺热咳喘	6~12	凉血生用,止血炭用
白茅根	甘,寒	肺、胃、膀胱	凉血止血 清热利尿	血热妄行 热淋气淋	15~30	
茜草	苦,寒	肝	凉血止血 化瘀通经	血热出血 血瘀经闭	6~10	止血炭用,活血通经生用或酒炒用
艾叶	苦、辛,温	肝、脾、肾	温经止血 调经安胎	经寒下血 妊娠胎动	3~10	止血炭用,余生用
藕节	甘、涩,平	肝、肺、胃	收敛止血	各种出血	10~15	大剂量可用至30g,鲜品30~60g

十二、补益药

以补气血阴阳为主要作用,治疗各种虚证的药物称补益药,亦称补虚药。根据各种药物功效及其主治不同,将其分为补气药、补血药、补阴药及补阳药四类。

(一) 补气药

以补气为主要作用,治疗气虚证的药物称补气药。本类药物主要适用于气虚所致神疲乏力、少气懒言、多汗及中气下陷、气虚欲脱、血行无力、气不化津、血失统摄等病证。

人 参

为五加科植物人参 *Panax ginseng* C. A. Mey. 的根。主产于东北、山东、山西、湖北等地。栽培者称"园参",野生者称"山参",朝鲜产者称"高丽参"。根据加工、炮制方法不同,又有"生晒参""红参""白参"等称谓。

【性味归经】甘、微苦,微温。归心、肺、脾经。

【功效主治】

1. **益气固脱**　用治气虚欲脱,可大剂量单用或与附子同用。

2. **大补元气**　用治元气不足,常与鹿茸、巴戟天、紫河车等同用。

3. **补益心气**　用治心悸多梦、安神益智,常与柏子仁、酸枣仁、夜交藤等同用。

4. **益气摄血**　用治气虚失摄、血不循经之吐血、衄血、崩漏,常与黄芪、白术、大枣等同用。

5. **补脾益肺**　用治脾虚证,常与白术、茯苓、甘草同用;中气下陷之脱肛、阴挺,常与升麻、柴胡、黄芪、白术等同用;用治肺气虚弱,常与黄芪、桑白皮、五味子等同用;肺虚久咳,常与五味子、款冬花、贝母等同用。

6. **益气生津**　用治热病气津两伤,常与生石膏、知母等同用;内热消渴,常配天花粉、麦冬、葛根等同用。

【用法用量】　煎服,5~10g。宜文火另煎,单服或兑服。

【使用注意】　反藜芦、畏五灵脂。

黄　芪

为豆科植物蒙古黄芪 *Astragalus membranaceus*（Fisch.）Bge. Var. *mongholicus*（Bge.）Hsiao 或膜荚黄芪 *A. membranaceus*（Fisch.）Bge. 的根。主产于内蒙古、黑龙江、吉林、山西、陕西等地。

【性味归经】　甘,微温。归肺、脾经。

【功效主治】

1. **补气升阳**　用治中气下陷,常与人参、白术、升麻、柴胡等同用;胸中大气下陷,常配柴胡、升麻、桔梗同用。

2. **益气固表**　用治气虚自汗,常与牡蛎、浮小麦、麻黄根等同用;卫表不固,易感外邪者,常与白术、防风等同用。

3. **健脾利水**　用治脾虚水肿,常配白术、陈皮、茯苓等同用。

4. **益气摄血**　用治气不摄血的吐衄崩漏、便血紫癜,常与人参、白术等同用。

5. **益气活血**　用治气虚血瘀所致肌肤麻木不仁,常与桃仁、当归、川芎等同用;中风偏瘫,常配地龙、红花、川芎等同用。

6. **托毒排脓**　用治气血不足、脓成不溃者,常与当归、川芎、穿山甲、皂角刺等同用;疮疡溃后久不收口,常与白芍、丹参、天花粉等同用。

【用法用量】　煎服,10~30g。补气升阳蜜炙用;托毒排脓、利水消肿生用。

（二）补血药

以补益血液为主要作用,治疗血虚证的药物称补血药。本类药物主要适用于心肝血虚所致面色无华、心悸怔忡、失眠健忘、头昏耳鸣、月经后期、经血量少色淡等病证。补血药大多滋腻碍胃,凡湿浊中阻、脘腹胀满者慎用。脾胃虚弱者,可配伍健脾消食药同用。

熟 地 黄

为玄参科植物地黄 *Rehmannia glutinosa* Libosch. 的根。我国大部分地区均产,主产于河南、浙江、陕西等地。由生地黄加工炮制而成。

【性味归经】　甘,微温。归肝、肾经。

【功效主治】

1. **补血调经**　用治血虚证,常与当归、白芍等同用;月经后期或量少色淡,可与当归、黄芪、阿胶、川芎等配伍。

2. **滋阴填髓**　用治肾精不足,常与山茱萸、山药等同用;肝阴不足,常与枸杞子、菊花等同用。

【用法用量】　煎服,10~30g。

【使用注意】　本品甘润黏腻,凡脘腹胀满,食少便溏者忌用。

当　归

为伞形科植物当归 *Angelica sinensis*（Oliv.）Diels. 的根。主产于甘肃、陕西、四川、湖北、云南等地。

【性味归经】甘、辛,温。归肝、心、脾经。

【功效主治】

1. **补血调经**　用治血虚所致面色苍白、月经不调等,常与熟地黄、黄芪、白芍等同用。

2. **活血止痛**　用治跌打损伤、瘀血肿痛,常与乳香、没药、桃仁等同用;寒滞经络之痹痛,常与川芎、桂枝、细辛等同用。

3. **润肠通便**　用治血虚津亏所致肠燥便秘,常与肉苁蓉、郁李仁、枳壳同用。

【用法用量】煎服,5~15g。补血用当归身,活血用当归尾。

【使用注意】本品滑肠,湿盛中满、大便溏泄者忌用。

（三）补阴药

以滋阴生津润燥为主要作用,治疗阴虚证的药物称补阴药,亦称养阴药或滋阴药。本类药物主要适用于阴液亏虚所致咽干口燥、便秘尿黄,以及阴虚内热所致五心烦热、潮热盗汗等病证。其药物大多甘寒滋腻,凡脾胃虚弱、痰湿内阻、纳呆便溏者不宜用。

沙　参

沙参分为北沙参和南沙参两种。北沙参为伞形科植物珊瑚菜 *Glehnia littoralis* Fr. Schmidt ex Miq. 的根。主产于山东、河北、辽宁、江苏等地。南沙参为桔梗科植物轮叶沙参 *Adenophora tetraphylla* (Thunb.) Fisch. 或沙参 *A. stricta* Miq. 及杏叶沙参 *A. axilliflora* Borb. 的根。主产于安徽、重庆、江苏、四川、浙江、河北、山西等地。

【性味归经】甘,微寒。归肺、胃经。

【功效主治】

1. **养阴清肺**　用治燥热伤肺所致干咳少痰,常与麦冬、天花粉配伍;阴虚劳嗽,常与贝母、知母、麦冬、鳖甲等同用。

2. **益胃生津**　用治胃阴不足所致口燥咽干,常与生地黄、麦冬等配伍。

【用法用量】煎服,10~15g。

【使用注意】两种沙参功用相似。北沙参长于清养肺胃,治肺胃阴虚有热;南沙兼益气祛痰,宜用于气阴两虚及燥痰咳嗽者。反藜芦,恶防己。

百　合

为百合科植物百合 *Lilium brownii* F. E. Brown var. *Viridulum* Baker 或细叶百合 *Lilium pumilum* DC. 的干燥肉质鳞叶。主产于湖南、湖北、江苏、浙江、安徽等地。

【性味归经】甘,微寒。归心、肺经。

【功效主治】

1. **养阴润肺**　用治阴虚肺燥有热之干咳少痰、咳血等,常与款冬花同用。

2. **止咳祛痰**　用治肺虚久咳,常与生地、玄参、桔梗等同用。

3. **清心安神**　用治虚热上扰之失眠、心悸,常与麦冬、酸枣仁、丹参等同用。

【用法用量】煎服,6~12g。蜜炙可增强润肺作用。

【使用注意】脾虚便溏及外感风寒咳嗽忌用。

（四）补阳药

以补助人体阳气为主要作用,治疗阳虚证的药物称为补阳药,又称壮阳药或助阳药。本类药物主要适用于阳气不足所致的形寒肢冷、腰膝酸软、阳痿早泄、精寒不育或宫冷不孕、尿频遗尿、神疲自汗及阳气欲脱等病证。补阳药大多药性温燥,易耗气伤阴,凡阴虚火旺者不宜用。

淫 羊 藿

为小檗科植物淫羊藿 *Epimedium brevicornum* Maxim.、箭叶淫羊藿 *E. sagittatum* (S. et Z.) Maxim.

或朝鲜淫羊藿 *E. Koreanum* Maxim. 等的全草。主产于陕西、山西、四川、湖北、吉林等地。

【性味归经】辛、甘，温。归肝、肾经。

【功效主治】

1. 补肾壮阳　用治肾虚阳痿、尿频，常与肉苁蓉、巴戟天、杜仲等同用。
2. 祛风除湿　用治风湿痹痛、肢体麻木，常与威灵仙、肉桂、川芎等同用。

【用法用量】煎服，3～15g。

【使用注意】阴虚火旺者忌服。

鹿　茸

为鹿科动物梅花鹿 *Cervus nippon* Temminck 或马鹿 *C. elaphus* Linnaeus 的雄鹿未骨化带毛的幼角。主产于辽宁、吉林、内蒙古、新疆、青海等地。

【性味归经】甘、咸，温。归肾、肝经。

【功效主治】

1. 补肾壮阳　用治肾阳不足之阳痿早泄、宫冷不孕，可单用研末，亦可与人参、肉苁蓉、肉桂等同用。
2. 强筋健骨　用治肝肾不足之筋骨痿软，常与熟地黄、杜仲、牛膝同用。
3. 固冲止带　用治冲任不固之崩漏不止、带下清稀，常与当归、阿胶、狗脊、白蔹等同用。
4. 托毒起陷　用治阴疽久溃不敛、脓出清稀者，常与黄芪、当归等同用。

【用法用量】研末冲服或入丸散服，1～2g。

【使用注意】发热者忌用。

其他补益药见表 1-12 所示。

表 1-12　其他补益药简表

	药名	性味	归经	功效	主治	用量(g)	备注
补气药	党参	甘，平	脾、肺	健脾益肺 养血生津	脾肺气虚 气津两伤	9～30	反藜芦
	西洋参	甘、微苦，凉	肺、心、肾	益气养阴 清热生津	气津两伤 火热伤肺	3～6	反藜芦。另煎兑服
	白术	甘、苦，温	脾、胃	健脾益气 燥湿利水 止汗安胎	脾虚湿盛 湿浊下注 自汗胎动	6～12	益气健脾宜炒用；健脾通便生用 60g 以上。津伤燥渴者忌用
	太子参	甘、微苦，平	脾、肺	益气健脾 生津润肺	脾虚倦怠 气虚肺燥	10～30	反藜芦
	山药	甘，平	脾、肺、肾	补脾养胃 益肺生津 补肾涩精	脾胃虚弱 肺虚咳喘 肾虚遗精	15～30	健脾炒用；生津生用
	刺五加	甘、微苦，温	脾、肾、心、肺	益气健脾 补肾安神	脾虚气短 腰酸健忘	10～30	
	绞股蓝	甘、苦，寒	肺、脾	益气健脾 止咳化痰 清热解毒	脾虚体倦 肺热咳喘 肿瘤热毒	10～20	
	大枣	甘，温	脾、胃	补中益气 养血安神	脾胃虚弱 脏躁失眠	10～15	

续表

	药名	性味	归经	功效	主治	用量(g)	备注
补血药	何首乌	苦、甘、涩,微温	肝、肾	填精补髓润肠通便	肾精不足,血虚津亏湿热风毒,肠燥便秘	6～12	大便溏泄及痰湿重者慎用
	白芍	苦、酸,微寒	肝、脾	养血敛阴柔肝止痛平抑肝阳	肝血亏虚血虚肝郁肝阳上亢	5～15	反藜芦。阳衰虚寒之证不宜用
	阿胶	甘,平	肺、肝、肾	补血滋阴润肺止咳安胎止血	血虚诸证肺热阴虚妊娠尿血	5～15	入汤剂宜烊化冲服。脾胃虚弱者慎用
	龙眼肉	甘,温	心、脾	养血安神补益心脾	血虚失眠心脾两虚	10～15	大剂量30～60g
	紫河车	甘、咸,温	肝、肺、肾	补血益精益气补肾	血少精亏阳痿早泄	1.5～3	
补阴药	明党参	甘、微苦,凉	肝、脾、肺	养阴和胃润肺化痰	口干食少肺燥咳嗽	5～10	反藜芦
	麦冬	甘、微苦,微寒	心、肺、胃	养阴润肺益胃生津清心除烦	燥热伤肺内热消渴阴虚火旺	6～12	风寒咳嗽忌用
	鳖甲	甘、咸,微寒	肝、肾	滋阴潜阳退热除蒸	阴虚阳亢阴液耗伤	10～25	宜先煎。孕妇禁服
	石斛	甘,微寒	胃、肾	益胃生津滋阴清热	热病津伤肾虚火旺	6～12	舌苔厚腻忌用
	玉竹	甘,微寒	肺、胃	养阴润燥生津止渴	燥热干咳肺胃阴虚	6～12	
	枸杞子	甘,平	肝、肾	益精补肾养肝明目	肾虚精亏肝虚目暗	6～12	
	黄精	甘,平	肺、脾、肾	养阴润肺健脾补肾	阴虚肺燥脾肾亏虚	10～15	
	天冬	甘、苦,寒	肺、肾	养阴润燥清肺生津	肠燥便秘肺燥阴亏	6～12	
	桑椹	甘、酸,寒	胃、肝、肾	滋阴补血生津润燥	肝肾阴虚津伤肠燥	10～15	
	女贞子	甘、苦,凉	肝、肾	滋补肝肾乌须明目	肝肾阴虚	6～12	
	龟甲	甘,寒	肝、肾、心	滋阴潜阳益肾健骨养血补心	阴虚阳亢,筋骨痿软骨蒸盗汗,惊悸健忘	10～25	打碎先煎。孕妇慎用
补阳药	杜仲	甘,温	肝、肾	补肾助阳强筋健骨补肾安胎	肾阳亏虚肝肾不足肾虚不固	10～15	
	续断	苦,辛,微温	肝、肾	补益肝肾强筋健骨止血安胎疗伤续折	下元虚冷腰膝酸痛肝肾不足跌打损伤	9～15	外用适量研末敷

续表

	药名	性味	归经	功效	主治	用量(g)	备注
补阳药	海马	甘,温	肾、肝	补肾壮阳 散结消肿	喘促阳痿 癥瘕积聚	3~10	孕妇忌用
	冬虫夏草	甘,温	肺、肾	补肾壮阳 益肺止咳	阳痿滑精,腰膝酸软 肺虚咳喘,痰血自汗	5~15	
	仙茅	辛,热	肾、肝	温肾壮阳 强筋健骨 祛风除湿	阳痿精冷 腰痛尿频 寒湿痹痛	5~15	小毒
	巴戟天	甘、辛,微温	肝、肾	补肾助阳 强筋健骨 祛风除湿	阳痿宫冷 腰痛尿频 风湿痹痛	5~15	
	补骨脂	辛、苦,温	肾、脾	补肾壮阳 固精缩尿 温脾止泻 纳气平喘	阳痿早泄,遗精尿频 五更泄泻,虚寒咳喘	6~15	大便秘结者忌用
	益智仁	辛,温	肾、脾	温肾壮阳 固精缩尿 温脾止泻 开胃摄唾	阳痿不举,尿频遗精 中寒腹痛,口多涎唾	3~10	
	菟丝子	辛、甘,平	肝、肾、脾	温肾固精 养肝明目	阳痿宫冷,腰痛脚弱 遗精遗尿,目暗不明 脾虚泄泻,肾虚胎动	6~12	大便燥结、小便短赤者忌用
	沙苑子	甘,温	肝、肾	补肾固精 养肝明目	早泄滑精 目暗眼花	10~15	
	胡芦巴	苦,温	肾	温肾助阳 散寒止痛	阳痿精冷 寒疝膝痛	3~10	
	肉苁蓉	甘、咸,温	肾、大肠	温补肾阳 润肠通便	阳痿宫冷,肠燥便秘 腰酸腿软,筋骨无力	6~9	泄泻、阴虚及肠燥实热者慎用
	锁阳	甘,温	肝、肾 大肠	补肾助阳 润肠通便	精冷不育,阳痿滑精 津亏血虚,阳虚便秘	10~15	同肉苁蓉
	蛤蚧	咸,平	肺、肾	助阳益精 补肺益肾	阳痿遗精 久咳虚喘	5~10	研末用,每次1~2g;风寒或实热咳喘忌用
	韭菜子	辛、甘,温	肝、肾	壮阳固精 温补肝肾	阳痿遗精 腰膝痿软	3~9	
	狗脊	苦、甘,温	肝、肾	补肾固精 强筋健骨 祛风除湿	遗尿遗精 腰膝酸软 风湿痹痛	6~12	口苦口干者忌用

十三、固涩药

　　以敛耗散、固滑脱为主要作用,治疗多汗、遗泄滑脱、崩漏带下的药物称固涩药或收涩药。据本类药物作用特点,分收敛止汗、涩肠止泻、涩精缩尿及固崩止带四类。

（一）收敛止汗药

以收敛止汗为主要作用,治疗汗证的药物称收敛止汗药。本类药物主要适用于卫阳不固、津液外泄的自汗及阴虚内热、迫津外泄的盗汗等病证。

五 味 子

为木兰科植物五味子 *Schisandra chinensis*（Turcz.）Baill. 或华中五味子 *S. sphenanthera* Rehd. et Wils. 的果实。前者习称"北五味子",主产于辽宁、黑龙江等地;后者习称"南五味子",主产于湖北、云南等地。

【性味归经】 酸、甘,温。归肺、心、肾经。

【功效主治】

1. **收敛固涩** 用治气虚自汗,常与白术、黄芪、浮小麦、麻黄根等同用;肺虚久咳,常与罂粟壳同用;遗精滑泄,常与桑螵蛸、龙骨、山茱萸等同用;脾肾虚寒久泻不止,可与吴茱萸、补骨脂、肉豆蔻等同用。

2. **益气生津** 用治阴虚内热之消渴多饮,常与人参、麦冬、知母、天花粉等同用;热病后期,气阴两伤之气短体倦、汗多口渴,常与人参、麦冬等同用。

3. **宁心安神** 用治阴血不足所致心悸失眠,常与酸枣仁、茯神、远志同用。

【用法用量】 煎服,3～6g。研末服,每次1～3g。

【使用注意】 表邪未解,内有实热,咳嗽初起,麻疹初期均忌用。

浮 小 麦

为禾本科植物小麦 *Triticum aestivum* L. 的未成熟种子。全国各地均产。

【性味归经】 甘,凉。归心经。

【功效主治】

1. **固表止汗** 用治气虚自汗,常与黄芪、煅牡蛎、麻黄根等同用;用治阴虚盗汗,常与五味子、麦冬、地骨皮等同用。

2. **益气除热** 用治阴虚发热、骨蒸劳热等证,常与玄参、麦冬、生地等同用。

【用法用量】 煎服,15～30g。研末服,3～5g。

【使用注意】 表邪而汗者忌用。

（二）涩肠止泻药

以涩肠止泻为主要作用,治疗久泻滑脱的药物称涩肠止泻药。本类药物主要适用于久泻久痢、大便清稀、脘冷腹痛、喜温喜按等虚寒病证。若属湿热痢疾,则并非所宜。

乌 梅

为蔷薇科植物梅 *Prunus mume*（Sieb.）Sieb. et Zucc. 的近成熟果实。主产于四川、福建、湖南、浙江、湖北等地。

【性味归经】 酸、涩,平。归肝、脾、肺、大肠经。

【功效主治】

1. **涩肠止泻** 用治脾肾阳虚所致久泻不止,常与肉豆蔻、人参、诃子等同用。

2. **敛肺止咳** 用治肺虚久咳少痰或干咳无痰,常与罂粟壳、苦杏仁等同用。

3. **生津止渴** 用治阴虚内热烦渴,常与天花粉、麦冬、人参等同用。

4. **安蛔止痛** 用治蛔厥腹痛,常与花椒、干姜、川楝子等同用。

【用法用量】 煎服,5～10g。大剂量可至30g。止泻、止血宜炭用。

（三）涩精止带缩尿药

以涩精止遗、缩尿止带为主要作用,治疗遗精滑泄、尿频等的药物称涩精止带缩尿药。本类药物主要适用于肾虚失藏、精关不固之遗精滑脱、尿频及带下清稀等病证。外邪内侵及湿热下注所致遗精、尿频不宜用。

山　茱　萸

为山茱萸科植物山茱萸 Cornus officinalis Sieb. et Zucc. 的成熟果肉。主产于浙江、河南、安徽、四川、陕西、山西等地。

【性味归经】酸、涩，微温。归肝、肾经。

【功效主治】

1. **收敛固涩**　用治遗精滑泄、遗尿尿频，常与补骨脂、桑螵蛸等同用；崩漏下血、月经过多，常与当归、白芍等同用；大汗虚脱，常与人参、附子同用。

2. **补益肝肾**　用治肝肾不足之腰膝酸软，常与熟地黄、杜仲、淫羊藿同用。

【用法用量】煎服，6～12g。急救固脱，20～30g。

其他固涩药见表 1-13 所示。

表 1-13　其他固涩药简表

	药名	性味	归经	功效	主治	用量(g)	备注
收敛止汗药	糯稻根须	甘，平	心、肝	收敛止汗 退热除蒸	自汗盗汗 骨蒸潮热	15～30	
	麻黄根	甘、微涩，平	肺	固表止汗	自汗盗汗	3～10	表邪未解者慎用
涩肠止泻药	诃子	苦、酸、涩，平	肺、大肠	涩肠止泻 敛肺利咽	久泻久痢 咳喘音哑	3～10	涩肠止泻煨用；敛肺利咽生用
	赤石脂	甘、涩，温	胃、大肠	涩肠止泻 收敛止血 敛疮生肌	久泻不愈 崩漏便血 疮疡溃烂	10～20	湿热泻痢忌用。孕妇慎用。畏官桂
	肉豆蔻	辛，温	脾、胃、大肠	涩肠止泻 温中行气	久泻不止 脘腹胀痛	3～10	湿热泻痢者忌用
	罂粟壳	酸、涩，平	肺、大肠、肾	涩肠止泻 敛肺止咳 麻醉止痛	久泻不止 肺虚久咳 胃脘腹及筋骨诸痛	3～6	有毒。易致中毒成瘾，不可过量久服
涩精止带缩尿药	覆盆子	甘、酸，温	肾、肝	固精缩尿 益肾填精 养肝明目	遗精尿频 阳痿不举 血虚目暗	5～10	
	金樱子	酸、涩，平	肾、膀胱、大肠	固精缩尿 涩肠止泻	遗精尿频 脾虚久泻	6～12	
	莲须	甘、涩，平	肾	涩精止带	遗精带下	3～6	
	桑螵蛸	甘、咸，平	肝、肾	固精缩尿 补肾助阳	遗精尿频 肾虚阳痿	5～10	膀胱蕴热而小便频数者忌用
	芡实	甘、涩，平	脾、肾	固精缩尿 健脾止泻 除湿止带	遗精带下 脾虚久泻	10～15	
	椿皮	苦、涩，寒	肝、大肠	收敛止血 收涩止带 燥湿止泻	血热崩漏 赤白带下 久泻久痢	3～10	脾胃虚寒慎用

续表

	药名	性味	归经	功效	主治	用量(g)	备注
涩精止带缩尿药	海螵蛸	咸、涩,微温	肝、肾	止带固精 固崩止漏 制酸止血	遗精滑精,赤白带下 崩漏便血,胃痛吞酸	6~12	
	鸡冠花	甘、涩,凉	肝、大肠	收敛止血 收涩止带 涩肠止痢	崩漏下血 赤白带下 下痢久泻	6~15	本品收涩兼清湿热

十四、平肝息风药

以平肝阳、息肝风、止抽搐为主要作用,治疗肝阳上亢或肝风内动的药物称平肝息风药。本类药物主要适用于肝阳上亢所致头晕目眩及肝风内动所致痉挛抽搐等病证。使用时,应根据引起肝阳上亢及肝风内动的病因及兼证作适当配伍。

天　麻

为兰科植物天麻 *Gastrodia elata* Bl. 的块茎。主产于四川、云南、贵州、湖北、陕西等地。

【性味归经】甘,平。归肝经。

【功效主治】

1. 平肝息风　用治肝阳上亢所致头痛眩晕,常与钩藤、牛膝等同用;各种原因所致惊痫抽搐,常配钩藤、全蝎等同用。

2. 祛风通络　用治风寒湿痹之关节疼痛,常与秦艽、羌活、桑枝等同用。

【用法用量】煎服,3~10g。研末冲服,每次1~1.5g。

钩　藤

为茜草科植物钩藤 *Uncaria rhynchophylla* (Miq.) Jacks.、大叶钩藤 *U. macrophylla* Wall.、毛钩藤 *U. hirsuta* Havil.、华钩藤 *U. sinensis* (Oliv.) Havil. 或无柄果钩藤 *U. sessilifructus* Roxb. 的带钩茎枝。主产于广东、广西、湖南、福建等地。

【性味归经】甘,凉。归肝、心包经。

【功效主治】

1. 息风止痉　用治肝热之惊痫抽搐,常与天麻、蝉蜕、全蝎、僵蚕等同用。

2. 清热平肝　用治肝火上炎或肝阳上亢之头痛眩晕,常与夏枯草、龙胆等同用。

【用法用量】煎服,3~12g。不宜久煎。

其他平肝息风药见表1-14所示。

表1-14　其他平肝息风药简表

药名	性味	归经	功效	主治	用量(g)	备注
石决明	咸,寒	肝	平肝潜阳 清肝明目	肝阳眩晕 肝火目赤	3~15	打碎先煎。清肝宜生用
珍珠母	咸,寒	肝、心	平肝潜阳 清肝明目 镇惊安神	肝阳眩晕,惊悸失眠 目赤肿痛,视物昏花	10~25	打碎先煎。孕妇慎用

续表

药名	性味	归经	功效	主治	用量(g)	备注
牡蛎	咸,微寒	肝、肾、胆	平肝潜阳 重镇安神 软坚散结 收敛固涩	肝阳眩晕 惊悸失眠 瘰疬瘿瘤 多汗遗精	10~30	打碎先煎。收敛固涩、制酸止痛宜煅用
代赭石	苦,寒	肝、心	平肝潜阳 重镇降逆 凉血止血	肝阳眩晕 呕逆喘息 血热出血	10~30	打碎先煎。生用降逆、平肝;煅用止血
罗布麻	甘、苦,凉	肝	平肝潜阳 清热利尿	肝阳眩晕 湿热水肿	6~12	
羚羊角	咸,寒	肝、心	平肝息风 清肝明目 清热解毒	肝风惊痫 肝火目赤 热毒发斑	1~3 (单煎)	研末,每次0.3~0.6g。脾虚慢惊忌服
地龙	咸,寒	肝、脾、膀胱	息风通络 利尿平喘	高热痉挛,肺热哮喘 风湿热痹,热结膀胱	5~10	研末服,每次1~2g
蜈蚣	辛,温	肝	息风镇惊 通络止痛 攻毒散结	抽搐痉挛,风寒湿痹 偏正头痛,疮疡瘰疬	3~5	有毒。用量不宜大。孕妇忌服。研末,每次0.6~1g
僵蚕	咸、辛,平	肝、肺、胃	息风止痉 祛风散结	痰热惊痫 瘰疬痰核	3~10	研末服,每次1~1.5g
白附子	辛,温	肝、胃、肺	温化寒痰 祛风止痉 解毒散结	寒湿痰壅 口眼㖞斜 痈疽肿毒	3~6	有毒,内服制用
全蝎	辛,平	肝	息风镇痉 通络止痛 攻毒散结	痉挛抽搐 偏正头痛 诸疮肿毒	3~6	有毒。研末服,每次0.6~1g。外用适量

十五、安神药

以镇惊、养心为主要作用,治疗神志不安的药物称安神药。安神药分重镇安神药及养心安神药两类,分别适用于心神受扰及心神失养所致的惊悸怔忡、失眠多梦等病证。本类药物多属对症治疗,部分矿石类药物有毒,应中病即止,不可久服。

酸 枣 仁

为鼠李科植物酸枣 *Ziziphus jujuba* Mill. var. *spinosa*(Bunge)Hu ex H. F. Chou 的干燥成熟种子。主产于陕西、辽宁、河北、内蒙古等地。

【性味归经】甘、酸,平。归肝、胆、心经。

【功效主治】

1. **养心补肝**　用治心肝阴血亏虚之心悸、失眠、多梦,常与当归、白芍、龙眼肉等同用。
2. **宁心安神**　用治心脾两虚之惊悸不安、体倦失眠,常与黄芪、当归、党参等同用。
3. **敛汗生津**　用治津伤之口渴咽干,常与生地、麦冬、天花粉等同用。

【用法用量】煎服,9~15g,研末吞服,每次1.5~2g。

其他安神药见表1-15所示。

表 1-15　其他安神药简表

药名	性味	归经	功效	主治	用量(g)	备注
龙骨	甘、涩,平	心、肝、肾	镇心安神 平肝潜阳 收敛固涩	心悸怔忡 肝阳上亢 肾虚遗精	15～30	收敛固涩宜煅用,其余生用。有湿热积滞者忌用
磁石	咸,寒	心、肝、肾	镇静安神 平肝潜阳 清肝泻火 纳气平喘	惊悸失眠 肝阳上亢 肝火上炎 肾不纳气	15～30	有毒。打碎先煎。入丸散1～3g。平肝安神生用,纳气平喘醋淬后用
琥珀	甘,平	心、肝、膀胱	镇静安神 活血化瘀 利尿通淋	心悸失眠 瘀血阻滞 小便不利	0.5～3	研末冲服或入丸散,不入煎剂。忌火煅
远志	苦、辛,温	心、肾、肺	安神益智 交通心肾 祛痰开窍 消肿散结	惊悸健忘 心肾不交 咳嗽痰多 痈疽疮毒	3～9	外用适量。化痰止咳宜炙用。凡实热或痰火内盛及有胃溃疡或胃炎者慎用
柏子仁	甘,平	心、肾、大肠	养心安神 润肠通便	心悸失眠 血虚肠燥	3～10	
合欢皮	甘,平	心、肝	解郁安神 活血消肿	忧郁失眠 跌仆疮痈	5～10	孕妇慎用
首乌藤	甘,平	心、肝	养心安神 祛风通络	失眠多梦 风湿麻木	10～15	
灵芝	甘,平	心、肝、肺、肾	益气安神 止咳平喘	失眠健忘 咳嗽咳喘	6～12	

十六、开窍药

以通关开窍、醒脑复神为主要作用,治疗闭证神昏的药物称开窍药。因其气味芳香,故亦称芳香开窍药。本类药物主要适用于热陷心包所致神昏谵语,痰蒙心窍所致神昏癫痫以及中风、中暑所致窍闭神昏等病证。该类药辛香走窜,易伤正气,应中病即止,不可久服。

<h3 style="text-align:center">麝　香</h3>

为鹿科动物林麝 *Moschus berezovskii* Flerov.、马麝 *M. sifanicus* Przewalski 或原麝 *M. moschiferus* Linnaeus 的成熟雄体香囊中的干燥分泌物。主产于四川、西藏、内蒙古、陕西、青海等地。本品应密闭、避光贮存。

【性味归经】辛,温。归心、脾经。

【功效主治】

1. **开窍醒神**　用治各种原因所致的闭证神昏,常与牛黄、冰片、朱砂等同用。

2. **活血消肿**　用治血瘀经闭、跌打损伤,常与桃仁、木香、三棱等同用;疗疮恶毒,常与蟾酥、牛黄、冰片、珍珠等同用。

3. **通络止痛**　用治久病入络之偏正头痛,常与川芎、桃仁、赤芍等同用。

【用法用量】入丸散,0.03～0.1g。外用适量。不入煎剂。

【使用注意】孕妇忌用。

其他开窍药见表 1-16 所示。

表1-16　其他开窍药简表

药名	性味	归经	功效	主治	用量(g)	备注
苏合香	辛、温	心、脾	开窍醒神 辟秽止痛	中风痰厥 腹痛吐泻	0.3～1 (入丸散)	适用于寒闭证,不入煎剂
冰片	辛、苦,微寒	心、脾、肺	开窍醒神 清热止痛	神昏痉厥 咽喉肿痛 喉痹口疮	0.15～0.3 (入丸散)	外用适量。不入煎剂。孕妇慎用
樟脑	辛,热	心、脾	开窍辟秽 除湿杀虫	秽浊神昏 湿疮疥癣	0.1～0.2 (入丸散)	有毒。外用适量。有热及孕妇忌用
牛黄	苦,凉	心、肝	开窍醒神 凉肝息风 清心豁痰 清热解毒	神昏谵语 惊厥抽搐 痰热阻闭 火毒内结	0.15～0.35 (入丸散)	外用适量,研末敷患处。非实热证不宜用,孕妇忌用
石菖蒲	辛、苦,温	心、胃	开窍醒神 化湿和中 宁神益智	痰蒙清窍 癫狂痴呆 湿浊中阻	5～10	

十七、驱虫药

以杀灭或麻痹虫体为主要作用,治疗人体寄生虫病的药物称驱虫药。本类药物主要适用于蛔虫、钩虫、蛲虫、绦虫、姜片虫等肠道及其他部位的寄生虫病。驱虫药多有毒性,应严格控制剂量,防止中毒。

槟　榔

为棕榈科植物槟榔 *Areca catechu* L. 的干燥成熟种子。主产于广东、海南、云南等地。

【性味归经】苦、辛,温。归胃、大肠经。

【功效主治】

1. **杀虫截疟**　用治绦虫,可单用本品或与南瓜子同用;治疟疾,常与常山、草果等同用。

2. **行气消积**　用治食积气滞之腹胀便秘,常与木香、青皮、大黄等同用。

3. **利水**　用治水肿实证,常与商陆、泽泻、木通等同用;用治寒湿脚气肿痛,常与木瓜、吴茱萸、陈皮等同用。

【用法用量】煎服,3～10g,驱虫30～60g。生用力佳,炒用力缓。

【使用注意】脾虚便溏或气虚下陷者忌用,孕妇慎用。

其他驱虫药如表1-17所示。

表1-17　其他驱虫药简表

药名	性味	归经	功效	主治	用量(g)	备注
雷丸	苦,寒	胃,大肠	杀虫消积	绦虫、钩虫、蛔虫病 小儿疳积	15～20 (入丸散)	小毒。不宜入煎剂
使君子	甘,温	脾,胃	驱虫杀虫 健脾消积	蛔蛲虫病 小儿疳积	6～10	不宜大量长期服用。服时忌饮茶
苦楝皮	苦,寒	肝、脾、胃	杀虫 疗癣	蛔、蛲、钩虫病 疥疮头癣	6～9	有毒。不可过量久服

续表

药名	性味	归经	功效	主治	用量(g)	备注
贯众	苦,微寒	肝、脾	杀虫止血 清热解毒	肠道虫疾 血热出血 温病发斑	10~15	小毒。不可过量。脾胃虚弱及孕妇忌用
南瓜子	甘,平	胃、大肠	杀虫	绦虫、血吸虫、丝虫	60~120	研粉,冷开水冲服

十八、外用药

以在体表使用为主要给药途径的药物称外用药。本类药物主要适用于疥癣、湿疹、痈疽、疔毒、麻风、毒蛇咬伤等病证。其外用方法因病因药而异。外用药多有毒性,甚至剧毒,须注意用量,以防中毒。

青 黛

为爵床科植物马蓝 Baphicacanthus cusia (Nees) Bremek. 、蓼科植物蓼蓝 Polygonum tinctorium Ait. 的叶或茎叶经加工制得的干燥粉末、团块或颗粒。主产于福建、广东、江苏、河北等地。

【性味归经】 咸,寒。归肝、肺经。

【功效主治】

1. 清热解毒 用治口舌生疮,常与冰片撒敷患处;用治火毒疮疡、痄腮肿痛,常与寒水石研末外敷患处。

2. 凉血消斑 用治温毒发斑,常与生地、石膏、栀子等同用。

3. 清肝泻火 用治暑热惊痫,常与甘草、滑石等同用

4. 定惊止痉 用治小儿惊风抽搐,常与钩藤、牛黄等同用。

【用法用量】 内服1.5~3g。一般作丸散服用。外用适量。

【使用注意】 胃寒者慎用。

其他外用药如表1-18所示。

表1-18 其他外用药简表

药名	性味	归经	功效	主治	用量(g)	备注
血竭	甘、咸,平	肝	活血止痛 生肌敛疮 化瘀止血	瘀血肿痛 痈疽疮疖 外伤出血	1~2 (入丸散)	孕妇及月经期忌服
硫黄	酸,温	肾、大肠	杀虫止痒 温肾助阳	疥疮顽癣,湿疹瘙痒 阴疽肿毒,命门火衰	1~3 (入丸散)	有毒。外用适量。阴虚火旺及孕妇忌用
雄黄	辛,温	大肠、肝、胃	解毒杀虫	湿疮疥癣 疔疮丹毒	0.05~0.1 (入丸散)	有毒。不入煎剂。忌火煅,不可久服。孕妇忌用
轻粉	辛,寒	大肠、小肠	杀虫攻毒 逐水通便	梅毒下疳,疥癣疮疡 实证水肿,二便不利	0.1~0.2 (入丸散)	大毒。外用适量。体虚及孕妇忌用
硼砂	甘、咸,凉	肺、胃	清热解毒 清肺化痰	咽痛口疮 肺热咳痰	1.5~3	外用为主,内服宜慎
蟾酥	辛,温	心、胃	开窍醒神 解毒止痛	痈疽恶疮 暑湿秽浊	0.015~0.03 (入丸散)	有毒。外用适量。内服勿过量。孕妇忌服
炉甘石	甘,平	胃、肝	收湿敛疮 解毒退翳	皮肤湿疮,溃疡不敛 目赤肿痛,翳膜胬肉	适量	专作外用
砒石	辛,大热	肺、肝	蚀疮去腐 祛痰平喘 截疟杀虫	疮疡腐肉,瘰疬牙疳 寒痰哮喘,久治不愈 疟疾痢疾,疥癣瘙痒	0.002~0.004 (入丸散)	大毒。忌火煅。内服宜慎。孕妇忌用

(吴喜利)

复习思考题

1. 为什么要注意中药的采收时间？
2. 中药药性理论的基本内容有哪些？
3. 中药防治疾病的基本作用是什么？
4. 中药副作用和毒性的区别是什么？
5. 如何理解毒性的含义？
6. 如何正确对待"十八反""十九畏"？
7. 解表药的使用注意是什么？
8. 川芎为何称为治头痛要药？
9. 泻下药的使用注意有哪些？
10. 甘味药的作用与适应证是什么？
11. 中药的性能与性状的区别是什么？
12. 牛膝"性善下行"体现在哪些方面？
13. 止血药分为哪几类？各适用于何病证？
14. 理气药为什么常与化湿药、泻下药、活血化瘀药及补益药同用？
15. 鹿茸的用量用法及使用注意是什么？

第二章 方 剂

【内容提要】

本章由两部分组成：一为方剂的基础知识，内容包括方剂与治法和药物的关系，方剂的分类、组成、变化、剂型及煎药与服药法；二为方剂的分类介绍。按照以法统方的原则，将常用方剂分为解表、祛风……外用等十八类，每类方剂选择临床常用的 1~2 方加以介绍，每首方剂按方名、来源（出处）、组成与方解、功效、主治及药物常用量加以介绍，部分处方附有现代应用及现代研究等内容供参考。

【学习要点】

1. 掌握方剂君、臣、佐、使的组方原则。

2. 熟悉方剂的组成变化、方剂的类别及主要方方名。

3. 了解各类基本方的功用及主治。

第一节　方剂的基础知识

方剂是在中医理论指导下，针对具体病证，以辨证立法为依据，选择适当的药物，按照组方原则，酌定用量、用法，恰当配伍而成，是中医辨证施治的具体体现，也是中医临床治疗的重要手段。

一、方剂与治法

方剂是理、法、方、药的组成部分，临证时首先是辨证，然后确立治法，在治法的指导下选用相应的药物组成方剂。因此，治法是组方的依据，方剂是治法的体现，即"法随证立""方从法出"。由此可见，治法是指导遣药组方的原则，方剂是体现和完成治法的主要手段。

二、方剂的组成及其变化

方剂是在使用单味药治病进而用多味药治证的基础上，辨证立法选择适当的药物组合而成。药物的功用各不相同，只有通过合理的配伍，调其偏性，制其毒性，增强或改变原来的功用，消除和缓解对人体的不利因素，发挥其相辅相成或相反相成综合作用，使各具特性的群药联结成一个新的有机整体，充分发挥药物的作用，以适应对比较复杂病证的治疗需要。

（一）组方原则

每一首方剂的组成，必须根据病情，在辨证立法的基础上，选用适当的药物，在配伍组成方面，必须遵循严格的原则。如《素问·至真要大论》说："主病之为君，佐君之为臣，应臣之为使。"明代何伯斋说："大抵约之治病，各有所主。主治者，君也。辅治者，臣也。与君药相反而相助者，佐也。引经及治病之药至病所者，使也。"因此，据历代医家论述及名方组成，组方原则如下：

1. **君药**　是方剂中针对主病或主证起主要治疗作用的药物。其药力居方中之首，是方剂中必须具有的药物。

2. **臣药**　意义有二。一是辅助君药加强治疗主病或主证的药物；二是针对兼病或兼证起主要治疗作用的药物,其药力次于君药。

3. **佐药**　意义有三。一是佐助药,即配合君、臣药以加强治疗作用,或直接治疗次要的兼证;二是佐制药,即用以消除或减缓君、臣药的毒性与烈性;三是反佐药,即根据病情需要,用与君药性味相反而又能在治疗中起相成作用的药物。

4. **使药**　意义有二。一是引经药,即能引方中诸药直达病所的药物;二是调和药,即具有调和方中诸药作用的药物。

临床应用时,不一定每首方剂都具备佐、使药,若病情比较单纯,用一二味药即可奏效,或君、臣药无毒烈之性,有的则不需加用佐药。主病药物能至病所,则不必再用引经的使药。一般君药宜少,臣药可多于君药,佐药可多于臣药,而使药用一二味即可。总之方剂中药味的多少,以及君、臣、佐、使是否齐备,应视病情与治法的需要来确定,只要恰合病情,用药适宜,配伍严谨,主次分明即可。

（二）组成变化

方剂的组成既有严格的原则性,又有极大的灵活性,临证组方时必须根据具体病情而灵活化裁。

1. **增减药味**　药物是决定方剂功效的主要因素,因此药物的增减必然使方剂的功效发生变化。药味增减有两种情况。一种是佐使药的加减,适用于主证未变而次要兼证不同的病例,这种加减变化不至于引起全方功效的根本改变。如银翘散是治疗风热表证的常用方剂,若兼见口渴者,是热伤津液,可加天花粉以生津。另一种是臣药的加减,由于改变了方剂的配伍关系,则会使全方的功效发生根本变化。如麻黄汤去臣药桂枝,则发汗力弱,而变为治疗风寒犯肺咳喘的基础方;麻黄汤加白术为臣药后,则成为一君二臣的格局,变成发汗祛风寒湿邪之方。

2. **增减药量**　药量是药物在方中药力大小的重要标志之一,方剂的药物组成虽然相同,但用量各异,致使方剂的配伍关系及功用、主治亦不相同。如小承气汤与厚朴三物汤均由大黄、厚朴、枳实三药组成,但前方重用大黄四两为君,为攻下热结之剂,主治阳明腑实证;后方重用厚朴八两为君,为行气消满之方,主治气滞大便不通之证。

3. **剂型变化**　方剂的剂型各有特点,同一方剂,若剂型不同,其作用有大小缓峻之别,在主治病情上亦有轻重缓急之分。如理中丸与人参汤,两方组成及用量完全相同,前者为细末,炼蜜为丸,用于中焦虚寒之轻证,作用较缓和;后者治疗中上二焦之虚寒较重者,取汤剂以速治。

三、方剂的剂型

剂型是指方剂组成后,根据病情与药物的特点制成一定的形态。传统剂型有汤、丸、散、膏、酒、丹剂和露、锭、条、线、搽等剂型,现在又研制了许多剂型,如片剂、冲剂、糖浆剂、口服液、胶囊剂、颗粒剂、注射剂、气雾剂等。现将常用的剂型介绍如下。

1. **汤剂**　是将药物饮片配齐后,用水或黄酒,或水酒各半浸泡后,再煎煮一定时间,去渣取汁而成,一般供内服用,如大承气汤、桂枝汤等。汤剂的特点是吸收快,能迅速发挥药效,特别是便于随证加减,是临床广泛使用的一种剂型。汤剂适用于病情较重或不稳定的患者。但该剂型某些有效成分不易煎出,服用量大,服用时口感欠佳,且不便于携带。

2. **丸剂**　是将药物研成细末,加适宜的黏合剂制成的圆形固定剂型。丸剂吸收缓慢,药效持久,而且服用与携带方便。适用于慢性、虚弱性疾病,如十全大补丸、杞菊地黄丸等。亦可用于急救,如安宫牛黄丸、至宝丹等。常用的丸剂有:①蜜丸,是将药物细粉以炼制的蜂蜜为黏合剂制成的丸剂,分为大蜜丸和小蜜丸两种,作用缓和而持久;②水丸,是将药物细粉用冷开水或蒸馏水等为黏合剂制成的小丸,水丸较蜜丸崩解快,易于吸收;③糊丸,是将药物细粉用米糊、面糊、曲糊等为黏合剂制成的小丸,其崩解、溶散慢,内服可延长药效,并能减轻不良反应;④浓缩丸,是将药物煎汁浓缩成膏,再与其他药物细粉混合、粉碎,用水或蜂蜜或药汁制成丸剂,其体积小,服用剂量小,患者易于接受。

3. **散剂**　是将药物粉碎,混合均匀,制成粉末状制剂。有内服与外用两种。内服散剂有细末和粗末之分,细末可直接冲服,如七厘散;粗末可加水煮沸取汁服用,如银翘散等。外用散剂一般作为外敷,掺撒疮面或患病部位,如金黄散等。亦有作吹喉等,如冰硼散等。散剂的特点是吸收快,制作简单,便于服用及携带,节省药材。

4. **膏剂**　是将药物用水或植物油煎熬去渣而制成的剂型。有内服和外用两种。内服膏剂有流浸膏、浸膏、煎膏三种,外用膏剂分软膏和硬膏两种。流浸膏、浸膏多作为调配其他制剂使用。煎膏是将药物加水反复煎煮去渣浓缩后,加炼蜜或炼糖制成的半液体剂型,多用于慢性虚弱病人。内服的煎膏如枇杷膏等,外用的软膏如三黄软膏等。软膏是将药物细粉与适宜的药物基质制成的具有适当黏度的半固体外用制剂,多用于皮肤、黏膜或创面。硬膏又称膏药,是以植物油将药物煎至一定程度,去渣并加入黄丹等冷却制成的外用剂型。可用于跌打损伤、风湿疼痛等。

5. **丹剂**　有内服与外用两种。内服丹剂没有固定剂型,有丸剂,亦有散剂,以药品贵重而名之曰丹,如至宝丹等。外用丹剂,是以某些矿物类药经高温烧炼制成的药品,常研粉涂撒疮面,主要供外科用。

6. **酒剂**　古称“酒醴”,又称药酒。是将药物置于酒中浸泡,去渣取液供内服或外用。酒有活血通络和助长药效的特性,适用于风湿疼痛、体虚补养和跌打损伤等,如杜仲虎骨酒等。外用有活血消肿止痛的作用。酒剂不适用于阴虚火旺的病证。

7. **露剂**　取新鲜含有挥发性成分的药物,用蒸馏法制成的芳香气味的澄明水液。气味清淡,便于口服。一般作为饮料,口感适宜。如金银花露等。

8. **栓剂**　是将药物细粉与基质混合制成的一定形状固体制剂。用于腔道并在其间溶解而释放药物,有杀虫止痒、清热解毒、收敛等作用。外用栓剂可减少药物对肝脏的毒副作用及对胃黏膜的刺激作用。

9. **冲剂**　是将药材提取药加适量赋形剂或部分药物细粉制成的干燥颗粒状制剂,用时以开水冲服。冲剂具有作用迅速、服用方便等特点,如感冒退热冲剂等。

10. **片剂**　是将药物细粉或药材提取物与辅料混合压制而成的片状制剂。片剂体积小,用量准确,服用方便,应用广泛。

11. **糖浆剂**　是将药物煎煮去渣取汁浓缩后,加入适量蔗糖溶解制成的浓蔗糖水溶液。糖浆制剂具有味甜、量小的特点,尤适用于儿童服用。

12. **口服液**　是将药物用水或其他溶剂提取、精制而成的内服液体制剂。该制剂具有剂量小、吸收较快、口感适宜、服用方便等特点。

13. **注射剂**　是将药物经过提取、精制、配制等步骤而制成的灭菌溶液、无菌混悬液,或供配制成液体的无菌粉末。该制剂具有剂量准确、药效迅速、适于急救的特点。对于昏迷及不能口服用药的病人尤为适宜。

14. **茶剂**　是由药物粗粉与黏合剂混合制成的固体制剂。使用时将药物置于有盖的容器中,以沸水泡汁代茶服用,故称茶剂。茶剂外形不固定,常制成小方块或饼状。由于茶剂具有一定疗效,制法简单,服用方便,病人乐于采用,如午时茶等。

第二节　方剂的分类及常用方剂

方剂的分类,历代不尽相同,有以病证分类、以病因分类、以脏腑分类、以组成分类、以治法或功效分类等。本教材遵循以法统方的原则,将所选常用方剂分为解表、祛风、祛湿、清热、和解、消导、催吐、泻下、化痰止咳平喘、温里、理气、理血、补益、固涩、安神、开窍、驱虫及外用等类别。

一、解表剂

凡以辛散解表药为主组成,具有发汗、解肌、透疹等作用,用以治疗表证的方剂,称解表剂。属八法中的汗法。解表剂主要适用于表证,或麻疹未透,以及疮疡、水肿等初起之时,症见恶寒、发热、头痛、身疼、苔薄、脉浮等表证者。解表剂常分为两类:辛温解表剂,适用于表寒证,以麻黄汤为代表方;辛凉解表剂,适用于表热证,以银翘散为代表方。

解表剂多用辛散轻宣之品,故煎药时间不宜太久,以免药性耗散,影响疗效。应用解表剂时,服后取汗,但不可发汗太过,以防损伤正气。

麻黄汤 《伤寒论》

[组成] 麻黄6g　桂枝6g　杏仁9g　炙甘草3g

[用法] 水煎服,服后取微汗。

[功用] 发汗解表,宣肺平喘。

[主治] 风寒表实证。症见恶寒发热,头疼身痛,无汗而喘,舌苔薄白,脉浮紧。

[方解] 本方主治病证多由风寒袭表,毛窍闭塞,肺气不宣,营卫不调所致。治宜发汗解表,宣肺平喘。方中麻黄味苦辛性温,既可发汗解除风寒表邪,又可宣肺平喘,以消除咳喘,为君药。配伍桂枝解肌发汗可助麻黄解表,温通经脉可解肢体疼痛,故为臣药。佐以杏仁降利肺气,与麻黄相伍一宣一降,可增强宣肺平喘之功。使以甘草缓中,制约麻、桂发汗不致过猛。

本方发汗作用较强,对于表虚有汗、新产妇人、失血患者等均不宜用。

[现代研究] 本方有发汗解热作用,镇咳、祛痰和平喘作用,抗哮喘作用,抗过敏作用。临床常用于感冒、流行性感冒、急性支气管炎、支气管哮喘等属风寒表实证者。

[方歌] 辛温发汗麻黄汤,麻桂杏草共煎尝,恶寒发热头身痛,无汗而喘服之康。

银翘散 《温病条辨》

[组成] 金银花30g　连翘15g　桔梗12g　薄荷6g　淡竹叶6g　生甘草6g　荆芥穗12g　牛蒡子12g　淡豆豉12g　芦根30g

[用法] 水煎数沸,日服4次。

[功用] 辛凉透表,清热解毒。

[主治] 温病初起卫分证及风热表证。发热微恶风寒,无汗或有汗不多,头痛口渴,咳嗽咽痛,舌尖红,苔薄黄,脉浮数。

[方解] 本方主治病证由风热邪气或温热病的疫疠毒气,从口鼻或皮毛而入,首先犯肺,使表卫失和,肺失肃降而引起。治宜发散风热,清解热毒。方中重用金银花、连翘辛凉解表,清热解毒,辟秽化浊,为君药。薄荷、牛蒡子辛而性凉,疏散风热,清利头目,解毒利咽;荆芥穗、淡豆豉辛而微温,助君药宣散在表之邪,共为臣药。芦根、竹叶清热生津;桔梗开宣肺气而止咳利咽,同为佐药。甘草调和诸药,护胃安中,又可助桔梗清利咽喉,是为佐使药。

本方所用药物均系轻清之品,用法强调"香气大出,即取服,勿过煮",即为解表剂煎煮火候之通则,又体现了吴鞠通"治上焦如羽,非轻莫举"的用药原则。

[现代研究] 本方有发汗作用、解热作用、抗病原微生物作用、抗炎作用、抗过敏作用。临床常用于急性发热性疾病的初起阶段,如感冒、流行性感冒、急性扁桃体炎、上呼吸道感染、肺炎、麻疹、流行性脑膜炎、乙型脑炎、腮腺炎等辨证属温病初起,邪郁肺卫者。皮肤病如风疹、荨麻疹、疮疡痈肿,亦多用之。

[方歌] 辛凉解表银翘散,竹叶荆牛薄荷甘,豆豉桔梗芦根入,风热外感服之安。

其他解表剂如表 2-1 所示。

表2-1　其他解表剂简表

	药物组成	功用	主治
桂枝汤《伤寒论》	桂枝、芍药、炙甘草、生姜、大枣	解肌发表,调和营卫	外感风寒表虚证 发热,恶风,汗出,脉浮缓
麻黄杏仁甘草石膏汤《伤寒论》	麻黄、石膏、杏仁、炙甘草	辛凉宣肺,清热平喘	表邪未解,肺热咳喘证 发热,喘急,苔薄黄,脉数
桑菊饮《温病条辨》	桑叶、菊花、杏仁、连翘、薄荷、桔梗、生甘草、苇根	疏风清热,宣肺止咳	风温初起 咳嗽,发热不甚,微渴,脉浮数
败毒散《小儿药证直诀》(人参败毒散)	羌活、独活、柴胡、前胡、川芎、枳壳、茯苓、桔梗、人参、甘草、生姜、薄荷	散寒祛湿,益气解表	气虚外感证 憎寒壮热,肢体酸痛,无汗,脉浮按之无力
柴葛解肌汤《伤寒六书》	柴胡、葛根、甘草、黄芩、羌活、白芷、芍药、桔梗、生姜、大枣	解肌清热	感冒风寒,郁而化热证 恶寒渐轻,身热增盛者,头痛无汗,目疼鼻干,心烦不眠,嗌干耳聋,眼眶痛,舌苔薄黄,脉微洪
九味羌活汤《此事难知》引张元素方	羌活、防风、苍术、细辛、川芎、白芷、黄芩、生地、甘草	发汗祛湿,兼清里热	外感风寒湿邪 恶寒发热,肌表无汗,头痛项强,肢体酸楚疼痛,口苦而渴

二、祛风剂

凡以辛散祛风或息风止痉的药物为主组成,具有疏散外风或平息内风作用的方剂,称为祛风剂。风病可分为外风与内风两大类。外风是指风邪侵袭人体头面、经络、肌肉、关节、筋骨等所致的病证。其主要表现为头痛,恶风,肌肤瘙痒,肢体麻木,筋骨挛痛,关节屈伸不利,或口眼㖞斜,甚或角弓反张等。内风是内生之风,由于脏腑功能失调所致的风病。如热极生风、肝阳化风、阴虚风动等。主要表现为眩晕,震颤,抽搐,口眼㖞斜,语言謇涩,半身不遂,甚或猝然昏倒、不省人事等。祛风剂分为疏散外风及平息内风两大类。疏散外风剂可分为祛风散邪及祛风除湿两类。祛风散邪是治疗外风所致病证的方法,代表方如川芎茶调散;祛风除湿是治疗风邪夹寒、夹湿为病的一种方法,常以祛风药与散寒化湿药配伍应用,代表方如独活寄生汤。息风剂分为三类:镇肝息风剂,适用于肝阳上亢、风阳上扰之证,以镇肝熄风汤为代表方;凉肝息风剂,适用于热极生风之证,以羚角钩藤汤为代表方;滋阴息风剂,适用于阴虚生风、虚风内动之证,以三甲复脉汤为代表方。

祛风剂药性多温燥,津液不足、阴虚有热者慎用。

(一) 疏散外风

川芎茶调散　《太平惠民和剂局方》

[组成] 川芎 9g　荆芥 9g　薄荷 9g　羌活 6g　白芷 6g　细辛 3g　防风 6g　炙甘草 6g

[用法] 共为细末,每用 6g,清茶调服。临床上一般改汤剂煎服。

[功用] 祛风散寒止痛。

[主治] 外感风邪头痛。偏正头痛或巅顶疼痛,恶寒发热,目眩鼻塞,舌苔薄白,脉浮。

[方解] 本方所治头痛为风邪外袭,循经上犯清窍,清阳受阻,清窍不利所致。方中川芎味辛温,祛风活血止痛,善治少阳、厥阴经头痛,为君药。荆芥、薄荷、防风辛散上行,疏散风邪,清利头目,共为臣药。羌活、白芷疏风止痛,羌活善治太阳经头痛,白芷善治阳明经头痛;细辛散寒止痛,长于治少阴经头痛,共助君、臣药增强疏风止痛之效,为佐药。甘草调和诸药为使药。用时以清茶调下,取茶之苦凉性味,既可上清头目,又能制约风药的过于温燥与升散。

[**现代研究**] 本方有镇痛作用、解热作用。临床常用于感冒头痛、偏头痛、血管神经性头痛、慢性鼻炎头痛等属外风所致者。

[**方歌**] 川芎茶调用荆防,辛芷薄荷甘草羌,目眩鼻塞风攻上,偏正头痛悉能康。

独活寄生汤 《备急千金要方》

[**组成**] 独活9g　桑寄生15g　秦艽9g　防风9g　细辛3g　当归9g　白芍9g　川芎6g　干地黄9g　杜仲9g　牛膝9g　人参6g　茯苓9g　炙甘草6g　肉桂心6g

[**用法**] 水煎服。

[**功用**] 祛风湿,止痹痛,益肝肾,补气血。

[**主治**] 痹证日久,肝肾两虚,气血不足证。腰膝冷痛、痿软,肢节屈伸不利,或麻木不仁,畏寒喜暖,舌淡苔白,脉细弱。

[**方解**] 本方适用于风寒湿邪痹阻经络,日久不愈,损伤肝肾,耗损气血之证。邪气留连,病久入深,或着于筋脉,或着于肌骨,荣卫凝滞不通,气血运行不畅,久之肝肾失养,气血失荣,而致肝肾不足、气血两虚证。故其病除痹着重痛外,兼见腰膝酸软,麻木不仁,甚至屈伸不利等。

方中独活长于祛下焦与筋骨间风寒湿邪,蠲痹止痛,为君药。细辛入少阴肾经,长于搜剔阴经之风寒湿邪;秦艽祛风湿,舒筋络而利关节;桂枝温经散寒,通利血脉;防风祛一身之风而胜湿,共为臣药。桑寄生、牛膝、杜仲补益肝肾,强壮筋骨;当归、川芎、白芍、熟地养血和血;人参、茯苓、甘草补气健脾,均为佐药。白芍与甘草相合,尚能柔肝缓急,以助舒筋。甘草调和诸药又为使药。

[**现代研究**] 本方有镇痛、抗炎和抗佐剂性关节炎的作用,改善骨性关节炎作用。临床常用于慢性关节炎、类风湿关节炎、风湿性坐骨神经痛、腰肌劳损、骨质增生症、小儿麻痹等属风寒湿痹日久,正气不足者。

[**方歌**] 独活寄生艽防辛,芎归地芍桂苓均,杜仲牛膝人参草,冷风顽痹屈能伸。

其他祛风剂如表2-2所示。

表2-2　其他祛风剂简表

	药物组成	功用	主治
大秦艽汤《素问病机气宜保命集》	秦艽、甘草、川芎、当归、白芍、细辛、羌活、防风、黄芩、石膏、白芷、白术、生地、熟地、白茯苓、独活	祛风清热,养血活血	风邪初中经络证口眼㖞斜,舌强不能言,手足不能动
牵正散《杨氏家藏方》	白附子、僵蚕、全蝎	祛风化痰止痉	风中经络口眼㖞斜,口目瞤动,经隧不利,筋肉失养,不用而缓
消风散《外科正宗》	荆芥、防风、牛蒡子、蝉蜕、知母、苦参、胡麻、苍术、石膏、甘草、木通、当归、生地	疏风养血,清热除湿	风疹,湿疹皮肤疹出,色红,遍身云片斑点,瘙痒,抓破后渗出津水,苔白或黄,脉浮数

（二）平息内风

镇肝熄风汤 《医学衷中参西录》

[**组成**] 怀牛膝30g　生赭石30g　生龙骨30g　生牡蛎30g　生龟甲15g　生杭芍15g　玄参15g　天冬15g　川楝子6g　生麦芽6g　茵陈6g　甘草3g

[**用法**] 水煎服。

[**功用**] 镇肝息风,滋阴潜阳。

[主治] 肝肾阴亏,肝阳上亢,肝风内动证。头晕目眩,目胀耳鸣,心中烦热,面色如醉,或肢体渐觉不利,或口角渐形㖞斜,甚或眩晕跌仆,昏不识人,移时始醒,或醒后不能复原,脉弦长有力。

[方解] 本方适用于肝肾阴亏,肝阳偏亢,阳化风动,气血上逆证。方中怀牛膝引血下行,补益肝肾为君药。赭石镇肝降逆,龙骨、牡蛎、龟甲、白芍益阴潜阳,镇肝息风,同为臣药。玄参、天冬滋阴清热,以制阳亢;茵陈、川楝子、生麦芽清泄肝热,疏肝理气,以利于肝阳的平降,共为佐药。甘草调和诸药为使药。

[现代研究] 本方有降压作用,可预防高血压并发症;对脑出血后脑细胞有保护作用。临床常用于高血压病、脑血栓形成、脑出血、血管神经性头痛等属于肝肾阴虚、肝风内动者。

[方歌] 镇肝熄风芍天冬,玄参龙牡赭茵供,麦芽龟膝草川楝,肝风内动显奇功。

其他息风剂如表2-3所示。

表2-3　其他息风剂简表

	药物组成	功用	主治
羚角钩藤汤《通俗伤寒论》	羚角片、钩藤、桑叶、川贝、生地、菊花、茯神木、白芍、生甘草、淡竹茹	凉肝息风,增液舒筋	肝热生风证 高热不退,烦闷躁扰,甚则神昏,手足抽搐,发为痉厥,舌绛而干,舌焦起刺,脉弦而数
天麻钩藤饮《杂病证治新义》	天麻、钩藤、石决明、栀子、黄芩、川牛膝、杜仲、益母草、桑寄生、夜交藤、朱茯神	平肝息风,清热活血,补益肝肾	肝阳偏亢,肝风上扰证 头痛,眩晕,多梦,失眠,舌红苔黄,脉弦
大定风珠《温病条辨》	鸡子黄、阿胶、生龟板、干地黄、麻仁、五味子、生牡蛎、麦冬、炙甘草、鳖甲、白芍	滋阴息风	阴虚动风证 神倦瘛疭,四肢颤动,头晕目眩,脉气虚弱,舌绛少苔,时时欲脱

三、祛湿剂

凡以祛湿药为主组成,具有化湿利水、通淋泄浊作用,治疗水湿为病的方剂,称祛湿剂。湿为阴邪,其性重滞,其中人缓,病势缠绵。湿邪为病,有外湿、内湿之分,又常与风、寒、暑、热相间。祛湿剂分为五类:芳香化湿剂,适用于外感风寒或内伤湿滞之证,以藿香正气散为代表方;苦温燥湿剂,适用于湿困脾胃之证,以平胃散为代表方;淡渗利湿剂,适用于水湿停留水肿等证,以五苓散为代表方;清热化湿剂,适用于湿热俱盛或湿从热化之证,以茵陈蒿汤、八正散为代表方;温阳化湿剂,适用于湿从寒化或阳不化水之证,以真武汤为代表方。

藿香正气散　《太平惠民和剂局方》

[组成] 藿香9g　紫苏6g　白术9g　白芷6g　茯苓9g　大腹皮9g　厚朴6g　半夏曲9g　陈皮6g　桔梗9g　炙甘草6g

[用法] 水煎服。药丸剂,每服6~9g,日2次;口服液,每次1支,日3次。

[功用] 解表化湿,理气和中。

[主治] 外感风寒,内伤湿滞证。霍乱吐泻,恶寒发热,头痛,恶心呕吐,胸膈满闷,腹痛腹泻,舌苔白腻,脉浮缓。

[方解] 本方主治外感风寒,内伤湿滞及霍乱吐泻证。方中藿香辛温解表散寒,芳香化湿浊,理气和中止呕,为治霍乱吐泻之要药,为君药。紫苏、白芷辛温发散,助藿香解表散寒;半夏、陈皮燥湿和胃,行气降逆止呕;白术、茯苓健脾运湿以止泻;厚朴、大腹皮行气化湿除满;桔梗宣肺利膈,既解表,又助化湿;共为臣、佐药。甘草调和诸药为使药。兼用生姜、大枣以内调脾胃,外和营卫。诸药合用,外散风寒与内化湿滞相伍,健脾利湿与理气和胃共施,是夏月外感风寒、内伤湿滞的良方。

[现代研究] 本方有解痉镇痛作用、抗菌作用、镇吐作用、调节胃肠功能作用。临床常用于急性胃肠炎，或四时感冒属湿滞脾胃或外感风寒者。

[方歌] 藿香正气大腹苏，甘桔陈皮苓术朴，夏曲白芷加姜枣，风寒暑湿并祛除。

五苓散 《伤寒论》

[组成] 茯苓9g　猪苓9g　泽泻15g　白术9g　桂枝6g

[用法] 原方为散剂，现常水煎服。

[功用] 通阳化气，利水渗湿。

[主治] 外有表邪，水湿停蓄证。小便不利，小腹胀满，水肿，腹泻，烦渴欲饮，水入即吐，痰饮等，舌苔白，脉浮。

[方解] 本方为治疗膀胱气化失职而致小便不利和水肿的蓄水证常用方。方中重用泽泻，味甘淡，利水渗湿，为君药。茯苓、猪苓淡渗利水，共为臣药。白术补气健脾，运化水湿，合茯苓增强健脾化湿，又可使水津得以运化、输布；桂枝解太阳之表，辛温通阳，化气以行水，助膀胱气化通利水湿，为佐药。五药合方，则水行气化，表解脾健，而蓄水留饮，诸疾自除。

[现代研究] 本方有利尿作用。临床常用于急慢性肾炎水肿、肝硬化腹水、心源性水肿、急性肠炎、尿潴留、脑积水等属水湿内停者。

[方歌] 五苓散治太阳府，二苓泽泻与白术，温阳化气用桂枝，利水渗湿收效著。

其他祛湿剂如表2-4所示。

表2-4　其他祛湿剂简表

	药物组成	功用	主治
平胃散 《太平惠民和剂局方》	苍术、厚朴、陈皮、炙甘草、生姜、大枣	燥湿运脾，行气和胃	湿滞脾胃证 脘腹胀满，不思饮食，常多自利，呕吐恶心，嗳气吞酸，肢体沉重，怠惰嗜卧，舌苔白腻而厚，脉缓
三仁汤 《温病条辨》	杏仁、生薏苡仁、白蔻仁、飞滑石、白通草、竹叶、厚朴、半夏	宣畅气机，清利湿热	湿温初起及暑温夹湿 头痛恶寒，身重疼痛，午后身热，胸闷不饥，面色淡黄，苔白不渴
茵陈蒿汤 《伤寒论》	茵陈、栀子、大黄	清热利湿退黄	湿热黄疸 一身面目俱黄，黄色鲜明，小便短赤，腹微满，口渴，苔黄腻，脉沉数
八正散 《大平惠民和剂局方》	木通、滑石、瞿麦、萹蓄、车前子、栀子、炙甘草、大黄	清热泻火，利水通淋	湿热淋证 尿频尿急，溺时涩痛，淋漓不畅，癃闭不通，小腹急满，尿色浑赤，口燥舌干，苔黄腻，脉滑数
防己黄芪汤 《金匮要略》	防己、黄芪、甘草、白术、生姜、大枣	益气祛风，健脾利水	风水或风湿 汗出恶风，身重，小便不利，舌淡苔白，脉浮
苓桂术甘汤 《金匮要略》	茯苓、桂枝、白术、炙甘草	温阳化饮，健脾利湿	痰饮 胸胁支满，短气而咳，心悸目眩，舌苔白滑，脉弦滑或沉滑
真武汤 《伤寒论》	附子（炮）、茯苓、芍药、白术、生姜	温阳利水	脾肾阳虚，水气内停证 四肢沉重疼痛，肢体浮肿，小便不利，腹痛下利，心下悸，头眩，身𥆧动，振振欲擗地，苔白不渴，脉沉

四、清热剂

凡以清热药为主组成,具有清热、泻火、凉血、解毒、滋阴透热等作用,用以治疗里热证的方剂,称为清热剂。属八法中的清法。温、火、热三者,同属阳邪,一般有温甚为热、热极似火的区别,实际是程度不同,其属性则一,故此三者统属里热证。清热剂主治里热证,但里热证有在气分、血分之异,实热、虚热之分及脏腑偏盛之殊,故清热剂分为六类。清气分热剂,适用于热在气分证,以白虎汤为代表方;清营凉血剂,适用于热邪深入营分、血分之证,以清营汤、犀角地黄汤为代表方;清热解毒剂,适用于温毒、热毒、丹毒、疔毒等证,以五味消毒饮为代表方;清热解暑剂,适用于暑热证,以清暑益气汤为代表方;清脏腑热剂,适用于热邪偏盛于某一脏腑,以龙胆泻肝汤为代表方;养阴清热剂,适用于热病后期,邪热耗阴,邪不得解之证,以青蒿鳖甲汤为代表方。

使用清热剂的原则,是在表证已解,热已入里,但尚未结实的情况下使用;若邪热仍在表,应解表;里热已成腑实,则宜攻下。使用时需注意寒凉药物容易伤胃,必要时配伍护胃之品。

白虎汤 《伤寒论》

[组成] 石膏(碎)30g　知母12g　炙甘草3g　粳米9g

[用法] 以水将米煮熟,去米,加入其余三味同煎,分二次服。

[功用] 清热生津。

[主治] 阳明气分热盛证。壮热面赤,烦渴饮冷,汗出恶热,尿黄便结,舌红苔黄,脉洪大或滑数。

[方解] 本方主治阳明热盛及温病邪在气分之证。方中石膏辛甘大寒,清热泻火除烦,为清泻气分实热之要药,故为君药。知母苦寒质润,清热生津为臣药。甘草、粳米和胃护津,以防寒凉伤中,为佐使药。四药合用,辛寒清气分热为主,辅以生津益胃,使热去津复。对石膏用量皆主张偏重,方能生效。

使用本方应该注意以下几种情况均不可妄投:①表证未解的无汗发热,口不渴;②脉见浮细或沉者;③血虚发热,脉洪不胜重按;④真寒假热的阴盛格阳证等。

本方适应证一般以"四大"(身大热、口大渴、大汗出、脉洪大)典型症状为依据。

[现代研究] 本方有解热、抗感染作用。临床常用于治疗感冒、流行性感冒、大叶性肺炎、流行性乙型脑炎、流行性出血热、牙龈炎等属气分热盛者。

[方歌] 白虎膏知甘草粳,辛寒清热津能生,热渴汗出脉洪数,气分大热此方清。

黄连解毒汤 《外台秘要》

[组成] 黄连、黄芩、黄柏、栀子各9g

[用法] 水煎服。

[功用] 泻火解毒。

[主治] 实热火毒,三焦热毒证。大热烦躁,口燥咽干,错语不眠;或热病吐血、衄血;或热甚发斑、身热下利、湿热黄疸;外科痈疡疔毒,小便黄赤,舌红苔黄,脉数有力。

[方解] 本方证乃实热火毒,充斥三焦所致。燥热错语,是火毒内盛,表里皆热,神明被扰而致;吐衄、发斑,是血为热迫,随火上逆,或热伤络脉,外逸肌肤;黄疸为瘀热熏蒸外越;痈肿疔毒,为热毒壅至肌肉而致。

方中以大苦大寒之黄连清泻心火为君,兼泻中焦之火。臣以黄芩清上焦之火。佐以黄柏泻下焦之火;栀子清泻三焦之火,导热下行,引邪热从小便而出。四药合用,苦寒直折,三焦之火邪去而热毒解,诸症可愈。

[现代研究] 本方有解热、抗菌抗感染作用。临床常用于败血症、脓毒血症、痢疾、肺炎、泌尿系感染、流行性脑脊髓膜炎、乙型脑炎以及感染性炎症等属热毒为患者。

[方歌] 黄连解毒用四味,黄芩黄连栀子备,烦躁大热呕不眠,吐衄斑黄皆可为。

其他清热剂如表 2-5 所示。

表2-5　其他清热剂简表

	药物组成	功用	主治
清营汤《温病条辨》	犀角（水牛角代）、生地、元参、竹叶心、麦冬、丹参、黄连、银花、连翘	清营解毒，透热养阴	热入营分证 身热夜甚，口渴或不渴，神烦少寐，谵语，目喜开，或闭不一，斑疹隐隐，舌绛干，脉数
五味消毒饮《医宗金鉴》	金银花、野菊花、蒲公英、紫花地丁、紫背天葵	清热解毒	疔疮初起 局部红肿热痛，疮形如粟，坚硬根深如钉之状，以及痈疮疖肿，舌红苔黄脉数
普济消毒饮《东垣试效方》	黄芩、黄连、陈皮、生甘草、玄参、柴胡、桔梗、连翘、板蓝根、马勃、牛蒡子、薄荷、僵蚕、升麻	清热解毒，疏风散邪	大头瘟 恶寒发热，咽喉不利，舌燥口渴，头面红肿痛，目不能开，舌红苔黄，脉浮数有力
仙方活命饮《校注妇人良方》	金银花、白芷、贝母、防风、赤芍、当归尾、甘草、皂角刺、制穿山甲、天花粉、乳香、没药、陈皮	清热解毒，消肿溃坚，活血止痛	痈疡肿毒初起 红肿焮痛，身热凛寒，苔薄白或黄，脉数有力
导赤散《小儿药证直诀》	木通、生地、生甘草梢、竹叶	清心利水养阴	心经火热证 心胸烦热，面赤口渴，口舌生疮，小便淋痛，舌红脉数
龙胆泻肝汤《医方集解》	龙胆、柴胡、泽泻、木通、黄芩、栀子、当归、生地、生甘草	清肝胆实火，泻下焦湿热	肝胆实火上炎证，肝胆湿热下注证 头痛目赤，舌红，苔黄腻，脉弦数有力，胁痛口苦，耳聋耳肿，阴肿阴痒，小便淋浊，带下黄臭
苇茎汤《备急千金要方》	苇茎、薏苡仁、冬瓜子、桃仁	清肺化痰，逐瘀排脓	肺痈 身有微热，咳嗽痰多，吐腥臭脓血，胸中隐隐作痛，舌红苔黄腻，脉滑数
玉女煎《景岳全书》	石膏、熟地、麦冬、知母、牛膝	清胃热，滋肾阴	胃热阴虚证 头痛，牙痛，牙龈出血，烦热干渴，舌红苔黄而干
白头翁汤《伤寒论》	白头翁、黄柏、黄连、秦皮	清热解毒，凉血止痢	热毒痢疾 便脓血，赤多白少，腹痛，里急后重，肛门灼热，口渴，舌红苔黄，脉弦数

五、和解剂

凡具有和解少阳、调和肝脾、调和寒热等作用，治疗邪在少阳、肝脾不和、肠胃不和、寒热错杂以及表里同病等证的方剂，称为和解剂。属八法中的和法。和解剂分为三类：和解少阳剂，适用于邪在少阳，以小柴胡汤为代表方；调和肝脾剂，适用于肝气郁结，肝脾失调，以逍遥散为代表方；调和脾胃剂，适用于肠胃气机失调，以半夏泻心汤为代表方。

凡邪在肌表，未入少阳，或邪已入里，皆不宜使用和解剂。

小柴胡汤　《伤寒论》

［组成］柴胡9g　黄芩6g　半夏6g　人参6g　炙甘草3g　生姜6g　大枣4枚

［用法］水煎服。

［功用］和解少阳。

［主治］①伤寒少阳证。寒热往来,胸胁苦满,默默不欲饮食,心烦喜呕,口苦,咽干,目眩,舌苔薄白,脉弦。②热入血室证。妇人伤寒,经水适断,寒热发作有时。③黄疸、疟疾及内伤杂病见少阳证者。

［方解］本方所治少阳病为伤寒邪传少阳,邪正相争于半表半里所致。本方为和解少阳的主方。方中柴胡苦辛微寒,轻清升散,清解透达少阳半表之邪,并能疏泄气机之郁滞,为君药。黄芩苦寒,清少阳半里之热,为胆经要药,与柴胡配伍,具有较好的和解清热作用,是为臣药。半夏、生姜和胃降逆止呕;人参、大枣益气健脾,扶正祛邪,皆为佐药。炙甘草助参、枣扶正,并调和诸药,为使药。诸药合用,以和解少阳为主,兼补胃气,使半表半里之邪得解,少阳枢机得利,上焦通而胃气和,则诸症自除。

［现代研究］本方有解热、抗炎作用;抗菌、抗病毒作用;对免疫功能的影响,包括能促进B细胞成熟,促进机体产生抗体,可显著提高体液免疫、非特异性免疫、红细胞免疫的能力;对肝胆系统的作用,包括对肝损伤的保护作用和对肝细胞再生能力的影响;对胃肠道的影响,包括对肠管蠕动有增强作用,对胃黏膜损伤有明显的抑制作用;抗纤维化作用;调节内分泌,对垂体-肾上腺皮质系统有双向调节作用;抗衰老作用;抗肿瘤作用。临床常用于感冒、流行性感冒、急性胸膜炎、疟疾、慢性肝炎、肝硬化、胆汁反流性胃炎、急慢性胆囊炎、急性胰腺炎、急性乳腺炎、急性肾盂肾炎、膀胱炎、产褥热、睾丸炎等属少阳证者。

［方歌］小柴胡汤和解功,半夏人参甘草从,更用黄芩加姜枣,少阳百病此为宗。

逍遥散　《太平惠民和剂局方》

［组成］柴胡9g　当归9g　白芍9g　白术9g　茯苓9g　炙甘草6g

［用法］为粗末,每服6g,加煨姜9g,薄荷少许,同煎服。亦可改为饮片,水煎服。或为细末,水泛为丸,每服6g,每日2次。

［功用］疏肝解郁,养血健脾。

［主治］肝郁血虚证。两胁作痛,胸闷嗳气,头痛目眩,口燥咽干,神疲食少,或月经不调、乳房胀痛,舌淡红,脉弦细。

［方解］本方证系肝气郁结、脾虚血弱、脾失健运所致。肝为藏血之藏,性喜条达而主疏泄,体阴用阳。若七情郁结,肝失条达,或阴血暗耗,或生化之源不足,肝体失养,皆可使肝气横逆,故发此证。

方中柴胡辛散疏肝解郁,畅达肝气,为君药。白芍养血柔肝,当归养血活血,归、芍与柴胡同用,养血敛阴,柔肝缓急,共为臣药。白术、茯苓健脾益气,使脾土健旺以防肝乘;薄荷、煨姜辛散达郁以助柴胡疏泄条达,皆为佐药。甘草补中而调诸药,为使药。诸药合用,可使肝气疏畅,脾得补养,肝脾协调,则诸症自除。

［现代研究］本方有保肝作用,抗抑郁作用,对胃肠道有缓解痉挛的作用。临床常用于慢性肝炎、肝硬化、胆囊炎、胆石症、胃及十二指肠溃疡、胃肠神经官能症、经前期紧张综合征、乳腺增生症、更年期综合征、盆腔炎、子宫肌瘤等属肝郁血虚脾弱者。

［方歌］逍遥散用当归芍,柴苓术草姜薄荷,两胁作痛饮食少,疏肝养血治脾弱。

其他和解剂如表2-6所示。

表2-6　其他和解剂简表

	药物组成	功用	主治
半夏泻心汤《伤寒论》	半夏、黄芩、干姜、人参、黄连、大枣、炙甘草	寒热平调,散结除痞	寒热互结之痞证心下痞满、满而不痛,呕吐,肠鸣下痢,舌苔腻而微黄
大柴胡汤《金匮要略》	柴胡、黄芩、白芍、半夏、枳实、大黄、生姜、大枣	和解少阳,内泻热结	少阳阳明合病往来寒热,胸胁苦满,呕不止,郁郁微烦,心下满痛,便秘或下利,舌苔黄,脉弦数有力
四逆散《伤寒论》	柴胡、炙甘草、枳实、芍药	透邪解郁,疏肝理气	阳郁厥逆之证,肝脾不和证手足不温,泄利,胁肋胀闷,脘腹疼痛,脉弦
痛泻要方《医学正传》	炒白术、白芍、陈皮、防风	补脾柔肝,祛湿止泻	痛泻腹痛,泄泻,泻必腹痛,舌苔薄白,脉两关不调,弦而缓
葛根黄芩黄连汤《伤寒论》	葛根、炙甘草、黄芩、黄连	解表清里	协热下利证身热,下利,胸脘烦热,口干作渴,喘而汗出,舌红苔黄,脉数或促

六、消导剂

凡以消食药为主组成,具有消食健脾、除痞化积等作用,以治疗食积停滞的方剂,称为消导剂。属八法中的消法。消法的应用范围较为广泛,凡由气、血、痰、湿、食、虫等壅滞而成的积滞痞块,均可使用。本节仅介绍饮食内停的方剂,以保和丸、枳实导滞丸为代表方。

保和丸　《丹溪心法》

[组成] 山楂18g　神曲6g　半夏9g　茯苓9g　陈皮9g　连翘6g　莱菔子6g

[用法] 为细末,制成丸剂,每服6～9g,日2～3次。或水煎服。

[功用] 消食和胃。

[主治] 食积证。脘腹痞满或胀痛,嗳腐吞酸,恶食呕逆,或大便泄泻,舌苔厚腻,脉滑。

[方解] 本方适用于多因饮食不节、暴饮暴食所致食积内停之证,《素问·痹论》称"饮食自倍,脾胃乃伤"。

方中重用山楂为君,消一切饮食积滞,尤长于消肉食油腻之积。神曲消食健脾,善化酒食陈腐之积;莱菔子下气消食,长于消谷面痰气之积,二药共为臣药。以上三药合用,消各种饮食积滞。食滞中脘,阻滞气机,致胃失和降,故以半夏、陈皮、茯苓和胃止呕,健脾理气化湿,和胃止呕;连翘辛苦性寒,既可散结以助消积,又可清食积所生之热,均为佐药。诸药配伍,共奏消食化积、理气和胃之功。

[现代研究] 本方有对胃肠运动的影响,可增加胃酸分泌。临床常用于治疗急性胃炎、急慢性肠炎、消化不良、婴幼儿腹泻等属食积内停者。

[方歌] 保和神曲和山楂,苓夏陈翘莱菔加,消食化滞和胃气,方中亦可用麦芽。

七、催吐剂

凡以涌吐药为主组成,具有涌吐痰涎、宿食、毒食等作用,以治疗痰厥、食积、误食毒物的方剂,称为涌吐剂。属八法中的吐法。催吐剂以瓜蒂散为代表方。

催吐剂作用峻猛,故年老体弱、孕妇、产后均非所宜。

瓜蒂散　《伤寒论》

[组成] 瓜蒂(熬黄)、赤小豆各等份。

[用法] 上药分别研细末,和匀,每服 1.5 ~ 3g,用淡豆豉 3g 煎汤送服,不吐者,稍加重用量再服。

[功用] 涌吐痰涎宿食。

[主治] 痰涎宿食,壅滞胸脘证。胸脘痞硬,懊恼不安,欲吐不出,气上冲咽喉不得息,寸脉微浮。

[方解] 本方主治乃痰涎壅滞胸中,或宿食停积上脘之证。有形之邪结于胸脘,治当因势利导,以酸苦涌泄之品引而越之。方中瓜蒂味苦,善于涌吐痰涎宿食,为君药。赤小豆味酸平,能祛湿除烦满,为臣药。君臣二药相配,酸苦涌泄,可增强催吐之力。佐以豆豉既可安中护胃,使在快吐之中兼顾护胃气,又能轻清宣泄,宣解胸中邪气,利于涌吐。三药相合,涌吐痰涎宿食,宣越胸中邪气,使壅滞胸脘之痰食得以涌吐排出,胸痞懊恼诸症自解。

[现代研究] 本方散能刺激胃黏膜的感觉神经,反射性兴奋呕吐中枢,引起呕吐。

[方歌] 瓜蒂散用赤豆研,散和豉汁不需煎,催吐逐邪疗效速,宿食痰涎一并蠲。

八、泻下剂

凡以泻下药为主组成,具有通便、泻热、攻积、逐水等作用,治疗里实证的方剂,称为泻下剂。属八法中的下法。泻下剂主要分为四类:寒下剂,适用于里热积滞实证,以大承气汤为代表方;温下剂,适用于里寒积滞实证,以温脾汤为代表方;润下剂,适用于肠燥津亏,大便秘结之证,以麻子仁丸为代表方;逐水剂,适用于水饮壅盛于里的实证,以十枣汤为代表方。

应用泻下剂,必待表邪已解,里实已成。若表邪未解,而里实已成,可表里双解。对年老体弱、孕妇、产妇及病后体虚者,均应慎用或禁用。泻下剂易伤胃气,中病即止。

大承气汤　《伤寒论》

[组成] 大黄 12g　厚朴 12g　枳实 9g　芒硝 9g

[用法] 以水 500ml,先煮枳实、厚朴,取 250ml;去渣,下大黄更煮 200ml;去渣,下芒硝微火一二沸,日分服。大便已下,余药勿服。

[功用] 峻下热结。

[主治] 阳明腑实证。大便秘结,腹胀满或腹痛拒按,矢气频作,日晡潮热,神昏谵语,手足濈然汗出,舌苔黄燥起刺,脉沉实;或下利稀水臭秽,脐腹疼痛,按之有硬块,口干舌燥,脉滑数;或里热实证之热厥、痉病或发狂。

[方解] 本方为寒下的常用代表方剂,证属病邪入里化热,与肠中燥屎相结的阳明腑实证。方中大黄苦寒,泻热通便,荡涤肠胃邪热积滞,为君药。芒硝咸寒泻热,软坚润燥通便,为臣药。君、臣相须为用,则峻下热结之力增强。厚朴苦温下气,枳实苦辛破结,两药消痞除满,破气散结,助大黄、芒硝推荡积滞、通降腑气,为佐使药。本方治证虽然表现复杂多样,如热厥、痉病、发狂、热结旁流等,但皆因里热结滞、腑气不通所致,故用本方峻下热结,以存阴救阴,体现了"釜底抽薪、急下存阴"之法。

使用本方时,应以痞(心下闷塞坚硬)、满(胸胁脘腹胀满)、燥(肠有燥粪,干结不下)、实(腹中硬痛、痛而拒按;大便不通或下利清水而腹中硬满不减)四症及苔黄脉实为依据。

本方取名承气,是取其有泻热结,承顺胃气之下行,可使塞者通、闭者畅之意。

[现代研究] 本方有调节肠蠕动、影响消化功能、改善肺水肿的作用。临床常用于急性单纯性肠梗阻、急性胆囊炎、急性阑尾炎、急性胰腺炎等属阳明腑实证者。

[方歌] 大承气汤用硝黄,配伍枳朴泻力强,阳明腑实真阴灼,峻下热结宜此方。

温脾汤　《备急千金要方》

[组成] 大黄 12g　干姜、当归各 9g　熟附子、人参、芒硝、甘草各 6g

[**用法**] 水煎服。

[**功用**] 攻下寒积,温补脾阳。

[**主治**] 脾阳不足。寒积便秘,或久利赤白,腹部冷痛、绞痛,手足不温,口不渴,苔白,脉沉弦而迟。

[**方解**] 本方用于因脾阳不足而寒实冷积阻于肠间所致诸证。若寒湿久留,冷积不化,可导致脾气虚弱,而见下利赤白不止,不通则痛;腹痛而手足不温,脉沉弦,皆为中气虚寒,冷积内停之象。此时,单纯温补脾阳,虽可去里寒而积滞难去,单纯予以攻下,则更伤中阳,寒积也未必得去。故方中附子温脾阳以散寒凝,大黄泻下攻逐除积滞,二者相配,具有温下之功,共为君药。芒硝润肠软坚,助大黄泻下攻积,干姜温中助阳,助附子温阳祛寒,共为臣药。人参、当归益气养血,使下不伤正为佐。甘草既助人参益气,又能调和药性,为佐使药。诸药合用,使积滞得下,寒邪得去,脾阳得复,则诸症可愈。

[**现代研究**] 本方有调节脂代谢紊乱、保护肾脏等作用。临床常用于急性单纯性肠梗阻或不完全梗阻、蛔虫性腹痛、慢性结肠炎、肝硬化腹水、慢性肾炎、尿毒症等属中阳虚寒、冷积内阻的腹痛等。

[**方歌**] 温脾附子与干姜,人参甘草及大黄,寒热并行治寒积,脐腹绞结痛非常。

其他泻下剂如表 2-7 所示。

表 2-7　其他泻下剂简表

	药物组成	功用	主治
小承气汤《伤寒论》	酒洗大黄、炙厚朴、炙枳实	轻下热结	阳明腑实证 谵语,便秘,潮热,胸腹痞满,舌苔老黄,脉滑数;或痢疾初起,腹中胀痛,里急后重
调胃承气汤《伤寒论》	酒洗大黄、炙甘草、芒硝	缓下热结	阳明病,胃肠燥热证 大便不通,口渴心烦,蒸蒸发热,或腹中胀满,或为谵语,舌苔正黄,脉滑数;以及胃肠热盛而致发斑吐衄,口齿咽喉肿痛
大黄牡丹汤《金匮要略》	大黄、桃仁、丹皮、冬瓜子、芒硝	泻热破瘀,散结消肿	肠痈初起 少腹疼痛拒按,右足屈而不伸,舌苔黄脉,滑数
麻子仁丸(脾约丸)《伤寒论》	麻子仁、芍药、枳实、大黄、厚朴、杏仁	润肠泻热,行气通便	脾约证 肠胃燥热,脾津不足,大便秘结,小便频数
增液承气汤《温病条辨》	玄参、麦冬、生地、大黄、芒硝	滋阴增液,泄热通便	热结阴亏证 大便不通,脘腹胀满,口干唇燥,舌红苔黄,脉细数
十枣汤《伤寒论》	芫花、甘遂、大戟、大枣	攻逐水饮	悬饮、水肿 咳唾,胸胁引痛,心下痞硬胀满,干呕短气,水肿,二便不利,头痛目眩,苔滑,脉沉弦

九、化痰止咳平喘剂

凡以祛痰平喘药为主组成,具有祛痰平喘作用,治疗咳嗽、哮喘的方剂,称为化痰止咳平喘剂。化痰止咳平喘剂临床常用以下四类:燥湿化痰剂,适用于湿痰为病,以二陈汤为代表方;清化热痰剂,适用于热痰为病,以清气化痰丸为代表方;润燥化痰剂,适用于燥痰为病,以贝母瓜蒌散为代表方;温化寒痰剂,适用于寒痰为病,以小青龙汤为代表方。止咳平喘剂,则以定喘汤为代表方,适用风寒外束,痰热内蕴之证。

二陈汤 《太平惠民和剂局方》

[组成] 制半夏12g 橘红12g 茯苓9g 炙甘草6g 生姜七片 乌梅一个

[用法] 水煎服。亦作丸剂。

[功用] 燥湿化痰,理气和中。

[主治] 湿痰咳嗽。痰多色白易咯,胸膈胀满,恶心呕吐,或肢体倦怠,舌苔白腻,脉滑。

[方解] 本方为治湿痰之主方。湿痰咳嗽,多由脾不运化,湿聚成痰所致。方中以辛温性燥的半夏为君药,最善燥湿化痰,且能降逆和胃。橘红为臣药,理气燥湿,使脾健湿除,气行痰消。与半夏相伍,行气与燥湿化痰同用,加强祛痰作用。痰由湿聚而成,茯苓健脾渗湿,杜绝生痰之源,脾湿浊不生,痰无由成,是兼顾其本的治法;生姜降逆化痰,既助半夏、橘红行气消痰,又能监制半夏的毒性;用少许乌梅收敛肺气,与半夏相伍,散中有收,使祛痰不伤正,收敛不留邪,上三味为佐药。使以甘草调和药性,兼可以润肺和中。诸药合用,共奏燥湿化痰、理气和中之效。方中半夏、橘红陈久者良,故方名为"二陈汤"。

[现代研究] 本方有祛痰作用,抗衰老作用,对血糖、血脂及肝功能的影响。临床常用于加减治疗慢性支气管炎、肺气肿、慢性胃炎、妊娠呕吐、神经性呕吐、耳源性眩晕、胃及十二指肠溃疡、脑血管意外等属湿痰壅盛者。

[方歌] 二陈汤用半夏陈,益以茯苓甘草均,理气祛痰兼燥湿,湿痰为病此方珍。

小青龙汤 《伤寒论》

[组成] 麻黄9g 芍药9g 细辛6g 干姜6g 炙甘草6g 桂枝9g 半夏9g 五味子6g

[用法] 水煎服。

[功用] 解表散寒,温肺化饮。

[主治] 外寒内饮证。恶寒发热,无汗,头身痛,咳喘,痰清稀量多,或胸痞,或痰饮喘咳,不得平卧,或身痛重,头面四肢浮肿,舌苔白滑,脉浮。

[方解] 本方主治外感风寒,寒饮停肺,肺失宣降证。风寒束表,皮毛闭塞,卫阳被遏,营阴郁滞,故见恶寒发热、无汗、身体疼痛。素有水饮之人,一但感受外邪,致表寒引动内饮,水寒相搏于肺,肺失宣降,故咳喘痰多而稀;水停心下,阻滞气机,见胸痞;水饮泛溢肌肤,则见身重浮肿。方中麻黄、桂枝相须为君,发汗散寒解表,麻黄亦能宣发肺气以平喘咳,桂枝化气行水以利里饮;干姜、细辛温肺散肺中寒邪,助阳化饮,共助麻、桂解表散寒祛邪为臣;佐以五味子敛肺平喘止咳,芍药和营养血,二药佐制君臣药辛散温燥太过而伤津耗气;半夏燥湿化痰,助干姜、细辛温化寒饮,亦为佐药。炙甘草益气和中,调和药性,为使药。

[使用注意] 本方多温燥之品,咳痰黄、阴虚干咳无痰者,不宜使用。

[现代研究] 本方有止咳平喘作用,抗炎抗过敏作用,解热、抑菌、增强免疫作用。临床常用于支气管炎、支气管哮喘、肺炎、百日咳、肺心病、过敏性鼻炎、卡他性眼炎、卡他性中耳炎等属外寒内饮证者。

[方歌] 解表蠲饮小青龙,麻桂姜辛夏草从,芍药五味敛气阴,表寒内因最有功。

定喘汤 《摄生众妙方》

[组成] 白果12g 炙麻黄9g 苏子9g 甘草3g 款冬花9g 杏仁9g 桑白皮9g 黄芩9g 法半夏9g

[用法] 水煎服。

[功用] 宣降肺气平喘,清热化痰。

[主治] 风寒外束,痰热内蕴之哮喘。咳喘痰多气急,痰稠色黄,或微恶风寒,舌苔黄腻,脉滑数。

[方解] 本方证因素体多痰,又感风寒,导致肺气壅闭,不得宣降,郁而化热所致。方用麻黄宣肺散邪以平喘,白果敛肺定喘而祛痰,共为君药,一散一收,既可加强平喘之功,又可防麻黄耗散肺气。苏子、杏仁、半夏、款冬花降气平喘,止咳祛痰,共为臣药。桑白皮、黄芩清泄肺热,制约温性,共为佐药。甘草调和诸药为使。诸药合用,使肺气宣降,痰热得清,风寒得解,则喘咳痰多诸症自除。

[现代研究] 本方有抗哮喘作用。临床常用于支气管哮喘、慢性支气管炎等属痰热壅肺者。

[方歌] 定喘白果与麻黄,款冬半夏白皮桑,苏杏黄芩兼甘草,风寒痰热喘哮尝。

其他化痰止咳平喘剂如表 2-8 所示。

表 2-8　其他化痰止咳平喘剂简表

	药物组成	功用	主治
清气化痰丸《医方考》	胆南星、瓜蒌仁、陈皮、黄芩、杏仁、枳实、茯苓、制半夏	清热化痰,理气止咳	痰热咳嗽 痰稠色黄,咯之不爽,胸膈痞闷,气急呕恶,舌质红苔黄腻,脉滑数
贝母瓜蒌散《医学心悟》	贝母、瓜蒌、天花粉、茯苓、橘红、桔梗	润肺清热,理气化痰	燥痰咳嗽 咯痰不爽,涩而难出,咽喉干燥,苔白而干
苏子降气汤《太平惠民和剂局方》	紫苏子、半夏、当归、炙甘草、前胡、厚朴、肉桂、生姜、大枣	降气平喘,祛痰止咳	实喘 痰涎壅盛,喘咳短气,胸膈满闷,痰多稀白,或呼多吸少,腰疼脚软,或肢体浮肿,苔白滑,脉弦滑

十、温里剂

凡以温热药为主组成,具有温中散寒、回阳救逆作用,治疗脾胃虚寒、阴盛阳衰、亡阳欲脱等里寒证的方剂,称为温里剂。属八法中的温法。温里剂分为两类:温中祛寒剂,适用于脾胃虚寒证,以理中汤为代表方;回阳救逆剂,适用于阳气衰微、阴寒内盛的急证,以四逆汤为代表方。

本类药物多辛温燥热,对阴虚、血虚、血热者均忌用。并应辨明寒热真假,如真热假寒,不可误用。

理中丸　《伤寒论》

[组成] 人参9g　干姜6g　白术9g　炙甘草3g

[用法] 上四味研末,炼蜜为丸,如鸡子黄大,每次服1丸,日2~3次。或作汤剂煎服。

[功用] 温中祛寒,补气健脾。

[主治] 脾胃虚寒证。脘腹疼痛,喜暖喜按,大便稀溏,口不渴,畏寒肢冷,呕吐食少,舌淡苔白,脉沉细。

[方解] 本方所治诸证皆由脾胃虚寒,升降失常所致。脾主运化而升清阳,胃主受纳而降浊阴。中虚有寒,升降失职,故吐利腹痛,不欲饮食。治当温中而祛寒,补气而健脾,助运化而复升降。

方中干姜为君,大辛大热,温脾阳,祛寒邪,扶阳抑阴。人参为臣,性味甘温,补气健脾。君臣相配,温中健脾。脾为湿土,虚则易生湿浊,故用甘温苦燥之白术为佐,健脾燥湿。炙甘草为使药,一为合参、术以助益气健脾;二为缓急止痛;三为调和药性。全方温补并用,以温为主,温中阳,益脾气,助运化,故曰"理中"。

[现代研究] 本方有抗胃溃疡作用,对内分泌的影响,对免疫功能的影响,抗应激作用。临床常用于急慢性胃肠炎、胃及十二指肠溃疡、胃痉挛、胃下垂、胃扩张、慢性结肠炎等属脾胃虚寒者。

[方歌] 理中丸主温中阳,人参白术草干姜,呕利腹痛阴寒盛,或加附子总扶阳。

四逆汤　《伤寒论》

[组成] 附子15g(先煎)　干姜9g　炙甘草6g

[**用法**] 水煎服。

[**功用**] 回阳救逆。

[**主治**] 阴盛阳衰寒厥证。四肢厥逆,畏寒踡卧,或冷汗淋漓,神疲欲寐,腹痛下利,面色苍白,舌苔白滑,脉微细。

[**方解**] 本方用于心肾阳衰,阴寒内盛所致的寒厥证。《素问·厥论》曰:"阳气衰于下,则为寒厥。"故方中以人辛人热的生附子为君,入心、脾、肾经,温壮元阳,破散阴寒,回阳救逆。生用则能迅达内外以温阳逐寒。臣以辛热的干姜,入心、脾、肺经,温中散寒,助阳通脉。附子与干姜同用,即温先天以生后天,同时温后天以养先天,相须为用,令回阳之力大增。方中用炙甘草:一可益气补中,使全方温补结合,以治虚寒之本;二可甘缓姜、附峻烈之性,使其破阴回阳而无暴散之虞,是为佐药而兼使药之用。

[**现代研究**] 本方有强心、升压及抗心肌缺血作用。临床常用于心肌梗死、心力衰竭、急性胃肠炎吐泻过多,或某些急证大汗而见休克属阳衰阴盛者。

[**方歌**] 四逆汤中附草姜,四肢厥冷急煎尝,腹痛吐泻脉微细,回阳救逆赖此方。

其他温里剂如表 2-9 所示。

表 2-9 其他温里剂简表

	药物组成	功用	主治
小建中汤《伤寒论》	饴糖、芍药、桂枝、炙甘草、生姜、大枣	温中补虚,和里缓急	虚劳里急证 腹痛喜温喜按,面色无华,舌淡苔白,虚烦心悸,手足烦热,咽干口燥,脉细弦
当归四逆汤《伤寒论》	当归、桂枝、芍药、细辛、炙甘草、通草、大枣	温经散寒,养血通脉	血虚寒厥证 手足厥寒,肢体疼痛,口不渴,舌淡苔白,脉沉细或细而欲绝
阳和汤《外科证治全生集》	熟地、鹿角胶、肉桂、麻黄、白芥子、炮姜、生甘草	温阳补血,散寒通滞	阴疽属于阳虚寒凝证 漫肿无头,皮色不变,酸痛无热,口中不渴,舌淡苔白,脉沉细或迟细

十一、理气剂

凡以理气药为主组成,具有行气或降气作用,以治疗气滞或气逆病证的方剂,称为理气剂。理气剂可分为行气与降气两大类:行气剂,适用于气机郁滞之证,以越鞠丸为代表方;降气剂,适用于肺胃之气上逆之证,以旋覆代赭汤为代表方。

理气剂大多辛香而燥,易伤津耗气,故对气虚、阴虚火旺者及孕妇,均当慎用。

越鞠丸 《丹溪心法》

[**组成**] 香附、川芎、苍术、神曲、栀子各 9g

[**用法**] 研末,水泛为丸,每服 6g,日 2 次。或水煎服。

[**功用**] 行气解郁。

[**主治**] 因气郁所致,胸膈痞闷,或脘腹胀痛,恶心呕吐,嗳腐纳呆,脉弦或滑。

[**方解**] 本方所治郁证系指气、血、痰、火、食、湿六郁证,六郁之中以气郁为主。因喜怒无常,忧思无度则肝气不疏,形成气郁,进而导致血郁、火郁;饮食不节、寒温不适影响脾土则脾失健运而致食郁,甚则形成湿郁、痰郁。故本方立意重在行气解郁,气行则血行,气畅则诸郁自解。

方中用药五味,以香附为君药,着重行气开郁以治气郁,因气行则血行,气畅则痰火湿诸郁亦易于消解。川芎活血行气,以治血郁;苍术燥湿运脾,以治湿郁;栀子清热泻火,以治火郁;神曲消食导滞,以治食郁,共为臣佐药。方中不用化痰药,是因为痰由诸郁而生,以火邪为主,火消痰自失,诸郁得解,痰郁随之而消。

[现代研究] 本方有抗抑郁作用。临床常用于胃肠神经官能症、胃及十二指肠溃疡、慢性胃炎、肝炎、胆囊炎、胆石症、妇女痛经、精神抑郁等属于六郁所致者。

[方歌] 越鞠丸治六般郁,气血痰火食湿因,香附芎苍栀子曲,气机畅达诸郁伸。

旋覆代赭汤　《伤寒论》

[组成] 旋覆花9g(包)　赭石15g(先煎)　人参6g　生姜15g　炙甘草6g　半夏9g　大枣4枚

[用法] 水煎服。

[功用] 降逆化痰,益气和胃。

[主治] 胃虚痰阻气逆证。胃脘痞闷或胀满,按之不痛,频频嗳气,或见纳呆、呃逆、恶心,甚或呕吐,舌苔白腻,脉缓或滑。

[方解] 本方证因胃气虚弱,痰浊内阻所致胃脘痞闷胀满、频频嗳气,甚或呕吐、呃逆等症。方中旋覆花性温而能下气消痰,降逆止呃,是为君药;赭石质重而沉降,善镇冲逆,但味苦气寒,故用量稍小为臣药;生姜于本方用量最重,寓意有三:一为和胃止呕,二为宣散水气以助祛痰,三可制约赭石的寒凉之性,使其镇降气逆而不伐胃;半夏燥湿化痰,降逆和胃,并为臣药。人参、炙甘草、大枣益脾胃,补气虚,扶助已伤之中气,为佐使之用。炙甘草又能调和诸药而兼使药之用。诸药配合,共成降逆化痰、益气和胃之剂。

[现代研究] 本方有预防反流性食管炎复发及癌变的作用,促胃肠动力作用。临床常用于胃神经官能症、胃扩张、慢性胃炎、胃及十二指肠溃疡、幽门不完全性梗阻、神经性呃逆、膈肌痉挛等属胃虚痰阻者。

[方歌] 仲景旋覆代赭汤,人参半夏草枣姜,噫气不除心下痞,降逆补中此方尝。

其他理气剂如表2-10所示。

表2-10　其他理气剂简表

	药物组成	功用	主治
柴胡疏肝散《景岳全书》	陈皮、柴胡、川芎、香附、枳壳、白芍、甘草	疏肝解郁,行气止痛	肝气郁滞证 胁肋疼痛,嗳气太息,脘腹胀满,脉弦
瓜蒌薤白白酒汤《金匮要略》	枳实、厚朴、薤白、桂枝、瓜蒌实	通阳散结,行气祛痰	胸痹 胸中闷痛,甚至胸痛彻背,喘息咳唾,短气,舌苔白腻,脉沉弦或紧

十二、理血剂

凡以理血药为主组成,具有活血调血或止血作用,治疗血分病的方剂,称为理血剂。这里主要介绍活血祛瘀剂与止血剂两类。活血祛瘀剂,适用于瘀血阻滞病证,以血府逐瘀汤为代表方;止血剂,适用于各种出血证,以小蓟饮子为代表方。

活血逐瘀剂性多破泄,对于月经过多及孕妇当慎用或禁用。止血方属于治标,病情缓解后,宜审因论治。

血府逐瘀汤　《医林改错》

[组成] 当归9g　生地黄9g　桃仁12g　红花9g　枳壳6g　赤芍6g　川芎6g　牛膝9g　桔梗6g　柴胡3g　甘草3g

[用法] 水煎服。

[功用] 活血祛瘀,行气止痛。

［主治］胸中血瘀，血行不畅。胸痛头痛，痛如针刺而有定处，或呃逆日久不止，或内热烦闷，心悸失眠，急躁易怒，唇黯或两目黯黑，舌黯红或有瘀点、瘀斑，脉涩或弦紧。

［方解］本方是治疗瘀血内阻胸部、气机郁滞所致胸痛、胸闷的常用方剂，系由桃红四物汤合四逆散加桔梗、牛膝而成。方中当归、川芎、赤芍、桃仁、红花活血化瘀；牛膝祛瘀血，通血脉，引瘀血下行，为君药。柴胡、枳壳疏肝理气，桔梗开宣肺气，气行则血行，助君药活血祛瘀；生地、当归养血活血，使祛瘀而不伤阴血，同为臣佐药。甘草调和诸药为使药。

［现代研究］本方有对血液流变学的影响，对心脏的影响，镇痛作用，抗缺氧作用。临床常用于冠心病心绞痛、风湿性心脏病、胸部挫伤与肋软骨炎之胸痛，以及脑震荡后遗症之头痛头晕等。此外，精神抑郁属于瘀阻气滞者，亦有一定疗效。

［方歌］血府当归生地桃，红花牛膝芎赤芍，柴胡枳壳桔甘草，胸中瘀血用之妙。

补阳还五汤 《医林改错》

［组成］生黄芪 30～90g　当归尾 9g　赤芍 9g　地龙 9g　川芎 9g　桃仁 9g　红花 9g

［用法］水煎服。

［功用］补气活血，祛瘀通络。

［主治］中风后遗症之气虚血瘀证。半身不遂，口眼㖞斜，语言謇涩，口角流涎，大便干燥，小便频数，遗尿不禁，苔白，脉缓或细。

［方解］本方证由中风之后，正气亏虚，气虚血滞，脉络瘀阻所致。本方亦是治疗气虚血瘀之中风后遗症的常用方剂。

方中重用生黄芪为君，大补元气，使气旺则血行，瘀去而络通。配以当归尾活血和血，且有化瘀不伤血之妙，是为臣药。川芎、赤芍、桃仁、红花助归尾以活血祛瘀；地龙通经活络，均为佐使药。诸药协同，使气血畅通，祛瘀通络，诸症自愈。

［现代研究］本方有抗脑缺血损伤、抗脑水肿、抑制血小板聚集、抗血栓形成和溶血栓、抗神经元细胞损伤、耐缺氧等作用。临床常用于脑血管意外，以及其他原因所引起的偏瘫、截瘫或肢体痿软属气虚血瘀者。

［方歌］补阳还五赤芍芎，归尾通经佐地龙，重用黄芪为主药，血中瘀滞用桃红。

其他理血剂如表 2-11 所示。

表 2-11　其他理血剂简表

	药物组成	功用	主治
生化汤《傅青主女科》	全当归、川芎、桃仁、干姜、炙甘草（童便、黄酒）	化瘀生新，温经止痛	产后瘀血腹痛，恶露不行，小腹冷痛 恶露不行，小腹冷痛
桂枝茯苓丸《金匮要略》	桂枝、茯苓、丹皮、桃仁、赤芍	活血化瘀，缓消癥块	瘀阻胞宫证 腹痛拒按，漏下不止，血色紫黑晦暗，妊娠胎动不安
小蓟饮子《济生方》	生地、小蓟、滑石、木通、蒲黄、藕节、竹叶、当归、栀子、炙甘草	凉血止血，利水通淋	血淋、尿血 尿中带血，或尿血，小便频数，赤涩热痛，舌红脉数

十三、补益剂

凡以补益药为主组成，具有补益气血阴阳不足等作用，治疗各种虚证的方剂，称为补益剂。属八法中的补法。补益剂可分为四类：补气剂，适用于肺脾气虚病证，以四君子汤为代表方；补血剂，适用于血虚病证，以四物汤为代表方；补阴剂，适用于阴虚病证，以六味地黄丸为代表方；补阳剂，适用于阳虚病证，以金匮肾气丸为代表方。

补气、补血、补阴、补阳虽各有重点,但气血相依,阴阳互根,因此补气时可少配伍补血药,补血时可加补气药,补阴时可佐以补阳药,补阳时可佐以补阴药。

真实假虚证及正气未虚而邪气亢盛者,均不能使用补益剂。对虚不受补者,宜先调理脾胃,使之补而不滞。

四君子汤　《太平惠民和剂局方》

[组成]人参9g　白术9g　茯苓9g　炙甘草6g

[用法]水煎服。

[功用]益气健脾。

[主治]脾胃气虚证。面色萎白,语声低微,气短乏力,食少便溏,舌淡苔白,脉虚弱。

[方解]本方证由脾胃气虚,运化乏力所致。

本方主治脾胃气虚证。饮食劳倦损伤脾胃,则导致气血生化不足。方中人参甘温,益气健脾,为君药。脾虚则易生湿,故以白术健脾燥湿,加强益气助运之力,为臣药。茯苓健脾渗湿,为佐药。苓、术相配,则健脾祛湿之功益著。甘草益气和中,调和诸药,为使药。

[现代研究]本方有对消化系统的影响,对脑内单胺介质的影响,对免疫器官及免疫功能的影响。临床常用于慢性胃炎、胃及十二指肠溃疡等属脾气虚者。

[方歌]参术苓草四君汤,益气健脾推此方,食少便溏体羸瘦,甘平益胃效相当。

四物汤　《太平惠民和剂局方》

[组成]熟地12g　当归9g　白芍9g　川芎6g

[用法]水煎服。

[功用]养血调经。

[主治]冲任虚损,血虚血滞证。心悸失眠,头晕目眩,面色无华,月经不调,量少不畅或经闭不行,或经行腹痛,舌淡,口唇、爪甲色淡,脉细或细涩。

[方解]本方为补血调经的主方。本方治证由营血亏虚,血行不畅,冲任虚损所致。方中熟地甘温味厚质润,入肝、肾经,长于滋养阴血,补肾填精,为补血要药,故为君药。当归甘辛温,归肝、心、脾经,为补血良药,兼具活血作用,且为养血调经要药,用为臣药。佐以白芍养血益阴;川芎活血行气。四药配伍,共奏补血调血之功。

[现代研究]本方有对血液系统的影响,免疫调节作用。临床常用于妇女月经不调、胎产疾病、荨麻疹以及过敏性紫癜等属营血虚滞者。

[方歌]四物地芍与归芎,血家百病此方宗,妇人经病常应用,临证之时在变通。

六味地黄丸　《小儿药证直诀》

[组成]熟地24g　山萸肉12g　山药12g　茯苓9g　泽泻9g　牡丹皮9g

[用法]共研细末,炼蜜为丸,每服6g,日2次。或水煎服。

[功用]滋补肝肾。

[主治]肝肾阴虚证。腰膝酸软,头晕目眩,耳鸣耳聋,盗汗,遗精,消渴,骨蒸潮热,手足心热,口燥咽干,牙齿动摇,足跟作痛,小便淋沥,以及小儿囟门不合,舌红少苔,脉沉细数。

[方解]肾藏精,为先天之本,肝为藏血之脏,精血互可转化,肝肾阴血不足又常可相互影响。方中重用熟地黄滋阴补肾,填精益髓,为君药。山茱萸补养肝肾,并能涩精,取"肝肾同源"之意;山药补益脾阴,亦能固肾,共为臣药。三药配合,肾、肝、脾三阴同补,是为"三补",但熟地黄用量是山萸肉与山药之和,故仍以补肾为主。泽泻利湿而泄肾浊,并能减熟地黄之滋腻;茯苓淡渗脾湿,并助山药之健运,与泽泻共泻肾浊,助真阴得复其位;牡丹皮清泄虚热,以制山萸肉之温涩。三药称为"三泻",均为

佐药。六味合用,三补三泻,其中补药用量重于"泻药",是以补为主;肝、脾、肾三阴同补,以补肾阴为主,这是本方的配伍特点。

[**现代研究**] 本方有降血糖作用,对血液系统的影响,保肝减毒作用,抗衰老作用,调节内分泌作用,改善脑发育等作用。临床常用于慢性肾炎、高血压病、糖尿病、肺结核、肾结核、甲状腺功能亢进、中心性视网膜炎及无排卵性功能失调性子宫出血、更年期综合征等属肾阴虚弱为主者。

[**方歌**] 六味地黄益肾肝,萸山茯苓泽泻丹,腰酸头晕又耳鸣,遗精盗汗潮热安。

其他补益剂如表 2-12 所示。

表 2-12 **其他补益剂简表**

	药物组成	功用	主治
参苓白术散《太平惠民和剂局方》	人参、白术、白茯苓、莲子肉、薏苡仁、缩砂仁、桔梗、白扁豆、甘草、山药、大枣	益气健脾,渗湿止泻	脾虚夹湿证 饮食不化,胸脘痞满,肠鸣泄泻,四肢乏力,形体消瘦,面色萎黄
补中益气汤《脾胃论》	黄芪、炙甘草、人参、当归、陈皮、升麻、柴胡、白术	补中益气,升阳举陷	脾胃气虚证;气虚下陷证;气虚发热证 饮食减少,体倦肢软,少气懒言,面色㿠白,大便稀溏,脱肛,子宫脱垂,久泄久痢,崩漏,气短乏力,身热,自汗,渴喜热饮,气短乏力
生脉散《医学启源》	人参、麦冬、五味子	益气生津,敛阴止汗	温热暑热耗气伤阴证;久咳肺虚,气阴两虚证 汗多神疲,体倦乏力,气短懒言,咽干口渴,干咳少痰,短气自汗,口干舌燥,脉虚细
当归补血汤《内外伤辨惑论》	黄芪、当归	补气生血	血虚发热证 肌热面红,烦渴欲饮,脉洪大而虚,重按无力,妇人经期,产后血虚,发热头痛,疮疡溃后,久不愈合
归脾汤《济生方》	黄芪、龙眼肉、白术、茯神、酸枣仁、人参、木香、炙甘草、当归、远志	益气补血,健脾养心	心脾气血两虚证;脾不统血证 心悸怔忡,健忘失眠,面色萎黄,体倦食少,盗汗,或便血,皮下紫癜,妇女崩漏,月经超前,量多色淡或淋漓不止,舌淡,苔薄白,脉细弱
炙甘草汤(复脉汤)《伤寒论》	生地、炙甘草、生姜、人参、桂枝、阿胶、麦冬、麻仁、大枣	滋阴养血,益气温阳,复脉止悸	阴血不足,阳气虚弱证。虚劳肺痿证 心动悸,脉结代,虚羸少气,舌光少苔,质干瘦,咳嗽,咳痰不多,涎唾多,虚烦不眠,自汗盗汗,大便干结,脉虚数,咽干舌燥
一贯煎《续名医类方》	生地、北沙参、麦冬、当归、枸杞子、川楝子	滋阴疏肝	肝肾阴虚,肝气不疏证 胸脘胁痛,吞酸吐苦,口咽干燥,舌红少苔,疝气瘕聚
百合固金汤《慎斋遗书》	百合、熟地、生地、当归、麦冬、白芍、贝母、玄参、桔梗、甘草	滋肾保肺,止咳化痰	肺肾阴亏,虚火上炎证 咳嗽气喘,痰少而黏,甚则痰中带血,头晕潮热,舌红少苔,脉细数
肾气丸《金匮要略》	干地黄、山药、山茱萸、泽泻、茯苓、丹皮、桂枝、附子	补肾助阳	肾阳不足证 腰痛脚软,身半以下常有冷感,少腹拘急,小便不利,小便反多,入夜尤甚,阳痿早泄,痰饮,水肿,脚气,转胞,消渴

十四、固涩剂

凡以固涩药为主组成,具有收敛固涩作用,以治疗气、血、津、精散失滑脱之证的方剂,称为固涩剂。固涩剂分为四类:敛汗固表剂,适用于气虚卫外不固,阴液不能内守而致的自汗、盗汗,以玉屏风散为代表方;涩精止遗剂,适用于肾虚失藏,精关不固的遗精滑泄,以金锁固精丸为代表方;涩肠固脱剂,适用于久泻、久痢、内脏虚寒的滑脱证,以四神丸为代表方;收敛止带剂,适用于妇女带脉不固的赤白带下,以清带汤为代表方。

凡外邪未去者,不能使用固涩剂。由实邪所致的热病多汗、火扰精室、热痢初起、食滞泄泻、实热崩带等,亦均非本剂所宜。

玉屏风散 《医方类聚》

[组成] 防风6g 炙黄芪12g 白术12g

[用法] 水煎服。

[功用] 益气固表止汗。

[主治] 表虚自汗。汗出恶风,面色白,舌淡苔薄白,脉浮虚。亦治体虚腠理不固,易于感冒者。

[方解] 本方适用于卫气虚弱,不能固表之自汗证。方中黄芪甘温,补益脾肺之气,固表止汗,为君药。白术健脾益气为臣药。佐以防风走表祛风。全方有益气固表、扶正祛邪之功。因其功用有似御风的屏障,而又珍贵如玉,故名玉屏风。

[现代研究] 本方有增强免疫作用,对肾炎的病理修复作用,流感病毒的抑制作用,抗感染作用,增强垂体-肾上腺皮质系统功能等作用。临床常用于治疗或预防小儿及成人反复发作的上呼吸道感染,肾小球肾炎因伤风感冒而诱致病情反复者,过敏性鼻炎、慢性荨麻疹、支气管哮喘等每因外受风邪而致反复发作的过敏性疾病,以及手术后、产后、小儿等因表虚腠理不固而致之自汗证。

[方歌] 玉屏风散最有灵,黄芪白术与防风,表虚汗多易感冒,药物虽少效相成。

四神丸 《证治准绳》

[组成] 补骨脂120g 肉豆蔻60g 五味子60g 吴茱萸30g

[用法] 为细末,水适量,姜枣同煎,待枣煮烂,取枣肉,合药末捣为丸。每服6~9g,空腹温水送下,日2~3次。亦可水煎服。

[功用] 温肾暖脾,涩肠止泻。

[主治] 脾肾虚寒证。五更泄泻,不思饮食,食不消化,或久泻不愈,腹痛喜温,腰酸肢冷,神疲乏力,舌淡苔薄白,脉沉迟无力。

[方解] 五更即当黎明之前,是阴气盛极,阳气萌发之际。肾阳虚衰者,阳气当至不至,阴气极而下行,故为泄泻。肾阳虚脾亦不暖,运化失健,故不思饮食。久泻不愈,有寒有热,今腹痛腰酸肢冷,是为寒证。

方中重用补骨脂辛苦性温,补命门之火以温养脾土,为君药;肉豆蔻温暖脾胃,涩肠止泻,与补骨脂相伍,既可增强温肾暖脾之力,又能涩肠止泻,为臣药;吴茱萸温脾暖胃以散阴寒;五味子酸温,固肾涩肠,合吴茱萸以助君、臣药温涩止泻之力,为佐药。生姜暖胃散寒,大枣补脾养胃,为使药。诸药协用,则肾温脾暖,大肠固而运化复,泄泻自愈。

[现代研究] 本方有对肠道的保护作用,抗炎作用,菌群调节作用,止泻作用。临床常用于慢性结肠炎、肠结核、肠道易激综合征等属脾肾虚寒者。

[方歌] 四神故纸与吴萸,肉蔻五味四般须,大枣生姜同煮烂,五更肾泄最相宜。

其他固涩剂如表2-13所示。

表2-13　其他固涩剂简表

	药物组成	功用	主治
牡蛎散《太平惠民和剂局方》	牡蛎、黄芪、麻黄根、小麦	益气固表，敛阴止汗	自汗、盗汗 身常自汗，夜卧尤甚，心悸惊惕，短气烦倦，舌淡红，脉细弱
金锁固精丸《医方集解》	沙苑子、芡实、莲须、炙龙骨、煅牡蛎	补肾涩精	遗精 遗精，滑泄，神疲乏力，四肢酸软，腰痛耳鸣，舌淡苔白，脉细弱
清带汤《医学衷中参西录》	生山药、生龙骨、生牡蛎、茜草、海螵蛸	收敛止带	脾肾不足带下证 赤白带下，清稀量多，绵绵不绝，腰酸，舌淡苔白，脉沉细

十五、安神剂

凡以重镇安神或滋养安神药物为主组成，具有安神作用，治疗神志不安证的方剂，称为安神剂。安神剂分为两类。滋阴养血安神剂，适用于思虑过度，心血不足，心神失养；或心阴不足，虚火内扰心神之证，以酸枣仁汤为代表方。重镇安神剂，适用于肝郁化火，扰乱心神之证，以朱砂安神丸为代表方。

重镇安神剂多由金石类药物组成，此类药物易伤胃气，中病即止，不宜久服。某些安神药如朱砂具有一定毒性，久服能引起慢性中毒，亦应注意。

酸枣仁汤 《金匮要略》

[组成]酸枣仁15g　茯苓9g　知母9g　川芎6g　炙甘草6g

[用法]水煎服。

[功用]养血安神，清热除烦。

[主治]肝血不足，虚热内扰证。虚烦失眠，心悸不安，心烦头晕，咽干口燥，舌红，脉弦细。

[方解]本方证皆由肝血不足，阴虚内热而致。方中酸枣仁甘酸质润，入心肝经，养血补肝，宁心安神，为君药。茯苓宁心安神，知母苦寒质润，滋阴润燥，清热除烦，为臣药，与君药相伍，以助安神除烦之功。川芎辛散，调肝血而疏肝气，与大量酸枣仁相伍，辛散与酸收并用，补血与行血结合，具有养血调肝之妙，为佐药。甘草调和诸药为使药。

[现代研究]本方有镇静、催眠、抗焦虑作用，增强记忆作用，保肝作用。临床常用于神经衰弱、心脏神经官能症、更年期综合征等属心肝血虚，虚热内扰者。

[方歌]酸枣仁汤治失眠，茯苓川芎知草煎，养血除烦清内热，服后入梦自安然。

其他安神剂如表2-14所示。

表2-14　其他安神剂简表

	药物组成	功用	主治
朱砂安神丸《医学发明》	朱砂、黄连、炙甘草、生地、当归	重镇安神，清心泻火	心火亢盛，阴血不足证 失眠多梦，怔忡惊悸，心神烦乱，舌红，脉细数
天王补心丹《摄生秘剖》	生地、人参、丹参、玄参、茯苓、五味子、远志、桔梗、当归、天冬、麦冬、柏子仁、酸枣仁、朱砂	滋阴养血，补心安神	阴虚血少，神志不安证 心悸失眠，神疲健忘，梦遗虚烦，手足心热，口舌生疮，舌红少苔，脉细数

十六、开窍剂

凡以芳香开窍药为主组成,具有开窍醒神作用,治疗神昏窍闭证的方剂,称为开窍剂。开窍剂分为两类:凉开剂,适用于邪热内闭证,以安宫牛黄丸为代表方;温开剂,适用于寒邪痰浊闭塞气机证,以苏合香丸为代表方。

开窍剂多芳香辛散,久服则耗气伤阴,故中病即止,不可久服。本类方剂多制成丸、散剂,不宜加热煎煮。临床多用于急救,孕妇慎用。

安宫牛黄丸 　《温病条辨》

[组成] 牛黄、郁金、黄连、朱砂、山栀、雄黄、黄芩各30g　犀角(水牛角粉30g代)、冰片、麝香各7.5g　珍珠15g

[用法] 共研极研末,炼老蜜为丸,每丸3g,金箔为衣,蜡护。每服1丸,日1~2丸,分2~4次服。

[功用] 清热解毒,开窍安神。

[主治] 邪热内陷心包证。高热烦躁,神昏谵语,舌謇肢厥,舌红或绛,脉数。亦治中风昏迷,小儿惊厥,属邪热内闭者。

[方解] 本方适用于温热邪毒内陷心包,痰热壅盛,蒙蔽清窍之证。方中牛黄苦凉,清心解毒,豁痰开窍;麝香芳香通行十二经,开窍醒神,共为君药。水牛角咸寒清心凉血解毒,黄连、黄芩、栀子苦寒清热泻火解毒,合牛黄、犀角则清解心包热毒之力颇强;郁金、冰片芳香辟秽,化浊通窍,以增麝香开窍醒神之功,同为臣药。朱砂、珍珠、金箔镇心安神,雄黄豁痰解毒,均为佐药。以蜂蜜为丸,和胃调中,为使药。本方清热泻火、凉血解毒与芳香开窍并用,但以清热解毒为主,意"使邪火随诸香一齐俱散也"(《温病条辨》)。

[现代研究] 本方有解热作用,抗炎作用,对中枢神经的作用。临床常用于流行性乙型脑炎、流行性脑脊髓膜炎、中毒性痢疾、尿毒症、肝性脑病、急性脑血管病、肺性脑病、颅脑外伤、小儿高热惊厥以及感染或中毒引起的高热神昏等属热闭心包者。

[方歌] 安宫牛黄开窍方,朱郁芩连栀雄黄,牛角珍珠冰麝箔,热闭心包功效良。

其他开窍剂如表2-15所示。

表2-15　其他开窍剂简表

	药物组成	功用	主治
至宝丹《太平惠民和剂局方》	生乌、犀角、麝香、朱砂、雄黄、生玳瑁屑、琥珀、龙脑、金箔、银箔、牛黄、安息香	清热开窍,化浊解毒	痰热内闭心包证 身热烦躁,神昏谵语,痰盛气粗,舌红苔黄垢而腻,脉滑数,以及中风中暑,小儿惊厥
苏合香丸《太平惠民和剂局方》	苏合香、麝香、冰片、安息香末(无灰酒熬膏)、白术、青木香、犀角、香附、朱砂、诃子、檀香、沉香、丁香、荜茇、乳香	芳香开窍,行气温中	寒闭证 突然昏倒,牙关紧闭,不省人事,苔白,脉迟,心腹猝痛,甚则昏厥,亦治中风、中气及感受时行瘴疠之气见有上述症状者

十七、驱虫剂

凡以驱虫药为主组成,具有驱虫或杀虫作用,治疗人体寄生虫病的方剂,称为驱虫剂。本类方剂主要用于蛔虫、蛲虫、钩虫等消化道寄生虫病,以乌梅丸为代表方。

驱虫药具有攻伐之力,驱虫后要注意调理脾胃。

乌梅丸　《伤寒论》

[组成] 乌梅 5 枚　细辛 3g　干姜 6g　当归 6g　制附子 6g　蜀椒 4.5g　桂枝 6g　黄柏 6g　黄连 6g　人参 6g

[用法] 为末,乌梅用醋浸一宿,去核打烂,和入余药,拌匀,烘干或晒干,加蜜为丸,每服 6g,日 2 次,空腹服。亦可作汤剂煎服。

[功用] 温脏安蛔。

[主治] 脏寒蛔厥证。脘腹阵痛,烦闷呕吐,时发时止,得食则吐,甚则吐蛔,手足厥冷;或久泻久痢,脉弦。

[方解] 蛔厥之证,是因患者素有蛔虫,复由肠道虚寒,蛔虫上扰所致。方中重用乌梅味酸安蛔,使蛔静而痛止,为君药。蜀椒、细辛辛温,辛可伏蛔,温能祛寒;黄连、黄柏苦寒,苦能下蛔,寒能清解因蛔虫上扰致气机逆乱所生之热;附子、桂枝、干姜辛热温脏祛寒,亦有辛可制蛔之力;人参、当归补养气血,且合桂枝以养血通脉,以解四肢厥冷,共为臣、佐药。蜜甘缓和中,为使药。

[现代运用] 本方常用于治疗胆道蛔虫症、慢性菌痢、慢性胃肠炎、结肠炎等证属寒热错杂、气血虚弱者。

[现代研究] 本方有抗溃疡性结肠炎、降血糖作用,抗肝纤维化作用。

[方歌] 乌梅丸用细辛桂,黄连黄柏及当归,人参附子椒干姜,清上温下又安蛔。

十八、外用剂

凡以外用药为主,通过体表发挥治疗作用的方剂,称为外用剂。此类方剂具有收敛止血、化腐生肌、消肿解毒等作用。适用于皮肤疾患、疮疡肿毒以及烫伤、跌打损伤等症。以金黄散为代表方。

金黄散　《外科正宗》

[组成] 大黄、黄柏、姜黄、白芷各 2500g　南星、陈皮、苍术、厚朴、甘草各 1000g　天花粉 5000g

[用法] 共研细末,用醋、酒、蜂蜜或植物油调敷患处。

[功用] 清热解毒,消肿止痛。

[主治] 阳证疮疡初起。局部红肿,灼热疼痛,脓未形成,舌红苔黄,脉滑数。

[方解] 本方所治之证为热毒壅聚引起。方中以大黄、黄柏、天花粉清热解毒,散瘀消肿,为君药。苍术、白芷、厚朴、陈皮、南星理气化湿,消肿止痛,为臣药。姜黄活血为佐药。甘草调和药性为使药。

[现代研究] 本方有抗炎镇痛作用、抑菌作用。临床常用于治疗转移性肌肉深部脓肿、下肢丹毒（溶血性链球菌、丹毒链球菌侵入皮肤或膜内的网状淋巴管所引起的急性感染）、流行性腮腺炎、急性乳腺炎、骨折及软组织损伤、静脉炎、皮肤疮疡肿毒、糖尿病足溃疡、压疮、湿疹、痛风急性发作、阑尾炎周围脓肿、淤滞性皮炎、慢性前列腺炎、炎性外痔、毒蛇咬伤肢体肿胀等阳证疮疡。

[方歌] 金黄大黄柏姜黄,白芷南星陈皮苍,厚朴甘草天花粉,阳证疮疡外用良。

（毛　兵）

复习思考题

1. 方剂的组方原则中如何体现方剂与治法的关系?

2. 方剂的组成变化会给方剂的功效应用带来哪些变化?

3. 方剂的组方原则是什么?

4. 银翘散的组成、功用及主治是什么?

5. 试述六味地黄丸的功用及主治。

6. 小柴胡汤的组成、功用及主治是什么?

7. 试述川芎茶调散的方解。

8. 试述独活寄生汤的功用及主治。

9. 试述镇肝熄风汤的方解。

10. 试述五苓散的功用及主治。

11. 试述白虎汤的方解。

12. 试述逍遥散的功用及主治。

13. 试述大承气汤的方解。

14. 试述保和丸的功用及主治。

15. 试述二陈汤的方解。

16. 试述理中丸的方解。

17. 试述四逆汤的组成、功用及主治。

18. 试述越鞠丸的功用及主治。

19. 试述血府逐瘀汤的功用及主治。

20. 试述补阳还五汤的功用及主治。

21. 试述四君子汤的方解。

22. 试述四物汤的方解。

第三章　针灸学基础

【内容提要】

　　针灸学是以中医理论为指导,运用针刺和艾灸等防治疾病的一门临床学科,它是中医学的重要组成部分。其内容包括经络、腧穴、针灸疗法、耳针疗法及临床治疗等部分,本章节重点介绍经络理论、常用腧穴、针法、灸法、耳针、推拿和拔罐疗法。

【学习要点】

　　1. 掌握十二经脉的命名,十二经脉的循行、分布衔接规律和十二经脉流注次序;掌握腧穴的基本概念、分类方法及定位方法;掌握十四经脉的循行。掌握针法与灸法异同,针灸选穴原则和配穴方法,毫针的进针方法、常用的行针手法及得气在针刺中的意义。

　　2. 熟悉经络系统的组成;熟悉腧穴的主要治疗作用和主治规律;熟悉十四经脉的病候和主治概要。熟悉针灸的治疗特点、治疗作用、治疗原则,针刺练习、针刺异常情况的预防和处理,常用灸法、耳针疗法、推拿的作用原理。

　　3. 了解奇经八脉的分布、作用及特点,了解经络学说的形成和发展。了解各类特定穴的意义和内容。全面了解十四经腧穴与经外奇穴,并重点掌握其中 60 个左右常用的经穴、奇穴的定位方法、主治特点和操作要求。了解主要针刺补泻手法、灸法和拔罐疗法的适应证与禁忌证及异常情况处理,推拿疗法的基本治疗方法、基本推拿手法的操作要领,适应证及禁忌证,火罐的操作及临床应用。

第一节　经　　络

一、经络学概念

　　经络是机体运行气血、联络脏腑肢节、沟通上下内外的通道。经络是经脉和络脉的总称。经,有路径的意思,是经络系统的主干,大多循行于深部,有一定的循行径路。络,有网络的意思,是经脉的分支,纵横交错,大多循行于较浅的部位。经络把人体所有的五脏六腑、四肢百骸、五官九窍、皮肉筋脉等联结成一个统一的有机整体,使人体内的功能活动保持相对的协调和平衡。

　　经络学说是研究人体经络系统的生理功能、病理变化及其与脏腑相互关系的学说。它是针灸、推拿、气功等学科的理论基础,并对指导中医临床各科有十分重要的意义;它与藏象学说、病机学说等基础理论结合起来,较完整地阐释了人体的生理功能、病理变化,并指导诊断和确定治法。

二、经络的组成

　　经络系统,包括十二经脉、奇经八脉、十二经别、十五络脉、十二经筋和十二皮部等,在内连属于脏腑,在外连属于筋肉、肢节和皮肤(表 3-1)。

　　经脉分为正经和奇经两类。

　　正经有十二条,即手足三阴经和手足三阳经,合称"十二经脉",是气血运行的主要通道。十二经脉有一定的起止、一定的循行部位和交接顺序,在肢体的分布和走向有一定的规律,同脏腑有直接的络属关系。十二经脉对称地分布于人体的两侧,分别循行于上肢或下肢的内侧或外侧。主要行于上肢,起于或止于手的经脉,称"手经";主要行于下肢,起于或止于足的经脉,称"足经"。主要分布于四肢内侧面的经脉,属"阴经";主要分布于四肢外侧面的经脉,属"阳经"。十二经脉分布于上、下肢的内外两侧,每个侧面都有三条经脉分布,这样,内侧属阴,一阴衍化为三阴,即太阴、少阴、厥阴;外侧属阳,一阳衍化为三阳,即阳明、太阳、少阳。十二经脉的名称是古人根据阴阳消长所衍化的三阴三阳,结合其循行于上肢或下肢的特点,以及其与脏腑相属络的关系而确定的。每一经脉的名称依据手足、阴阳、脏腑三个方面来命名。如隶属于心,循行于上肢内侧的经脉称为手少阴心经。

表 3-1　经络系统简表

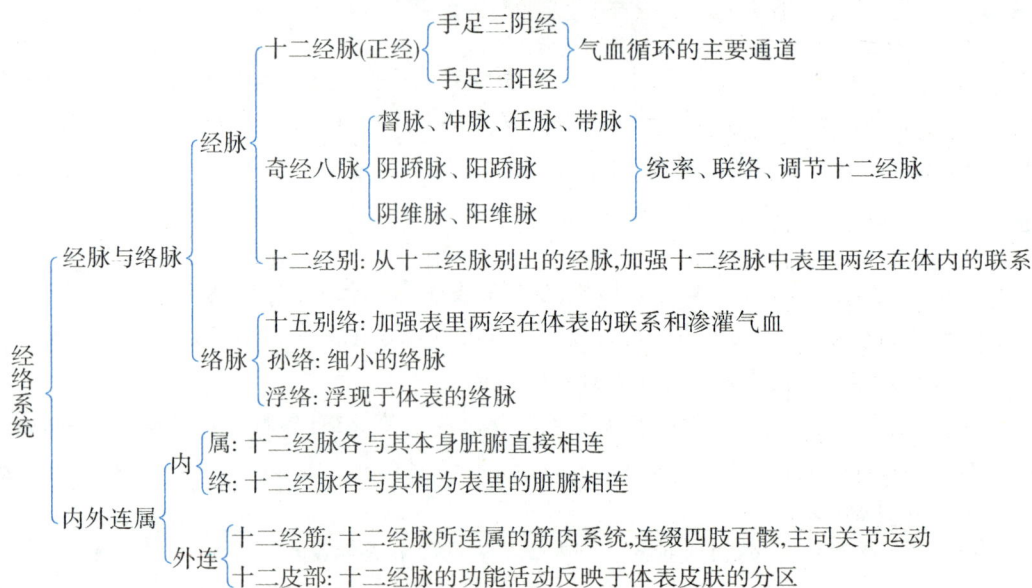

经络系统
- 经脉与络脉
  - 经脉
    - 十二经脉(正经)
      - 手足三阴经
      - 手足三阳经 }气血循环的主要通道
    - 奇经八脉
      - 督脉、冲脉、任脉、带脉
      - 阴跷脉、阳跷脉
      - 阴维脉、阳维脉 }统率、联络、调节十二经脉
    - 十二经别:从十二经脉别出的经脉,加强十二经脉中表里两经在体内的联系
  - 络脉
    - 十五别络:加强表里两经在体表的联系和渗灌气血
    - 孙络:细小的络脉
    - 浮络:浮现于体表的络脉
- 内外连属
  - 内
    - 属:十二经脉各与其本身脏腑直接相连
    - 络:十二经脉各与其相为表里的脏腑相连
  - 外连
    - 十二经筋:十二经脉所连属的筋肉系统,连缀四肢百骸,主司关节运动
    - 十二皮部:十二经脉的功能活动反映于体表皮肤的分区

奇经有八条,即督、任、冲、带、阴跷、阳跷、阴维、阳维,合称"奇经八脉",有统率、联络和调节十二经脉的作用。奇经八脉,是十二正经之外的八条经脉,因其与脏腑没有直接的相互络属,相互之间也没有表里关系,故称"奇经"。督脉,行于背部正中,对全身阳经脉气有统率、总督作用。任脉,行于胸腹正中,总任全身阴经脉气;又主胞胎,为人之妊养之本。冲脉,其脉上至头,下至足,贯穿全身上下前后,为一身要冲,且能通受十二经气血。带脉,其运行环身一周,束腰如带。阴阳跷脉,起于足跟,与人的"跷健"善行有关,是人体举足步行的机要。阴阳维脉,具有维系诸阳经、阴经的功用。

十二经别是从十二经脉别出的经脉,可加强十二经脉中相为表里的两经之间在体内的联系,并通达某些正经未循行到的器官和形体部位,以补正经之不足。十二经别和十二正经有关,从某经别出的,就称为某经经别。如从手太阴肺经别出者,则称为手太阴经别。

此外,尚有十二经筋、十二皮部。十二经筋是十二经脉之气结、聚、散、络于筋肉、关节的体系,有约束骨骼,主司关节屈伸运动的作用,其命名依十二经脉而定,如手太阴经筋、足阳明经筋等。十二皮部是十二经脉的功能活动反映于体表的部位,其命名与十二经脉一致,如手太阴皮部、足太阳皮部等。

络脉有别络、浮络和孙络之分。

别络是较大的和主要的络脉,共 15 条,其中十二经脉与督脉、任脉各有一条别络,再加上脾之大络,合为"十五别络"。别络的主要功能是加强相为表里的两条经脉之间在体表的联系。"别",有本经别走它经之意。别络以从经脉别出处的络穴名称来命名。手太阴之别络,名曰"列缺";手少阴之别络,名曰"通里";手厥阴之别络,名曰"内关";手太阳之别络,名曰"支正";手阳明之别络,名曰"偏历";手少阳之别络,名曰"外关";足太阳之别络,名曰"飞扬";足少阳之别络,名曰"光明";足阳明之别络,名曰"丰隆";足太阴之别络,名曰"公孙";足少阴之别络,名曰"大钟";足厥阴之别络,名曰"蠡沟";任脉之别络,名曰"鸠尾"(尾翳);督脉之别络,名曰"长强"。另有一支脾之大络,名曰"大包"。

浮络是浮现于体表的络脉,孙络是最细小的络脉,两者难以计数,遍布全身。

三、经络的走向、分布

1. 经络的走向和交接　十二经脉的走向和交接是有一定规律的。《灵枢·逆顺肥瘦》说："手之三阴,从胸走手;手之三阳,从手走头;足之三阳,从头走足;足之三阴,从足走腹。"即:手三阴经从胸腔走向手指末端,交手三阳经;手三阳经从手指末端走向头面部,交足三阳经;足三阳经从头面部走向足趾末端,交足三阴经;足三阴经从足趾走向腹、胸腔,交手三阴经,这样就构成一个"阴阳相贯,如环无端"的循环径路(图3-1)。

2. 十二经脉的分布及表里关系

(1)十二经脉在体表的分布:十二经脉在体表的分布有一定规律。在四肢部,阳经分布于四肢的外侧面,阴经分布于四肢的内侧面。外侧分三阳,内侧分三阴,大体上,阳明、太阴在前缘,太阳、少阴在后缘,少阳、厥阴在中线。在头面部,阳明经行于面部、额部,太阳经行于面颊、头顶及

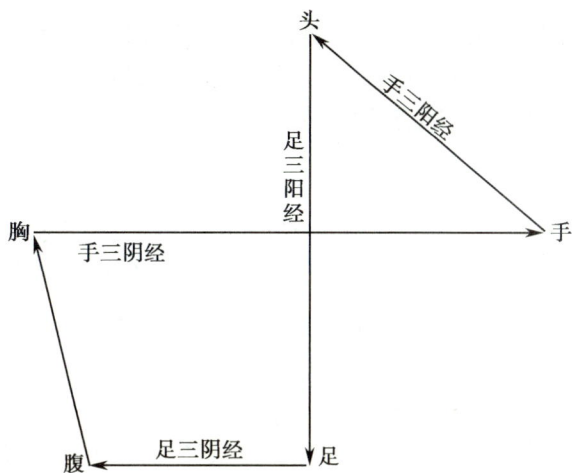

图3-1　手足三阴三阳经走向交接示意图

头后部,少阳经行于头侧部。在躯干部,手三阳经行于肩胛部;足三阳经则阳明经行于前(胸腹部),太阳经行于后(背腰部),少阳经行于侧面。手三阴经均从腋下走出,足三阴经均行于腹部。循行于腹部的经脉,自内向外的顺序为足少阴、足阳明、足太阴、足厥阴。(表3-2)

表3-2　十二经脉在体表分布规律表

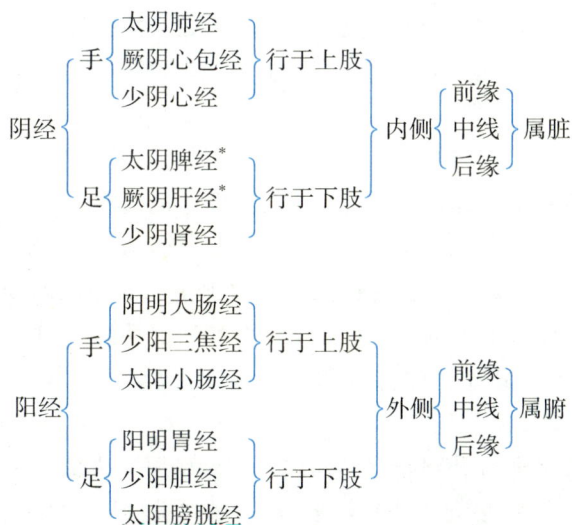

* 在小腿下半部和足背部,肝经在前缘,脾经在中线。至内踝上八寸处交叉之后,脾经在前缘,肝经在中线

(2)十二经脉的表里关系:手足三阴、三阳经,通过经别和别络互相沟通,组合成六对"表里相合"关系。手阳明大肠经与手太阴肺经为表里;手少阳三焦经与手厥阴心包经为表里;手太阳小肠经与手少阴心经为表里;足阳明胃经与足太阴脾经为表里;足少阳胆经与足厥阴肝经为表里;足太阳膀胱经与足少阴肾经为表里。在循环路线上,凡是有表里关系的两条经脉,均在四肢末端交接,分别循行于四肢内外两个侧面的相对位置。十二经脉的表里络属关系,由于表里的两条经脉的衔接而加强了联系。

(3)十二经脉的脏腑络属:阴经与阳经在体内与脏腑之间有络属关系,即阴经属脏络腑,阳经属腑络脏。如手太阴肺经属肺络大肠,手阳明大肠经属大肠络肺;足阳明胃经属胃络脾,足太阴脾经属

脾络胃;手少阴心经属心络小肠,手太阳小肠经属小肠络心;足太阳膀胱经属膀胱络肾,足少阴肾经属肾络膀胱经;手少阳三焦经属三焦络心包,手厥阴心包经属心包络三焦;足少阳胆经属胆络肝,足厥阴肝经属肝络胆。

由于手足阴阳十二经脉存在着表里关系,相互络属于同一脏腑,因而使相为表里的脏腑在生理功能上相互协调配合,在病理上也相互影响,在治疗上亦相互为用。如心火可下移小肠等。在治疗上,相为表里络属的两条经脉的腧穴可交叉使用,如脾经的穴位可用以治疗胃或胃经的疾病。

3. 十二经脉的流注顺序　十二经脉分布在人体内外,经脉中的气血运行是循环贯注的,从手太阴肺经开始,依次传至足厥阴肝经,再传至手太阴肺经,首尾相贯,如环无端。其流注顺序如表3-3。

表3-3　十二经脉流注顺序表

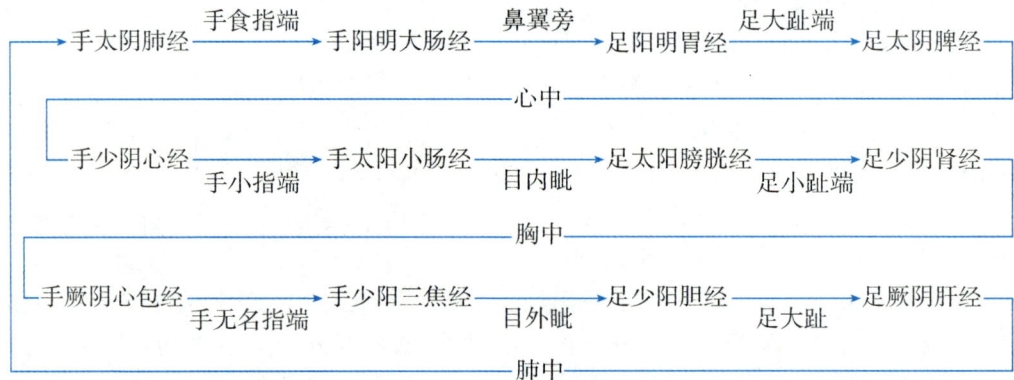

4. 奇经八脉分布　奇经八脉纵横交叉于十二经脉之间,具有加强十二经脉之间的联系,调节正经气血的作用。凡十二经脉中气血满溢时,则流注于奇经八脉,蓄以备用;不足时,也可由奇经给予补充。奇经与肝、肾等脏及女子胞、脑、髓等奇恒之腑的关系较为密切,相互之间在生理、病理上均有一定的联系。

八脉之中,督、任、冲三脉均起于胞中,同出会阴,称为"一源三歧"。其中督脉后行于腰、背、项、头后部的正中线,上至头面,入脑,贯心、络肾,在生理上能总督一身阳经,故又称"阳脉之海",并与脑、髓、肾的功能有密切联系。任脉前行于腹、胸、颈、面部的正中线,在生理上能总任一身之阴经,故又称"阴脉之海",并与妊娠有关,故又有"任主胞胎"的说法。冲脉并足少阴肾经挟脐而上,环绕口唇,十二经脉均来汇聚,故称为"十二经脉之海",因冲脉与妇女月经有密切关系,故又称"血海"。由于督、任二脉各有其循行的部位和所属腧穴,故与十二正经相提并论,合称为"十四经"。

带脉起于胁下,束腰而前垂,统束纵行诸经,故有"诸脉皆属于带脉"之说,并有固护胎儿的作用。阴跷脉左右成对,起于足跟内侧,随足少阴等经上行,至目内眦与阳跷脉会合;阳跷脉左右成对,起于足跟外侧,伴足太阳等经上行,至目内眦与阴跷脉会合,沿足太阳经上额,于项后会合于足少阳经。阴阳跷脉分主一身左右的阴阳,共同调节下肢的运动和眼睑的开合功能。阴维脉左右成对,起于小腿内侧足三阴经交会之处,沿下肢内侧上行,经腹、胁,与足太阴脾经、足厥阴肝经会合后,复上行挟咽与任脉相并,主一身之里;阳维脉左右成对,起于小腿外侧外踝的下方,沿下肢外侧上行,经躯干部的外侧,上腋、颈、面颊部而达额与督脉相并,主一身之表。阴阳维脉维络诸阴经或阳经,使阴经或阳经的功能协调。

5. 经别、别络、经筋、皮部分布　经别从十二经脉的四肢部分(多为肘、膝以上)别出(称为"离"),走入体腔脏腑深部(称为"入"),然后浅出体表(称为"出")而上头面部,阴经的经别合入阳经的经别而分别注入六阳经脉(称为"合")。

别络是经脉分出的支脉,大多分布于体表。

经筋是十二经脉之气结、聚、散、络于筋肉、关节的体系。

皮部是十二经脉及其所属络脉在皮表的分区,也是十二经脉之气的散布所在。

(舒长兴)

第二节　腧　穴

一、腧穴的基础概念

腧穴是脏腑、经络之气输注于体表的特殊部位,也是疾病的反应点和针灸等治法的刺激点。"腧"与"输"义同,有转输、输注的含义;"穴"即孔隙的意思。腧穴在《黄帝内经》中又称作"节""会""气穴""气府""骨空"等,俗称"穴位""孔穴"。

二、腧穴的分类

腧穴包括了十四经穴、经外奇穴及阿是穴三大类。

1. **十四经穴**　简称经穴。它是分布于十四经脉循行路线上的腧穴,共有361穴名。其中双穴,即左右对称的穴位309对,单穴52个。经穴是人体最重要的穴位,各穴都能主治所属经络的病症,为临床所常用。

2. **经外奇穴**　简称奇穴。它为后世新发现有肯定疗效,但尚未归属十四经系统的穴位。这部分穴位,历代均有所发展,特别是近代发现较多。这部分腧穴对某些病症具有特殊的治疗作用。奇穴与经络系统有一定联系,其中一部分,逐步列入了经穴。从腧穴的发展过程来看,奇穴属于经穴的早期阶段,可作为经穴的补充。

3. **阿是穴**　又称天应穴、不定穴、压痛点,即《灵枢·经筋》所说的"以痛为腧"。其部位是根据疼痛所在而定,即身体上出现的临时压痛点,就是穴位所在。阿是穴体现了针灸取穴的初级形式,是腧穴发展的最初阶段。临床上多用于疼痛性疾病。

三、腧穴的主治规律

十四经腧穴的主治规律,是根据"经脉所通,主治所及"的原则总结而成的。凡属同一经脉的腧穴,均有其共同性。例如:手太阴肺经的腧穴,一般均能主治肺及咽喉方面的病症;足阳明胃经脉的腧穴,一般均能主治胃肠及头面部病症。每个穴位因其所处部位的不同,其作用范围也各有特点。总的来说,所有穴位都具有治疗局部病症的作用,有的还兼有治疗邻近部位病症或远隔部位病症的作用。

1. **腧穴的远治作用**　腧穴的远治作用,是十四经主治作用的基本规律。在十四经腧穴中,尤其是十二经在四肢肘膝关节以下穴位,不仅能治疗局部病症,还可以治疗本经循行所及的远隔部位的脏腑、器官的病症,有的还具有全身性的作用。例如列缺不仅能治疗上肢病症,还能治疗头顶部、胸、肺、咽喉以及外感病症等;阳陵泉不仅能治疗下肢病变,还能治疗胁肋、胆、肝、神志病以及痉挛、抽搐等病症。这种四肢腧穴的远治作用异同见表3-4。

2. **腧穴的近治作用**　全身所有腧穴,均能治疗所在部位及其邻近器官的病症,称为腧穴的近治作用。比如鼻区的迎香、口禾髎以及邻近的上星、通天等均能治疗鼻病,胃的中脘、梁门以及邻近的章门、气海均能治疗胃病等。躯干腧穴的邻近主治作用分别见表3-5。

任、督脉,因其部位特殊,除具有腧穴的近治作用外,更具有全身影响。(表3-6)

腧穴的远治或近治作用,均是通过调整机体的整体功能而起治疗作用的。临床实践证明,针刺某些腧穴,对机体的不同状态可以起到双向调整作用。例如针刺天枢穴,泄泻时可以止泻,便秘时可以通便。针刺内关穴,心动过速时,可以减缓心率;心动过缓时,可以使之恢复正常。

表3-4   四肢部腧穴分经主治异同表

	本经主治病证	二经相同主治	三经相同主治
手太阴肺经	肺、喉病		
手厥阴心包经	心、胃病	神志病	胸部病
手少阴心经	心病		
手阳明大肠经	前头、鼻、口、齿病		
手少阳三焦经	侧头、胁肋病	耳病	眼病、咽喉病、热病
手太阳小肠经	后头、肩胛病		
足太阴脾经	脾胃病		
足厥阴肝经	肝病	前阴病	腹部病
足少阴肾经	肾病、肺病、咽喉病		
足阳明胃经	前头、口、齿、咽喉病、胃肠病		
足少阳胆经	侧头、耳病、胁肋、胆病	眼病	神志病、热病
足太阳膀胱经	后头、背腰病(背俞并治脏腑病)		

表3-5   躯干腧穴分部主治表

分 部	主 治
胸、上背(胸1-7)	肺、心(上焦病)
上腹、下背(胸8-腰1)	肝、胆、脾、胃(中焦病)
下腹、腰骶(腰2-骶4)	前后阴、肾、肠、膀胱(下焦病)

表3-6   任督二脉腧穴主治表

经名	本经主治病证	二经相同主治
任脉	中风脱证、虚寒、下焦病	神志病、脏腑病
督脉	中风昏迷、热病、头部病	

总之,十四经穴的主治作用,归纳起来总体是:本经腧穴主治本经病,表里经腧穴能配合治疗表里两经病,邻近的经穴,其治疗作用多相近;四肢部穴位应分经掌握主治;头面躯干部穴位应分部掌握主治。

四、特定穴的意义

特定穴是指十四经中具有特殊治疗作用和特定称号的一类腧穴。根据其不同的分布特点、含义和治疗作用,分为五输穴、原穴、络穴、郄穴、背俞穴、募穴、下合穴、八会穴、八脉交会穴和交会穴。由于特定穴除具有经穴的共同功效和主治特点外,还有其特殊的性能和治疗作用,因此,临床上较多使用特定穴,以提高针灸治疗效果。

1. 五输穴   即指十二经脉分布在肘、膝关节以下的井、荥、输、经、合五种重要经穴,简称"五输"。其分布次序是从四肢末端向肘膝方向排列的。这是古人运用自然界水流由小到大、由浅入深的变化来形容经气运行的过程。"井"穴位于手足之端,喻作水之源头,是经气所出的部位;"荥"穴多位于掌指或跖趾关节之前,喻作水流尚微,是经气流行的部位;"输"穴多位于掌指或跖趾关节之后,喻作水流由小到大,由浅注深,是经气渐盛、由此注彼的部位;"经"穴多位于肘膝关节以下,喻作水流变大,畅通无阻,是经气正盛,运行经过的部位;"合"穴位于肘膝关节附近,喻作江河水流汇入湖海,是经气由此深入,进而会合于脏腑的部位。井穴一般主治神志病和心中烦闷;荥穴主治热病;输穴主治体重节痛;经穴主治喘咳、咽喉病证;合穴主治肠胃等六腑病证。

2. 原穴   "原"即本源,原气之意。原穴是脏腑原气经过和留止的部位。十二经脉在四肢各有一个原穴,又称十二原。在六阳经,原穴单独存在,排列在输穴之后,六阴经则以输为原。原穴对于诊断治疗经络、脏腑的病证具有重要作用。

3. **络穴**　"络"即联络之意。络脉从经脉分出的部位各有一个腧穴叫作络穴。络穴具有联络表里两经的作用,可治疗表里两经及其分布部位的病证。十二经的络穴皆位于四肢肘膝关节以下,加之任脉络穴鸠尾位于腹,督脉络穴长强位于尾骶部,脾之大络大包位于胸胁,共15穴,总称十五络穴。

4. **郄穴**　"郄",有空隙之意。郄穴是指经气深聚的部位。十二经脉在四肢部各有一郄穴,加上阴阳跷脉、阴阳维脉在下肢也各有一个郄穴,共16郄穴。多分布于四肢肘、膝关节以下。郄穴主治本经循行部位及其所属脏腑的急性病痛。

5. **背俞穴**　是脏腑之气输注于背腰部的腧穴。背俞穴均位于背腰部脊柱两侧的足太阳膀胱经的第一侧经线上,与脏腑相接近。当某一脏腑有病时,往往在其相应的背俞穴上出现压痛等异常反应。治疗内脏病常用其背俞穴。

6. **募穴**　是脏腑之气输布、汇聚于胸腹部的腧穴。"募"有"幕"和"膜"的意思。它们均分布于躯干部,多与相应的脏腑相近,可用于内脏病的诊察与治疗。

7. **八会穴**　"会"即聚会之意。八会穴即脏、腑、气、血、筋、脉、骨、髓的精气聚会的8个腧穴。它们是脏会章门,腑会中脘,筋会阳陵泉,髓会绝骨(悬钟),血会膈俞,骨会大杼,脉会太渊,气会膻中。八会穴与其他特定穴互有重复。临床上凡属脏、腑、气、血、筋、脉、骨、髓的病变,可取相应的会穴。

8. **下合穴**　是指手足三阳六腑之气下合于足三阳经的6个腧穴。下合穴在临床上多用于治疗六腑的病证。

9. **八脉交会穴**　是指十二经脉与奇经八脉之气相交会的8个腧穴。它们均分布于腕踝关节的上下,能治疗奇经八脉病证。

10. **交会穴**　是指两经以上的经脉相交或会合处的腧穴。多分布于头面、躯干部,可治疗与交会经有关的病证。

五、腧穴的定位法

腧穴各有一定的位置。在临床上,取穴是否准确与治疗效果有着密切关系。要做到定位准确,就必须掌握好正确的定位方法。临床上常用的定位方法有三种。

1. **体表标志取穴法**　根据人体体表的各种骨性标志和肌性标志而取穴的方法,又称为自然标志取穴法。人体的体表标志有两种:一种是不受人体活动影响,而固定不移的标志,如五官、指(趾)甲、乳头、肚脐等,称作"固定标志";一种是需要采取相应的动作姿势才会出现的标志,包括皮肤的皱襞,肌肉部的凹陷,显露的肌腱以及某些间隙等,称作"活动标志"。

2. **骨度分寸定位法**　这种方法是将人体不同部位的长度或宽度,分别规定为一定等份,每一等份称为一寸,作为量取腧穴的标准(表3-7)。因为此法是以患者的一定部位为折寸依据,所以不论人的高矮、肥瘦均可适用。

临床上常按取穴部位骨度的全长用手指划分为若干等份,称作"指测等分定位法"。如取间使穴,可将腕横纹至肘横纹的12寸划分为两个等份,再将近腕的一等份又划分为两个等份,腕上3寸的间使穴便可迅速而准确地定位(图3-2)。

3. **手指同身寸取穴法法**　以患者手指的宽度为标准来定取穴位的方法(图3-3)。如果病人手的大小与医生的手相仿,也可用医生的手指宽度来测量。

中指同身寸:是以患者的中指中节屈曲时内侧两端横纹头之间作为1寸,一般用于四肢取穴的直寸和背部取穴的横寸。

拇指同身寸:是以患者拇指关节的横度作为1寸,亦适用于四肢部的直寸取穴。

横指同身寸:又名"一夫法",是将患者食指、中指、无名指和小指并拢,以中指中节横纹处为准,四指横量作3寸,用于四肢及腹部的取穴。

表 3-7 常用骨度分寸表

部位	起止部位	骨度(寸)	说　明
头颈部	前发际正中→后发际正中	12	用于确定头部腧穴的纵向距离
	眉间(印堂)→前发际正中	3	用于确定前发际及头部腧穴的纵向距离
	后发际正中→大椎穴	3	用于确定后发际及颈部腧穴的纵向距离
	两额角发际(头维)之间	9	用于确定头前部腧穴的横向距离
	耳后两乳突(完骨)之间	9	用于确定头后部腧穴的横向距离
胸腹胁部	胸骨上窝(天突)→剑胸结合中点(歧骨)	9	用于确定胸部任脉穴的纵向距离
	剑胸结合中点(歧骨)→脐中	8	用于确定上腹部腧穴的纵向距离
	脐中→耻骨联合上缘(曲骨)	5	用于确定下腹部腧穴的纵向距离
	两乳头之间	8	用于确定胸腹部腧穴的横向距离
	腋窝顶点→第11肋游离端	12	用于确定胁肋部腧穴的纵向距离
背腰部	肩胛骨内侧缘→后正中线	3	用于确定背腰部腧穴的横向距离
	肩峰缘→后正中线	8	用于确定肩背部腧穴的横向距离
上肢部	腋前、后纹头→肘横纹(平尺骨鹰嘴)	9	用于确定上臂部腧穴的纵向距离
	肘横纹(平肘尖)→腕掌(背)侧远端横纹	12	用于确定前臂部腧穴的纵向距离
下肢部	耻骨联合上缘→髌底	18	用于确定大腿部腧穴的纵向距离
	胫骨内侧髁下方(阴陵泉)→内踝尖	13	用于确定小腿内侧部腧穴的纵向距离
	股骨大转子→腘横纹	19	用于确定大腿部前外侧部腧穴的纵向距离
	臀沟→腘横纹	14	用于确定大腿后部腧穴的纵向距离
	腘横纹→外踝尖	16	用于确定小腿外侧部腧穴的纵向距离

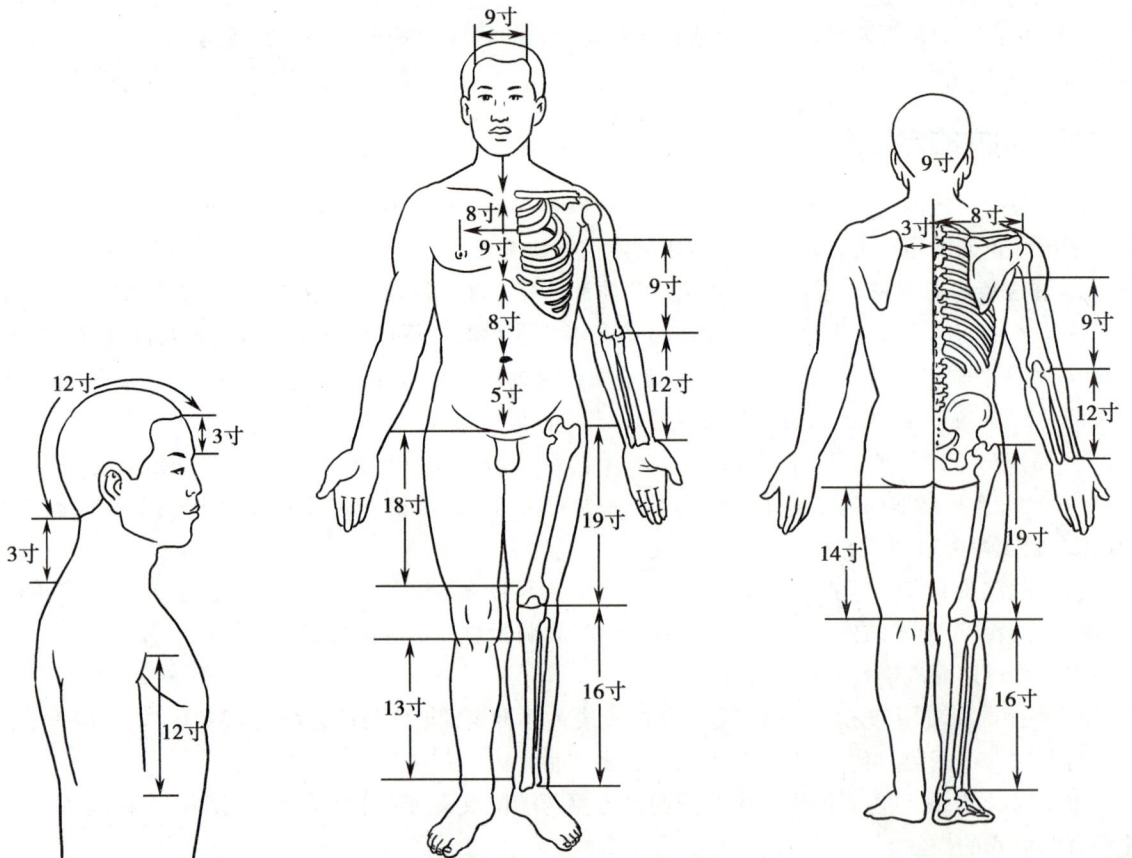

A. 头部尺寸示意图　　　B. 骨度折量寸示意图(正面)　　　C. 骨度折量寸示意图(背面)

图 3-2 常用的骨度折量寸示意图

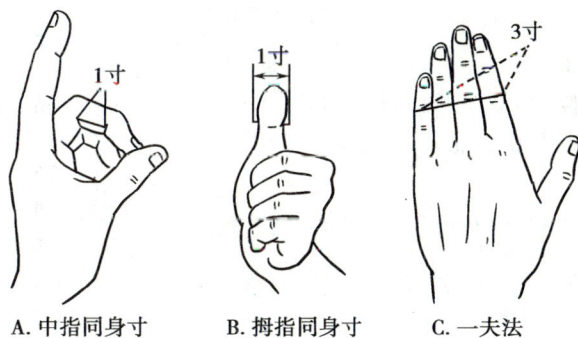

A. 中指同身寸　　　B. 拇指同身寸　　　C. 一夫法

图 3-3　手指同身寸示意图

（舒长兴）

第三节　十四经脉

十四经脉是十二经脉与任督脉的总称。掌握了每一条经脉的循行路线,才能够较好地了解腧穴的主治范围,为针灸的临床奠定基础。

一、手太阴肺经

【经脉循行】起于中焦,下络大肠,还循胃口(下口幽门,上口贲门),通过膈肌,属肺,至喉部,横行至胸部外上方(中府穴),出腋下,沿上肢内侧前缘下行,行于手少阴经与手厥阴经的前面,过肘窝沿着前臂内侧,到腕后桡骨茎突的内侧缘,入寸口上鱼际,直出拇指内侧之端(少商穴)。

其分支:从手腕的后方(列缺穴)分出,沿掌背侧走向食指桡侧端(商阳穴),交于手阳明大肠经。(图 3-4)

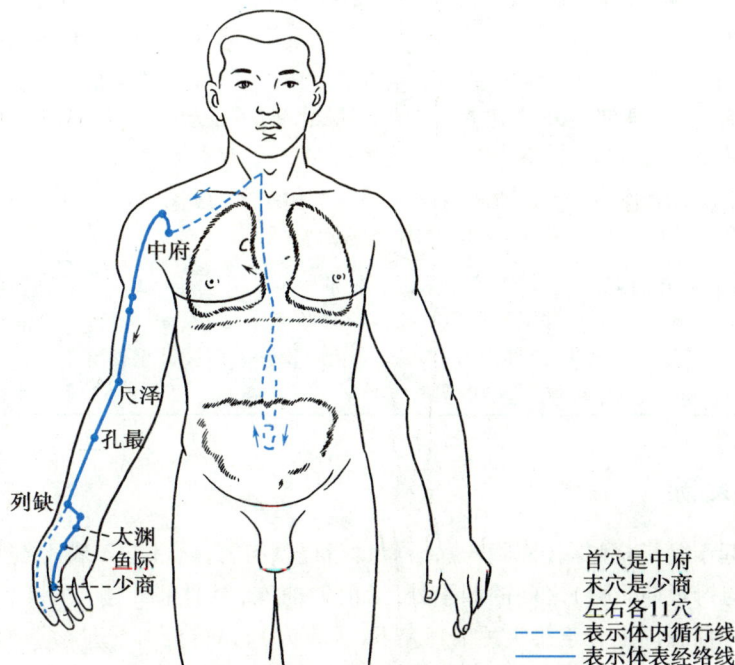

首穴是中府
末穴是少商
左右各11穴
------ 表示体内循行线
———— 表示体表经络线

图 3-4　手太阴肺经循行及腧穴示意图

首穴是中府,末穴是少商,左右各 11 穴。

【主治概要】主治喉、胸、肺病,如咳嗽,气喘,胸部胀满,胸痛,喉痛,肩背痛等。

【本经腧穴】

尺泽　Chǐzé(LU5)　合穴

[定位] 在肘区,肘横纹上,肱二头肌腱桡侧缘凹陷中。(图3-4)

[主治] 主治肺部、咽部病症。常用于咳嗽,气喘,潮热,胸满,咳血,咽喉肿痛;急性腹痛吐泻;肘臂挛痛。

[操作] 直刺0.8~1.2寸,泄热可用三棱针点刺出血。

[附注] 止咳平喘的要穴。

孔最　Kǒngzuì(LU6)　郄穴

[定位] 在前臂前区,腕掌侧远端横纹上7寸,尺泽与太渊连线上。(图3-4)

[主治] 主治肺部、咽部病症。常用于咳嗽,气喘,咳血,咽喉肿痛;发热无汗;痔血;肘臂挛痛。

[操作] 直刺0.5~1.0寸。

[附注] 止咳平喘的要穴。

列缺　Lièquē(LU7)　络穴,八脉交会穴,通任脉

[定位] 在前臂,腕掌侧远端横纹上1.5寸,拇短伸肌腱与拇长展肌腱之间,拇长展肌腱沟的凹陷中。(图3-4)

[主治] 主治肺部、咽部及头项病症。常用于外感头痛,颈项强痛,咳嗽,气喘,咽喉肿痛;半身不遂、口眼㖞斜;齿痛。

[操作] 向上斜刺0.3~0.5寸。

[附注] 《四总穴歌》:"头项寻列缺。"

手太阴肺经其他常用穴位见表3-8。

表3-8　手太阴肺经其他常用穴位

穴名	定　位	主　治	操　作	附　注
中府	在胸部,横平第1肋间隙,锁骨下窝外侧,前正中线旁开6寸	主治胸、肺部病症。常用于咳嗽、气喘、胸痛、胸满;肩背痛	向外斜刺或平刺0.5~0.8寸。不可向内侧直刺过深,以免伤及脏器	肺募穴,手、足太阴交会穴
太渊	在腕前区,桡骨茎突与舟状骨之间,拇长展肌腱尺侧凹陷中	主治肺部、咽部病症。常用于外感,咳嗽,气喘,咽喉肿痛;手腕痛或无力;无脉证	直刺0.3~0.5寸,避开桡动脉	输穴,原穴,八会穴(脉会)
鱼际	在手外侧,第1掌骨桡侧中点赤白肉际处	主治肺部、咽部病症。常用于发热,咳嗽,气喘,咽喉肿痛	直刺0.5~0.8寸	荥穴
少商	在手指,拇指末节桡侧,指甲根角侧上方0.1寸(指寸)	主治咽部、鼻部、肺部病症。常用于咽喉肿痛,发热,咳嗽,气喘,失音;鼻衄;小儿惊风;癫狂;手指挛痛	直刺0.1~0.2寸。热结喉闭等实热证,宜用三棱针点刺出血	井穴

二、手阳明大肠经

【经脉循行】起于食指桡侧端(商阳穴),沿着食指桡侧向上,通过1、2掌骨之间(合谷)向上进入两筋(拇长伸肌腱与拇短伸肌腱)之间的凹陷处,沿前臂前方,至肘部外侧,再沿上臂外侧前缘,上走肩端(肩髃),沿肩峰前缘向上合于第7颈椎棘突下(大椎穴),并转折向下进入锁骨窝(缺盆),联络肺脏,向下通过膈肌下行,属于大肠。

其分支:支脉从锁骨窝上行,经过颈部至面颊,进入下龈,回绕至上唇,交叉于水沟穴。左脉向右,右脉向左,分布在鼻孔两侧(迎香),交于足阳明胃经。(图3-5)

首穴是商阳,末穴是迎香,左右各20穴。

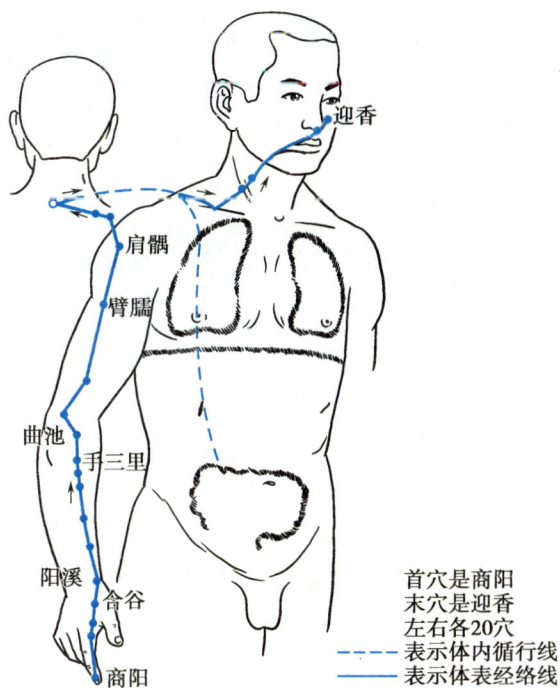

图 3-5　手阳明大肠经循行及腧穴示意图

经,难产;上肢疼痛。

[操作] 直刺 0.5～1.0 寸。孕妇禁针灸。

[附注]《四总穴歌》:"面口合谷收。"为牙拔除术、甲状腺手术等多种口面五官及颈部手术针刺麻醉的常用穴。

曲池　Qūchí(LI11)　合穴

[定位] 在肘区,尺泽与肱骨外上髁连线的中点处。(图 3-5)

[主治] 主治口齿部、咽部病症。常用于热病,咽喉肿痛,齿痛,目赤肿痛;瘾疹,湿疹,瘰疬;手臂痛,上肢不遂;头痛,眩晕,癫狂。

[操作] 直刺 1～1.5 寸。

[附注] 退热、降压的要穴。

肩髃　Jiānyú(LI15)　手阳明、阳跷交会穴

[定位] 在三角肌区,肩峰外侧缘前端与肱骨大结节两骨间凹陷中。(图 3-5)。

[主治] 主治局部病症。常用于上肢不遂,肩痛不举;瘰疬,瘾疹。

[操作] 直刺或向下斜刺 0.8～1.5 寸。

[附注] 治疗肩痛的要穴。

迎香　Yíngxiāng(LI20)　手、足阳明经交会穴

[定位] 在面部,鼻翼外缘中点旁,鼻唇沟中。(图 3-5)

[主治] 主治鼻部,口面部病症。常用于鼻渊,鼻衄;口眼㖞斜,面痒;胆道蛔虫症。

[操作] 斜刺或横刺 0.3～0.5 寸。《外台秘要》谓此穴不宜灸。

[附注] 治疗鼻炎的要穴。

手阳明大肠经其他常用穴位见表 3-9。

【主治概要】 主治头面、五官、咽喉病。如腹痛,肠鸣,泄泻,便秘,痢疾,咽喉痛,齿痛,鼻塞或鼻衄,以及本经循行部位的疼痛等。

【本经腧穴】

商阳　Shāngyáng(LI1)　井穴

[定位] 在手指,食指末节桡侧,指甲根角侧上方 0.1 寸(指寸)。(图 3-5)

[主治] 主治口齿、咽喉部病症。常用于咽喉肿痛,齿痛;耳鸣,耳聋;发热无汗,神昏;手指麻木或肿痛。

[操作] 浅刺 0.1～0.2 寸,或点刺出血。

[附注] 治疗咽痛音哑的要穴。

合谷　Hégǔ(LI4)　原穴

[定位] 在手背,第二掌骨桡侧的中点处。(图 3-6)

[主治] 主治头面部、五官病症。常用于恶寒发热,无汗,多汗;头痛,目赤肿痛,鼻衄,齿痛,咽喉肿痛,痄腮;耳聋;中风不遂,口㖞失语,痛经,闭

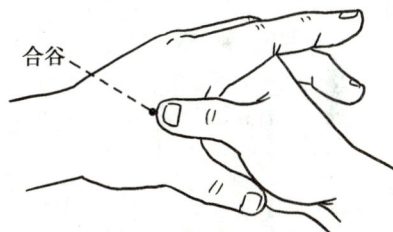

图 3-6　合谷穴简易取穴示意图

表 3-9　手阳明大肠经其他常用穴位

穴名	定　位	主　治	操　作	附注
阳溪	在腕区,腕背侧远端横纹桡侧,桡骨茎突远端,解剖学"鼻烟窝"凹陷中	主治口齿部、目部、咽部病症。常用于目赤肿痛,齿痛,咽喉肿痛;头痛,耳聋、耳鸣;手腕肿痛或无力	直刺 0.5 ~ 0.8 寸,避免损伤桡动脉	经穴
手三里	在前臂,肘横纹下 2 寸,阳溪与曲池连线上	主治局部病症。常用于肘臂痛或不遂,肩背痛;齿痛,颊肿;腹痛腹泻	直刺0.8~1.2 寸	
臂臑	在臂部,曲池上 7 寸,三角肌前缘处	主治局部病症。常用于肩臂痛、活动受限;瘰疬	直刺或向下斜刺 0.8 ~ 1.5 寸	

三、足阳明胃经

【经脉循行】 起于鼻翼旁(迎香穴),挟鼻上行,左右侧交会于鼻根部,旁行入目内眦,与足太阳经交会;向下沿着鼻柱外侧,进入上齿龈内,还出,挟口两旁,环绕嘴唇,在颏唇沟承浆穴处左右相交,退回沿下颌骨后下缘到大迎穴处,沿着下颌角颊车,上行耳前,经过上关,沿着发际,到达前额。

面部支脉:从大迎前下走人迎,沿着喉咙,进入缺盆部,向下通过横膈,属于胃,联络脾脏。

缺盆部直行的脉,经乳头,沿乳中线下行,向下挟脐旁,下行至腹股沟处的气街穴。

胃下口部支脉:从胃下口幽门处分出,沿腹腔内下行到气街穴,与直行之脉会合,再由此向下行至髀关,直抵伏兔部,下至膝盖,沿着胫骨外侧前缘,下经足跗,进入第 2 趾外侧端(厉兑穴)。

胫部支脉:从膝下 3 寸处(足三里穴)分出,进入足中趾外侧。

足跗部支脉:从足背上的冲阳穴分出,进入足大趾内侧端(隐白穴),与足太阴脾经相接。(图 3-7)

首穴是承泣,末穴是厉兑,左右各 45 穴。

【主治概要】 主治胃肠病及头面部疾病,如肠鸣腹胀,水肿,胃痛,呕吐,口渴,消谷善饥,咽喉肿痛,口眼㖞斜以及本经循行部位的疼痛,热病,发狂等。

【本经腧穴】

地仓　Dìcāng(ST4)

[定位] 在面部,口角旁开 0.4 寸(指寸)。(图 3-7)

[主治] 主治口面部病症。常用于口眼㖞斜、语言謇涩、口角流涎。

[操作] 斜刺或平刺 0.5 ~ 0.8 寸,或向迎香、颊车穴方向透刺 1.0 ~ 2.0 寸。

[附注] 治疗流涎、面瘫的要穴。

颊车　Jiáchē(ST6)

[定位] 在面部,下颌角前上方一横指(中指)。(图 3-7)

[主治] 主治牙齿及面部病症。常用于牙关开合不利、疼痛,颊肿,齿痛,口眼㖞斜。

[操作] 直刺 0.3 ~ 0.5 寸,或向地仓穴方向透刺

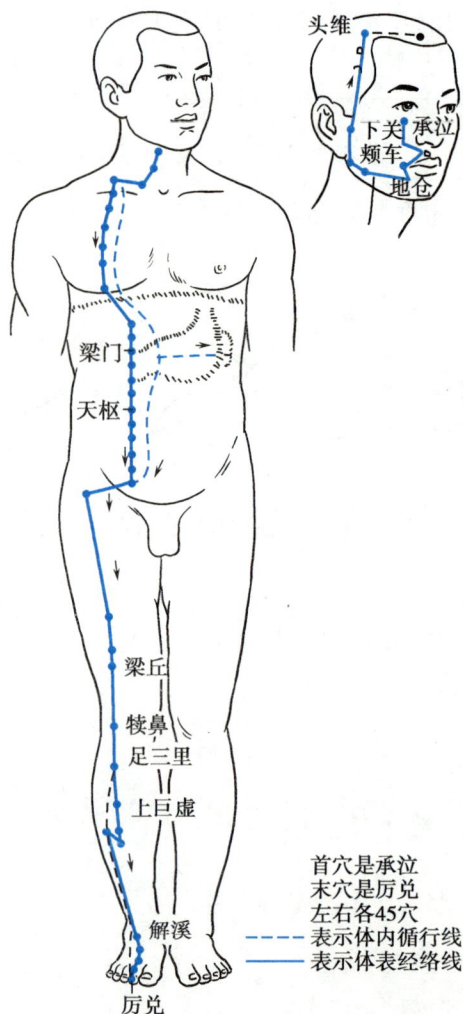

图 3-7　足阳明胃经循行及腧穴示意图

（图中标注：头维、下关、承泣、颊车、地仓、梁门、天枢、梁丘、犊鼻、足三里、上巨虚、解溪、厉兑）

首穴是承泣
末穴是厉兑
左右各45穴
- - - 表示体内循行线
—— 表示体表经络线

1.5~2.0寸。

[附注] 治疗牙痛的要穴。下颌牙拔除术针麻用穴。

下关　Xiàguān(ST7)　足阳明、少阳交会穴

[定位] 在面部,颧弓下缘中央与下颌切迹之间凹陷中。(图3-7)

[主治] 主治牙齿、面部、耳部病症。常用于下颌关节脱位,面肿,齿痛;耳聋,耳鸣;口眼㖞斜。

[操作] 直刺或斜刺0.5~1.0寸。

[附注] 治疗下颌关节炎的要穴。

天枢　Tiānshū(ST25)　大肠经募穴

[定位] 在腹部,横平脐中,前正中线旁开2寸。(图3-7)

[主治] 主治胃肠及妇科病症。常用于腹痛,腹胀,肠鸣,泄泻,便秘;月经不调,痛经。灸治小儿慢性消化道症状。

[操作] 直刺1.0~1.5寸。

[附注] 调理胃肠的要穴。

足三里　Zúsānlǐ(ST36)　合穴

[定位] 在小腿外侧,犊鼻下3寸,犊鼻与解溪连线上。(图3-7)

[主治] 主治胃、脾、肠病症。用于胃脘痛,呕吐,呃逆,腹胀,腹痛,肠鸣,泄泻,便秘;发热,癫狂;乳痈,脚、膝肿痛;虚劳诸证。

[操作] 直刺1~2寸。

[附注] 《四总穴歌》:"肚腹三里留。"强壮保健要穴,并常用于保健灸。胃大部切除术、胆囊切除术、阑尾切除术等腹部手术的针麻用穴。

丰隆　Fēnglóng(ST40)　络穴

[定位] 在小腿外侧,外踝尖上8寸,胫骨前肌的外缘。(图3-7)

[主治] 主治痰证、脾胃病症。常用于痰饮证;头痛,眩晕,咳嗽,气喘,痰多;下肢痿痹。

[操作] 直刺1~1.5寸。

[附注] 祛痰降脂的要穴。

内庭　Nèitíng(ST44)　荥穴

[定位] 在足背,第2、3趾间,趾蹼缘后方赤白肉际处。(图3-7)

[主治] 主治头面、胃肠病症。常用于齿痛,咽喉肿痛,鼻衄,口眼㖞斜;腹痛,腹胀,食欲不振,泄泻;足背肿痛。

[操作] 直刺或向上斜刺0.5~0.8寸。

[附注] 通降胃气的要穴。

足阳明胃经其他常用穴位见表3-10。

表3-10　足阳明胃经其他常用穴位

穴名	定位	主治	操作	附注
承泣	在面部,眼球与眶下缘之间,瞳孔直下	主治目疾。常用于目赤肿痛,流泪,夜盲,近视;眼睑瞤动,口眼㖞斜	嘱患者闭目,医者押手轻轻固定眼球,刺手持针,紧靠眶下缘缓慢直刺0.3~1.0寸,不宜提插捻转。禁灸	足阳明、阳跷、任脉交会穴。斜视矫正术、青光眼手术针麻用穴
头维	在头部,额角发际直上0.5寸,头正中线旁开4.5寸	主治目疾、头面部病症。常用于头痛;目疾,流泪,视物不清,眼睑瞤动	向后平刺0.5~0.8寸,或横刺透率谷	足阳明、少阳、阳维交会穴
梁门	在上腹部,脐中上4寸,前正中线旁升2寸	主治胃肠病症。常用于胃痛,腹胀,腹痛,泄泻,不思饮食	直刺0.5~1寸	

续表

穴名	定　位	主　治	操　作	附　注
梁丘	在股前区,髌底上 2 寸,股外侧肌与股直肌肌腱之间	主治乳房、下肢病症。常用于乳痈,乳痛;膝肿痛,下肢不遂;胃脘痛	直刺 1～1.5 寸	郄穴
犊鼻	在膝前区,髌韧带外侧凹陷中	主治局部病症。常用于膝肿痛、屈伸不利	屈膝,向后内斜刺0.5～1.0 寸	
上巨虚	在小腿外侧,犊鼻下 6 寸,犊鼻与解溪连线上	主治胃肠病症。常用于肠鸣,腹痛,泄泻,便秘,肠痈;下肢痿痹	直刺 1～1.5 寸	大肠经下合穴。胃大部切除术的针麻用穴
下巨虚	在小腿外侧,犊鼻下 9 寸,犊鼻与解溪连线上	主治胃肠病症。常用于肠鸣,腹痛,泄泻,痢疾;乳痈;下肢痿痹	直刺 1～1.5 寸	小肠经下合穴
解溪	在踝区,踝关节前面中央凹陷中,当踇长伸肌腱与趾长伸肌腱之间	主治头面及腹部病症。常用于头痛,眩晕,癫狂;下肢痿痹。足踝无力;腹胀,便秘	直刺 0.5～1 寸,可灸	经穴

四、足太阴脾经

【经脉循行】起于足大趾内侧端(隐白穴),沿内侧赤白肉际,上行过内踝的前缘,沿小腿内侧正中线上,在内踝上八寸处,交出足厥阴肝经之前,上行沿大腿内侧前缘,进入腹部,属脾,络胃,向上穿过膈肌,沿食管两旁,连舌本,散舌下。

其分支:从胃别出,上行通过膈肌,注入心中,交于手少阴心经。(图 3-8)

首穴是隐白,末穴是大包,左右各 21 穴。

【主治概要】主治脏腑病症,如腹胀,胃脘痛,呕吐,嗳气,便溏,黄疸,身重无力,舌根强痛,下肢肿胀,厥冷等病证。兼治妇科病及前阴病等。

【本经腧穴】

三阴交　Sānyīnjiāo(SP6)　足太阴、少阴、厥阴经交会穴

[定位] 在小腿内侧,内踝尖上 3 寸,胫骨内侧缘后际。(图 3-8)

[主治] 主治妇科、脾胃病症。常用于月经不调,崩漏,带下,子宫脱垂,不孕,难产;腹胀,肠鸣,泄泻;遗精,阳痿,遗尿,小便不利,疝气;下肢痿痹;失眠,眩晕。

[操作] 直刺 1～1.5 寸。孕妇禁针。

[附注] 健脾、补肝、益肾的要穴。剖宫产手术、输卵管结扎术、胆囊切除术针麻用穴。

阴陵泉　Yīnlíngquán(SP9)　合穴

[定位] 在小腿内侧,胫骨内侧髁下缘与胫骨内侧缘之间的凹陷中。(图 3-8)

[主治] 主治脾胃、妇科、前阴病症。常用于腹痛,腹胀,泄泻,水肿;妇人阴痛,痛经,带下;小便不

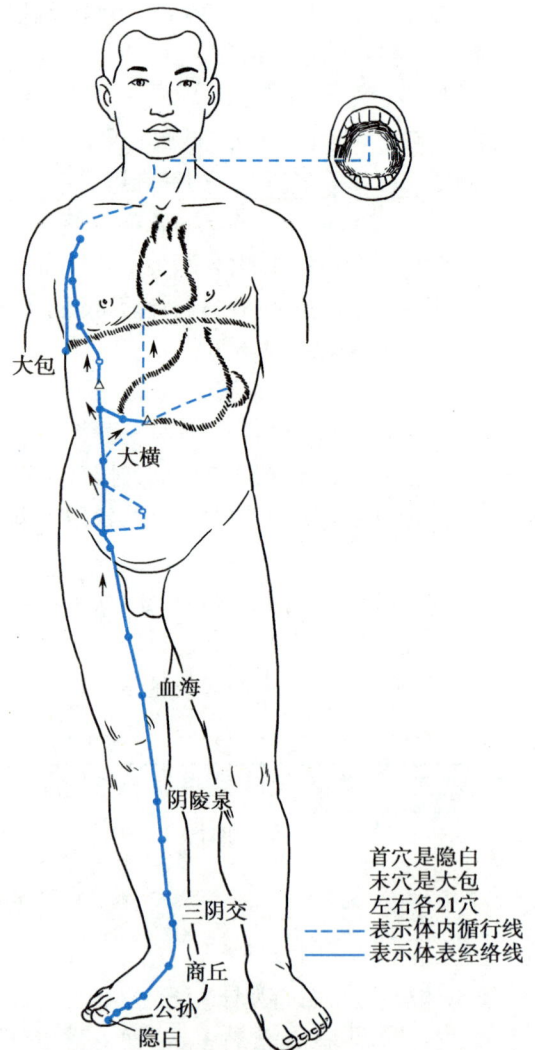

图 3-8　足太阴脾经循行及腧穴示意图

利或遗尿,遗精;腰痛、膝肿。

[**操作**] 直刺 1～2 寸。

[**附注**] 健脾益肾的要穴。

血海　Xuèhǎi(SP10)

[**定位**] 在股前区,髌底内侧端上 2 寸,股内侧肌隆起处。(图 3-8)

[**主治**] 主治妇科、皮肤病症。常用于月经不调,痛经,崩漏,经闭;风疹,湿疹,丹毒。

[**操作**] 直刺 1～1.5 寸。

[**附注**] 调理气血的要穴。

足太阴脾经其他常用穴位见表 3-11。

表3-11　足太阴脾经其他常用穴位

穴名	定　位	主　治	操　作	附　注
隐白	在足趾,大趾末节内侧,趾甲根角侧后方 0.1 寸(指寸)	主治脾胃、妇科病症。常用于腹胀,泄泻,呕吐;月经过多;便血、尿血、鼻衄;神昏,多梦	浅刺 0.1～0.2 寸	井穴
公孙	在跖区,第 1 跖骨底的前下缘赤白肉际处	主治脾胃病症。常用于胃脘痛,腹痛,腹胀,呕吐,泄泻;心痛,胸闷	直刺 0.5～1 寸	络穴,八脉交会穴,通冲脉。上、下颌骨手术,颞颌关节手术针麻用穴
地机	在小腿内侧,阴陵泉下 3 寸,胫骨内侧缘后际	主治脾胃、妇科病症。常用于腹胀,肠鸣,泄泻;月经不调,痛经,遗精,小便不利;腰痛,下肢痿痹	直刺 1～1.5 寸	郄穴
大横	在腹部,脐中旁开 4 寸	主治腹部病症。常用于腹痛、泄泻、便秘	直刺 1～2 寸	足太阴、阴维脉交会穴
大包	在胸外侧区,第 6 肋间隙,在腋中线上	主治胁部病症。常用于胁痛、身痛、四肢倦怠	斜刺或向后平刺 0.5～0.8 寸	脾之大络

五、手少阴心经

【**经脉循行**】 起于心中,走出后属心系,向下穿过膈肌,络小肠。

其分支:从心系分出,挟食管上行,连于目系。

其直行者:从心系出来,退回上行经过肺,向下浅出腋下(极泉穴),沿上肢内侧后缘,过肘中,经掌后锐骨端,进入掌中,沿小指桡侧端(少冲穴),交于手太阳小肠经。(图 3-9)

首穴是极泉,末穴是少冲,左右各 9 穴。

【**主治概要**】 主治心、胸、神志病,如心动过速或过缓,心律不齐,心绞痛,失眠,癫痫以及昏迷,上臂内侧痛等。

【**本经腧穴**】

少海　Shàohǎi(HT3)　合穴

[**定位**] 在肘前区,横平肘横纹,肱骨内上髁前缘。(图 3-9)

[**主治**] 主治心部、局部病症。常用于心痛、呕吐;胁痛,腋痛,肘臂挛痛麻木;瘰疬。

[**操作**] 向桡侧直刺 0.3～1 寸。

[**附注**] 治疗网球肘的要穴。

神门　Shénmén(HT7)　输穴,原穴

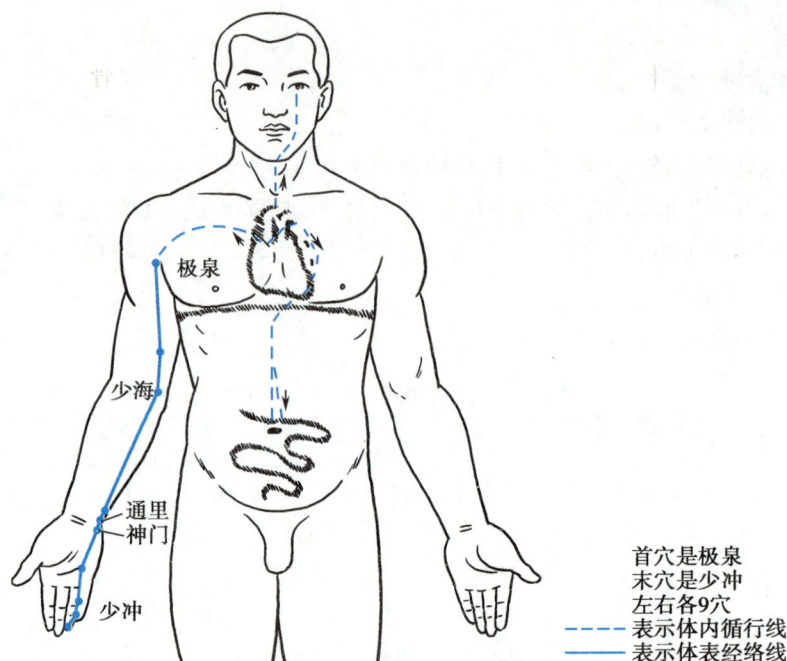

图 3-9　手少阴心经循行及腧穴示意图

[**定位**] 在腕前区,腕掌侧远端横纹尺侧端,尺侧屈腕肌腱的桡侧缘。(图 3-9)

[**主治**] 主治心神病症。常用于心痛,心烦,惊悸,痴呆,健忘,失眠,癫,狂,痫。

[**操作**] 避开尺动、静脉,直刺 0.3 ~ 0.5 寸,不宜大幅度提插。

[**附注**] 安神益智的要穴。

少冲　Shàochōng(HT9)　井穴

[**定位**] 在手指,小指末节桡侧,指甲根角侧上方 0.1 寸(指寸)。(图 3-9)

[**主治**] 主治心胸部病症。常用于心痛,心悸,心烦;热病,神昏;胸胁痛。

[**操作**] 浅刺 0.1 ~ 0.2 寸,或点刺出血。

[**附注**] 泄热开窍的要穴。

手少阴心经其他常用穴位见表 3-12。

表 3-12　手少阴心经其他常用穴位

穴名	定　位	主　治	操　作	附注
极泉	在腋区,腋窝中央,腋动脉搏动处	主治心、胁部病症。常用于心痛、心悸,胸闷;胁痛,肩臂痛;瘰疬	上臂外展,充分暴露腋窝,避开腋动脉,直刺 0.5 ~ 0.8 寸	
通里	在前臂前区,腕掌侧远端横纹上 1 寸,尺侧屈腕肌腱的桡侧缘	主治心、咽部病症。常用于心悸,怔忡;咽喉肿痛,失音;肘臂痛	直刺 0.3 ~ 0.5 寸	络穴
少府	在手掌,横平第 5 掌指关节近端,第 4、5 掌骨之间	主治心胸部病症。常用于心悸,胸痛;小便不利,遗尿;小指挛痛,掌中热	直刺 0.3 ~ 0.5 寸	荥穴

六、手太阳小肠经

【经脉循行】起于小指外侧端(少泽穴),沿着手臂外侧至腕部,出于尺骨茎突,直上沿前臂后缘经尺骨鹰嘴与肱骨内髁之间,沿上臂外侧后缘,出于肩关节后面,绕行肩胛部,交会于肩上大椎穴,向下进入缺盆部,深入体腔,联络心脏,沿着食管,通过横膈,到达胃部,属于小肠。

缺盆部支脉:沿着颈部,上达面颊,至目外眦,转入耳中(听宫穴)。

颊部支脉:从面颊部分出,上行目眶下,抵于鼻旁,至目内眦(睛明穴)与足太阳膀胱经相接。(图3-10)

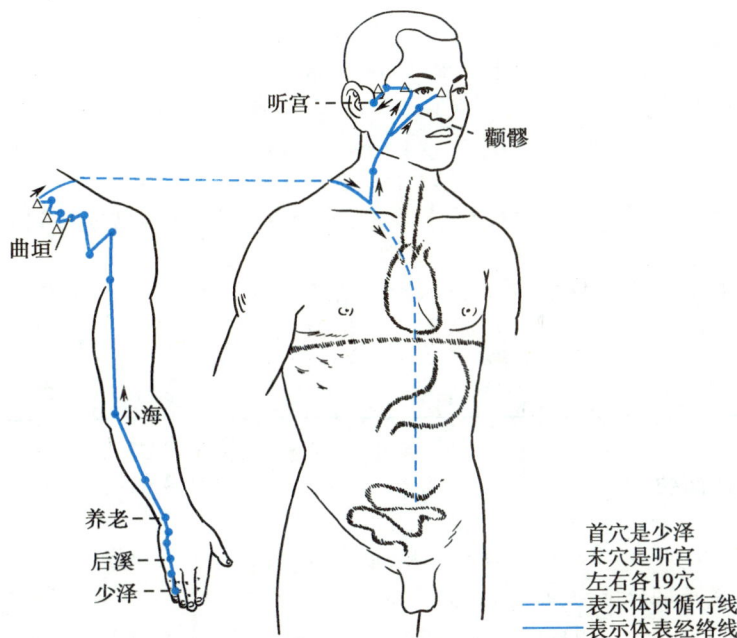

图 3-10　手太阳小肠经循行及腧穴示意图

首穴是少泽,末穴是听宫,左右各 19 穴。

【主治概要】主治头、项、耳、目、咽喉病,热病。如少腹痛,耳聋,耳鸣,颊肿,项背肩胛部疼痛以及肩臂外侧后缘痛等。

【本经腧穴】

后溪　Hòuxī(SI3)　输穴,八脉交会穴,通督脉

[定位] 在手内侧,第 5 掌指关节尺侧近端赤白肉际凹陷中。(图3-10)

[主治] 主治头项部、肩部病症。常用于头痛,颈项强痛,腰背痛;目赤,耳聋,鼻衄,癫,狂,痫;盗汗,疟疾;手指及肘臂挛急。

[操作] 直刺0.5~1寸,或向合谷穴方向透刺。

[附注] 治疗颈项、腰部活动不利的要穴。

听宫　Tīnggōng(SI19)　手足少阳、手太阳经交会穴

[定位] 在面部,耳屏正中与下颌骨髁突之间的凹陷中。(图3-10)

[主治] 主治耳部病症。常用于耳鸣,耳聋,聤耳,齿痛;癫狂痫。

[操作] 张口,直刺0.5~1.0寸。不宜深刺。

[附注] 治疗耳鸣、耳聋的要穴。

手太阳小肠经其他常用穴位见表3-13。

表 3-13 手太阳小肠经其他常用穴位

穴名	定位	主治	操作	附注
少泽	在手指,小指末节尺侧,指甲根角侧上方 0.1 寸(指寸)	主治乳房疾病,急症。常用于乳痈,产后缺乳;头痛,目翳,咽喉肿痛;发热,神昏	浅刺 0.1～0.2 寸,或点刺出血	井穴
养老	在前臂后区,腕背横纹上 1 寸,尺骨头桡侧凹陷中	主治肩臂部病症、目疾。常用于肩臂痛、活动受限;目视不明,头痛	直刺 0.5～0.8 寸	郄穴
支正	在前臂后区,腕背侧远端横纹上 5 寸,尺骨尺侧与尺侧腕屈肌之间	主治头项部病症。常用于头痛,目眩;热病,癫狂;项强,肘臂酸痛	直刺 0.5～0.8 寸	络穴
小海	在肘后区,尺骨鹰嘴与肱骨内上髁之间凹陷中	主治头项部病症。常用于头痛,颈项强痛;肘臂痛;癫痫;疝气	直刺 0.3～0.5 寸,勿损伤尺神经	合穴
肩贞	在肩胛区,肩关节后下方,腋后纹头直上 1 寸	主治局部病症。常用于肩背疼痛,手臂麻痛;瘰疬;耳鸣	向外斜刺 1～1.5 寸,或向前腋缝方向透刺	
颧髎	在面部,颧骨下缘,目外眦直下的凹陷中	主治局部病症。常用于口眼㖞斜,眼睑瞤动;齿痛;颊肿	直刺 0.3～0.5 寸	手少阳、太阳经交会穴。上颌窦手术,牙拔除术针麻用穴

七、足太阳膀胱经

【经脉循行】起于目内眦(睛明穴),向上到达额部,左右交会于头顶部(百会穴)。

头顶部支脉:从头顶部分出,到耳上角部。

头顶部直行的脉:从头顶入里联络于脑,回出分开下行项后(天柱穴),下行交于大椎穴,再分左右沿肩胛内侧,脊柱两旁(1.5 寸),到达腰部(肾俞穴),进入脊柱两旁的肌肉(膂),深入体腔,络肾,属膀胱。

腰部的支脉:从腰部分出,沿脊柱两旁下行,穿过臀部,从大腿后侧外缘下行进入腘窝中(委中穴)。

后项的支脉:从项分出下行,经肩胛内侧,从附分穴挟脊(3 寸)下行至髀枢,经大腿后侧至腘窝中,与前一支脉会合,然后下行穿过腓肠肌,出走于足外踝后,沿背外侧缘至小趾外侧端(至阴穴),交于足少阴肾经。(图 3-11)

首穴是睛明,末穴是至阴,左右各 67 穴。

【主治概要】主治头、项、目、背、腰、下肢部病证。如小便不通,遗尿,癫狂,疟疾,头痛,目疾及项、背、腰、臀部以及下肢后侧本经循行部位疼痛等症。

【本经腧穴】

肺俞 Fèishū(BL13) 背俞穴

[定位] 在脊柱区,第 3 胸椎棘突下,后正中线旁开 1.5 寸。(图 3-11)

[主治] 主治肺部病症。常用于咳嗽,气喘,咳血,鼻塞;潮热,盗汗;皮肤瘙痒,瘾疹。

[操作] 斜刺 0.5～0.8 寸,不宜直刺过深或刺向外侧,以免损伤胸膜和肺。

[附注] 治疗肺病的要穴。

心俞 Xīnshū(BL15) 背俞穴

[定位] 在脊柱区,第 5 胸椎棘突下,后正中线旁开 1.5 寸。(图 3-11)

[主治] 主治心胸部、神志病症。常用于胸痹心痛,心悸,失眠,健忘,癫狂痫,梦遗;咳嗽,咳血,

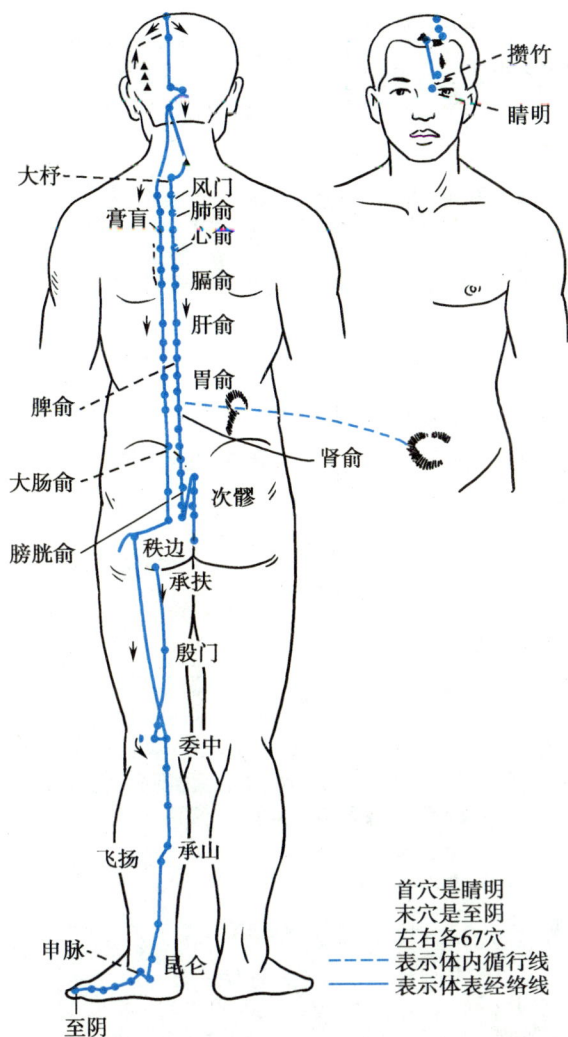

图 3-11　足太阳膀胱经循行及腧穴示意图

标注：大杼、膏肓、风门、肺俞、心俞、膈俞、肝俞、脾俞、胃俞、大肠俞、肾俞、膀胱俞、次髎、秩边、承扶、殷门、委中、飞扬、承山、申脉、昆仑、至阴、攒竹、睛明

首穴是睛明
末穴是至阴
左右各67穴
---- 表示体内循行线
—— 表示体表经络线

盗汗。

[操作] 斜刺 0.5~0.8 寸,不宜直刺或刺向外侧,以免损伤胸膜和肺。

[附注] 治疗心病的要穴。胃大部切除术针麻用穴。

肝俞　Gānshū(BL18)　背俞穴

[定位] 在脊柱区,第9胸椎棘突下,后正中线旁开1.5寸。(图3-11)

[主治] 主治目疾、胁下病症。常用于胁痛,黄疸;目赤,视物不清,夜盲,流泪;眩晕,癫狂痫;吐血。

[操作] 斜刺 0.5~0.8 寸。不宜深刺,宜向脊椎方向成30°~60°角斜刺。

[附注] 治疗肝病的要穴。

脾俞　Píshū(BL20)　背俞穴

[定位] 在脊柱区,第11胸椎棘突下,后正中线旁开1.5寸。(图3-11)

[主治] 主治脾部病症。常用于腹胀,纳呆,呕吐,泄泻;水肿,黄疸。

[操作] 斜刺 0.5~0.8 寸。不宜深刺,宜向脊椎方向成45°~60°角斜刺。

[附注] 治疗脾病的要穴。

肾俞　Shènshū(BL23)　背俞穴

[定位] 在脊柱区,第2腰椎棘突下,后正中线旁开1.5寸。(图3-11)

[主治] 主治耳部、肾脏病症。常用于耳鸣,耳聋;腰痛,足寒,遗尿,尿频,遗精,阳痿,早泄;月经不调,带下,不孕;多食善饥、身体消瘦。

[操作] 直刺 0.5~1 寸,不宜向外侧深刺。

[附注] 治疗肾病的要穴。

次髎　Cìliáo(BL32)

[定位] 在骶区,正对第2骶后孔中。(图3-11)

[主治] 主治局部、妇科和前阴病症。常用于前阴、腰骶部引痛,下肢痿痹;疝气,小便不利,遗精;月经不调,痛经,带下。

[操作] 直刺 0.8~1.2 寸,不宜过深。

[附注] 治疗妇科病的要穴。全子宫切除术、输卵管结扎术、剖宫产手术针麻用穴。

委中　Wěizhōng(BL40)　合穴,膀胱下合穴

[定位] 在膝后区,腘横纹中点。(图3-11)

[主治] 主治腰腿、前阴病症。常用于腰背痛,下肢痿痹;小腹痛,小便不利,遗尿;瘾疹,疔疮。

[操作] 直刺 1~1.5 寸。或用三棱针点刺腘静脉出血。

[附注] 《四总穴歌》:"腰背委中求。"

承山　Chéngshān(BL57)

[定位] 在小腿后区,腓肠肌两肌腹与肌腱交角处。(图3-11)

[主治] 主治腰腿拘急及痔疮病症。常用于痔疮,便秘;腰背痛,小腿挛痛。

[操作] 直刺 1~2 寸。

[附注]《玉龙歌》云:"九般痔疾最伤人,必刺承山效如神。"

昆仑　Kūnlún(BL60)　经穴

[定位] 在踝区,外踝尖与跟腱之间的凹陷中。(图 3-11)

[主治] 主治头项及腰腿病症。常用于头痛,目痛,鼻衄;颈项强痛,腰痛,足跟肿痛;癫痫;难产。

[操作] 直刺 0.5~0.8 寸。《针灸大成》云:"妊妇刺之落胎。"

[附注] 舒筋健腰的要穴。

至阴　Zhìyīn(BL67)　井穴

[定位] 在足趾,小趾末节外侧,趾甲根角侧后方 0.1 寸(指寸)。(图 3-11)

[主治] 主治头面部、胎产病症。常用于胎位不正,难产;头痛,目痛,鼻塞,鼻衄;足膝肿痛。

[操作] 浅刺 0.1 寸,或点刺出血,胎位不正用灸法。

[附注] 纠正胎位的要穴。

足太阳膀胱经其他穴位见表 3-14。

表 3-14　足太阳膀胱经其他穴位

穴名	定位	主治	操作	附注
睛明	在面部,目内眦内上方眶内侧壁凹陷中	主治目疾。常用于目赤肿痛,目翳,流泪,视物不清,眩晕,夜盲;急性腰痛	嘱患者闭目,医者押手轻轻固定眼球,沿目眶鼻骨边缘刺 0.3~1.0 寸,不宜提插捻转。禁灸	手太阳、足太阳、足阳明、阴跷、阳跷脉交会穴
攒竹	在面部,眉头凹陷中,额切迹处	主治眼目、头部病症。常用于头痛,眉棱骨痛;眼睑眴动,眼睑下垂,口眼㖞斜;视物不清,迎风流泪,目赤肿痛;小儿惊风;痴痛,呃逆;腰痛	平刺 0.5~0.8 寸,禁灸	
风门	在脊柱区,第 2 胸椎棘突下,后正中线旁开 1.5 寸	主治外感、肩背部病症。常用于咳嗽,发热,头痛,鼻塞、鼻流清涕;颈项强痛,胸背痛	斜刺 0.5~0.8 寸	足太阳、督脉交会穴
膈俞	在脊柱区,第 7 胸椎棘突下,后正中线旁开 1.5 寸	主治胸膈病症。常用于胃脘痛,呃逆,呕吐,吐血,便血;咳嗽,气喘,潮热盗汗;瘾疹	斜刺 0.5~0.8 寸,不宜深刺,宜向脊椎方向成 45°~60° 角斜刺	血会
胆俞	在脊柱区,第 10 胸椎棘突下,后正中线旁开 1.5 寸	主治胆胃病症。常用于黄疸,口苦,呕吐,食不化,胸胁痛;肺痨,潮热	斜刺 0.5~0.8 寸,针刺不宜过深,宜向脊椎方向成 45°~60° 角斜刺	背俞穴
胃俞	在脊柱区,第 12 胸椎棘突下,后正中线旁开 1.5 寸	主治脾胃病症。常用于胃脘痛,腹胀,呕吐,肠鸣;胸胁痛	斜刺 0.5~0.8 寸,针刺不宜过深,宜向脊椎方向成 45°~60° 角斜刺	背俞穴
大肠俞	在脊柱区,第 4 腰椎棘突下,后正中线旁开 1.5 寸	主治大肠病症。常用于腹胀,腹痛,肠鸣,泄泻,便秘;腰痛	直刺 0.8~1.2 寸	背俞穴
膀胱俞	在骶区,横平第 2 骶后孔,骶正中嵴旁开 1.5 寸	主治局部和前阴病症。常用于小便不利,尿频,遗尿,遗精;泄泻,便秘;腰骶痛	直刺 0.8~1.2 寸	背俞穴

续表

穴名	定　位	主　治	操　作	附　注
膏肓	在脊柱区,第4胸椎棘突下,后正中线旁开3寸	主治虚劳及肺部病症。常用于肺痨,咳嗽,气喘,盗汗;遗精,健忘,虚劳,羸瘦	斜刺0.3~0.5寸。不宜深刺,宜向脊椎方向成30°~45°角斜刺	保健灸的常用穴
秩边	在骶区,横平第4骶后孔,骶正中嵴旁开3寸	主治局部及前后阴病症。常用于腰骶痛,下肢痿痹;小便不利,便秘,痔病,前阴痛	直刺1.5~3寸	
飞扬	在小腿后区,昆仑直上7寸,腓肠肌外下缘与跟腱移行处	主治头面部、局部病症。常用于头痛,眩晕,鼻衄,腰痛,腿软无力;痔疮	直刺1~1.5寸	络穴。剖宫产手术针麻用穴
申脉	在踝区,外踝尖直下,外踝下缘与跟骨之间凹陷中	主治头部病症。常用于头痛,眩晕,失眠,嗜睡,癫狂痫;腰腿脚痛;眼睑下垂,目赤痛	直刺0.3~0.5寸	八脉交会穴,通阳跷脉

八、足少阴肾经

【经脉循行】起于足小趾下,斜向足心(涌泉穴),出于舟骨粗隆下,沿内踝后,进入足跟,再向上行于小腿内侧后缘,出腘窝内侧,向上行股内后缘入脊内(长强穴),穿过脊柱,属于肾脏,联络膀胱。

其直行经脉:从肾向上通过肝和横膈,进入肺中,沿着喉咙,挟于舌根部。

其支脉:从肺出来,联络心脏,流注于胸中,与手厥阴心包经相接。(图3-12)

首穴是涌泉,末穴是俞府,左右各27穴。

【主治概要】主治妇科病,前阴病,肾、咽喉病及经脉循行部位其他病证。如遗精,阳痿,早泄,咳嗽,气喘,水肿,泄泻,便秘,耳鸣,失眠等。

【本经腧穴】

涌泉　Yǒngquán(KI 1)　井穴

[定位]在足底,屈足卷趾时足心最凹陷中(图3-12)。

[主治]主治热病,咽喉、腰及二阴病症。常用于头痛,眩晕,昏厥,小儿惊风;咽喉肿痛,舌干,失音;足心热,腰脊痛;大便难,小便不利。

[操作]直刺0.5~1寸,针刺不宜过深和刺激过强。

[附注]滋阴降火的要穴。

太溪　Tàixī(KI 3)　原穴,输穴

[定位]在踝区,内踝尖与跟腱之间的凹陷中(图3-12)。

[主治]主治二阴、少腹、咽部病症。常

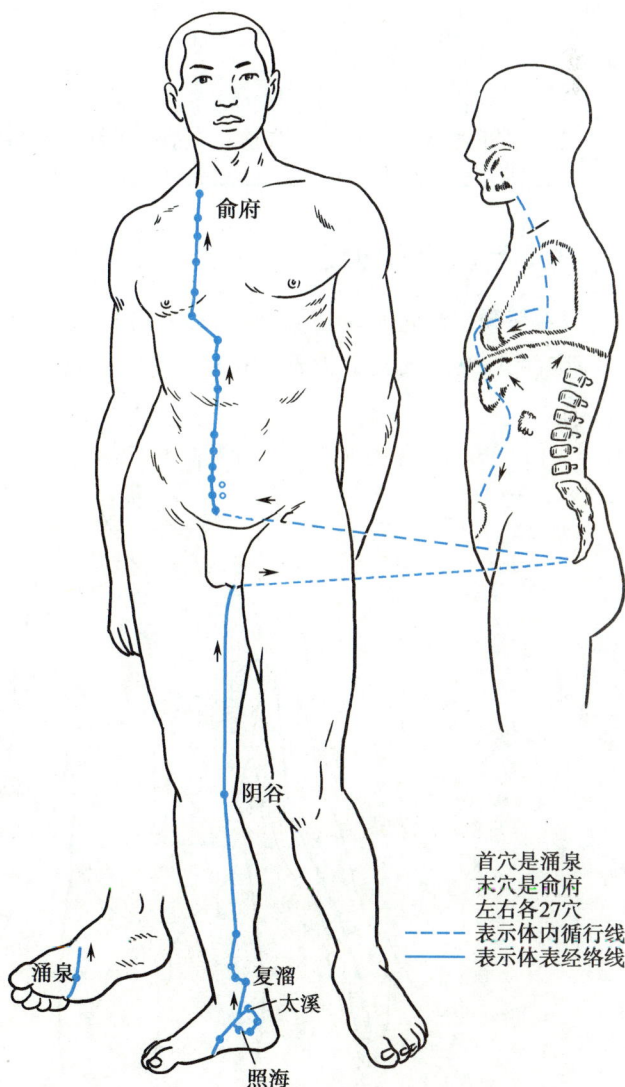

俞府

阴谷

涌泉

复溜
太溪

照海

首穴是涌泉
末穴是俞府
左右各27穴
- - - 表示体内循行线
——— 表示体表经络线

图3-12　足少阴肾经循行及腧穴示意图

用于月经不调;遗精,阳痿;咳嗽,气喘,咳血,胸痛;咽喉肿痛,齿痛;失眠,眩晕,耳鸣,耳聋;消渴,便秘;腰背痛,下肢厥冷。

[操作] 直刺 0.5~1 寸。

[附注] 滋阴补肾的要穴。

足少阴肾经其他常用穴位见表 3-15。

表 3-15　足少阴肾经其他常用穴位

穴名	定　位	主　治	操　作	附　注
然谷	在足内侧,足舟骨粗隆下方,赤白肉际处	主治二阴、少腹、咽部病症。常用于月经不调,阴挺,阴痒,遗精,小便不利;消渴,泄泻,小儿惊风;咽喉肿痛,咳血,口噤	直刺 0.5~1 寸	荥穴
大钟	在跟区,内踝后下方,跟骨上缘,跟腱附着部前缘凹陷中	主治二阴、咽部病症。常用于癃闭,遗尿,便秘;咳血,气喘;痴呆,嗜卧;足跟痛	直刺 0.3~0.5 寸	络穴
照海	在踝区,内踝尖下 1 寸,内踝下缘边际凹陷中	主治目疾、咽喉、前阴及妇科病症。常用于目赤肿痛;咽干、咽痛;月经不调,赤白带下,子宫脱垂,疝气,癃闭;癫痫,失眠	直刺 0.5~0.8 寸	八脉交会穴,通阴跷脉
复溜	在小腿内侧,内踝尖上 2 寸,跟腱的前缘	主治腹、腰脊部病症。常用于腹痛、腹泻;水肿,小便不利;盗汗,热病无汗或汗出不止;腰背痛;下肢痿痹	直刺 0.5~1 寸	经穴
大赫	在下腹部,脐中下 4 寸,前正中线旁开 0.5 寸	主治前阴及妇科病症。常用于遗精,阳痿,阴挺,带下	直刺 1~1.5 寸	足少阴、冲脉交会穴

九、手厥阴心包经

【经脉循行】起于胸中,出属心包络,向下通过横膈,从胸至腹依次联络上、中、下三焦。

胸部支脉:沿胸浅出胁部当腋下 3 寸处(天池穴),上行到腋窝中,沿上肢内侧中线,行于手太

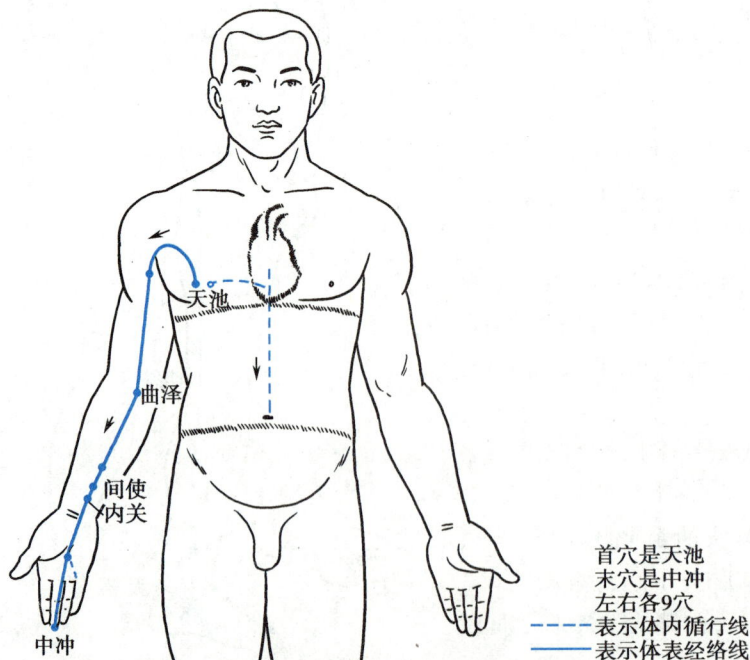

图 3-13　手厥阴心包经循行及腧穴示意图

阴和手少阴之间,进入肘窝中,向下行于前臂两筋的中间,进入掌中(劳宫穴),沿着中指到指端(中冲穴)。

掌中支脉:从劳宫分出,沿着无名指出其尺侧端(关冲穴),与手少阳三焦经相接(图3-13)。

首穴是天池,末穴是中冲,左右各9穴。

【主治概要】主治心、胸、胃、神志病以及经脉循行部位的其他病证,如心痛、心悸,心烦、胸闷、癫狂,手臂挛急、掌心发热等。

【本经腧穴】

曲泽　Qūzé(PC3)　合穴

[定位]在肘前区,肘横纹上,肱二头肌腱的尺侧缘凹陷中(图3-13)。

[主治]主治心、胃病症。常用于心痛,心悸,善惊;胃脘痛,吐血,呕吐;发热,中暑;肘臂痛。

[操作]直刺1~1.5寸,或用三棱针点刺出血。

[附注]清心退热的要穴。

内关　Nèiguān(PC6)　络穴,八脉交会穴,通阴维脉

[定位]在前臂前区,腕掌侧远端横纹上2寸,掌长肌腱与桡侧腕屈肌腱之间(图3-13)。

[主治]主治心、胃病症。常用于心痛,心悸,心烦;胸闷,气喘,胁痛;失眠,癫狂痫;胃脘痛,呕吐,呃逆;上肢痹痛。

[操作]直刺0.5~1寸,不宜大幅度提插、捻转。

[附注]宽胸和胃的要穴。五总穴歌中谓"心胸谋内关"。心脏手术、甲状腺手术、剖宫产手术、胃大部切除术的针麻用穴。

手厥阴心包经其他常用穴位见表3-16。

表3-16　手厥阴心包经其他常用穴位

穴名	定位	主治	操作	附注
间使	在前臂前区,腕掌侧远端横纹上3寸,掌长肌腱与桡侧腕屈肌腱之间	主治心胃病症。常用于心痛,心悸,心烦;胃脘痛,呕吐;癫狂痫;热病,疟疾;肘臂痛	直刺0.5~1寸	经穴
大陵	在腕前区,腕掌侧远端横纹中,掌长肌腱与桡侧腕屈肌腱之间	主治心胃病症。常用于心痛,心悸,胸胁痛;胃脘痛,呕吐,吐血;悲恐善笑,癫狂痫;上肢痹痛;疮肿	直刺0.3~0.5寸	输穴,原穴
劳宫	在掌区,横平第3掌指关节近端,第2、3掌骨之间偏于第3掌骨	主治心胃病症。常用于口疮,口臭,鼻衄;癫狂痫,癔病,心痛,心烦;呕吐	直刺0.3~0.5寸	荥穴
中冲	在手指,中指末端最高点	主治热病、急症。常用于中风,舌强不语;神昏,心烦;中暑,热病;小儿惊风,小儿夜啼	浅刺0.1寸,或用三棱针点刺出血	井穴

十、手少阳三焦经

【经脉循行】起于无名指末端(关冲穴),向上出于第4、5掌骨间,沿着腕背,出于前臂外侧桡骨和尺骨之间,向上通过肘尖,沿上臂外侧,上达肩部,交出足少阳经的后面,向前进入缺盆部,分布于胸中,联络心包,向下通过横膈,从胸至腹。属于上、中、下三焦。

胸中支脉:从膻中分出,上行出缺盆,上走颈部,沿耳后(翳风穴)直上,出于耳部,上行额角,再屈曲而下行至面颊部,到达眶下部。

耳部支脉:从耳后进入耳中,出走耳前,经上关穴前,与前脉交叉于面颊部,到达目外眦瞳子髎穴,与足少阳胆经相接(图3-14)。

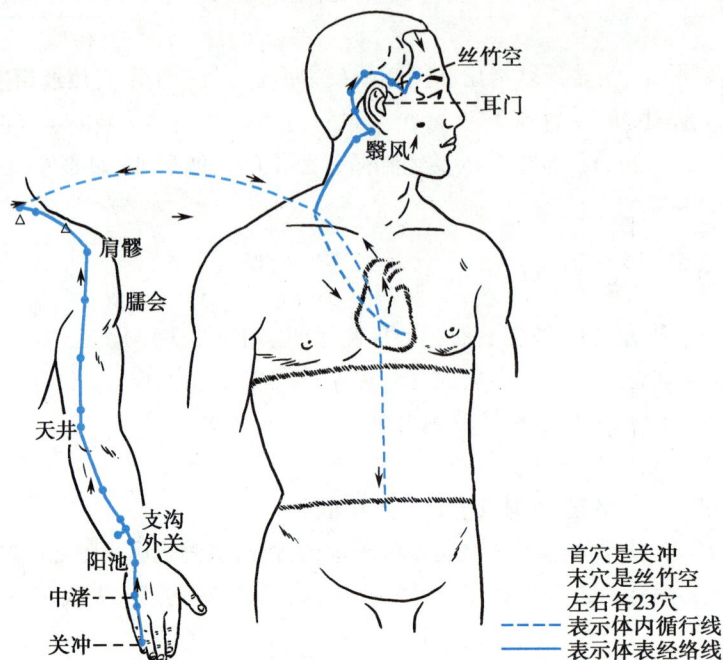

图 3-14　手少阳三焦经循行及腧穴示意图

首穴是关冲,末穴是丝竹空,左右各 23 穴。

【主治概要】　主治侧头、耳、目、胸胁、咽喉部以及经脉循行部位的其他疾病。如水肿,遗尿,小便不利,耳鸣,耳聋,目赤,咽喉痛,以及耳后、肩臂部外侧疼痛等。

【本经腧穴】

阳池　Yángchí(TE4)　原穴

[定位]　在腕后区,腕背侧远端横纹上,指伸肌腱的尺侧缘凹陷中(图 3-14)。

[主治]　主治局部病症。常用于手腕痛,肩背痛;目赤肿痛,咽喉肿痛;疟疾;消渴。

[操作]　直刺 0.3~0.5 寸。

[附注]　治疗腕、肩痛的要穴。

外关　Wàiguān(TE5)　络穴,八脉交会穴,通阳维脉

[定位]　在前臂后区,腕背侧远端横纹上 2 寸,尺骨与桡骨间隙中点。(图 3-14)

[主治]　主治耳部病症。常用于耳鸣,耳聋;头痛,目赤肿痛;胸胁痛;上肢痹痛。

[操作]　直刺 0.5~1 寸。

[附注]　通耳窍的要穴。颈椎前路手术、颞颌关节手术等头颈部手术时针麻用穴。

支沟　Zhīgōu(TE6)　经穴

[定位]　在前臂后区,腕背侧远端横纹上 3 寸,尺骨与桡骨间隙中点(图 3-14)。

[主治]　主治耳、咽部病症。常用于耳鸣、耳聋,失音;落枕,胸胁痛;呕吐,便秘;热病。

[操作]　直刺 0.5~1 寸。

[附注]　治疗便秘的要穴。上颌窦手术、二尖瓣扩张分离术的针麻用穴。

手少阳三焦经其他常用穴位见表 3-17。

表 3-17 手少阳三焦经其他常用穴位

穴名	定 位	主 治	操 作	附 注
关冲	在手指,第 4 指末节尺侧,指甲根角侧上方 0.1 寸(指寸)	主治头面五官部病症。常用于头痛,目翳,耳鸣,耳聋,咽喉肿痛;热病,昏厥,中暑	浅刺 0.1 寸,或用三棱针点刺出血	井穴
中渚	在手背,第 4、5 掌骨间,第 4 掌指关节近端凹陷中	主治头面五官部病症。常用于头痛,目痛,耳聋,耳鸣,咽喉痛;肩背、肘臂痛,手指屈伸不利;热病,消渴	直刺 0.3～0.5 寸	输穴
肩髎	在三角肌区,肩峰角与肱骨大结节两骨间凹陷中	主治局部病症。常用于肩痛、活动受限	直刺 0.8～1.2 寸	
翳风	在颈部,耳垂后方,乳突下端前方凹陷中	主治局部病症。常用于耳鸣,耳聋;口眼㖞斜,口噤,齿痛,颊肿,瘰疬;习惯性下颌关节脱位	直刺 0.5～1 寸,不宜深刺	手、足少阳经交会穴。颅脑外科手术、腭裂整复术的针麻用穴
耳门	在耳区,耳屏上切迹与下颌骨髁突之间的凹陷中	主治耳、齿部病症。常用于耳鸣,耳聋;齿痛,颊肿痛	张口,直刺 0.5～1 寸	
丝竹空	在面部,眉梢凹陷中	主治头目部病症。常用于头痛,眩晕,目赤肿痛,眼睑𥆧动;癫狂痫、目上视	平刺 0.5～1 寸,不灸	

十一、足少阳胆经

【经脉循行】起于目外眦(瞳子髎穴),向上到达额角部(颔厌穴),再下行至耳后(完骨穴),经额部至眉上(阳白穴),又向后折至风池穴,沿颈下行至肩上,左右交会于大椎穴,前行入缺盆。

耳部的支脉:从耳后进入耳中,出走耳前,到目外眦后方。

外眦部的支脉:从目外眦处分出,下走大迎,会合于手少阳经到达目眶下,下行经颊车,由颈部向下会合前脉于缺盆,然后向下进入胸中,通过横膈,连络肝脏,属于胆,沿着胁肋内,出于少腹两侧腹股沟动脉部,经过外阴部毛际,横行入髋关节部(环跳穴)。

缺盆部直行的脉:下行腋部,沿着侧胸部,经过季胁,向下会合前脉于髋关节部环跳处,再向下沿着大腿的外侧,出于膝外侧,下行经腓骨前面,直下到达腓骨下段,再下到外踝的前面,沿足背部,进入足第 4 趾外侧端(窍阴穴)。

足背部支脉:从足背(足临泣)处分出,沿着第 1、2 跖骨之间,出于大趾端,穿过趾甲,回过来到趾甲后的毫毛处,与足厥阴肝经相接。(图 3-15)

首穴是瞳子髎,末穴是足窍阴,左右各 44 穴。

【主治概要】主治头、耳、目、咽喉病,神志病以及经脉循行部位的其他病证。如口苦,目眩,寒热交作,头痛,颌痛,目外眦痛以及胸、胁、股、下肢外侧疼痛等。

【本经腧穴】

风池 Fēngchí(GB20) 足少阳、阳维脉交会穴

[定位] 在颈后区,枕骨之下,胸锁乳突肌上端与斜方肌上端之间的凹陷中。(图 3-15)

[主治] 主治脑部、耳目部病症。常用于中风,癫、狂、痫,眩晕;耳鸣、耳聋,目赤肿痛;发热、头痛、鼻塞、鼻衄;颈项强痛。

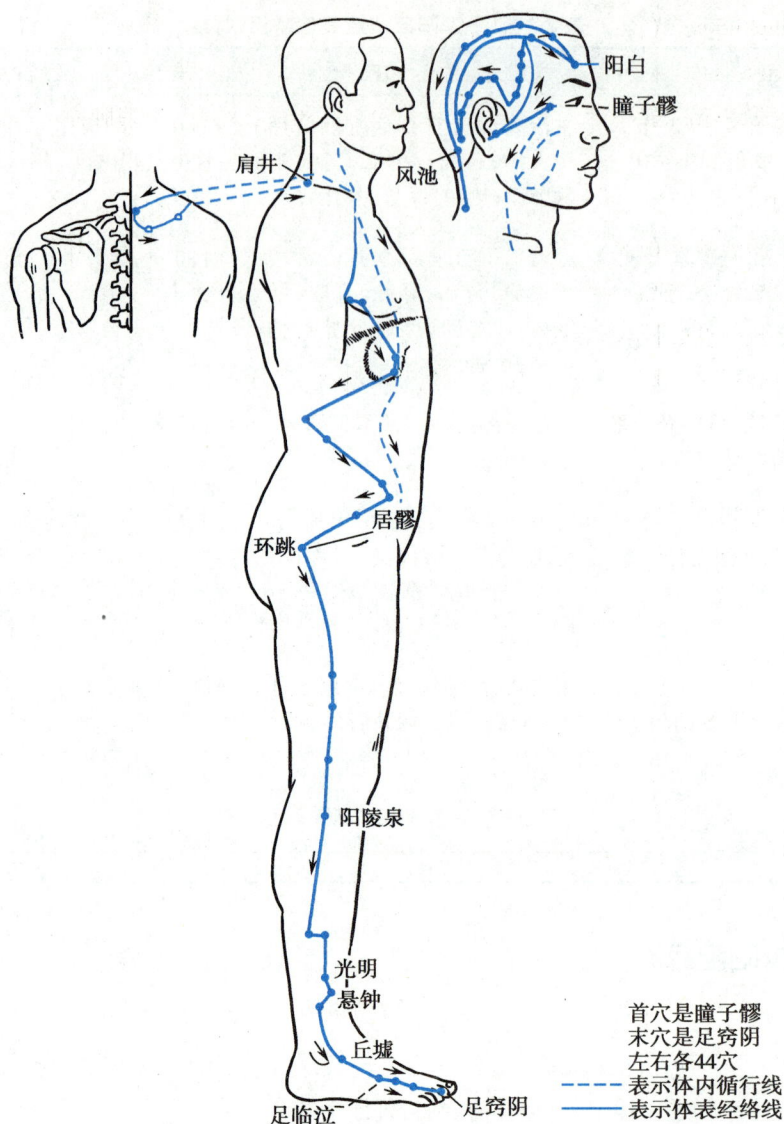

图 3-15　足少阳胆经循行及腧穴示意图

[操作] 针尖微下,向鼻尖方向直刺 0.8~1.2 寸,或平透刺风府穴。针刺不宜过深,禁止大幅度提插、捻转,以免损伤椎动脉及延髓。

[附注] 祛风邪的要穴。颅脑外科手术的针麻用穴。

肩井　Jiānjǐng(GB21)　手足少阳、足阳明与阳维脉交会穴

[定位] 在肩胛区,第 7 颈椎棘突与肩峰最外侧点连线的中点。(图 3-15)

[主治] 主治局部病症。常用于颈项强痛,肩背痛;中风、上肢不遂;瘰疬;难产,乳痈,产后缺乳。

[操作] 直刺 0.3~0.5 寸,不可向前下方刺入或直刺过深,孕妇禁用。

[附注] 治疗肩颈的要穴。

环跳　Huántiào(GB30)　足少阳、太阳经交会穴

[定位] 在臀区,股骨大转子最凸点与骶管裂孔连线的外 1/3 与内 2/3 交点处。(图 3-15)

[主治] 主治腰腿部病症。常用于腰腿痛,下肢痿痹、麻木,半身不遂。

[操作] 直刺 2~3 寸。

[附注] 治疗坐骨神经痛的要穴。

阳陵泉　Yánglíngquán（GB34）　合穴，筋会

[**定位**] 在小腿外侧，腓骨头前下方凹陷处。（图3-15）

[**主治**] 主治胆、胁部病症。常用于胁痛，口苦，呕吐，黄疸，吐酸；膝膑肿痛，下肢痿痹及麻木；小儿惊风。

[**操作**] 直刺1~1.5寸。

[**附注**] 治疗胆囊疾病的要穴。

悬钟　Xuánzhōng（GB39）　髓会

[**定位**] 在小腿外侧，外踝尖上3寸，腓骨前缘。（图3-15）

[**主治**] 主治脾胃、局部病症。常用于颈项强痛，偏头痛；五心烦热，脑鸣，耳鸣；胸胁胀痛，不思饮食；痔疾，便秘；半身不遂，下肢痿痹，足胫挛痛。

[**操作**] 直刺0.5~0.8寸。

[**附注**] 治疗耳鸣的要穴。又名"绝骨"。

足少阳胆经其他常用穴位见表3-18。

表3-18　足少阳胆经其他常用穴位

穴名	定位	主治	操作	附注
瞳子髎	在面部，目外眦外侧0.5寸凹陷中	主治头目部病症。常用于头痛；目赤肿痛，内障，青盲，目翳，流泪	平刺0.3~0.5寸，或三棱针点刺出血	手太阳、手足少阳经交会穴
率谷	在头部，耳尖直上入发际1.5寸	主治头部病症。常用于偏头痛，眩晕，呕吐；耳鸣，耳聋；小儿惊风	平刺0.5~0.8寸	足少阳、足太阳经交会穴
阳白	在头部，眉上1寸，瞳孔直上	主治头目部病症。常用于头痛，眩晕；目痛，目痒，目翳；眼睑下垂，面瘫	平刺0.3~0.5寸	足少阳、阳维脉交会穴。斜视矫正术、青光眼手术的针麻用穴
带脉	在侧腹部，第11肋骨游离端垂线与脐水平线的交点上	主治妇科病症。常用于带下，月经不调，阴挺，经闭，疝气，小腹痛；胁痛，腰痛	直刺0.8~1寸	足少阳、带脉交会穴
光明	在小腿外侧，外踝尖上5寸，腓骨前缘	主治目疾。常用于目痛，夜盲，近视，目翳；乳房胀痛，乳汁少	直刺1~1.5寸	络穴
丘墟	在踝区，外踝的前下方，趾长伸肌腱的外侧凹陷中	主治胁部、目部病症。常用于胸胁痛；疟疾；视物不清，目翳；下肢痿痹，小腿酸痛，外踝肿痛	直刺0.5~0.8寸	原穴
足临泣	在足背，第4、5跖骨底结合部的前方，第5趾长伸肌腱外侧凹陷中	主治头部、胸胁部病症。常用于偏头痛，眩晕，胁痛，瘰疬，膝痛，足痛；月经不调，乳痈	直刺0.3~0.5寸	输穴，八脉交会穴，通带脉。颅脑外科手术（后颅窝）的针麻用穴

十二、足厥阴肝经

【**经脉循行**】起于足大趾上毫毛处，沿着足跗部向上，经过内踝前1寸处（中封穴），向上沿胫骨内缘，至内踝上8寸处交出于足太阴经的后面；上行膝内侧，沿着大腿内侧中线，进入阴毛中，绕阴部，上达小腹，挟胃旁，属于肝脏，联络胆腑，向上通过横膈，分部于胁肋，沿着喉咙的后

面;向上进入鼻咽部,连接于"目系"(眼球连系于脑的部位),向上出于前额,与督脉会合于巅顶。

目系的支脉:从目系分出,下行颊里,环绕唇内。

肝部的支脉:从肝分出,通过横膈,向上流注于肺,与手太阴肺经相接。(图3-16)

首穴是大敦,末穴是期门,左右各14穴。

【主治概要】主治肝病,妇科病,前阴诸疾,如头痛,胁痛,呃逆,小便不利,月经不调,疝气,少腹疼痛等。

【本经腧穴】

大敦　Dàdūn(LR1)　井穴

[定位]在足趾,大趾末节外侧,趾甲根角侧后方0.1寸(指寸)。(图3-16)

[主治]主治前阴部、妇科病症。常用于疝气;睾丸肿痛、前阴痛、少腹疼痛,遗尿,癃闭;月经不调,子宫下垂;小儿惊风,癫痫;神昏。

[操作]浅刺0.1~0.2寸,或点刺出血。

[附注]治疗疝气的要穴。

太冲　Tàichōng(LR3)　输穴,原穴

[定位]在足背,第1、2跖骨间,跖骨底结合部前方凹陷中,或触及动脉搏动。(图3-16)

[主治]主治前阴部、胁下、咽部病症。常用于胁痛,急躁易怒,目赤肿痛,青盲;咽喉干痛,耳鸣,耳聋;月经不调,崩漏;疝气,前阴痛,少腹肿;癃闭,遗尿;小儿惊风,癫痫;下肢痿痹、足跗肿痛。

[操作]直刺0.5~1寸。

[附注]清肝降火的要穴。与合谷穴合称"四关穴"。颅脑外科手术、剖宫产等手术针麻用穴。

足厥阴肝经其他常用穴位见表3-19。

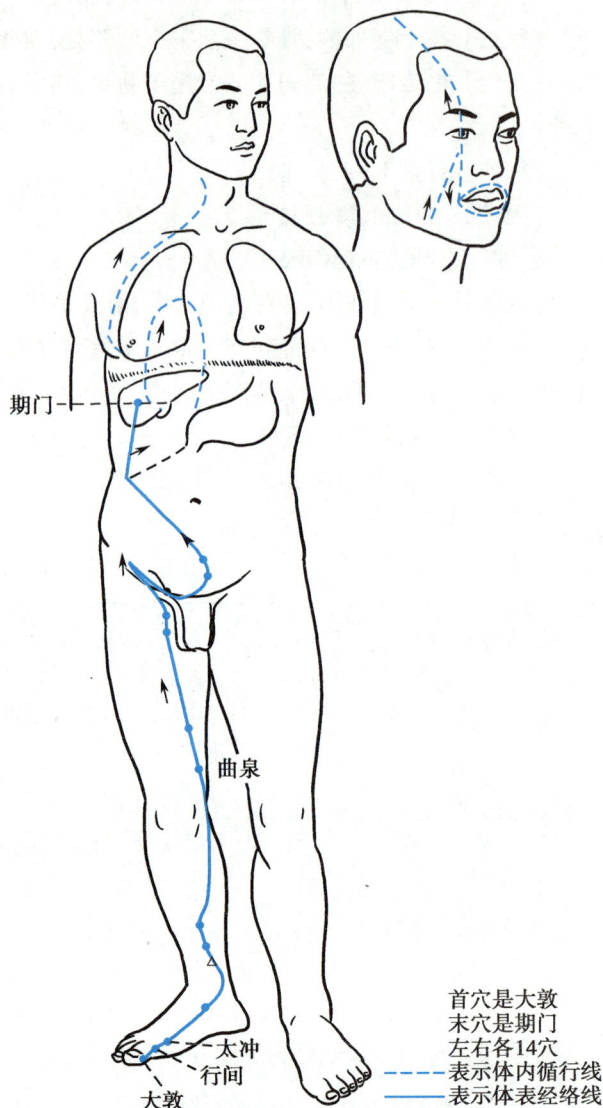

图3-16　足厥阴肝经循行及腧穴示意图

首穴是大敦
末穴是期门
左右各14穴
----表示体内循行线
——表示体表经络线

表3-19　足厥阴肝经其他常用穴位

穴名	定　位	主　治	操　作	附注
行间	在足背,第1、2趾之间,趾蹼缘的后方赤白肉际处	主治前阴部、咽部病症。常用于头痛,目眩,目赤肿痛,青盲;胁痛,善怒,太息,癫痫;疝气,少腹疼痛;前阴痛,遗尿,癃闭;月经不调,带下;脚膝肿痛;咽喉肿痛	直刺0.5~0.8寸	荥穴
曲泉	在膝部,腘横纹内侧端,半腱肌肌腱内缘凹陷中	主治前阴部、少腹部病症。常用于疝气,前阴痛、少腹痛,小便不利;遗精,阳痿;月经不调,带下,子宫脱垂,阴痒;膝股肿痛,下肢痿痹	直刺0.8~1寸	合穴

续表

穴名	定　位	主　治	操　作	附注
章门	在侧腹部,在第11游离端的下际	主治肝、脾、胸胁部病症。常用于腹胀,泄泻,痞块;胁痛,黄疸	直刺0.8~1寸	脏会,脾募穴,足厥阴、足少阳经交会穴
期门	在胸部,第6肋间隙,前正中线旁开4寸	主治肝、脾、胸胁部病症。常用于胸胁胀痛,胁下积聚,气喘,呃逆,呕吐,腹胀,泄泻;乳痈	斜刺0.5~0.8寸	肝募穴,足厥阴、足太阴与阴维脉交会穴

十三、督脉

【经脉循行】起于小腹内胞宫,下出会阴部,经尾骶部的长强穴,向后行于腰背正中,沿脊柱上行,经项后部至风府穴,进入脑内,沿头部正中线,上行至巅顶百会穴,经前额下行鼻柱至鼻尖的素髎穴,过人中,至上齿正中的龈交穴。(图3-17)

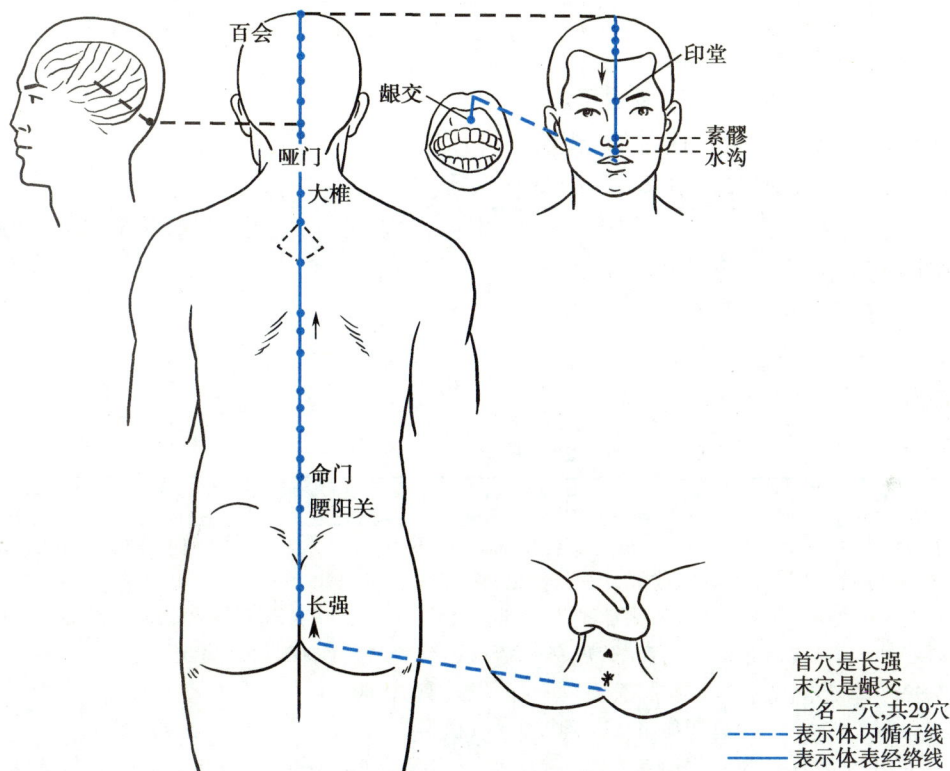

图3-17　督脉循行及腧穴示意图

首穴为长强穴,末穴为龈交,一名一穴,共29穴(印堂由原经外奇穴归入督脉)。
【主治概要】主治神志病,热病,腰骶、背、头项局部病证及相应的内脏疾病。
【本经腧穴】
腰阳关　Yāoyángguān(GV3)
[定位] 在脊柱区,第4腰椎棘突下凹陷中,后正中线上。(图3-17)
[主治] 主治局部、妇科、男科病症。常用于腰骶痛,下肢痿痹;月经不调,带下;遗精,阳痿。
[操作] 直刺0.5~1寸。
[附注] 治疗腰部冷痛的要穴。
命门　Mìngmén(GV4)
[定位] 在脊柱区,第2腰椎棘突下凹陷中,后正中线上。(图3-17)

［**主治**］主治局部、妇科、男科病症。常用于腰痛、小腹痛，脊强，下肢痿痹；赤白带下，月经不调；阳痿，遗精，尿频，遗尿；泄泻，痔漏下血。

［**操作**］直刺0.5~1.0寸。

［**附注**］培元补肾的要穴。

大椎　Dàzhuī（GV14）　督脉、手足三阳经交会穴

［**定位**］在脊柱区，第7颈椎棘突下凹陷中，后正中线上。（图3-17）

［**主治**］主治热病、局部病症。常用于热病，疟疾、骨蒸盗汗；咳嗽，气喘；感冒，风疹，颈项强痛，脊痛。

［**操作**］向上斜刺0.5~1寸，不宜深刺，以免损伤脊髓。

［**附注**］"诸阳之会"，可补阳，可退热。

百会　Bǎihuì（GV20）　督脉、足太阳经交会穴

［**定位**］在头部，前发际正中直上5寸。（图3-17）

［**主治**］主治头目、心神病症。常用于头痛，目痛，眩晕，耳鸣；中风，神昏，癫狂痫，小儿惊风；失眠，健忘；久泻，脱肛，子宫脱垂。

［**操作**］斜刺或平刺0.5~1寸。

［**附注**］治疗中气下陷、内脏下垂的要穴。

水沟　Shuǐgōu（GV26）　督脉，手、足阳明经交会穴

［**定位**］在面部，人中沟的上1/3与中1/3交点处。（图3-17）

［**主治**］主治急症。常用于一切神昏之急救；中风、口眼㖞斜、流涎，口噤；鼻塞，鼻衄；癫狂痫；水肿，黄疸，消渴；闪挫腰痛，腰脊强痛。

［**操作**］向上斜刺0.3~0.5寸，一般不灸。

［**附注**］交通阴阳的急救要穴。

督脉其他常用穴位见表3-20。

表3-20　督脉其他常用穴位

穴名	定位	主治	操作	附注
长强	在会阴区，尾骨下方，尾骨端与肛门连线的中点处	主治肛肠部、督脉病症。常用于痔疮，脱肛，泄泻，便秘；癫狂痫，小儿惊风；腰脊部、尾骶部疼痛	紧靠尾骨前面斜刺0.5~1寸，不宜直刺，以免伤及直肠	络穴，督脉、足少阳、足少阴经交会穴
至阳	在脊柱区，第7胸椎棘突下凹陷中，后正中线上	主治局部、妇科、男科病症。常用于胸胁腹痛，乳痈；胃痛；黄疸，胆蛔症，身热；咳嗽，气喘；脊背强痛	斜刺0.5~1寸	
神庭	在头部，前发际正中直上0.5寸	主治头目、心神病症。常用于头痛，眩晕，失眠，癫痫；鼻渊，流泪，目痛	平刺0.3~0.5寸	督脉、足太阳、足阳明经交会穴

十四、任脉

【**经脉循行**】起于小腹内，下出会阴部，向上行于阴毛部，沿着腹内，向上经过关元等穴，到达咽喉，再上行环绕口唇，经过面部，进入目眶下（承泣，属足阳明胃经）。（图3-18）

首穴为会阴，末穴为承浆，一名一穴，共24穴。

【**主治概要**】主治胸、腹、头面的局部病证。如疝气，带下，腹中结块等。

【**本经腧穴**】

关元　Guānyuán（CV4）小肠募穴，任脉、足三阴经交会穴

［**定位**］在下腹部，脐中下3寸，前正中线上。（图3-18）

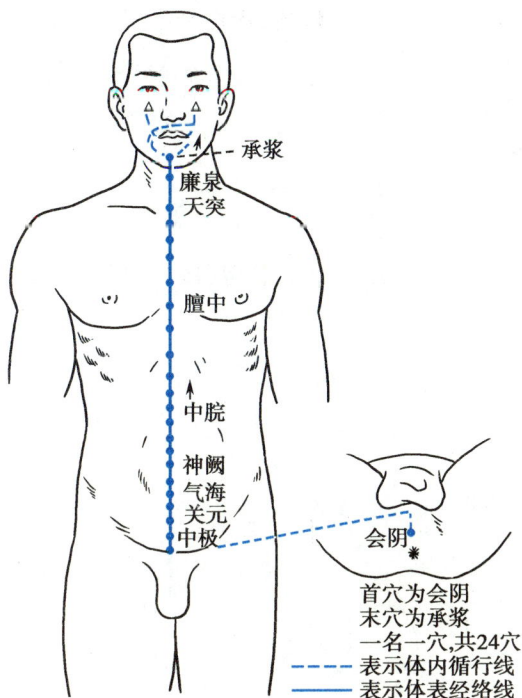

图3-18　任脉循行及腧穴示意图

[主治] 主治前阴部、妇科及虚劳病症。常用于疝气,少腹疼痛;癃闭,尿频,遗精,阳痿;月经不调,痛经,经闭,崩漏,带下,子宫脱垂,恶露不尽,不孕;泄泻;虚劳诸疾;保健灸的常用穴。

[操作] 直刺1~2寸,针前让患者排尿。孕妇慎用。可灸。

[附注] 培补元气的要穴。

气海　Qìhǎi(CV6)

[定位] 在下腹部,脐中下1.5寸,前正中线上。(图3-18)

[主治] 主治虚劳、前阴部、妇科病症。常用于虚脱,泄泻,虚劳赢瘦;疝气,腹痛;小便不利,遗尿,遗精,阳痿;月经不调,带下,子宫脱垂,恶露不尽。保健灸的常用穴。

[操作] 直刺1~1.5寸。孕妇慎用。可灸。

[附注] 补气调气的要穴。

神阙　Shénquè(CV8)

[定位] 在脐区,脐中央。(图3-18)

[主治] 主治腹部、水液病症。常用于脐周痛,腹胀,肠鸣,泄泻,水肿,小便不利;中风脱证。

[操作] 临床多用灸法。

[附注] 治疗胃肠病证的要穴。

中脘　Zhōngwǎn(CV12)　胃募穴,腑会,任脉、手太阳、足阳明经交会穴

[定位] 在上腹部,脐中上4寸,前正中线上。(图3-18)

[主治] 主治腹部病症。常用于胃脘痛,呕吐,不思饮食;腹胀,腹痛,肠鸣;身肿。

[操作] 直刺0.5~1.5寸,可灸。对肝脾肿大和胃、十二指肠溃疡患者,针刺方向以斜向下方刺为宜。

[附注] 健脾和胃的要穴。

任脉其他常用穴位见表3-21。

表3-21　任脉其他常用穴位

穴名	定位	主治	操作	附注
中极	在下腹部,脐中下4寸,前正中线上	主治妇科、前阴部病症。常用于月经不调,崩漏,子宫脱垂,阴痒,不孕,恶露不尽,带下;遗尿,小便不利,疝气,遗精,阳痿	直刺1~1.5寸,针前让患者排尿。孕妇慎用	膀胱募穴,任脉、足三阴经交会穴
膻中	在上腹部,横平第4肋间隙,前正中线上	主治心胸病症。常用于胸闷,心痛;咳嗽,气喘;噎膈;产后缺乳	平刺0.3~0.5寸	心包募穴,气会,任脉、足太阴、少阴、手太阳、少阳交会穴
廉泉	在颈前区,喉结上方,舌骨上缘凹陷中,前正中线上	主治舌咽部病症。常用于中风失语,暴喑,梅核气;舌下肿痛,咽喉肿痛	向舌根斜刺0.5~0.8寸	任脉、阴维脉交会穴
承浆	在面部,颏唇沟的正中凹陷处	主治口部病症。常用于口眼㖞斜,口噤,齿龈肿痛,失音;暴喑,面肿	斜刺0.3~0.5寸	任脉、足阳明经交会穴

(舒长兴)

第四节　经外奇穴

经外奇穴较多,且各家取穴方法各异,现择其要而介绍之。

一、头颈部

四神聪　Sìshéncōng(EX-HN1)

[定位] 在头部,百会前后左右各旁开1寸,共4穴。(图3-19)

[主治] 常用于头痛、眩晕;失眠,健忘;癫痫。

[操作] 平刺0.5~0.8寸。

太阳　Tàiyáng(EX-HN5)

[定位] 在头部,眉梢与目外眦之间,向后约一横指的凹陷中。(图3-20)

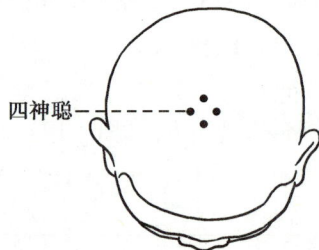

图3-19　四神聪穴示意图

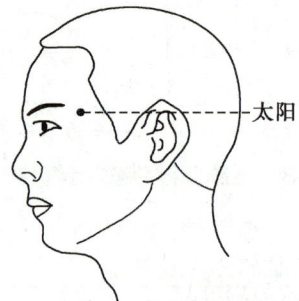

图3-20　太阳穴示意图

[主治] 常用于头痛,齿痛,面痛;目赤肿痛,目涩。

[操作] 直刺或斜刺0.3~0.5寸,或用三棱针点刺出血。

二、背部

定喘　Dìngchuǎn(EX-B1)

[定位] 在脊柱区,横平第7颈椎棘突下,后正中线旁开0.5寸。(图3-21)

[主治] 常用于哮喘,咳嗽,肩背痛。

[操作] 直刺或偏向内斜刺0.5~0.8寸。

夹脊　Jiájǐ(EX-B2)

[定位] 在脊柱区,第1胸椎至第5腰椎棘突下两侧,后正中线旁开0.5寸,一侧17穴。(图3-21)

[主治] 胸1~5夹脊:心肺、胸部及上肢疾病;胸6~12夹脊:胃肠、脾、肝、胆疾病;腰1~5夹脊:腰、骶、小腹部及下肢疾病。

[操作] 稍向内斜刺0.5~0.8寸,待有麻胀感即停止进针。

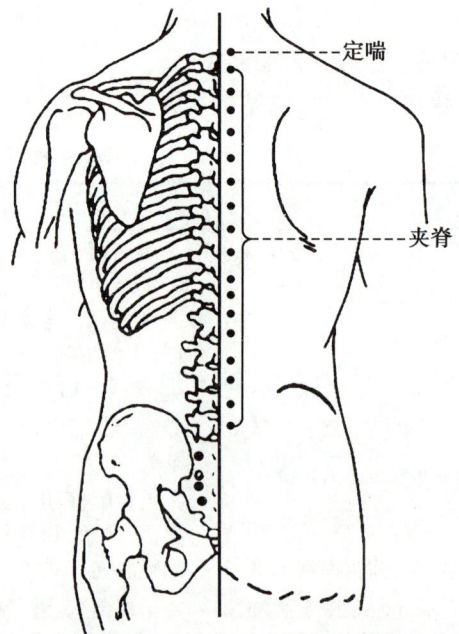

图3-21　定喘穴、夹脊穴示意图

三、上肢部

腰痛点　Yāotòngdiǎn（EX-UE7）

[**定位**] 在手背,第2、3掌骨间及第4、5掌骨之间,腕背侧远端横纹与掌指关节中点处,一手2穴。（图3-22）

[**主治**] 急性腰扭伤。

[**操作**] 直刺0.3~0.5寸。

外劳宫　Wàiláogōng（EX-UE8）

[**定位**] 在手背,第2、3掌骨间,掌指关节后约0.5寸(指寸)凹陷中。（图3-22）

[**主治**] 落枕,手指麻木、屈伸不利。

[**操作**] 直刺0.5~0.8寸。

[**附注**] 又名"落枕"穴。

四缝　Sìfèng（EX-UE10）

[**定位**] 在手指,第2~5指掌面的近侧指间关节横纹的中央,一手4穴。（图3-23）

[**主治**] 小儿疳积,百日咳。

[**操作**] 点刺出血,或挤出少许黄白色透明黏液。

十宣　Shíxuān（EX-UE11）

[**定位**] 在手指,十指尖端,距指甲游离缘0.1寸(指寸),左右共10穴。（图3-24）

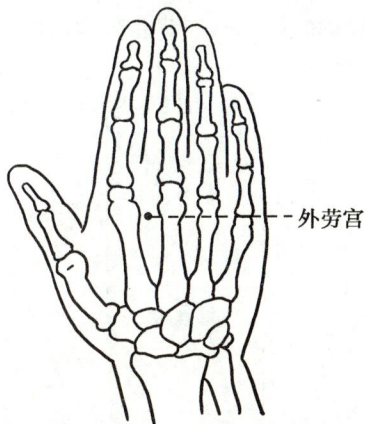

图3-22　外劳宫穴示意图　　图3-23　四缝穴示意图　　图3-24　十宣穴示意图

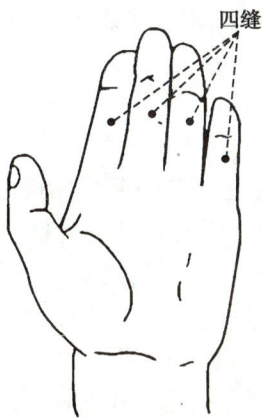

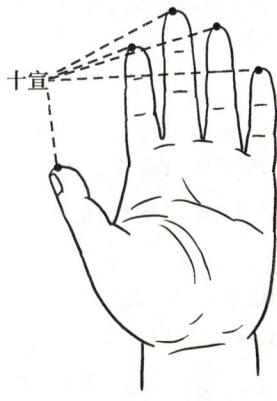

[**主治**] 高热,中暑;昏迷,癫痫;咽喉肿痛。

[**操作**] 浅刺0.1~0.2寸,或点刺出血。

四、下肢部

胆囊　Dǎnnáng（EX-LE6）

[**定位**] 在小腿外侧,腓骨小头直下2寸。（图3-25）

[**主治**] 急慢性胆囊炎,胆石症,胆道蛔虫症,胁痛,食积,下肢痿痹。

[**操作**] 直刺1~1.5寸。

阑尾　Lánwěi（EX-LE7）

[**定位**] 在小腿外侧,髌韧带外侧凹陷下5寸,胫骨前嵴外一横指(中指)。（图3-26）

[**主治**] 急慢性阑尾炎,食积,泄泻,下肢痿痹。

[**操作**] 直刺1~1.5寸。

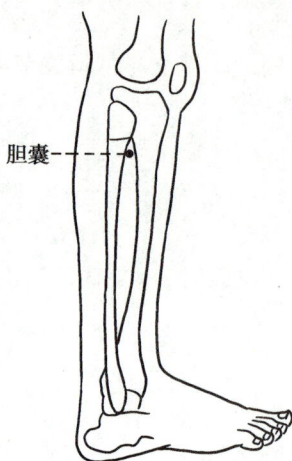

图 3-25　胆囊穴示意图

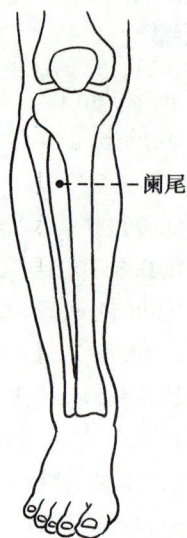

图 3-26　阑尾穴示意图

（舒长兴）

第五节　针　灸　法

针法和灸法是两种不同的治疗方法,由于在临床上常结合使用故称针灸法,本节介绍常用的针法和灸法。

一、针法

针法是利用金属制成的针具,通过一定的手法,刺激人体腧穴,以治疗人体多种疾病的方法。临床常用的针具有毫针、皮肤针、三棱针、皮内针等。其中毫针为临床最常用针具之一,本节只介绍毫针针法。

（一）毫针

1. **构造**　毫针是临床上常用的针具,是古代九针之一。制针的原料目前以不锈钢丝为主,用这种合金所制成的毫针,针身光滑,坚韧而富有弹性,其他还有采用金、银、合金等为原料而制成的。

毫针的构造可分为五个部分。以钢丝或铝丝紧密缠绕的一端称针柄,针柄的末端多缠绕成圆筒状称为针尾,针的尖端锋锐的部分称为针尖,针柄与针尖之间的部分称为针身,针柄与针身的连接之处称为针根(图3-27)。

图 3-27　毫针的结构

2. **规格**　毫针的长短、粗细规格,是以针身为准。其长度规格见表3-22。13～25mm多用于头面等部位的浅表穴位,40～50mm多用于躯干、四肢部穴位,75～100mm多用于肌肉丰满处,如环跳穴,或用于透穴。针的直径规格见表3-23。临床上躯干和四肢部多采用28号,眼区穴或针灸美容保健时可用32号,需要较强刺激或点刺出血可用26或28号。

表 3-22　毫针长度规格表

规格(寸)	0.5	1.0	1.5	2.0	2.5	3.0	4.0	5.0
长度(mm)	13	25	40	50	60	75	100	125

表 3-23 毫针直径规格表

规格（号数）	22	24	26	28	30	32	34
直径（mm）	0.50	0.45	0.40	0.35	0.30	0.25	0.22

3. 修藏 针具在使用过程中，应经常进行检查和修理，如发现针身弯曲，可用手指、竹片或夹衬硬厚纸片将其捋直，如针尖太钝或者弯曲起钩，可用细砂纸或者在油石上磨成松针形，但是针体过度弯曲或腐蚀过细的，则不应再继续使用，以防意外。

针具在不使用时应妥善保藏，可以存放在垫有几层纱布的针盒或两头塞有干棉球的针管里，以保护针尖不受碰撞。另外，随着生活水平的不断提高，目前提倡使用一次性针具，这样既可省去针具检查、修理和消毒的环节，又可避免因消毒不彻底而造成交叉感染。

（二）针刺练习

由于毫针针身细软，如果没有一定的指力和协调的动作，往往会造成进针困难和针刺疼痛，不能随意进行各种手法操作，影响疗效。因此，必须在临床操作之前进行针刺指力和手法练习。

练习的材料可用纸垫或棉纱球，前者用草纸数张，折叠成厚 1～2cm，长约 8cm，宽约 5cm 的纸垫，用线做"井"字形扎紧。后者用纱布将棉花包裹，用线封口扎紧，做成直径为 6～7cm 的棉团（图 3-28）。

操作练习，先选用较短毫针在纸垫或棉团上练习进针、出针、上下提插、左右捻转等基本操作方法，待短针应用自如以后，再改用长针练习。为了更好掌握针刺方法，体验各种针刺感觉，还应进行自身试针，或学员间相互试针，如此反复体会，在实际临床操作时才能心中有数，运用自如。

（三）针刺操作

1. 针刺前的准备

（1）做好诊断、辨证及解释工作：针刺治疗前应认真收集病人的四诊资料，辨证分析疾病所在，确定治疗方案。对初诊病人还应耐心做好解释工作，使患者对针

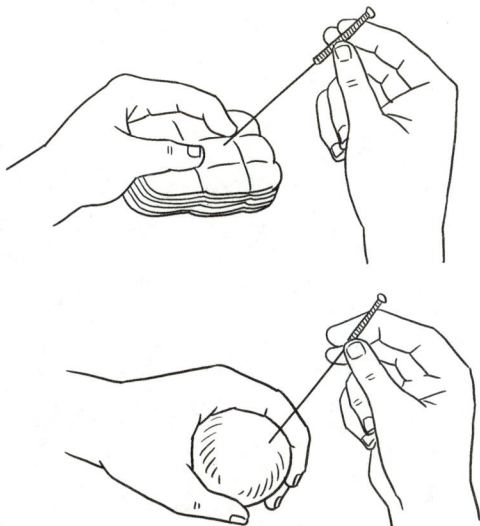

图 3-28 纸垫棉团练针示意图

刺疗法有所认识，消除其对针刺疼痛的畏惧心理，积极配合治疗，才能发挥针刺治疗效果，避免或减少异常情况的发生。

（2）检查选择针具：选择毫针应以针根无松动，针身挺直、光滑、坚韧而富有弹性，针尖圆而不钝，呈松针形者为好。如针体弯曲损伤，针尖勾毛者，应予剔除或修理。

（3）体位选择：病人的体位是否合适，对于准确取穴、针灸操作、留针得气以及防止意外事故发生均有很大影响。因此，选择适当的体位，具有重要临床意义。临床常用的体位有以下几种。

仰卧位：适用于胸腹部的腧穴（图 3-29）。

图 3-29 仰卧位

侧卧位：适用于侧身部的腧穴（图 3-30）。

俯卧位：适用于腰背部的腧穴（图 3-31）。

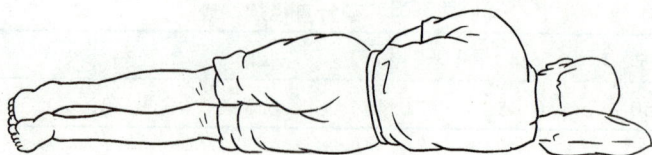

图 3-30　侧卧位

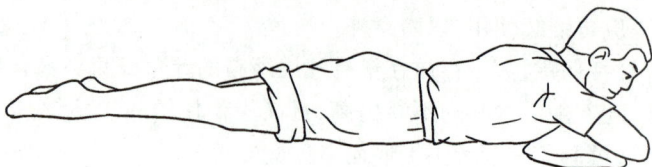

图 3-31　俯卧位

仰靠坐位:适用于前额、颜面、上肢、颈前和上胸部的腧穴(图 3-32)。
俯伏坐位:适用于头顶、枕项、肩背部的腧穴(图 3-33)。

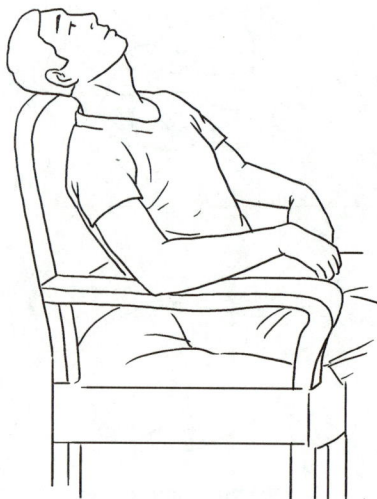

图 3-32　仰靠坐位

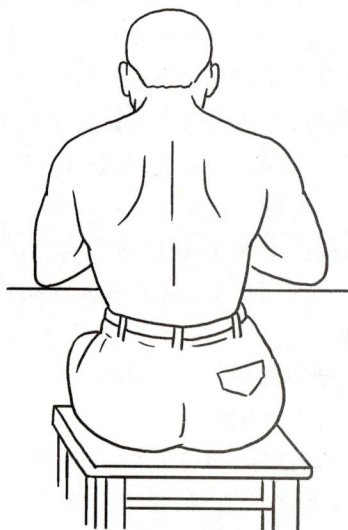

图 3-33　俯伏坐位

　　(4)消毒:针灸治疗室内的消毒包括治疗床上用的床垫、枕巾、毛毯、垫席等物品的消毒,提倡采用一人一用消毒垫布、垫纸、枕巾。治疗室也应定期消毒,保持空气流通,环境卫生整洁。针具消毒可以采用高压蒸汽灭菌,将针具用布包好放在密闭的高压蒸汽锅内灭菌;也可以药液浸泡消毒,将针具放入 75% 乙醇内浸泡 30～60 分钟,取出后用消毒巾或消毒棉球擦干使用。注意和毫针直接接触的针盘、针管、针盒、镊子等物品,可用 2% 苏尔溶液浸泡 1～2 小时进行消毒。术者手指的消毒,术前应用肥皂水将手指洗净,然后用 75% 乙醇棉球擦拭施术的手指。同样,患者针刺部位也要注意消毒,在针刺的腧穴部位用 75% 乙醇或 0.5% 碘伏棉球擦拭。使用一次性毫针,要注意保质期。

　　2. **毫针针法**

　　(1)进针方法:针刺治疗时,执针进行操作的手称为刺手,一般为右手;配合刺手按压穴位局部、协同刺手进针、行针的手称为押手,一般为左手。押手的作用主要是固定穴位,减少进针时的疼痛,以及使针身有所依靠,不致摇晃和弯曲。刺手的作用主要是掌握针具。持针姿势,一般以拇、食、中三指夹持针柄,进针时运用指力使针尖快速透入皮肤,再捻转刺向深层。临床常用的进针方法有以下几种。

　　1)爪切进针法:押手拇指或食指的指甲掐切腧穴皮肤,刺手持针,针尖紧靠押手指甲缘迅速刺入

（图 3-34）。主要适用于短针进针。

2）夹持进针法：押手拇、食二指持消毒干棉球，裹于针体下端，露出针尖，使针尖接触腧穴，刺手持针柄，刺手、押手同时用力，将针刺入（图 3-35）。用于较长毫针进针。

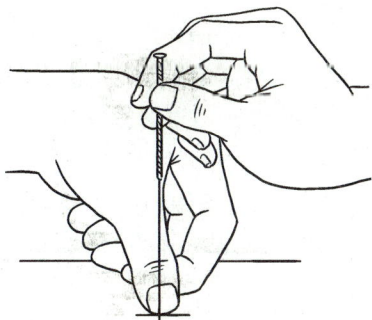

图 3-34 爪切进针法

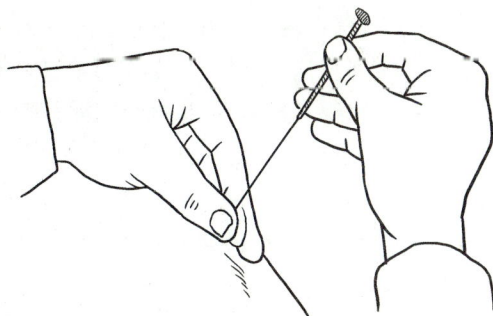

图 3-35 夹持进针法

3）提捏进针法：押手拇、食二指将欲刺腧穴两旁的皮肤提捏起，刺手持针从提捏的腧穴上刺入（图 3-36）。用于皮肉浅薄处进针。

4）舒张进针法：押手食、中指或拇、中指将所刺腧穴部位皮肤撑开绷紧，刺手持针刺入（图 3-37）。用于皮肤较松软处进针。

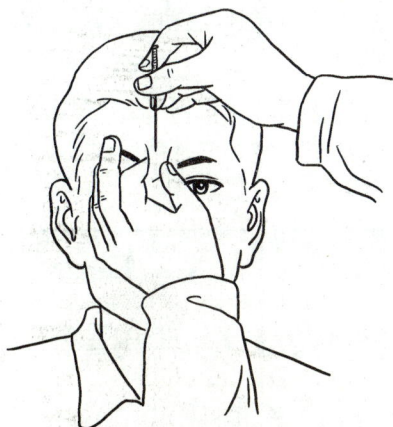

图 3-36 提捏进针法

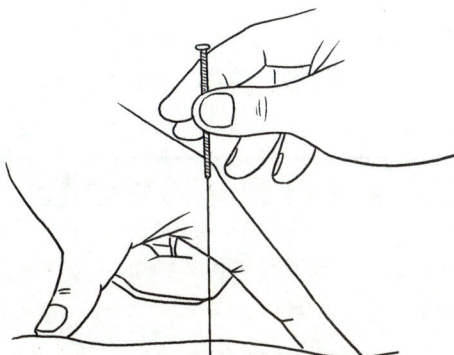

图 3-37 舒张进针法

（2）针刺的角度和深度：正确掌握针刺的角度和深度，是针刺操作过程的重要环节，它影响针刺感觉、治疗效果。临床上对针刺角度和深度，主要根据穴位的特点、病情需要以及病人的体质等情况而定。

1）角度：针刺角度是指针身和皮肤所成的夹角。一般有直刺、斜刺和横刺（又叫平刺）三种（图 3-38）。直刺法是指将针体与皮肤呈 90° 角左右，垂直刺入皮肤，适用于大多数穴位，浅刺与深刺均可；斜刺法是指将针体与皮肤呈 45° 角左右，倾斜刺入皮肤，适用于控制针感方向；横刺法是指将针体与皮肤呈 15° 角左右，横向刺入皮肤，适用于头面部、胸背及肌肉浅薄处。

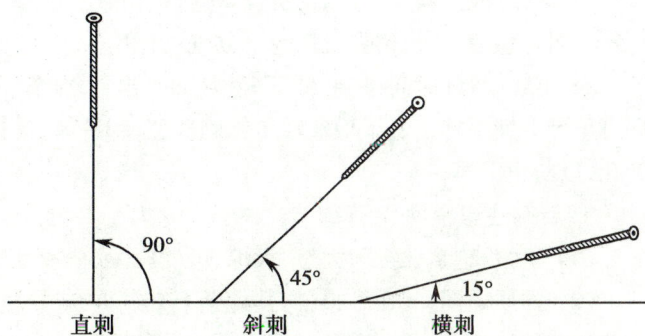

图 3-38 针刺的角度

2）深度：指针身刺入皮肉的深浅。一般以既有针感又不伤及重要脏器为原则。凡年老气血虚弱、小儿娇嫩之体宜浅刺，年轻力壮、气血旺盛者可适当深刺；瘦小者宜浅刺，肥胖者宜深刺；头面、胸背部宜浅刺，四肢及臀、腹部可深刺；阳证、新病宜浅刺，阴证、久病可深刺。针刺的深度和角度之间有着相辅相成的关系，深刺多用直刺，浅刺则多用斜刺或横刺。

（3）行针与得气：进针后，为了使病人产生针刺的感应，而行使一定的手法，称为行针。针刺部位产生酸、麻、胀、重等感觉，而医者指下亦有一种沉紧的反应，称为得气，也称针感。针刺得气与否对疗效有很大关系，一般得气迅速，效果较好，得气迟钝，效果较差。得气快慢或不得气，与患者病情和体质，取穴是否准确，针刺的深浅和角度等有密切关系，其针感性质、传导方向，也常与穴位部位有关。如头额部穴位，以局部胀感为多；四肢末端及人中沟，一般仅有痛感；肌肉丰满部位穴位，容易出现酸感；刺中神经时，会有触电样感觉，并向远端放射等。临证时要根据具体情况，区别对待，不能强求一致。

常用的行针手法有以下几种：

1）提插法：将针刺入腧穴一定深度后，将针向上引退为提，将针向下刺入为插。本法痛感较小，但易刺伤血管，多适用于四肢穴位。

2）捻转法：将针刺入腧穴后，用拇指与食、中指指腹持针柄或用拇指指腹与食指桡侧（食指尖向后）持针做左右交替捻转（捻转角度要小于90°角），多适用于躯干接近重要内脏的部位。

3）刮针法：用手指的指甲由下而上地刮针柄，可以增强针感。

4）震颤法：将针抖动震颤，即提插幅度很小而频率很快的动作。

提插和捻转是诱发针感的主要手法，可以单独使用，也可结合运用；刮针法和震颤法，通常是在已有针感的情况下使用的一种辅助手法，目的在于使针感持续或加强。

（4）针刺的补泻手法：补泻是提高针刺疗效的一种手法，它是根据《黄帝内经》"实则泻之，虚则补之"的理论确立的两种治疗方法。补泻是取得针刺疗效的手段，临床常用的补泻手法见表3-24。

表3-24 主要补泻手法表

	补 法	泻 法
提插补泻	先浅后深，重插轻提，提插幅度小，频率慢	先深后浅，轻插重提，提插幅度大，频率快
捻转补泻	捻转角度小，频率慢，用力较轻	捻转角度大，频率快，用力较重
疾徐补泻	进针慢，少捻转，出针快	进针快，多捻转，出针慢
开阖补泻	出针后揉按针孔	出针时摇大针孔
迎随补泻	针尖随着经脉循行方向，顺经而刺	针尖迎着经脉循行方向，逆经而刺
呼吸补泻	呼气时进针，吸气时出针	吸气时进针，呼气时出针
平补平泻	进针后均匀地提插、捻转、得气后出针	

（5）留针与出针

1）留针：将针刺入腧穴后，留置20～30分钟左右，医生可根据病情来确定留针时间，在此期间可行针。对针感较差者，留针可以起到候气的作用。

2）出针：留针时间已到，针下轻滑，即可出针；如针下仍沉紧者，则稍稍向上提针，待针下轻滑时即可出针。押手持消毒干棉球轻压针刺部位，刺手拇、食指持针柄，将针退出皮肤后，立即用棉球按压针孔，以防止出血。

3. 针刺注意事项

（1）饥饿、饱食、醉酒、大怒、大惊、过度疲劳、精神紧张者，不宜立即进行针刺。

（2）体质虚弱，气血亏损者，其针感不宜过重，应尽量采取卧位行针。针刺时应避开大血管，腧穴深部有脏器时应掌握针刺深度，切不可伤及脏器。

（3）小儿囟门未闭合时，囟门附近的腧穴不宜针刺。由于小儿不易配合，所以一般不留针。

（4）孕妇不宜刺下腹部、腰骶部以及三阴交、合谷、至阴等对胎孕反应敏感的腧穴。

（5）皮肤有感染、溃疡、瘢痕或肿瘤部位，除特殊治疗需要外，均不应在患部直接针刺。

（6）有凝血机制障碍的患者，禁用针刺。

二、灸法

灸法是主要用艾绒制成灸材，点燃后悬置或放置在穴位或病变部位，进行烧灼、温熨，借灸火的热力以及药物的作用，达到治病、防病和保健目的的一种外治方法。

（一）常用灸法

临床常用的灸法有艾炷灸、艾条灸和温针灸三种。

1. **艾炷灸**　将艾绒放在平板上，用拇、食、中三指捏成上小下大的圆锥状艾炷，大者如半枣粒，小者如半麦粒，每一炷称为一壮。艾炷灸可分为直接灸和间接灸两类（图3-39）。

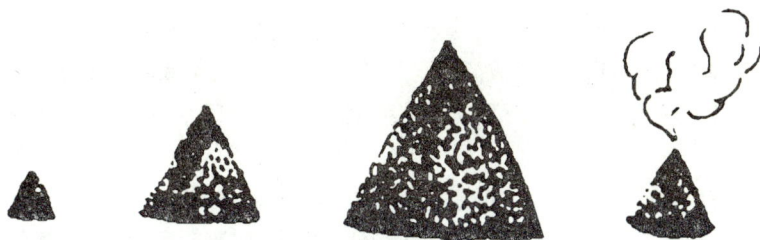

图 3-39　艾炷灸与直接灸

（1）直接灸：将制成的艾炷，直接放在穴位上燃烧，按燃烧程度的不同，又可分为瘢痕灸和无瘢痕灸。

瘢痕灸：又称化脓灸，先于施灸穴位涂以少量大蒜汁，再将小艾炷放置在穴位上燃烧，待艾炷燃毕，即可将另一艾炷粘上，继续燃烧，直至灸足应灸的壮数，一般灸5~10壮，因此法刺激量重，局部组织经灸灼后产生无菌性化脓现象（灸疮）并留有瘢痕，故称瘢痕灸。在施灸过程中，局部皮肤潮红、灼痛时术者用手在施灸穴位的周围轻轻拍打或抓挠，以分散患者注意力，减轻艾灸时的痛苦。本法适用于某些顽固性疾病。

无瘢痕灸：又称非化脓灸，先于施灸穴位涂以少量凡士林，再放上艾炷点燃，在艾炷燃烧过半，局部皮肤潮红、灼痛时，术者即用镊子移去艾炷，更换另一艾炷，连续灸足应灸的壮数，一般灸3~5壮，因此法刺激量轻且灸后不引起化脓、不留瘢痕，故称无瘢痕灸。本法适用范围较广。

（2）间接灸：在施灸穴位上放一衬垫物，然后将艾炷放在上面点燃。由于放置衬垫物不同，所以名称也不一，临床上常用的有以下几种：

隔姜灸：用鲜姜切成直径大约2~3cm、厚约0.4~0.6cm的薄片，中间以针刺数孔，然后置于应灸的腧穴部位或患处，再将艾炷放在姜片上点燃施灸。当艾炷燃尽，易炷再灸，直至灸完应灸的壮数。常用于因寒而导致的呕吐、腹痛、腹泻及风寒痹痛等。（图3-40）

隔蒜灸：用鲜大蒜头，切成厚0.3~0.5cm的薄片，灸法如隔姜灸。此法多用于治疗瘰疬、肺结核及初起的肿疡等。

隔盐灸：用纯净的食盐填敷于脐部，或于盐上再置一薄姜片，上置大艾炷施灸。此法多用于治疗伤寒阴证或吐泻并作、中风脱证等。

隔饼灸：以各种温热药物如附子，研末制成药饼，作为灸治衬垫物。本法适用于顽固性疾病。

图 3-40　隔姜灸

2. **艾条灸**　用细桑皮纸或容易燃烧的薄纸，取艾绒卷成直径1.5cm，长度为15~20cm的圆柱体，越紧越好,制成艾条。将艾条一端用火点燃,对准施灸穴位约距2~3cm,进行熏灸,使病人有温热感或轻微灼痛感;亦可一上一下如雀啄状或一左一右回旋熏灸,以灸至局部红润为度。此法使用简便,一般疾病皆可应用。(图3-41)

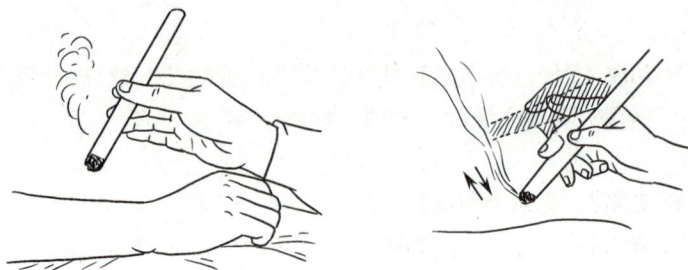

图3-41　艾条灸

3. **温针灸**　首先在选定的腧穴上针刺,毫针刺入穴位得气并施行适当的补泻手法后,在留针时将2~3g艾绒包裹于毫针针柄顶端捏紧成团状,或将1~3cm长短的艾条段直接插在针柄上,点燃施灸,待艾绒或艾条燃尽无热度后除去灰烬。艾灸结束,将针取出。适用于寒湿所致筋骨痹痛诸证。(图3-42)

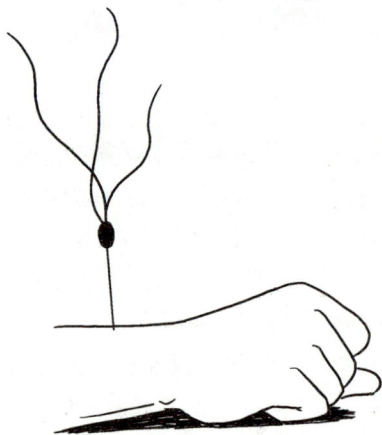

图3-42　温针灸

(二)灸法的适用范围与禁忌

1. **适用范围**　临床适应广泛,尤其对慢性虚弱性疾病以及风寒湿邪所致的病证均可应用,如阳虚、气虚、久泻、肢冷、痹证、痰饮等。

2. **禁忌**　颜面、心前区、大血管部和关节、肌腱处不可用瘢痕灸;乳头、外生殖器官不宜直接灸;中暑、高血压危象、肺结核晚期大量咯血等不宜使用艾灸疗法;妊娠期妇女腰骶部和少腹部不宜使用瘢痕灸。

(三)灸法的注意事项

1. **施灸次序**　一般先灸阳经,后灸阴经;先灸上部、背部,后灸下部、腹部;先灸头身,后灸四肢。但在特殊情况下,也可例外。艾灸火力应先小后大,灸量先少后多,程度先轻后重,以使病人逐渐适应。

2. 隔姜、蒜灸容易起疱,需加注意。如起疱大者,可用消毒针抽出水液,再涂以甲紫,防止感染。对行瘢痕灸者,灸疮化脓期间,应注意休息,保持局部清洁,防止感染,可用敷料保护灸疮,待其自然愈合。

3. 注意晕灸的发生。患者在精神紧张、大汗后、劳累后或饥饿时不宜艾灸。

4. 注意防止艾灰脱落或艾炷倾倒而烫伤皮肤或烧坏衣被。尤其幼儿患者更应认真守护观察,以免发生烫伤。艾条灸毕后,应将剩下的艾条套入灭火管内或将燃头浸入水中,以彻底熄灭,防止再燃。如有绒灰脱落床上,应清扫干净,以免复燃烧坏被褥等物品。

(杜广中)

第六节　针灸治疗

一、概述

针灸治疗学是在熟悉和掌握经络、腧穴基本知识和刺法灸法基本技术的基础上,进一步阐述运用针灸方法刺激腧穴以防治疾病的临床学科。

（一）针灸治疗特点

针灸学是中医学的一门重要分支学科。其针灸治疗学同中医学的其他临床学科类似,包括辨证与施治两个重要环节,但在针灸临床决策和实施过程中特色鲜明。与临床医学和中医学比较,主要表现为有效、安全、简便和用穴等特点。

1. 有效 针灸治疗具有有效性。其循证医学证据充分,历经两千余年的医学沉淀,持续使用的精细锻造,现代循证医学的实验验证,堪称人类医学发展的活化石。全今,针灸在急症、重症中的应用及其捷效有目共睹。针灸治疗适应证广泛。据国际疾病分类（ICD-10）三位数分类的统计,针灸有效病种 348 种,达到人类认识疾病的 20%,尤其是近年来对术后并发症的处理,放疗、化疗后的辅助诊疗,针刺麻醉辅助技术的应用,加强医疗医学的引入等,体现了针灸学的现代应用进展。

2. 安全 创伤小。针刺腧穴于肌肉、筋膜、血管和神经的外膜等部位,极少出现并发症或引起感染。灸法,无论间接灸、化脓灸,皮肤烧伤的程度均可控制。不良反应少。针灸的不良反应与药物、手术及物理疗法等引起的不良反应相比较而言,明显少见。

3. 简便 简装备,工具简单,用药少。针刺工具,主要以毫针为主;灸法,仅艾绒而已,价格低廉,加工简便。便诊断,特色鲜明,重望切。望、切二诊在针灸诊疗过程中作用更为特殊,在刺术前、中、后都需望神色和切诊以及时评估诊断、修正刺激量、评估预后,其诊治模式特色鲜明。腧穴望诊主要望腧穴局部皮肤色泽的异常变化,包括病理性红晕、苍白、暗紫甚至瘀斑等;经络的循行部位的望诊,看是否有经络阳性反应带或点,如手太阴肺经循行部位或者部分腧穴有颜色变化,说明肺脏或肺经发生病变。腧穴切诊,常用手切按、推寻腧穴体表,发现病理形态改变以诊断疾病,如压痛明显,或有结节、条索状物,或其他敏感反应等阳性反应物。

4. 用穴 针灸治病的鲜明特点在于用穴。在临床决策时,强调八纲和经络气血辨证,辨经与辨证结合,据症状和体征辨其病变属性、经络脏腑病位,择其相应腧穴进行治疗。如肝气郁结型的乳痈,因厥阴之脉布于胸胁,达于乳下,肝郁化火,循经上乳,可取肝经行间、期门等穴治疗。在临证实施中,强调"穴、术、方、法、理",调神与调气并重。

（二）针灸治疗作用

两千余年持续至今的针灸实践,隐含着传统中医药学密码,历代医学理论家孜孜以求,在中国古代文化基因下,解读针灸的治疗作用有三:通经活络、调和阴阳、扶正祛邪。

1. 通经活络 通经活络,是指通过针灸治疗可使经络气血运行通畅,该作用是针灸发生治疗作用的基础。经络"内属于府藏,外络于肢节",指经络是联结脏腑和肢节的中间环节和调节通路。经络不通,气血瘀阻,则脏腑失调,肢节疼痛、青筋显露,如《灵枢·刺节真邪》"一经上实下虚而不通者,此必有横络盛加于大经,令之不通"。只有"视而泻之,此所谓解结也",通过针泻横络,以活络通经。

2. 调和阴阳 调和阴阳,是指针灸治疗可使人体阴平阳秘,该作用是针灸治疗的最终目的。疾病发生发展的根本原因是阴阳失调,纠正阴阳的失调状态,向平秘状态转化是治疗目的。针灸调和阴阳,主要通过经络的阴阳属性、腧穴配伍和针刺手法来实现。如治疗肝阳上亢头痛、眩晕等症,当取足少阴经太溪以滋肾阴,足厥阴经太冲以泻肝阳,滋水涵木,使阴阳调和,诸症自除。

3. 扶正祛邪 扶正祛邪,是指针灸治疗可扶助机体正气,祛除致病邪气。该作用是针灸产生治疗作用的基本过程。在现代科学背景下,现代研究也从多个角度证实:针灸治疗能激发、调动和增强机体稳态以及起到抗菌、抗病毒作用等。

二、针灸治疗原则

（一）补虚泻实

正邪相争贯穿疾病的始终,治疗上必须考虑到扶正祛邪。补虚即扶助正气,适用于正虚而邪不盛,以正虚为主要矛盾;泻实即祛除邪气,适用于邪实而正虚不显,以邪实为主要矛盾。只有正确掌握针灸补泻的操作方法及经穴配伍,才能更好地发挥针灸的疗效,而在扶正和祛邪时,保护正气是中医治疗的原则。

（二）清热温寒

清热即热证用"清"法；温寒即寒证用"温"法。凡热邪在表，或热闭清窍而致神昏不省人事的，针刺应浅而疾出；凡寒邪入里，或寒邪内生之疾，针刺应深而留针。

（三）治病求本

治病求本就是在治疗疾病时要抓住疾病的根本原因，采取针对性治疗，分清标本缓急。在临床治疗疾病时，先治本还是先治标，或标本同治应以具体病情而定，"急则治其标，缓则治其本"。当标病与本病俱重时，采用标本兼治，是应用治标与治本的基本原则。

（四）三因制宜

"三因制宜"是指因时、因地、因人制宜，即根据就诊时间、空间和人文环境，而制订个性化治疗方案。如春夏之季，阳气升发，气血趋向体表，病邪多浅表；秋冬之季，气血潜藏于内，病邪多在深部。故春夏宜浅刺，少用灸法；秋冬宜深刺，多用灸法。寒冷地区多用温灸，且壮数较多；而温热地区，少用灸法。体质虚弱、皮肤薄嫩、对针刺敏感者，针刺手法宜轻；体质强壮、皮肤粗厚、针感较迟钝者，针刺手法宜重。

三、针灸选穴与配穴

（一）选穴原则

选穴原则是针灸临床选取腧穴的基本法则，依据腧穴主治特点而确立，主要包括近部选穴、远部选穴、辨证选穴和对症选穴。近部选穴和远部选穴是针对病变部位而确定腧穴的选穴原则，辨证选穴和对症选穴是针对证候、病因病机或症状而确定腧穴的选穴原则。

1. **近部选穴**　近部选穴是根据腧穴能治疗局部和邻近部位病变这一规律而提出的选穴原则，是腧穴局部主治作用的体现，多用于局部症状比较明显的病症，又称局部选穴。如胃痛取中脘，耳鸣取听宫，面瘫取颊车、地仓等。

2. **远部选穴**　远部选穴是根据腧穴具有远部主治作用的特点提出的选穴原则，大多选取在病变部位所属和相关的经络上，距病位较远的腧穴，又称远端选穴，是"经络所过，主治所及"治疗规律的体现。如胃痛取足阳明胃经的足三里，上牙痛取足阳明胃经的内庭，下牙痛取手阳明大肠经的合谷等。正如《灵枢·终始》云："病在上者下取之，病在下者高取之，病在头者取之足，病在腰者取之腘。"

3. **辨证选穴**　辨证选穴是根据疾病辨证确定腧穴的选穴原则。如肾阴不足导致的虚热取肾俞、太溪，肝阳上亢导致的抽搐取太冲、行间等。又如牙痛根据病因病机可分为风火牙痛、胃火牙痛和虚火牙痛，风火牙痛取风池、外关，胃火牙痛取内庭、二间，虚火牙痛取太溪、行间等。

4. **对症选穴**　对症选穴是根据疾病的某些特殊症状或性质而确定腧穴的选穴原则，是腧穴特殊治疗作用及临床经验在针灸处方中的具体运用，又称经验取穴。如哮喘取定喘，小儿疳积取四缝，腰痛取腰痛点等，这是大部分奇穴主治作用的体现。

（二）配穴方法

配穴方法是在选穴原则的指导下，针对疾病的病位、病因病机等，选取主治作用相同或相近，对于疾病治疗具有协同作用的腧穴进行配伍应用的方法。临床上穴位配伍的方法多种多样，主要有按部配穴和按经配穴两大类。

1. **按部配穴法**　按部配穴法是指根据腧穴分布的部位进行穴位配伍的方法，主要包括远近配穴法、上下配穴法、前后配穴法、左右配穴法。

（1）远近配穴法：是以病变部位为依据，在病变局部和远部同时选穴配伍成方的方法，临床应用最为广泛。如牙痛以局部的颊车和远部的合谷、内庭相配，腰痛以局部的夹脊穴和远部的承山、昆仑相配。

（2）上下配穴法：是指人体上部腧穴和下部腧穴配伍应用的方法，临床应用广泛。如胃脘痛可上取内关、下取足三里,头项强痛可上取大椎、下取昆仑,阴挺可上取百会、下取三阴交。该法的经典是八脉交会穴的配对应用。

(3)前后配穴法:是指人体前部和后部的腧穴配伍应用的方法,"前"指胸腹,为阴,"后"指背腰,为阳,故又称腹背阴阳配穴法,即《黄帝内经》中"偶刺"法。本法常用于治疗脏腑疾患,如膀胱病,前取水道或中极,后取膀胱俞或秩边;肺病前取中府,后取肺俞;胃脘痛前取中脘,后取胃俞。俞募配穴法即属该法经典。

(4)左右配穴法:是指人体左侧和右侧的腧穴配伍应用的方法。本法基于人体十二经脉左右对称分布和部分经脉左右交叉的特点。临床常左右双穴同取,如胃痛取双侧足三里、梁丘等;或左右腧穴并取,如左侧面瘫可取左侧太阳、颊车、地仓和右侧合谷;也可左病取右、右病取左,古称"巨刺",也是左右配穴法。

2. **按经配穴法** 按经配穴法是指依据经络理论而进行腧穴配伍的方法,主要包括本经配穴法、表里经配穴法、同名经配穴法和子母经配穴法。

(1)本经配穴法:是指某一脏腑、经脉发生病变时,即选该经脉腧穴的配穴方法。如胃火牙痛,可在足阳明胃经上近取颊车,远取内庭;又如肺病咳嗽,可取局部中府,远取肺经尺泽、太渊。

(2)表里经配穴法:是以脏腑、经脉的阴阳表里配合关系为依据的配穴方法。如风热袭肺导致的感冒咳嗽,可选肺经的尺泽和大肠经的曲池、合谷。《灵枢·五邪》载:"邪在肾,则病骨痛,阴痹……取之涌泉、昆仑。"另外,原络配穴法是表里经配穴法的经典。

(3)同名经配穴法:是指手足同名经的腧穴相互配伍的方法,基于名称相同的经络相互沟通、交会理论,如阳明头痛取手阳明经的合谷配足阳明经的内庭。

(4)子母经配穴法:是指根据脏腑、经脉的五行属性,基于"虚则补其母,实则泻其子"理论而选取腧穴的配穴方法,如肺虚咳嗽,除取肺经太渊和肺俞等以外,可同时选用脾经的太白和胃经的足三里。

四、针灸异常情况及处理

(一)晕针

临床表现:在针刺过程中,患者突感头晕、目眩、心慌、恶心欲吐,重者出现面色苍白,冷汗淋漓,四肢厥冷,心慌气短,脉细弱而数,甚者出现晕厥。

原因分析:多见于初次接受治疗的患者,情绪紧张、体质虚弱、劳累过度、饥饿或大汗之后均可引起晕针;患者体位不当,施术者手法过重,也能出现晕针。

处理预防:发生晕针时,应立即停止针刺,或停止留针,将已刺之针迅速起出,让患者平卧,头部放低,松开衣带,注意保暖。轻者给予热水饮之,静卧片刻即可恢复。重者可点刺或指压水沟、合谷、足三里等穴。出现晕厥现象时,应采取相应的急救措施处理。

晕针应注重预防。对患者应先做好解释工作。对初次就诊者,尽量采取卧位,取穴不宜过多,刺激切勿过重。对于饥饿、过度疲劳者,应待其进食、体力恢复后再进行针刺。在行针过程时医生要密切注意患者,见稍有晕针征兆,如面色有变化、额角微见汗、语言应对謇涩等,应立即点刺水沟,令其平卧,即可预防。

(二)滞针

临床表现:行针或留针后,术者感觉针下涩滞,提插、捻转、出针均感困难,有时病人感觉剧痛。

原因分析:患者精神紧张,或捻针不当使肌肉缠针,或进针后患者体位挪动,局部肌肉挛缩,以致滞针。

处理预防:滞针时切忌强力捻转、提插和出针。若因患者精神紧张,或肌肉痉挛而引起的滞针,可安抚患者令其放松,术者在滞针之邻近部位予以循按,或弹动针柄,或在附近再刺一针,即可缓解。

对精神紧张者,应先做好解释工作,消除顾虑。注意患者的体位和针刺强度。

（三）弯针

临床表现：弯针是指将针刺入腧穴后，针体在穴内发生弯曲。轻者形成钝角弯曲，重者形成直角弯曲。

原因分析：多由于术者进针手法不熟练，用力不均匀或用力过猛所致，或针下碰到坚硬组织，或留针时改变体位，或针柄受外力碰击，或滞针处理不当均可导致弯针。

处理预防：出现弯针后，不可再行提插、捻转。如系轻度弯曲，可按一般拔针法，将针慢慢地退出。若针体弯曲较大，则应顺着弯曲方向将针退出。如弯曲不止一处，须视针柄扭转倾斜的方向，逐渐分段退出，切勿急拔猛抽，以防断针。

术者进针手法要熟练，运针要轻巧。患者的体位要选择恰当，并嘱其在留针时不要随意变动体位。

（四）折针

临床表现：折针又称断针，可在进针、行针或出针时出现，或部分针体浮露于皮肤之外，或完全没于皮肤里。

原因分析：多由于针的质量不佳，或针体、针根有剥蚀损伤，术前失于检查，针刺时将针体全部刺入，或行针时强力提插、捻转所致。

处理预防：术者应沉着，安抚患者不要恐惧，一定保持原有体位，以防残端隐陷。如皮肤外尚露有残端，可用镊子钳出。若残端与皮肤相平，折面仍可看见，可用押手拇、食两指在针旁按压皮肤，使之下陷，以使残端露出皮肤，再用镊子将针拔出。如残端没于皮内，可采用外科手术方法取出。

针前应仔细检查针具，特别是针根部分。凡接过脉冲电针仪的毫针，应定期更换淘汰。因针根部是最易折针的地方，针刺时不应将针体全部刺入腧穴，体外应留一定的长度。行针和退针时，如果发现有弯针、滞针等异常情况，应按规定方法处理，不可强力硬拔。

（五）出血和皮下血肿

临床表现：出血是指出针后针刺部位出血；皮下血肿是指出针后针刺部位出现肿胀，继之皮肤呈现青紫色。

原因分析：刺伤血管所致。

处理预防：出针时出血者，可用干棉球按压出血部位，切忌揉动。若微量的皮下出血而出现局部小块青紫时，一般不必处理，可自行消退。若局部肿胀较重，青紫面积较大者，可先做冷敷以止血，24小时后再做热敷，以促使局部瘀血消散吸收。

针刺时应避开血管，行针时避免手法过强，并嘱患者不可随意改变体位。对于易于出血穴位如眼区周围穴位，出针时立即用消毒干棉球按压针孔，只能按压，切勿揉动。

（六）气胸

临床表现：在针刺胸背部附近穴位时，患者突感胸闷、胸痛、气短、心悸，严重者呼吸困难、发绀、冷汗、烦躁、恐惧，甚则血压下降，出现休克等危急现象。检查时，肋间隙变宽，外胀，叩诊呈鼓音，听诊肺呼吸音减弱或消失，气管可向健侧移位。X线胸透可见肺组织被压缩现象。部分因针刺出现创伤性轻度气胸者，起针后并未出现症状，而是过了一定时间才慢慢感到胸闷、胸痛、呼吸困难等症状。

原因分析：针刺胸部、背部和锁骨附近的穴位过深，刺穿了胸腔和肺组织，气体积聚于胸腔而导致气胸。

处理预防：一旦发生气胸，应立即起针，并让患者采取半卧位休息，要求患者心情平静，切勿恐惧而反转体位。一般轻度气胸者，可自然吸收。医者要密切观察，随时对症处理，如给予镇咳、消炎类药物，以防止肺组织因咳嗽扩大创口，加重漏气和感染。对严重病例需及时组织抢救，如胸腔排气、低流量吸氧等。

为了防止气胸的发生，医者针刺时要集中思想，选好适当体位，根据患者体型肥瘦，掌握进针深度，施行提插手法的幅度不宜过大。胸背部腧穴应斜刺、横刺，不宜长时间留针。

（七）皮肤灼伤（起疱）

临床表现：施灸后，局部皮肤出现微红灼热属于正常现象，如因施灸过量，时间过长，局部出现小水疱或大水疱，或出现灸疮。

原因分析：不同灸法对穴位局部皮温存在着较大差异，即有着各自不同的温度曲线特征，而操作过程中的施术方式、强度等关系都难以确定，因此导致皮肤易灼伤，甚至出现灸疮。另外起疱形成瘢痕灸是传统灸法之一。

处理预防：施灸前要保持心情平静，较大情绪波动后，不宜马上艾灸；如轻度微红灼热无须处理。如因施灸过量，时间过长，局部出现小水疱，只要注意不擦破，可任其自然吸收。如水疱较大，可用消毒的毫针刺破水疱，放出水液，或用注射针抽出水液，再涂以烫伤油等，并以纱布包敷。

如采用瘢痕灸者，在灸疮化脓期间，要注意适当休息，加强营养，保持局部清洁，并可用敷料保护灸疮，以防污染，待其自然愈合。灸疮溃烂出脓一般先从灸痂周围开始，大约在灸后25～30天黑痂脱落。灸疮溃发后，每天在灸疮周围用75%的乙醇棉球消毒，用干棉球吸干表面脓液，不可以清理脓苔，否则不仅会引起灸疮疼痛，而且还会阻碍脓液外渗。灸疮出脓愈多，病除根愈净。如果发现灸疮有不断扩大的趋势，脓色由淡白色变为黄绿色，而且有恶臭味。可以先用过氧化氢溶液冲洗，之后用消炎膏或生肌玉红膏涂贴。如果灸疮出血较多，可以在换药时外敷云南白药处理。

（杜广中）

第七节　其他疗法

一、耳针疗法

耳针疗法是使用一定方法刺激耳穴以防治疾病的一种方法。由于耳部与人体的脏腑经络有密切联系，因此，针刺耳部能起疏通经络、调和气血、治疗疾病的作用。耳穴是指分布在耳郭上的腧穴，是耳郭上的一些特定刺激点。当人体内脏或躯体有病时，往往会在耳郭的相应部位出现压痛敏感点、皮肤电特性改变、变形、变色等反应。临床上，可将这些反应作为诊断疾病的参考，并可刺激这些部位来防治疾病，故这些反应部位又称压痛点、良导点、反射点、刺激点、治疗点等。

（一）耳郭的表面解剖（图3-43）

耳轮：耳郭最外圈的卷曲部分。

耳轮脚：耳轮伸入耳腔内的横行突起部。

耳轮结节：耳轮后上方稍突起处。

耳轮尾：耳轮末端与耳垂的交界处。

对耳轮：在耳轮的内侧，与耳轮相对的隆起部。

对耳轮上脚：是对耳轮向上分叉的一支。

对耳轮下脚：是对耳轮向下分叉的一支。

三角窝：对耳轮上脚、下脚之间的三角形凹窝。

耳舟：耳轮与对耳轮之间的凹沟，又称舟状窝。

耳屏：耳郭前面的瓣状突起，又称耳珠。

屏上切迹：耳屏上缘与耳轮脚之间的凹陷。

对耳屏：在对耳轮的下方，与耳屏相对的隆起部。

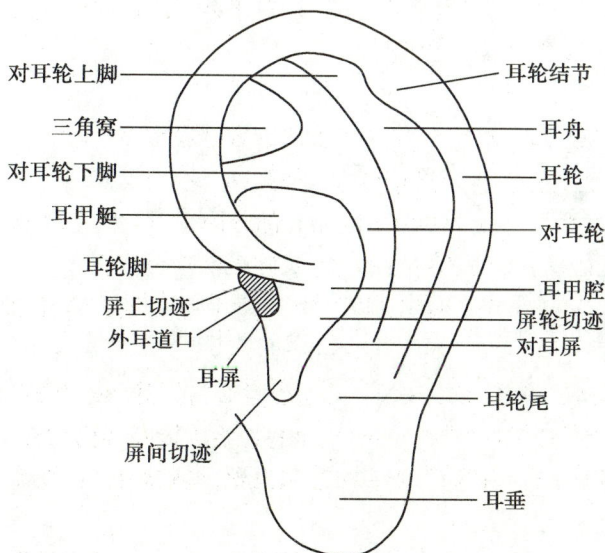

图3-43　耳郭表面解剖

屏间切迹：耳屏与对耳屏之间的凹陷。

屏轮切迹：对耳屏与对耳轮之间的稍凹陷处。

耳垂：耳郭下部无软骨之皮垂。

耳甲艇：耳轮脚以上的耳腔部分。

耳甲腔：耳轮脚以下的耳腔部分。

外耳道口：耳屏后面的耳甲腔内。

（二）耳穴的分布

耳穴分布，有其一定的规律。整个耳郭上的腧穴，像一个在子宫内倒置的胎儿。通常与头面部位相应的穴位在耳垂，与上肢相应的穴位在耳舟，与躯干和下肢相应的穴位在对耳轮体部和对耳轮上、下脚，与内脏相应的穴位多集中在耳甲艇和耳甲腔。常用耳穴总的分布概况如下（图3-44）。

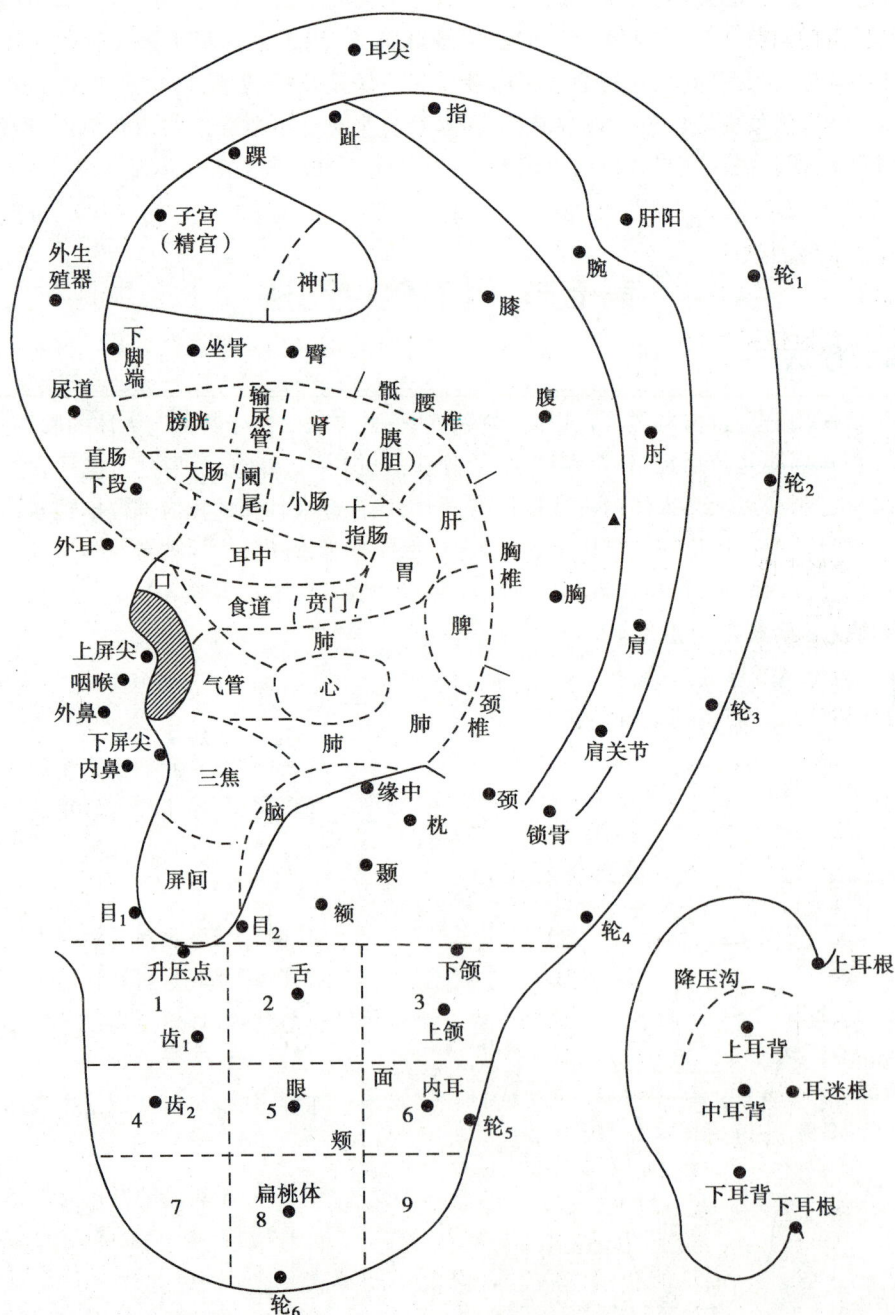

图3-44　常用耳穴示意图

1. 耳轮脚为耳中穴。在耳轮上分布着直肠下段、尿道、外生殖器,耳尖和轮1~6等穴。

2. 耳舟为上肢的相应部位,分布着指、腕、肘、肩、锁骨穴。

3. 对耳轮是躯干和下肢的相应部位。对耳轮体部分布着腹、胸、颈、脊椎,对耳轮上脚分布着趾、踝、膝,对耳轮下脚分布着臀、坐骨、下脚端穴。

4. 耳屏的外侧面是鼻穴,边缘是上屏尖和下屏尖,内侧面有咽喉和内鼻穴。

5. 对耳屏的外侧面分布有额穴、枕穴和颞穴,对耳屏的边缘尖端是对屏尖,对耳屏和对耳轮交界处是缘中穴,对耳屏的内侧面是脑穴。

6. 外耳门后下方、屏间切迹处为屏间穴。屏间切迹的前下方和后下方,分别为切迹前、切迹后和切迹下。

7. 三角窝中有神门穴、三角凹陷穴和角上穴。

8. 耳甲艇和耳甲腔是各内脏器官的相应部位。耳轮脚周围是消化道区,外耳门后方是口穴,然后依次为食道、贲门、胃、十二指肠、小肠、阑尾、大肠等穴。耳轮脚消失处是胃穴,胃和十二指肠穴的后方是肝穴,小肠穴上方是肾穴,大肠穴上方是膀胱穴,肝穴和肾穴之间是胰胆穴,肝穴的下方紧靠对耳轮缘是脾穴,耳甲腔中央是心穴,在心穴的周围是肺穴,心穴与口穴之间是气管穴,屏间穴、脑穴和肺穴之间是三焦穴。

9. 耳垂的正中为眼穴。眼穴的上方有舌穴、前方有垂前穴;眼穴的后方是内耳穴,下方是扁桃体穴;眼穴的后上方为面颊区。

10. 耳郭背面有下脚沟、耳迷根和上、下耳根等穴。

（三）耳穴的定位和主治

见表3-25。

表 3-25　常用耳穴定位和主治表

分部	穴名	定位	主治
耳轮脚	膈(耳中)	在耳轮脚上	呃逆,黄疸
耳轮	直肠下段	在与大肠穴同水平的耳轮处	便秘,里急后重
	尿道	在与膀胱穴同水平的耳轮处	尿频,尿急
	外生殖器	在与交感穴同水平的耳轮处	睾丸炎,附睾炎
	耳尖	将耳轮向耳屏对折时,耳郭上的尖端处	退热,降血压,消炎,睑腺炎
耳舟	指	在耳轮结节上方的耳舟部	相应部位疼痛
	腕	在平耳轮结节突起处的耳舟部	
	肘	在腕穴与肩穴之间	
	肩	在与屏上切迹同水平的耳舟部	
	肩关节	在肩穴与锁骨穴之间	
	锁骨	在与屏轮切迹同水平的耳舟部,偏耳轮尾侧	
对耳轮上脚	趾	在对耳轮上脚的外上角	相应部位疼痛
	踝	在对耳轮上脚的内上角	
	膝	在对耳轮上脚起始部,与对耳轮下脚上缘同水平	
对耳轮下脚	臀	在对耳轮下脚的外侧1/2处	相应部位疼痛
	坐骨神经	在对耳轮下脚的内侧1/2处	
	交感	在对耳轮下脚与耳轮内侧交界处	消化、循环系统疾病
对耳轮	腹	在对耳轮上与对耳轮下脚下缘同水平处	腹腔疾患,消化系统,妇科疾患
	胸	在对耳轮上与屏上切迹同水平处	胸痛,肋间神经痛
	颈	在屏轮切迹偏耳舟侧处	落枕,颈部扭伤,单纯性甲状腺肿
	腰骶椎	对耳轮的耳腔缘相当于脊柱,从直肠下段同水平	相应部位疼痛
	胸椎	处与肩关节同水平处分作两个分界线,将脊椎分	
	颈椎	成三段,自上而下分为:腰骶椎,胸椎,颈椎	

分部	穴名	定位	主治
三角窝	子宫(精宫)	在三角窝耳轮内侧缘的中点	月经不调,白带过多,痛经,盆腔炎,阳痿,遗精
	神门	在三角窝内靠对耳轮上脚的下、中 1/3 交界处	镇静,安神,消炎,止痛
	盆腔	在对耳轮上、下脚分叉处	盆腔炎,腰痛
耳屏	外鼻	在耳屏外侧面的中央	鼻疖,鼻炎
	咽喉	在耳屏内侧面与外耳道口上方相对处	咽痛,扁桃体炎
	内鼻	在耳屏内侧面,咽喉的下方	鼻炎,上颌窦炎、伤风感冒
	屏尖	在耳屏上部外侧缘	消炎,止痛
	肾上腺	在耳屏下部外侧缘	低血压,休克,昏厥,无脉症,咳嗽,气喘
	高血压点	在肾上腺穴与目穴中点稍前	降血压
屏轮切迹	脑干	在屏轮切迹正中处	脑膜炎后遗症,脑震荡后遗症
对耳屏	脑点	在对耳屏的上缘,脑干穴和平喘连线的中点	遗尿症,功能失调性子宫出血
	平喘(腮腺)	在对耳屏的尖端	哮喘,气管炎,腮腺炎
	皮质下	在对耳屏的内侧面	镇静,止痛,消炎,无脉症
	睾丸(卵巢)	在对耳屏的内侧前下方,是皮质下穴的一部分	生殖系统疾患
	枕	在对耳屏外侧面的后上方	神经系统疾病,皮肤病,休克,晕厥
	额	在对耳屏外侧面的前下方	头痛,头昏
	太阳	在对耳屏外侧面,枕穴与颞穴之间	偏头痛
屏间切迹	目1	在屏间切迹前下方	青光眼
耳轮脚周围	目2	在屏间切迹后下方	近视眼
	内分泌	在屏间切迹底部	生殖系统疾病,妇科病
	食道	在耳轮脚下方内侧 2/3 处	恶心、呕吐,吞咽困难
	贲门	在耳轮脚下方外侧 1/3 处	恶心、呕吐
	胃	在耳轮脚消失处	胃痛,呃逆,呕吐,消化不良
	十二指肠	在耳轮脚上方外侧 1/3 处	胆道疾患,十二指肠溃疡
	小肠	在耳轮脚上方中 1/3 处	消化系统疾病,心悸
	大肠	在耳轮脚上方内 1/3 处	痢疾,肠炎,腹泻,便秘
	阑尾	在小肠穴和大肠穴之间	单纯性阑尾炎
耳甲艇	膀胱	在对耳轮下脚的下缘,小肠穴直上方	膀胱炎,尿潴留,遗尿
耳甲艇	肾	在对耳轮下脚的下缘,小肠穴直上方	泌尿生殖疾病,妇科疾病,腰痛,耳鸣
	胰(胆)	在肝穴与肾穴之间,左耳为胰穴,右耳为胆穴	胰腺炎,糖尿病,胆道疾患
	肝	在胃穴和十二指肠穴的后方	肝炎,眼病
	脾	在左耳肝穴的下部分(此区在右耳仍为肝穴)	消化系统疾病,血液病
耳甲腔	口	在耳甲腔中,紧靠外耳道口的后壁	面神经麻痹
	心	在耳甲腔中心最凹陷处	心血管系统疾病
	肺	在心穴的上下周围	呼吸系统疾病,皮肤病
	气管	在口穴与心穴之间	气管炎
	三焦	在口、内分泌、皮质下和肺穴之间	便秘,利尿消肿
耳垂	上拔牙麻醉点	在耳垂1区的外下角	拔牙麻醉,牙痛
	下拔牙麻醉点	在耳垂4区的中央	
	上颌	在耳垂3区正中处	牙痛,下颌关节炎
	下颌	在耳垂3区上的横线中点	
耳垂	眼	在耳垂5区的中央	眼病
	面颊部	在耳垂5、6区交界线之周围	面神经麻痹,三叉神经痛

续表

分部	穴名	定位	主治
	内耳	在耳垂6区正中稍上方	耳鸣,听力减退,中耳炎
	扁桃体	在耳垂8区正中	扁桃体炎
耳郭背面	降压沟	在耳郭背面,由内上方斜向外下方行走的凹沟处	降血压
	上耳背	在耳前上方的软骨隆起处	皮肤病,坐骨神经痛,背痛
	中耳背	在上耳背与下耳背之间隆起最高处	
	下耳背	在耳背下方的软骨隆起处	
	耳迷根	在耳郭背与乳突交界处(相当于耳轮脚同水平)的耳根部	胃痛,胆道蛔虫症,腹泻,气喘,鼻塞

为使定位方便起见,将耳垂划分成"井"字形的九等份,由内向外,由上到下,分别为1、2、3区,4、5、6区,7、8、9区。

(四) 耳穴的应用

1. 适用范围　耳针在临床上,不仅常用于治疗许多功能性疾病,还可治疗一部分器质性疾病,主要治疗以下几类病证:

(1) 各种疼痛性病证:头痛、偏头痛、三叉神经痛、肋间神经痛、带状疱疹、坐骨神经痛等神经性疼痛;扭伤、挫伤、落枕等外伤性疼痛;五官、颅脑、胸腹、四肢各种外科手术后所产生的伤口痛等,均有较好的止痛作用。

(2) 各种炎症性病证:对急性结膜炎、中耳炎、牙周炎、咽喉炎、扁桃体炎、气管炎、肠炎、盆腔炎、风湿性关节炎、面神经炎、末梢神经炎等,有一定的消炎止痛作用。

(3) 一些功能紊乱性病证:对眩晕症、心律不齐、高血压、多汗症、肠功能紊乱、月经不调、遗尿、神经衰弱、癔症等,具有良性调整作用。

(4) 过敏与变态反应性病证:对过敏性鼻炎、哮喘、过敏性结肠炎、荨麻疹等,具有消炎、脱敏、改善免疫功能的作用。

(5) 内分泌代谢性病证:对单纯性甲状腺肿、甲状腺功能亢进、更年期综合征等,耳针有改善症状、减少用药量等辅助治疗作用。

(6) 一部分传染性病证:对菌痢、疟疾等,耳针能恢复和提高机体的免疫防御功能。

(7) 各种慢性病证:对腰腿痛、肩周炎、消化不良、肢体麻木等,耳针可以改善症状。

2. 选穴处方原则

(1) 根据病变部位选穴:是指根据病变的部位,在耳郭上选取相应的耳穴。如胃病选胃穴,眼疾选眼穴,坐骨神经痛选坐骨神经穴,肩周炎选肩穴等。

(2) 根据中医理论辨证选穴:是指根据中医的脏腑、经络学说辨证选用相关耳穴。如皮肤病,按"肺主皮毛"的理论,选肺穴;根据胆经循行于侧头部,偏头痛选胆穴;因"肝开窍于目",故目赤肿痛选肝穴;"肾主骨",骨折选用肾穴。

(3) 根据现代医学理论选穴:耳穴中的某些穴位与现代医学理论有关,如交感穴与自主神经的功能有某些相关之处,故内脏功能异常或自主神经功能紊乱时常选交感穴;神经衰弱取皮质下穴;胃肠病选交感穴;低血压选肾上腺穴等;内分泌穴常用来治疗内分泌功能紊乱的疾病,如甲状腺功能亢进、糖尿病、月经病等。

(4) 根据临床经验选穴:这是长期临床实践经验总结出来的取穴方法,如耳中穴治疗膈肌痉挛、血液病、皮肤病;神门穴用于止痛、镇静、安神;目赤肿痛用耳尖穴消炎退热;高血压病用高血压点;胃穴用于神经系统疾病等。

以上方法可单独使用,亦可配合使用,但力求少而精。一般每次选穴2~3穴左右,多用同侧,亦可取对侧或双侧。

3. 耳针的操作方法　耳针有毫针、皮内针、电针等多种刺激方法。下面主要介绍最常用的毫针针法。

（1）寻找反应点：按疾病需要确定处方后，在选用的穴区寻找反应点，可用探针、火柴头或针柄按压，出现明显痛点即为反应点；亦可用耳穴探测仪进行探测。

（2）消毒：用75%乙醇；或先用2%碘酒，后用75%乙醇脱碘。

（3）针刺：医者一手固定耳郭，另一手拇、食、中指持针刺入耳穴。针刺方向视耳穴所在部位灵活掌握，针刺深度宜0.1~0.3cm，以不穿透对侧皮肤为度。针刺手法与留针时间应视患者病情、体质及耐受度综合考虑。宜留针15~30分钟，留针期间宜间断行针1~2次。

（4）出针：出针时一手固定耳郭，另一手将针拔出，再用无菌干棉球或棉签按压针孔。

（5）疗程：每天一次或隔天一次，连续10次为一个疗程；停针数日，再行新的疗程。

4. 注意事项

（1）施术部位应防止感染。

（2）紧张、疲劳、虚弱患者宜卧位针刺以防晕针。

（3）湿热天气、耳穴压丸、耳穴埋针留置时间不宜过长，耳穴压丸宜2~3天，耳穴埋针宜1~2天。

（4）耳穴压丸、耳穴埋针留置期间应防止胶布脱落或污染。对普通胶布过敏者宜改用脱敏胶布。

（5）耳穴刺血施术时，医者避免接触患者血液。

（6）妊娠期间慎用耳针。

二、推拿疗法

推拿学是以中医理论为指导，运用各种手法作用于人体特定部位的一种治疗方法，又称"按摩"。推拿学是中医学重要组成部分，属于中医外治法范畴。在临床上广泛应用于内、外、妇、儿、五官等科。

（一）推拿的作用原理

推拿的基本作用是通过手法作用于人体体表的特定部位，以达到调理疏通经络、促进气血运行、调整脏腑功能、舒筋滑利关节、增强抗病能力等作用。由于其治疗作用是多方面的，而影响其治疗作用的因素也不是单一的。诸如对疾病的了解和辨证，对病人体质、生活习惯、过去健康状况等情况的了解。对治疗穴位或部位的掌握、选择和应用。医者手法练功的功力和对手法技巧的熟练与灵巧运用，以及手法在运用过程中的速度、轻重、时间和步骤的掌握与操作方向、部位（穴位）的准确与否，都会直接影响推拿的作用。认识这些，对理解和研究推拿的作用，有着极其重要的意义。

1. 调理疏通经络　推拿具有疏通经络的作用。经络是人体气血运行的通路，内属脏腑，外连肢节，通达表里，贯串上下，像网络一样分布全身，将人体各部分联系成一个统一、协调而稳定的有机整体，又具有"行血气而营阴阳，濡筋骨，利关节"之功能。当经络的生理功能发生障碍时，就会导致气血失调，不能行使正常的营内卫外功能，百病则由此而生。推拿手法作用于体表，就能引起局部经络反应，激发和调整经气，并通过经络影响到所连属的脏腑、组织的功能活动，从而调理机体的生理、病理状况，达到治疗全身疾病的效果，使百脉疏通，五脏安和。

2. 促进气血运行　气血是构成人体的基本物质，人体的脏腑组织器官都需要气血的供养和调节才能发挥它的功能。人体一切疾病的发生、发展无不与气血有关，气血调和则能使阳气温煦，阴精滋养。若气血失和则皮肉筋骨、五脏六腑均将失去濡养，以致脏器组织的功能活动发生异常，而产生一系列的病理变化。正如《素问·调经论》提出的："血气不和，百病乃变化而生。"推拿具有调和气血、促进气血运行的作用。其途径有二：一是通过健运脾胃。脾胃有主管消化饮食和运输水谷精微的功能，而饮食水谷是生成气血的重要物质基础，故有脾胃是"后天之本"和"气血生化之源"之说。脾胃健运则气血充足，从而保证全身的需要。临床上常通过摩腹、擦督脉及脾胃俞，一指禅推、按、揉脾胃经等方法，以增强脾胃运化功能，促进全身气血的运行。二是疏通经络和加强肝的疏泄功能。经络是人体运行气血、联络脏腑肢节、沟通上下内外的通路，经络畅通则气血得以通达全身，发挥其营养组织器官、抵御外邪、保卫机体的作用。肝的疏泄功能，关系着人体气机的调畅，气机条达，则气血调和而不致发生瘀滞。

3. 调整脏腑功能 脏腑是化生气血、通调经络、维持人体生命活动的主要器官。推拿具有调整脏腑功能的作用。例如:点按脾俞、胃俞穴能缓解胃肠痉挛、止腹痛;在肺俞、肩中俞施用一指禅推法能止哮喘。而且不论是阴虚还是阴盛,阳虚还是阳亢,也不论是虚证或实证,热证或是寒证,只要选用相宜的手法治疗,均可得到不同程度的调整。推拿对脏腑的调节作用,是通过手法刺激体表直接影响脏腑功能以及经络与脏腑间的联系来实现的。

4. 舒筋滑利关节 关节属筋骨范畴,亦需气血的温煦濡养。筋骨损伤必累及气血,致脉络受损,气滞血瘀,肿胀为病,影响肢体的活动。推拿滑利关节的作用表现为三个方面:一是通过手法促进局部气血运行,消肿祛瘀,改善局部营养,促进新陈代谢。二是运用适当的活动关节的手法松解粘连。三是应用整复手法纠正筋出槽、关节错缝。

5. 增强抗病能力 疾病的发生、发展及其转归的全过程,就是正邪相争、盛衰消长的过程。"正气存内,邪不可干","邪之所凑,其气必虚"。临床实践表明,推拿能增强人体的抗病能力,提高机体的免疫功能,具有扶正祛邪的作用。所以推拿常作为一种养生保健和身体调整的重要手段应用于临床和日常生活中。其作用机制有三:一是通过刺激经络,直接激发、增强机体的抗病能力。二是通过疏通经络,调和气血,有利于正气发挥其固有的作用。三是通过调整脏腑功能,使机体处于最佳的功能状态,对抗邪气。

由此看出推拿的基本作用是彼此关联,密不可分的。通过疏通经络,促进气血运行,调整脏腑功能,滑利关节,增强人体抗病能力,最终达到调和阴阳的作用,使机体处于"阴平阳秘"的状态。

(二) 推拿的基本治法

推拿的治法包括推拿八法、手法治疗、固定和功能锻炼等四个方面。有时也辅助于药物内服和外用、牵引、针灸及封闭等其他疗法。

推拿八法是推拿基本治法,是根据辨证而确立的治疗大法,对于临床病证治疗方法的确立,起着执简驭繁的作用。它不同于具体的治疗方法,却又是临床治疗中必不可少的最基本的方法。推拿在临床上常用的治疗大法有温、补、和、散、通、泻、汗、清等,并根据这些治疗大法来选择手法,确定施法的穴位或部位。

1. 温法 "劳者温之""损者温之",运用一些温柔的手法,如按、揉、摩、擦、搓、一指禅推等手法,在一定的穴位或部位上进行缓慢而柔和的长时间操作,使之产生一定的热力深透到组织深部,起到扶助阳气、温经散寒的作用。本法适应于虚寒证。

2. 补法 使用轻柔的手法,如一指禅推、搓、揉、擦、摩、振等手法在一定穴位或部位上进行长时间的操作,旨在补益正气和使其功能旺盛,达到"补虚祛邪"的目的。本法适用范围较广,凡功能衰弱、体虚者均可用之。临床常用的有补脾胃、补心肾、补肺气等。

3. 和法 和法即和解之法,是以调和气血、调整阴阳为主要作用的一种方法,凡病在半表半里者宜用之,手法应平稳而柔和,以振动类和摩擦类手法为多用。临床可分为调气血、和脾胃与疏肝理气等三方面。

4. 散法 "结者散之,摩而散之",运用由缓慢而渐快的轻柔手法,如摩、搓、揉、推、一指禅推等手法,在一定穴位或部位上操作,使结聚疏通,达到消瘀散结的目的。故不论有形或无形的积滞,均可使用本法。

5. 通法 "通则不痛,痛则不通",故痛证或经络不通所引起的病证,宜用本法治之。它有祛除病邪壅滞之作用,手法运用时要刚柔兼施,常用推、拿、按、揉、擦等手法。

6. 泻法 泻法为攻逐结滞、通泄大便的治法,一般用于下焦实证。以挤压类和摩擦类的手法为多用,在运用时手法较重而刺激性强。

7. 汗法 汗法有开泄腠理、祛除表邪的作用,适用于外感风寒或风热之邪。多用拿、按和推、揉及一指禅推等手法。临床应用时,外感风寒,手法用先轻后重的拿法;外感风热,手法用轻快柔和的拿法。本法是小儿推拿的常用方法。

8. 清法　清法是以清热为主要作用,刚中有柔的手法。在一定穴位或部位上进行操作,达到清热除烦的目的。常选用摩擦类手法。本法在小儿推拿中应用较多。

以上八法是骨伤、内、妇、儿、外和五官等各科临床常见病治疗中的基本方法,对于内、妇、儿三科常见病的治疗更为重要。

（三）推拿的适应证与禁忌证

1. 适应证

（1）内科病症:常见的头痛、失眠、胃脘痛、胃下垂、呃逆、便秘、久泄、支气管哮喘、肺气肿、高血压病、胆绞痛、心绞痛、糖尿病、中风后遗症、风湿性关节炎、阳痿、肥胖症等。

（2）外科病症:胆囊炎、乳痈初期、乳腺增生症、手术后肠粘连、褥疮、面部黄褐斑等。

（3）妇科病症:痛经、闭经、月经不调、子宫下垂、盆腔炎与产后耻骨联合分离症等。

（4）儿科病症:发热、咳嗽、腹泻、呕吐、疳积、痢疾、便秘、尿闭、夜啼、遗尿、惊风、百日咳、肌性斜颈与小儿麻痹症等。

（5）骨伤科病症:颈椎病、落枕、寰枢椎半脱位、肩周炎、肱二头肌长腱滑脱与腱鞘炎、肱二头肌短头肌腱损伤、冈上肌肌腱炎、冈上肌肌腱钙化、肩峰下滑囊炎、网球肘、胸胁屏伤、肋软骨炎、背肌筋膜炎、急性腰扭伤、梨状肌损伤综合征、骶髂关节损伤（或半脱位）、尾骶骨挫伤、腰椎间盘突出症、慢性腰肌劳损、胸胁岔气以及骨折后期与脱位等。

（6）五官科病症:颞颌关节功能紊乱、声门闭合不全、近视眼、视力疲劳、耳聋耳鸣、慢性咽喉炎与慢性鼻炎等。

2. 禁忌证

（1）一些急性传染病,如肝炎、脑膜炎、肺结核等;

（2）外伤出血、骨折早期、截瘫初期以及内脏的损伤等;

（3）一些感染性疾病,如疔、丹毒、骨髓炎与化脓性关节炎等;

（4）各种出血症,如尿血、便血、吐血与衄血等;

（5）烫伤与溃疡性皮炎的局部病灶等;

（6）肿瘤及脓毒血症等。

（四）推拿手法简介

用手或肢体的其他部分,按照各种特定的技巧和规范化的动作,以力的形式在体表进行操作,称为推拿手法。尽管其具体操作方式多种多样,但都是直接在患者体表进行操作,以力的形式作用于经络穴位或特定部位,而产生治疗作用,因主要是以手进行操作,故统称为手法。由于操作的形式、刺激的强度（力量）、时间的长短以及活动肢体的方式不同,就逐渐形成了许多动作和操作方法不同的各种基本手法。熟练的手法技术应该具备持久、有力、均匀、柔和这四大基本要求,从而达到"深透"作用而又不损伤机体。这是推拿学通过长期的临床实践所总结的经验。

1. 推拿手法的补泻意义　推拿手法的补泻原则,在中医历代文献中多有叙述,尤其在小儿推拿的临床应用中更为广泛。如旋推为补,直推为清（泻）;左揉为补,右揉为泻;顺摩为补,逆摩为泻;缓摩为补,急摩为泻等。一般认为,手法的补泻作用,主要与所用手法的性质、刺激的强弱和时间的长短有关。凡刺激较弱、较浅,作用时间较长的手法,具有兴奋作用,属于"补"的范畴;反之,凡刺激较强、较深,作用时间较短的手法,具有抑制作用,属"泻"的范畴。从这一意义上说,重刺激为"泻",轻刺激为"补",但这种因手法刺激的轻重所起的补泻作用,其压力的分界量是因各人的体质和不同部位接受刺激的阈值而异的,在临床上则是以病人有较强烈的"得气"感来衡定的。

此外,手法的补泻作用,与具体的刺激部位有密切的关联。根据不同对象、不同病症和不同的治疗部位,通过选择相应的经络穴位,采用相应的手法在经络穴位或特定部位的刺激,才能起到应有的治疗作用,当然其中也包括补泻的作用。但是,手法所起的补泻作用的意义与口服用药不同,它是通过手法对经络穴位或特定部位的各种不同方式的刺激,使机体内部得到调节,起到扶正或祛邪之功效,达到阴阳相对平衡。

2. 基础手法

(1)一指禅推法

[**定义**]用大拇指指端,或指面,或偏峰着力于一定穴位或部位上,沉肩、垂肘、悬腕,通过前臂与腕部的协调摆动和指间关节的屈伸活动,使之产生的力持续地作用于穴位或部位上的一种手法。

[**操作**]端坐位或站势,拇指自然着力,不要用力下压,推动时着力点要吸定,摆动幅度与速度要始终一致,动作要灵活。移动时应缓慢地循经或做直线的往返移动,即"紧推慢移",推动时的速度一般以每分钟120~160次为宜。(图3-45)

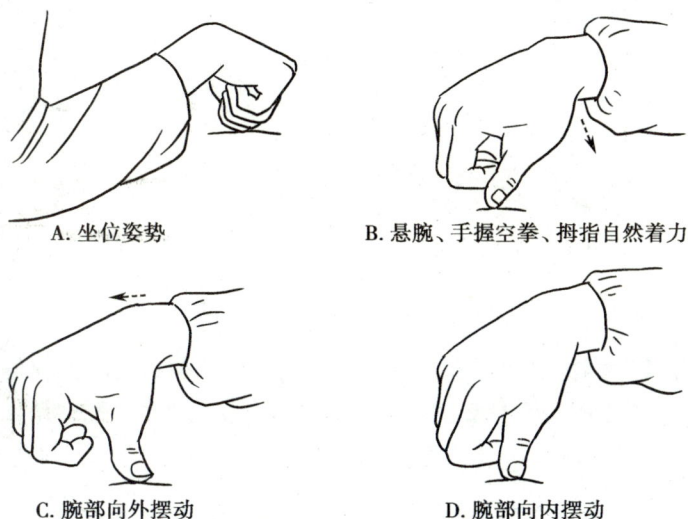

A. 坐位姿势　　　　　　　B. 悬腕、手握空拳、拇指自然着力

C. 腕部向外摆动　　　　　　D. 腕部向内摆动

图3-45　一指禅推法

[**应用**]本法可用于全身各部,临床常用于头面、胸腹及四肢等部位,治疗头痛、胃痛、腹痛及关节痛等病症,具有舒筋活络、调和营卫、祛瘀消积、健脾和胃等功能。

(2)㨰法

[**定义**]用手背近小指部分或小指、环指和中指的掌指关节着力于一定穴位或部位上,通过前臂的旋转摆动,连同肘关节做屈伸外旋的连续动作,使之产生的力持续地作用于部位或穴位上的一种手法。

[**操作**]取站势,两脚呈"丁字步",沉肩、垂肘,肘关节下屈呈130°,置于身体侧前方。操作时要吸定于着力穴位或部位,发力要均匀、柔和,有明显的㨰动感。动作要协调、连续、有节律,移动时要循经或做直线往返移动。动作的速度每分钟以120~160次为佳。(图3-46)

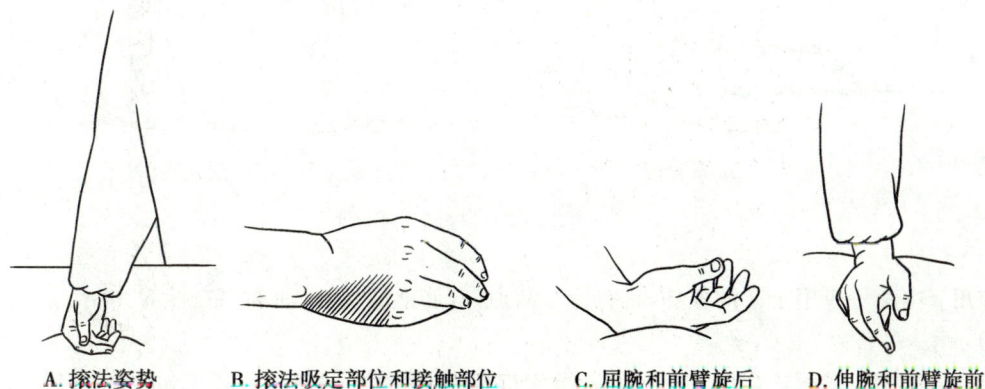

A. 㨰法姿势　　　B. 㨰法吸定部位和接触部位　　　C. 屈腕和前臂旋后　　　D. 伸腕和前臂旋前

图3-46　㨰法

[应用]本法适用于肩背、腰臀及四肢等肌肉较丰厚的部位。临床常用于治疗肌肉酸痛、麻木或肢体运动功能障碍等病症,具有舒筋活血、滑利关节、缓解痉挛等作用。

（3）揉法

[定义]用掌或掌根,或大鱼际,或小鱼际,或手指拇指面以及肘尖部等其他部位着力,固定于一定的穴位或部位上,做轻柔缓和的回旋揉动的一种手法。

[操作]取站势或坐势,沉肩、垂肘,上肢放松置于身体前侧,腕部放松,手指自然伸开,前臂发力、摆动,带动腕部连同皮下组织一起做回旋运动。操作时,呼吸均匀、自然,气沉丹田,不可屏气与用力下压。揉动的幅度可大可小,亦可由小渐大,揉动时的力量可轻可重,亦可由轻渐重。揉动的穴位或部位要固定,不能滑动、摩擦。揉动的方向可顺时针方向,亦可逆时针方向,移动时要缓慢。揉法速度一般在每分钟60~120圈。（图3-47）

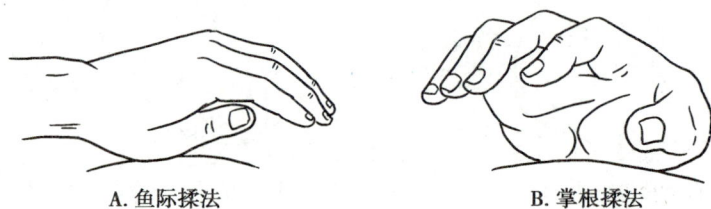

A. 鱼际揉法　　　　　　B. 掌根揉法

图3-47　揉法

[应用]本法常与其他手法同时使用,组成如按揉、拿揉、点揉、掐揉、揉捏等复合手法,适用于全身各部,常用于治疗脘腹痛、胸胁痛、便秘、泄泻等病症,具有宽胸理气、消积导滞、活血化瘀、消肿止痛等作用。

（4）推法

[定义]用指端或掌根或大鱼际或小鱼际、肘面、肘后鹰嘴突起部着力于一定穴位或部位,缓缓地做单方向的直线推动的一种手法。

[操作]站势,沉肩、垂肘,肘关节屈曲,呼吸自然,气沉丹田,不能屏气。着力部贴于皮肤,做缓慢的直线推动,用力均匀、一致,切忌耸肩、左右滑动、忽快忽慢和用力下压。推动距离应尽量长,然后顺势返回,推法速度一般在每分钟30~60次。（图3-48）

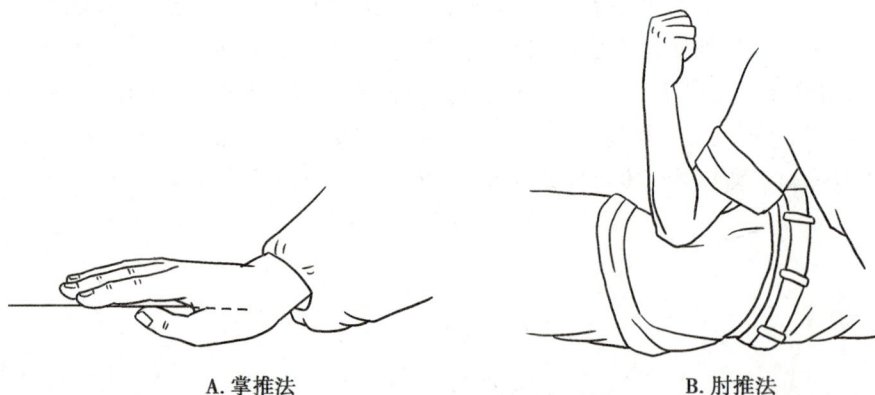

A. 掌推法　　　　　　B. 肘推法

图3-48　推法

[应用]本法可应用于人体各部,具有行气活血、舒筋活络、增强肌肉兴奋性等作用。

（5）摩法

[定义]用手掌掌面或食指、中指、无名指三指指面,附着于一定穴位或部位上,以腕关节连同前臂在皮肤做环形有节律的抚摩的一种手法。

［操作］坐势,亦有取站势,沉肩、垂肘,上肢放松,呼吸均匀、自然,指、掌、腕、前臂同时做缓和协调的环旋抚摩而不带动皮下组织,可顺时针方向摩,亦可逆时针方向摩。用力平稳、均匀,轻快柔和,不得按压、滞着。其用力要领是上臂甩动来带动前臂及腕部,摩法速度一般在每分钟60～120圈。(图3-49)

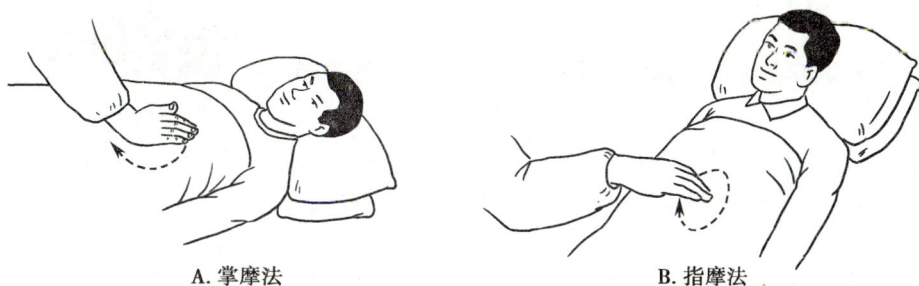

A. 掌摩法   B. 指摩法

图3-49 摩法

另外,在本法操作时,裸露被操作部位,先涂上介质(如药膏、药水等),然后进行手法操作,以增加治疗效果,即为古代的"膏摩"。

［应用］本法是胸腹、胁肋部常用手法,常用于治疗脘腹疼痛,食积胀满,气滞及胸胁迸伤等病症,具有理气和中、消积导滞、调节肠胃蠕动等作用。

(6) 擦法

［定义］用四指面、手掌掌面、大小鱼际部位附着于一定的部位上,做直线往返摩擦的一种手法。

［操作］取弓箭步或马步,沉肩、垂肘,肘关节屈曲,腕平指直,呼吸自然,气沉丹田,不要屏气。着力部要贴附肌肤上做稳实、均匀、连续的往返摩擦,不能用力下按或按压。擦法速度一般在每分钟60～120次。(图3-50)

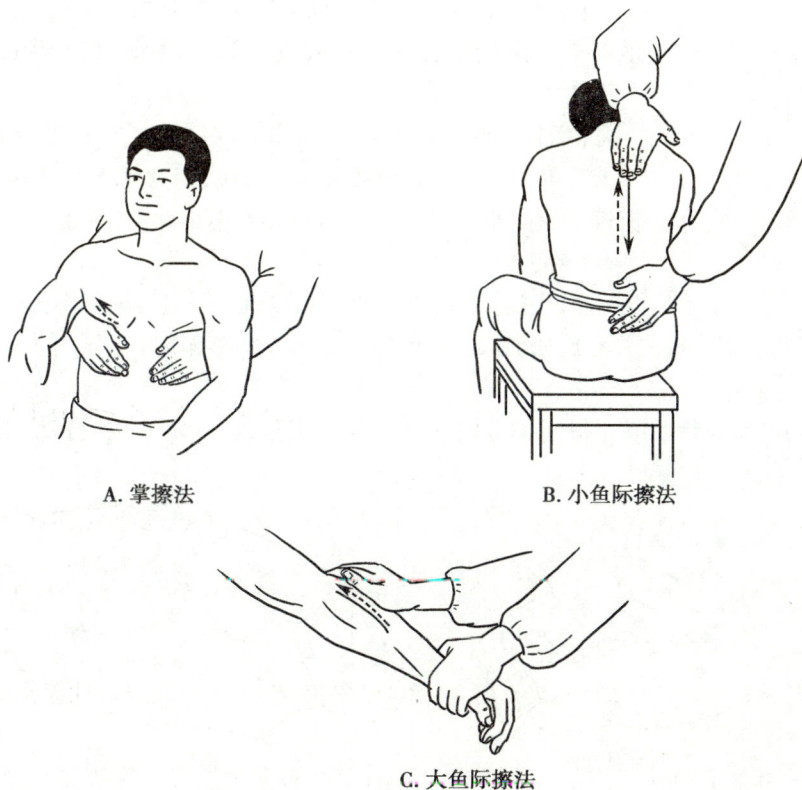

A. 掌擦法   B. 小鱼际擦法

C. 大鱼际擦法

图3-50 擦法

在临床运用中,有时要使用介质,如按摩油、药膏等既可以防止擦破表皮,又能借助介质中的药物渗透来加强疗效。本法最常作为治疗结束时的最后一个手法。

[应用]本法常用于治疗内脏虚损及气血功能失常等病症。掌擦法多用于胸胁及腹部,小鱼际擦法多用于肩背腰臀及下肢部,大鱼际擦法多用于胸腹、腰背、四肢等部位。本法具有温经通络、行气活血、消肿止痛、健脾和胃等作用。

（7）抹法

[定义]用双手或单手拇指指面为着力部位,贴于一定的部位上,做上下或左右轻轻的往返移动的一种手法。

[操作]取站势,沉肩、垂肘,拇指指面着力而其余四指固定被操作的部位。用力轻柔、稳实、均匀,移动缓慢或轻快,不能往返按压。（图3-51）

[应用]本法常用于头面及颈项部,治疗头晕、头痛及颈项强痛等病症,具有开窍镇静、醒脑明目等作用。

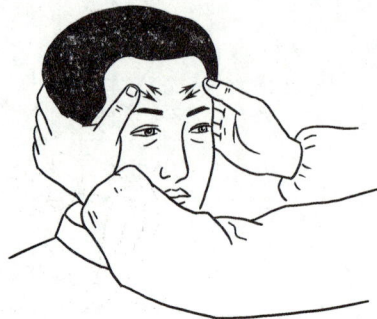

图 3-51　抹法

（8）搓法

[定义]用双手掌面,或小鱼际部位,对称地夹住肢体的一定部位,相对用力,自上而下地做快速搓揉的一种手法。

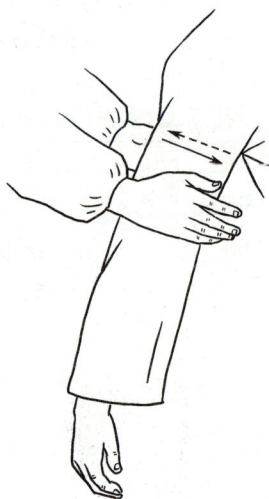

[操作]取马步,沉肩、垂肘,上肢放松,呼吸自然,气沉丹田,切忌屏气发力。掌与指自然伸直,夹持的部位要松紧适宜。搓动时要轻快、柔和、均匀、连续,移动时要缓慢,并顺其势自然而下。搓法速度一般在每分钟120次以上。（图3-52）

[应用]本法适用于腰背、胁肋及四肢等部位,多作为治疗后的结束手法,与捻法、抖法配合应用。搓法具有调和气血、舒筋通络等作用。

（9）按法

[定义]以手指拇指端或中指端,或掌根部,或肘尖部,或肢体的其他部位为着力点,按压一定穴位或部位,逐渐用力深按,按而留之的一种手法。

[操作]取站势或坐势,沉肩、垂肘,气沉丹田,自然呼吸,意念集中于着力部位。所按穴位或部位要准确,用力须平稳并逐渐加重,使气力深透,以有"得气感"为度。按压时,不可移位,按压时间在10秒到2分钟。（图3-53）

图 3-52　搓法

[应用]本法常用于治疗胃脘痛,头痛,肌肉酸痛、麻木等病症。指按法适用于全身各部穴位;掌按法常用于腰背和腹部。按法具有放松肌肉、开通闭塞、活血止痛等作用。

（10）点法

[定义]以指峰或屈指后第一指间关节突起部为着力部位,在一定穴位或部位用力下压的一种

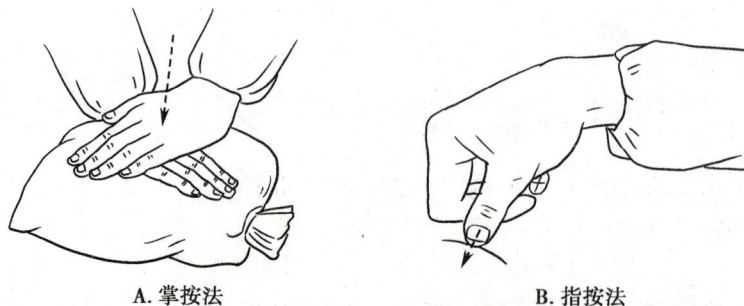

A. 掌按法　　　　　　　　B. 指按法

图 3-53　按法

手法。

[操作] 沉肩、垂肘,气沉丹田,呼吸自然,意念在着力部位,选取的穴位或部位要准确。用力平稳,逐渐加重,不可久点(图 3-54)。使用时要根据病人的具体情况和操作部位酌情用力,常在肌肉较薄的骨缝处施术。

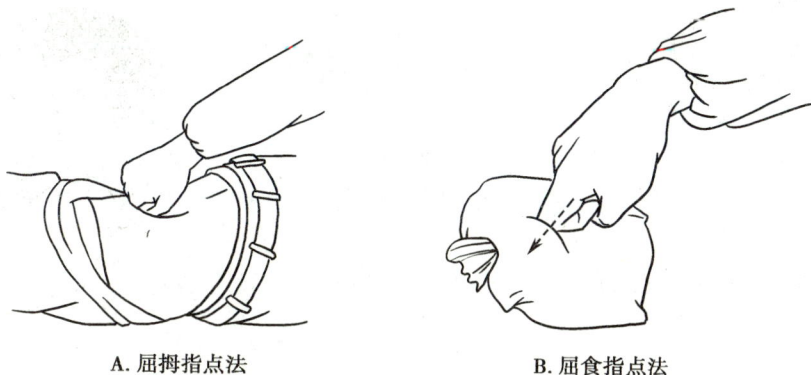

A. 屈拇指点法　　B. 屈食指点法

图 3-54　点法

[应用] 本法是伤科推拿的主要手法,亦是小儿推拿、气功推拿、自我保健推拿以及治疗运动损伤的常用手法。临床用于治疗脘腹挛痛、腰腿痛等病症,具有开通闭塞、活血止痛、调整脏腑功能等作用。

(11) 拿法

[定义] 用拇指与其他手指指面或拇指与食、中二指为着力部位,对称用力,一紧一松,一拿一放,拿取一定穴位或部位的一种手法。

[操作] 沉肩、垂肘,悬腕,以腕关节与掌指关节的协调活动为主导,对称用力一紧一松。拿取的穴位和部位要准,用力稳实,由轻渐重,不可屏气突然用力,整个操作要和缓而有节律。(图 3-55)

[应用] 本法适用于颈项、肩部和四肢等部位,具有祛风散寒、开窍止痛、舒筋通络等作用。

(12) 捏法

[定义] 用拇指与食指、中指三指的指腹部为着力部位,捏住一定部位,将皮肉捏起,对称用力做连续捻转挤捏的一种手法。

[操作] 沉肩、垂肘、自然呼吸,以腕关节活动带动掌指关节做连续不断的、灵活轻快的捻转挤捏,不能跳跃和间断,移动缓慢,用力柔和、均匀。用于脊柱时,其操作较为特殊,即用拇指指面顶住皮肤,食指、中指两指前按,二指同时对称用力提拿捻捏,双手交替移动向前;或食指屈曲,以中节指骨桡侧顶住皮

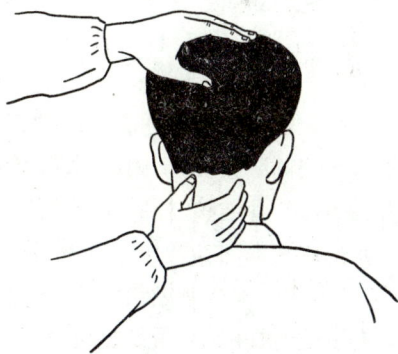

图 3-55　拿法

肤,拇指前按,两手同时对称用力提拿捻捏,双手交替移动向前,从尾部捏至大椎穴。一般每次捏 3～5 遍,在捏第 2 遍、第 4 遍时,每捏 3 下,双手即用力将皮肤向上提一下,称为“捏三提一法”,也称之为“捏脊疗法”。(图 3-56)

[应用] 本法适用于颈项部、四肢及背脊等部位,具有舒筋通络、行气活血等作用。捏脊疗法对消化系统病证有较好的治疗作用,可增强体质,故无论小儿、成人均可运用。

(13) 掐法

[定义] 用拇指指甲为着力部位,在一定穴位或部位深深地掐压的一种手法。

[操作] 沉肩、垂肘,用力平稳,以被掐压穴位或部位有得气感为度。掐取的穴位或部位要准确无

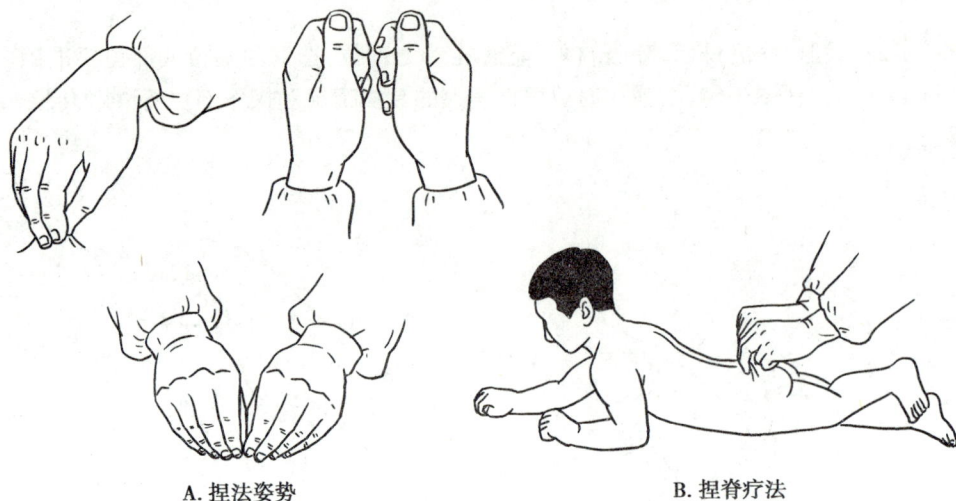

A. 捏法姿势　　　　　　　　　　B. 捏脊疗法

图 3-56　捏法

误。使用时,要突然用力,快速掐取某穴位,如人中穴,或掐压某部位,以患者清醒为度,掐后常以揉法来缓解其对局部的刺激。(图 3-57)

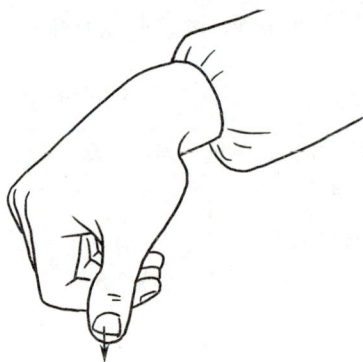

图 3-57　掐法

[应用] 本法一般临床很少使用,常作为急救时的主要手法而运用于昏迷、惊风、肢体痉挛、抽搐等病症的治疗,具有开窍醒神、镇惊止痛、解除痉挛等作用。本法亦是小儿推拿的主要手法之一,多与揉法结合,组成掐揉的复合手法。

(14) 踩跷法

[定义] 用双足前部为着力部位,交替踩踏一定部位的一种方法。

[操作] 患者俯卧,胸部与骨盆部各垫 2~3 个枕头,以使腰部悬空;术者全身放松,以两手先抓住固定在墙上的扶手;以踝关节活动为主,带动足的前掌做连续的交替踩踏与弹跳,足尖不可离开局部。踩踏的力量与弹跳的高度,要根据患者的体质、耐受力与病情来决定。并嘱患者随着弹跳的起落做张口呼吸,严禁屏气。(图 3-58)

本法刺激力较强,因刺激量较难掌握,故在临床操作前要进行认真的训练。对脊柱有骨性病变者,如骨折、骨结核、骨肿瘤等病症,一律禁用;同时对久病体虚,体质虚弱、耐受性极差等人,一般亦不主张选用。本法在操作过程中,须时时观察患者对手法的反应,以防发生意外。

[应用] 本法刺激量大,一般多用于腰骶部,其次为腰背部。临床常用于腰椎间盘突出症的治疗,具有矫正脊柱畸形、帮助复位、舒筋活络等作用。

(15) 振法

[定义] 用手掌掌面或拇指或中指为着力部位,术者将上臂肌肉持续收缩产生振颤,然后将振颤逐渐向下传到指端或掌面,引起着力的部位被动振颤的一种手法。

[操作] 沉肩、垂肘,呼吸自然、均匀、深长。前臂强力地静止性用力,使力量集中于指端或手掌上,产生振颤动作。切不可屏气发力。振动的幅度要小,频率要快,不可断断续续、忽快忽慢、时轻时重。一般每分钟在 400 次左右,振法时间一般在 5~20 分钟。操作时,因其着力部位不同分为指振法、掌振法、大鱼际振法等(图 3-59)。本法一般常用单手操作,也可双手同时操作。

[应用] 本法适用于全身各部,具有和中理气、消食导滞、温经止痛等作用。

(16) 抖法

[定义] 用双手握住肢体远端,用力做缓缓的、连续不断的、小幅度上下抖动的一种手法。

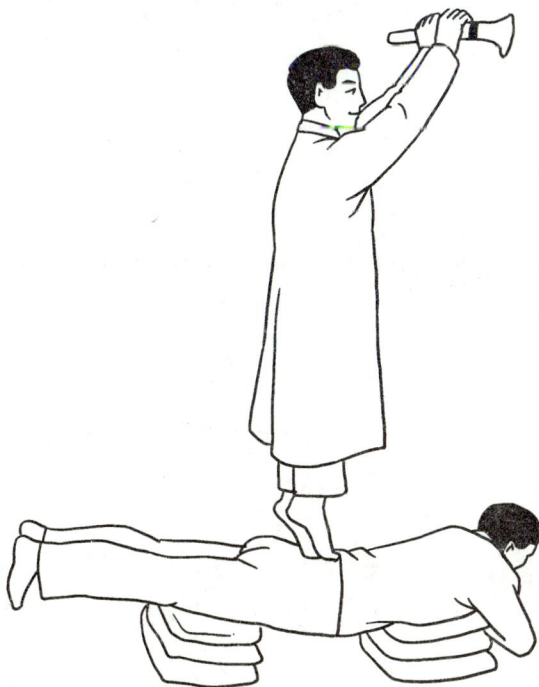

图 3-58 踩跷法

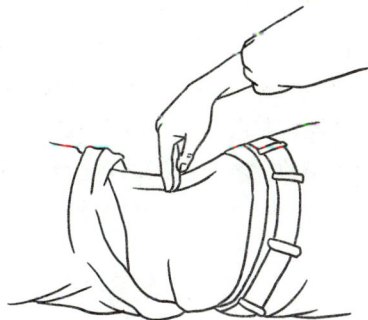

A. 指振法

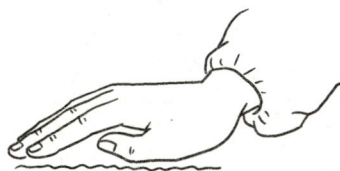

B. 掌振法

图 3-59 振法

[**操作**] 取马步,上身微前倾,沉肩、垂肘,肘关节屈曲 130°左右,两手同时做快速小幅度的抖动,并由小缓慢增大,频率始终保持一致。呼吸自然、均匀、深长,不能屏气,意念在两手,令被抖动的肢体放松。(图 3-60)

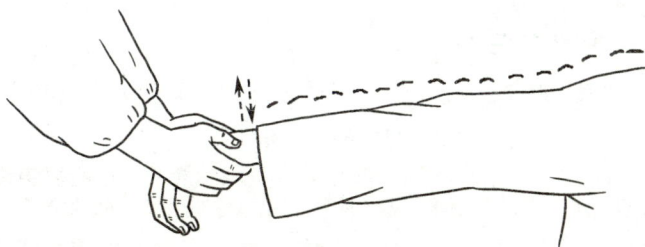

图 3-60 抖法

[**应用**] 本法可用于四肢部,以上肢为常用。临床常与搓法配合运用,作为治疗的结束手法。常与拔伸法结合,组成牵抖的复合手法而多用于腰骶部和下肢部;与提、拿法结合,组成提拿抖,或提抖,或拿抖的复合手法,多用于腰部、膝部、肩部等部位。本法具有调和气血、舒筋通络等作用。

(17)拍法

[**定义**] 用虚掌或实掌或拍子,拍打体表一定部位的一种手法。

[**操作**] 沉肩、垂肘,腕部应放松,然后前臂带动,甩动腕部,掌指关节微屈成虚掌,五指并拢。拍打要平稳而有节奏,拍后迅速提起,拍打的部位要准确一致。(图 3-61)

本法在操作时,可单手操作,亦可双手交替同时操作,操作时一般称用手掌拍为掌拍法,用特制的拍子拍打为拍打法。

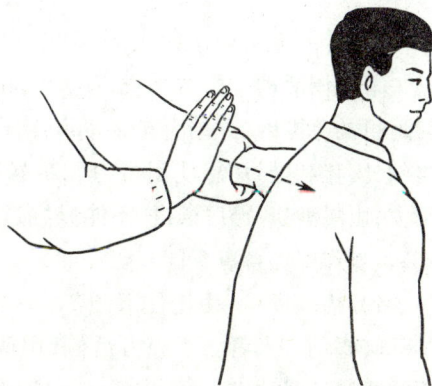

图 3-61 拍法

［应用］本法主要适用于肩背、腰臀及下肢部等部位,常配合其他手法治疗风湿酸痛、局部感觉迟钝或肌肉痉挛等病症,具有舒筋通络、行气活血等作用。

（18）击法

［定义］用拳背、掌根、小鱼际、指端或棒为着力部位,叩击体表一定部位或穴位的一种手法。

［操作］沉肩、垂肘,肘部放松悬屈,叩击时用力平稳着实而有节律。叩击的部位要准确一致,不可偏歪与移动,叩击的力量与次数应根据治疗的需要而定,一般是由轻渐重。本法的刺激力较强,但侧击法刺激较温和,棒击法的刺激量可强可弱,点击法的刺激力最强,临床使用时要根据病情和病人的体质与耐受性等情况选用,否则易发生意外。（图3-62）

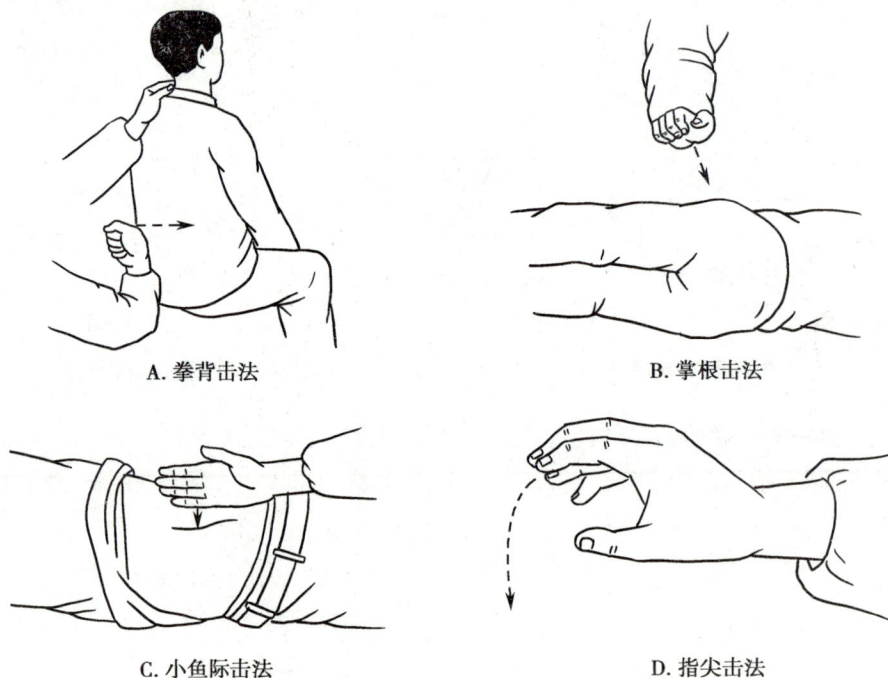

A. 拳背击法　　　　　　　　　　B. 掌根击法

C. 小鱼际击法　　　　　　　　　D. 指尖击法

图3-62　击法

［应用］本法常配合其他手法用于治疗风湿痹痛、局部感觉迟钝、肌肉痉挛、头痛等病症。拳击法常用于腰背部;掌击法常用于头顶、腰臀及四肢部;侧击法常用于腰背及四肢部;指尖击法常用于头面、胸腹部;棒击法常用于头顶、腰背及四肢部。本法具有舒筋通络、调和气血等作用。

（19）摇法

［定义］用一手握住或夹住关节近端肢体,另一手握住或固定关节远端肢体,做缓和回旋转动的一种手法。

［操作］取站势,亦可用马步或弓步,沉肩、垂肘,使肩、肘、腕三关节协调活动。用力平稳,动作缓和,摇动的幅度要在生理功能许可的范围内,并结合被摇动关节的活动受限情况而定,顺其自然,因势利导,切忌使用蛮力和粗暴动作。摇动的幅度应由小渐大,由慢渐快,循序渐进,不能操之过急。摇法因运用部位的不同,其操作要点各有不同。要点如下:

1）摇颈项:一手托住下颌部,一手扶住枕后部,做左右前后的环转摇动。术者立于患者后侧,用两前臂固定患者两肩部,两手拇指顶于风池穴,余四指托住下颌部,做左右前后的环转摇动。（图3-63）

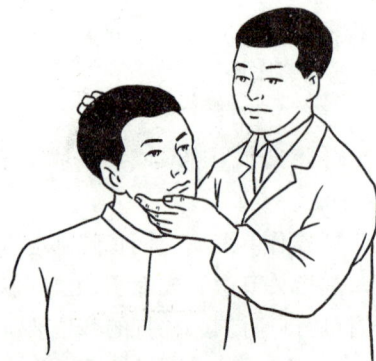

图3-63　颈项部摇法

2）摇腰部：患者端坐，术者立于前侧，两膝夹住患者两大腿以固定下腰，两手夹住患者两肩部，做腰部环转摇动。术者立于患者一侧后部，一手扶住肩部，一手按于腰部，做腰部环转摇动。患者俯卧，术者立于患者一侧，一手托住患者两膝部，一手按于腰部，做腰部环转摇动。

3）摇肩部：一手扶住肩部，一手握住腕部，做肩关节的小幅度环转摇动；一手扶住肩部，一手托住肘部，做肩关节的环转摇动；一手握住腕部做肩关节的大幅度环转摇动，同时另一手自前臂至肩部做掌抹法。（图 3-64）

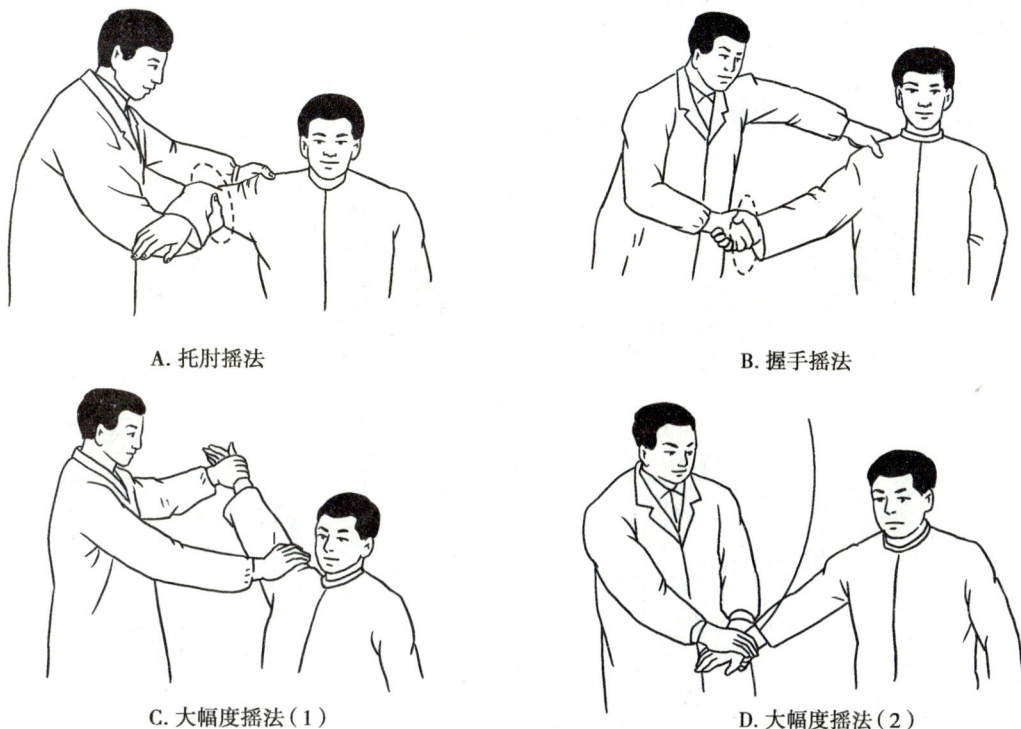

A. 托肘摇法　　　　　　　　　　　　　　　　B. 握手摇法

C. 大幅度摇法（1）　　　　　　　　　　　　　D. 大幅度摇法（2）

图 3-64　肩部摇法

4）摇肘部：一手固定肘部，一手握住腕部，做肘关节的环转摇动。

5）摇腕部：一手握住腕部，一手握住手掌，做腕关节的环转摇动。

6）摇髋部：患者仰卧，屈髋屈膝各呈 90°，术者一手按住膝部，一手握住踝部，做膝关节的环转摇动。（图 3-65）

7）摇膝部：患者屈膝 90°，术者一手握住股骨下端髁部，一手握住踝部，做膝关节的环转摇动。

8）摇踝部：一手托住足跟部，一手握住足背部，做踝关节的环转摇动。（图 3-66）

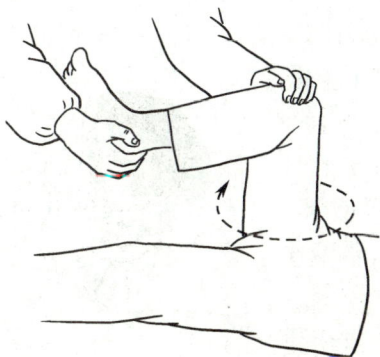

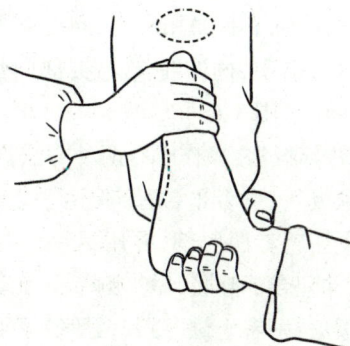

图 3-65　髋部摇法　　　　　　　　　　　　图 3-66　踝部摇法

[应用] 本法适用于四肢关节及颈项、腰等部位,治疗关节强硬、屈伸不利等病症,具有滑利关节、增强关节活动等作用。

(20) 背法

[定义] 术者与患者背靠背站立,用两肘挽住患者肘弯部,将患者反背起来,进行晃动或抖动的一种方法。

[操作] 取马步,两肩放松,两肘弯曲用力,弯腰、屈膝、挺臀,用臀部抵住患者腰骶部或第4、5腰椎部。伸膝将患者背起后,做有节律的晃动或抖动,幅度可大可小,但频率不宜过快,呼吸要自然、均匀,不能屏气,整个动作要协调、统一,用力要稳实(图3-67)。临床中虽运用较少,但只要应用得当,效果较为明显,甚至有立竿见影的功效。不过,对年老体弱及患心血管疾病者,不宜应用。此外,本法在使用时,遇体质壮实者,要认真、审慎,注意防止跌仆,发生意外事故。

A. 弯腰屈膝挺臀   B. 伸膝臀部颤动

图3-67　背法

[应用] 本法适用于腰或腰骶部损伤性疾病,常用于治疗腰部扭闪疼痛及腰椎间盘突出症等病症。本法具有缓解腰肌痉挛、整复腰椎小关节错缝、帮助椎间盘突出物还纳等作用。

(21) 扳法

[定义] 用两手分别固定关节的远端和近端,或肢体的一定部位,做相反方向或同一方向用力扳动的一种方法。

[操作] 取站势,沉肩、垂肘,两手用力稳实、恰当,配合协调,同时向同一方向或相反方向扳动,不可硬扳或施以暴力,整个操作要缓和准确。扳动的幅度要在正常的生理活动范围内,并结合病变关节的活动度而定,一般为由小到大、循序渐进,不得强求。因扳动的部位不同,其操作要点亦各异。

1) 颈项扳法:患者坐位,颈前屈到某一需要的角度后,术者在其背后,用一肘部托住其下颏部,手则扶住其枕部(向右扳则用右手,向左扳则用左手),另一手扶住患者肩部。托扶其头部的手用力,先做颈项部向上牵引,同时把患者头部向患侧被动旋转至最大限度后,再做扳法。(图3-68)

2) 胸背部扳法:操作时有两种方法。

拇指顶扳法:患者坐位,令其两手上举交叉扣住,置于头顶部。术者一手托住患者两肘部,并用另一手拇指顶住患者背部,嘱患者自行俯仰,并配合深呼吸,做扩胸牵引扳动(图3-69)。

膝顶扳法:患者坐位,令其两手交叉扣住,置于项部。术者在其后面,用两手从患者腋部伸入其上臂之前,前臂之后,并握住其前臂下段,同时术者用一侧膝部顶住患者脊柱。嘱患者身体略向前倾,

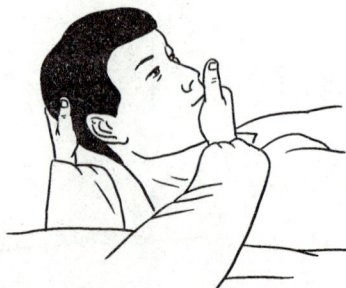

图3-68　颈项扳法

术者两手同时向后上方用力扳动。（图 3-69）

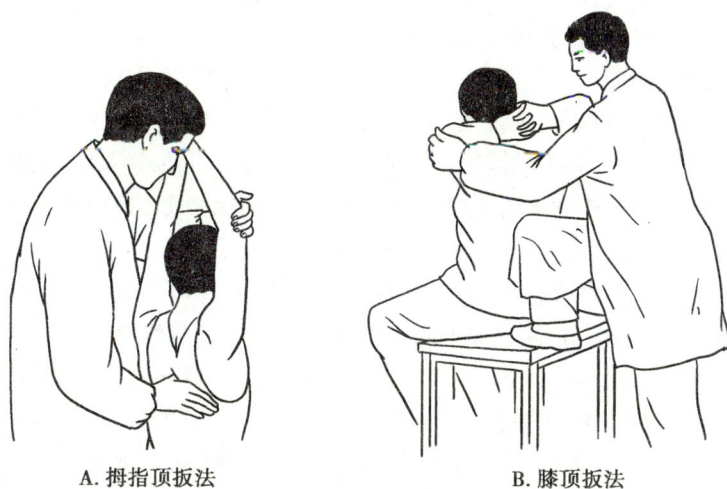

A. 拇指顶扳法　　　　　　　　B. 膝顶扳法

图 3-69　胸背扳法

3）腰部扳法：本法操作时，常用的有斜扳法、旋转扳法、后伸扳法三种。

斜扳法：患者侧卧位，术者用一手抵住患者肩前部，另一手抵住臀部，或一手抵住患者肩后部，另一手抵住髂前上棘部。把腰被动旋转至最大限度后，两手同时用力做相反方向扳动。（图 3-70）

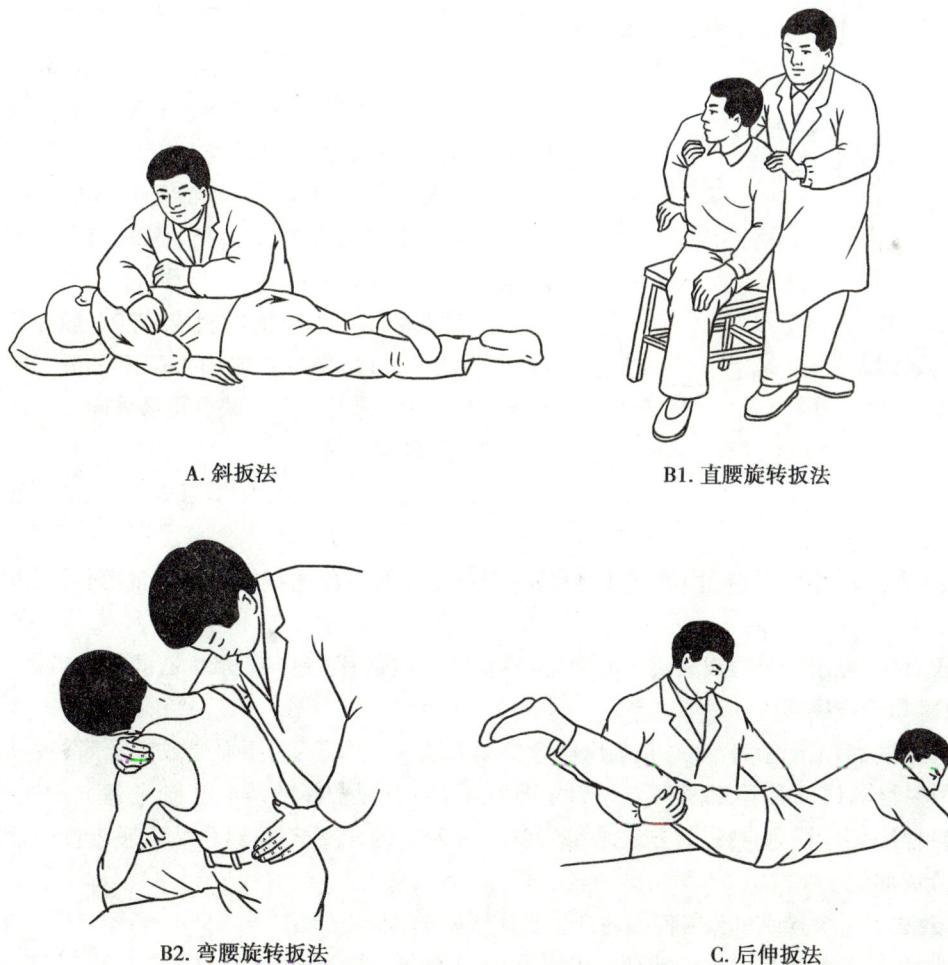

A. 斜扳法　　　　　　　　B1. 直腰旋转扳法

B2. 弯腰旋转扳法　　　　　　　　C. 后伸扳法

图 3-70　腰部扳法

旋转扳法:有两种操作方法。

直腰旋转扳法:患者坐位,术者用腿夹住患者下肢,一手抵住患者近术者侧的肩后部,另一手从患者另一侧腋下伸入抵住肩前部,两手同时用力做相反方向扳动。

弯腰旋转扳法:患者坐位,腰前屈到某一需要角度后,一助手帮助固定患者下肢及骨盆。术者用一手拇指按住需扳动的脊椎的棘突(向左旋转时用右手),另一手勾扶住患者项背部(向左旋转时用左手),使其腰部在前屈位时再向患侧旋转。旋转至最大限度时,再使其腰部向健侧侧弯方向扳动。

后伸扳法:患者仰卧位,术者一手托住患者两膝部,缓缓向上提起,另一手紧压在腰部患处,当腰后伸到最大限度时,两手同时用力做相反方向扳动。

扳法操作时动作必须果断而迅速,用力要稳,两手动作配合要协调,扳动幅度一般不能超过各关节的生理活动范围。本法对年老体弱、久病体虚者慎用,对患有关节或脊柱骨性病变、关节或脊柱本身发育不良,或关节、脊柱强直、僵硬,或关节、脊柱有严重畸形者,均禁用。总之,本法属被动活动关节的一类手法,应用时一定要诊断明确,审慎选用。

[应用]本法临床常和其他手法配合使用,常用于脊柱及四肢关节等部位,治疗关节错位或关节应用障碍等病证,具有舒筋通络、滑利关节、纠正解剖位置失常等作用。

三、拔罐疗法

拔罐疗法又称火罐疗法或吸筒疗法。是以罐为工具,利用燃烧、抽吸、蒸汽等方法造成罐内负压,使罐吸附于腧穴或体表的一定部位,以产生良性刺激,达到调整机体功能、防治疾病目的的外治方法。

(一)罐具种类

临床常用的有竹罐、陶瓷罐、玻璃罐三种(图 3-71)。

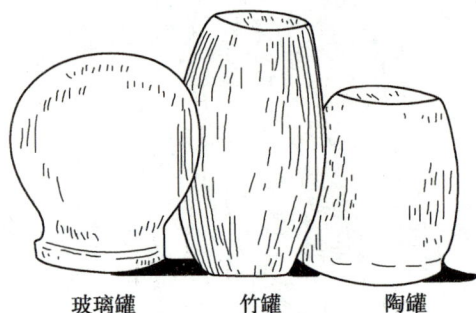

图 3-71　常用的罐具

1. **竹罐**　用坚固的细毛竹制成,一端留节为底,一端为罐口,中间略粗,形同腰鼓。竹罐轻巧价廉,且可就地取材。缺点是易爆裂而漏气。

2. **陶罐**　由陶土烧制而成,罐的两端较小,中间外展,形同腰鼓。陶罐吸力大,吸附时间长。缺点是易破碎。

3. **玻璃罐**　由玻璃加工制成。其形如球状,下端开口,口小肚大,口边微厚而略向外翻而平滑。质地透明,易于观察,现临床上多用。缺点是易破碎。

(二)拔罐方法

临床常用的拔罐方法主要有火罐法、水罐法、抽气法三种。

1. **火罐法**　即用火力将罐内的气体排出,从而产生负压吸附的拔罐方法。常用竹罐、陶瓷罐、玻璃罐。

(1)投火法:可用于全身拔火罐。方法是:将易燃软质纸片(卷)或 95% 乙醇棉球点燃后投入罐内,迅速将罐扣于应拔部位。

(2)闪火法:多用于全身治疗,是临床医疗常用方法。方法是:用止血钳或镊子等夹住 95% 乙醇棉球,一手握罐体,罐口朝下,将棉球点燃后立即伸入罐内摇晃数圈随即退出,速将罐扣于应拔部位。

(3)贴棉法:多用于侧身位。方法是:将直径 1~2cm 的 95% 乙醇棉片贴于罐内壁,点燃后迅速将罐扣于应拔部位。

2. **水罐法**　用水煮或水蒸气使罐内产生负压吸附的拔罐法。

(1)水煮法:将竹罐放入水中或药液中煮沸 2~3 分钟,然后用镊子将罐倒置(罐口朝下)夹起,迅速用多层干毛巾捂住罐口片刻,以吸去罐内水液,降低罐口温度(但保持罐内热气),趁热将罐拔于应拔部位,然后轻按罐具30秒左右,令其吸牢。

（2）蒸汽法:将水或药液(勿超过壶嘴)在小水壶内煮沸,至水蒸气从壶嘴或套于壶嘴的皮管内大量喷出时,将壶嘴或皮管插入罐内2~3分钟后取出,速将罐扣于应拔部位。

3. 抽气法　用抽气设备,如注射器、电动吸引器等排出罐内气体,使之产生负压吸附的拔罐法。此为新型拔罐疗法,可以避免烫伤,调整负压大小,操作简便。

（三）起罐方法

一般留罐时间为5~20分钟即可起罐,如用玻璃罐,待局部呈红紫色即可起罐。若肌肤反应明显、皮肤薄弱、年老与儿童则留罐时间不宜过长。起罐方法是一手握住罐体腰底部稍倾斜,另一手拇指或食指按压罐口边缘的皮肤,使罐口与皮肤之间产生空隙,空气进入罐内,即可将罐取下。拔罐后局部红紫痕数日即消失;如起水疱,应注意不要擦破,一般3~5天即可吸收。

（四）适应证与禁忌证

拔罐疗法适用于肩背痛、腰腿痛、胃痛、咳嗽、痈疽初起等病症。单罐应用于病变范围较小的穴位或压痛点等部位,如胃痛可拔中脘穴,冈上肌腱炎可拔肩髃穴。多罐应用于病变范围广泛的部位,采用数个或十多个罐同时进行治疗。

拔罐疗法的禁忌病证:急性严重疾病、接触性传染病、严重心脏病、心力衰竭;皮肤过敏、传染性皮肤病,以及皮肤肿瘤(肿块)部、皮肤溃烂部;血小板减少性紫癜、白血病及血友病等出血性疾病;心尖区体表大动脉搏动处及静脉曲张处;精神分裂症、抽搐、高度神经质及不合作者;急性外伤性骨折、中度和重度水肿部位;瘰疬、疝气及活动性肺结核;眼、耳、口、鼻等五官孔窍部。

（杜广中）

复习思考题

1. 试述十二经脉的走向和交接规律。
2. 试述腧穴的基本概念及其分类。
3. 试述腧穴常用的定位法。
4. 临床上针刺常用的行针手法有哪些?
5. 试述针灸的选穴原则,常用的配穴方法有哪些。
6. 试述晕针的原因,如何处理。
7. 耳针疗法的注意事项有哪些?
8. 简述推拿临床常用的八大治法及适应证。

下 篇

第一章 内科常见病证

内科常见病证的主要内容是外感和内伤杂病,按其体系分为肺系病证(感冒、咳嗽、喘证),心系病证(心悸、胸痹、不寐、痴呆),脾胃病证(胃脘痛、泄泻、便秘),肝胆病证(胁痛、黄疸、中风、眩晕、头痛),肾系病证(水肿、淋证、遗精),气血津液病证(郁证、血证、消渴、痰饮、汗证、肥胖、内伤发热),肢体经络病证(痹证、腰痛、痿证)。

第一节 感 冒

感冒是感受触冒外邪所导致的常见外感疾病。以鼻塞、流涕、喷嚏、恶寒、发热、咳嗽、头痛、全身不适、脉浮等为主要临床表现。感冒全年均可发病,但以冬、春季节为多,有一定传染性。病情较轻者称"伤风";而病情较重,且在一个时期、一定范围内引起广泛流行,不分男女老少,病后临床表现相类似者,称为"时行感冒"。

现代医学中的普通感冒、急性上呼吸道感染属于本病范畴,可参考本节进行辨证论治。流行性感冒属于时行感冒,部分可参考本节辨证论治,若较重者可进一步参考温病等相关内容。

【病因病机】

1. **外感邪气** 感冒是由于六淫、时行疫毒侵袭人体而发病。以感受风邪为主因,但在不同的季节,往往夹杂其他当令时邪而侵入人体,多从人体皮毛、口鼻而入,如冬季多风寒,春季多风热,夏季多夹暑湿,秋季多兼燥邪,其中尤以风寒、风热多见。时行感冒因感受时邪疫毒而致病,其特点为发病急,病情重,具有广泛传染性、流行性,且不限于季节性,较一般感受当令时邪的普通感冒为甚。

2. **卫外不固** 感受外邪是否发病,取决于感邪的轻重与人体正气的强弱。若外感之邪猖獗,或体虚卫表不固,均可致外邪自人体皮毛、口鼻而入,侵犯肺卫,致营卫失和,肺气失宣,从而出现卫表不和及肺系证候。由此可见,卫表失司、肺失宣肃是感冒的主要病机。其证候表现也与四时六气不同、体质差异有关,如素体阳虚者易受风寒,阴虚者易受风热,痰湿内盛者易受外湿,常内外相因为病。而若体质偏弱感冒者,则为虚体感冒,如气虚感冒、阴虚感冒等。

感冒病位在肺卫,基本病机是邪犯肺卫,卫表不和,肺失宣肃。

【辨证论治】

辨证需分清实证和虚证,实证感冒属于表实证,治疗以解表达邪为主;虚体感冒属于正虚肺卫不和,治疗以扶正解表并施。因此,临证时必须根据证情,确定病邪性质,区别风寒、风热、暑湿及虚体感冒等不同证候,灵活采取相应的治疗方法。

1. **实证感冒**

(1)风寒束表

[**证候**]恶寒重,发热轻,头痛无汗,肢节酸痛,鼻塞流清涕,喉痒,咳嗽,咳痰清稀,舌苔薄白,脉浮紧。

[**证候分析**]风寒束表,卫阳被遏,腠理闭塞,故见恶寒、无汗,正邪相争,故发热;风寒外袭,致肺气失宣,上窍不利,故见鼻塞、喉痒、咳嗽,寒性清澈,故鼻流清涕,痰液清稀;经络失和,阳气不能宣通,故头痛、肢节酸痛。舌苔薄白,脉浮紧为风寒之邪在表之征。

[**治法**]辛温解表,宣肺散寒。

[**方药**] 荆防败毒散(荆芥、防风、羌活、独活、柴胡、前胡、川芎、枳壳、茯苓、桔梗、甘草)加减。表寒重者,可加麻黄、桂枝等;鼻塞、头痛明显者,可加白芷、苍耳子等;初起病情轻者,可用葱豉汤(葱白、淡豆豉)加杏仁、紫苏、防风、荆芥等;若兼见头重体倦、胸闷泛恶、纳呆或腹泻、口淡、舌苔白腻等,为风寒夹湿,可用羌活胜湿汤(羌活、独活、川芎、蔓荆子、防风、藁本、炙甘草)加藿香、神曲、厚朴、陈皮等。

(2)风热犯表

[**证候**] 发热重,微恶风,或有汗出,头痛且胀,咳嗽,痰黏或黄稠,口干微渴,咽燥,咽喉或乳蛾红肿疼痛,鼻塞,流黄涕,舌边尖红,苔薄白或微黄,脉浮数。

[**证候分析**] 风热侵表,正邪相争,故发热,卫阳受遏较轻,故微恶风;风热犯表,热蒸肌肤,皮毛腠理开泄,故汗出;风热上扰,故头痛且胀;风热犯表,肺失宣肃,故咳嗽,痰黏或黄稠;热邪伤津,故口干微渴,咽燥;风热上循清道,故咽喉或乳蛾红肿疼痛。舌边尖红、苔薄白或微黄,脉浮数,为风热侵袭肺卫之征。

[**治法**] 辛凉解表。

[**方药**] 银翘散(金银花、连翘、淡豆豉、牛蒡子、薄荷、荆芥穗、苦桔梗、甘草、竹叶、鲜芦根)加减。如头痛较甚,可加桑叶、菊花等;咽痛甚,加板蓝根、马勃、玄参等;咳嗽痰多黏或黄稠者,可加瓜蒌、浙贝母、杏仁、前胡等;时行热毒症状明显者,当加清热解毒之品,如大青叶、板蓝根、蒲公英等;如兼见头痛体倦,胸闷泛恶,小便黄,舌苔黄腻者,为风热夹湿,可加藿香、佩兰、滑石、扁豆花等。

(3)暑湿伤表

[**证候**] 身热,微恶风,有汗不解,肢体酸重或疼痛,头重而晕,咳嗽痰黏,鼻流浊涕,心烦,渴不多饮,胸闷泛恶,小便短赤,舌苔黄腻,脉濡数。

[**证候分析**] 暑邪侵犯肌表,表卫不和,故身热、微恶风;暑性炎热,蒸腾津液,故见口渴、汗出、心烦、小便短赤;暑多夹湿,湿为阴邪,其性黏滞,故虽汗出而热不退,口虽渴而不多饮;暑湿袭表,肺卫不宣,鼻窍不利,故咳嗽痰黏,鼻流浊涕;湿性重浊,留滞肌肉筋骨,故肢体酸重或疼痛;湿邪阻遏清阳,故头重而晕;脾阳受遏,气机不行,故胸闷泛恶。舌苔黄腻,脉濡数为暑湿之征。

[**治法**] 解表清暑,芳香化湿。

[**方药**] 新加香薷饮(香薷、鲜扁豆花、厚朴、金银花、连翘)加减。若暑热偏盛,可加栀子、青蒿等;若里湿偏盛,可加藿香、佩兰、苍术、薏苡仁、荷叶等;小便短赤可加六一散(滑石、甘草)。

2. 虚体感冒

(1)气虚感冒

[**证候**] 恶寒较重,或发热,热势不盛,头痛身楚,鼻塞,咳嗽,痰白,平素倦怠无力,气短懒言,反复易感,舌淡,苔白,脉浮无力。

[**证候分析**] 素体气虚,卫外不固,腠理疏松,易感风寒之邪,乃气虚感邪之特征。风寒袭表,营卫失和,邪正相争,而卫阳不足,邪正相争不甚,故见恶寒发热,热势不盛,头痛身楚;肺气不宣,清窍不利,则见鼻塞、咳嗽、痰白等;素体肺气亏虚,卫外不固,故见倦怠无力、气短懒言,反复易感。舌淡,苔白,脉浮无力均为气虚外感之象。

[**治法**] 益气解表。

[**方药**] 参苏饮(人参、紫苏叶、葛根、前胡、半夏、茯苓、陈皮、甘草、桔梗、枳壳、木香)加减。若表虚自汗,易受风邪者,可常用玉屏风散(黄芪、防风、白术)益气固表。

(2)阴虚感冒

[**证候**] 身热,微恶风寒,少汗,头痛头晕,心烦口渴,手足心热,干咳少痰,舌红,少苔,脉细数。

[**证候分析**] 阴虚之体,肺有燥热。复感外邪,营卫失和,邪正相争,故见身热、微恶风寒;阴虚津少,不能作汗,故无汗或微汗;肺阴不足,宣降失司,故干咳少痰;阴虚生内热,故手足心热;虚火上扰于心,故心烦口渴;阴不敛阳,虚阳上亢,故头痛头晕。舌红,少苔,脉细数为阴虚有热之象。

[**治法**] 滋阴解表。

[方药] 加减葳蕤汤（玉竹、生葱白、桔梗、白薇、淡豆豉、薄荷、炙甘草、大枣）加减。如表证明显，可加荆芥、桑叶等；咳嗽咽干，咯痰不爽，可加牛蒡子、沙参、瓜蒌皮等；心烦、口渴较甚者，可加竹叶、天花粉、麦冬等。

（贾爱明）

复习思考题

1. 感冒的主要病机与治则是什么？
2. 风寒感冒与风热感冒的辨治有何异同？

第二节　咳　　嗽

咳嗽是指因肺失宣降而出现以发出咳声或伴有咳痰为主要表现的病证。分别言之，"咳"指有声无痰，"嗽"是有痰无声，一般为痰声并见，故以咳嗽并称。咳嗽既是独立的一种疾患，又是肺系多种疾病的一个症状。本证病位主要在肺系，但"五脏六腑皆令人咳，非独肺也"，只要其他脏腑病变累及肺脏，导致肺失宣降，肺气上逆，均可引起咳嗽。本节重点论述以咳嗽为主要表现的肺系病证，其他疾病兼见咳嗽的，可与本节互参。

现代医学中的急性气管-支气管炎、慢性支气管炎、支气管扩张、肺炎等疾病出现以咳嗽为主症者，可参考本节进行辨证论治。

【病因病机】

1. **外感淫邪**　外感六淫之邪，以风邪为先导，常夹以寒、热或燥邪，从口鼻或皮毛侵袭于肺系，致肺气宣肃失常，肺气上逆，引起咳嗽。

2. **饮食不节**　嗜烟好酒，熏灼肺胃，酿生痰热；或过食辛辣烤炙肥甘之品，脾胃受损，痰浊内生，痰邪干肺；或素体脾虚，运化水液失常，痰浊内生，上干于肺，肺气上逆而咳嗽。

3. **情志内伤**　情志不畅，肝失条达，日久气郁化火，循经上逆犯肺而发咳嗽。

4. **肺脏自病**　肺系多种疾病迁延不愈，致肺阴亏耗，失于清润，气逆于上，或肺气不足，肃降无权，而致咳嗽。

咳嗽病变部位在肺系，涉及脾、肝、肾等多个脏腑。外感咳嗽为六淫外邪侵袭肺系；内伤咳嗽原因很多，总由脏腑功能失调，内邪干肺所致。咳嗽基本病机为邪犯于肺，肺失宣肃，肺气上逆。

【辨证论治】

咳嗽的辨证，首当区别外感与内伤之所属，治疗应分清邪正虚实。外感咳嗽，起病较急，病程短，并伴有外感表证，多属邪实，治疗以祛邪利肺为主，不宜过早使用收涩、镇咳之品，以免敛涩留邪，同时注意化痰顺气；内伤咳嗽，发病较缓，病程较长，兼见它脏里证表现，多邪实正虚互见，病理因素主要为痰与火，痰有寒热之分，火有虚实之异，治宜祛邪止咳，调理脏腑，标本兼顾。临床调理脏腑常运用健脾、养肺、补肾、清肝法。

1. **外感咳嗽**

（1）风寒袭肺

[证候] 咳嗽，痰白稀薄，鼻塞流清涕，咽痒声重，头痛，恶寒发热，全身酸痛，舌苔薄白，脉浮或浮紧。

[证候分析] 风寒袭肺，肺失宣降，则咳嗽，咽痒声重；鼻窍不利，故鼻塞流清涕；风寒束表，腠理闭阻，卫外之阳被遏，故见恶寒发热，无汗头痛，全身酸痛；风寒犯肺，肺气不宣，故痰白而稀。舌苔薄白，脉浮或浮紧为风寒在表之象。

[治法] 疏风散寒，宣肺止咳。

[方药] 杏苏散（杏仁、紫苏叶、陈皮、半夏、生姜、枳壳、桔梗、前胡、茯苓、甘草、大枣）加减。寒邪

较重者,可加麻黄、细辛等;咽痒声重甚者,可加蝉蜕、牛蒡子等;鼻塞流涕者,可加苍耳子、辛夷花等。若外感咳嗽迁延不愈,表邪未尽,咽痒而咯痰不畅者,可选用止嗽散(紫菀、百部、荆芥、桔梗、甘草、陈皮、白前)加减。

（2）风热犯肺

[证候] 咳嗽,气粗或声嘶,咯痰不爽,痰黄黏稠,咽燥喉痛,或兼身热,恶风,头痛,身楚,鼻流黄涕,汗出,口干,舌苔薄黄,脉浮数。

[证候分析] 风热犯肺,肺失清肃,热炼津液成痰,故见咳嗽,气粗或声嘶,咯痰不爽,痰黄黏稠,肺热伤津则咽燥喉痛,口干;风热之邪侵袭肌表,卫阳受遏,邪正相争,故身热、恶风、身楚;风主疏泄,风热犯表,皮毛腠理开泄,故汗出;风热上扰清阳,故头痛。舌苔薄黄,脉浮数为风热侵于肺卫之象。

[治法] 疏风清热,宣肺止咳。

[方药] 桑菊饮(桑叶、菊花、连翘、薄荷、桔梗、杏仁、芦根、甘草)加减。发热较重,可加黄芩、大青叶、栀子等;咽喉疼痛者,可加板蓝根、玄参、射干等;痰稠难咯者,可加瓜蒌皮、冬瓜仁、蒲公英等;咽燥口干明显者,可加天花粉、南沙参等。

（3）风燥伤肺

[证候] 咳嗽,喉痒,痰少或干咳无痰,或痰带血丝,咳引胸痛,鼻燥,咽喉干痛,初起或微恶寒,身热头痛,舌尖红,苔薄白或薄黄而干,脉浮数。

[证候分析] 风燥之邪伤肺,肺失清润,肺气不利,故见咳嗽,喉痒;燥易伤津,故见痰少或干咳无痰,鼻燥,咽喉干痛;如燥热之邪伤及肺络,则痰带血丝,咳引胸痛;卫表失和,则可见微恶寒,身热头痛。舌尖红,苔薄白或薄黄而干,脉浮数为风燥伤津之象。

[治法] 疏风清肺,润燥止咳。

[方药] 桑杏汤(桑叶、杏仁、沙参、浙贝母、豆豉、栀子、梨皮)加减。口渴甚者,可加天花粉、麦冬、玉竹等;胸胁痛者,可加郁金、桃仁等;痰中带血者,可加藕节、白茅根等。若为凉燥所致咳嗽,乃燥邪与风寒并见,表现为痰质清稀,干咳少痰或无痰,鼻咽干燥,兼恶寒发热、无汗、头痛等,则可选杏苏散(苦杏仁、紫苏叶、橘皮、半夏、枳壳、桔梗、前胡、茯苓、甘草、生姜、大枣)加百部、紫菀、款冬花治疗。

2. 内伤咳嗽

（1）痰湿蕴肺

[证候] 咳嗽,咳声重浊,痰多色白而黏或稠厚成块,晨起或食后咳甚,胸闷脘痞,纳呆,身重体倦,大便时溏,舌胖,苔白腻,脉濡滑。

[证候分析] 脾虚生痰,上渍于肺,阻碍肺气,肺气不利,故咳嗽痰多,色白而黏或稠厚,胸闷脘痞;湿困脾阳,脾失健运,则纳呆便溏,身重体倦。舌胖,苔白腻,脉濡滑乃痰湿停积之象。

[治法] 燥湿健脾,化痰止咳。

[方药] 二陈汤(半夏、陈皮、茯苓、炙甘草、生姜、乌梅)加减。可加苍术、厚朴增强燥湿化痰之功效。若呼吸不畅者,可加紫苏梗、枳壳等;久咳不止者,可加党参、白术等;伴发热者,可加桑白皮、黄芩等。

（2）痰热壅肺

[证候] 咳嗽,或气促,或喉中有痰声,痰多色黄而黏,咯痰不爽,或痰中带血,或咯痰有腥味,胸胁胀满,咳时引痛,或身热面赤,口渴欲饮,舌红,苔黄腻,脉滑数。

[证候分析] 痰热壅肺,肺失清肃,故咳嗽气促,痰多色黄,质黏稠,咯痰不爽;痰热郁蒸,则咯痰有腥味;热伤肺络,则胸胁胀满,咳时引痛,痰中带血;肺热内郁,灼伤津液,则身热面赤,口渴欲饮。舌红,苔黄腻,脉滑数为痰热之征。

[治法] 清热化痰,宣肺止咳。

[方药] 清金化痰汤(黄芩、栀子、桔梗、麦冬、桑白皮、浙贝母、知母、瓜蒌皮、橘红、茯苓、甘草)加减。若痰稠如脓而腥臭,可加鱼腥草、薏苡仁、冬瓜仁等;胸满咳逆而痰涌者,可加葶苈子;痰热伤津

者,可加天花粉、天冬等。

（3）肝火犯肺

［证候］上气咳逆阵作,咳时面赤,痰黏难咯,咽干口苦,咳引胸胁作痛,舌苔薄黄少津,脉弦数。

［证候分析］肝失条达,郁而化火,肝火犯肺,肺失清肃,自觉气逆于喉而咳嗽阵作;肝火上炎,灼伤津液,故咳则面红,咽干口苦,痰黏难咯;胁肋为肝经循行部位,故咳引胸胁作痛。舌苔薄黄少津,脉弦数为肝火犯肺津亏之象。

［治法］清肝降火,泻肺止咳。

［方药］泻白散(桑白皮、地骨皮、生甘草、粳米)合黛蛤散(青黛、海蛤壳)加栀子、黄芩、天花粉等。若心烦少寐,口舌生疮,可加川黄连、竹叶等。

（4）肺阴亏虚

［证候］干咳,咳声短促,痰少而黏,或咳痰带血,声嘶,口干咽燥,或午后低热,颧红,盗汗,形瘦,神疲,舌红少津,少苔,脉细数。

［证候分析］肺阴亏虚,虚火灼津为痰,肺失濡润,宣降失常,故干咳,咳声短促,或痰少而黏,声嘶,口干咽燥;热伤肺络,则痰中带血;阴虚生内热,故午后低热、颧红、盗汗;阴虚不能充养,则形瘦神疲。舌红少津,少苔,脉细数乃阴虚火旺之象。

［治法］养阴清热,润肺止咳。

［方药］百合固金汤(生地黄、熟地黄、麦冬、贝母、百合、当归、炒芍药、玄参、桔梗、甘草)加减。口渴甚,可加沙参、天冬、天花粉等;咯血者,可加白及、藕节、侧柏叶等。

（贾爱明）

复习思考题

1. 外感咳嗽与内伤咳嗽临床特点有何不同?
2. 如何辨治外感咳嗽?

第三节　喘　证

喘证是以呼吸困难,甚至张口抬肩、鼻翼扇动、不能平卧等为主要临床表现的病证。严重者可发生喘脱。喘作为一个症状,可以出现在多种急、慢性疾病过程中,不仅可由肺系疾病所致,也可因其他脏腑病变影响于肺所致。当喘成为这些疾病某一阶段的主症时,即为喘证,是由肺失肃降、肾失摄纳所致,故与肺、肾二脏关系最为密切。

现代医学中的喘息型支气管炎、肺炎、慢性阻塞性肺疾病、肺源性心脏病及心源性哮喘等疾病出现以喘促为主要临床表现时,可参照本节进行辨证论治。

【病因病机】

1. **外邪侵袭**　外感风寒或风热为常见之外邪,侵袭于肺,阻遏肺气,肺失宣降,发生喘促。

2. **饮食不当**　恣食肥甘、生冷,或嗜酒伤中,脾失健运,痰浊内生,上干于肺,肺气壅阻,不得宣畅,以致气逆喘促。如复加外感之邪诱发,则见痰浊与风寒、邪热等内外合邪的错杂证候。若痰蕴化热,或肺火素盛,炼液成痰,痰火交阻于肺,肺气不得宣降,亦致喘促。

3. **情志所伤**　情志不遂,忧思气结,肺气失畅,则气阻胸中;或郁怒伤肝,肝气上逆犯肺,致肺气宣肃失常,升多降少,气逆于上而喘。

4. **久病劳欲**　久病肺虚,气阴亏耗,气失所主而短气喘促。若病久迁延不愈,由肺及肾,或劳欲伤肾,精气内夺,肾之封藏不固,肾失摄纳,出多入少,逆气上奔而为喘。

外感或内伤等因素,致使肺气上逆,宣降失职,或气无所主,肾失摄纳而发喘证。喘证的发病部位主要在肺和肾,还与肝、脾、心有关。病理性质有虚实之分,各种邪气壅肺者为实,无邪者属虚,主因肺不主气,肾失摄纳引起。临床亦有虚实夹杂、寒热兼见之证。本证到了严重阶段,不但肺肾俱衰,心阳亦可同时受累。此时,往往可发生喘脱危象。

【辨证论治】

喘证辨证时,须首先辨别虚实。实喘呼吸深长有余,呼出为快,气粗声高,脉数有力,病势骤急,其治主要在肺,以祛邪利气为主,要区分寒、热、痰、气的不同;虚喘呼吸短促难续,深吸为快,气怯声低,脉微弱或浮大中空,一般病势徐缓,时轻时重,过劳即甚,治疗着重在肺肾两脏,以培补摄纳为要。虚实夹杂、寒热兼见之证,则须分清主次,权衡标本,辨证施治。若出现喘脱之危证,常配合西医抢救方法。

1. 实喘

（1）风寒犯肺

[证候]喘咳气急,胸部胀闷,痰多稀薄色白,或恶寒发热,头痛无汗,舌苔薄白,脉浮紧。

[证候分析]外感风寒,内舍于肺,寒邪闭肺,肺气不宣,故喘咳气逆,胸部胀闷;寒邪伤肺,凝液成痰,则痰多稀薄色白;风寒束表,皮毛闭塞,卫阳被郁,故可见恶寒、发热、无汗;寒邪凝滞,经气不利,则头痛。舌苔薄白,脉浮紧为风寒在表之征。

[治法]宣肺散寒。

[方药]麻黄汤(麻黄、桂枝、杏仁、炙甘草)加味。喘重者,可加紫苏子、前胡等;痰多,可加半夏、橘红、紫菀、白芥子、苏子等;若得汗而喘未平,可续用桂枝加厚朴杏子汤(桂枝、芍药、炙甘草、生姜、大枣、厚朴、杏仁)。

（2）表寒里热

[证候]喘逆上气,胸胀或痛,甚则息粗鼻扇,咳而不爽,咯痰黄稠,身热,烦闷口渴,或形寒身痛,或大便干结,舌红,苔薄白或黄,脉浮数或滑。

[证候分析]外感寒邪束表,肺有郁热,或表寒未解,内已化热,热郁于肺,肺气上逆,故喘逆,息粗鼻扇,胸胀或痛,咳而不爽,咯痰黄稠;里热内盛,故身热烦闷;热伤津液,则口渴,大便干结;寒邪束表,则形寒身痛。舌红,苔薄白或黄,脉浮数或滑为表寒里热之象。

[治法]宣肺泄热。

[方药]麻杏石甘汤(麻黄、杏仁、石膏、炙甘草)加减。表寒较甚,可加紫苏叶、荆芥、防风等;痰热较盛者,可加黄芩、桑白皮、瓜蒌皮、枇杷叶等;胸满喘急、痰多便秘者,可加葶苈子、大黄等。

（3）痰浊阻肺

[证候]喘咳,痰多色白而黏,咯吐不利,胸中窒闷,或脘痞腹胀,恶心纳呆,口黏不渴,舌苔白腻,脉滑。

[证候分析]痰浊壅肺,气机不畅,宣降失职,肺气上逆,故喘咳,痰多胸闷;痰湿蕴中,脾胃不和,健运失司,故恶心纳呆,脘腹胀闷,口黏不渴。舌苔白腻,脉滑为痰浊内蕴之征。

[治法]化痰降逆。

[方药]三子养亲汤(紫苏子、白芥子、莱菔子)合二陈汤(半夏、陈皮、茯苓、炙甘草、生姜、乌梅)加减。若痰浊内蕴,郁而化火,咳痰黄稠,烦热口干,可加桑白皮、黄芩、知母、瓜蒌仁、海蛤壳等。

（4）气郁伤肺

[证候]发作突然,每遇情志不遂而诱发,发时呼吸短促,咽中如窒,胸胁闷痛,甚则胸盈仰息,或失眠、心悸,或不思饮食,舌苔薄白,脉弦。

[证候分析]郁怒伤肝,肝气冲逆犯肺,肺气不降,故呼吸短促,咽中如窒;肝气郁结,肝肺络气不和,则胸胁闷痛,甚则胸盈仰息;心肝气郁,则失眠、心悸;肝郁脾胃不和,故不思饮食。舌苔薄,脉弦为肝气郁结之征。

[治法]开郁降气平喘。

[方药]五磨饮子(槟榔、沉香、乌药、木香、枳实)加减。咽中窒塞明显,可加半夏厚朴汤(半夏、厚朴、茯苓、紫苏、生姜);若心悸失眠,可加首乌藤、酸枣仁等。

2. 虚喘

(1)肺气虚

[证候]喘促短气,气怯声低,咳声低弱,咳痰稀薄,自汗畏风,平素易感冒,舌淡,脉细弱。

[证候分析]肺为气之主,肺虚则气失所主,故短气而喘,气怯声低;肺气不足,则咳声低弱;气不化津,则咳痰稀薄;肺气虚弱,表卫不固,故自汗畏风,极易感冒。舌淡,脉细弱为肺气虚弱之征。

[治法]补益肺气。

[方药]补肺汤(人参、黄芪、熟地黄、五味子、桑白皮、紫菀)合玉屏风散(黄芪、白术、防风)加减。肺虚有寒,去桑白皮,可加干姜、半夏等;若咽干口燥,盗汗,舌红润,脉细数,为气阴两虚,可加生脉饮(人参、麦冬、五味子)。

(2)肾气虚

[证候]喘促日久,呼多吸少,动则喘息更甚,气不得续,形瘦神惫,小便常因咳甚而失禁,汗出,肢冷面青,舌淡,脉沉细。

[证候分析]喘促日久,肺病及肾,肾为气之根,下元不固,气失摄纳,故喘促,呼多吸少;动则耗气,故动则喘息更甚,气不得续;肾虚精气耗损,形神失养,故形神惫;肾气不固,膀胱失约,故咳甚则小便失禁;阳虚则卫外不固,故汗出;阳气虚衰,不能温养于外,故肢冷面青。舌淡,脉沉细为肾气虚衰之征。

[治法]补肾纳气。

[方药]金匮肾气丸(熟地黄、山茱萸、山药、茯苓、泽泻、牡丹皮、制附子、肉桂)合参蛤散(人参、蛤蚧)加减。病重者,可加五味子、补骨脂、胡桃肉等;若咽干口燥,喘则面红肢冷,舌微红脉细,为阴不敛阳,气失摄纳,可用七味都气丸(熟地黄、山茱萸、山药、牡丹皮、茯苓、泽泻、五味子)合生脉散(人参、麦冬、五味子)。

本证到了严重阶段,肺、肾、心三脏同时衰竭,以致喘急加剧,烦躁不安,汗出肢冷,脉浮大无根,为喘脱危象,属孤阳欲脱之候,可急用参附汤(人参、熟附子)送服黑锡丹[黑锡、生硫黄、川楝子、胡芦巴、木香、制附子、肉豆蔻、阳起石、沉香、小茴香(盐水炒)、肉桂、补骨脂(盐水炒)],并配合西医抢救治疗。

(贾爱明)

复习思考题

1. 实喘与虚喘临床特点有何不同?
2. 如何辨治实喘?

第四节 心 悸

心悸是心中悸动不安,甚则不能自主的一种自觉病证,包括惊悸、怔忡。惊悸多因惊恐、恼怒等情志过极而诱发,病情较轻,实证居多;惊悸日久,可发展为怔忡。怔忡是并未受惊,而自觉心慌不安,稍劳即发,病情较重,多属虚证,或虚中夹实。二者在病因、病情及程度上虽有差异,但又有联系,故统称心悸。本病多为阵发,常因身心劳累或情志波动而发作,与心的关系最为密切。

现代医学中各种原因导致的心律失常、神经症等以心悸为主要临床表现的疾病,可参考本节进行辨证论治。

【病因病机】

1. 七情所伤 素体心虚胆怯,骤受惊恐,惊则气乱,恐则气下,七情扰心,心神动摇,则悸动不安。

此外,大怒伤肝,大恐伤肾,怒则气逆,恐则精却,阴虚于下,火逆于上,动撼心神亦可发为惊悸。

2. **劳倦内伤**　禀赋不足,或久病伤正,或劳倦耗损,心神失养,发为心悸。或多病体弱或失血过多,耗伤阴血,或思虑过度,劳倦伤脾,气血化生不足,心血亏虚;或营阴不足,或热病伤阴,致肾阴亏损,水不济火,阴虚火旺,心火妄动;或久病大病之后,心阳不振,宗阳不能温养心脉,神不守舍;或由心阳不振,或由痹证迁延,气血运行不畅,心血瘀阻,发为心悸。

3. **感受外邪**　风、寒、湿、热等六淫之邪,或温病、疫毒之邪杂至,痹阻血脉,心血运行不畅,或耗损心气心阴,或郁热邪毒内扰心神,发为心悸。

4. **药食不当**　饮食不节,化热生痰,扰动心神;或因用药失当,耗损心气心阴,如中药附子、乌头、雄黄、蟾酥、麻黄等,西药洋地黄、奎尼丁、锑剂、阿托品、肾上腺素等,或补液过多过快。

心悸病机乃气血阴阳亏虚,致心失所养;或邪扰心神,心神不宁。病理有虚实两方面。虚为气、血、阴、阳亏损,实者多是痰火、水饮或瘀血,气血运行不畅,总归心失所养,发为心悸。虚实之间可以互相转化或兼见。

【辨证论治】

心悸先辨虚实。本病有虚有实,常是虚中夹实。次辨标本。气血虚或心阳虚为其本,痰火瘀阻是其标。论治时治本以补气、养血、滋阴、温阳为主,治标以清火、祛痰、化饮、行瘀为主。同时,因惊悸、怔忡均有心神不宁的共同特点,故应酌情加入宁心安神或镇心安神之法。

临床上心悸表现为虚实夹杂时,当根据虚实轻重之多少,灵活应用益气养血、滋阴温阳、化痰涤饮、行气化瘀、养心安神、重镇安神之法。

1. **心虚胆怯**

[证候]心悸不宁,善惊易恐,坐卧不安,多梦易醒,舌苔薄白,脉细略数或细微弦。

[证候分析]心失所养,骤见惊则气乱,恐则气下,致心神不能自主,故心悸怔忡;神无所藏,故善惊易恐,坐卧不安,多梦易醒。脉细略数或细微弦为心虚胆怯之征。

[治法]镇惊定志,养心安神。

[方药]安神定志丸(茯苓、茯神、远志、人参、石菖蒲、龙齿)加琥珀、磁石、五味子、朱砂等。如胸闷气结,精神抑郁,加柴胡、合欢皮、郁金等理气解郁。

2. **心血不足**

[证候]心悸,气短乏力,头晕目眩,失眠健忘,面色不华,唇甲苍白,舌淡,脉细弱。

[证候分析]心主血脉,血虚不能养心,则心悸不宁;其华在面,不荣于外,则面色唇甲苍白;脑神失养,遂头晕目眩,失眠健忘,倦怠乏力。舌淡,脉细弱均为心血亏虚之象。

[治法]补血养心,益气安神。

[方药]归脾汤(人参、白术、黄芪、炙甘草、远志、酸枣仁、茯神、龙眼肉、当归、木香、大枣、生姜)加减。如失眠甚,可加首乌藤、酸枣仁等;心悸较甚,可加生龙骨、生牡蛎、珍珠母等;如脉象结代,心动悸,心烦气短,自汗盗汗,为气阴两虚,可用炙甘草汤加味。

3. **阴虚火旺**

[证候]心悸易惊,五心烦热,虚烦不寐,口干咽燥,腰酸耳鸣,盗汗,头晕目眩,舌红少苔,脉细数。

[证候分析]肾阴亏虚,水不济火,致心火独亢,虚热内扰,则心悸、烦热、不寐、盗汗;阴津亏少,故口干咽燥;阴亏于下,阳亢于上,则头晕目眩,腰酸耳鸣。舌红,少苔,脉细数均为阴虚之象。

[治法]滋阴降火,宁心安神。

[方药]天王补心丹(人参、玄参、丹参、茯神、桔梗、远志、五味子、当归、天冬、麦冬、柏子仁、酸枣仁、生地黄)加减。如肾阴亏损,兼有遗精、腰酸,可加熟地黄、山茱萸、山药等。

4. **心阳不振**

[证候]心悸不安,动则加剧,胸闷胸痛,气短喘促,畏寒肢冷,面色苍白,舌淡,苔白,脉沉细无力或结代。

　　[证候分析] 心阳不振,行血不畅,则见心悸胸闷、气短喘促;心阳虚衰,失于温养,故畏寒肢冷,面色苍白。舌淡,苔白,脉沉细无力或结代属心阳不振之象。

　　[治法] 温通心阳,安神定悸。

　　[方药] 桂枝甘草龙骨牡蛎汤(桂枝、炙甘草、龙骨、牡蛎)加减。若出现汗出肢冷,面唇青紫,气促,脉结代,用参附汤(人参、附子)回阳固脱;如出现心悸气短,头晕目眩,咳嗽,咯稀白痰,腹中有振水声,舌苔白,脉沉弦,宜健脾利湿,温阳化饮,用苓桂术甘汤(茯苓、桂枝、白术、甘草)加味;如出现心悸,头晕,水肿,喘息,小便不利,形寒肢冷,舌淡,苔白滑,脉沉,宜温阳利水,用真武汤(附子、白术、生姜、茯苓、白芍)加减。

　　5. 心血瘀阻

　　[证候] 心悸不安,胸闷胸痛时作,痛如针刺,或见唇甲青紫,舌质紫黯,脉涩或结代。

　　[证候分析] 心脉瘀阻,心失所养,故心悸不安,心痛时作,痛如针刺;气滞血瘀,心阳被遏,故胸闷不舒;脉络瘀阻,则见唇甲青紫。舌质紫黯,脉涩或结代为心血瘀阻之象。

　　[治法] 活血化瘀,理气通络。

　　[方药] 桃仁红花煎(桃仁、红花、丹参、赤芍、香附、延胡索、青皮、当归、川芎、生地黄)加减。如胸闷显著,舌苔腻,有痰浊者,加瓜蒌、薤白、半夏等。

(吴天敏)

复习思考题

　　1. 心悸有哪些病因? 惊悸与怔忡有何异同?
　　2. 心悸各个证型的治法分别是什么?

第五节　胸　痹

　　胸痹是以胸部闷痛,甚则胸痛彻背,喘息不得卧为主要临床表现的病证。胸部闷痛多见膻中或心前区憋闷疼痛,甚则痛彻左肩背、咽喉、胃脘、左上臂内侧等部位,多反复发作,严重者心痛彻背、背痛彻心,常伴心悸、气短、喘息、自汗等症。病位以心为主,发病多与肝、肺、脾、肾功能失调有关。主要病机为心脉痹阻。胸痹进一步发展可为真心痛。

　　现代医学中的冠状动脉粥样硬化性心脏病之心绞痛、心肌梗死与本病关系密切,其他疾病出现胸闷、心痛、气短、喘息不得卧等症状时,亦可参考本节进行辨证论治。

　　【病因病机】

　　1. 寒邪内侵　胸阳不振,外寒乘虚而入。寒主收引,郁遏阳气,致阴寒凝滞,脉络痹阻而作胸痹。

　　2. 饮食失调　饮食不节,嗜食肥甘厚味,或烟酒成癖,以致脾胃运化失健,湿聚成痰,阻滞胸阳,气机不畅,而致胸痹。

　　3. 情志失节　七情失调,如忧思伤脾,脾失健运,聚湿生痰;恼怒伤肝,肝失疏泄,肝气郁结,气郁化火,灼津成痰;均可致心脉痹阻,不通则痛,发为胸痹。

　　4. 正气不足　正气亏损,或先天禀赋不足,或病后调理失当,或年老体弱,或劳倦内伤,可见肾阳衰惫,不能温煦心阳,则心阳不足;肾阴亏虚,则心阴内耗,心阴不足;心阳心阴不足又可致气血运行不畅,濡养无权,而发胸痹。

　　胸痹的主要病机是心脉痹阻,病位在心,涉及肝、肺、脾、肾诸脏。一般说来,胸痹总属本虚标实、虚实夹杂之证。本虚有气虚、气阴两虚、阳气虚衰,标实有血瘀、气滞、寒凝、痰浊,并可相兼为病。

　　【辨证论治】

　　辨证首先辨别虚实,分清标本,标实应区别寒凝、气滞、血瘀、痰浊之不同;本虚又应区别阴阳气血亏虚之不同。治疗宜"急则治其标",以活血化瘀为主,或兼辛温通阳,或兼涤痰泻热,使脉络通而不痛。待邪去痛减,病情缓解后,再"缓则治其本",培补正气,以善其后。若虚实夹杂,当须通补兼施。

1. 心血瘀阻

[证候]胸部刺痛,固定不移,入夜更甚,甚则心痛如绞,彻胸彻背,可因暴怒、劳累而作或加重,舌质紫黯,脉沉涩。

[证候分析]气郁日久,瘀血内停,血脉凝滞,不通则痛,故胸部刺痛,痛处不移;血属阴,夜间属阴,故疼痛入夜更甚;瘀血内阻,脉络不通,心失所养,故胸闷。舌质紫黯,脉象滞涩乃瘀血内停之候。

[治法]活血化瘀,通脉止痛。

[方药]血府逐瘀汤(生地黄、赤芍、枳壳、牛膝、柴胡、当归、川芎、桃仁、桔梗、甘草、红花)加减。胸痛甚者,可加降香、郁金、延胡索、檀香、乳香、没药等。

2. 寒凝心脉

[证候]胸痛彻背,感寒痛甚,胸闷气短,心悸,甚则喘息不能平卧,面色苍白,四肢厥冷,舌苔白,脉沉细。

[证候分析]诸阳受气于胸中而转行于背,阳气不运,气机阻痹,故见胸痛彻背,感寒则气机凝滞加剧而痛甚;胸阳不振,气机受阻,故见胸闷气短,心悸,甚则喘息不能平卧;阳气不足,失于温煦则面色苍白,四肢厥冷。舌苔白,脉沉细均为阳气不振之候。

[治法]通阳宣痹,散寒活血。

[方药]当归四逆汤(当归、桂枝、白芍、细辛、甘草、通草、大枣)。若症见心痛彻背,背痛彻心,痛剧而无休止,身寒肢冷,喘息不得卧,脉象沉紧,为阴寒极盛,胸痹之重证,宜用乌头赤石脂丸(乌头、附子、蜀椒、干姜、赤石脂)合苏合香丸[白术、苏合香油、麝香、青木香、犀角(水牛角代)、香附、朱砂、诃子、白檀香、安息香、沉香、丁香、冰片、荜茇、乳香];若胸痛短气,汗出肢冷,面色苍白,甚至昏厥,舌淡苔白,脉沉细无力,为阳气虚衰,心阳欲脱之征,应急服参附龙牡汤(人参、附片、龙骨、牡蛎)。

3. 痰浊闭阻

[证候]胸闷微痛,痰多气短,阴雨天发作或加重,形体肥胖,倦怠乏力,大便稀溏,舌苔腻,脉滑。

[证候分析]痰浊内停,胸阳不展,气机痹阻,脉络不畅,故胸闷重而心痛轻,痰多气短;痰浊困脾,而脾主运化,主肌肉、四肢,脾失健运则见形体肥胖,倦怠乏力,便溏。舌苔腻,脉滑均为痰浊内阻之征。

[治法]豁痰泄浊,通阳开结。

[方药]瓜蒌薤白半夏汤(瓜蒌、薤白、半夏、白酒)合涤痰汤(制半夏、制南星、陈皮、枳实、茯苓、人参、石菖蒲、竹茹、甘草、生姜)加减。

4. 心肾阴虚

[证候]心痛憋闷,心悸不宁,虚烦不寐,头晕目眩,五心烦热,盗汗,耳鸣,舌红少津,脉细数。

[证候分析]阴虚则气血运行不畅,心脉失养,故见心痛心悸;心肾阴虚,水不济火,虚火内灼,故见心烦不寐,头晕目眩,耳鸣,五心烦热,盗汗。舌红少津,脉细数为心肾阴虚之象。

[治法]滋阴益肾,养心安神。

[方药]左归饮(熟地黄、山萸肉、枸杞子、山药、茯苓、甘草)加味,可加麦冬、五味子、酸枣仁、远志、丹参等。

5. 气阴两虚

[证候]胸闷隐痛,时作时止,气短心悸,动则加剧,头晕目眩,乏力倦怠,少气懒言,易汗出,舌偏红或有齿痕,脉细无力或结代。

[证候分析]气阴亏耗日久,气虚则血行无力,阴虚则脉络不利,均可致气血瘀滞,心脉失养,故胸闷隐痛,心悸;气阴两虚则可见乏力气短,倦怠懒言,自汗,动则益甚,头晕目眩诸症。舌偏红或有齿痕,脉细无力或结代均为气阴两虚之候。

[治法]益气养阴,活血通络。

[方药] 生脉散(人参、麦冬、五味子)合人参养荣汤(人参、当归、白芍、熟地黄、肉桂、黄芪、白术、茯苓、五味子、远志、陈皮、甘草)加减。汗多可加山茱萸、淮小麦。

6. 心肾阳虚

[证候] 胸闷气短,重则胸痛彻背,心悸,自汗出,动则甚,重则汗出如油,神倦肢寒,面色苍白,唇甲淡白或青紫,舌淡白或紫黯,脉沉细或脉微欲绝。

[证候分析] 久病阳气虚衰,胸阳不振,气机痹阻,血脉瘀滞,故见胸闷气短,甚则胸痛彻背,心悸,汗出;肾阳虚衰,故见畏寒肢冷,面色苍白,唇甲淡白或青紫。舌淡白或紫黯,脉沉细或脉微欲绝为阳气虚衰之征。

[治法] 温阳益气,活血通络。

[方药] 参附汤(人参、熟附子)合右归饮(熟地黄、山茱萸、枸杞子、山药、杜仲、附子、肉桂、甘草)加减。若兼气滞血瘀者,可选用丹参、鸡血藤、川芎、桃仁、红花、乳香、没药、薤白等。若兼阳虚不能制水,水气上凌心肺,用真武汤加车前子、黄芪、汉防己、茯苓、泽泻等温阳利水。若阳虚欲脱厥逆者,用四逆加人参汤,益气温阳、回阳救逆;或参附注射液静脉点滴。

(吴天敏)

复习思考题

1. 胸痹的病因、病机、病性为何?
2. 寒凝心脉与心肾阳虚之胸痹证治有何不同?

第六节　不　寐

不寐,即失眠,是指以经常不能获得正常睡眠为主要症状的病证,常伴头晕、头痛、心悸、健忘等,亦称"不得寐"或"目不瞑"。轻者入睡困难,或睡而易醒,醒后不能入睡,或时睡时醒,或寐而不酣;重者则彻夜不寐。不寐主要为机体阴阳不调,气血失和,使心神不安所致。

现代医学中的神经症、围绝经期综合征、慢性消化不良、贫血等疾病以失眠为主要临床表现者,可参考本节进行辨证论治。

【病因病机】

1. **情志所伤**　七情过极均可致脏腑功能失调,进而不寐。或情志不遂,肝气郁结,暴怒伤肝,肝郁化火;或悲忧伤神,心失所养;或暴受惊恐,神魂不安;或喜笑无度,心神不宁;或思虑太过,损伤心脾,心血暗耗,神不守舍。五志过极,心火内盛,扰动心神,遂作不寐。

2. **饮食失常**　暴饮暴食,积食停滞,或饥饿中虚,或进食浓茶、咖啡、酒酪或寒凉之品,胃气失和,脾胃受损,酿生痰热,上扰心神,夜寐不安。

3. **气血虚损**　素体虚弱,或年迈血亏,或久病耗损,或产后失调,或劳倦太过,或过逸少动,致气血亏虚,或久病入络,气血不畅,神机失养而不寐。

不寐每因情志、饮食失常或多种引起气血亏虚的因素,导致阳盛阴衰、阴阳失交,心神不安,神不守舍。病位在心,与肝、脾、肾密切相关。其病机以血虚、阴虚、气虚导致心失所养,或火郁、痰热、瘀血导致心神不安为主。

【辨证论治】

临床辨证首分虚实。虚证多属阴血不足,病在心、脾、肝、肾,治宜滋补肝肾,壮水制火,或益气养血;实证多因肝郁化火,或食滞痰浊,治当疏肝理气,或消导和中,或清火化痰。实证日久,气血耗伤,亦可转为虚证。虚实夹杂者,应补泻兼顾。久病入络,瘀血阻于心脉,需活血化瘀,强调在辨证论治的基础上施以安神镇静。失眠患者除药物治疗外,还应当注意配合精神治疗,缓解患者紧张焦虑情绪。

1. 心脾两虚

[证候] 多梦易醒,醒后不易再睡,心悸,健忘,神疲,食少,面色少华,舌淡,苔薄,脉细弱。

[证候分析] 心主血,脾为生血之源,心脾亏虚,营血不能奉养心神,故多梦易醒,醒后不易再睡,心悸;脾虚失健,气血生化不足,则食少,面色少华,神倦乏力。舌淡,脉细弱均为心脾两虚之象。

[治法] 补益心脾,养血安神。

[方药] 用归脾汤(人参、白术、黄芪、炙甘草、远志、酸枣仁、茯神、龙眼肉、当归、木香、大枣、生姜)加减。如不寐较重,可加柏子仁、首乌藤、龙骨、牡蛎等。

2. 阴虚火旺

[证候] 心烦心悸,辗转不眠,睡梦纷纭,头晕耳鸣,五心烦热,口干津少,腰膝酸软,舌红,脉细数。

[证候分析] 肾阴亏虚,肾水不能上济心火,心火独亢,神不内敛,故心烦失眠,心悸;肾虚则见头晕、耳鸣,腰膝酸软;口干津少,五心烦热,舌红,脉细数均为阴虚火旺之象。

[治法] 滋阴降火,养心安神。

[方药] 黄连阿胶汤(黄连、阿胶、黄芩、鸡子黄、白芍)或天王补心丹(人参、玄参、丹参、茯神、桔梗、远志、五味子、当归、天冬、麦冬、柏子仁、酸枣仁、生地黄)加减。若面热微红,眩晕、耳鸣可加牡蛎、龟甲、磁石、首乌藤等。

3. 心虚胆怯

[证候] 虚烦不眠,多梦易醒,胆怯易惊,心悸,善太息,气短乏力,舌淡,脉弦细。

[证候分析] 心虚则神摇不安,胆虚则善惊易恐,故心烦,多梦易醒,心悸善惊;气短乏力,善太息为气虚之象。舌淡,脉弦细均为气血不足之征。

[治法] 益气镇惊,安神定志。

[方药] 安神定志丸(人参、龙齿、茯苓、茯神、石菖蒲、远志)加减。若胸闷胁胀,善太息者,加香附、郁金以疏肝解郁。若血虚阳浮,不寐较重者,可加酸枣仁、五味子等。

4. 肝火扰心

[证候] 入睡困难,甚则彻夜不眠,性急易怒,口干口苦,目赤耳鸣,甚或头晕头胀,便秘溲黄,舌红,苔黄,脉弦滑数。

[证候分析] 情志不畅,郁怒伤肝,肝郁化火,上扰心神,则不寐而易怒,口干口苦,目赤耳鸣,头晕头胀;火热津伤,故便秘溲黄。舌红,苔黄,脉弦滑或数皆为肝火内盛之征。

[治法] 清肝泻火,佐以安神。

[方药] 龙胆泻肝汤(龙胆、生地黄、木通、泽泻、车前子、当归、柴胡、栀子、黄芩、甘草)加减。如肝胆实火上扰,彻夜不眠,头痛欲裂,大便秘结,用当归龙荟丸(当归、龙胆、黄芩、黄连、黄柏、大黄、栀子、青黛、芦荟、木香、麝香)。

5. 痰热扰心

[证候] 失眠心烦,多梦易醒,胸闷痰多,脘痞纳呆,口苦,头重目眩,舌苔黄腻,脉滑数。

[证候分析] 食滞伤脾,土壅木郁,气机不利,聚湿生痰化热,痰热上扰则心烦不寐,多梦易醒,口苦,头重目眩;胃失和降,故见胸闷痰多,脘痞纳呆。舌苔黄腻,脉滑数均为痰热扰心之象。

[治法] 化痰清热安神。

[方药] 黄连温胆汤(黄连、半夏、陈皮、枳实、竹茹、生姜、甘草、茯苓、大枣)加减。若心悸惊惕不安,可加珍珠母、琥珀、远志、龙骨、牡蛎等。

(吴天敏)

复习思考题

1. 试述不寐的病机和辨证要点。
2. 不寐的各个证型的治法分别是什么?

第七节 痴 呆

痴呆是由髓减脑消、神机失用所导致的一种神志异常的疾病,临床以呆傻愚笨、智能低下、健忘为主要临床表现,重者可终日不语,或闭门独居,或口中喃喃,言辞颠倒,行为失常,忽笑忽哭,或不欲食,数日不知饥饿等。

现代医学中成人的痴呆综合征,包括阿尔茨海默病、血管性痴呆、混合性痴呆、麻痹性痴呆、中毒性脑病、代谢性脑病、正常颅压性脑积水、脑肿瘤等疾病,具有本病临床特征者,可参考本节进行辨证论治。

【病因病机】

1. **正气虚损** 先天禀赋不足,或年老体弱,或久病耗损,或中风等疾病失治误治,积损正伤,导致肾精、阴阳、气血亏虚,致使髓海不足,神机失用,发为痴呆。

2. **七情内伤** 肝失疏泄,脾失健运,则气机郁滞,痰浊蒙蔽;或心火扰神,或积虑耗损,或惊恐伤肾,则神机失养,形成痴呆。

3. **邪毒内蕴** 或外受邪气,或跌仆损伤,或中毒,或脏腑气血失常,气、火、痰、瘀内阻于脑,蒙蔽清窍,神明被扰,而发生痴呆。

痴呆病位在脑,与心、肾、肝、脾均有关系。基本病机是脑髓不足、神机失用。或因精、气、血不足荣养,或因气、火、痰、瘀内阻扰神,而气滞、痰浊、血瘀之间可以相互转化,或相兼为病;气滞日久,可化热,甚或肝阳化风,上扰清窍;虚实之间可以相互转化。

【辨证论治】

本病乃本虚标实之证,临床上多为虚实夹杂。虚为髓海失养、心脾不足、肝肾亏虚,实为气滞、痰浊、瘀血诸邪蒙蔽清窍。虚证者应补虚扶正、充髓养脑为主,实证者应开郁逐痰、活血通窍、平肝泻火为主。此外,在治疗的同时,还应重视精神调摄、智能训练和看护。

1. **髓海不足**

[证候] 智能减退,记忆力、计算力、定向力、判断力明显下降,神情呆钝,语不达意,头晕耳鸣,懒惰嗜卧,腰酸腿软,步履艰难,动作笨拙,齿枯发焦,舌淡,苔薄白,脉沉细弱。

[证候分析] 肾藏精,主骨生髓,肾精亏虚,髓减脑消,脑神失养,则智力减退,呆钝懒惰;肾督虚劳,则腰酸腿软,步履艰难。精血不能荣养齿发,则齿枯发焦。舌淡苔薄白,脉沉细弱,均为髓海亏虚之象。

[治法] 补肾填精,益髓养神。

[方药] 七福饮(熟地、当归、人参、白术、炙甘草、远志、酸枣仁)加减。如腰膝酸软、头晕耳鸣等肝肾阴虚症状明显,可予杞菊地黄丸加减。如言行不经、心烦失眠、舌红少苔等肾阴不足、水不制火症状明显,可用知柏地黄丸加石菖蒲、莲子心、丹参等清心开窍。

2. **脾肾亏虚**

[证候] 表情呆滞,沉默寡言,记忆减退,失认失算,口齿不清,词不达意,腰膝酸软,肌肉萎缩,食少纳呆,气短懒言,口涎外溢或四肢不温,腹痛喜按,鸡鸣泄泻,舌淡白,舌体胖大,苔白或舌红苔少或无苔,脉沉细弱,双尺尤甚。

[证候分析] 脾肾不足,气血生化无权,肾精藏用不足,髓海失其所养,脑神失其所用,遂见呆滞、沉默、失忆、失语等症。肾精虚损,肾阳温煦不足,则腰膝酸软,腹痛喜按,五更泄泻。脾虚运化无力,则食少纳呆,肌肉萎缩,生化气血不足,则气短懒言,口涎不禁,四肢不温。舌淡白,体胖大,苔白或舌红苔少或无苔,脉沉细弱尺甚,俱乃脾肾亏虚之征。

[治法] 补肾健脾,益气生精。

[方药] 还少丹(熟地黄、枸杞子、山茱萸、肉苁蓉、巴戟天、小茴香、党参、杜仲、怀牛膝、楮实子、茯

苓、山药、大枣、石菖蒲、远志、五味子)加减。痴呆日久、阴阳两虚,症见呆钝懒动、喃喃自语、消瘦羸弱、耳鸣耳聋、二便失禁、昼夜颠倒等,可予左归丸合右归丸。

3. 痰浊蒙窍

[证候]表情呆钝,智力衰退,迷路误事,亲疏不辨,或哭笑无常,喃喃自语,或终日无语,呆若木鸡,不思饮食,脘腹胀痛,痞满不适,口多涎沫,头重如裹,舌质淡,苔白腻,脉滑。

[证候分析]饮食不节等致脾失健运,痰浊内生,上蒙清窍,阻滞气机,脑神不明,则见呆钝愚笨,七情失常,头重如裹。痰湿困脾,则见腹胀痞满,不思饮食。舌质淡,苔白腻,脉滑,皆为痰浊壅盛之象。

[治法]豁痰开窍,健脾化浊。

[方药]涤痰汤(制半夏、陈皮、茯苓、甘草、枳实、竹茹、制南星、石菖蒲、人参、生姜)加减。痰浊化热,症见口苦咽干、痰黄稠、舌红苔黄腻,可易制南星为胆南星,加用竹沥、瓜蒌、栀子等清热化痰之品。

4. 瘀阻脑络

[证候]表情迟钝,言语不利,善忘,易惊恐,或思维异常,行为古怪,肌肤甲错,口干不欲饮,双目晦暗,舌暗或有瘀点瘀斑,脉细涩。

[证候分析]外伤或内病,导致瘀血阻滞经络,脑脉痹阻,脑气与脏气不得相接,神失所养,则见迟钝健忘,乖僻古怪,言语不利。气血不荣于外,则肌肤甲错,双目晦暗。瘀血停滞,津不上承,则口干而不欲饮。舌暗或有瘀点瘀斑,脉细涩,均系瘀血阻滞之征。

[治法]活血化瘀,开窍醒脑。

[方药]通窍活血汤(桃仁、红花、赤芍、川芎、麝香、老葱、生姜、大枣、黄酒)加减。如日久见乏力倦怠、眩晕、气短等气虚症状者,可改用补阳还五汤加减。病久入络,可酌加蜈蚣、水蛭、地龙、全蝎、僵蚕等虫类药以破血逐瘀,搜风剔络。

5. 热毒内盛

[证候]迷蒙昏睡,不识人物,或神呆遗尿,二便失禁,或大便干结,或躁扰不宁,谵语妄言,或急躁易怒,心烦焦虑,头晕失眠,口苦口干,目赤溲黄,舌红苔黄,脉弦数。

[证候分析]邪毒内蕴,郁而化热,热毒扰乱元神,神机失守,则见迷蒙昏睡,不识人物,或神呆遗尿,二便失禁,或躁扰不宁,谵语妄言,头晕失眠。心肝火炽,气机逆乱,则急躁易怒,心烦焦虑,口苦目赤。火热伤津,则口干,溲黄,大便干结。舌红苔黄,脉弦数,均系热毒内盛之象。

[治法]清热泻火,定志安神。

[方药]黄连解毒汤(黄连、黄柏、黄芩、栀子)加减。如见便秘、腹满,甚则狂越,可加大黄、生地黄、丹皮。如见神迷躁扰、谵语或口齿不清,舌红绛,为痰迷热闭,可加郁金、石菖蒲,或合用至宝丹。

(吴天敏)

复习思考题

1. 试述痴呆的临床表现和主要病机。
2. 痴呆的辨证要点、各个证型的治法分别是什么?

第八节 胃 痛

胃痛,又称胃脘痛,是以上腹胃脘部近心窝处反复发生疼痛为主症的病证。胃痛据部位可分为上脘、中脘、下脘,疼痛有胀痛、刺痛、隐痛、钝痛、绞痛、灼痛性质的不同,可持续性或发作性,常伴恶心、呕吐、食欲不振、吞酸嘈杂。病位在胃,与肝、脾两脏的关系最为密切。主要病机为胃气阻滞,不通则痛;或胃失濡养,不荣则痛。进一步发展可衍生变证,如便血、反胃、厥脱危证。

现代医学中的急性胃炎、慢性胃炎、消化性溃疡、功能性胃肠病等疾病以上腹胃脘部疼痛为主症者,可参考本节进行辨证论治。

【病因病机】

1. **寒邪客胃**　外感寒邪,内客于胃,寒主收引,气血凝滞,而致胃痛。

2. **肝气犯胃**　忧思恼怒,情志不遂,肝郁气滞,横逆犯胃,胃失和降,不通则痛。病程日久,气滞导致血瘀,瘀阻络脉,则痛有定处,甚者可见吐血、便血等症。

3. **饮食伤胃**　饮食不节,饥饱无常,损伤脾胃之气;或嗜食肥甘厚味,过饮烈酒,以致湿热中阻,壅滞胃脘,而致胃脘作痛。

4. **脾胃虚弱**　禀赋不足,或劳倦内伤,或久病不愈,延及脾胃,或用药不当,皆可损伤脾胃。寒从内生者多为虚寒胃痛;若胃阴受损,胃失濡养,则为阴虚胃痛。

胃痛的发作多由外邪犯胃、情志不畅、脏腑功能失调所致,病位在胃,与肝胆、脾、肾密切相关。主要病机为胃气阻滞,不通则痛;或胃失濡养,不荣则痛。早期多由外邪、情志、饮食所伤,多为邪实;后期多见脾虚、肾虚,往往虚实夹杂。

【辨证论治】

胃痛的辨证,须辨别虚实寒热、在气在血,还应辨夹杂证及脏腑。实证多痛剧,痛有定处,拒按,脉盛;虚证则痛缓无定处,喜按,脉虚。遇寒痛甚,得温则舒为寒证;胃脘灼痛,痛势急迫,得寒痛减为热证。在气者多见胀痛,痛无定处,时痛时止;在血者持续刺痛,痛有定处,舌质紫黯。各证往往不是单独出现或一成不变的,往往相互兼杂和转化,如寒热错杂、虚实夹杂、气血同病等。

胃痛的基本病机是脾胃纳运升降失常,气血瘀阻不畅,即所谓"不通则痛"或"不荣则痛"。治疗以理气和胃止痛为原则,临床上须根据胃痛的不同证候,灵活选用不同的治法。胃痛日久不愈,往往由于化火、伤阴或血瘀所致,当分别应用清火、养阴、化瘀等法,而不拘泥于"通"法。

1. **寒邪客胃**

[证候]胃痛暴作,恶寒喜暖,得温痛减,口不渴或渴喜热饮,苔薄白,脉弦紧。

[证候分析]寒邪客胃,阳气被遏,气机阻滞,故胃痛暴作;寒邪得阳则散,遇阴则凝,故得温痛减,遇寒痛增,喜热饮。苔薄白,脉弦紧为寒邪客胃之象。

[治法]温胃散寒,理气止痛。

[方药]良附丸(高良姜、香附)加减。若寒重者,可加吴茱萸、干姜等;气滞重者,可加木香、陈皮、香附、乌药等;寒热错杂者加半夏泻心汤。

2. **肝气犯胃**

[证候]胃脘胀痛,攻撑连胁,每因情志因素而痛作,嗳气频繁,或有泛酸,大便不畅,舌苔薄白,脉弦。

[证候分析]肝郁气滞,横逆犯胃,气血壅滞,故胃脘胀痛;气之聚散无常,胁为肝之分野,故攻撑连胁;肝气犯胃,胃失和降,故嗳气泛酸;气滞则肠道传导失常,故大便不畅。脉弦为肝气郁滞之象。

[治法]疏肝理气,和胃止痛。

[方药]柴胡疏肝散(柴胡、香附、枳壳、川芎、芍药、甘草)加减。疼痛甚者可加川楝子、延胡索、佛手等;泛酸嗳气可加瓦楞子、乌贼骨、沉香等;胀甚于痛者可加木香、厚朴等。

3. **瘀血停胃**

[证候]胃脘刺痛,痛有定处,按之痛甚,痛时持久,食后痛剧,或伴有呕血,黑便,舌质紫黯或有瘀斑,脉涩。

[证候分析]胃痛反复发作,气滞血瘀,瘀血阻络,脉络不通,不通则痛,故胃痛如针刺;瘀血为有形之邪,故痛处固定,痛甚于胀且拒按;食与瘀并,故食后痛甚;瘀痛日久,损伤经脉,血不循经,上逸则吐血,下逸则便血。舌质紫黯,脉涩为瘀血阻络之象。

[治法]活血化瘀,理气止痛。

[方药]失笑散(五灵脂、蒲黄)加味。疼痛甚者可加丹参、延胡索、枳壳、青皮等;反复呕血、便血,

可加白及、人黄炭等;久病体虚,气虚血少者,可加党参、黄芪、炮姜等。

4. 饮食积滞

[证候]胃脘疼痛,胀满拒按,嗳腐吞酸,或呕吐不消化之食物,吐后痛减,不思饮食,大便不爽,得矢气及便后则舒,舌苔厚腻,脉滑。

[证候分析]食滞中焦,脾胃纳运失常,胃失和降,故胃脘胀痛,拒按;食积胃脘,浊气上逆,故嗳腐吞酸,呕吐不消化食物,不思饮食;腑气不畅,故大便不爽。舌苔厚腻,脉滑均为食积内阻之象。

[治法]消食导滞,和胃止痛。

[方药]保和丸(茯苓、半夏、陈皮、山楂、莱菔子、连翘、神曲、泽泻)加减。胃脘胀痛甚者,可加香附、枳实等;食积化热者,可加大黄、芒硝等;便秘者加小承气汤。

5. 脾胃虚寒

[证候]胃脘隐痛,喜温喜按,空腹痛甚,得食痛减,呕吐清水,畏寒肢冷,大便稀溏,舌质淡白,脉虚或细弱。

[证候分析]脾失健运,中寒内生,胃失温煦,故胃脘隐痛,喜温喜按;得食则寒气稍散,故空腹痛甚,得食痛减;寒聚中焦,升降失常,浊阴上逆则呕吐清水;脾胃虚寒运化失职,湿浊下注则大便稀溏;脾主四肢,脾胃虚寒,阳气不能达于四肢,故畏寒肢冷。舌质淡白,脉虚或细弱均为脾胃虚寒之象。

[治法]温中健脾,和胃止痛。

[方药]黄芪建中汤(黄芪、白芍、桂枝、炙甘草、生姜、大枣、饴糖)加减。胃寒痛甚,可加高良姜、香附等;呕吐清水多者,可加陈皮、半夏、茯苓等。形寒肢冷者加附子理中丸。

6. 胃阴亏损

[证候]胃痛隐隐,烦渴思饮,消瘦便干,舌红少苔,脉细数或弦细。

[证候分析]胃痛日久,或寒邪化热,或气郁化火,或胃热素盛,或长期使用温燥之药,灼伤胃阴,胃失濡养,故症见胃痛隐隐,阴虚津亏,无以上乘,故烦渴思饮;阴伤肠燥则大便干结。舌红,少苔,脉弦细数亦是阴虚内热的征象。

[治法]养阴益胃。

[方药]益胃汤(沙参、麦冬、冰糖、生地黄、玉竹)加减。如肝胃火燔,劫铄肾阴,肾水不足,治疗上则宜滋肾养肝为主,佐以清胃,可选用一贯煎(生地黄、枸杞子、沙参、麦冬、当归、川楝子);疼痛较甚,可加白芍、甘草等;兼有瘀滞者,可加丹参、桃仁等。

(谢 甦)

复习思考题

1. 胃痛的病因病机如何?
2. 如何辨别胃痛的虚实寒热,在气在血?

第九节 泄 泻

泄泻是指大便次数增多,粪便稀薄,甚至泻出如水样的病证。“泄”,如水之泄,其势缓慢;“泻”,指暴注下迫,发病急骤;二者有缓急轻重之分,统称泄泻。本证在《黄帝内经》也称“濡泄”“洞泄”“溏泄”等。本病以大便清稀为主要表现,有次数增多和粪质改变,常伴随脘腹部不适,食少纳呆,小便不利。主要病变部位在脾胃与大小肠,发病多与肝、肺、脾、肾功能失调有关。主要病机为脾病湿盛,肠道功能失司。泄泻进一步发展,可成慢性泄泻如五更泻;或暴泻成痉、厥、闭、脱等危证。

现代医学中的急性肠炎、慢性肠炎、结肠炎、肠易激综合征、功能性胃肠病等病,可参考本节进行辨证论治。

【病因病机】

1. **感受外邪**　外感寒湿暑热之邪均能引起泄泻,其中尤以湿邪为主,脾喜燥而恶湿,湿邪困阻脾土,脾失健运,清浊不分,水谷混杂而下,则成泄泻,故有"无湿不成泻"之说。寒、暑、热之邪引起泄泻,往往与湿邪相兼而致病,故又有寒湿、湿热、暑湿之别。

2. **饮食所伤**　饮食过量,停滞不化;或过食肥甘厚味,影响脾的运化;或误食生冷不洁之物,损伤脾胃,都能引起泄泻。

3. **情志失调**　郁怒伤肝,肝气犯脾;或因思虑伤脾,致脾气受伤,运化失常,因而发生泄泻。

4. **脾胃虚弱**　脾主运化,胃主受纳,若因长期饮食失调,劳倦内伤,久病缠绵,均可导致脾胃虚弱,不能受纳水谷和运化精微,清浊不分,混杂而下,而成泄泻。

5. **肾阳虚衰**　久病之后,损伤肾阳,或年老体衰,肾阳不足,脾失温煦,运化失常,而致泄泻。泄泻日久,亦导致脾肾阳虚。

泄泻的主要病机为脾胃受损,湿困脾土,肠道功能失司。湿邪与脾病相互影响,互为因果。病位在脾胃与大小肠,主病之脏属脾,同时与肝、肾密切相关。泄泻起病有暴泻和久泻不同,暴泻属实,久泻属虚,虚实间可相互转化夹杂。

【辨证论治】

泄泻是以排便次数增多、粪便质稀为特征。在辨证时,首先要区别寒热虚实。一般情况下,粪便清稀的多属寒;粪便黄褐臭秽,肛门灼热的多属热。病势急骤,腹部胀痛拒按,泻后痛减的多属实;病程长,腹痛隐隐而喜按的多属虚。泄泻病变过程中有时较为复杂,往往出现虚实兼夹,寒热互见,故临证时,应全面分析。

临床上,泄泻需与痢疾、霍乱相鉴别。若以大便次数增多、腹痛、里急后重、下利赤白脓血为主症的,则是痢疾。若以上吐下泻为主,起病时先突然腹痛,继则吐泻交作,泻物多为黄色粪水,或如米泔,部分患者出现面色苍白,目眶凹陷,汗出肢冷等津竭阳亡危候,则为霍乱。

泄泻基本病机为脾虚湿盛,故运脾化湿为治疗原则。针对不同病因,灵活选用不同方法。实证治以祛邪为主,如风寒宜疏解,暑热宜清化,食滞宜消导,湿盛宜分利。虚证治以扶正为主,如中阳虚衰宜温补,中气下陷宜升提,久泄不止宜固涩。本病初起,慎用补涩,以免固闭邪气。久泄缠绵,慎用分利,以免耗伤阴液。在治疗同时,还须注意饮食的调节。

1. **感受外邪**

(1)寒湿(风寒)

[证候]泄泻清稀,甚至如水样,腹痛肠鸣,来势较急,或兼寒热头痛,肢体酸楚,舌苔薄白,脉浮或濡缓。

[证候分析]外感寒湿或风寒之邪,侵袭肠胃,脾失健运,清浊不分,并走大肠,故肠鸣泄泻而清稀;寒湿内盛,肠胃气机受阻,故腹痛,如兼寒邪束表,则见寒热头痛,肢体酸楚,苔薄白,脉浮;若苔白腻,脉濡缓,为寒湿内盛之象。

[治法]解表散寒,芳香化湿。

[方药]藿香正气散(藿香、紫苏、白芷、桔梗、白术、厚朴、半夏曲、大腹皮、茯苓、陈皮、甘草、生姜、大枣)加减。表证重者加荆芥、防风;湿困较重可加苍术、木香,也可用胃苓汤(苍术、厚朴、陈皮、甘草、桂枝、白术、茯苓、泽泻、猪苓、生姜、大枣)加减。

(2)湿热(暑湿)

[证候]泄泻腹痛,泻下急迫,或泻而不爽,粪色黄褐而臭秽,肛门灼热,心烦口渴,小便短黄,舌质红,舌苔黄腻,脉滑数或濡数。

[证候分析]湿热之邪,或夏令暑湿伤及肠胃,传化失常,而发生泄泻腹痛;暴注下迫,皆属于热,肠中有热,故泻下急迫;湿性黏滞,湿热互结,则泻而不爽;湿热下注,故肛门灼热,粪便色黄褐而臭秽;小便短黄,心烦口渴,为暑湿伤津之候;舌红苔黄腻,脉滑数或濡数,均为湿热内盛之象。

[治法]清热利湿。

[方药] 葛根芩连汤(葛根、黄芩、黄连、甘草)加味。湿邪偏重,加苍术、厚朴、陈皮、佩兰;夹食滞者可加神曲、麦芽、山楂;夹暑者加茯苓、香薷、荷叶、扁豆衣。

2. 食滞肠胃

[证候] 腹痛肠鸣,泻下粪便臭如败卵,泻后痛减,脘腹痞满,不思饮食,舌苔垢浊或厚腻,脉滑。

[证候分析] 食滞胃肠,气机不畅,传导失职,运化失司,食物停滞不化而腐败,故腹痛肠鸣,泻下臭如败卵;泻后浊气下泄,故泻后痛减;食滞胃肠,中焦失运,受纳无权,故腹痛痞满,不思饮食;舌苔垢浊或厚腻,脉滑数,是为宿食停滞之象。

[治法] 消食导滞。

[方药] 保和丸(茯苓、半夏、陈皮、山楂、莱菔子、连翘、神曲)加减。食滞较重化热,脘腹胀满,泻而不爽者,可用枳实导滞丸(大黄、枳实、黄芩、黄连、神曲、白术、茯苓、泽泻)加减;积滞化热呕吐者加黄连、半夏、豆蔻。

3. 肝气乘脾

[证候] 腹痛即泻,泻后痛不减,每与情志有关,或兼嗳气食少,胸胁痞闷,舌质淡红苔薄,脉弦。

[证候分析] 肝失条达,横逆乘脾,脾失健运,故腹痛泄泻;愈泻脾气愈虚,肝气横逆,故泻而痛不减;恼怒则伤肝,肝气横逆乘脾,故每因恼怒而加剧;肝郁气滞,横逆犯胃,胃失和降,肝胃不和,则见胸胁痞闷,嗳气食少;舌质淡红少苔,脉弦,都是肝旺脾虚之象。

[治法] 抑肝扶脾。

[方药] 痛泻要方(白术、炒陈皮、炒白芍、防风)加减。脾虚明显者可加山药、扁豆;腹痛甚者可加川楝子、延胡索;大便夹黏液加黄连、黄芩;反复发作可加入乌梅、木瓜、诃子。

4. 脾胃虚弱

[证候] 大便时溏时泄,夹有不消化食物,反复发作,腹胀或隐痛,食后脘闷不舒,神疲倦怠,面色萎黄,舌质淡,苔白,脉缓或弱。

[证候分析] 脾胃虚弱则脾气不能升发,水谷运化障碍,清浊不分,并走大肠,故大便溏泄;脾胃运化不健,故不思饮食,食后腹胀,脘闷不舒;久泄不止,既损精气,又伤脾胃,以致气血不足,是以神疲倦怠,面色萎黄;舌淡苔白,脉缓弱,均属脾胃虚弱之象。

[治法] 健脾益气,化湿止泻。

[方药] 参苓白术散(人参、白术、茯苓、甘草、山药、桔梗、白扁豆、莲子肉、砂仁、薏苡仁、陈皮、大枣)加减。脾阳虚,寒气内盛者可选用理中丸(人参、白术、干姜、炙甘草);久泻不止,中气下陷,滑脱不禁者用补中益气丸;泄泻日久,脾虚夹湿,大便溏黏者酌加羌活、苍术、厚朴。

5. 肾阳虚衰

[证候] 黎明之前,脐下作痛,肠鸣即泻,泻后即安(又名五更泄),或兼腹部畏寒,腰背怕冷,舌质淡,苔薄白,脉沉细。

[证候分析] 脾肾阳虚,寒湿内生,肾为胃关,统摄二便,由于肾阳不足,当黎明之前,阳气将升之时,而阳气不振,阴寒又盛,不能固摄,因而致泻;泻下则寒湿暂减,腑气通利,故泻后则安;脾肾之阳亏虚,阴寒内盛,故腹部畏寒,腰背怕冷;舌质淡,苔薄白,脉沉细,乃脾肾阳虚之象。

[治法] 温肾暖脾,固涩止泻。

[方药] 四神丸(补骨脂、肉豆蔻、吴茱萸、五味子、生姜、大枣)加减。如年老体衰,气陷于下,可加诃子肉、黄芪、赤石脂。

(谢　甦)

复习思考题

1. 泄泻与痢疾有何区别?
2. 如何辨治外邪所致的泄泻?

第十节 便   秘

便秘是指大便秘结不通,或排便间隔时间延长,或虽有便意,但排便困难为主要临床表现的一类病证,也称"阳结""阴结""脾约"。便秘日久,可伴腹胀、腹痛、头晕、口臭、心烦、痔疮、肛裂等。病位在大肠,发病多与肝、肺、脾、肾功能失调相关。主要病机为大肠传导功能失常所致。

现代医学中的习惯性便秘、功能性胃肠病或各种疾病导致肠道功能紊乱引起的、以便秘为主要临床表现的,可参考本节进行辨证论治。

【病因病机】

1. **肠胃积热** 素体阳盛,或饮酒过多,或过食辛辣厚味,以致肠胃积热;或热病之后,余热留恋,津液耗伤;或肺热下移,导致肠道失润,形成热结便秘。

2. **气机郁滞** 忧愁思虑,情志不舒,或久坐少动,致气机郁滞,通降失常,传导失职,糟粕内停,形成气滞便秘。

3. **气血阴亏** 病后、产后及年老体弱之人,气血亏虚,或劳倦内伤、房劳过度,辛香燥热,损伤气血阴精,气虚则大肠传导无力,阴血亏虚则肠道干涩,形成虚损便秘。

4. **阳虚寒凝** 素体阳虚或年老体弱,命门火衰,温煦无权,不能蒸化津液,温润肠道,阴寒内生,凝结肠道,致传导失职,糟粕不行,形成虚寒便秘。

便秘主要病机为积热、气滞、寒凝、气血阴阳亏虚引起肠道传导失司,病位在大肠,涉及肝、脾胃、肺、肾诸脏。便秘分虚实,积热、气滞、寒凝为实秘,气血阴阳亏虚为虚秘;实证为邪滞胃肠,壅塞不通;虚证为肠失温润,推动无力。虚实寒热之间又相互兼夹或相互转化。

【辨证论治】

由于致病原因不同,便秘在临床上需辨虚实。肝气郁滞和热结肠胃所致便秘属实,如热秘、气秘;肺脾气虚、阴血不足和阳气虚衰导致便秘属虚,如虚秘,包括气虚、血虚和阳虚。各种类型便秘,可单独出现,也可相兼并见。便秘的治疗以"通"便为原则,但"通"便不能单纯用通下之法,应针对不同的原因采用不同的治疗方法。属气滞的,宜顺气导滞;属燥热的,宜清热润下;属气虚的,宜益气健中;属血虚的,宜养血润燥;属阴虚的,宜滋阴润肠;属阳虚的,宜温阳通便。对于兼夹之证,则须根据兼夹之不同及轻重,采取灵活的治疗方法。

1. 热结便秘

[证候]大便干结,小便短赤,面红身热,或兼有腹胀腹痛,口干口臭,心烦饮冷,舌红苔黄或黄燥,脉滑数。

[证候分析]肠胃积热,耗伤津液,则大便干结,小便短赤;邪热内盛,熏蒸于上,故面红身热,口干口臭,心烦饮冷;热积肠胃,腑气不通,故腹胀腹痛;舌红苔黄或黄燥,脉滑数为肠胃积热之象。

[治法]清热润肠通便。

[方药]麻子仁丸(火麻仁、白芍、炙枳实、大黄、炙厚朴、杏仁)加减。津伤明显,可加生地黄、玄参、麦冬以养阴生津;若兼郁怒伤肝,症见易怒目赤等,可加服更衣丸(芦荟、朱砂)。

2. 气滞便秘

[证候]大便秘结,欲便不得,嗳气频作,胸胁痞满,甚则腹中胀痛,肠鸣矢气,纳食减少,苔薄腻,脉弦。

[证候分析]情志失和,气机郁滞,传导失常,故大便秘结,欲便不得;腑气不通,升降失常,胃气上逆,故嗳气频作,胸胁痞满;气机郁滞,脾失健运,则腹胀腹痛,纳食减少;苔薄腻,脉弦,为气滞湿阻之象。

[治法]顺气行滞。

[方药]六磨汤(沉香、木香、槟榔、乌药、枳实、大黄)加减治疗。若便干结加火麻仁、杏仁、郁李

仁;气郁化火,症见口苦咽干、苔黄、脉弦数者,可加黄芩、栀子。

3. 气虚便秘

[证候]大便或干结或不干结,虽有便意而临厕努挣乏力,难于排出,挣则汗出气短,神疲乏力,肢倦懒言,舌淡嫩苔白,脉弱。

[证候分析]肺脾气弱,宗气不足,运化失职,传导无力,故虽有便意而努挣乏力,难以排出;努挣则肺气耗伤,肺卫不固,而汗出气短;脾气虚化源不足,故神疲乏力,肢倦懒言;舌淡嫩,脉弱,均为气虚之象。

[治法]补气健脾。

[方药]黄芪汤(黄芪、陈皮、火麻仁、白蜜)加减。若气虚明显加党参、白术;若气虚下陷、肛门坠胀,用补中益气汤(黄芪、人参、白术、炙甘草、当归、陈皮、升麻、柴胡)。

4. 血虚便秘

[证候]大便干结,面颊、口唇苍白无华,头晕眼花,心悸健忘,舌质淡,脉细。

[证候分析]营血不足,不能滋润大肠,肠道干涩,故大便干结;血不能上濡唇面,故见面颊、口唇苍白无华;血虚不能上荣,则头晕眼花;心失所养,则心悸健忘;舌淡白,脉细为血虚之象。

[治法]养血润燥。

[方药]润肠丸(当归、生地黄、火麻仁、桃仁、枳壳)加减。若血虚有热,兼见口干心烦、苔剥、脉细数,加何首乌、玄参、知母。若津液已复,仍大便干燥,可用五仁丸(桃仁、杏仁、柏子仁、松子仁、郁李仁、陈皮)。

5. 阴虚便秘

[证候]大便干结,形体消瘦,或见颧红,眩晕耳鸣,腰膝酸软,舌红少苔,脉细数。

[证候分析]肾阴不足,不能滋润大肠,肠道干涩,故大便干结;阴精亏虚,不能上荣,故出现眩晕耳鸣;虚火内动,故见颧红;腰为肾之府,肾主骨,肾阴不足,骨骼失养,故腰膝酸软;阴精亏虚,化源不足,肌体失养,则形体消瘦;舌红少苔、脉细数,为肾阴不足之象。

[治法]滋阴补肾。

[方药]六味地黄丸(熟地黄、山茱萸、山药、牡丹皮、泽泻、茯苓)加火麻仁、玄参等;阴液不足可用增液汤(玄参、麦冬、生地);年老阴血不足可加桑椹、首乌、杏仁。

6. 阳虚便秘

[证候]大便干涩,排出困难,小便清长,面色白,腹中冷痛,喜热怕冷,四肢不温或腰背酸冷,舌淡苔白,脉沉迟。

[证候分析]肾阳虚弱,温煦无权,阴寒内结,凝于肠道,致传导失司,糟粕不行,故大便艰涩,排出困难;阴寒内盛,气机阻滞,故腹中冷痛,喜热怕冷;阳虚不能温煦,故四肢不温,面色白,腰膝酸冷;肾阳虚弱,气化不利,膀胱失其约束,故小便清长;舌淡苔白,脉沉迟,为阳虚内寒之象。

[治法]温阳通便。

[方药]济川煎(当归、牛膝、肉苁蓉、泽泻、升麻、枳壳)加肉桂、锁阳等。气虚甚加黄芪;寒结甚,可加用半硫丸(半夏、硫黄)。

(谢 甦)

复习思考题

1. 阴虚便秘与阳虚便秘的治法与代表方如何?
2. 辨治便秘时如何掌握"通"便的原则?

第十一节 胁 痛

胁痛是以一侧或两侧胁肋疼痛为主要表现的病证,古代又称"季肋痛"或"胁下痛",主要为肝胆疏泄失调、气机郁结所致,与肝胆关系密切。

现代医学中的急慢性肝炎、胆囊炎、胆石症等疾病的过程中出现胁痛,可参考本节进行辨证论治。

【病因病机】

1. 肝气郁结   情志抑郁,或大怒伤肝,肝失疏泄,气机不畅,络脉痹阻,而致胁痛。

2. 瘀血停着   气机郁滞,久则致血流不畅,瘀血停积,胁络痹阻;或强力负重伤及胁络,瘀血停留,阻滞不通,致使胁痛。

3. 肝胆湿热   外来湿热内侵,或饮食所伤致脾失健运,湿浊中阻,郁而化热,湿热蕴结,令肝胆疏泄失调而胁痛。

4. 肝阴不足   久病或劳欲过度,耗伤精血,肝阴不足,血虚不能养肝,肝之脉络失养,而致出现胁痛。

总之,胁痛病位主要在肝胆,虚实的不同病因可导致"不荣则痛"或"不通则痛"。

【辨证论治】

胁痛辨证,首先应根据疼痛的性质及相关的症状,区别气血虚实。一般胀痛多属气郁,疼痛游走无定。刺痛多属血瘀,痛有定所。湿热胁痛,多疼痛剧烈,且伴有口苦。隐痛多属阴虚,其痛绵绵。本证以实证为多见,实证又以气滞、血瘀、湿热为主,其中,气滞为先,即"不通则痛"。虚证多属阴血亏损,肝失所养,即"不荣则痛"。治疗上,实证予疏导祛邪以畅通,虚证则滋养不足以荣通。

临证时,还应注意胁痛与胸痛、悬饮的区别。胸痛以胸部疼痛为主,可涉及胁肋,常伴有胸闷不畅,心悸少眠;而胁痛是指一侧或双侧胁肋胀痛为主要表现的病证,常伴有口苦、目眩等;发病部位的不同是两者的主要区别。胁痛与悬饮都可出现胸胁胀痛,部位都涉及胁部,但悬饮属于饮停胸胁病症范围,主要表现为饮邪停聚一侧或两侧胁部,出现胸胁胀痛,疼痛通常持续时间很长,并见肋间饱满等症状;而胁痛只涉及胁肋部,常伴有口苦、目眩等,症状发作常与情绪变化有关。

1. 肝气郁结

[证候] 胁痛以胀痛为主,疼痛游走不定,每因情志异常而加重,胸闷,食少嗳气,苔薄脉弦。

[证候分析] 肝气郁结,失于条达,阻于胁络故胁肋胀痛。气属无形,时聚时散,聚散无常,游走不定,故疼痛走窜不定。情志异常,则气机紊乱,故疼痛随情志异常而加重。肝气不畅,横逆犯胃,故胸闷、食少、嗳气。脉弦为肝郁之象。

[治法] 疏肝理气,通络止痛。

[方药] 柴胡疏肝散(柴胡、香附、枳壳、川芎、芍药、甘草)加减。胁痛重者,酌加青皮、川楝子、郁金以增强理气止痛的作用。若见恶心呕吐,可加藿香、砂仁等以增其和胃降逆之功。胁痛伴肠鸣、腹泻者,可加白术、茯苓、薏苡仁等以健脾利湿止泻。

2. 瘀血停着

[证候] 胁肋刺痛,痛有定处,入夜更甚,或胁肋下见痞块,舌质紫黯,脉象沉涩。

[证候分析] 肝郁日久,气滞血瘀,或跌仆损伤致瘀血停着,痹阻胁络故胁痛如针刺,痛处不移。血属阴,夜为阴时,故入夜痛甚。瘀结停滞,积久不散,则渐成痞块。舌质紫黯,脉象沉涩均属瘀血内停之征。

[治法] 活血祛瘀,通络止痛。

[方药] 血府逐瘀汤(生地黄、赤芍药、枳壳、牛膝、柴胡、当归、川芎、桃仁、桔梗、甘草、红花)加减。若胁肋下有痞块而正气未衰者,可加三棱、莪术、地鳖虫等以增强破瘀散坚之力。

3. 肝胆湿热

[证候] 胁痛,口苦,胸闷纳呆,恶心欲呕,小便黄赤,或目黄、身黄,舌苔黄腻,脉弦滑数者。

[证候分析] 湿热蕴结于肝胆,肝失疏泄,胆气上逆故胁痛口苦。湿热中阻,脾胃升降失常,故胸闷纳呆、恶心欲呕。湿热交蒸,胆汁不循常道而外溢,故出现目黄、身黄、小便黄赤。舌苔黄腻、脉弦滑数均是肝胆湿热之征。

[**治法**] 清利湿热,疏肝利胆。

[**方药**] 龙胆泻肝汤(龙胆、生地黄、木通、泽泻、车前子、当归、柴胡、栀子、黄芩、甘草)加减。若发热、黄疸者,可加茵陈、虎杖以清热利湿除黄。若胁肋剧痛,连及肩背者,可加金钱草、海金沙、郁金、延胡索等以行气利胆。若热盛伤津,大便秘结者,可加大黄、芒硝以泄热通便。

4. 肝阴不足

[**证候**] 胁肋隐痛,绵绵不休,遇劳加重,口干咽燥,心中烦热,头晕目眩,舌红少苔,脉弦细而数。

[**证候分析**] 肝郁化热耗伤肝阴,或久病体虚,肝血亏损,不能濡养肝络故胁肋隐痛,绵绵不休,遇劳加重。阴虚内热,津伤躁扰,故口干咽燥,心中烦热。精血亏虚,不能上荣,故头晕目眩。舌红少苔,脉细弦而数,均为阴虚内热之象。

[**治法**] 滋养肝阴,柔肝止痛。

[**方药**] 一贯煎(生地黄、枸杞子、沙参、麦冬、当归、川楝子)加减。心中烦热可加炒栀子、酸枣仁以清热安神。头晕目眩可加山茱萸、女贞子、菊花以益肾清肝。

(陈泽雄)

复习思考题

1. 如何理解"不通则痛"和"不荣则痛"?
2. 如何辨治肝气郁结型胁痛?

第十二节　黄　疸

黄疸是以目黄、身黄、小便黄为特征的病证,又称"谷疸""疸黄"等。黄疸的危重证候称为"急黄"。本病证的主要病机为湿浊中阻,运化失调,肝失疏泄,致胆汁外溢发黄,与肝、胆、脾、胃功能失调关系密切。

现代医学中的急慢性肝炎、肝硬化、胆囊炎等疾病在病变过程中以出现黄疸为主要表现的,可参考本节辨证治疗。

【**病因病机**】

1. **感受外邪**　外感湿热,内阻中焦,交蒸于肝胆,以致胆汁外溢,浸淫肌肤,下注膀胱,使身、目、小便俱黄。若湿热夹时邪疫毒,入侵营血,内陷心包,发黄甚急,是为急黄。

2. **饮食所伤**　饮食不节,嗜酒过度,或嗜食肥甘厚腻之品,损伤脾胃运化功能,导致湿浊内生而化热,熏蒸肝胆,胆汁外溢而发黄。

3. **禀赋不足或后天失治**　先天不足,脾阳素虚,或阳黄失治,过用苦寒药物脾阳受损,致脾胃虚寒,寒湿阻滞中焦,胆汁输送失常而外溢。

4. **劳伤久病**　劳倦内伤或久病,形成积聚,脉络瘀塞,阻滞胆道,胆汁不循常道而外溢。

总之,黄疸的发生,内外因互有关联,相互影响。其中,湿是黄疸的病机关键。湿邪为患,内涉脾胃运化,影响肝胆疏泄,进而瘀阻脉络。若湿热互结,湿从热化,蕴蒸肝胆而发黄者,称为阳黄;若脾阳不振,湿从寒化,寒湿阻遏,胆汁外溢而发黄者,称为阴黄。阳黄日久,脾阳受损,可转为阴黄;反之,阴黄久病,复感燥热,或劳倦饮食所伤,可转为阳黄,甚则变为急黄。

【**辨证论治**】

黄疸的证候,一般以两目先黄,然后遍及全身。其中,目睛黄染是本病的主要特征。临床辨证,应以阴阳为纲,分清阳黄和阴黄。阳黄黄色鲜明如橘子色,病程较短,多属热证、实证,以湿热为主;阴黄黄色晦暗如烟熏,病程较长,多属虚证、寒证,以寒湿为主。至于萎黄,为气血不足致使身面皮肤呈萎黄不华的病证,多见于大失血或重病之后,其特征是双目不黄。而黄胖,则多与虫证有关,因虫积日久,耗伤气血而引起面部肿胖色黄,身黄带白。临证时须鉴别清楚。

"湿"邪是本证的关键因素,根据《金匮要略》"诸病黄家,但利其小便"的古训,利小便是治疗本病证的基本法则。至于急黄,由于热毒炽盛,邪入心营,治当清热解毒,凉营开窍。

（一）阳黄

1. 热重于湿

[证候]黄疸初起,往往身目俱黄迅速加深,黄色鲜明如橘子色,常伴发热烦渴,胁腹部胀满或疼痛,恶心欲呕,小便短少黄赤,大便秘结,舌苔黄腻,脉弦数。

[证候分析]湿热熏蒸肝胆,胆汁外溢肌肤而发黄;热为阳邪,易伤胃津,故黄色鲜明,发热口渴;湿热蕴蒸下焦,故见小便短少黄赤,大便秘结;湿热互阻中焦,脾失健运,胃失和降,故见胁腹部胀满或疼痛,恶心欲呕;苔黄腻,脉象弦数皆为湿热蕴结、肝胆热盛之象。

[治法]清热利湿。

[方药]茵陈蒿汤(茵陈蒿、栀子、大黄)加味。胁肋胀痛较甚,可加柴胡、郁金、川楝子等疏肝理气。恶心欲呕,可加陈皮、竹茹。

2. 湿重于热

[证候]目黄较快,遍及全身肌肤,但不如热重者鲜明,头身困重,口苦,口干不欲饮,胸脘痞满,纳呆,恶心欲呕,腹胀,或大便溏烂,舌苔厚腻微黄,脉象弦滑或濡数。

[证候分析]湿遏热伏,壅于中焦,胆汁不循常道,溢于肌肤,故身目色黄;因湿为阴邪,湿重于热,故其色不如热重者鲜明;湿热内阻,清阳不得宣发,故头重身困;湿阻脾胃,运化失常,故胸脘痞闷,纳呆,腹胀便溏;湿邪不化,清浊不分,浊阴上逆,故见恶心呕吐。舌苔厚腻微黄,脉象弦滑或濡缓为湿热不化兼有热象之征。

[治法]利湿化浊,清热退黄。

[方药]茵陈五苓散(茵陈蒿、白术、桂枝、茯苓、猪苓、泽泻)加减。湿甚腹胀者可加苍术、厚朴燥湿理气。

（二）阴黄

1. 寒湿内困

[证候]身黄,目黄,尿黄,黄色黯如烟熏,纳少脘闷,腹胀便溏,神疲畏寒,口淡不渴,舌质淡苔腻,脉濡缓或沉迟。

[证候分析]寒湿为阴邪,困阻脾胃阳气,胆汁不循常道而外泄,故黄色晦暗如烟熏;纳运失常,故见脘闷,腹胀,纳少,便溏等症;内伤阳气,故见口淡不渴,畏寒神疲。舌淡苔腻,脉濡缓或沉迟系阳虚湿浊不化,寒湿留于阴分之象。

[治法]健脾和胃,温化寒湿。

[方药]茵陈术附汤(茵陈蒿、附子、白术、干姜、炙甘草、肉桂)加味。脘腹作胀,胁肋隐痛,不思饮食,肢体困倦可加柴胡、当归、枳实、芍药、甘草疏肝扶脾。如见胁下痞块,胸胁刺痛拒按,酌加归尾、莪术、地鳖虫等活血化瘀。

2. 瘀血内阻

[证候]阴黄日久,面黄晦暗,胁下癥积胀痛,痛有定处,按之硬,痛而拒按,形体日渐消瘦,体倦乏力,或纳呆便溏,舌质黯紫,或有瘀斑,脉涩或细弦。

[证候分析]阴黄日久,气滞不行,瘀血内结,故面黄晦暗,胁下癥积有块,痛有定处,痛而拒按;久病脾阳受损,气血生化乏源,故形体日见消瘦,体倦乏力,或纳呆便溏。舌质黯紫,或有瘀斑,脉涩,均为瘀血内停之征象。

[治法]活血化瘀,软坚通络。

[方药]膈下逐瘀汤(五灵脂、当归、川芎、桃仁、牡丹皮、赤芍、乌药、延胡索、甘草、香附、红花、枳壳)加减。若纳呆,大便溏泄,宜加党参、白术等健脾之品。

（三）急黄

[证候]起病急骤,黄疸迅速加深,鲜明如橘子色,高热烦渴,胁痛腹满,神昏谵语,衄血,便血,肌肤出现瘀斑,舌质红绛,苔黄而燥,脉弦滑数或洪大。

[证候分析]湿热热毒炽盛,热毒迫使胆汁外溢肌肤,故见发病急骤,黄疸迅速加深;热毒壅盛,则高热烦渴;热入营血内陷心包,故神昏谵语;热迫血行,故见衄血,便血,肌肤出现瘀斑;热毒阻滞气机,故胁痛腹满。舌质红绛,苔黄而燥,脉弦滑数,是为肝胆热盛伤津、热入营血之象。

[治法]清热解毒,凉血开窍。

[方药]清热解毒地黄汤(水牛角、黄连、升麻、连翘、栀子、茵陈蒿)加减,可加生地黄、玄参、牡丹皮、赤芍凉血止血之品。小便短少不利,可加白茅根、车前草、大腹皮等清热利尿。

（陈泽雄）

复习思考题

1. 如何鉴别阳黄与阴黄?
2. 急黄的证候特征是什么?如何进行中医治疗?

第十三节　中　风

中风又名卒中,是以突然出现口眼㖞斜,言语不利,半身不遂,甚则猝然昏倒,不省人事为特征的病证。因病起急骤,症见多端,变化迅速,与自然界中风性善行数变的特性相似,故古代医学家以此取象比类,称为中风,又因其发病突然,也称为"卒中"。阴阳失调、气血逆乱是本病的病机特点,与心、肝、肾三脏关系密切。本病多见于中老年人,四季均可发病,但以冬春两季为发病高峰,是一种发病率高、死亡率高、致残率高、严重危害人民健康的疾病。有外邪侵袭而引发者称为外风,又称真中风或真中;无外邪侵袭而发病者称为内风,又称类中风或类中。本病与《伤寒论》中所论述的由风邪袭表所致的中风名同而实异。

现代医学中的脑血管疾病等出现中风表现者,均可参考本节辨证治疗。

【病因病机】

1. **正气不足,风邪入中**　正气不足,腠理不密,卫外不固,脉络空虚,风邪乘虚入中经络,致气血痹阻,肌肤筋脉失于濡养;或患者风痰素盛,外风引动痰湿流窜经络,而致口眼㖞斜、半身不遂等症。

2. **劳倦内伤,阴阳失调**　烦劳过度,耗伤精血,或病后体虚,年老体弱,阴精不足,致肝肾阴虚,肝失所养,肝阳偏亢。在人体阳气偏盛的情况下,加以情志过极、劳倦过度,或在嗜酒、劳累、气候影响等因素的作用,致阴亏于下,肝阳鸱张,阳亢风动,气血上冲,心神昏冒,发为中风。

3. **饮食不节,痰湿阻络**　饮食不节,劳倦内伤,脾失健运,聚湿生痰,痰郁化热,阻滞经络,蒙蔽清窍;或肝阳素旺,横逆犯脾,脾失健运,内生痰浊;或肝火内盛,炼液成痰,以致肝风夹杂痰火,横窜经络,蒙蔽清窍而致猝然昏仆,口僻不遂。

4. **五志过极,气血逆乱**　五志过极,心火暴盛;或郁怒伤肝,肝阳暴动,引动心火,风火相煽,气热郁逆,气血并走于上,心神昏冒而猝倒无知,发为本病。

总之,风(肝风、外风)、火(肝火、心火)、痰(湿痰、风痰)、气(气虚、气逆)、血(瘀血)、虚(阴虚、气虚)等因素相互影响,在一定条件下,突然发病,致阴阳失调,气血逆乱,这是中风常见的发病因素及主要病机,其中肝肾阴虚为病机的根本。

【辨证论治】

中风是属于本虚标实之证,在本属肝肾阴虚,气血衰少,阴阳偏盛;在标为风火相煽,痰浊壅盛,气逆血瘀。临床上,根据病情的轻重、病位的深浅,将中风分为中经络、中脏腑两大类。中经络者,病情较轻,病位较浅,一般无神志的改变,仅见口眼㖞斜,言语不利,或有半身不遂;中脏腑者,病情较重,病位较深,主要表现为神志不清,喝僻不遂,并且常有发病先兆及后遗症状出现。

临证时,中风须与厥病、痫病鉴别。中风以口眼喝斜、半身不遂,甚则猝然昏倒、不省人事为主要临床表现,昏仆时间长,常有口舌喝斜、偏瘫失语等后遗症状,多见于中年以上人群。厥病以突然昏倒、不省人事、面色苍白、四肢厥冷为特征,昏仆时间短,但病情严重者则一厥不复,恢复后无后遗症状出现,可见于任何年龄人群。痫病则以猝然昏倒号叫、四肢抽搐、口吐白沫、目睛上视为主要临床表现,昏仆时间较短,不发作时如常人,无后遗症出现,可见于任何年龄的人群。

(一) 中经络

1. 脉络空虚,风邪入中

[证候] 突然口眼喝斜,肌肤麻木不仁,可有言语不利,口角流涎,甚则出现半身不遂,或兼见恶寒发热、肢体拘急、关节酸痛等症,舌苔薄白,脉浮弦或弦细。

[证候分析] 正气不足,脉络空虚,风邪乘虚而入,阻滞经脉,气血痹阻,运行不畅,肢体经脉肌肤失养,故口眼喝斜,口角流涎,肌肤麻木不仁,甚则半身不遂,言语不利;风邪外袭,营卫不和,故见恶寒发热,肢体拘急,关节酸痛;舌苔薄白,脉浮弦为外邪入中之征;若脉见弦细则为气血不足之象。

[治法] 祛风通络,活血和营。

[方药] 大秦艽汤(秦艽、当归、甘草、羌活、防风、白芷、熟地黄、茯苓、石膏、川芎、白芍、独活、黄芩、生地黄、白术、细辛)加全蝎、白附子;如无内热者,去黄芩、石膏。风热表证明显者,去防风、羌活、当归,加桑叶、菊花、薄荷;如仅见口眼喝斜而无半身不遂,可用牵正散(白附子、全蝎、僵蚕)加防风、荆芥、白芷、红花。

2. 肝肾阴虚,风痰上扰

[证候] 突然发生口眼喝斜,半身不遂,言语不利;平素头晕头痛,耳鸣目眩,失眠多梦;舌质红,脉弦滑数。

[证候分析] 肝肾阴虚,阴不潜阳,则风阳上扰,故见头晕头痛,耳鸣目眩,失眠多梦;肝风夹痰走窜经络,故出现口眼喝斜,半身不遂,言语不利。舌质红,脉弦滑数为阴虚阳亢、痰热内蕴之征。

[治法] 滋阴息风,化痰通络。

[方药] 镇肝熄风汤(牛膝、生龙骨、白芍、天冬、麦芽、赭石、生牡蛎、玄参、川楝子、茵陈、甘草、生龟甲)加减;头痛较重者,加石决明、菊花;痰盛者加竹沥、天竺黄、胆南星。

(二) 中脏腑

1. 闭证

(1) 阳闭

[证候] 突然昏仆,不省人事,半身不遂,牙关紧闭,口噤不开,两手握固,大小便闭,肢体强痉,并有面赤身热,气粗口臭,躁扰不宁,舌苔黄腻,脉弦滑而数。

[证候分析] 肝阳暴张,阳亢风动,气血上逆,夹痰夹火,蒙蔽清窍,突然昏仆,不省人事;内风夹痰火为患,火性急迫,窜络伤津,筋脉拘急,故半身不遂,牙关紧闭,口噤不开,两手握固;火热内蒸,故面赤身热,气粗口臭,躁扰不宁。舌苔黄腻、脉弦滑而数均为痰火壅盛之征。

[治法] 辛凉开窍,平肝息风豁痰。

[方药] 首先灌服(或鼻饲)至宝丹以辛凉开窍,并用羚角钩藤汤(羚羊角、桑叶、川贝母、生地黄、钩藤、菊花、白芍、生甘草、鲜竹茹、茯神)加减,以平肝息风豁痰;痰多加竹沥、天竺黄、胆南星;抽搐者加全蝎、蜈蚣、僵蚕;便秘、口臭者加大黄、芒硝、枳实。

(2) 阴闭

[证候] 突然昏仆,不省人事,半身不遂,牙关紧闭,口噤不开,两手握固,大小便闭,肢体强痉,并见面白唇青,痰涎壅盛,四肢不温,静卧不烦,舌苔白腻,脉沉滑而缓。

[证候分析] 痰湿偏盛,肝风夹痰涎,横窜经络,上蒙清窍,闭塞气机,故突然昏仆,不省人事,痰涎壅盛,大小便闭;风痰窜络,筋脉拘急,故半身不遂,牙关紧闭,口噤不开,两手握固,肢体强痉;痰浊阻

滞阳气,阳气不能温煦,故面白唇青,四肢不温,静卧不烦。舌苔白腻,脉沉滑而缓乃痰气闭阻之象。

[治法]辛温开窍,除痰息风。

[方药]首先灌服(或鼻饲)苏合香丸以辛温开窍,并用涤痰汤(制法半夏、制南星、陈皮、枳实、茯苓、人参、石菖蒲、竹茹、甘草、生姜、大枣)加天麻、僵蚕、钩藤以除痰息风开窍。

2. 脱证

[证候]突然昏仆,不省人事,目合口开,鼾息低微,手撒肢冷,汗多,二便自遗,肢体瘫痪,舌痿,脉微或弱。

[证候分析]正气虚脱,元气衰微至极,阴阳不相维系,清窍失养,神无所倚,故出现突然昏仆,不省人事,目合口开,鼾息低微,手撒,二便自遗等危证;肢冷汗多,呼吸低微,舌痿,脉微或弱,为正气暴绝,元气虚脱之危候。

[治法]益气回阳固脱。

[方药]参附汤(人参、熟附子)加龙骨、牡蛎。汗多不止者,加黄芪、五味子、山萸肉等。

(三) 后遗症

中风经过救治后,神志渐醒而进入恢复期及后遗症期。此时患者常有半身不遂,口眼㖞斜,或言语不利等后遗症。

1. 半身不遂　本型是由于风痰痹阻,气血亏虚,瘀阻脉络,气血不荣,肢体失养,而致肢废不能用。症见偏枯不用,肢软无力,面色萎黄,或见肢体麻木,舌淡紫或有瘀斑,苔白,脉细涩或虚弱。治宜益气养血,祛瘀通络。方药用补阳还五汤(当归尾、川芎、黄芪、桃仁、红花、地龙、赤芍)加味。若肝肾亏虚,以下肢瘫痪为主者,加杜仲、川断、牛膝、桑寄生等。

2. 口眼㖞斜　本型是由于风痰阻络所致。症见口眼㖞斜,肌肤麻木不仁,口角流涎,舌苔薄白,脉浮弦滑。治宜祛风除痰通络。方用牵正散(白附子、全蝎、僵蚕)加味。

3. 言语不利　本证可有虚实之不同。实证为风痰上阻,经络失和所致。症见舌强语謇,肢体麻木,脉弦滑。治宜祛风除痰,宣窍通络。方用解语丹(白附子、石菖蒲、远志、天麻、全蝎、羌活、南星、木香、甘草)加减。虚证为肝肾亏损虚衰,精气不能上承所致。症见音暗失语,腰膝酸软,心悸气短,脉细弱。治宜补益肝肾。方用地黄饮子(生地黄、熟地黄、巴戟天、山茱萸、石斛、肉苁蓉、五味子、肉桂、茯苓、麦冬、炮附子、石菖蒲、远志、薄荷、生姜、大枣)加减。

(陈泽雄)

复习思考题

1. 中风之中经络与中脏腑怎样区别?

2. 中风的常见发病因素及中医病机是什么?

第十四节　眩　　晕

眩是眼花,晕是头晕,两者同时出现,统称眩晕,亦称"眩冒"。眩晕中有病情程度的不同,轻者闭目自止,重者旋转不定,不能站立,或伴有恶心、呕吐、出汗,甚则昏倒等症状。眩晕可由风、火、痰、虚等多种原因引起,多属肝、肾、脾的病变,与肝的关系尤为密切。

现代医学中的耳源性眩晕、高血压、低血压、椎-基底动脉供血不足、贫血、神经症等疾患以眩晕为主症时,可参考本节辨证治疗。

【病因病机】

1. 肝阳上亢　忧郁恼怒,气郁化火,肝阴暗耗,肝阳偏盛,风阳升动,上扰清空,发为眩晕;或肾水不足,水不涵木,致肝阴不足,肝阳上亢,发为眩晕。

2. 肾精不足　肾主藏精生髓,若先天不足,肾阴不充,或年老肾虚,或房劳过度,均使肾精亏耗,不能生髓,髓海空虚,发生眩晕。

3. 气血亏虚　久病不愈,耗伤气血,或失血之后,虚而不复,或脾胃虚弱,健运失职,生化乏源,以致气血两虚,气虚则清阳不升,血虚则脑失所养,从而发生眩晕。

4. 痰浊中阻　恣食肥甘,劳倦太过,伤于脾胃,健运失司,水谷不化,聚湿生痰,痰浊中阻,以致清阳不升,浊阴不降,而发为眩晕。

总之,眩晕一证,以内伤为主,尤以肝阳上亢、气血亏虚、痰浊中阻最为常见,故有"诸风掉眩,皆属于肝""无虚不作眩""无痰不作眩"之说。

【辨证论治】

眩晕多属本虚标实之证,肝肾阴虚、气血不足为病之本,风、火、痰、瘀为病之标。临床上,各类眩晕可单独出现,也可彼此影响,相互转化,或相互并见。如痰浊中阻,初起多为湿痰偏盛,日久可痰郁化火。又如肾精亏虚本属阴虚,若因阴损及阳,则转为阴阳俱虚之证。因此,临证时须详察病情,才能正确辨治。治疗上,一般须标本兼顾,或在标症缓解之后,从本而治。若头晕伴有头痛的,可参考头痛证治。

1. 肝阳上亢

[证候] 眩晕耳鸣,头痛且胀,每因恼怒而剧,急躁易怒,面色潮红,失眠多梦,口苦,舌红苔黄,脉弦滑。

[证候分析] 肝气郁结,郁而化火,肝阴受损,肝阳上亢,火随气升,上扰清空,故眩晕耳鸣,头痛而胀,面色潮红;肝阳妄动,内扰心神,则失眠多梦、烦躁易怒;肝失疏泄,胆气上逆,则口苦。舌红苔黄,脉弦滑,为肝阳上亢之征。

[治法] 平肝潜阳。

[方药] 天麻钩藤饮(天麻、钩藤、石决明、川牛膝、桑寄生、杜仲、栀子、黄芩、益母草、朱茯神、首乌藤)加菊花、白蒺藜。若肝火旺盛,加龙胆、牡丹皮;若肝风偏盛,眩晕急剧,手足震颤,加珍珠母、龙骨、牡蛎。

2. 肾精不足

[证候] 眩晕耳鸣,有空虚感,腰膝酸软,精神萎靡,神疲健忘,遗精。偏于阴虚者,伴五心烦热,舌红苔少,脉细数;偏于阳虚者,伴见畏寒肢冷,阳痿早泄,舌质淡,脉沉细。

[证候分析] "精生气,气生神",肾精不足,不能生髓充脑,髓海空虚,故眩晕耳鸣,精神萎靡,神疲健忘;腰为肾之府,肾主骨,肾精不足,筋络失养,故腰膝酸软;肾虚精关不固,故出现遗精;偏于肾阴虚者,阴虚则生内热,故五心烦热,舌红苔少,脉细数;偏于阳虚者,阳虚生外寒,故畏寒肢冷,阳虚命门火衰,精关不固,则阳痿早泄。舌质淡,脉沉细均为肾阳不足,命门火衰之象。

[治法] 偏阴虚者,宜滋阴补肾;偏阳虚者,宜温阳补肾。

[方药] 滋阴补肾用左归丸(熟地黄、山茱萸、怀山药、枸杞子、菟丝子、鹿角胶、龟甲胶、川牛膝);温阳补肾用右归丸(熟地黄、山茱萸、怀山药、枸杞子、菟丝子、鹿角胶、杜仲、附子、肉桂、当归)。若眩晕较甚者,二方均可加龟甲、鳖甲等。

3. 气血两虚

[证候] 眩晕动则加剧,劳累即发,唇甲淡白,神疲纳减,气短懒言,心悸少眠,舌质淡,脉细弱。

[证候分析] 心脾两虚,气血不足,不能上荣于脑,则发为眩晕,心主血脉,其华在面,心血不足,则面色苍白,唇甲淡白;脾气虚弱,运化失职,气血生化乏源,故神疲纳减,气短懒言;血虚不能养心,则心悸少眠。舌质淡、脉细弱乃气血两虚之象。

[治法] 补气养血。

[方药] 归脾汤(人参、黄芪、白术、甘草、茯神、远志、酸枣仁、龙眼肉、当归、木香、大枣、生姜)加减。若血虚甚,加阿胶、何首乌;心悸甚,加柏子仁、龙骨、牡蛎。

4. 痰浊中阻

[证候] 眩晕,头重如蒙,胸闷痰多,恶心欲呕,少食多寐,心悸,舌苔白腻,脉濡滑。

[证候分析]痰浊中阻,清阳不升,浊阴不降,上蒙清窍,内扰心神,故眩晕,头重如裹,心悸;湿邪停滞,气机不畅,脾失健运,则出现胸闷痰多,恶心欲呕,不思饮食;痰浊内阻,阳气不展,则多寐。舌苔白腻,脉濡滑为痰浊内阻之象。

[治法]燥湿祛痰,健脾和胃。

[方药]半夏白术天麻汤(半夏、白术、天麻、陈皮、茯苓、甘草、大枣、生姜)。若眩晕较甚,加赭石、泽泻、车前子,并重用茯苓;脘闷不食,加砂仁;痰郁化火,加黄连、黄芩、竹茹。

(陈泽雄)

复习思考题

1. 肝阳上亢型眩晕的主症、治法与方药如何?
2. 为什么说"无虚不作眩"?

第十五节 头 痛

头痛是临床上常见的病症,可单独出现,也可出现于多种急、慢性疾病中。本节所论述的头痛,是指外感和内伤杂病中以头部疼痛为特征的病证。《黄帝内经》有"眩风""首风"之名。头痛剧烈,经久不愈,呈发作性者,称为"头风"。清阳不升,气血逆乱,脉络瘀阻,脑失所养是头痛的主要病机。

现代医学中的高血压病、偏头痛、紧张性头痛、丛集性头痛、三叉神经痛等疾病出现以头痛为主要表现者,可参考本节辨证治疗。

【病因病机】

1. **六淫外袭** 起居不慎,坐卧当风,风、寒、湿、热等邪自表侵袭经络,"伤于风者上先受之",上犯头部,清阳之气受阻,气血凝滞,阻遏脉道,而致头痛。风为百病之长,每多兼夹他邪致病,如夹寒邪,寒凝血滞,阻遏脉络,血郁于内而为风寒头痛;如夹热邪,火热上炎,侵扰清空,气血逆乱而为风热头痛;如夹湿邪,阻碍气机,蒙蔽清窍,致清阳不升,而为风湿头痛。

2. **肾精不足** 禀赋不足,或房劳过度,肾精亏损,致脑髓空虚,脑海失养,而出现头痛。

3. **肝阳上亢** 情志不和,肝失疏泄,郁而化火,上扰清窍;或肾水亏虚,水不涵木,肝阴不足,阴不敛阳,致肝阳上亢,上扰头目,而发生头痛。

4. **痰浊内扰** 饮食失宜,脾不健运,痰浊内生,清阳不升,浊阴不降,而致头痛。

5. **瘀血阻络** 跌仆外伤之后,瘀血内阻,或久病入络,使气血瘀滞,发生头痛。

总之,凡六淫之邪外袭,上犯巅顶,邪气稽留,阻抑清阳,或内伤诸疾,导致气血逆乱,瘀阻经络,脑失所养,均可发生头痛。

【辨证论治】

头痛的辨证,应根据头痛的病史、症状、部位、久暂、性质特点等辨别头痛属外感或内伤、虚证还是实证。一般而言,病程短暂,痛势较剧,痛无休止,并伴有其他外感症状,多属实证,治以疏散为主。内伤头痛,病程较久,痛势较缓,时作时止,多与肝、脾、肾三脏的病变及气血失调有关,病情有虚有实,须根据具体情况,采取相应的治疗措施。

头为诸阳之会,清阳之府,手足三阳经均循头面,厥阴经也上会于巅顶,因此可根据头痛的部位,结合经络分布及走向在辨证论治基础上循经用药。如太阳头痛,多在头后部,下连及项,可选用羌活、蔓荆子、川芎;阳明头痛,多在前额,连及眉棱,须选用葛根、白芷、知母;少阳头痛多在头的两侧,连及耳部,宜选用柴胡、黄芩、川芎;厥阴头痛,多在巅顶,连及目系,应选用藁本、吴茱萸。

(一)外感头痛

1. 风寒头痛

[证候]头痛时作,牵及项背,遇风尤剧,恶风畏寒,常喜裹头,舌苔薄白,脉浮紧。

[证候分析] 足太阳膀胱经循项背,上行巅顶,风寒外袭,邪客太阳经脉,循经上犯,阻遏清阳之气,故头痛时作,牵及项背;风寒束于肌表,营卫失调,故恶风畏寒;寒为阴邪,得温则减,故头痛常喜裹头。苔薄白,脉浮紧乃风寒在表之征。

[治法] 疏风散寒。

[方药] 川芎茶调散(川芎、荆芥、防风、白芷、羌活、细辛、薄荷、甘草)加减。若寒邪盛,头痛剧烈,加制川乌、制草乌、僵蚕;夹湿,加苍术、藁本。

2. 风热头痛

[证候] 头痛而胀,甚则胀痛如裂,面红,发热恶风,口渴欲饮,舌质红,舌苔薄黄,脉浮数。

[证候分析] 热为阳邪,夹风上扰清窍,故头痛而胀,甚则胀痛欲裂;邪热上炎,故面红目赤;风热之邪客表,故发热恶风;热邪伤津,故口渴欲饮。舌红苔薄黄,脉浮数为风热在表之象。

[治法] 疏风清热。

[方药] 桑菊饮(桑叶、菊花、连翘、薄荷、桔梗、杏仁、芦根、甘草)加白芷、蔓荆子、川芎。若热盛腑气不通,大便干结,口鼻生疮,加大黄、芒硝。

3. 风湿头痛

[证候] 头痛如裹,昏胀沉重,肢体困倦,胸闷纳呆,小便不利,大便或溏,舌苔白腻,脉濡。

[证候分析] 湿为阴邪,其性重浊黏滞,风湿外感,上侵巅顶,清窍被蒙,清阳不升,故头痛如裹,昏胀沉重;脾司运化而主四肢,脾为湿困,故肢体困倦;湿浊中阻,故胸闷纳呆;湿浊内蕴,气化不利,清浊不分,故小便不利,大便或溏。苔白腻,脉濡均为湿象。

[治法] 祛风胜湿。

[方药] 羌活胜湿汤(羌活、独活、川芎、蔓荆子、防风、藁本、炙甘草)加减。若湿重纳呆胸闷,加厚朴、陈皮、苍术等;若恶心,加法半夏。

(二) 内伤头痛

1. 肾虚头痛

[证候] 头脑空痛,常伴头晕耳鸣,腰膝酸软,或遗精、带下,舌嫩红少苔,脉沉细无力。

[证候分析] 脑为髓海,其主在肾,肾精亏虚,精髓不足,脑海失养,故头脑空痛,头晕耳鸣;腰为肾之府,肾虚失养,则腰膝酸软;肾气不足,精关不固则遗精;带脉不束则带下。舌嫩红少苔,脉沉细无力乃肾精亏虚之象。

[治法] 滋阴补肾。

[方药] 大补元煎(人参、山药、熟地黄、杜仲、枸杞子、当归、山茱萸、炙甘草)加减。

2. 肝阳头痛

[证候] 头痛而眩,心烦易怒,睡眠不宁,面红目赤,泛恶口苦,或胁肋疼痛,舌红苔黄,脉弦有力,或舌红苔少,脉弦细滑。

[证候分析] 诸风掉眩,皆属于肝。肝阴不足,肝阳亢盛,风阳上扰头目,故头痛而眩;肝火偏亢,上扰心神,致心烦易怒,睡眠不宁;肝开窍于目,肝阳偏亢,故见面红目赤;肝胆之气横逆,胃失和降,故出现泛恶口苦;胁为肝之分野,肝火内郁,故胁痛;舌红苔黄,脉弦有力为肝火偏旺之征;舌红少苔,脉弦细滑则为阴虚阳亢之象。

[治法] 平肝潜阳。

[方药] 天麻钩藤饮(天麻、钩藤、石决明、川牛膝、桑寄生、杜仲、栀子、黄芩、益母草、朱茯神、首乌藤)加减。若肝肾阴虚明显者,可酌加何首乌、枸杞子、墨旱莲、女贞子等。

3. 痰浊头痛

[证候] 头痛昏蒙,胸脘满闷,呕恶痰涎,舌苔白腻,脉滑。

[证候分析] 脾失健运,痰浊内生,痰浊中阻,上蒙清窍,清阳不展,故头痛昏蒙;痰浊内阻,气机不利,故胸脘满闷;痰浊上逆,则呕恶痰涎。舌苔白腻,脉滑为痰浊内停之征。

[**治法**] 化痰降浊。

[**方药**] 半夏白术天麻汤(半夏、白术、天麻、陈皮、茯苓、甘草、大枣、生姜)加厚朴、白蒺藜、蔓荆子。若痰湿久郁化热出现口苦,舌苔黄腻,去伏苓加竹茹、黄芩、枳实等。

4. 瘀血头痛

[**证候**] 头痛如针刺,痛处固定不移,每当夜间加重,或有头部外伤史。舌质紫黯或有瘀点,脉细涩。

[**证候分析**] 跌仆损伤,瘀血内阻,或久病入络,气滞血瘀,致脉络瘀阻,故头痛如针刺;瘀血留滞不移,故痛处固定;血属阴,夜间阴气盛,故夜间症状加重。舌质紫黯或有瘀点,脉细涩均为瘀血阻滞之象。

[**治法**] 活血化瘀。

[**方药**] 通窍活血汤(赤芍、川芎、红花、桃仁、麝香、老葱、大枣、鲜姜、酒)加减。若久病气血不足,加当归、党参、黄芪等。若痛甚加全蝎、蜈蚣。

(陈泽雄)

复习思考题

1. 临床上如何鉴别外感头痛与内伤头痛?
2. 头痛如何循经用药?

第十六节 水   肿

水肿是各种原因导致的体内水液运行障碍,水液潴留、泛溢肌肤的一种常见疾病,以头面、眼睑、四肢、腹背,甚至全身浮肿为主要临床表现。其与肺、脾、肾三脏功能失调密切相关。

现代医学中的急、慢性肾小球肾炎及充血性心力衰竭、内分泌失调、功能性水肿、营养障碍等病某些时期出现的水肿可依本节进一步辨证论治。

【**病因病机**】

1. **风邪外袭,肺失宣降** 风邪外袭,肺失宣降,不能通调水道,下输膀胱,以致风遏水阻,风水相搏,流溢于肌肤,发为风水。

2. **水湿内侵,脾为湿困** 久居潮湿环境,或冒雨涉水,水湿之气内侵;或平素酒食不节,生冷太过,湿蕴于中,脾为湿困,运化失职,不能升清降浊,以致水湿停留,泛溢肌肤,而成水肿。若水湿久蕴化热,湿热交蒸,致膀胱气化无权,也能导致水肿。

3. **饮食劳倦,脾阳虚弱** 饮食失节,劳倦过度,损伤脾土,致脾阳虚弱,运化失职,转输无权,不能制水,发为水肿。

4. **房劳久病,肾阳衰微** 房劳过度,或久病缠绵,肾精内耗,日久致肾阳亏虚,肾失气化,开阖不利,则水液停聚,泛溢肌肤,形成水肿。

水肿的基本病机为:肺失通调,脾失转输,肾失开阖,三焦气化不利,水液潴留。外邪入侵,或脏腑功能失调,或脏气亏虚,致三焦决渎无权,膀胱气化不利,即可发生水肿。肺、脾、肾三脏功能失调,可相互影响,加重水液代谢的紊乱。如肾虚水泛,上逆于肺,则肺气不降,失其通调水道之职,使肾气更虚而水肿更重。若脾虚不能制水,水湿壅盛,必损其阳,日久导致肾阳亦衰。反之,肾阳虚衰,不能温养脾土,则脾肾俱虚,也可使水肿加重。

【**辨证论治**】

水肿辨证,首先应辨别阳水、阴水。

阳水:发病急骤,水肿从头面开始,继及四肢及胸腹,腰以上为剧,按之凹陷较容易恢复,常伴有外感风寒、风热、风湿等证的表现。

阴水：发病缓慢，水肿迁延反复不愈，多从下肢开始，继及腹胸、上肢、头面，以下肢为甚，按之凹陷深而难复，常伴有脾肾阳虚之证。

临床上，阴水、阳水并非一成不变，可相互转化。阳水久延不退，致正气日衰，水邪日盛，则可转为阴水。阴水若复感外邪，水肿增剧，标证居主要地位时，又当急则治其标，从阳水论治。

水肿的治疗，发汗、利小便、泻下逐水是水肿治疗的三条基本原则。《素问·汤液醪醴论》提出"开鬼门""洁净府""去苑陈莝"三条基本原则，《金匮要略·水气病脉证并治》指出"诸有水者，腰以下肿，当利小便；腰以上肿，当发汗乃愈"。这些治疗原则，迄今对临床仍有指导意义。水肿具体治疗方法，历代医家都有补充和发展，归纳起来主要有发汗、利尿、燥湿、温化、理气、逐水、固本等法。

（一）阳水

1. 风水泛滥

[证候] 眼睑浮肿，继而四肢及全身皆肿，发展较快，小便不利，尿少尿黄，多伴有恶风、恶寒、发热等症，或兼咳嗽而喘。舌苔薄白，脉浮紧；或舌质红，脉浮滑数；如水邪泛滥，肿势较重，也可见沉脉。

[证候分析] 风邪外侵，肺气不宣，不能通调水道，下输膀胱，风水相搏，流溢肌肤，发为水肿；膀胱气化失常，则见小便不利；风为阳邪，风性上扬，善行而数变，风水相搏，故水肿自上而起，且发展迅速；邪在肌表，故身有寒热；肺失宣降，则咳嗽而喘。舌苔薄白，脉浮紧为风水偏寒之象；舌质红，脉浮滑数为风水偏热之象；肿势严重，阳气被遏，故见脉沉。

[治法] 祛风解表，宣肺行水。

[方药] 越婢加术汤（麻黄、石膏、白术、大枣、生姜、甘草）加减。本方有宣肺清热、祛风利水之功，主治风水夹热之水肿。常用药物：麻黄、杏仁、防风、浮萍疏风宣肺；白术、茯苓、泽泻、车前子淡渗利水；石膏、桑白皮、黄芩清热宣肺。表邪甚而偏寒者，去石膏加防风、羌活；咳喘者加杏仁、前胡、桑白皮、葶苈子；尿少热重者，加白茅根。

2. 水湿浸渍

[证候] 全身水肿，按之没指，小便短少，身体重而困倦，胸闷，纳呆，舌苔白腻，脉沉缓。

[证候分析] 水湿之邪，浸渍肌肤，故肢体浮肿；水湿内聚，膀胱气化失职，故小便不利，肿势日甚，按之没指；脾为湿困，运化失常，水谷精微无以营养肢体而壅滞中焦，故见身体重而困倦、胸闷、纳呆等症。苔白腻、脉沉缓为水湿内盛、阳气不运之象。

[治法] 健脾化湿，通阳利水。

[方药] 五苓散（白术、桂枝、茯苓、猪苓、泽泻）合五皮饮（桑白皮、陈皮、茯苓皮、大腹皮、生姜皮）加减。两方合用共起运脾化湿、通阳利水之功，主治水湿困遏脾阳，阳气尚未虚损，阳不化湿所致的水肿。上半身肿而喘者，加麻黄、杏仁；下半身肿甚者，加厚朴、防己。

3. 湿热壅盛

[证候] 遍身浮肿，皮肤光亮而薄，胸闷腹胀，烦热，口渴，小便短赤，大便干结，伴见气喘，舌苔黄腻，脉沉数。

[证候分析] 水湿之邪化热，泛滥全身，壅于肌肤经隧之间，故见遍身浮肿，皮薄而亮；湿热郁蒸，气机升降失常，故胸闷腹胀而烦热；湿热蕴结，三焦气化不利，津液不能上承则口渴；大肠传导失常，故大便干结；湿热下注，膀胱气化无权，津液受伤，故小便短赤；水邪迫肺，肺失肃降，故气喘。舌苔黄腻，脉沉数，乃湿热内盛之象。

[治法] 分利湿热。

[方药] 疏凿饮子（商陆、泽泻、赤小豆、椒目、木通、茯苓、大腹皮、槟榔、羌活、秦艽、生姜）加减；若腹满，大便秘结，加大黄、枳实；热甚加连翘、竹叶；尿血加白茅根。

（二）阴水

1. 脾阳不振

[证候] 水肿腰以下为甚，按之凹陷不易恢复，脘闷腹胀，纳减便溏，面色萎黄，神疲肢倦，小便短

少,舌质淡,舌苔白滑,脉沉缓。

[**证候分析**]中阳不足,脾失健运,不能制水,致下焦水湿停聚泛滥,身肿腰以下为甚,按之凹陷不易恢复;中阳不振,运化无力,气机壅滞,故脘腹胀闷,纳减便溏;脾阳虚弱,不能运化水谷精微,气血生化不足,肌肤失养,故面色萎黄,神疲肢倦;脾失运化,则水湿不行而小便短少。舌淡,苔白滑,脉沉缓是脾虚水聚,阳气不运之象。

[**治法**]温运脾阳,行气利水。

[**方药**]实脾饮(白术、附子、干姜、甘草、木瓜、槟榔、茯苓、厚朴、木香、草果、大枣、生姜)加减。水湿过重者,加桂枝、泽泻、猪苓等;气虚者,加党参。

2. 肾阳衰微

[**证候**]水肿腰以下尤甚,按之凹陷不起,尿少,腰部冷痛酸重,畏寒肢冷,舌质淡胖,舌苔白,脉沉细或沉迟。

[**证候分析**]肾主腰膝,肾阳衰微,阴盛于下,故见面浮身肿,腰以下为甚,按之凹陷不起;肾与膀胱相表里,肾阳不足,膀胱气化不利,故尿少;腰为肾之府,肾阳虚而水湿内盛,则腰部冷痛酸重;肾阳虚衰,命门火衰,不能温养肌体,故畏寒肢冷。舌淡胖,苔白,脉沉细或沉迟,乃肾阳衰微,水湿内盛之象。

[**治法**]温补肾阳,化气行水。

[**方药**]真武汤(附子、白术、生姜、茯苓、白芍)加减。虚寒甚,加肉桂、巴戟天。喘息、自汗、不得卧,加党参、五味子、牡蛎。

(辛效毅)

复习思考题

1. 水肿中阴水与阳水如何鉴别?
2. 水肿的基本病机、治疗原则是什么?

第十七节 淋 证

淋证是由于湿热蕴结下焦,肾与膀胱气化不利所致,以小便频数短涩、淋沥刺痛、小腹拘急引痛为主症的病证;病久或反复发作后,常伴有低热、腰痛、小腹坠胀、疲劳等临床表现。根据病因和症状特点的不同,可分为热淋、石淋、血淋、气淋、膏淋和劳淋六种证型。其病位在肾与膀胱,且与肝、脾密切相关。

现代医学中的急、慢性尿路感染,急、慢性前列腺炎,泌尿系结石,泌尿道结核,尿道综合征及乳糜尿等疾病类似于上述淋证特征的,均可参照本节内容辨证施治。

【**病因病机**】

1. **外感湿热** 因下阴不洁,秽浊之邪从下侵入机体,上犯膀胱;或由小肠邪热,心经火热,或其他脏腑外感热邪,未得外解,传入膀胱,发为淋证。

2. **饮食不节** 嗜食肥甘厚味之品或饮酒太过,困阻脾胃,运化失常,湿热内生,下注膀胱乃成淋证;

3. **情志失调** 情志不遂,肝气郁结,气郁化火,下移膀胱,膀胱气化失常,发为淋证。

4. **禀赋不足或劳伤久病** 久淋不愈,湿热耗伤正气;或年老体弱;或久病缠身,劳伤过度;房事不节,耗伤正气,致肾虚下元不固;或脾虚中气亏虚,统摄不足,致小便淋沥不已。

淋证其基本病机为湿热蕴结下焦,肾与膀胱气化不利。淋证病位不仅在肾与膀胱,还与肝、脾相关。

病理性质:初起多实,病久多虚,每见虚实夹杂。初起多因湿热为患,正气尚未虚损,故多属实证。

淋久湿热伤正,由肾及脾,每致脾肾两虚,而由实转虚。如邪气未尽,正气渐伤,或虚体受邪,则成虚实夹杂之证。

【辨证论治】

淋证可分为六种,首先通过辨证明确淋证的类型,由于病理变化不同和累及脏腑不同而有不同的临床表现。再辨别证候之虚实。淋证多以肾虚为本,膀胱湿热为标,但随着病情的不断发展,虚实之间也会出现转化。

淋证治疗,实则清利,虚则补益,为淋证的基本治则。针对不同证型而言,实证以膀胱湿热为主者,治宜清热利湿;以热灼血络为主者,治以凉血止血;以砂石结聚为主者,治以通淋排石;以气滞不利为主者,治以利气疏导。虚证以脾虚为主者,治以健脾益气;以肾虚为主者,治宜补肾固虚。虚实夹杂者,须分清标本虚实之主次,兼顾治疗。

1. 热淋

[证候]小便频数短涩,灼热刺痛,急迫不爽,尿色黄赤,少腹拘急胀痛,或腰痛拒按,或有寒热口苦,恶心呕吐,大便秘结,舌红苔黄腻,脉滑数或濡数。

[证候分析]本证以湿热蕴结下焦,膀胱气化不利为基本病机。湿热蕴结下焦,膀胱气化不利,而见尿频、尿急、短涩黄赤灼痛。热郁气滞,则尿少不畅,小腹坠胀。湿热伤肾,则腰痛拒按。若湿热郁蒸,少阳枢机不利,可见恶寒发热,口苦,呕恶。热结于里则大便干结或闭。苔脉所示均为湿热之征。

[治法]清热利湿,通淋止痛。

[方药]八正散加减(车前子、瞿麦、萹蓄、滑石、栀子、甘草、木通、大黄、灯心草)治疗。若寒热往来、口苦呕恶之少阳症状明显者可加黄芩、柴胡。若湿热蕴结,气机不运,而见大便秘结、腹胀者,可重用生大黄、枳实。若发热明显者可加知母、生石膏、蒲公英、黄芩。

2. 石淋

[证候]尿中有时可夹砂石,小便涩痛,或排尿时突然中断,尿道刺痛窘迫,少腹拘急,往往突然发病,腰腹绞痛难忍,尿中带血。舌红,苔薄黄,脉弦紧。

[证候分析]本证以湿热煎熬,砂石内积,膀胱气化不利为基本病机。因湿热下注,化火灼阴,煎熬尿液,结为砂石,故尿中时夹砂石,砂石内积则膀胱气化不利,故小便艰涩。砂石闭阻气机,则可突发腰腹剧痛,牵引少腹;砂石阻塞水道,则可致排尿中断;砂石伤络则尿中带血;舌红,苔薄白或黄,脉弦或兼数乃湿热蕴结之象。

[治法]清热利湿,通淋排石。

[方药]石韦散加减(石韦、冬葵子、瞿麦、滑石、车前子)治疗。尿中带血,可加小蓟、白茅根、藕节。如伴见发热者,可加蒲公英、大黄、黄芩、金银花。

3. 血淋

[证候]有虚实之分。实证见尿色红赤,尿频尿急,小便灼热涩痛,甚则夹有血块,疼痛满急加剧,心烦不寐,舌红苔黄,脉滑数。虚证见尿色淡红,尿痛涩滞不甚,或伴腰膝酸软,舌红苔少,脉细数。

[证候分析]本证以热伤血络,渗入膀胱为基本病机。湿热下注膀胱,热盛伤络,迫血妄行,故小便热涩刺痛,尿色红赤,或夹紫血块。血块阻塞尿路,故少腹满急疼痛。舌红,苔薄黄,脉滑数为热盛之象。脾肾亏虚者尿色淡红,尿痛涩滞不甚,或伴腰膝酸软。

[治法]实证宜清热通淋,凉血止血;虚证宜滋阴清热,补虚止血。

[方药]实证用小蓟饮子加减(生地黄、小蓟、滑石、木通、淡竹叶、炒蒲黄、藕节、当归、栀子、甘草梢)治疗;若出血不止,可加仙鹤草、琥珀粉;若见舌质紫黯,刺痛明显,痛有定处者,乃瘀血阻滞之象,可加三七、牛膝、桃仁。虚证肾阴亏虚者用知柏地黄丸加减(知母、黄柏、熟地黄、山茱萸、牡丹皮、茯苓、泽泻、山药)治疗;脾虚气陷者,补中益气汤加金钱草、海金沙、冬葵子。

4. 气淋

[证候]实证多见于郁怒之后,小便涩滞,淋沥不已,少腹胀满疼痛,苔薄白,脉沉弦。虚证可见少

腹坠胀明显,迫切作痛,尿有余沥,面白少华,舌淡苔白,脉虚细无力。

[证候分析]本证以肝失条达,气机郁滞,膀胱气化不利为基本病机。肝主疏泄,其脉循少腹,络阴器,肝郁气滞化火,或兼湿热蕴阻,壅遏不通,故少腹满闷胀痛,小便滞涩,淋沥不畅。日久不愈,耗伤中气,气虚尤以统摄见少腹坠胀明显,尿有余沥,面白少华。

[治法]实证当理气疏导,通淋利尿;虚证当补中益气,利水通淋。

[方药]实证用沉香散加减(沉香、石韦、滑石、当归、瞿麦、白术、甘草、冬葵子、白芍、王不留行)治疗;两胁胀满明显者可加青皮、乌药、小茴香;兼有瘀滞者,可加红花、赤芍、益母草。虚证用补中益气汤加减治疗。

5. 膏淋

[证候]有虚实两种表现。实证见小便混浊,尿色乳白,如米泔水,或伴有絮状凝块物,甚则小便黏稠,置之沉淀,上有浮油,尿道热涩疼痛,舌质红,苔黄腻,脉濡数。虚证见病久不愈,或反复发作,淋出如脂,涩痛不甚,形体消瘦,腰膝酸软,头昏乏力,舌淡,苔薄腻,脉细无力。

[证候分析]本证以湿热蕴结下焦,膀胱气化不利,脂液失其常道为基本病机。下焦湿热,膀胱气化不利,脂液失其常道,故见小便混浊如米泔,上有浮油如脂,或夹凝块,尿道热涩疼痛;湿热伤络血溢,故或混血块;舌质红,苔黄腻,脉濡数为湿热蕴结之象。肾虚失养,肾精不固则病久不愈,或反复发作,淋出如脂,涩痛不甚,形体消瘦,腰膝酸软,头昏乏力。

[治法]实证宜清利湿热,分清泌浊;虚证宜补脾益肾,扶正固摄。

[方药]实证用程氏萆薢分清饮加减(萆薢、车前子、茯苓、莲子心、石菖蒲、黄柏、丹参、白术)治疗;小腹胀满,尿涩不畅者,可加乌药、青皮、小茴香。虚证用膏淋汤(生山药、生芡实、生龙骨、生牡蛎、生地、党参、生白芍);伴有血尿,加小蓟、藕节、白茅根凉血止血;小便黄赤,热痛明显合导赤散清心泄火,引热下行。

6. 劳淋

[证候]小便淋沥不止,疼痛不甚,时止时作,腰膝酸软,疲惫乏力,遇劳即发,缠绵难愈。若伴面色㿠白,少气懒言,小腹坠胀,手足不温,舌淡苔薄白,脉微弱,为脾肾阳虚。若伴面色潮红,五心烦热,舌质红,脉细数,为肾阴虚。

[证候分析]本证以脾肾两虚,膀胱气化无权为基本病机。淋证日久,病情反复,正气渐伤,或过用苦寒清利,戕伐脾肾,脾肾两虚,故腰膝酸软,神疲乏力,时轻时重,每遇劳累即甚;肾虚而湿热之邪留恋,故小便淋漓,涩痛不甚;久病体虚,故舌淡苔薄,脉细弱。

[治法]脾肾阳虚者宜补益脾肾;肾阴不足者宜滋阴清热。

[方药]脾肾阳虚用《金匮》肾气丸(熟地黄、山茱萸、山药、茯苓、泽泻、牡丹皮、附子、肉桂)合补中益气汤(黄芪、人参、白术、炙甘草、当归、陈皮、升麻、柴胡)加减。肾阴不足用知柏地黄丸(知母、黄柏、熟地黄、山茱萸、山药、茯苓、泽泻、牡丹皮)加减。

(辛效毅)

复习思考题

1. 试述淋证的发病因素和主要病机。
2. 如何对淋证进行辨证论治?
3. 如何辨别淋证的虚实?

第十八节　遗　精

遗精是指因肾失封藏、精关不固,或君相火旺,湿热下注等扰动精室,以不因性生活而精液自行频繁泄出为特征的疾病。

临床上可因证候的轻重而有梦遗和滑精之分。有做梦而遗精的为"梦遗";没有做梦而遗精,甚至清醒时精液自行流出的为"滑精"。必须指出凡成年而未婚男子,或婚后夫妻分居,长期无性生活的男子,一个月遗精1～2次属正常生理现象。如遗精次数过于频繁,每周2次以上,或清醒时出现滑精,并有头目昏沉、精神不振、腰酸腿软、失眠等症的,则属病态。

现代医学的神经症、前列腺炎、精囊炎等疾患表现以遗精为主要症状者可依本节进一步辨证论治。

【病因病机】

1. **情志失调**　劳神太过,耗伤阴血,心阴不足,阴亏无以制阳,心火不能下交于肾,肾水不能上济于心,心肾不交,水亏火旺,扰动精室而遗精。或思虑太过,损伤心脾,以致心神失养,气不摄精而遗精。或因情动于心,心有妄想,所欲不遂,心神不宁,君火偏盛,相火妄动,扰动精室而遗精。

2. **饮食不节**　饮食不节,肥甘厚味,损伤脾胃,脾失运化,湿浊蕴而化热,湿热流注于下,扰动精室,精液外泄而为遗精。

3. **劳欲过度**　早婚多育,恣情纵欲,房事过度,肾虚精亏,或年少无知,频犯手淫,纵欲无度,日久肾虚精脱,肾气不足,精关不固而遗精;或肾阴不足,相火偏盛,扰动精室而遗精。

遗精的基本病机是肾失封藏,精关不固。其病位在肾,与心、肝、脾三脏密切相关。肾为封藏之本,受五脏六腑之精而藏之,肾气充足,阴平阳秘,则肾精封藏而不外泄,若患者体质虚弱、色欲过度等因素影响肾之封藏则发生遗精。心为君主之官,主神明,若劳心太过,心有所念,君火偏盛,可导致心火引动相火,相火妄动而遗精;肝主疏泄,与肾之封藏相反相成,协调平衡,使精室开合有度,若肝疏泄太过,则精室封藏不足而遗精;脾主运化,为气血生化之源,水谷入胃,脾气散精,下归于肾,为肾封藏,若过食肥甘厚味,损伤脾胃,湿热内生,下扰精室,亦可成遗精。

【辨证论治】

遗精的辨证,首先应辨明虚实。病之初起多因心火、肝火、湿热,导致君火、相火妄动,扰动精室,多以实证为主;病之久者多心脾不足,肾虚精亏,封藏失职而见虚多实少之证候。其次,确定脏腑病位。用心过度,邪念妄想而梦遗者,多责于心;精关不固,无梦滑泄者,多由于肾;脾胃虚弱,湿热下扰精室而遗精者,多责于脾。对于遗精的治疗,实证以清泄为主,根据临床患者心火、肝火、湿热之不同,采用不同清泄之法;虚证宜以补涩为要,根据具体临床表现,分别采用滋阴温肾法、健脾养心法、益肾固精法,久病入络夹瘀者可佐以活血通络之法。

1. **阴虚火旺**

[证候]梦中遗精,性欲亢进,易举易泄,少寐多梦,头晕目眩,心中烦热,小便短黄有热感,舌红苔薄黄,脉弦细数。

[证候分析]心火亢盛,心阴暗耗,心火不能下交于肾,肾水不能上济于心,心肾不交,水亏火旺,上扰心神,故少寐多梦;君火引动相火,下扰精室,故梦中遗精;心火偏盛,耗伤阴血,无法滋养心神,故见神疲而心中烦热;肾精亏虚,外无以充养机体,则体倦乏力;肾水不足,上无以滋养头目,故头晕目眩;心火下移小肠,故见小便短黄有热感。舌红苔薄黄,脉弦细数为阴虚火旺之表现。

[治法]滋阴清火,安神固精。

[方药]知柏地黄丸(知母、黄柏、熟地黄、山茱萸、牡丹皮、茯苓、泽泻、山药)加减治疗。心肾不交,虚火灼伤心阴者,可用天王补心丹(人参、玄参、丹参、茯苓、远志、桔梗、当归、天冬、麦冬、柏子仁、酸枣仁、五味子、生地黄、朱砂)加滋阴安神之石菖蒲、莲子心。心火偏亢扰动精室者可加黄连、栀子、灯心草。少寐多梦明显者可加远志、酸枣仁、茯神。若梦遗日久,烦躁失眠,心神不宁或心悸易惊,可用安神定志丸(远志、石菖蒲、茯神、茯苓、朱砂、龙齿、党参)加减治疗。

2. **湿热下注**

[证候]遗精频作,小便黄赤,或尿时有精液外流,心烦少寐,口苦而黏,舌质红,苔黄腻,脉濡数。

[证候分析]脾胃受损,运化失常,湿热蕴结,下扰精室,则遗精频作。湿热内生,下注膀胱,故小

便黄赤;脾胃损伤,脾气不足,失于固摄,兼有热邪扰动精室,故出现尿时有精液外流;湿热蒸腾,上扰心神,则心烦少寐;湿热困阻脾胃,津液无以运化,故口苦而黏。舌红苔黄腻,脉濡数是湿热内蕴之象。

[治法] 清热泻火,健脾化湿。

[方药] 程氏萆薢分清饮(萆薢、车前子、茯苓、莲子心、石菖蒲、黄柏、丹参、白术)加减治疗。湿邪易困阻中焦脾胃,若兼见胸腹脘闷、口淡口黏、渴不欲饮、头晕肢困、不思饮食等症状,可加半夏、陈皮、藿香、荷叶。若见阴囊湿痒、小溲短赤、口苦胁痛者,乃湿热不化,下注肝经,可用龙胆泻肝汤加减治疗。

3. 心脾两虚

[证候] 遗精频繁,或劳则遗精,心悸气短,失眠健忘,头目昏沉,面色萎黄,四肢乏力,纳差便溏,舌淡苔薄,脉弱。

[证候分析] 心脾两虚,思虑过度,气结不运,则耗伤心脾,气虚不摄而见遗精频繁,或劳则遗精。心为君主之官,心主藏神,气血亏虚,无以养心安神,故心悸气短,失眠健忘;脾主升清,脾气不足,清阳无以上达巅顶,则见头目昏沉,面色萎黄;心脾两虚,气血匮乏,无以健运,故表现为四肢乏力,纳差便溏。舌淡苔薄,脉弱是心脾两虚之象。

[治法] 调补心脾,益气摄精。

[方药] 妙香散(木香、山药、茯神、茯苓、黄芪、远志、人参、桔梗、甘草、辰砂)加减治疗。如脘腹胀满,不思饮食,乃气机蕴结,可加柴胡、厚朴、枳壳。若遗精日久不愈,腰膝酸软,夜尿频多者,乃脾虚日久,损及于肾,肾阳亏虚,可加肉桂、附子、山萸肉。若面色淡白,眩晕易汗,短气便溏,腹部重坠,乃中气下陷之征兆,可用补中益气汤(党参、白术、炙甘草、黄芪、当归、陈皮、升麻、柴胡)加减治疗。

4. 肾虚不藏

[证候] 遗精频作,甚则无梦而遗,滑泄不禁,精液多为清稀而冷,眩晕耳鸣,腰膝酸软,阳痿早泄,夜尿清长,舌质淡,苔白滑,脉沉细。

[证候分析] 肾主封藏,肾气充足,则肾精封藏而不外泄,现肾精亏虚,封藏失职,精关不固,故遗精频作;无梦而遗,滑泄不禁,精液清稀而冷乃阴损及阳,下元不足之象;肾精不足,元阴元阳虚衰亏耗,不能上荣头目,则眩晕耳鸣;肾虚于下,元阳不足,故见腰膝酸软,形寒肢冷;肾阳不足,无以气化,故夜尿清长。舌淡苔白滑,脉沉细为肾阳不足之象。

[治法] 补肾固精。

[方药] 金锁固精丸(沙苑子、芡实、莲须、龙骨、牡蛎、莲子)加减治疗。滑泄久遗,阴部有冷感,甚则阳痿早泄,乃肾阳虚衰,可用右归丸(熟地黄、山药、山茱萸、枸杞子、鹿角胶、菟丝子、杜仲、当归、肉桂、附子)酌加鹿角霜、锁阳。

(辛效毅)

复习思考题

1. 遗精的证候特征是什么?

2. 如何区分生理性和病理性遗精?

3. 如何对遗精进行辨证论治?

第十九节　郁　　证

郁证是由情志所伤,气机郁滞所致的一类疾病,以心情抑郁、情绪不宁、胸部满闷、胁肋胀痛,或易怒善哭、咽如有异物感等为主要临床表现。

郁有广义、狭义之分。广义的郁包括外邪、情志等因素所致的郁在内。狭义的郁,即单指情志不舒所致的郁。根据成因及临床表现,郁证可分为"气郁""火郁""血郁""湿郁""痰郁""食郁"等。发病与肝的关系最为密切,涉及心、脾两脏,而心失所养,神失所藏,即所谓忧郁伤神亦可致郁。

现代医学中的神经症、癔症、焦虑症、围绝经期综合征、反应性精神病等疾病的过程中出现郁证的临床表现,可参考本节进行辨证论治。

【病因病机】

1. **肝气郁结** 肝主疏泄,性喜条达,忧思郁怒等精神刺激,使肝失疏泄,气机郁结,气郁日久化火,形成火郁;气滞则血行不畅,致血脉瘀阻,形成血郁。

2. **脾失健运** 忧愁思虑,耗伤脾气,或肝郁及脾,或劳倦伤脾,均可使脾失健运,聚湿生痰,形成湿郁、痰郁;若脾胃不能消磨水谷,致食积不消,形成食郁。

3. **心失所养** 由于情志不遂,忧愁悲哀等因素,耗伤心血,心失所养,神失所藏,即所谓忧郁伤神,导致心神不安,情绪不宁。

郁证的主要病机是肝失疏泄、脾失健运、心失所养,脏腑阴阳气血失调。而其成因主要为七情所伤,情志不遂,或郁怒伤肝,导致肝气郁结而为病,故病位主要在肝,但可涉及心、脾、肾。肝喜条达而主疏泄,长期肝郁不解,情怀不畅,肝失疏泄,可引起五脏气血失调。肝气郁结,气郁日久化火,则为火郁;横逆乘土,则出现肝脾失和之证,气滞血瘀则为血郁;谋虑不遂或忧思过度,久郁伤脾,脾失健运,忧思伤脾,思则气结,既可致气郁生痰、蕴湿、化热成为食郁、痰郁、湿郁、热郁,又可因生化无源,气血不足而形成心脾两虚或心神失养之证。更有甚者,肝郁化火,火郁伤阴,心失所养,肾阴被耗,还可出现阴虚火旺或心肾阴虚之证。

病理性质初起多为实证,但日久易转虚证或虚实夹杂,郁证虽然以气、血、痰、火、湿、食六郁邪实为主,但病程迁延日久则易由实转虚,或因火郁伤阴而导致阴虚火旺、心肾阴虚之证;或因脾伤气血生化不足,心神失养,而导致心脾两虚之证。本病虽然预后一般良好,但必须重视情志调护,避免精神刺激,防其病情反复波动,迁延难愈。

【辨证论治】

临证当首辨虚实,郁证初起多实,属情志所伤,肝气郁结,治以疏肝理气开郁为主;若夹湿痰、食积、热郁,可配以化痰、消食、清热之剂;郁证日久可以由气及血,由实转虚,耗伤心脾,导致脏腑阴阳气血失调,此时治以滋阴养血、益气扶正为主。郁证除药物治疗外,精神调理也极为重要。

1. 肝气郁结

[**证候**]精神抑郁,情绪不宁,善太息,胸胁胀痛,痛无定处,脘闷嗳气,不思饮食,大便不调,舌苔薄腻,脉弦。

[**证候分析**]情志所伤,肝失条达,故精神抑郁,情绪不宁,善太息;肝气郁结,气机不畅,肝络失和,故见胸胁胀痛,痛无定处;肝气犯胃,胃失和降,故脘闷嗳气,不思饮食;肝气乘脾,脾失健运,则大便失常。苔薄腻,脉弦为肝脾不调之象。

[**治法**]疏肝理气解郁。

[**方药**]柴胡疏肝散(柴胡、香附、枳壳、川芎、芍药、甘草)加减。如嗳气频繁,加旋覆花、赭石等;腹胀者可加神曲、山楂、鸡内金等。

2. 气郁化火

[**证候**]急躁易怒,胸闷胁胀,口干口苦,或嘈杂吞酸,大便秘结,或头痛,目赤耳鸣,舌红,苔黄,脉弦数。

[**证候分析**]气郁化火,循肝经上炎,则急躁易怒,胸闷胁胀,头痛,目赤耳鸣;肝火犯胃,胃失和降,耗伤津液,故口干口苦,嘈杂吞酸,大便秘结。舌红,苔黄,脉弦数均为肝郁化火之象。

[**治法**]疏肝解郁,清肝泻火。

[**方药**]丹栀逍遥散(柴胡、当归、白芍、白术、茯苓、炙甘草、薄荷、煨姜、牡丹皮、栀子)合左金丸(吴茱萸、黄连)加减。若口苦、大便秘结者,可加龙胆、大黄等。

3. 痰气郁结

[证候]咽中不适,如有物梗阻,吐之不出,咽之不下,精神抑郁,胸中窒闷,胁胀或痛,舌苔白腻,脉弦滑。

[证候分析]肝郁乘脾,脾失健运,聚湿生痰,痰气郁结于胸膈之上,故自觉咽中不适如有物梗阻,吐之不出,咽之不下,亦称"梅核气"。肝气郁结,气机不畅,则胸中窒闷,胁痛。舌苔白腻,脉弦滑为气滞痰郁之征。

[治法]理气化痰解郁。

[方药]半夏厚朴汤(半夏、厚朴、茯苓、紫苏、生姜)加味。可加香附、枳壳、佛手、旋覆花、赭石等。

4. 忧郁伤神

[证候]精神恍惚,心神不宁,多疑易惊,悲忧善哭,甚喜怒无常,或时时欠伸,舌淡,苔薄白,脉弦细。

[证候分析]忧郁不解,耗伤心气营血,心神失养,故见精神恍惚,心神不宁,多疑易惊,悲忧善哭等。舌淡,苔薄白,脉弦细为气郁血虚神伤之象。

[治法]养心安神解郁。

[方药]甘麦大枣汤(甘草、淮小麦、大枣)加味。可加柏子仁、酸枣仁、茯神、远志、郁金、合欢花等。

(辛效毅)

复习思考题

1. 何谓郁证?
2. 郁证的辨治要点如何?

第二十节　血　　证

凡血液不循常道,上溢于口鼻诸窍,下泄于前后二阴,或渗出于肌肤的病证,统称血证。血证的范围广泛,本节只讨论衄血、咳血、吐血、尿血、便血几种不同部位的血证。

现代医学的呼吸、消化、泌尿、血液系统疾病等出现出血症状时,均可参考本节进行辨证论治。

【病因病机】

1. **感受外邪**　外邪侵袭,损伤脉络而致出血,其中以感受热邪所致者居多。血得热则行,热迫血行,血溢脉外而出血。如风、热、燥邪损伤上部脉络,则引起衄血、咳血、吐血;热邪或湿热损伤下部脉络,则引起尿血、便血。

2. **情志过极**　恼怒过度,肝郁化火,肝火上逆犯肺则引起咳血、衄血;肝火犯胃则引起吐血。

3. **饮食不节**　饮酒过多及过食辛辣厚味,滋生湿热,熏灼脉络,迫血妄行,引起衄血、吐血、便血;或损伤脾胃,脾胃虚衰,血失统摄而致吐血、便血。

4. **劳倦过度**　久病及思虑劳倦过度,阴精耗伤,阴虚火旺,火伤血脉而致出血;或损伤中气,气虚不摄,血不循经而外逸。

5. **瘀血内阻**　瘀血内阻,血行不畅,血不循经而外逸。而瘀血的存在,又可妨碍新血的生长及气血的正常运行,使出血加重或反复发作。在各种类型出血中,常可夹有瘀血。

各种原因导致脉络损伤或血液妄行时,就会引起血液溢出脉外而形成血证。其共同的病机可归结为火热熏灼、迫血妄行及气虚不摄、血溢脉外两类。从证候的虚实来说,由气火亢盛所致者属于实证;由阴虚火旺及气不摄血所致者,则属于虚证。实证和虚证虽各有其不同的病因病机,但在疾病发展的过程中,又常发生实证向虚证的转化。此外,出血以后,已离经脉而未排出体外的血液,留积体内,蓄结而为瘀血,瘀血又会妨碍新血的生长及气血的正常运行,使出血反复难止。

【辨证论治】

出血的治疗,应针对各种血证病因病机及损伤脏腑的不同,结合证候虚实、病情轻重进行辨证论治。止血的原则是急则治其标,缓则治其本。临床上一般采用治火、治气、治血三大法则。治火,实热当清热泻火,虚火宜滋阴降火。治气,多用于气虚出血,宜益气摄血。至于出血暴急、量多以致气随血脱,当急则治其标,益气救脱。治血,血热妄行者,治宜凉血止血;瘀血内阻者,治宜化瘀止血。除瘀阻出血慎用炭类中药外,一般均可兼用炭类中药以收敛止血。

要注意"止血不留瘀"。血证初起禁用大量凉血止血药,防止瘀血内停;夹有紫黑血块者为已有瘀血,此时忌单纯用止血剂。寒凉药久用,易损伤脾阳,影响其统血。

下面分别讨论不同部位出血的辨证和治疗。

（一）衄血

衄血是指鼻、齿龈、舌、耳及皮肤等不因外伤而出血的病证。由于出血的部位不同,有鼻衄、齿衄、舌衄、耳衄、肌衄等称谓,临床上以鼻衄和齿衄较为多见。治疗以清热、养阴、止血为主。

1. 鼻衄　凡鼻中出血而非因外伤或倒经所致者为鼻衄,以火热偏盛,迫血妄行为多,其中以肺热、肝火、胃火最为常见。

（1）热邪犯肺

[证候] 鼻中出血,点滴而下,量不多而色鲜红,鼻腔干燥、灼热感,伴鼻塞涕黄,咳嗽痰少,口干咽痛,或伴有恶风发热,舌质红,苔薄黄或黄燥,脉数或浮数。

[证候分析] 鼻为肺窍,肺有蕴热,肺津受灼,肺络受损,血热妄行,故鼻窍干燥而出血;邪热熏蒸,热伤津液则口干咽燥;若风热袭表,卫表失和则身热;热邪蕴肺,肺失宣肃,故咳嗽少痰。舌红,苔薄黄,脉滑数均为邪热阻于上焦之象。

[治法] 清热润肺,凉血止血。

[方药] 清燥救肺汤(桑叶、石膏、甘草、人参、胡麻仁、阿胶、麦冬、杏仁、枇杷叶)加白茅根、侧柏叶等。若伴发热恶寒,汗出,脉象浮数,可用桑菊饮(桑叶、菊花、连翘、薄荷、桔梗、杏仁、芦根、甘草)加金银花、侧柏叶、仙鹤草等。

（2）胃热炽盛

[证候] 鼻中出血,量多势猛,血色鲜红或深红。鼻黏膜色深红而干燥,伴口干口臭,或见齿衄,渴喜凉饮,大便秘结,小便短赤,舌质红,苔黄厚干,脉洪数或滑数。

[证候分析] 胃中积热,热循阳明经脉上炎鼻额,脉络受伤,迫血妄行,故衄血;胃热熏蒸而致鼻燥口臭;阳明热炽,消铄胃阴,故口渴引饮;津液不足,大肠传导失司而便秘;热扰心神,故烦躁。舌红,苔黄,脉洪数为胃热壅盛之象。

[治法] 清胃泻火,凉血止血。

[方药] 玉女煎(石膏、熟地黄、知母、麦冬、牛膝)加侧柏叶、白茅根。若大便秘结,可加大黄;血热旺盛,可加牡丹皮、白茅根、栀子等。

（3）肝火上炎

[证候] 鼻中出血多因郁怒而发,量多,血色深红,鼻黏膜色鲜红或深红,伴头痛头晕,耳鸣,急躁易怒,口苦咽干,面红目赤,胸胁胀痛,舌质红,苔黄,脉弦数

[证候分析] 肝郁化火,火性上炎,灼伤脉络,迫血妄行,故衄血;肝火扰心,故心烦易怒;肝火上扰头目,则头痛,目眩目赤;火盛灼津则口干口苦。舌边红,苔黄,脉弦数为肝火旺盛之象。

[治法] 清肝泻火,凉血止血。

[方药] 龙胆泻肝汤(龙胆、生地黄、木通、泽泻、车前子、当归、柴胡、栀子、黄芩、甘草)加白茅根、侧柏叶、藕节。若大便秘结,可加大黄、枳实等;若口渴者,可加天花粉;肝肾阴虚者,可加麦冬、玄参、知母等。

2. 齿衄　齿龈出血并排除外伤所致者,为齿衄。多为胃热炽盛或阴虚火旺所致。

（1）胃热炽盛

[**证候**] 齿衄,血色鲜红,牙龈肿痛,头痛,口臭,大便秘结,舌红,苔黄,脉洪数。

[**证候分析**] 齿龈为阳明胃经所过之处。若阳明炽热,循络上炎,络损血溢,则齿龈红肿疼痛而出血,其色鲜红;胃热上蒸,故头痛口臭;热结阳明,大肠传导失司故便秘。舌红苔黄,脉洪数为胃肠实热之象。

[**治法**] 清胃泻火,凉血止血。

[**方药**] 清胃散(生地黄、当归、牡丹皮、黄连、升麻)合泻心汤(大黄、黄芩、黄连)加减。可酌情加大蓟、小蓟、藕节、白茅根等。

（2）阴虚火旺

[**证候**] 齿衄,血色淡红,肿痛不甚,齿摇不坚,舌红,苔少,脉细数。

[**证候分析**] 肾阴虚,虚火上浮,灼伤脉络,故齿龈出血,而血色淡红;肾主骨,齿为骨之余,阴虚火动则齿摇不坚,微有疼痛。舌红,少苔,脉细数为阴虚火旺之象。

[**治法**] 滋阴降火。

[**方药**] 知柏地黄丸(知母、黄柏、熟地黄、山茱萸、山药、茯苓、泽泻、牡丹皮)加减。可酌情加仙鹤草、藕节、白茅根等。虚火较甚者,可加地骨皮、白薇等。

（二）咳血

咳血为肺络受伤,经气道随咳嗽而出,或痰中带血,或痰血相兼,或纯血鲜红,兼夹泡沫,均称为咳血,亦称咯血。咳血见于多种疾病,内科范围的咳血,主要见于呼吸系统疾病。其病变性质多属热证,但有虚、实之分和外感、内伤之别。

1. 燥热犯肺

[**证候**] 咳嗽咽痒,痰中带血,血色鲜红,咽干鼻燥,舌红苔薄黄,脉浮数。

[**证候分析**] 燥热伤肺,肺失清肃,所以咳嗽咽痒;燥热灼伤肺络,故咳嗽带血,血色鲜红;肺热津伤,故咽干鼻燥。舌红苔薄黄,脉浮数为燥热伤肺之象。

[**治法**] 宣肺清热,宁络止血。

[**方药**] 桑杏汤(桑叶、杏仁、沙参、浙贝母、淡豆豉、栀子、梨皮)加白茅根、侧柏叶、藕节、茜草等。若出血不止,纯血鲜红,可配合十灰散(大蓟、小蓟、侧柏叶、荷叶、茜草根、栀子、白茅根、大黄、牡丹皮、棕榈皮)吞服;身热甚而口渴,可加生石膏、天花粉等。

2. 肝火犯肺

[**证候**] 咳血,兼咳嗽气逆,胸胁引痛,烦躁易怒,舌边红苔黄,脉弦数。

[**证候分析**] 肝火犯肺,肺络受伤,故咯血;肝气上逆,肺气失于肃降,则而气逆咳嗽;胁为肝之分野,胸为肺之廓,肝火犯肺,胸胁络脉壅滞,气血不和,因而胸胁引痛;肝火亢盛,扰及心神,故烦躁易怒。舌边红,苔黄,脉弦数为肝火内盛之象。

[**治法**] 清肝泻肺,和络止血。

[**方药**] 黛蛤散(青黛、海蛤壳)合泻白散(桑白皮、地骨皮、生甘草、粳米)加侧柏叶、黄芩、栀子、生地黄等。如出血如涌,其色鲜红,宜清热凉血,可用犀角地黄汤[犀角(水牛角代)、地黄、牡丹皮、芍药]加减。

3. 阴虚火旺

[**证候**] 咳血,或痰中带血,咳嗽少痰,口干咽燥,声音不扬,甚或失音,或兼见潮热,头晕耳鸣,腰酸遗精,舌红,苔少,脉细数。

[**证候分析**] 肺肾阴虚,阴虚火旺,灼伤肺络,肺失宣降,故咯血,或痰中带血,咳嗽少痰;阴虚津液不足,失于濡润,故口干咽燥;肺阴亏虚,声道失润,金破不鸣,故声音不扬,甚或失音;肾阴亏虚,精髓不足,故头晕耳鸣,腰酸;虚火内扰,故遗精、潮热。舌红,苔少,脉细数为阴虚火旺之象。

[**治法**] 滋阴降火,凉血止血。

[方药] 百合固金汤(生地黄、熟地黄、麦冬、贝母、百合、当归、炒芍药、甘草、玄参、桔梗)加减。热甚,可加黄芩、栀子等;反复咯血量多者,可加阿胶、三七粉、茜草、藕节等。

(三) 吐血

吐血指胃及食管出血,经呕吐而出的病证,其血色紫黯或鲜红,常夹有食物残渣,亦称呕血。往往伴见黑便。吐血病变与肝、脾、胃等脏腑关系密切,临床上有寒、热、虚、实之分。

1. 胃热壅盛

[证候] 吐血鲜红或紫黯,可夹有食物残渣,兼有胸腹闷痛,口臭唇红,大便秘结,或黑便,或柏油样便,舌红,苔黄腻,脉滑数。

[证候分析] 胃热壅盛,积热内灼,损伤胃络,胃气上逆,血随气升,故吐血鲜红或紫黯;胃主受纳,胃中食物随血上溢,因而血中夹有食物残渣;胃失和降,气机不利,故兼胸脘闷痛;胃中积热,熏蒸于上,则口臭,唇红;下迫大肠,损伤津液,传导失职,因而大便秘结;离经之血下趋大肠,随大便而下,故见黑便或柏油样便。舌红,苔黄腻,脉滑数均为里热炽盛之象。

[治法] 清胃泻火,凉血止血。

[方药] 泻心汤(大黄、黄芩、黄连)合十灰散(大蓟、小蓟、侧柏叶、荷叶、茜草根、栀子、白茅根、大黄、牡丹皮、棕榈皮)加减。恶心呕吐,加竹茹、赭石等。

2. 肝火犯胃

[证候] 吐血,口苦胁痛,心烦易怒,头痛目赤,舌边红,脉弦滑。

[证候分析] 肝火犯胃,损伤胃络,则吐血;火郁肝经,疏泄不利,故胁痛;肝火挟胆气上逆,故口苦;肝火上冲头目,故头痛目赤;火扰心神,故烦躁易怒。舌边红,脉弦滑属肝火内盛之象。

[治法] 泻肝清胃止血。

[方药] 龙胆泻肝汤(龙胆、生地黄、木通、泽泻、车前子、当归、柴胡、栀子、黄芩、甘草)加白及、藕节、茜草等。血热火盛,暴吐不止,加水牛角,并服三七末以凉血止血;久吐不止,加花蕊石以化瘀止血。

3. 脾胃虚弱

[证候] 吐血时轻时重,血色黯淡,心悸气短,面色苍白,厌食纳少,四肢欠温,大便色黑,舌淡,脉细弱。

[证候分析] 脾主统血,脾虚统摄失职,则吐血绵绵不止,时轻时重;脾为气血生化之源,脾气虚弱,故短气、纳少;脾虚饮食精微不能化气生血,则面色苍白,血色黯淡;气血虚衰,不能充达四末,故手足欠温;心失血养则心悸;内溢之血随大便而出,故大便色黑。舌淡,脉细弱均为气血不足之象。

[治法] 补气摄血,兼以止血。

[方药] 归脾汤(人参、白术、黄芪、炙甘草、远志、酸枣仁、茯神、龙眼肉、当归、木香、大枣、生姜)加白及、三七粉等。

(四) 尿血

尿血是指小便中混有血液,或伴有血块夹杂而下的病证,也称"溺血"。一般以痛者为血淋,不痛者为尿血。下焦热盛,灼伤血络,或脾气受损,不能统血,均可引起尿血。

1. 下焦热盛

[证候] 小便热赤带血,血色鲜红,心烦口渴,口舌生疮,夜卧不宁,舌尖红,苔薄黄,脉弦数。

[证候分析] 心肝火旺,热移下焦,灼伤血络,则尿血鲜红;火邪下迫膀胱及尿道因而小便热赤;上扰心神则心烦,夜卧不宁;火热伤津故口渴;舌乃心之窍,心火亢盛则舌尖红,口舌生疮。舌苔黄,脉弦数均为热盛之象。

[治法] 清热泻火,凉血止血。

[方药] 小蓟饮子(小蓟、蒲黄、藕节、滑石、木通、生地黄、当归、甘草、栀子、淡竹叶)加白茅根。若尿中夹有血块者,可加桃仁、红花、牛膝等。

2. 肾虚火旺

[证候] 小便短赤带血,头晕耳鸣,腰膝酸软,潮热颧红,心烦神倦,舌红,脉细数。

[证候分析] 肾阴亏虚,水不济火,虚火妄动,灼伤血络,见尿短赤带血;肾水不足,水不涵木,肝阳上亢,故头晕耳鸣、潮热颧红;腰为肾之府,肾精虚少,不能濡养腰膝,则腰膝酸软。舌红,脉细数为阴虚内热之象。

[治法] 滋阴清火。

[方药] 知柏地黄丸(知母、黄柏、熟地黄、山茱萸、山药、茯苓、泽泻、牡丹皮)加墨旱莲、大蓟、小蓟等。

3. 脾不统血

[证候] 久病尿血,血色淡红,或兼见食欲不振,倦怠乏力,气短声低,面色不华,舌淡苔薄,脉细弱。

[证候分析] 劳倦内伤,脾气亏虚,不能摄血,血不循经则小便带血,血色淡红;脾胃虚弱,运化失职,气血亏虚则纳少、面色不华、倦怠乏力、气短声低。舌淡,脉细弱为气血亏虚之象。

[治法] 补脾摄血。

[方药] 归脾汤(黄芪、人参、白术、炙甘草、远志、木香、茯神、当归、生姜、大枣、酸枣仁、龙眼肉)加仙鹤草、槐花、阿胶等。有气虚下陷表现者,可配合补中益气汤加减。

(五) 便血

凡血从大便而下,或大便之前,或大便之后,或单纯下血,或血粪相混,统称为便血。是由胃、肠脉络受损所致,有近血、远血之分。下血在排便之前者为近血,其病变部位多在直肠和肛门;下血在大便之后者为远血,病变部位多在胃肠。血色清而鲜红者称为"肠风",多属实热;血色浊而紫黯者称为"脏毒",多属气虚或湿毒。本病多因脾虚不能统血,或湿热下注大肠,脉络受损所致。

1. 肠道湿热

[证候] 便血色红,大便不畅或腹痛,肛门灼热,口苦,舌苔黄腻,脉濡数。

[证候分析] 胃肠湿热,下移大肠,灼伤脉络,故血色鲜红;湿热蕴积大肠,气机阻滞,传导功能失常,故大便不畅,腹痛,肛门灼热;湿热熏蒸,浊气上逆而口苦。舌苔黄腻、脉濡数乃湿热内蕴之象。

[治法] 清化湿热,凉血止血。

[方药] 槐花散(槐花、侧柏叶、荆芥穗、枳壳)合地榆散(地榆、茜根、黄芩、黄连、栀子、茯苓)加减。风热者可加防风、生地黄等;若便血过久,兼阴血亏虚,可加当归、阿胶等。

2. 脾胃虚寒

[证候] 先大便后下血,或血夹杂在粪便中,或下纯血,血色紫黯,或便呈柏油样,腹部隐痛,便溏,面色少华,神疲乏力,手足欠温,舌淡苔薄,脉细弱。

[证候分析] 脾胃虚寒,中气不足,脾不统血,血溢肠中,故大便下血,先便后血;若胃肠脉络大伤,出血连续不断,则血便混杂,或下纯血,血色黯紫,或大便呈柏油样;脾胃虚寒,中气不足,气机不和,故腹部隐隐作痛;阳气不能温养四末故四肢欠温;脾虚气血不足,不能充盈血脉,荣润肌肤,故面色少华,神疲乏力,舌淡苔薄,脉细弱。

[治法] 健脾温中,养血止血。

[方药] 黄土汤(灶心土、甘草、干地黄、白术、制附子、阿胶、黄芩)加乌贼骨、炮姜炭等。

(六) 紫斑

血液溢于肌肤之间,皮肤表现青紫斑点或斑块的病证,称为紫斑,亦有称为肌衄者。外感温毒所致的则称葡萄疫。如《医宗金鉴·杂病心法要诀·失血总括》说:"皮肤出血曰肌衄。"《医学入门·斑疹》说:"内伤发斑,轻如蚊迹疹子者,多在手足,初起无头痛身热,乃胃虚火游于外。"《外科正宗·葡萄疫》说:"感受四时不正之气,郁于皮肤不散,结成大小青紫斑点,色若葡萄,发在遍体头面……邪毒传胃,牙根出血,久则虚人,斑渐方退。"多种外感及内伤的原因都会引起紫斑。外感温热病热入营血所出现的发斑,可参阅《温病学》有关内容。本节主要讨论内科杂病范围的紫斑。

内科杂病的紫斑,常见于现代医学的原发性血小板减少性紫癜及过敏性紫癜。此外,药物、化学和物理因素等引起的继发性血小板减少性紫癜,亦可参考本节辨证论治。

1. 血热妄行

[证候] 皮肤出现青紫斑点或斑块,或伴有鼻衄、齿衄、便血、尿血,或有发热,口渴,便秘,舌质红,苔黄,脉弦数。

[证候分析] 热毒壅盛,迫血妄行,灼伤络脉,血液外渗,故见皮肤瘀点瘀斑,色泽鲜红;血随火升,上出清窍则鼻衄;胃络受损则齿衄;邪热损伤胃肠脉络则腹痛、呕血、便血;热毒下注膀胱则尿血;发热、心烦、口渴、便秘均为热毒内盛、血分郁热之象。舌红、脉数有力是血分热盛之征。

[治法] 清热解毒,凉血止血。

[方药] 十灰散(大蓟、小蓟、荷叶、侧柏叶、茅根、茜根、山栀、大黄、牡丹皮、棕榈皮)加白茅根、丹皮、栀子等。

2. 阴虚火旺

[证候] 皮肤出现青紫斑点或斑块,时发时止,常伴鼻衄、齿衄或月经过多,颧红,心烦,口渴,手足心热,或有潮热,盗汗,舌质红,苔少,脉细数。

[证候分析] 阴虚火旺,灼伤血络,故紫斑时发时止;伤及阳络则齿衄、鼻衄;阴虚火旺则心烦少寐,低热盗汗;阴津亏耗则大便干燥,小便黄赤。舌光红,苔少,脉细数为虚火内炽之象。

[治法] 滋阴降火,宁络止血。

[方药] 茜根散(茜根、黄芩、阿胶、侧柏叶、生地黄、炙甘草)加玄参、地骨皮等。

3. 气不摄血

[证候] 反复发生肌衄,久病不愈,神疲乏力,头晕目眩,面色苍白或萎黄,食欲不振,舌质淡,脉细弱。

[证候分析] 久病不愈,气虚不能摄血,故紫癜反复出现;气血不足,脾虚失健则面色苍黄,神疲乏力,食欲不振;出血过多,血虚心失所养,故头晕心慌。舌淡苔薄,脉细无力为气血虚弱之征。

[治法] 补气摄血。

[方药] 归脾汤(白术、人参、黄芪、当归、甘草、茯神、远志、酸枣仁、木香、龙眼肉、生姜、大枣)加党参、茯苓、白术等。

(辛效毅)

复习思考题

1. 胃热炽盛与阴虚火旺引起的齿衄临床特点有何不同?
2. 临床上应如何辨别吐血与咳血?
3. 脾胃虚弱所致的吐血有何临床表现?如何治疗?
4. 临床上应如何辨别尿血与血淋?
5. 如何辨治下焦热盛所致的尿血?
6. 便血如何辨证施治?
7. 紫斑的定义、病因病机如何?
8. 紫斑如何辨证施治?

第二十一节　消　渴

消渴是由于阴津亏耗、燥热偏盛、五脏虚弱引起的常见病症,以口干多饮、多食、多尿、乏力,或伴体重减轻甚至消瘦为主要临床表现。其主要病理变化是阴虚燥热,与肺、胃、肾三脏关系密切。

消渴病与现代医学的糖尿病基本一致。与尿崩症出现多尿、烦渴等类似症状的可依本节进一步辨证论治。

【病因病机】

1. **饮食不节**　长期过食肥甘、醇酒厚味及辛辣香燥之品,损伤脾胃,导致脾胃运化失职,痰湿内生,积热内蕴,化燥伤津,发为消渴。

2. **情志失调**　长期过度精神刺激,恼怒惊恐,忧思过度,致气机郁结,郁久化火,消灼肺胃阴津,而发为消渴。

3. **体虚劳损**　先天禀赋不足,五脏柔弱,易患本病。素体阴虚,复因房事不节,劳欲过度,损耗阴精,虚火内生,上蒸肺胃,致肾虚与肺燥、胃热同现而发为消渴。

消渴的病机主要在于阴津亏耗,燥热偏盛,其中阴虚为本,燥热为标。两者往往互为因果,燥热愈盛则阴愈虚,阴愈虚则燥热愈盛。消渴之证日久,迁延不愈,可见阴损及阳,表现为气阴两伤或阴阳两虚,甚则表现为肾阳虚衰之候。也有病初即兼有气虚或阳虚,多与素体阳气虚弱有关。阴虚内热,伤津耗液,则血脉虚涩可成瘀血,气阴两虚或阴阳两虚,又使血液生化匮乏、运行无力,亦可发生瘀血。瘀血阻滞血脉,影响经络气血运行,又可加重五脏虚损。

阴虚燥热,可致诸多变证。肺失滋润,日久可并发肺痨;肾阴亏损,肺失濡养,肺肾精血不能上承耳目,则可并发白内障、雀盲、耳聋;燥热内结,营阴被灼,络脉瘀阻,蕴毒成脓,发为痈疽、脱疽;阴虚燥热内炽,炼液成痰,痰阻血瘀,阻闭神窍而为中风;阴损及阳,脾肾衰弱,水湿潴留,泛溢肌肤,则发为水肿;痰瘀互结,闭阻心脉,则为胸痹心痛。严重者阴津极度耗损,虚阳浮越而出现烦躁神昏;或阴竭阳亡而见昏迷、肢厥、脉微欲绝等危象。

【辨证论治】

多饮、多食、多尿和乏力、消瘦为消渴病的基本临床表现,往往同时存在,病位以肺、胃、肾为主。但临床表现不同,肺燥、胃热、肾虚程度有别,临证过程中应辨上、中、下三消之不同。以肺燥为主,口渴多饮为主要表现的为上消;以胃热为主,多食善饥为主要表现的为中消;以肾虚为主,小便频数而量多为主要表现的为下消。清热润燥、养阴生津为本病的基本治法。阴虚津伤则养阴清热,气阴两虚则益气养阴,阴阳两虚则益肾健脾、滋阴温阳,伴见血瘀者活血化瘀,并根据具体临床表现不同随证加减。

在病情发展的中后期,易发生诸多并发症是消渴病的另一特点,但仍以本症为主,并发症为次。少数患者,尤其是中老年患者,没有典型的多饮、多食、多尿和乏力、消瘦之表现,而是以痈疽、眼疾、心脑病证来诊,最后确诊为本病。但在治疗上都以清热润燥、养阴生津为基础,针对具体病情及出现的痈疽、眼疾、劳嗽等并发症,及时合理地采用活血化瘀、清热解毒、健脾益气、滋补肾阴、温补肾阳等治法,选取相应的药物加减治疗。

（一）上消（肺热津伤）

[证候]口渴明显,多饮喜饮,口干舌燥,尿频量多,舌边尖红,舌苔薄黄,脉象洪数。

[证候分析]燥热伤肺,耗伤津液,津液亏虚,故表现为口渴多饮,口干舌燥;肺热炽盛,肺主治节,治节失职,水不化津,水液趋于下行,故小便频数量多。舌红苔黄,脉洪数是内热炽盛的表现。

[治法]清热润肺,生津止渴。

[方药]消渴方(天花粉、黄连、生地黄、藕汁、姜汁、蜂蜜)加减治疗。若烦渴不止,小便频数,脉洪无力,乃肺肾气阴两虚,可加天冬、麦冬、党参。若患者口渴引饮,口干舌燥,多食易饥,溲赤量多,大便秘结,身体渐瘦,四肢乏力,乃燥热伤津耗液之候,可加生石膏、知母、党参。若患者便秘,口舌生疮乃燥热内炎,热毒为患,可加黄芩、黄连、金银花、连翘。

（二）中消

1. **胃热炽盛**

[证候]多食易饥,口干多饮,大便干燥,小便频数,形体消瘦,舌苔黄燥,脉滑实有力。

[证候分析] 胃主腐熟水谷,胃火炽盛,则腐熟水谷之力强,故见多食善饥;火热灼耗胃津,津液耗伤,则口干欲饮;津亏阴枯,肠燥失润,肠道传导失职,则大便秘结;水谷精微受损,生化乏源,肌肉失养,故表现为形体消瘦。舌苔黄燥,脉滑实有力是胃热炽盛之象。

[治法] 清胃泻火,养阴生津。

[方药] 玉女煎(生石膏、知母、生地黄、麦冬、川牛膝)加减治疗。若大便秘结不通,可用增液承气汤(玄参、生地黄、麦冬、大黄、芒硝)。若烦渴不止,小便频数,而脉数乏力者,为肺热津亏,气阴两伤,可加人参、黄芪、茯苓、天冬、天花粉、黄芩、知母。

2. 气阴两虚

[证候] 口渴喜饮,多食易饥,精神困倦,肢体乏力,身体瘦弱。舌质淡,苔薄白且干,脉细弱。

[证候分析] 燥热灼伤胃津,故口渴多饮;胃火炽盛,故多食善饥;阴精亏损,阴亏及气,肺、脾、肾三脏元气不足,所以精神困倦,肢体乏力,身体瘦弱。舌淡苔薄白且干,脉细弱是气阴不足之象。

[治法] 益气健脾,生津止渴。

[方药] 七味白术散(党参、茯苓、炒白术、藿香、木香、甘草、葛根)治疗。口渴明显,可加天花粉、天冬、麦冬。腹部胀满,大便溏薄者为脾虚失运,可加砂仁、鸡内金、陈皮。

(三) 下消

1. 肾阴亏虚

[证候] 尿频尿多,混浊如脂如膏,或尿有甜味,头晕耳鸣,腰膝酸软,皮肤干燥瘙痒,口干舌燥,舌质红,少苔或无苔,脉象细数。

[证候分析] 肾阴亏虚,固摄失常,无以约束小便,故见尿频尿多;固摄不足,水谷精微下泄,故表现为小便混浊,质如膏脂,尿有甜味;肾阴亏虚,精微下泄,精血不足,不能上濡清窍,则见头昏耳鸣;不能下行肾府,筋脉失养,则见腰膝酸软;不能营养滋润肌肤,则出现皮肤干燥瘙痒。口干舌燥,舌红,少苔或无苔,脉细数,是肾阴亏虚,虚火内生的表现。

[治法] 滋阴补肾,润燥止渴。

[方药] 六味地黄丸(熟地黄、山萸肉、山药、茯苓、泽泻、牡丹皮)加减治疗。小便量多而混浊者,可加益智仁、桑螵蛸、芡实。若出现烦躁、五心烦热、盗汗、失眠、遗精等症状,乃阴虚火旺,可加知母、黄柏、龙骨、牡蛎。若倦怠乏力、气短困倦、舌质淡红者,可加西洋参、黄芪、黄精。若见烦躁口渴、头顶痛、唇红舌干、呼吸深快者,乃真阴已伤,虚阳浮越之象,可用生脉散(人参、麦冬、五味子)加龟甲、鳖甲、天冬。

2. 阴阳两虚

[证候] 小便频数,混浊如膏,甚至饮一溲一,面色黧黑,神情憔悴,耳轮焦枯,腰膝酸软,四肢欠温,畏寒肢冷,甚则阳痿,舌苔淡白,脉沉细无力。

[证候分析] 阴阳两虚,损及元阴元阳,肾失固摄,气化失司,不能约束水液,精微下注,故小便频数,混浊如膏,甚至饮一溲一;水谷下注,精微不能上荣,无法熏肤充身,故面色黧黑,神情憔悴,耳轮焦枯。腰为肾之府,肾阴肾阳俱虚,故见腰膝酸软;肾阳虚弱,命门火衰,宗筋弛缓,故四肢欠温,畏寒肢冷,乃至阳痿。舌苔淡白,脉沉细无力,为阴阳俱虚之象。

[治法] 滋阴温阳,补肾固涩。

[方药] 《金匮》肾气丸(熟地黄、山萸肉、山药、茯苓、泽泻、牡丹皮、附子、肉桂)加减治疗。小便量多而且混浊者,可加益智仁、桑螵蛸、覆盆子、金樱子。若元阳虚弱,身体困倦,气短乏力,甚则阳痿者,可加巴戟天、肉苁蓉、淫羊藿、黄芪、黄精。

血脉瘀滞也是消渴常见病因及病理产物,对于上述各种证型,如患者伴有面色晦暗、胸中闷痛且夜间加重、舌质紫黯或有瘀点瘀斑、脉涩或结或代等典型瘀血表现,应适当加用活血化瘀药物,如丹参、川芎、郁金、红花、泽兰、乳香、没药等。

消渴病在中晚期容易发生多种慢性并发症。其并发症多为本虚标实,以气阴两虚,心血亏损,阴阳两虚为本,以瘀血阻络,痰浊不化,水湿泛滥为标。白内障、雀盲、耳聋,主要病机为肝肾阴虚,精血不足,不能上承耳目所致,宜益气养阴,滋补肝肾,活血化瘀。可用杞菊地黄丸酌加川芎、白芷、青葙子、谷精草。眼底出血者,酌情选用大蓟、小蓟、茜草、槐花、田七。对于以肢体麻木为主的,治疗以益气养阴为基础,兼以活血通络,散寒除湿,可用四物汤加鸡血藤、钩藤、威灵仙等,如郁久化热可加黄柏、牡丹皮、赤芍等。

(辛效毅)

复习思考题

1. 消渴的证候特征是什么?
2. 如何理解消渴病病机以阴虚为本,燥热为标?
3. 如何对消渴进行辨证论治?

第二十二节 痰 饮

痰饮是指体内水液输布、运化失常,停积于某些部位的一类病证。痰饮有广义、狭义之分。广义痰饮包括悬饮、痰饮、支饮、溢饮四类,是诸饮的总称。狭义的痰饮指饮停胃肠之证。痰和饮广义上相互涵盖,狭义上各有特点,又相互转化,常常并称。痰饮的临床表现多样,涉及病证广泛。饮邪具有流动的特性,停于肠胃者为痰饮,症见心下满闷,呕吐清水痰涎,胃肠沥沥有声,形体昔肥今瘦;水流胁下者为悬饮,症见胸胁饱满,咳唾引痛,喘促不能平卧,或肺痨病史;饮溢四肢者为溢饮,症见身体疼痛而沉重,甚则肢体浮肿,当汗出而不汗出,或伴咳喘;停于胸肺者为支饮,症见咳逆倚息,短气不得平卧,其形如肿。病位随气升降,无处不到,发病多与肺、脾、肾、三焦功能失调有关。主要病机是三焦气化失宣,肺、脾、肾通调、转输、蒸化水液功能失职。若饮邪久留则病势缠绵。

现代医学中的慢性支气管炎、支气管哮喘、渗出性胸膜炎、慢性胃炎、心力衰竭、肾炎水肿等均可依本节论治。

【病因病机】

1. **外感寒湿** 寒湿侵袭肌表,困遏卫阳,肺失宣布水津,脾不能运化水湿,水湿停滞,积而成饮。
2. **饮食不当** 饮食损伤脾胃,脾失健运,湿从内生,水湿停积成痰饮。
3. **劳欲久病** 劳欲损伤脾肾之阳,水液失于输化,停而成饮。

主要病机是三焦气化失宣,肺、脾、肾通调、转输、蒸化水液功能失职,阳虚水液不运,精微不得输布,致水饮停积为患。三脏之中,脾运失司,首当其冲;中阳素虚,脏气不足是发病的内在病理基础。病理性质总属阳虚阴盛,因虚致水饮停积为患。伏饮或久留,易因感外邪或饮食不当诱发。

【辨证论治】

本病以阳虚阴盛,本虚标实为特点,必须据饮停部位及临床特征辨类型、辨标本的主次及病邪的兼夹。以温化为治则,健脾、温肾为其正治。水饮壅盛,祛饮以治标;阳微气衰,温阳以治本。在表者,温散发汗;在里者,温化利水。正虚者补之;邪实者攻之;邪实正虚,当消补兼施。饮热相杂,当温清并用;水饮去后仍当温补脾肾,扶正固本,以杜水饮生成之源。

（一）痰饮

1. 脾阳虚弱

[证候]胸胁支满,心下痞闷,胃中有振水声,脘腹喜温畏冷,呕吐痰涎清稀,渴不欲饮,头目眩晕,心悸气短,食少便溏,舌苔白滑,脉弦细而滑。

[证候分析]胃中停饮,支撑胸胁,故脘痞胸满,胃中振水声。寒饮内聚,阳气不能外达,则见脘腹喜温畏冷;水饮上逆故呕吐痰涎,水停中焦,津不上承则渴不欲饮;水饮中阻,清阳不升,则头目眩晕;饮凌心肺,故心悸气短;脾运不健,故食少便溏。苔白滑,脉弦细而滑均系阳虚饮停之征。

[**治法**] 温脾化饮。

[**方药**] 苓桂术甘汤（茯苓、桂枝、白术、炙甘草）合小半夏加茯苓汤（半夏、生姜、茯苓）加减。饮邪盛者加桂枝、白术；心下坚满疼痛甚者加枳实，小便不利者加车前子、茯苓皮；纳呆食少者加焦三仙、砂仁。

2. 饮留胃肠

[**证候**] 心下坚满或痛，自利，利后反快，虽利心下续坚满，或水走肠间，沥沥有声，或腹满，便秘，口舌干燥，舌苔腻，色白或黄，脉沉弦或伏。

[**证候分析**] 水饮留胃，气机阻滞，则心下坚满或痛；水饮下行故利后反快；饮去难尽，新饮复积，故虽利心下续坚满；饮邪从胃下流于肠，则肠间沥沥有声。水饮壅结于中而致腹满，便秘；饮郁化热故口舌干燥舌黄。苔腻，脉沉弦或伏为饮邪深伏之候。

[**治法**] 攻下逐饮。

[**方药**] 甘遂半夏汤（甘遂、半夏、白芍、甘草）合己椒苈黄丸（防己、椒目、葶苈子、大黄）加减。若小便量少不利加泽泻、车前子、猪苓；头晕目眩者加泽泻、白术、半夏、党参、茯苓、干姜；若见利后少腹续坚满者加厚朴、木香以理气散结。

（二）悬饮

1. 邪犯胸肺

[**证候**] 寒热往来，身热起伏，汗少，或发热不恶寒，有汗而热不解，咳嗽，痰少，气急，胸胁刺痛，呼吸、转侧疼痛加重，兼见心下痞硬，干呕，口苦，咽干，舌苔薄白或黄，脉弦数。

[**证候分析**] 肺居胸中，两胁为少阳经脉分布循行处，今外邪侵袭，热郁胸肺，少阳枢机不和，肺气不利，则寒热往来起伏，胸胁疼痛，呼吸、转侧疼痛加重；肺热内蕴，肺失肃降，故身热有汗，咳嗽气急痰少；热郁少阳则心下痞硬，口苦，咽干，干呕；舌苔薄白或黄，脉弦数属邪在上焦肺卫之候。

[**治法**] 和解宣利。

[**方药**] 柴枳半夏汤（柴胡、黄芩、半夏、瓜蒌、枳壳、桔梗、杏仁、青皮、甘草）加减。胁肋疼痛加丝瓜络、旋覆花、郁金、桃仁、延胡索通络止痛；心下痞硬、口苦、干呕加黄连；热盛汗出、咳嗽气急者，去柴胡，加石膏、桑白皮、杏仁。

2. 饮停胸胁

[**证候**] 胸胁疼痛，咳唾引痛，痛势较前减轻，而呼吸困难加重，咳逆气喘，息促不能平卧，或仅能偏卧于停饮的一侧，病侧肋间胀满，甚则可见病侧胸廓隆起，舌苔白，脉沉弦或弦滑。

[**证候分析**] 肺气郁滞，气不布津，停而为饮；饮停气滞，脉络受阻，故咳唾引痛；水饮内停，气机升降失常，痛势较前减轻而喘息加重。饮邪上迫于肺，则咳逆气喘，息促不能平卧。饮在胸邪，肺气郁滞，肋间胀满，病侧胸廓隆起，舌苔白，脉沉弦或弦滑为水结于里之候。

[**治法**] 泻肺祛饮。

[**方药**] 椒目瓜蒌汤（葶苈子、桑白皮、苏子、瓜蒌皮、陈皮、半夏、椒目、茯苓、生姜皮）合十枣汤（甘遂、大戟、芫花、大枣）或控涎丹（甘遂、大戟、白芥子）加减。若体质虚弱，可用葶苈大枣泻肺汤泻肺行水；若痰浊偏盛，胸部满闷，舌苔浊腻者，加薤白、杏仁；如水饮久停难去，胸胁支满，体弱食少者，加桂枝、白术、甘草等。

3. 络气不和

[**证候**] 胸胁疼痛，如灼如刺，胸闷不舒，呼吸不畅，或有闷咳，甚则迁延，经久不已，阴雨更甚，可见病侧胸廓变形，舌苔薄，质黯，脉弦。

[**证候分析**] 饮邪久郁，气机不利，络脉痹阻，故胸胁疼痛，胸闷不舒；呼吸不畅，闷咳；气郁化火则痛如灼，气滞络痹则刺痛迁延，经久不已；体内有湿，阴雨则与外湿相合故症状更甚。苔薄质黯，脉弦为气滞络痹之候。

[**治法**] 理气和络。

[方药] 香附旋覆花汤(香附、旋覆花、苏子、薏仁、陈皮、半夏、茯苓)加减。痰气郁阻,胸闷苔腻者,加瓜蒌、枳壳;久痛入络,痛势如刺者,加桃仁、红花、乳香、没药、郁金;饮留不净者,胁痛迁延不已,可加通草、路路通、冬瓜皮等。

4. 阴虚内热

[证候] 咳呛时作,咯吐少量黏痰,口干咽燥,或午后潮热,颧红,心烦,手足心热,盗汗,或伴胸胁闷痛,病久不复,形体消瘦,舌质偏红少苔,脉细数。

[证候分析] 饮阻气郁,化热伤阴,阴虚肺燥,故咳呛痰黏量少,口干咽燥;络脉不和则胸胁闷痛;阴液不足,形体失于濡养则消瘦;阴虚生内热,虚火内扰,故心烦,潮热,手足心热,颧红,盗汗;舌红少苔,脉细数均为阴虚内热之象。

[治法] 滋阴清热。

[方药] 沙参麦冬汤(沙参、麦冬、玉竹、天花粉、生扁豆、桑叶、甘草)合泻白散(桑白皮、地骨皮、甘草、粳米)加减。潮热显著可加鳖甲、功劳叶;胸胁闷痛,酌加瓜蒌皮、枳壳、广郁金、丝瓜络、苏木;兼有神疲气短,易汗,面色㿠白者,酌加太子参、黄芪、五味子。

(三) 溢饮(表寒里饮)

[证候] 身重疼痛,甚则肢体浮肿,恶寒无汗,或有咳喘,痰多白沫,胸闷,干呕,口不渴,苔白,脉弦紧。

[证候分析] 肺脾失职,寒水内留,溢于肢体。受寒饮冷,饮积溢于四肢,故肢体浮肿;饮邪弥漫肌肤,经气不利,故身重疼痛;水饮上犯,则胸闷咳喘;水饮凌心则心悸;风寒束表,肺卫不振则恶寒无汗;水饮上逆,故干呕不渴;苔白,脉弦紧为表里俱寒之象。

[治法] 解表化饮。

[方药] 小青龙汤加减。若表寒外束,内有郁热,伴有发热,烦躁,苔白而兼黄,加石膏;肢体浮肿明显,尿少者,可配茯苓、猪苓、泽泻、车前子;饮邪犯肺,喘息痰鸣不得卧者加杏仁、射干、葶苈子。

(四) 支饮

1. 寒饮伏肺

[证候] 咳逆喘满不得卧,唾白沫痰涎量多,经久不愈,天冷受寒加重,甚至引起面浮跗肿。或平素伏而不作,遇寒即发,发则寒热,背痛,腰痛,舌苔白腻,脉弦紧。

[证候分析] 寒饮伏肺,遇感引动,肺失宣降。饮邪上逆犯肺,清肃失司,故咳逆喘满不得卧;饮邪郁积成痰,故唾白沫痰量多;肺失通调水道,故水饮外溢见面浮跗肿;苔白腻,脉弦紧为寒饮内盛之征。

[治法] 宣肺化饮。

[方药] 小青龙汤(麻黄、桂枝、干姜、细辛、半夏、白芍、五味子、甘草)加减。若喘息、痰壅、便秘加葶苈子、大黄、芒硝;饮邪壅实,咳逆喘急,胸痛烦闷,加甘遂、大戟峻逐水饮。若痰饮久郁,化热伤阴,加麦冬、川贝、瓜蒌。

2. 脾肾阳虚

[证候] 喘促动则为甚,心悸,气短,或咳而气怯,痰多,食少,胸闷,怯寒肢冷,神疲,少腹拘急不仁,脐下动悸,小便不利,足跗浮肿,或吐涎沫而头目昏眩,舌胖质淡,苔白润或腻,脉沉细而滑。

[证候分析] 支饮日久,脾肾阳虚,饮凌心肺。久病及肾,肾不纳气,则喘促气短;肺脾气虚,痰饮内蕴,故咳而气怯,痰多,食少,胸闷;阳虚不温则而怯寒肢冷,神疲;肾阳虚气化不利,水饮留蓄下焦,故小便不利,少腹拘急不仁,或冲动而为心悸;饮溢于外则足肿;饮逆于上故吐涎沫而头目昏眩;舌胖苔白,脉沉细而滑属阳虚饮聚之象。

[治法] 温脾补肾,以化水饮。

[方药] 金匮肾气丸(附子、桂枝、熟地、山药、山萸肉、泽泻、丹皮、茯苓)合苓桂术甘汤加减。如脐下悸,吐涎沫,头昏眩,为饮邪上逆,可用五苓散;喘甚加沉香、补骨脂、钟乳石;平时可坚持服用香砂六君丸以健脾益气,理气和胃,以巩固疗效。

复习思考题

1. 试述痰饮病的治疗原则。
2. 治疗悬饮的证型分类及治法、代表方是什么？

第二十三节　汗　　证

汗证是阴阳失调,腠理不固而致汗液外泄失常的病证。汗出不因外界环境因素的影响,为汗液过度外泄的病理现象。汗证中表现为白昼汗出,动则益甚,常伴有气虚不固的症状为自汗;寐中汗出,醒后即止,常伴有阴虚内热的症状为盗汗;外感病中,全身战栗而汗出为战汗;危重病人,大汗淋漓,或汗出如油如珠,并伴亡阳或亡阴危证为脱汗;汗出色黄如柏汁,染衣着色为黄汗。汗证的病位在卫表肌腠,病变脏腑涉及肺、心、肝、肾。主要病机是阴阳失调,腠理不固,营卫失和,汗液外泄。汗出久者易出现阴阳两虚之候。

现代医学中的甲状腺功能亢进症、自主神经功能紊乱、风湿热、结核病等导致汗出异常的可参考本节辨证论治。

【病因病机】

1. **病后体虚**　肺气耗伤,卫外失固,腠理失固;或阴津耗伤,阴虚火旺,迫津外泄;或表虚受风,营卫失和,卫外失司而致。

2. **情志不调**　思虑过度,损伤心脾,血不养心,心不敛营;或恼怒伤肝化火,逼津外泄。

3. **嗜食辛辣厚味**　脾失健运,湿热郁蒸,津液外泄。

汗证的主要病机是阴阳失调,腠理不固,营卫失和,汗液外泄。病位在卫表肌腠,涉及肺、心、肝、肾诸脏。汗证病理性质有虚实之分,自汗多为气虚,盗汗多为阴虚,脱汗为亡阳或亡阴危证,实证多为肝火、湿热郁蒸。

【辨证论治】

本病辨阴阳虚实。自汗多属气虚不固,盗汗多属阴虚内热。因肝火、湿热等邪热郁蒸所致属实证。病程久者或病变重者会出阴阳虚实错杂的情况。自汗久则可以伤阴,盗汗久则可以伤阳,出现气阴两虚或阴阳两虚之证。故治疗分虚实,虚证当根据证候的不同而治以益气、养阴、补血,调和营卫;实证当清肝泄热,化湿和营;虚实夹杂者,则根据虚实的主次而适当兼顾,各证均可酌加固涩敛汗之品。

1. **肺卫不固**

[证候]　汗出恶风,稍劳汗出尤甚,易于感冒,体倦乏力,面色少华,苔薄白,脉细弱。

[证候分析]　肺气不足,表虚失固,则肌腠不实,皮毛不固,故汗出恶风,易于感冒;劳则耗气,气不摄津,故汗出尤甚;体倦乏力,面色少华,苔薄白,脉细弱均为气虚之征。

[治法]　益气固表。

[方药]　玉屏风散(黄芪、白术、防风)加减。汗出多者,可加浮小麦、糯稻根、牡蛎固表敛汗;气虚甚者,加党参、黄精益气固摄;兼有阴盛而见舌红、脉细数者,加麦冬、五味子养阴敛汗。自汗之气血不足及体虚甚者可改用大补黄芪汤(黄芪、白术、防风、人参、山茱萸、茯苓、甘草、五味子、熟地、川芎、肉苁蓉)补益固表力强。

2. **营卫不和**

[证候]　汗出恶风,周身酸楚,时寒时热,或表现半身、某局部出汗,苔薄白,脉缓。

[证候分析]　体质虚弱,阴阳失调,或表虚感受风邪,致营卫失和,汗泄失常,腠理不密,故汗出恶风,周身酸楚,时寒时热;营卫失和,经络阻滞,故半身或局部出汗。苔薄白,脉缓为风伤营卫之表证。

[治法]　调和营卫。

［方药］桂枝汤(桂枝、白芍、生姜、大枣、甘草)加减。汗出多者,酌加煅龙骨、煅牡蛎固涩敛汗;兼气虚者,加黄芪;兼阳虚者,加附子;半身或局部出汗者,可配合甘麦大枣汤。

3. 心血不足

［证候］自汗或盗汗,心悸少寐,神疲气短,面色不华,舌淡脉细。

［证候分析］劳心过度或脾虚不运,气血生化不足,心血不足,心神浮越,心液不藏,故汗出,心悸少寐;气血不足,故神疲气短,面色不华;舌淡脉细为气血失充之象。

［治法］补心养血。

［方药］归脾汤(人参、黄芪、白术、茯神、当归、龙眼肉、酸枣仁、远志、木香、甘草、生姜、大枣)加减。汗出多者,加五味子、牡蛎、浮小麦收涩敛汗。血虚甚者,加制首乌、枸杞子、熟地补益精血。

4. 阴虚火旺

［证候］夜寐盗汗或有自汗,五心烦热,或兼午后潮热,两颧色红,口渴,舌红少苔,脉细数。

［证候分析］患者阴亏,虚火内生,寐则卫气行阴,助长阴分伏火,迫津外泄故盗汗;虚热内扰,故五心烦热或兼午后潮热;虚火上炎灼津,故两颧红,口渴;舌红少苔,脉细数为阴虚火旺之象。

［治法］滋阴降火。

［方药］当归六黄汤(当归、生地黄、熟地黄、黄连、黄芩、黄柏、黄芪)加减。汗出多者,加牡蛎、浮小麦、糯稻根;潮热甚者,加秦艽、银柴胡、白薇清退虚热;耳鸣多用白蒺藜、菊花、枸杞子。

5. 邪热郁蒸

［证候］蒸蒸汗出,汗液易使衣服黄染,面赤烘热,烦躁,口苦,小便色黄,舌苔薄黄,脉象弦数。

［证候分析］湿热内蕴,逼津外泄,故蒸蒸汗出;湿热交蒸脾土,脾色外泄,故汗液易使衣服黄染;肝火上炎,故面赤烘热,烦躁,口苦;湿热下注,故小便色黄;舌苔薄黄,脉象弦数为内热之象。

［治法］清肝泄热,化湿和营。

［方药］龙胆泻肝汤(龙胆、黄芩、栀子、柴胡、泽泻、木通、车前子、当归、生地、甘草)加减。郁热较甚,小便短赤者,加茵陈清解郁热。湿热内蕴而热势不盛,面赤烘热、口苦等症不显著者,可改用四妙丸(黄柏、苍术、薏苡仁、牛膝);大便干结加大黄、枳实。

(谢　甦)

复习思考题

1. 试述自汗、盗汗的概念及临床特征。
2. 试述阴虚火旺型汗出的主证、治法、代表方。

第二十四节　肥　　胖

肥胖是由于多种原因导致体内膏脂堆积过多,体重异常增加,并伴有头晕乏力、神疲懒言、少动气短等症状的一类病证。病位主要在脾与肌肉,发病多与肾、心、肺、肝、胆有关。主要病机为气虚阳衰,痰湿瘀滞。肥胖进一步发展易合并消渴、头痛、眩晕、胸痹、中风、胆胀、痹病等病。

现代医学中的单纯性肥胖病、继发性肥胖病(继发于下丘脑及垂体病、胰岛病及甲状腺功能减退症等)均可参照本病进行辨证论治。

【病因病机】

1. **年老体弱**　肾气虚衰,或体弱之人气血阴阳虚衰,气血运行无力,血行涩滞,水湿痰瘀内聚而生肥胖。

2. **饮食不节**　过食膏粱厚味,日久必致脾虚,痰湿内生,湿浊积聚而肥胖。

3. **劳逸失常**　疏于劳作运动,久坐久卧,使体内营养精微不能消耗,运行不畅,日久必积聚而成肥脂。且"久卧伤气,久坐伤肉",气伤则虚,肉伤损脾,气虚脾损则运化失司,代谢失调,脂膏痰浊内聚体内,发为肥胖。

4. 先天禀赋　膏脂体质,有先天肾气不足,后天脾失健运,或阳热体质,食量过大,使水谷精微疏布失常,致膏脂痰湿堆积,而成肥胖。

本病属本虚标实。本虚多为脾肾阳气虚,兼心肺气虚及肝胆疏泄失调,标实为痰浊膏脂,兼有水湿、瘀血、气滞,临床各有侧重。在病变过程中常发生病机转化,一是虚实之间的转化;二是多种病理产物之间的转化;三是肥胖病变日久变生它病。针对不同病机古人有"肥人多痰""肥人多湿""肥人多气虚"之说。

【辨证论治】

本病应辨标本虚实、脏腑病位、舌象变化,以补虚泻实为原则。治本用补益脾肾,治标常用祛湿化痰,结合行气、利水、消导、通腑、化瘀等法。

1. 胃热滞脾

[证候]多食善饥,体胖腹胀,胃灼痛嘈杂,面红心烦,口干苦,舌红苔黄腻,脉弦滑。

[证候分析]胃热消灼,使水谷腐熟过旺则多食善饥;胃热偏盛则胃灼痛嘈杂;脾湿阻滞,失于运化,脂肪淤积则形体肥胖;胃肠积热,气机不畅则腹胀;胃热上蒸则面红心烦,口干苦;舌红苔黄腻,脉弦滑为胃热脾湿之象。

[治法]清胃泻火,佐以消导。

[方药]小承气汤合保和丸(大黄、连翘、黄连、枳实、厚朴、山楂、神曲、莱菔子、陈皮、半夏、茯苓)加减。肝胃郁热可加柴胡、黄芩、栀子;湿热郁滞肝胆可用龙胆、大黄、栀子、柴胡;胃肠燥结可用大承气汤(大黄、芒硝、枳实、厚朴)。

2. 肝郁气滞

[证候]体胖,头胀痛,眩晕,烦躁易怒或抑郁,喜叹息,口苦,咽喉时有憋堵感,胸胁胀痛,胃脘痞闷,腹胀,失眠多梦,月经不调或闭经,痛经,舌质暗红或紫,脉弦。

[证候分析]脑力劳动过度,精神长期紧张,或情志郁闷,使肝气郁结,疏泄失调;肝木侮土,久则脾失健运,水谷精微输布失常,化为膏脂痰浊,瘀积于体内而成为肥胖;肝胆互为表里,肝失疏泄则胆汁分泌异常,脂浊不化,内聚而加重肥胖;肝气不疏则头胀痛,眩晕,烦躁易怒,抑郁,喜叹息;气机郁阻则咽堵,胸胁胀痛;上扰清窍则多梦,下阻脉络则闭经、痛经;胆汁上溢见口苦。舌暗或紫,脉弦为肝郁气滞之征。

[治法]疏肝解郁,理气健脾。

[方药]柴胡疏肝散(陈皮、柴胡、枳壳、芍药、甘草、香附、川芎)或逍遥散(柴胡、白术、白芍、当归、茯苓、薄荷、生甘草、煨姜)加减。心烦易怒,加牡丹皮、栀子、龙胆;大便溏泄,加白术、白扁豆;头痛头胀,加桑叶、菊花、钩藤以平肝清热。

3. 痰湿内盛

[证候]形盛体胖,身体困重,胸膈痞满,头晕目眩,纳少,神疲嗜卧。舌淡胖,边有齿痕,苔白腻或白滑,脉滑或濡。

[证候分析]痰湿内盛,困遏脾运,阻滞气机则形盛体胖,纳少,身体困重,胸膈痞满;痰湿上蒙清窍则头晕目眩;湿困中焦,清阳被遏则神疲嗜卧;舌胖,边有齿痕,苔白腻或白滑,脉滑或濡为痰湿内盛之象。

[治法]燥湿化痰,理气消痞。

[方药]导痰汤(半夏、制南星、生姜、橘红、枳实、冬瓜皮、泽泻、决明子、莱菔子、白术、茯苓、甘草)加减。若湿邪盛加苍术、薏仁、赤小豆;日久痰瘀交阻可加当归、赤芍、川芎、桃仁。

4. 脾虚不运

[证候]肥胖臃肿,面色黄白,神疲乏力,身体困重,胸闷脘胀,四肢轻度浮肿,晨轻暮重,劳累后明显,饮食如常或偏少,既往多有暴饮暴食史,小便不利,便溏或便秘。舌淡胖,边有齿印,苔薄白或白

腻,脉濡细。

[证候分析] 脾胃虚弱,运化失调。因饮食过量、久卧、久坐等致脾失健运,凝聚为湿,酿成痰浊,阳气不得舒展,流于体内和肌肤之下,化为膏脂、湿邪,使人臃肿肥胖,神疲乏力,身体困重,胸闷脘胀;脾色为黄,脾虚则黄色外露,面色黄白;脾虚气血运行迟缓,输布失调,则肢体困重不爽,嗜卧懒言,腹胀食后加重,便秘或便溏;水湿内停则四肢浮肿;三焦决渎失司,膀胱气化不利则小便不利。舌胖,边有齿印,苔薄白或白腻,脉濡细为脾虚水停之象。

[治法] 健脾益气,渗利水湿。

[方药] 参苓白术散合防己黄芪汤(党参、黄芪、茯苓、白术、大枣、桔梗、山药、扁豆、薏苡仁、莲子肉、陈皮、砂仁、防己、猪苓、泽泻、车前子)加减。肢肿者加大腹皮、木瓜;腹胀、便溏者加广陈皮、木香、莱菔子;肥胖气短,畏寒肢冷者加肉桂。

5. 脾肾阳虚

[证候] 体胖,颜面虚浮,神疲乏力,头晕畏寒,腹胀便溏,自汗气喘,动则更甚,下肢浮肿,腰膝冷痛,阳痿阴冷,月经延期,尿昼少夜频,便溏或便秘。舌淡胖苔薄白,脉沉细。

[证候分析] 脾肾阳虚,不能化气行水,体内湿浊泛溢,而发肥胖,颜面虚浮,下肢浮肿,夜尿;湿浊致阳气不得舒展而神疲乏力,身体困重;脾肾阳虚,无力推动则腹胀便溏;肾不纳气则自汗气喘;阳虚不煦则腰膝冷痛,阳痿阴冷;舌淡胖,苔薄白,脉沉细为脾肾阳虚之象。

[治法] 温补脾肾,利水化饮。

[方药] 真武汤合苓桂术甘汤(附子、桂枝、茯苓、白术、白芍、甘草)加减。畏寒肢冷加补骨脂、益智仁、仙茅;兼瘀血阻滞加当归、赤芍、泽兰、益母草。

(谢　甦)

复习思考题

1. 简述肥胖的治疗原则。
2. 简述肥胖脾肾阳虚证的证候、治法、代表方。

第二十五节　内伤发热

内伤发热是指因气血阴阳失衡、脏腑功能失调所导致的以发热为主要表现的病证。临床表现以低热为多,有时或见高热,或患者自觉发热而体温不高。本证一般起病较缓,病程较长,或虚或实。

现代医学中的功能性低热、结缔组织疾病、肿瘤、血液病及慢性感染性疾病等所引起的发热和某些原因不明的发热,可参考本节进行辨证论治。

【病因病机】

1. 久病体虚　素体虚损,或久病耗伤,致气血阴阳亏虚,阴阳失衡而引起发热。
2. 饮食劳倦　饮食失调,劳倦过度,导致脾胃受损,中气不足,虚阳外越而发热;或阴血无以化生,阴火内生而发热;或运化失常,痰湿内蕴,郁而化热。
3. 七情失调　七情失调,肝气不能条达,气郁化火,以致发热。
4. 外伤瘀血　外伤、出血等原因导致瘀血内结,停积于体内,气血运行不畅,壅遏不通,引致发热。或外伤出血过多,阴血亏损,阴不济阳,阳气独亢,而引起发热。

本病基本病机为脏腑功能失调,气血阴阳亏虚,阴阳失衡,或气、血、水湿郁遏化热。不同病机之间,可以互相转化,或可因虚致实,或可久病从实转虚、虚实夹杂。

【辨证论治】

发热的辨证,首先根据发病原因、病程长短、临床表现和体质强弱,确定其为内伤发热或为外感发热。内伤发热由内因而致,其一般特点是:发热缓慢,病程较长或反复发作,发热而不恶寒,多为低热,或发热时作时止,或发有定时,或见高热,或五心烦热,或自觉发热而体温不高。因内伤发热主要由于气、血、内湿的郁遏壅滞或气、血、阴、阳的虚损失调所致,故常伴有气郁、血瘀、湿郁或气虚、血虚、阴虚、阳虚的症状。而外感发热为感受外邪所致,多表现为起病较急,病程较短,发热时多伴有恶寒,并常伴头痛、鼻塞、流涕、喷嚏、脉浮等。确定为内伤发热后,依据病史、症状、舌脉等辨别证候的虚实,以便确定治疗原则。由气郁、血瘀、湿聚所致的内伤发热属实,由气虚、血虚、阴虚所致的内伤发热属虚。既有正虚,又有邪实的表现为虚实夹杂证。

临床需根据内伤发热证候、病机的不同,采取相应的治疗方法,或滋阴清热,或补益气血,或清热化湿,或疏肝解郁,或活血化瘀。对虚实夹杂者,则须分清主次,兼而顾之。切忌一见发热便用发汗或清热之法。

1. 阴虚发热

[证候] 午后潮热或夜间发热,手足心热,颧赤如妆,心烦,盗汗,口干咽燥,或少寐多梦,舌红或绛,少苔或无苔,脉细数。

[证候分析] 阴液亏虚不能制阳,阳气浮亢则发热,或午后潮热或夜间发热,五心烦热,两颧潮红;虚热内蒸,迫津外泄而盗汗;阴虚失于濡润,故口燥咽干;阴虚之火内扰,故失眠多梦。舌红或绛,少苔或无苔,脉细数均属阴虚内热之象。

[治法] 滋阴清热。

[方药] 清骨散(银柴胡、胡黄连、秦艽、鳖甲、地骨皮、青蒿、知母、甘草)加减。阴虚较甚者,可加生地黄、玄参、制首乌等。

2. 气虚发热

[证候] 发热常在劳累后发作或加重,气短懒言,倦怠乏力,自汗,易于感冒,或食少便溏,舌淡,苔薄白,脉细弱。

[证候分析] 脾胃气虚,中气下陷,阴火内生则见发热,劳倦耗气尤甚,则发作或加重;中土虚弱,运化失职,气血不足则气短懒言,纳少便溏;脾主四肢,气虚则肢体乏力;气虚卫外不固则自汗易感。舌淡,苔薄白,脉细无力,皆属气虚之象。

[治法] 益气补中,甘温除热。

[方药] 补中益气汤(黄芪、人参、白术、甘草、当归、陈皮、升麻、柴胡)加减。若进而发展为阳气虚衰,虚阳外越,则热而形寒,面色㿠白,汗出肢冷,腰酸便溏,舌淡,脉沉细而微,或浮大无根,可用参附汤(人参、熟附子)。

3. 血虚发热

[证候] 发热,多为低热,伴头晕眼花,乏力身倦,心悸不宁,面白无华,唇甲苍白,舌淡、脉细弱。

[证候分析] 阴血亏损,阴不济阳,阳气独亢,故见发热,且多为低热。血虚无权奉养脏腑肢体,则头晕眼花,心悸不宁,乏力身倦。血不荣于外,则面白无华,唇甲苍白。舌淡、脉细弱,均属血虚之征。

[治法] 养血益气。

[方药] 归脾汤(人参、白术、黄芪、远志、酸枣仁、茯神、龙眼肉、当归、木香、大枣、生姜、甘草)加熟地、银柴胡、白薇等。若仍有少许出血,可酌加三七、仙鹤草、棕榈炭、生蒲黄。

4. 肝郁发热

[证候] 发热多潮热、烘热或午后低热,常随情绪波动而起伏,抑郁喜叹息,或烦躁易怒,或兼胸胁胀痛,口苦咽干,或妇女月经不调,舌红,苔黄,脉弦数。

[证候分析] 七情失调,肝失疏泄,肝气郁滞,气郁化火生热,故见发热,或午后低热,发热随情绪波动而起伏;肝气不能条达,故抑郁不欢,胸胁胀痛;肝气郁结,则血行不畅,故见妇女月经不调;叹气则气机暂得舒畅,故喜叹息;肝火上扰心神,故烦躁易怒;肝火铄津,则口苦咽干;肝气犯胃,胃失和降,则泛恶欲呕。舌红,苔黄,脉弦数,俱为肝郁化火之象。

[治法] 疏肝理气,解郁泻热。

[**方药**] 丹栀逍遥散(柴胡、当归、白芍、白术、茯苓、甘草、薄荷、煨姜、牡丹皮、栀子)加减。发热甚,可加黄芩、地骨皮、白薇等;胸胁胀痛明显,可加青皮、郁金、香附等;妇女月经量少,可加益母草、泽兰等。

5. 瘀血发热

[**证候**] 午后或夜间发热,或自觉身体局部发热,口干不喜饮,有固定痛处或肿块,甚则面色晦暗,肌肤甲错,舌质紫黯或有瘀斑,脉沉弦或涩。

[**证候分析**] 瘀血病在血分,属阴,故发热多在下午或晚间;瘀血阻滞,气血壅遏,致痛处固定或有肿块;瘀血阻滞,新血不生,气血不能上荣头面,以致面色黯黑;瘀热互结致口干不多饮。舌质紫黯或瘀斑,脉沉弦或涩,皆为瘀血内阻之象。

[**治法**] 活血化瘀。

[**方药**] 血府逐瘀汤(当归、川芎、赤芍、地黄、桃仁、红花、牛膝、柴胡、枳实、桔梗、甘草)加减。若发热较甚者可加白薇、牡丹皮等。

6. 湿郁发热

[**证候**] 身热不扬,午后为甚,热势缠绵,脘痞呕恶,困顿纳呆,渴不欲饮,大便不爽,胸闷,头重如裹,舌红,苔黄腻,脉濡数。

[**证候分析**] 湿邪郁而化热,湿性黏滞,故见身热不扬、热难速已;湿为阴邪,故出现午后发热明显;湿邪阻滞气机,蒙蔽清窍,则脘痞、胸闷、头重如裹;湿阻中焦,脾失健运,故呕恶纳呆,大便不爽;湿停于内,故渴而不欲饮。舌红,苔黄腻,脉濡数,均为湿郁化热之象。

[**治法**] 清热利湿,宣畅气机。

[**方药**] 三仁汤(杏仁、白蔻仁、薏苡仁、半夏、厚朴、通草、淡竹叶、滑石)加减。若头昏重痛,如裹如戴重帽,可加白芷、藁本等;胸闷脘痞可加佩兰、苍术、郁金、陈皮等。

(吴天敏)

复习思考题

1. 如何区分内伤发热与外感发热?
2. 内伤发热各个证型相应的治法和代表方为何?

第二十六节　痹　　证

　　痹证是指以肢体筋骨、关节、肌肉等处疼痛、酸楚、麻木、重着,甚或关节屈伸不利、僵硬、肿大、变形等为主要临床表现的病证。临床上具有反复发作或逐渐加重的特点。

　　现代医学中的风湿性关节炎、类风湿关节炎、反应性关节炎、骨性关节炎、强直性脊柱炎、肌纤维炎等出现痹证的临床表现时,均可参考本节内容进行辨证论治。

【病因病机】

　　1. **正虚体弱**　患者素体虚弱,或年老体虚,或久病耗损,致正气不足,腠理空虚,卫外不固,或脾虚气血生化乏源,易感外邪,是本病发生的内在因素。

　　2. **外邪侵袭**　风、寒、湿、热等邪气是引发本病的外在因素。若久居潮湿或严寒之地,或长期贪凉露宿、水中作业、涉水冒雨等,而未采取防湿保暖措施,日久则致风、寒、湿邪侵袭肌肤腠理,日久留滞于筋脉、肌肉、关节,气血运行不通,而发为行痹、痛痹、着痹。若风、寒、湿邪郁久化热,或素体阳盛或阴虚有热,感邪后易从热化,或感受风热之邪,与湿邪合并为患,均可导致风湿热邪与气血相搏,气血壅滞,筋脉拘急而发为热痹。

　　3. **劳逸失度**　劳欲耗精,精气亏虚,卫外不固;或剧烈运动,气随汗泄,汗出肌疏,外邪乘虚侵袭。日久迁延不愈,水液停聚而为痰,血液凝滞而成瘀,痰瘀互结,闭阻经络,深入骨节,可出现关节肿胀、僵硬、变形,而致病程漫长,顽固难愈,甚则内舍脏腑,出现脏腑痹。

痹证发生主要由于正虚感受风、寒、湿、热之邪所致。痹证病变部位在经脉,累及肢体、筋骨、关节、肌肉,日久耗伤气血,累及肝肾等脏腑。基本病机可概括为风、寒、湿、热、痰、瘀、虚,导致经络痹阻,气血运行不畅。痹证总属于本虚标实,病初多实证为主,日久多虚实夹杂或为虚证。

【辨证论治】

痹证辨证要辨邪气偏盛。风、寒、湿、热之邪为患,各有侧重,一般风邪盛者,表现为肢体关节疼痛,游走不定,称为行痹;寒邪盛者,表现为疼痛明显,痛有定处,遇寒加重,称为痛痹;湿邪盛者,表现为酸痛重着,关节漫肿,称为着痹;热邪盛者或邪从热化,表现为关节肿胀,肌肤灼热疼痛,称为风湿热痹。另外,要根据发病特点及全身症状辨虚实。痹证新发,多为实证;久病耗伤气血,损及肝肾,多为虚证;日久痰瘀互结,缠绵难愈,伴有肝肾亏虚者为虚实夹杂证。

痹证治疗以祛邪通络、宣痹止痛为基本原则。并需根据邪气偏盛及虚实情况分别采用祛风、散寒、除湿、清热、化痰、除瘀等治疗方法,痹证日久者,应当重视扶正补虚,配以补肝肾、强筋骨、益气血之法。痹证除内服中药治疗外,结合膏药外敷、针灸、推拿、按摩、拔罐、药物熏洗等疗法,往往可取得良好疗效。

1. 风寒湿痹

(1) 行痹

[证候] 肢体关节疼痛,游走不定,多见于腕、肘、踝、膝等处关节,屈伸不利,初期常伴有恶风、发热等表证,舌苔薄白,脉浮。

[证候分析] 肢体关节疼痛、屈伸不利为痹证共有症状,为风寒湿邪客于经络筋脉关节,致气血运行不畅,不通则痛,故见关节疼痛;经脉痹阻,气血失于濡养,故关节屈伸不利。行痹是风邪偏盛,而"风性善行而数变",故关节疼痛表现为游走不定;外邪入侵,邪正相争,营卫失和,则出现恶风、发热。舌苔薄白,脉浮为邪在表之征。

[治法] 祛风通络,散寒除湿。

[方药] 防风汤(防风、当归、茯苓、杏仁、黄芩、秦艽、葛根、麻黄、肉桂、生姜、甘草、大枣)加减治疗。若疼痛以肩、肘、腕等上肢关节为主者,可加羌活、姜黄、威灵仙等;疼痛以膝、踝等下肢关节为主者,可加独活、牛膝、防己等;而疼痛以腰背关节为主者,多与肾气不足有关,可加杜仲、桑寄生、续断等。

(2) 痛痹

[证候] 肢体关节疼痛剧烈,痛如锥刺,痛有定处,得热则痛解,遇寒则疼痛加重,关节屈伸不利,痛处皮色不红并有冷感。舌质淡,苔薄白,脉弦紧。

[证候分析] 风寒湿邪闭阻经络,而痛痹以寒邪偏盛侵袭所致。寒为阴邪,其性凝滞,气血痹阻,不通则痛,故见肢体关节疼痛剧烈,痛如锥刺,痛有定处,皮色不红并有冷感;气血得热行,遇寒则凝,故得热则痛减,遇寒则痛剧;寒性收引,经脉拘急,故关节屈伸不利。舌淡,苔薄白,脉弦紧是寒邪内盛及疼痛之征象。

[治法] 温经散寒,祛风除湿。

[方药] 乌头汤(麻黄、白芍、黄芪、制川乌、甘草、蜂蜜)加减治疗。如寒邪盛者,可加附子、细辛、桂枝等。

(3) 着痹

[证候] 肢体关节疼痛重着,肌肉酸楚,痛有定处,四肢沉重,甚则关节肿胀散漫,活动不利,肌肤麻木不仁,舌质淡,苔白腻,脉濡缓。

[证候分析] 湿为阴邪,其性重浊黏滞,致病常以沉重感及附着难移为特征。湿滞筋骨关节,则见肢体关节疼痛重着,四肢沉重,甚则关节肿胀散漫,活动不利;湿着肌肤,则肌肉酸楚,肌肤麻木不仁。舌淡苔白腻,脉濡缓为湿邪停滞的表现。

[治法] 除湿通络, 祛风散寒。

[方药] 薏苡仁汤(薏苡仁、瓜蒌仁、川芎、当归、麻黄、桂枝、羌活、独活、防风、制川乌、甘草、苍术、生姜)加减治疗。关节肿胀明显者, 可加萆薢、木通、五加皮; 若肌肤麻木不仁, 可加豨莶草、海桐皮。

若风寒湿偏盛不明显, 可选用蠲痹汤(羌活、独活、桂枝、秦艽、海风藤、桑枝、当归、川芎、乳香、木香、甘草)作为基础方加减治疗。

2. 风湿热痹

[证候] 关节疼痛, 局部灼热红肿, 痛不可触, 得冷反痛减, 屈伸不利, 常伴发热汗出, 口渴心烦。舌苔黄燥或黄腻, 脉滑数。

[证候分析] 多为风湿热邪致病。热为阳邪, 其性属火, 热邪郁于关节, 与气血相搏, 致气血壅滞, 筋脉拘急, 故关节红肿热痛, 痛不可触, 得冷痛减; 热邪其性属火, 蔓延迅速, 故往往涉及多个关节; 风湿热邪壅滞经脉, 气血不通, 故关节屈伸不利。发热汗出, 口渴心烦为热盛伤津的表现。舌苔黄燥或黄腻, 脉滑数是湿热之象。

[治法] 清热通络, 祛风除湿。

[方药] 宣痹汤(防己、杏仁、滑石、连翘、栀子、薏苡仁、半夏、蚕砂、赤小豆)加减治疗。若发热汗出明显, 伴恶风、咽痛者, 可加金银花、荆芥、薄荷、牛蒡子、桔梗; 若热盛伤阴, 症见口渴喜饮, 舌红苔少者, 可加玄参、麦冬、生地黄; 若皮肤有红斑者, 可加牡丹皮、赤芍、紫草等。

3. 痰瘀痹阻

[证候] 各种痹证日久迁延不愈, 肢体关节肌肉刺痛或重着疼痛, 痛有定处, 夜间痛甚, 或关节肿胀, 甚则关节僵硬畸形, 屈伸不利。舌质紫黯或有瘀斑, 苔白腻, 脉弦涩。

[证候分析] 痹证日久不愈, 风寒湿邪留滞经脉关节, 气血痹阻不通, 日久酿湿生痰, 痰瘀互结, 痹阻气血, 故肢体关节肌肉刺痛, 痛有定处, 夜间痛甚; 湿性重浊黏滞, 痰瘀痹阻, 故重着疼痛或关节肿胀, 甚则关节僵硬变形, 屈伸不利。舌质紫黯或有瘀斑, 乃瘀血痹阻, 气血运行不畅之表现; 舌苔白腻乃痰浊内生, 阻滞气机之征; 脉弦涩是气血痹阻, 运行不畅的脉象。

[治法] 化痰行瘀, 搜风通络。

[方药] 双合汤(当归、川芎、白芍、生地黄、陈皮、半夏、茯苓、桃仁、红花、白芥子、甘草)加减治疗。若出现肝肾虚损症状明显者, 可选独活寄生汤(独活、桑寄生、杜仲、牛膝、细辛、秦艽、茯苓、肉桂心、防风、川芎、人参、甘草、当归、芍药、干地黄)加减治疗。

(贾爱明)

复习思考题

1. 试述痹证的概念及临床表现。
2. 如何区别行痹、痛痹和着痹?
3. 如何对痹证进行辨证论治?

第二十七节　腰　　痛

腰痛是指以腰脊或脊旁部位疼痛为主要表现的病证。腰为肾之府, 腰痛与肾的关系最为密切。

现代医学中的腰椎疾病、腰肌劳损、腰椎间盘疾病、泌尿系感染等疾病的过程出现以腰痛为主症者, 可参考本节辨证治疗。

【病因病机】

1. 外邪侵袭　由于久居冷湿之地, 或涉水冒雨, 或贪凉, 或劳汗当风, 衣着湿冷而感受寒湿之邪, 或感受湿热之邪, 或寒湿内蕴日久郁而化热, 实热阻遏经脉气血运行, 引起腰痛。

2. 跌仆外伤　跌仆闪挫, 或体位不正, 用力不当, 导致腰部经络气血瘀滞不通, 瘀血留着而腰痛。

3. **年老体虚**　先天禀赋不足，或久病失治，或年老体衰，或房劳过度，致肾精亏损，无以濡养经脉而发生腰痛。

总之，腰痛的病因以肾虚为本，感受外邪、跌仆闪挫为标，两者又互为因果。病变部位在肾，与足太阳膀胱经、足少阴肾经及督脉、带脉等经脉有关。基本病机为邪阻经脉，腰府失养。

【辨证论治】

腰痛辨证宜先分虚实。虚证病情缠绵，反复发作，多由肾虚所致，治宜补肾壮腰。实证多因感受外邪或跌仆闪挫而致，发病急，病程短，治宜散寒祛湿，或清热利湿，或活血祛瘀，或舒筋通络为主，佐以补肾强腰。

1. **寒湿腰痛**

［证候］腰部冷痛重着，转侧不利，静卧痛不减，遇寒冷和阴雨天加重，苔白腻，脉沉而迟缓。

［证候分析］寒湿之邪，侵袭腰部，寒性收引，湿性黏滞，痹阻经络，气血运行不畅，故腰部冷痛重着，转侧不利；寒湿为阴邪，得阳运始化，静卧则寒湿邪气更易停滞，故虽卧疼痛不减；潮湿寒冷天气则寒湿更盛，疼痛加剧。苔白腻，脉沉而迟缓均为寒湿停聚之象。

［治法］散寒化湿，温经通络。

［方药］甘姜苓术汤（干姜、甘草、茯苓、白术）加味。若冷痛甚，拘急不舒，可加熟附片以温阳祛寒；若痛而沉重，可加苍术以燥湿散邪；若腰痛左右不定，牵引两足，或连肩背，或关节游痛，可加独活、防风、牛膝、桑寄生以祛风补肾通络。

2. **湿热腰痛**

［证候］腰部坠胀疼痛，痛处重着而伴有热感，暑湿阴雨天气症状加重，而活动后或可减轻，身体困重，小便短赤，苔黄腻，脉濡数。

［证候分析］湿热壅于腰部，筋脉弛缓，经气不通，故腰部坠胀疼痛而有热感；湿热下注膀胱，故小便短赤。苔黄腻，脉濡数，均为湿热之象。

［治法］清热利湿，舒筋止痛。

［方药］三妙散（苍术、黄柏、牛膝）加味。坠痛明显者，可加木瓜、络石藤以加强通络止痛之功；若口渴，小便短赤，可加栀子、泽泻以助清利湿热。

3. **瘀血腰痛**

［证候］腰痛如刺，痛有定处，痛处拒按，舌质黯紫，或有瘀斑，脉涩。或有外伤史。

［证候分析］瘀血阻于腰部经脉，气血运行不畅，故腰痛如刺，痛有定处，痛处拒按。舌质黯紫，或有瘀斑，脉涩，均为瘀血内停征象。

［治法］活血化瘀，通络止痛。

［方药］身痛逐瘀汤（秦艽、当归、桃仁、红花、五灵脂、香附、牛膝、地龙、羌活、甘草、川芎、没药）加减。若腰痛重着，宜加独活、狗脊祛风胜湿；若有腰部闪扭伤史，则加地鳖虫、乳香以增强活血止痛之功。

4. **肾虚腰痛**

［证候］腰部以酸软疼痛为主，绵绵不绝，喜温喜按，腿膝无力，遇劳更甚，卧则减轻。偏阳虚者，则少腹拘急，手足不温，少气乏力，舌质淡，脉沉细；偏阴虚者，则五心烦热，失眠，口燥咽干，面色潮红，舌红少苔，脉弦细数。

［证候分析］腰为肾府，肾主骨髓，肾之精气亏虚，腰脊失养，故酸软无力，其痛绵绵，喜温喜按；劳则耗气，故遇劳更甚，卧则减轻。肾阳虚衰不能温煦下元，则少腹拘急；不能温养四末，故手足不温；舌淡，脉沉细皆为阳虚有寒之象。肾阴虚则阴津不足，虚火上炎，故五心烦热，失眠，口燥；舌质红苔少，脉弦细数，均为阴虚有热之征。

［治法］补肾壮腰。偏阳虚者，温补肾阳；偏阴虚者，滋补肾阴。

［方药］偏阳虚者以右归丸（熟地黄、山茱萸、怀山药、枸杞子、菟丝子、杜仲、附子、肉桂、当归、鹿

角胶)为主方加减。偏阴虚者以左归丸(熟地黄、山茱萸、怀山药、枸杞子、菟丝子、鹿角胶、龟甲胶、川牛膝)为主方加减。

（贾爱明）

复习思考题

1. 简述腰痛常见证型的证候特点及治法。
2. 腰痛的辨治原则是什么？

第二十八节　痿　　证

痿证是指以肢体筋脉弛缓,软弱无力,不能随意运动,甚则肌肉萎缩为主要临床表现的一种病证。临床上以下肢痿弱无力较为多见,亦可见到下肢与上肢,左侧与右侧皆痿弱不用。

现代医学中的吉兰-巴雷综合征、运动神经元疾病、脊髓病变、重症肌无力等以肢体痿软无力、不能随意运动为主要表现者,均可参照本节内容进行辨证论治。

【病因病机】

1. 感受温毒　感受温热毒邪,温病高热持续不退,或病后余热未尽,皆令内热燔灼,伤津耗气,肺热叶焦,不能敷布津液,无以润泽五脏,四肢筋脉肌肉失养而痿弱不用。

2. 湿热浸淫　由于久居湿地或涉水冒雨,感受湿邪,遏阻营卫,郁而生热,或素有痰湿,久蕴化热。湿热浸淫筋脉,气血运行不畅,致筋脉肌肉失于濡养而成痿证。

3. 饮食或毒物所伤　饮食不节,嗜食辛辣肥甘,损伤脾胃,运化失职,湿热内生,可致痿证。或脾胃虚弱,受纳、运化、输布水谷精微功能失常,气血津液生化乏源,筋脉肌肉失养,产生肢体痿弱不用。此外,服用或接触毒性药物,损伤气血经脉,致经气不利,脉道失畅,亦可发生痿证。

4. 久病积损　久病体虚,脾胃运化功能失常,气血津液亏虚,或先天禀赋不足,或因房劳太过,久则损及肝肾,致精血亏虚,或劳力太过,伤及筋肉,均可导致筋脉肌肉失于濡养,发生痿证。

5. 跌仆瘀阻　跌仆损伤,瘀血阻络,新血不生,经气不利,脑失神明之用,发为痿证。

因此导致痿证的原因复杂,包括外感温热或湿热浸淫、内伤劳倦或跌仆所伤、饮食不节或毒物所伤等,基本病机为脏腑受损,精气血津液不能荣养筋脉肌肉,而生痿证。病因病机可概括为:肺热津伤,津液不布;湿热浸淫,气血不运;脾胃虚弱,精微不输;肝肾亏损,髓枯筋痿;瘀血阻络,筋脉失养。

【辨证论治】

痿证辨证,首辨脏腑病位。痿证病变部位虽在筋脉、肌肉,但发病根源为五脏受损,与肺、脾胃、肝肾密切相关。起病急骤,伴见发热恶寒,咳嗽咽痛,或在热病之后出现肢体痿弱不用者,病位多在肺;四肢痿软,而伴有乏力,食少便溏,纳呆腹胀,恶心呕吐,或下肢微肿者,其病位多在脾胃;四肢痿软,甚则不能站立,腰膝酸软,形寒肢冷,夜尿清长,男子阳痿遗精,女子月经不调,咽干目眩,其病位多在肝肾。次辨标本虚实。外感温热毒邪或湿热浸淫者,起病急,进展快,多属实证;内伤日久,起病与发展慢,病程较长,多属虚证或虚中夹实证。

痿证治疗,虚证宜扶正补虚为主,实证宜祛邪和络,虚实兼夹者当兼顾治之。临床无论选方用药还是针灸推拿等,均应重视补益脾胃这一原则。由于脾胃为后天之本,气血生化之源,脾胃受损,运化功能失常,气血津液生化不足,肌肉筋脉失养,则肢体痿弱不用,故脾胃虚弱者,应健脾益气;或清胃火、祛湿热,或益胃养阴,以调理脾胃。虽然强调重视脾胃,但临床治疗仍宜辨证论治。若肝肾亏虚者,宜滋养肝肾,酌加健脾益气之品;肺热伤津者,宜清热润燥,可加养胃阴、清胃火之品,胃火清则肺金肃;湿热浸淫者,宜清热利湿,酌加健脾之品而有利于化湿;瘀阻脉络者,宜活血化瘀,酌加益气养血通络之品,利于痿证恢复。

痿证严重者,手不能握物,足不能行走,日久肌肉萎缩,甚则瘫痪。凶险者还可出现舌体瘫软,呼吸和吞咽困难,危及生命。需要加强防护,防痰浊壅肺致呼吸困难,或发生呛咳、压疮或肢体挛缩等并发症。

1. 肺热津伤

[证候] 发病急,病之初起即伴有发热,或热后突然出现肢体软弱无力,皮肤干燥,甚则枯槁,心烦口渴,咳呛少痰,咽干不利,甚者胸闷、呼吸困难,小便黄赤量少,大便干燥。舌质红,苔黄,脉细数。

[证候分析] 温热之邪侵犯肺脏,温为阳邪,故病之初起伴有发热,发病较急;五脏失润,遂致筋脉肌肤失养,故肢体痿软不用;肺燥伤津,气阴受损,津液不能输布周身,故皮肤干燥,甚则枯槁;热邪伤阴,故心烦口渴,溲短便燥;热邪耗伤肺津,不能上润肺系,故咳呛少痰,咽干不利,甚者胸闷、呼吸困难。舌红苔黄,脉细数为阴亏津伤,虚热内盛之象。

[治法] 清热润燥,养阴生津。

[方药] 清燥救肺汤(桑叶、石膏、生甘草、人参、胡麻仁、阿胶、麦冬、杏仁、枇杷叶)加减治疗。若高热不退,口渴较甚,乃热蒸气分,可重用石膏,并加金银花、连翘、知母。若咳呛少痰,咽喉干燥,甚者胸闷、呼吸困难,乃津液耗伤,可加桑白皮、瓜蒌、川贝、枇杷叶、天花粉、芦根、沙参。

2. 湿热浸淫

[证候] 起病较缓,四肢痿软,身体困重,或麻木、肿胀,尤以下肢或两足明显,或有发热,身热不扬,胸脘痞闷,或足胫热气上腾,小便短赤涩痛。舌质红,舌苔黄腻,脉濡数或滑数。

[证候分析] 湿热浸渍肌肤,壅遏经脉,营卫受阻,气血运行不畅,故见四肢痿软,身体困重,或麻木、肿胀;湿为阴邪,其性趋下,故痿软、麻木、肿胀以下肢或两足明显;湿热郁蒸,气机不利,故或有发热但身热不扬,胸脘痞闷;湿热下注,故见足胫热气上腾,小便短赤涩痛。舌红苔黄腻,脉濡数或滑数,乃湿热内蕴之象。

[治法] 清热利湿,通利经脉。

[方药] 加味二妙散(黄柏、苍术、当归、牛膝、萆薢、防己、龟甲)加减治疗。若正值暑湿之季,不思饮食,恶心呕吐,可加藿香、佩兰。若湿邪偏盛,脘腹胀满,四肢沉重,头重头沉,可加厚朴、茯苓、枳壳、陈皮。若肌肉麻木不仁,关节活动不利或有痛感,乃病史较久,兼有瘀血阻滞,可加丹参、鸡血藤、赤芍、桃仁。若出现形体消瘦,自觉两足燔热,心烦口干,舌红苔少或中心剥脱,脉细数,乃热邪偏盛伤阴,可去苍术,加生地黄、玄参、麦冬。

3. 脾胃虚弱

[证候] 起病缓慢,肢体软弱无力,逐渐加重,甚则肌肉萎缩,少气懒言,神疲乏力,腹胀,纳呆,便溏,颜面浮肿,面色萎黄,舌淡苔薄白,脉细弱。

[证候分析] 脾胃为后天之本,气血生化之源,脾胃虚弱,则生化乏源,气血亏虚,筋脉失养,故见肢体软弱无力,甚则肌肉萎缩。脾虚不能运化,气血亏虚,故少气懒言,神疲乏力,面色萎黄;脾虚清阳不升,故见腹胀,纳呆,便溏;气虚水液不行,而见颜面浮肿。舌淡苔薄白,脉细弱由脾胃亏虚,气血不足所致。

[治法] 补中益气,健脾升清。

[方药] 参苓白术散(莲子肉、薏苡仁、砂仁、桔梗、扁豆、茯苓、人参、甘草、白术、山药、大枣)加减治疗。若脾胃虚弱者,易兼夹食积不运,胃脘胀满,恶心呕吐,当健脾助运,消食导滞,酌加谷麦芽、山楂、神曲。气血不足兼有血瘀,见唇舌紫黯,脉涩者,可加当归、白芍、丹参、川芎、牛膝。

4. 肝肾亏损

[证候] 起病缓慢,病久不愈,渐见肢体痿软无力,尤以下肢明显,腰脊酸软,不能久立,甚至步履全废,腿胫大肉渐脱,或伴有头目眩晕,耳鸣耳聋,头发干枯脱落,口咽干燥,遗精或遗尿,或妇女月经不调,舌红苔少,脉细数。

[证候分析] 痿证日久不愈,损及肝肾,肝肾亏虚,精血不足,不能濡养筋骨经脉肌肉,故肢体痿软无力,腰脊酸软,不能久立,甚至步履全废,腿胫大肉渐脱;肾开窍于耳,肝开窍于目,发为血之余,肝肾

亏虚,精血不足,无以上达头目,故见头目眩晕,耳鸣耳聋,头发干枯脱落,口咽干燥;肝主疏泄,调节男子排精和女子月经,肾主藏精,精血不藏,故见遗精或遗尿,肝肾亏虚,冲任失调,故妇女月经不调。舌红苔少,脉细数是肝肾阴亏,虚热内生之表现。

[治法] 补益肝肾,滋阴清热。

[方药] 虎潜丸[黄柏、龟甲、知母、生地黄、陈皮、白芍、锁阳、虎骨(狗骨代)、干姜]加减治疗。若面色无华或萎黄,头昏心悸明显,乃气血大亏,加黄芪、党参、何首乌、龙眼肉、当归。若口咽干燥,五心烦热明显,乃虚火内炽,当去锁阳、干姜,加枸杞子、牡丹皮。若久病不愈,阴损及阳,神疲怯寒,阳痿,小便清长,脉沉细无力,当去黄柏、知母,加淫羊藿、鹿角霜、紫河车、制附子、肉桂。

5. 脉络瘀阻

[证候] 痿证日久,或有跌仆损伤病史,四肢日渐痿软,肌肉消瘦,或手足麻木、疼痛,肌肤不仁,肢冷,四肢青筋显露。舌体瘦小或舌痿不能伸缩,舌质黯淡或有瘀点、瘀斑,脉细涩。

[证候分析] 痿证日久不愈,气虚运血无力,气虚血瘀,或跌仆损伤,瘀血阻滞经络,肌肉筋脉失养,故表现为四肢痿软,肌肉消瘦,手足麻木,肌肤不仁;脉络凝滞,故见四肢青筋显露。瘀阻舌络,舌体失荣,舌体瘦小或舌痿不能伸缩,舌质黯淡或有瘀点、瘀斑,脉细涩为气血瘀滞之象。

[治法] 益气养营,活血化瘀。

[方药] 补阳还五汤(黄芪、当归、赤芍、地龙、川芎、桃仁、红花)加减治疗。若手足麻木明显,舌苔厚腻者,加橘络、木瓜、僵蚕。若下肢痿软无力,难以行走者加杜仲、锁阳、桑寄生。

(贾爱明)

复习思考题

1. 痿证的病因病机是什么?

2. 为什么治疗痿证时重视调理脾胃?

3. 如何对痿证进行辨证论治?

第一节　月经不调

凡是月经的周期、经期、经量、经色、经质等方面发生异常现象者,称为"月经不调"。《妇科玉尺》云:"经贵乎如期,若来时或前或后,或多或少,或月二三至,或数月一至,皆为不调。"其范围包括月经先期、月经后期、月经先后无定期、月经过多、月经过少、经期延长等。本节介绍月经先期、月经后期及月经先后无定期。

【病因病机】

1. 肝郁气滞　素性抑郁,肝气郁结,疏泄失司,气机不宣,血为气滞,运行不畅,冲任失调,血海蓄溢失常。若疏泄太过,则月经先期而至;若疏泄不及,则月经后期而来;血海蓄溢紊乱,遂成月经先后无定期。

2. 脾气虚弱　素体虚弱,或劳倦思虑过度,或饮食失节,损伤脾气。脾虚气血生化不足,血海过期不满,则可致月经延后;若脾虚统摄失职,血溢妄行,则血海不及期而满,又可致月经提前;时而生化不足,时而统摄失常,则导致月经先后无定期。

3. 肾气不足　年少肾气未充,或绝经前肾气渐衰,或多产房劳,或久病伤肾,肾气虚弱。若肾虚冲任不固,不能制约经血,则月经提前;若肾虚冲任不充,血海不能按时满溢,则经期延后;若肾虚封藏失职,血海蓄溢失常,遂致月经先后无定期。

4. 痰湿阻滞　体质肥胖,素多痰湿,或饮食不节,过食肥甘,伤及脾气,脾失健运,痰湿内生,下注冲任,壅滞胞脉,阻碍血行,致血海不能按时满溢,则行经延后。

5. 寒凝血瘀　素体阳虚,或久病伤阳,阳虚内寒,脏腑失于温养,气血化生不足,血海充盈延迟,遂致经行后期;经期产后,外感寒邪,或过食寒凉,寒搏于血,血为寒凝,冲任阻滞,血海不能按时满溢,因而经期延后。

6. 热扰冲任　包括阴虚血热、阳盛血热和肝郁血热等。阴虚血热常由素体阴虚,或失血伤阴,或久病阴亏,内生虚热,热迫冲任,冲任不固,月经先期而下;阳盛血热,乃素体阳盛,或过食辛辣助阳之品,或感受热邪,热扰冲任,迫血妄行,致月经提前;肝郁血热,乃素性抑郁,或情志内伤,肝郁化热,热扰冲任,迫血下行,致月经提前。

月经不调多因寒热湿邪侵袭、情志因素、房劳所伤、饮食失宜、劳倦过度等引起脏腑功能失常,气血失调,间接或直接地损伤冲、任、督、带和胞宫、胞脉、胞络,以及肾-天癸-冲任-胞宫功能失调而致。

（一）月经先期

月经周期提前 7 天以上,甚至 10 余天一行,连续 3 个周期以上者,称为"月经先期"。月经先期属于以周期异常为主的月经病,常与月经过多并见,严重者可发展为崩漏。

西医学月经频发可参照本病辨证治疗。

【辨证论治】

月经先期的辨证,着重于周期的提前及经量、经色、经质的变化,结合全身证候及舌脉作为辨证依据。一般而言,月经提前,伴见量多、色淡、质稀者属气虚,其中兼有神疲肢倦、气短懒言等为脾气虚,兼有腰膝酸软、头晕耳鸣等为肾气虚;伴见量多或少、经色深红、质稠者属血热,其中兼有面红口干、尿黄便结等为阳盛血热,兼有两颧潮红、手足心热者为阴虚血热,兼有烦躁易怒、口苦咽干为肝郁血热。

本病的治疗原则重在益气固冲,清热调经。临床上常见脾气虚证、肾气虚证、阴虚血热证、阳盛血热证、肝郁血热证。

1. 气虚证

(1)脾气虚证

[证候]经期提前,量多,色淡质稀,神疲肢倦,气短懒言,纳少便溏,舌淡红,苔薄白,脉细弱。

[证候分析]中气虚弱,脾不统血,冲任不固,则经期提前;气虚火衰,不能化血为赤,则色淡质稀;中气不足,则神疲乏力,气短懒言;脾虚失健,则纳少便溏。舌淡红,苔薄白,脉细弱,为脾气虚之征。

[治法]补脾益气,摄血调经。

[方药]补中益气汤(人参、黄芪、当归、白术、陈皮、柴胡、升麻、甘草)加减。经量过多者,去当归之辛温行血,酌加乌贼骨、龙骨、牡蛎、棕榈炭以固涩止血。食少便溏者,加砂仁、怀山药、薏苡仁以运脾实脾。气虚不能运血,以致经行不畅,或有瘀块者,加茜草、益母草以活血化瘀。若心脾两虚,症见月经提前,怔忡心悸,失眠多梦,舌淡苔白,脉细弱,治宜补益心脾,固冲调经,方选归脾汤(人参、黄芪、当归、白术、茯神、龙眼肉、远志、酸枣仁、木香、甘草、生姜、大枣)。

(2)肾气虚证

[证候]经期提前,经量或多或少,色淡黯,质清稀,腰膝酸软,头晕耳鸣,面色晦暗或有黯斑,舌淡黯,苔白润,脉沉细。

[证候分析]冲任之本在肾,肾气不足,封藏失司,冲任不固,故月经提前,经量增多;肾虚精血不足,故经量少,头晕耳鸣;肾阳虚弱,血失温煦,则经色淡黯,质清稀,面色晦暗;腰府失荣,筋骨不坚,故腰膝酸软。舌淡黯,苔白润,脉沉细均为肾虚之征。

[治法]补益肾气,固冲调经。

[方药]固阴煎(菟丝子、熟地黄、山茱萸、人参、山药、五味子、远志、炙甘草)加减。经色黯淡,质清稀者加鹿角胶温肾助阳而益精血;经量多者,加补骨脂、续断固冲止血。

2. 血热证

(1)阴虚血热

[证候]经期提前,量少或量多,色红质稠,两颧潮红,五心烦热,咽干口燥,舌红,苔少,脉细数。

[证候分析]阴虚内热,热扰冲任,冲任不固,迫血妄行,则经期提前;阴虚血少,冲任不足,则经血量少;若虚热伤络,血受热迫,则经量可增多;血为热灼,则经色红而质稠;虚热上浮,则两颧潮红;虚热伤阴,则五心烦热,咽干口燥。舌红,苔少,脉细数,均为阴虚内热之征。

[治法]养阴清热,凉血调经。

[方药]两地汤(生地黄、地骨皮、玄参、白芍、麦冬、阿胶)加减。经量多者,加地榆炭、仙鹤草凉血止血。经血有块者,加茜草祛瘀止血。

(2)阳盛血热

[证候]经期提前,量多,色深红或紫红,质稠或夹血块,心烦,面红口干,渴喜冷饮,大便燥结,小便短黄,舌质红,苔黄,脉数。

[证候分析]阳盛则热,热扰冲任、胞宫,冲任不固,经血妄行,故月经提前来潮,经量增多;血为热灼,则经色深红或紫红,质稠或夹血块;热邪扰心,则心烦,面红;热甚伤津,则口干,渴喜冷饮,大便燥结,小便短黄。舌红,苔黄,脉数,均为热盛于里之征。

[治法]清热凉血,固冲调经。

[方药]清经散(牡丹皮、地骨皮、白芍、生地黄、青蒿、茯苓、黄柏)加减。经行腹痛,经血夹瘀块者,为热邪灼血成瘀,酌加益母草、蒲黄、三七以化瘀止血。若经量多者,去茯苓以免渗利伤阴,酌加炒地榆、炒槐花、仙鹤草等凉血止血。若见倦怠乏力,气短懒言者,为血热兼气虚,加太子参、黄芪以健脾益气。

(3)肝郁血热

［证候］经期提前,量或多或少,经色深红或紫红,质稠或有血块,经前乳房及少腹胀痛,烦躁易怒,口苦咽干,舌红,苔黄,脉弦数。

［证候分析］肝郁化热,热扰冲任,经血妄行,则经期提前;肝失疏泄,血海失调,故经量或多或少;血为热灼,则经色深红或紫红,质稠或夹血块;肝郁经脉不畅,则乳房及少腹胀痛;肝火上扰,火邪伤津,则烦躁易怒,口苦咽干。舌红,苔黄,脉弦数,均为肝郁化热之征。

［治法］疏肝清热,凉血调经。

［方药］丹栀逍遥散(牡丹皮、栀子、当归、白芍、柴胡、白术、茯苓、煨姜、薄荷、炙甘草)加减。煨姜辛热,非血热者所宜,故去而不用。经量过多者去当归,因其辛温活血,血热量多者用之不宜。两胁或乳房、少腹胀痛,可加郁金、川楝子、延胡索疏肝行气,活血止痛。气滞血瘀,经行不畅,夹有血块者,可加泽兰、益母草、丹参以活血化瘀。

(二)月经后期

月经周期延后7天以上,甚至3~5个月一行,连续出现3个周期以上者,称为“月经后期”。若每次仅延后三五天,或偶然延后一次,下次仍如期来潮者,均不作月经后期论。此外,青春期月经初潮后1年内,或围绝经期,周期时有延后,而无其他证候者,亦不作病论。月经后期如伴经量过少,常可发展为闭经。

西医学月经稀发可参照本病辨证治疗。

【辨证论治】

月经后期的辨证,着重于周期的延后及经色、经量、经质的变化,结合全身证候及舌脉作为辨证依据。一般而言,月经后期,伴见月经色淡质稀,量少,头晕耳鸣,腰膝酸软等属肾虚;伴见量少,色淡红,质清稀,头晕眼花,心悸少寐等属血虚;伴见色淡量少,质稀,小腹隐痛,喜温喜按等属虚寒;伴见经色黯而量少,夹血块,小腹冷痛拒按,得热痛减等属实寒;伴见色黯红或有血块,量少,小腹胀痛,情志抑郁等属气滞;伴见量少色淡,经血夹杂黏液,脘闷呕恶,形体肥胖等属痰湿。本病的治疗原则重在调理冲任、疏通胞脉以调经,虚者补之,实者泻之,寒者温之,滞者行之,痰者化之。临床上常见肾虚证、血虚证、虚寒证、实寒证、气滞证、痰湿证。

1.肾虚证

［证候］经期延后,量少,色淡质稀,头晕耳鸣,腰膝酸软,面色晦暗,舌淡,苔薄白,脉沉细。

［证候分析］肾虚精亏血少,冲任不足,血海不能按时满溢,则经期延后,量少;肾气不足,肾阳虚弱,血失温煦,故色淡质稀;肾主骨生髓,脑为髓海,肾虚精血亏少,无以上荣头目,则头晕耳鸣;腰为肾之外府,肾虚外府失养,则腰膝酸软;肾主黑,肾虚则肾色上泛,则面色晦暗。舌淡,苔薄白,脉沉细,均为肾虚之征。

［治法］补肾益气,养血调经。

［方药］当归地黄饮(当归、熟地黄、山药、山茱萸、杜仲、怀牛膝、炙甘草)加减。肾气不足,日久伤阳,症见腰膝酸冷者,加菟丝子、巴戟天、仙灵脾以温肾阳、强腰膝。带下量多清稀者,加鹿角霜、金樱子温肾固涩止带。月经过少者,可加丹参、川芎以活血调经。

2.血虚证

［证候］经期延后,量少,色淡质稀,小腹绵绵作痛,头晕眼花,心悸少寐,面色苍白或萎黄,舌质淡红,苔薄白,脉细弱。

［证候分析］营血亏虚,冲任不充,血海不能如期满溢,故经期延后;营血不足,血海虽满而所溢不多,则月经量少;血虚赤色不足,精微不充,故色淡质稀;血虚胞脉失养,故小腹绵绵作痛;血虚不能上荣头面,故头晕眼花,面色苍白或萎黄;血虚不能养心,故心悸少寐。舌质淡红,苔薄白,脉细弱,均为血虚之征。

［治法］补血填精,益气调经。

［方药］大补元煎(人参、山药、熟地黄、杜仲、枸杞子、当归、山茱萸、炙甘草)加减。月经量少,可

加丹参、鸡血藤以养血活血。经行小腹隐痛,可加白芍、阿胶养血和血。

3. 血寒证

(1) 虚寒证

[证候] 经期延后,量少,色淡质稀,小腹隐痛,喜温喜按,腰酸无力,小便清长,大便稀溏,舌淡,苔白,脉沉迟无力。

[证候分析] 阳虚无以温煦脏腑,寒凝冲任,气血凝滞,运行不畅,血海满溢延迟,则经期延后,量少;阳虚血失温煦,故经色淡红,质稀;阳虚胞脉失养,则小腹隐痛,喜温喜按;肾阳不足,外府失养,则腰酸无力;膀胱气化不利,则小便清长;肾阳不能温煦脾阳,则大便稀溏。舌淡苔白,脉沉迟无力,为虚寒之征。

[治法] 温阳散寒,养血调经。

[方药] 温经汤(《金匮要略》)(人参、当归、吴茱萸、川芎、白芍、桂枝、生姜、半夏、麦冬、牡丹皮、阿胶、甘草)加减。小腹疼痛及畏寒肢冷较甚者,酌加巴戟天、淫羊藿、小茴香以温肾散寒。

(2) 实寒证

[证候] 经期延后,量少,色黯有血块,小腹冷痛,得热痛减,畏寒肢冷,面色青白,舌质淡黯,苔薄白,脉沉紧。

[证候分析] 外感寒邪,或过食寒凉,血为寒凝,运行不畅,血海不能按时满溢,则经期延后,量少,色黯有块;寒凝血滞,不通则痛,则小腹冷痛,得热后血行稍畅,则痛减;寒邪伤阳,阳气不能外达,则畏寒肢冷,面色青白。舌质淡黯,苔薄白,脉沉紧,均为实寒之征。

[治法] 温经散寒,活血调经。

[方药] 温经汤(《妇人大全良方》)(人参、当归、川芎、白芍、肉桂、莪术、牡丹皮、牛膝、甘草)加减。月经量少者,可加鸡血藤、丹参、益母草以活血调经。经量过多者去莪术、牛膝等破血逐瘀之品,加炮姜、焦艾叶以温经止血。腹痛拒按者,酌加延胡索、蒲黄、五灵脂、小茴香、香附以化瘀、散寒、行气止痛。

4. 气滞证

[证候] 经期延后,量少,色黯红或有血块,小腹胀痛,精神抑郁,经前胸胁乳房胀痛,舌黯红,苔薄白或薄黄,脉弦。

[证候分析] 情志内伤,气机郁结,血为气滞,冲任不畅,血海不能按时满溢,则经期延后,量少,色黯红或有血块;肝郁气滞,经脉壅阻,则小腹、胸胁、乳房胀痛。舌黯红,脉弦,为肝气郁滞之征。

[治法] 理气行滞,活血调经。

[方药] 乌药汤(乌药、香附、木香、当归、甘草)加减。小腹胀痛甚者,加延胡索以理气行滞止痛。胸胁、乳房胀痛明显者,酌加柴胡、郁金、王不留行、川楝子以疏肝解郁,理气通络止痛。经量过少、有块者,加桃仁、丹参、川芎以活血调经。

5. 痰湿证

[证候] 经期延后,经量或多或少,经血夹杂黏液,带下量多,形体肥胖,脘闷呕恶,腹满便溏,舌淡胖,苔白腻,脉滑。

[证候分析] 脾虚不能运化水湿,湿聚生痰,痰湿壅滞冲任,气血不畅,血海不能按期满溢,则经期延后,量少;痰湿下注胞宫,则经血夹杂黏液,量多;痰湿流注下焦,损伤任带二脉,带脉失约,则带下量多;脾失健运,湿重脂满,则形体肥胖,腹满便溏;痰湿阻于中焦,气机升降失常,则脘闷呕恶。舌淡胖,苔白腻,脉滑,为痰湿阻滞之征。

[治法] 燥湿化痰,理气调经。

[方药] 苍附导痰丸(苍术、香附、陈皮、半夏、茯苓、甘草、枳壳、南星、生姜、神曲)加减。月经久不至者,可加当归、川芎、川牛膝以活血行经。带下量多者,可加车前子、薏苡仁以燥湿止带。胸闷呕恶明显者,可加砂仁、木香以醒脾理气和胃。

（三）月经先后无定期

月经周期时或提前、时或延后 7 天以上，并连续出现 3 个月经周期以上者，称为"月经先后无定期"。本病以月经周期紊乱为特征，可连续两三个周期提前又出现一次延后，或两三个周期延后又见一次提前，或见提前延后错杂更迭不定。本病若伴有经量增多及经期延长，常可因经乱之甚发展为崩漏。

西医学排卵障碍性异常子宫出血出现月经先后无定期征象者可参照本病辨证治疗。

【辨证论治】

月经先后无定期的辨证除月经周期紊乱外，还需着重观察月经的量、色、质的变化，并结合全身证候及舌脉辨其虚实及脏腑。一般而言，月经先后无定期，伴见经量或多或少，色黯红，有血块，少腹胀甚连及胸胁，精神抑郁等属肝郁；伴见量少，色淡，质稀，头晕耳鸣，腰膝酸软等属肾虚；伴见经量或多或少，色淡红，质稀，气短神疲，纳少便溏等属脾虚。本病的治疗原则重在疏肝补肾，调和冲任。临床上常见肝郁证、肾虚证、脾虚证。

1. 肝郁证

[证候] 经期不定，量或多或少，色黯红，有血块，胸胁、乳房、少腹胀痛，精神郁闷，时欲太息，苔薄白，脉弦。

[证候分析] 肝气郁结，疏泄失常，冲任失调，血海蓄溢失常，则经期先后不定，量或多或少；气郁血滞则经行不畅，色黯红，有血块；肝脉循少腹布胁肋，肝郁气滞，经脉不利，则胸胁、乳房、少腹胀痛；气机不利，则精神郁闷，时欲太息。苔薄白，脉弦，为肝郁之征。

[治法] 疏肝解郁，和血调经。

[方药] 逍遥散（柴胡、当归、白芍、白术、茯苓、甘草、薄荷、煨姜）加减。少腹胀痛甚者，可加香附、延胡索、蒲黄、五灵脂行滞活血止痛。肝郁化热，经量增多，色红，质稠者，去当归、煨姜、薄荷之辛温行血之品，加牡丹皮、栀子、茜草炭、贯众炭以清热止血。脘闷纳呆者，加枳壳、陈皮理气健脾。

2. 肾虚证

[证候] 经期不定，量少，色淡，质稀，腰膝酸软，头晕耳鸣，舌淡，苔白，脉细弱。

[证候分析] 肾气不足，封藏失职，冲任不固，血海蓄溢失常，则经期不定；肾气亏虚，精血不足，则经量少而色淡质稀；肾虚外府失养，则腰膝酸软；肾虚髓海不足，则头晕耳鸣。舌淡，苔白，脉细弱，为肾虚之征。

[治法] 补益肾气，调固冲任。

[方药] 固阴煎（人参、熟地黄、山药、山茱萸、菟丝子、远志、五味子、炙甘草）加减。腰冷痛者，加肉桂、巴戟天以温补肾阳。经量少者，加丹参、鸡血藤以活血调经。经量多者，加乌贼骨、龙骨、牡蛎以固涩止血。

若肝郁肾虚，症见月经先后无定期，经量或多或少，色黯，或有块，经前或经行乳房胀痛，腰膝酸软，或精神疲惫，舌淡苔白，脉弦细。治宜补肾疏肝调经，方用定经汤（当归、白芍、熟地黄、柴胡、山药、茯苓、菟丝子、炒荆芥）加减。

若肾阳虚，症见月经先后无定期，月经多见延后，经色黯淡，质清稀，面色白，畏寒肢冷，小腹不温，舌淡嫩，苔白，脉沉细无力。治宜温阳益肾调经，方用右归丸（熟地黄、山药、山茱萸、枸杞子、鹿角胶、菟丝子、杜仲、当归、肉桂、附子）加减。

3. 脾虚证

[证候] 经期不定，量或多或少，色淡红，质稀，面色萎黄不华，少气懒言，心悸失眠，四肢倦怠，食少纳呆，脘腹胀满，大便溏薄，舌淡，苔白，脉缓弱。

[证候分析] 脾气虚弱，时或生化不足，血海不充，时或统摄无权，血海不固，则经期不定，经量或多或少；生化不足，气血俱虚，则经色淡而质稀，面色萎黄不华，少气懒言；四肢肌肉无以充养，故四肢倦怠；脾气虚弱，健运失职，故食少纳呆，脘腹胀满，大便溏薄。舌淡，苔白，脉缓弱，为脾虚之征。

［治法］补脾益气,养血调经。

［方药］归脾汤(人参、黄芪、当归、白术、茯神、龙眼肉、远志、酸枣仁、木香、甘草、生姜、大枣)加减。经量过少者,加熟地黄、枸杞以养血调经。经量过多者,加升麻、乌贼骨以固气摄血,或加焦艾叶、炮姜炭以温经止血。

（薛　霁）

复习思考题

1. 简述月经不调、月经先期、月经后期、月经先后无定期的概念。
2. 简述月经先期、月经后期、月经先后无定期的分型论治及方药。

第二节　闭　经

闭经分为原发性闭经和继发性闭经。原发性闭经是指女子年逾16周岁,虽有第二性征发育但无月经来潮,或年逾14岁,尚无第二性征发育及月经。继发性闭经是指月经周期建立后,在正常绝经年龄前,月经来潮后停止3个周期或6个月以上。

本病以持续性月经停闭为特征,属于疑难性月经病,病程较长,病机复杂,治愈难度较大。妊娠、哺乳和围绝经期,或月经初潮后1年内发生月经停闭,不伴有其他不适症状者,不作闭经论。因先天性生殖器官阙如,或后天器质性损伤而无月经者,因非药物所能奏效,不属本节讨论范畴。

【病因病机】

1. **气血虚弱**　素体气血不足,或饮食劳倦,或忧思伤脾,气血化源不足,营血亏虚;或产后大出血、久病大病、小产堕胎,屡伤气血,致使血海空虚不能满溢,无血可下而致闭经。

2. **肾气亏虚**　先天不足,精气未充,天癸匮乏,冲任不充;或房劳多产,久则肾气亏损,精血匮乏,冲任失养,血海空虚而闭经。

3. **气滞血瘀**　素性抑郁,或七情内伤,肝气郁结,久则血行不畅,瘀阻冲任,血海不得满溢,遂致闭经。

4. **寒凝血瘀**　经期产后,感受寒邪;或过食生冷,或淋雨涉水,寒湿之邪客于冲任,凝涩胞脉,经血不得下行,遂致月经停闭。

5. **痰湿阻滞**　素体肥胖,痰浊内盛,或脾失健运,内生痰湿,下注冲任,阻滞胞络,气血运行受阻,遂致经闭。

闭经的病因病机首分虚实两类,虚者多因精血匮乏,冲任不充,血海空虚,无血可下;实者多因邪气阻隔,冲任瘀滞,脉道不通,经不得下。

【辨证论治】

本病辨证应根据患者素体情况、初潮年龄、所在年龄阶段、月经史、胎产史,甚至家族史等,结合现症以辨虚实及虚实夹杂的不同情况。一般而论,年逾16岁尚未行经,或已行经而又月经稀发、量少、渐至停闭并伴有其他虚象者,多属虚证;若以往月经基本正常而骤然停经又伴其他实象者,多属实证。闭经的治疗原则应根据病证,虚者补而通之,实者泻而通之,虚实夹杂者当补中有通、攻中有养,皆以恢复月经周期为要,切不可不分虚实概以活血理气通之。临床上常见气血虚弱证、肾气亏虚证、气滞血瘀证、寒凝血瘀证、痰湿阻滞证。

1. **气血虚弱**

［证候］月经周期后延,经量少,色淡质稀,继而闭经,伴面色萎黄,倦怠无力,头昏眼花,心悸气短,舌淡苔薄,脉细无力。

［证候分析］脾虚气血生化乏源,冲任气血不足,血海空虚,则月经后期,量少,色淡质稀,血海枯竭,继而闭经;血虚不荣,气虚不布,则面色萎黄,倦怠无力,心悸气短。舌淡,苔薄,脉细无力,为气血

虚弱之征。

[治法] 益气养血调经。

[方药] 人参养荣汤(人参、白术、茯苓、炙甘草、当归、白芍、熟地黄、肉桂、黄芪、五味子、远志、陈皮、生姜、大枣)加减。腹胀纳少者,酌加砂仁、麦芽、神曲、佛手、鸡内金以醒脾开胃。

2. 肾气亏虚

[证候] 年逾16岁尚未行经,或月经初潮偏迟,或月经后期量少,逐渐闭经,头晕耳鸣,腰酸腿软,性欲低下,舌淡,苔薄白,脉沉细。

[证候分析] 先天禀赋不足,肾气未盛,精气未充,天癸匮乏,故月经未潮或初潮晚;肾气亏虚,冲任不足,血海空虚,致月经后期量少,逐渐闭经;肾虚不荣清窍,则头晕耳鸣;肾虚不荣外府,则腰酸腿软;肾气虚则阳气不足,故性欲低下。舌淡,苔薄白,脉沉细,均为肾气亏虚之征。

[治法] 补肾益气,调理冲任。

[方药] 加减苁蓉菟丝子丸(熟地黄、肉苁蓉、覆盆子、当归、枸杞子、桑寄生、菟丝子、艾叶)。若症见咽干、手足心热为阴虚内热,酌加玄参、知母、牡丹皮、地骨皮以滋阴清热调经。若症见畏寒肢冷,大便溏泄,带下量多,色白清稀,舌淡脉沉,为肾阳虚衰,酌加紫石英、鹿角片、巴戟天、补骨脂、仙茅、淫羊藿等以温肾养血益冲。

3. 气滞血瘀

[证候] 月经数月不行,精神抑郁,烦躁易怒,胸胁、乳房、小腹胀痛,舌紫黯,有瘀斑瘀点,脉沉弦或涩。

[证候分析] 气滞血瘀,瘀阻冲任,血海不能满溢,则月经停闭;气机不畅,则精神郁闷,烦躁易怒;瘀阻胞脉,则胸胁、乳房、小腹胀痛。舌紫黯,有瘀斑瘀点,脉沉弦或涩,为气滞血瘀之征。

[治法] 理气活血,祛瘀通经。

[方药] 血府逐瘀汤(生地黄、赤芍、柴胡、当归、川芎、桃仁、红花、枳壳、牛膝、桔梗、甘草)加减。郁而化热者,可加栀子、黄芩以泄热除烦。

4. 寒凝血瘀

[证候] 月经停闭数月,小腹冷痛拒按,得热则痛缓,形寒肢冷,面色青白,舌紫暗,苔白,脉沉紧。

[证候分析] 寒邪客于冲任,与血相搏,血为寒凝而瘀塞,冲任瘀阻,血海不能满溢,故经闭不行;寒凝胞中,血脉不畅,不通则痛,故小腹冷痛拒按,得热后血脉暂通,故腹痛得以缓解;寒邪伤阳,阳气不达,故形寒肢冷,面色青白。舌紫暗,苔白,脉沉紧,为寒凝血瘀之征。

[治法] 温经散寒,活血通经。

[方药] 温经汤(《金匮要略》)(人参、当归、川芎、白芍、肉桂、莪术、牡丹皮、牛膝、甘草)加减。若小腹冷痛重者,酌加艾叶、小茴香、香附以温经暖宫止痛。四肢不温,畏寒重者,酌加制附子、吴茱萸、肉桂温经助阳通经。

5. 痰湿阻滞

[证候] 月经停闭,形体肥胖,头晕嗜睡,胸闷脘痞,带下量多,苔白腻,脉滑。

[证候分析] 肥胖之人多痰湿,痰湿壅阻冲任、胞宫,气血阻滞,故闭经;痰浊内蕴,清阳不升,浊阴不降,故头晕嗜睡;湿阻中焦,气机壅遏,故胸闷脘痞;湿邪下注,故带下量多。苔白腻,脉滑,均为痰湿内生之征。

[治法] 燥湿化痰,活血通经。

[方药] 丹溪治湿痰方(苍术、白术、半夏、茯苓、滑石、香附、川芎、当归)加减。若痰湿化热,带下色黄,苔黄腻者,加黄连、黄芩以清热燥湿。若呕恶满闷者,加厚朴、竹茹以消痰止呕,燥湿除满。

(薛　霁)

复习思考题

1. 简述闭经的概念。

2. 简述闭经的病因病机。

3. 简述闭经的分型论治及方药。

第三节 痛 经

妇女正值经期或经行前后,出现周期性小腹疼痛,或痛引腰骶,甚至剧痛晕厥者,称为痛经,又称"经行腹痛"。

西医学将痛经划分为原发性痛经和继发性痛经。原发性痛经又称功能性痛经,是指生殖器官无器质性病变的痛经。继发性痛经是指由于盆腔器质性疾病如子宫内膜异位症、子宫腺肌病、盆腔炎等引起的痛经。

【病因病机】

1. **气滞血瘀** 素性抑郁或恚怒伤肝,肝郁气滞,气滞血瘀,经血滞于冲任、胞宫而作痛;经前、经期气血下注冲任,或复为情志所伤,气滞与血瘀相互为病,壅滞更甚,不通则痛,发为痛经。

2. **寒凝血瘀** 经期产后,感受寒邪,或过食生冷,或久居寒冷之地,寒邪客于胞宫,血为寒凝,瘀阻冲任,行经时气血壅滞,不通则痛;若经前、经期冒雨、涉水、游泳或久居潮湿之地,则发为寒湿凝滞证痛经。

3. **湿热蕴结** 素体湿热内蕴,或经期产后调养不慎,湿热之邪内侵,或内蕴湿热与血相结,湿热蕴结而阻滞胞宫,从而导致痛经。

4. **气血虚弱** 脾胃素虚,化源匮乏,或大病久病,或失血过多,气血不足,胞脉空虚,经期或行经后气血亏虚益甚,不能濡养冲任、胞宫,兼之气虚推动无力,血行迟缓,因而发为痛经。

5. **肝肾亏虚** 素体虚弱,或多产房劳,或大病久病之后,损及肝肾,精亏血少,经后血海空虚,冲任、胞脉失于濡养,不荣则痛。

痛经多因气滞血瘀、寒湿凝滞、湿热蕴结,导致胞宫气血运行不畅,不通则痛;或肝肾亏虚、气血虚弱,致胞宫失于濡养,不荣则痛所致。

【辨证论治】

根据疼痛发生的时间、部位、性质以及疼痛的程度,辨别寒、热、虚、实,以及在气、在血。一般而言,痛在经前、经行之初多属实,痛在月经将净或经后多属虚;疼痛剧烈、拒按多属实,隐隐作痛、喜按多属虚;刺痛多属血瘀,胀痛多属气滞;冷痛,得热痛减多属寒,灼痛,得热痛增多属热。痛经的治疗,以止痛为核心,以调理胞宫、冲任气血为主。经期重在调血止痛以治标,平素辨证求因以治本。临床上常分为气滞血瘀证、寒凝血瘀证、湿热蕴结证、气血虚弱证、肝肾亏虚证。

1. **气滞血瘀**

[证候] 经前或经期,小腹胀痛拒按,经少不畅,血有瘀块,胸胁、乳房胀痛,舌紫黯或有瘀点,脉弦或涩。

[证候分析] 肝主疏泄,喜条达,肝气郁结,血行不畅,气血下注冲任,胞脉气血壅滞,不通则痛,则小腹胀痛拒按;冲任气滞血瘀,则经少不畅,血有瘀块;肝郁气滞,则胸胁、乳房胀痛。舌质紫黯或有瘀点,脉弦或涩,为气滞血瘀之征。

[治法] 理气活血,化瘀止痛。

[方药] 膈下逐瘀汤(五灵脂、当归、川芎、桃仁、牡丹皮、赤芍、乌药、延胡索、甘草、香附、红花、枳壳)加减。恶心呕吐者,加吴茱萸、半夏、陈皮以和胃降逆。郁而化热,心烦口苦,舌红苔黄,脉数者,加栀子、郁金清热泻火。

2. **寒凝血瘀**

[证候] 经前或经期,小腹冷痛拒按,得热痛减,经行量少,色黯有血块,形寒肢冷,舌质淡,苔白,脉沉紧。

[证候分析]寒客冲任,血为寒凝,经行之际,气血壅滞,不通则痛,则小腹冷痛拒按;得热后寒凝稍通,则得热痛减;寒凝血瘀,冲任失畅,则经行量少,色黯有血块;寒伤阳气,阳不得布,则形寒肢冷。舌质淡,苔白,脉沉紧,为寒凝血瘀之征。

[治法]温经散寒,化瘀止痛。

[方药]少腹逐瘀汤(小茴香、干姜、延胡索、没药、当归、川芎、官桂、赤芍、蒲黄、五灵脂)加减。若寒凝气闭,痛甚而厥,四肢冰凉,冷汗淋漓,加附子、细辛、巴戟天回阳散寒。小腹冷痛较甚者,加艾叶、吴茱萸散寒止痛。若寒湿为患,湿气重者,加苍术、茯苓、薏苡仁以健脾利湿。

3. 湿热蕴结

[证候]经前或经期,小腹灼痛拒按,痛连腰骶,经色黯红,质稠有块,有热感,舌红,苔黄腻,脉滑数。

[证候分析]湿热蕴结冲任,气血运行不畅,经行之际气血下注冲任,气血壅滞,不通则痛,则小腹灼痛拒按;胞脉系于肾,湿热阻遏腰部经脉,则痛连腰骶;血为热灼,则经色黯红,质稠有块,有热感。舌红,苔黄腻,脉滑数,为湿热蕴结之征。

[治法]清热除湿,祛瘀止痛。

[方药]清热调血汤(牡丹皮、黄连、生地黄、当归、白芍、川芎、红花、桃仁、莪术、香附、延胡索)加车前子、败酱草、薏苡仁。月经过多或经期延长者,可加地榆、槐花以清热止血。带下量多色黄者,可加黄柏、苍术以清热燥湿。

4. 气血虚弱

[证候]经期或经后,小腹隐痛喜按,月经量少,色淡质稀,神疲乏力,头晕心悸,面色苍白,失眠多梦,舌质淡,苔薄,脉细弱。

[证候分析]气血不足,冲任亦虚,经行之后,血海更虚,胞宫、冲任失于濡养,则经期或经后小腹隐痛喜按;气血两虚,血海未满而溢,则月经量少,色淡质稀;气虚中阳不振,则神疲乏力;血虚则无以养心神、荣头面,则头晕心悸,面色苍白,失眠多梦。舌质淡,苔薄,脉细弱,为气血虚弱之征。

[治法]益气养血,调经止痛。

[方药]圣愈汤(人参、黄芪、当归、白芍、川芎、熟地黄)加减。若月经夹有血块者,酌加蒲黄、五灵脂以活血止痛。若伴畏寒肢冷,腰腹冷痛,可加肉桂、小茴香、艾叶以散寒止痛。

5. 肝肾亏虚

[证候]经期或经后,小腹绵绵作痛,喜按,经行量少,色淡,质稀,头晕耳鸣,腰膝酸软,舌淡红,苔薄,脉细弦。

[证候分析]肝藏血,肾藏精,肝肾亏虚,冲任胞宫失养,不荣则痛,则小腹绵绵作痛,喜按;肝肾亏虚,血海不能满盈,则经行量少,色淡质稀;肝肾精血不足,外不能濡养肾府,则腰膝酸软,上不能营养清窍,则头晕耳鸣。舌淡红,苔薄,脉细弦,为肝肾亏虚之征。

[治法]补养肝肾,调经止痛。

[方药]调肝汤(当归、白芍、山茱萸、巴戟、阿胶、山药、甘草)加减。胸胁、乳房胀痛者,可加柴胡、延胡索以疏肝行气止痛。腰痛明显者,加桑寄生、杜仲、狗脊以补肾强腰。

(薛 霁)

复习思考题

1. 简述痛经的概念。
2. 简述痛经的病因病机。
3. 简述痛经的分型论治及方药。

第四节　崩　　漏

崩漏是指经血非时暴下不止或淋漓不尽,前者谓之崩中,后者谓之漏下。崩与漏出血情况虽不同,然二者常相互转化,交替出现,且病因病机相似,故概称崩漏,是月经周期、经期、经量严重紊乱的月经病。

西医学排卵障碍性异常子宫出血可参考本病辨证治疗。

【病因病机】

1. **血热**　有实热与虚热之分。实热多因素体阳盛,或过食辛辣,或外邪入里化热,或肝火内炽等;而虚热见于病久阴亏,阴虚内热而成。无论实热、虚热,都是火热之邪内伏冲任,迫血妄行,形成崩漏。

2. **血瘀**　多因七情内伤,气血瘀滞于冲任,或经期、产后余血未尽,又感受寒、热外邪,以致寒凝、热灼而致瘀,瘀阻冲任,血不循经,发为崩漏。

3. **肾虚**　多由先天肾气不足,少女肾气稚弱,或更年期肾气渐衰,或早婚多产,房劳伤肾,肾阴虚损,阴虚内热,迫血妄行,遂成崩漏;或肾阳虚损,命门火衰,封藏失司,冲任不固,不能制约经血,乃成崩漏。

4. **脾虚**　素体脾虚,或劳倦思虑、饮食不节损伤脾气,脾气亏虚,统摄无权,冲任不固,血失统摄,而成崩漏。

崩漏的病因可概括为热、瘀、虚三个方面,其主要发病机制是劳伤血气,脏腑损伤,血海蓄溢失常,冲任二脉不能制约经血,以致经血非时而下。

【辨证论治】

崩漏辨证首先要根据出血的量、色、质的变化,参合全身症状及舌脉的变化,辨其寒、热、虚、实。一般而言,经血非时暴下,色红质稠,多属实热;若淋漓漏下,色紫质稠,多属阴虚有热;经血淋漓不断,或突然下血,小腹疼痛拒按,多属瘀滞;经血淋漓,色淡质稀,小腹喜温喜按,多属虚属寒。临床治疗崩漏,应根据其病情缓急和出血时间长短的不同,本着“急则治其标,缓则治其本”的原则。临床上常见有血热证、血瘀证、肾虚证、脾虚证。

（一）血热证

1. **虚热证**

[证候] 经血非时而下,量少淋漓不止或量多势急,血色鲜红而质稠,心烦潮热,咽干口燥,舌红,少苔,脉细数。

[证候分析] 阴虚内热,热扰冲任血海,故经血非时而下,量少淋漓不止或量多势急;热灼阴血,其色鲜红;心烦潮热,咽干口燥,舌红,少苔,脉细数,均为阴虚内热之征。

[治法] 养阴清热,固冲止血。

[方药] 上下相资汤(人参、沙参、玄参、麦冬、玉竹、五味子、熟地黄、山萸肉、车前子、牛膝)加减。若出血淋漓不止,久漏必有瘀,选加失笑散、三七、益母草等以化瘀止血。若阴虚阳亢,烘热汗出,加白芍柔肝、龟甲、珍珠母、三七育阴潜阳,化瘀止血。

2. **实热证**

[证候] 经血非时而下,量多如崩,或淋漓不断,血深红而质稠,心烦口渴,头晕面赤,舌红,苔黄,脉滑数。

[证候分析] 热盛于内,损伤冲任,迫血妄行,故经血非时而下,量多如崩,或淋漓不断;血为热灼,则血色深红,质稠;邪热上扰,则心烦口渴,头晕面赤。舌红,苔黄,脉滑数,为血热之征。

[治法] 清热凉血,固冲止血。

[方药] 清热固经汤(生地黄、地骨皮、龟甲、牡蛎、阿胶、黄芩、藕节、棕榈炭、甘草、栀子、地榆)加

减。若兼见心烦易怒,胸胁胀痛者,可加柴胡疏肝,夏枯草、龙胆清泻肝热。大便秘结者,加火麻仁、大黄以通便泻热。

（二）血瘀证

[证候]经血淋漓不断或突然下血,血色紫黯有块,少腹疼痛而拒按,舌黯有瘀点瘀斑,脉涩或弦涩。

[证候分析]瘀血阻于冲任,血不循经,则经血淋漓不断或突然下血;经血运行不畅,则血色紫黯有块;瘀阻不通则痛,则少腹痛拒按。舌黯有瘀点瘀斑,脉涩或弦涩,为血瘀之征。

[治法]化瘀止血,理气止痛。

[方药]逐瘀止崩汤(当归、川芎、三七、没药、五灵脂、丹皮炭、炒丹参、炒艾叶、阿胶、炒蒲黄、龙骨、牡蛎、乌贼骨)加减。少腹冷痛者,可加乌药、炮姜以温经散寒。胸胁胀痛者,加柴胡、香附以疏肝理气。

（三）肾虚证

1. 肾阳虚证

[证候]经血淋漓,色淡红质稀,精神萎靡,头目虚眩,腰膝酸软,小便清长,畏寒肢冷,苔薄白,脉沉弱。

[证候分析]肾阳不足,冲任失约,封藏不固,则经血淋漓;肾阳虚衰,则畏寒肢冷;经血失于温煦,则色淡红质稀;肾虚无以上荣头面,则精神萎靡,头目虚眩;肾虚外府失养,则腰膝酸软;膀胱失于温化,则小便清长。苔薄白,脉沉弱,为肾阳虚之征。

[治法]温肾助阳,固冲止血。

[方药]右归丸(熟地黄、山茱萸、山药、枸杞子、菟丝子、杜仲、制附子、肉桂、当归、鹿角胶)加减。气虚明显者,加党参、黄芪以补气摄血。血量多而有块者,加乳香、没药、五灵脂以化瘀止血。

2. 肾阴虚证

[证候]经乱无期,出血淋漓不尽或量多,色紫质稠,头晕耳鸣,腰膝酸软,手足心热,颧赤唇红,舌红苔少,脉细数。

[证候分析]肾阴不足,虚火内炽,热伏冲任,迫血妄行,则经乱无期,出血淋漓不尽或量多;阴虚内热,则经血色紫、质稠;肾阴亏虚,精血衰少,无以上荣空窍,则头晕耳鸣;肾虚外府失养,则腰膝酸软;阴虚内热,则手足心热;虚火上浮,则颧赤唇红。舌红,苔少,脉细数,为肾阴虚之征。

[治法]滋肾养阴,固冲止血。

[方药]左归丸(熟地黄、山茱萸、山药、枸杞子、菟丝子、鹿角胶、龟甲胶、川牛膝)去牛膝。阴虚内热明显者,可加女贞子、墨旱莲、生地黄、麦冬、地骨皮以滋阴清热。心烦失眠者,加五味子、首乌藤以养心安神。

（四）脾虚证

[证候]经血淋漓不断,色淡质稀,神疲气短,四肢不温,纳呆,面色苍白或萎黄,舌淡胖,苔薄白,脉细弱。

[证候分析]脾虚失于统摄,冲任不固,则经血淋漓不断;脾虚化源不足,则色淡质稀;中气不足,则气短神疲;脾主四肢,脾虚四肢失于温养,则四肢不温;脾虚中阳不振,运化失司,则纳差。面色苍白或萎黄,舌淡胖,苔薄白,脉细弱,为脾虚之征。

[治法]健脾益气,养血止血。

[方药]固本止崩汤(熟地黄、白术、黄芪、当归、黑姜、人参)合固冲汤(黄芪、白术、煅龙骨、煅牡蛎、山茱萸、白芍、乌贼骨、茜草、棕榈炭、五倍子)加减。久漏不止者,可加升麻升提气机、藕节炭、炒蒲黄以涩血固冲。若阴道大量出血,肢冷汗出,脉微欲绝,有气随血脱之危候,应用独参汤或生脉散救治。

（薛　霁）

复习思考题

1. 简述崩漏的概念。
2. 简述崩漏的病因病机。
3. 简述崩漏的分型论治及方药。

第五节 带 下 病

带下量明显增多或减少,色、质、气味发生异常,或伴有局部及全身症状者,称为带下病。带下明显增多者称为带下过多,带下明显减少者称为带下过少。在某些生理性情况下也可出现带下量增多或减少,如月经期前后、排卵期、妊娠期带下量增多而无其他不适者,为生理性带下;绝经前后白带量减少而无明显不适者,亦为生理现象,均不作病论。

带下一词,有广义和狭义之分。广义带下病是泛指女性经、带、胎、产、杂等妇科疾病,因其多发生在带脉以下,故古人称妇产科医生为带下医。狭义带下又分为生理性带下及病理性带下。生理性带下属于妇女体内的一种阴液,是由胞宫渗润于阴道的色白或透明、无特殊气味的黏液,其量不多。病理性带下是指带下病,包括带下过多、带下过少。

（一）带下过多

带下过多是指带下量明显增多,色、质、气味异常,或伴有局部及全身症状者。

西医学的各类阴道炎、宫颈炎、盆腔炎性疾病等引起的阴道分泌物异常,与中医带下过多的临床表现相似时,可参考本病辨证论治。

【病因病机】

1. **脾虚** 素体脾虚,或饮食劳倦,损伤脾气,脾虚运化失司,水湿内停,流注下焦,伤及任带而成带下过多。

2. **肾阳虚** 素体阳虚,或房劳多产,或年老体衰,或久病及肾,肾阳虚损,气化失常,水湿内聚,下注任带而发为带下过多;或肾气不固,封藏失职,阴液滑脱,而致带下过多。

3. **阴虚夹湿** 素体阴虚,或年老真阴渐亏,或久病失养,暗耗阴津,复感湿邪,伤及任带而致带下过多。

4. **湿热下注** 感受湿邪,蕴而化热,或脾虚生湿,湿久化热,或肝郁化热,肝气乘脾,肝火夹脾湿,热与湿蒸,均可导致湿热互结,流注下焦,伤及任带而成带下过多。

5. **湿毒蕴结** 经期产后,胞脉空虚,或摄生不慎,或房室不禁,或手术受损,感染湿毒之邪,湿毒乘虚内侵,损伤任带,秽浊之液下注,而成带下过多。

带下过多系湿邪为患,脾肾功能失常是发生的内在条件,感受湿热、湿毒之邪是重要的外在病因。任脉不固,带脉失约是带下过多的核心病机。

【辨证论治】

本病辨证主要是根据带下的量、色、质、气味的异常及伴随症状、舌脉,以辨其寒、热、虚、实。一般而言,带下色淡、质稀者为虚寒;带下色黄、质稠、有秽臭者为实热。治疗以除湿为主,治脾宜运、宜升、宜燥,治肾宜补、宜固、宜涩,湿热和热毒宜清、宜利,阴虚夹湿则补清兼施。临床上常见脾虚证、肾阳虚证、阴虚夹湿证、湿热下注证、湿毒蕴结证。

1. **脾虚证**

[证候] 带下量多,色白,质稀薄,无臭味,绵绵不断,纳少便溏,体倦乏力,舌淡,苔白腻,脉缓弱。

[证候分析] 脾阳虚弱,运化失职,水湿内停,流注于下,损伤任带二脉,发为带下,则带下量多,色白,质稀薄,无臭味,绵绵不断;脾虚中阳不振,则体倦乏力,纳少便溏。舌淡,苔白腻,脉缓弱,为脾阳虚之征。

[治法] 健脾益气,除湿止带。

[方药] 完带汤(白术、山药、人参、白芍、苍术、甘草、陈皮、黑芥穗、柴胡、车前子)加减。脾虚湿甚,带稠,痰多,头重,形体肥胖,苔白腻者,加半夏、石菖蒲、白芥子以祛痰燥湿。带多日久不止,舌苔不腻者,可加收涩止带药,如芡实、莲须、乌贼骨、龙骨、牡蛎等。《神农本草经》载有白芷治带下,白芷具有升阳除湿、升清降浊作用,临床常配入治带方中以奏效。若症见带多色白,质清稀,腰痛,肢冷,为脾虚及肾,可酌加续断、鹿角霜、覆盆子、金樱子等温补肾阳、固涩止带之品。若脾虚湿蕴化热,带下量多,色黄,黏稠,有臭味者,治宜健脾祛湿,清热止带,方用易黄汤(山药、芡实、黄柏、车前子、白果)。

2. 肾阳虚证

[证候] 带下冷如蛋清,淋漓不断,头晕耳鸣,腰痛如折,畏寒肢冷,小腹冷感,尿频便溏,舌淡,苔薄白,脉沉细而迟。

[证候分析] 肾阳不足,命门火衰,气化失职,寒湿内盛,致带脉失约,任脉不固,发为带下,则带下冷如蛋清,淋漓不断;肾虚髓海不足,则头晕耳鸣;肾阳虚外府不荣,则腰痛如折;阳虚寒从内生,则畏寒肢冷;肾阳不足,膀胱气化失常则尿频;命门火衰,火不温土则便溏。舌淡,苔薄白,脉沉细而迟,为肾阳虚之征。

[治法] 温肾助阳,涩精止带。

[方药] 内补丸(鹿茸、菟丝子、潼蒺藜、黄芪、白蒺藜、紫菀茸、肉桂、桑螵蛸、肉苁蓉、制附子茯神)加减。带下清冷如水,畏寒肢冷甚者,加艾叶、补骨脂、赤石脂以加强温阳之力。便溏者,加补骨脂、肉豆蔻、白术温肾暖脾,涩肠止泻。腰痛如折者,加桑寄生、续断、杜仲以强腰固肾。

3. 阴虚夹湿

[证候] 带下量多,色黄或赤白相兼,质稠,有臭味,阴部灼热或瘙痒,五心烦热,失眠多梦,咽干口燥,头晕耳鸣,腰酸腿软,舌质红,苔薄黄或黄腻,脉细数。

[证候分析] 肾阴不足,相火偏旺,损伤血络,或复感湿热之邪,伤及任带二脉,则带下量多,色黄或赤白相兼,质稠,有臭味;阴虚内热,热扰心神,则五心烦热,失眠多梦,阴部灼热或瘙痒;腰为肾之府,肾阴虚则腰酸腿软;虚阳上扰,则咽干口燥,头晕耳鸣。舌质红,苔薄黄或黄腻,脉细数,为阴虚夹湿之征。

[治法] 滋阴益肾,清热祛湿。

[方药] 知柏地黄丸(知母、黄柏、熟地黄、山药、山茱萸、丹皮、茯苓、泽泻)加减。失眠多梦明显者,加酸枣仁、柏子仁以养心安神。咽干口燥者,加沙参、麦冬以养阴生津。五心烦热者,加地骨皮、银柴胡以清热除烦。

4. 湿热下注

[证候] 带下量多,色黄质稠,有臭味,或豆腐渣状,伴外阴瘙痒,口苦咽干,小便短黄,舌红,苔黄腻,脉濡数。

[证候分析] 湿热之邪损伤任带二脉而发为带下,则带下量多,色黄质稠,有臭味,或豆腐渣状;湿热留连阴户,则外阴瘙痒;湿热熏蒸,则口苦咽干;湿热伤津,则小便短黄。舌红,苔黄腻,脉濡数,为湿热下注之征。

[治法] 清热利湿止带。

[方药] 止带方(猪苓、茯苓、车前子、泽泻、茵陈、赤芍、牡丹皮、黄柏、栀子、牛膝)加减。若肝经湿热下注,症见带下量多,色黄或黄绿,质黏稠,或呈泡沫状,有臭味,阴痒,烦躁易怒,口苦咽干,头晕头痛,舌质红,苔黄腻,脉弦滑。治宜清肝利湿止带,方用龙胆泻肝汤加减(龙胆、黄芩、栀子、当归、柴胡、生地黄、木通、车前子、泽泻、甘草)。若湿浊偏甚,症见带下量多,色白,如豆渣状或凝乳状,阴部瘙痒,脘闷纳差,舌红,苔黄腻,脉滑数。治宜清热利湿,疏风化浊,方用萆薢渗湿汤加减(萆薢、薏苡仁、黄柏、赤茯苓、牡丹皮、泽泻、通草、滑石)。

5. 湿毒蕴结

[证候] 带下量多,黄绿如脓,或赤白相间,状如米泔,臭秽难闻,伴阴部瘙痒,阴中灼热,小腹痛,口苦咽干,舌红,苔黄腻,脉滑数。

[证候分析] 湿毒内侵,伤及任带二脉而发为带下,则带下量多;湿热毒邪蕴蒸胞络,损伤气血,则带下黄绿如脓,或赤白相兼;湿毒蕴结阴户,则阴中灼热。舌红,苔黄腻,脉滑数,为湿毒蕴结之征。

[治法] 清热解毒,除湿止带。

[方药] 五味消毒饮(金银花、野菊花、蒲公英、紫花地丁、天葵子)加土茯苓、薏苡仁、黄柏、茵陈。带下恶臭难闻者,酌加半枝莲、马齿苋、鱼腥草、椿根皮以清热解毒除秽。小便淋痛,兼有白浊者,酌加萆薢、萹蓄、甘草梢以清热解毒、除湿通淋。

(二) 带下过少

带下过少是指带下量明显减少,甚或全无,阴中干涩痒痛,甚至阴部萎缩者。

西医学的卵巢早衰、绝经后卵巢功能下降、双侧卵巢切除术后、盆腔放射治疗后、希恩综合征、长期服用某些药物抑制卵巢功能,导致雌激素水平低落而引起的阴道分泌物过少可参考本病辨证治疗。

【病因病机】

1. **肝肾亏损** 先天禀赋不足,肝肾阴虚,或房劳多产,大病久病,耗伤精血,或年老体弱,肾精亏损,或七情内伤,肝肾阴血暗耗。肝肾亏损,血少精亏,阴液不充,任带失养,不能渗润阴道,发为带下过少。

2. **血瘀津亏** 素性抑郁,情志不遂,以致气滞血瘀,或堕胎多产、大病久病,暗耗营血,或产后大出血,血不归经,或经产感寒,余血内留,新血不生,均可致精亏血枯,瘀血内停,阴津不得渗润胞宫、阴道,发为带下过少。

带下过少的主要病机是阴液不足,不能渗润阴道。其因有二,一是肝肾亏损,阴精津液亏少,不能润泽阴户;二是瘀血阻滞冲任,阴液不能运达阴窍,而致带下过少。

【辨证论治】

带下过少一病,虽有肝肾亏损、血瘀津亏之不同,其根本是阴血不足,治疗重在滋补肝肾之阴精,佐以养血、化瘀等。用药不可肆意攻伐,过用辛燥苦寒之品,以免耗津伤阴,犯虚虚之戒。临床上常见肝肾亏损证、血瘀津亏证。

1. 肝肾亏损

[证候] 带下过少,甚至全无,阴部干涩灼痛,或伴阴痒,阴部萎缩,性交疼痛,甚至性交干涩困难,头晕耳鸣,腰膝酸软,烘热汗出,烦热胸闷,夜寐不安,小便黄,大便干结,舌红少苔,脉细数或沉弦细。

[证候分析] 肝肾亏损,血少津乏,阴液不充,任带失养,不能润泽阴道,发为带下过少;阴虚内热,灼津耗液,则带下过少,阴部萎缩,干涩灼痛,阴痒,性交疼痛;精血两亏,清窍失养,则头晕耳鸣;肾虚外府失养,则腰膝酸软;肝肾阴虚,虚热内生,则烘热汗出,烦热胸闷,夜寐不安,小便黄,大便干结。舌红少苔,脉细数或沉弦细等,均为肝肾亏损之征。

[治法] 滋补肝肾,养精益血。

[方药] 左归丸(熟地黄、山茱萸、山药、枸杞子、菟丝子、鹿角胶、龟甲胶、川牛膝)加减。阴虚火旺,头痛甚者,加石决明、钩藤以平肝潜阳;口苦咽干者,加黄芩、栀子以清热泻火;虚热甚者,加知母、黄柏、地骨皮以清虚热。

2. 血瘀津亏

[证候] 带下过少,甚至全无,阴中干涩,性交疼痛,精神抑郁,烦躁易怒,小腹或少腹疼痛拒按,胸胁、乳房胀痛,经少或闭经,舌质黯,边有瘀点瘀斑,脉弦涩。

[证候分析] 瘀血阻滞冲任,阴精不能运达阴窍,则带下过少,甚至全无;无津液润泽,则阴中干涩,性交疼痛;气机不畅,情志不遂,则精神抑郁,烦躁易怒;肝经郁滞,则胸胁、乳房胀痛;瘀阻冲任、胞脉,则小腹或少腹疼痛拒按,经少或闭经。舌质黯,边有瘀点瘀斑,脉弦涩,均为血瘀津亏之征。

[**治法**] 补血益精,活血化瘀。

[**方药**] 小营煎(当归、白芍、熟地黄、山药、枸杞子、炙甘草)加丹参、桃仁、川牛膝。大便干结者,加生首乌、火麻仁以润肠通便。小腹疼痛明显者,加刘寄奴、皂角刺、延胡索以活血止痛。下腹有包块者,加三棱、莪术以破血祛瘀,消积止痛。

（薛　霁）

复习思考题

1. 简述带下病的概念。
2. 简述带下过多、带下过少的病因病机。
3. 简述带下过多、带下过少的分型论治及方药。

第六节　妊娠恶阻

妊娠早期出现严重的恶心呕吐,头晕厌食,甚至食入即吐者,称为妊娠恶阻。若妊娠早期仅有恶心择食,头晕,或晨起偶有呕吐者,为早孕反应,不属病态,一般于妊娠 3 个月后逐渐消失。

西医学的妊娠剧吐可参照本病辨证治疗。

【**病因病机**】

1. **脾胃虚弱**　脾胃素虚之体,孕后冲脉气盛,冲气上逆犯胃,胃失和降,而发生恶心、呕吐。又因脾虚可致痰湿内生,冲气可夹痰湿上逆,亦可致恶心呕吐。

2. **肝胃不和**　素体肝阳偏亢,或情绪偏激,肝失条达,冲脉附于肝,孕后气血聚以养胎,肝血益虚,肝阳偏亢,肝旺犯胃,胃失和降,而致呕吐。

妊娠恶阻的主要发病机制是冲气上逆,胃失和降。

【**辨证论治**】

主要根据呕吐物的性状和患者的口感,结合全身情况、舌脉综合分析,辨其虚、实。呕吐清水,口淡者,多属虚证、寒证;呕吐酸水,口苦者,多属实证、热证。恶阻的治疗以调气和中、降逆止呕为主,服药方法以少量多次呷服为宜。临床上常见脾胃虚弱证、肝胃不和证。

1. **脾胃虚弱**

[**证候**] 妊娠早期恶心呕吐,脘腹胀满,食入即吐,神疲思睡,舌淡苔白,脉缓滑无力。

[**证候分析**] 脾胃素虚,孕后血聚于下以养胎元,胃气愈虚,失于和降,随冲气上逆而致恶心呕吐或食入即吐;脾胃虚弱,运化失司,则脘腹胀满;中阳不振,清阳不升,则神疲思睡。舌淡,苔白,脉缓滑无力,为脾胃虚弱之征。

[**治法**] 健脾和胃,降逆止呕。

[**方药**] 香砂六君子汤(人参、白术、茯苓、甘草、木香、砂仁、陈皮、半夏、生姜、大枣)加减。脾胃虚寒者,加丁香、白豆蔻以温中降逆。脾虚夹痰浊,症见胸闷泛恶、呕吐痰涎,舌淡苔厚腻,脉缓滑,加全瓜蒌、紫苏叶以宽胸理气、化痰止呕。

2. **肝胃不和**

[**证候**] 妊娠早期恶心呕吐,吐酸水或苦水,胸闷胁胀,头胀头晕,精神抑郁,口干口苦,舌红,苔薄黄,脉弦滑。

[**证候分析**] 肝郁气滞,失于疏泄,肝气上逆犯胃,则呕吐;肝与胆相表里,肝气上逆,胆汁外溢,则呕吐酸水、苦水;肝气不疏,则胸闷胁胀,精神抑郁;肝气逆走清窍则头胀头晕。舌红,苔薄黄,脉弦滑,为肝胃不和之征。

[**治法**] 抑肝和胃,降逆止呕。

[**方药**] 橘皮竹茹汤(人参、陈皮、竹茹、甘草、生姜、大枣)加法半夏、白芍、枇杷叶、柿蒂、乌梅。头

胀而晕甚者,加杭白菊、钩藤以平肝潜阳;久吐伤阴者,加玄参、麦冬以养阴生津。

（薛　霁）

复习思考题

1. 简述妊娠恶阻的概念。
2. 简述妊娠恶阻的分型论治及方药。

第七节　恶　露　不　尽

妇女产后2~3周内,由阴道排出少量暗红色血性液体,称为恶露。是胎儿娩出后,胞宫内遗留的余血、浊液,一般2周左右即可排尽。产后恶露持续3周以上仍淋漓不尽,甚或夹有鲜血,称为恶露不尽,又称"恶露不绝"。

产后感染,胎盘、胎膜残留或其他原因所致子宫复旧不良引起的晚期产后出血,中期妊娠引产、人工流产、药物流产后表现为恶露不尽的,均可参考本节辨证论治。

【病因病机】

1. **气虚不摄**　产后伤气,气虚则不能摄血,以致冲任不固,恶露不止,量多、色淡、质稀。

2. **血热妄行**　多见于产时伤血过多,阴血虚则生内热,或肝气郁滞,久而化热,或邪毒内侵,与血相搏,蕴而化热,均能迫血妄行,以使恶露不尽。

3. **血瘀阻滞**　见于产后胞脉空虚,寒邪乘虚而入,血为寒凝,结而成瘀,或胞衣残留,影响冲任,血不归经,使恶露行而不止。

【辨证论治】

从恶露的量、色、质、气味等辨别寒、热、虚、实。恶露量多,色淡,质稀,无臭味,多为气虚;量多,色红,质稠而臭秽,多为血热;量少,色紫暗有块,多属血瘀。临床上常分为气虚不摄证、血热妄行证、血瘀阻滞证。

1. **气虚不摄**

[证候] 产后恶露不止,色淡,量多,质稀,无臭味,伴神倦无力,气短懒言,舌淡苔薄白,脉缓弱。

[证候分析] 气虚统摄无权,冲任不固,则产后恶露不止,量多;血失气化,则色淡质稀,无臭味;气虚中阳不振,则神倦无力,气短懒言。舌淡,苔薄白,脉缓弱,为气虚之象。

[治法] 补气摄血故冲。

[方药] 补中益气汤(人参、黄芪、白术、当归、陈皮、甘草、柴胡、升麻)加阿胶、艾叶、乌贼骨。有瘀滞者,加益母草、五灵脂。肝肾不足者,加菟丝子、金樱子、续断、巴戟天等补肝肾、固冲任。

2. **血热妄行**

[证候] 恶露量多,色红,质稠,有臭味,面色潮红,身热口干,舌红少苔,脉虚细而数。

[证候分析] 产后营阴亏耗,虚热内生,气郁化热,热扰冲任,迫血妄行,则恶露过期不止,量较多;血被热灼,则色深红或紫,质稠,有臭味;虚热上浮,则面色潮红,身热;阴液不足,则口干。舌红,少苔,脉虚细而数,为血热之象。

[治法] 养阴清热,凉血止血。

[方药] 保阴煎(生地、熟地、黄芩、黄柏、白芍、山药、续断、甘草)加煅牡蛎。恶露量多不止者,可加墨旱莲、乌贼骨、炒地榆。津伤便干者,加知母、火麻仁。

3. **血瘀阻滞**

[证候] 恶露量少,色暗紫,有块,小腹疼痛拒按,按之有块,舌紫暗或有瘀点,脉弦涩。

[证候分析] 瘀血阻滞冲任,新血不得归经,则恶露量少,色黑有块;瘀血内阻,不通则痛,则小腹疼痛拒按,按之有块。舌紫暗,或有瘀点,脉弦涩为血瘀之象。

[**治法**] 活血化瘀止血。

[**方药**] 生化汤(当归、川芎、桃仁、炮姜、炙甘草)加益母草、茜草、三七、蒲黄。腹胀者,可加郁金、木香、川楝子。气虚者,加党参、黄芪。

(戴幸平)

复习思考题

1. 试述恶露及恶露不尽的概念及恶露不尽的辨证要点。
2. 试述恶露不尽的病因病机。
3. 试述恶露不尽各证型的辨证治疗。

第八节　缺　乳

产后哺乳期内乳汁量少或无乳可下,称缺乳。又称乳汁不足、乳汁不行。

西医学产后缺乳、泌乳过少等可参照本病辨证治疗。

【病因病机】

1. **气血虚弱**　素体脾胃虚弱,或孕期产后调摄失宜,或产后思虑过度而伤脾,或高龄产妇气血虚弱,或分娩失血过多等,均能导致生化之源不足,气血亏虚,乳汁生成乏源而缺乳。

2. **肝郁气滞**　素性抑郁,或产后为情志所伤,肝气郁结,气机不畅,经脉涩滞,乳络不通,阻碍乳汁排泄,而致缺乳。

【辨证论治】

当辨虚实。乳房柔软不胀,乳汁清稀者,多属虚证;乳房胀硬而痛,乳汁浓稠者,多属实证。临床上常见的有气血虚弱、肝郁气滞两种证型。

1. **气血虚弱**

[**证候**] 产后乳少或全无,乳汁清稀,乳房柔软,无胀感,神倦食少,舌淡,苔少,脉细弱。

[**证候分析**] 气血为生乳之源,气虚血少,生乳乏源,则乳少或全无;乳腺空虚,则乳房柔软,无胀感;气血不足,脾阳不振,脾失健运,则神倦食少。舌淡,苔少,脉细弱为气血虚弱之象。

[**治法**] 补气养血通乳。

[**方药**] 通乳丹(人参、黄芪、当归、麦冬、木通、桔梗、猪蹄)加减。气虚甚者,可加党参。食少者,加砂仁、佛手。便溏者,加炒白术、茯苓、扁豆。头晕、心悸者,加阿胶、白芍。

2. **肝郁气滞**

[**证候**] 产后乳少或全无,乳房胀硬疼痛,乳汁浓稠,胸胁胀痛,纳差,舌红,苔薄黄,脉弦数。

[**证候分析**] 肝气郁结,气机不畅,乳络受阻,则乳少或全无;气滞乳积,则乳房胀硬疼痛,乳汁浓稠;肝气郁滞,则胸胁胀闷;木郁克土,脾失健运,则纳差。舌红,苔薄黄,脉弦数为肝郁气滞之象。

[**治法**] 疏肝解郁通络。

[**方药**] 下乳涌泉散(当归、川芎、天花粉、白芍、生地、柴胡、青皮、漏芦、桔梗、通草、白芷、穿山甲、王不留行、甘草)加减。乳房胀甚者,可加橘络、丝瓜络、香附。身有微热或乳房热感,触之有块,舌色红,脉弦数者,加蒲公英、赤芍、僵蚕、夏枯草、路路通。

(戴幸平)

复习思考题

1. 试述缺乳的概念及辨证要点。
2. 试述缺乳的病因病机及各证型的辨证治疗。

第九节　疳　　积

疳积,是"疳"和"积"的合称。疳,干也,是指由喂养不当或病后失调,以致脾胃虚损,运化失健,脏腑失养,气液耗伤而形成的一种慢性病证。临床以形体消瘦、面黄发枯、精神萎靡、饮食异常、大便不调等为特征。积者,滞也,指乳食停积,滞而不通,脾胃受损,而引起的一种脾胃病证。临床以不思乳食、食而不化、腹部胀满、大便不调为特征。临床称食积或积滞。由于疳症、积症可互为因果,且疳症多由食积日久而成,并有"积为疳之母,无积不成疳"之说,故常并称为疳积。本病易发生于5岁以下,尤其是3岁以下小儿。

西医学的营养不良、消化不良可参考本节辨证治疗。

【病因病机】

小儿脾常不足,易伤于乳食,或喂养不当,或营养失衡,均导致食积中焦,滞而不化,损伤脾胃,水谷精微不能吸收,气血生化无源,四肢百骸失于濡养,渐致形体羸瘦,虚弱干瘪而成疳;疳证患儿脾胃虚弱,受纳运化无力,又易致积,日久疳积共存为病。又可久病失调,或慢性腹泻,导致脾胃虚损,津液内亏,气血不足,形骸失养,终成疳积。

【辨证论治】

本病证多为虚实夹杂证,早期多以积滞为主;晚期多疳,以脾胃亏虚为特点,虚为本。临床上常见乳食内积证、脾胃虚弱证、干疳。

1. 乳食内积

[证候]腹胀纳呆,或呕吐酸腐,神疲面黄,夜卧不宁,大便不爽,臭秽,舌苔黄腻,脉滑数。

[证候分析]乳食内积,运化失司,气机不畅,故腹胀纳呆,神疲面黄;胃气上逆,胃肠不适,故呕吐酸腐,夜卧不宁;乳食内积,化湿化热,故大便不爽、臭秽。舌苔黄腻,脉滑数为内有湿热之象。

[治法]消食导滞,和中健脾。

[方药]枳实导滞丸(大黄、枳实、黄连、黄芩、神曲、白术、茯苓、泽泻)加减。呕吐甚者,可加竹茹、半夏。脘腹胀满甚者,加青皮、厚朴。

2. 脾胃虚弱

[证候]面黄形瘦,神疲倦怠,饱胀食少,大便溏或夹乳食残渣,舌淡,苔白腻,脉细滑。

[证候分析]禀赋不足,脾胃虚弱,气血化源不足,故面黄形瘦,神疲倦怠,饱胀食少;脾阳不振,运化失职,故大便溏或夹乳食残渣。舌淡,苔白腻,脉细滑为脾胃虚弱之象。

[治法]健脾益气,消食导滞。

[方药]肥儿丸(人参、茯苓、白术、黄连、胡黄连、使君子、神曲、麦芽、山楂、芦荟、甘草)加减。腹胀疼痛者,可加木香、陈皮。多渴喜饮者,加石斛、天花粉。

3. 干疳

[证候]形体极度消瘦,皮肤干瘪起皱,大肉已脱,皮包骨头,貌似老人,毛发干枯,面色白,精神萎靡,懒言少动,啼哭无力,表情冷漠呆滞,夜寐不安,腹凹如舟,杳不思食,大便稀溏或便秘,舌质淡嫩,苔花剥或无,脉沉细弱,指纹色淡隐伏。

[证候分析]气血俱虚,脾胃衰败。气阴衰竭,气血精微化源欲绝,无以滋养,故形体极度消瘦,皮肤干瘪起皱,大肉已脱,皮包骨头,貌似老人,毛发干枯,面色白;脾虚气衰,故精神萎靡,懒言少动,啼哭无力,表情冷漠呆滞,夜寐不安;舌质淡嫩,苔花剥或无,脉沉细弱,指纹色淡隐伏均为干疳之征。

[治法]补脾益气,养血活血。

[方药]八珍汤(党参、黄芪、白术、茯苓、甘草、熟地、当归、白芍、川芎、陈皮、扁豆、砂仁)加减。

（戴幸平）

1. 试述瘕与积的概念及瘕与积之间的关系。
2. 试述瘕积的病因病机。

第十节　瘾　疹

瘾疹是一种皮肤出现风团,时隐时现的瘙痒性、过敏性皮肤病。其特征是皮肤上出现瘙痒性风团,发无定处,忽起忽消,消退后不留痕迹。

本病相当于西医学的荨麻疹。

【病因病机】

本病总的病因病机是禀赋不足,复感外邪。禀性不耐,气血不足,血虚风动;或因风寒、风热之邪侵于肌表;或由先天禀赋不足,对某些鱼、虾、蛋等食物或药物敏感所致,皆可导致脾胃湿热,郁于肌肤,与气血相搏结,发生风团。

【辨证论治】

瘾疹根据病程特点可分为急性和慢性,急性者发病急骤,慢性者可反复发作,可根据临床表现分证论治。风热犯表证,属风热之邪,客于肌表所致;风寒束表,属风寒之邪,蕴积肌肤所致,两者皆为风邪致营卫失调,风邪善行速变,起病急骤,多为急性瘾疹的表现。脾胃湿热,属脾胃虚弱,不能运化水湿,湿邪内生,蕴积肤表,缠绵不愈;气血两虚,属病久耗伤气血,致血虚生风,反复发作,两者多为慢性瘾疹的表现。

1. 风热犯表

[证候] 风团色赤,遇热则发,得冷则减,患处灼热剧痒,舌红,苔薄黄,脉浮数。

[证候分析] 风热之邪,客于肌表,致浸淫血脉,邪气郁于腠理,外不得透达,内不得疏泄,故见风团;风为阳邪,善行而数变,故起病急骤,时隐时现,发无定处,遇热则发,得冷则减,患处灼热剧痒;舌红,苔薄黄,脉浮数为风热犯表之征。

[治法] 内治宜疏风清热凉血。外治可用苦参汤温洗。

[方药] 消风散(当归、生地黄、防风、蝉蜕、知母、苦参、胡麻、荆芥、苍术、牛蒡子、石膏、甘草、木通)加减。风热袭肺者,加金银花、连翘。

2. 风寒束表

[证候] 风团色白,遇冷则发,遇热缓解,剧痒,舌淡红,苔薄白,脉浮紧。

[证候分析] 风寒外袭,蕴积肌肤,致营卫不和,邪气郁于腠理,故起淡红色或白色风团,遇冷则发,遇寒加重,得温则缓。舌淡苔白,脉浮紧或迟缓皆为风寒束表之征。

[治法] 内治宜祛风散寒,调和营卫。外治同风热犯表。

[方药] 荆防败毒散(荆芥、防风、羌活、独活、柴胡、前胡、川芎、枳壳、茯苓、桔梗、甘草)合桂枝汤(桂枝、白芍、炙甘草、生姜、大枣)加减。恶寒怕冷者,加炙黄芪、炒白术、防风。

3. 湿热内蕴

[证候] 出现风团时,伴脘腹疼痛,神疲纳呆,大便秘结或泄泻,舌红,苔黄腻,脉滑。

[证候分析] 脾胃不能运化水湿,复受风热之邪刺激故见风团迭发不愈,脾失健运,运化失职,食滞中焦,则脘闷纳呆,腹痛;热结脾胃肠腑,则大便秘结;完谷不化则便泄。舌红,苔黄腻,脉滑为脾胃湿热之征。

[治法] 内治宜祛风通里,清热除湿。外治同风热犯表。

[方药] 防风通圣散(防风、荆芥、连翘、麻黄、薄荷、川芎、当归、白芍、白术、山栀、大黄、芒硝、石膏、黄芩、桔梗、滑石、甘草)加减。大便泄泻者,去大黄,加砂仁。脘腹胀痛或恶心呕吐者,加枳壳、

厚朴。

4. 气血两虚

[证候] 风团反复发作,迁延数年,神疲乏力,舌淡,苔薄,脉濡细。

[证候分析] 病久耗伤气血,气血被耗,血虚生风故见皮疹反复发作,迁延数年,神疲乏力,舌淡、苔薄、脉濡细皆为气血两虚之征。

[治法] 内治宜养血祛风,益气固表。外治同风热犯表。

[方药] 当归饮子(当归、生地黄、白芍、川芎、何首乌、荆芥、防风、白蒺藜、黄芪、生甘草)合玉屏风散(黄芪、白术、防风)加减。兼血瘀者,加丹参、桃仁、红花。

（戴幸平）

复习思考题

1. 试述瘾疹的临床特点。
2. 试述瘾疹各证型的辨证论治。

第十一节　痈

痈是一种发生于皮肉之间的急性化脓性疾病。在中医文献中有"内痈""外痈"之分,内痈指生于脏腑间的化脓性疾病。本节只讨论外痈。其特点是局部光软无头,红肿胀痛,病变范围为6~10cm,起病迅速,易肿、易脓、易溃、易敛。

西医学的体表浅表脓肿、急性化脓性淋巴结炎、蜂窝织炎等病,可参考本节辨证治疗。

【病因病机】

本病多因外感六淫之邪,或过食肥甘厚味,湿热火毒内生,或外伤邪毒,导致经络阻隔,营卫不和,气血凝滞所致。热毒蕴结,故患部赤热。热毒较盛,腐血烂肉乃成脓。气血虚弱之体,因毒滞难化,不易透毒外出,常致病情加重。

【辨证论治】

须辨初起、成脓、溃后三个不同的病程阶段,分证论治。初起在患处皮肉之间突然肿胀,光软无头,迅速结块,表皮灼红,轻者无全身症状,重者可伴恶寒发热,头痛。成脓时局部肿势逐渐高突,疼痛加剧,痛如鸡啄。按之中软应指,多伴壮热持续不退。溃后若脓出,疮口四周仍坚硬为流脓不畅,若气血虚,则脓水稀薄,疮面新肉难生,不易收口。临床上常见风热毒盛证、湿热火毒证、脓泄邪退证。

1. 风热毒盛(初期)

[证候] 初起时皮肉间突然肿胀,表皮灼红,疼痛,逐渐高肿,可伴发热、恶寒、头痛等,舌红,苔薄黄,脉浮数。

[证候分析] 发病迅速,局部灼红,乃火热之象;高肿、疼痛乃气血凝滞,邪热壅聚所致;邪气在表,营卫不和,故恶寒,发热,头痛,脉浮数。

[治法] 祛风清热,行气活血。

[方药] 内治用仙方活命饮(金银花、甘草、赤芍、穿山甲、皂角刺、白芷、当归尾、天花粉、贝母、防风、乳香、没药、陈皮)加减。外治以清热消肿为主,用金黄散、玉露散冷开水或醋、蜜、饴糖等调成糊状外敷。

2. 湿热火毒(成脓期)

[证候] 患处肿热高突,痛如鸡啄,纳呆口苦,壮热不退,若局部中软应指,示脓已成,舌红,苔黄厚,脉滑数。

[证候分析] 热毒壅盛,热盛腐肉,则肿势逐渐高突,疼痛加剧,痛如鸡啄;肉腐为脓,则按之中软应指,壮热持续不退。脓本气血所化生,正气充足则迅速引血外腐,气血虚弱者化脓亦较为迟缓。

[治法]清热活血,托毒透脓。

[方药]内治用黄连解毒汤(黄连、黄芩、黄柏、山栀)合透脓散(生黄芪、炒山甲、川芎、皂角刺)加金银花、连翘、蒲公英。外治宜切开排脓。初溃时可用九一丹纱条填塞引流,再外敷金黄散。

3. 脓泄邪退(溃后期)

[证候]患处脓出,症状减轻,排脓通畅,肿消痛止,或脓出而疮口四周仍坚硬,流脓不畅,或脓水稀薄,疮面新肉不生,或体质虚弱,不易收口。舌淡胖,苔少,脉沉细无力。

[证候分析]溃后若气血充足,则排脓通畅,肿消痛止;疮口过小或袋脓,则脓出而疮口四周仍坚硬不消,流脓不畅;脓血大泄,气血耗伤,体质虚弱,生肌无力则见脓水稀薄,疮面新肉不生,或体质虚弱,不易收口。

[治法]体虚者,宜调补气血;局部痛硬不消者,宜益气和营托毒。

[方药]内治:体虚者宜用八珍汤(人参、白术、茯苓、甘草、当归、白芍、熟地黄、川芎);局部痛硬不消者,用托里消毒散(生黄芪、当归、金银花、皂角刺、白芷、川芎、白芍、桔梗、人参、白术、茯苓、甘草)。外治:脓尽腐去后改用生肌散外敷,直至疮口痊愈。

(戴幸平)

复习思考题

1. 试述痈的临床特点。
2. 试述痈各证型的内治法。

第十二节　湿　疮

湿疮是一种有明显渗出倾向的过敏性炎症性皮肤病。通常分为急性、亚急性、慢性三类。其特点是反复发作,对称分布,多形损害,剧烈瘙痒,易成慢性,全身各部均可发生。

西医学的湿疹可参考本节辨证治疗。

【病因病机】

本病可由禀赋不耐,风湿热邪客于肌肤所致;也可因饮食失节、嗜酒或过食辛辣荤腥动风之品,脾失健运,湿热内生,内外两邪相搏而成。最终导致湿热壅阻肌肤而发病。急性者以湿热为主;亚急性者以脾虚湿蕴为主;慢性则以久病伤阴耗血,血虚生风生燥为主。

【辨证论治】

湿疮根据病程和皮损特点,分急性、亚急性、慢性三种,可根据临床表现分证论治。湿热浸淫证,属湿热之邪流溢皮肤所致,多为急性湿疮的表现;脾虚湿蕴证,属脾失健运,湿邪内生,蕴积肌肤所致,多为亚急性湿疮的表现;血虚风燥证,属湿疮反复发作,数年不愈,伤阴耗血,血燥生风所致,多为慢性湿疮的表现。

1. 湿热浸淫

[证候]发病急,皮肤潮红灼热,水疱渗液瘙痒,可泛发全身,伴身热,心烦,舌红,苔黄腻,脉滑数。

[证候分析]本证由湿热内生,兼外受风邪,客于肌肤所致。风性轻扬,善行而数变,故发病急,泛发全身;湿为阴邪,其性黏滞,重浊而趋下,袭于腠理,水湿蕴内,而见水疱糜烂、渗液;风湿夹热蕴结,故致皮肤潮红、灼热、瘙痒,身热,心烦。舌红、苔黄腻、脉滑数为湿热内生、外受风邪之象。

[治法]清热利湿。

[方药]内治用萆薢渗湿汤(萆薢、薏苡仁、黄柏、赤芍、牡丹皮、泽泻、滑石、通草)加减。水疱多,破后渗液多者,可加土茯苓、鱼腥草。瘙痒重者,加紫荆皮、地肤子、白鲜皮。外治应避免刺激,用苦参汤温洗。

2. 脾虚湿蕴

[证候] 发病较缓,皮肤潮红,瘙痒有糜烂、渗出及鳞屑,伴纳呆、倦怠乏力,舌淡胖,苔白腻,脉濡细。

[证候分析] 脾胃虚弱,运化失调,故纳呆、倦怠乏力;脾失健运,湿热内生,蕴积肌肤,故皮肤潮红,瘙痒有糜烂、渗出;舌淡胖,苔白腻,脉濡细为脾虚湿重之象。

[治法] 健脾利湿。

[方药] 内治用除湿胃苓汤(苍术、厚朴、陈皮、猪苓、泽泻、赤茯苓、白术、滑石、防风、栀子、木通、肉桂、甘草、灯心草)合参苓白术散(人参、白术、茯苓、甘草、山药、桔梗、白扁豆、莲子肉、砂仁、薏苡仁、陈皮、大枣)加减。外治可用苦参汤温洗,也可外搽黄连膏。

3. 血虚风燥

[证候] 病处皮损色暗或色素沉着,皮肤肥厚、粗糙脱屑,奇痒难熬,入夜尤甚,舌淡,苔白,脉细。

[证候分析] 风湿热邪久蕴化热,耗伤阴血,肌肤失养,故皮损脱屑;血虚化燥生风,故奇痒难熬;风湿热壅阻,入而不散,局部气血瘀滞,故皮损色暗肥厚,色素沉着;舌淡,苔白,脉细为血虚之象。

[治法] 养血润肤,祛风止痒。

[方药] 内治用当归饮子(当归、白芍、川芎、生地、白蒺藜、防风、荆芥穗、何首乌、黄芪、甘草)或四物汤加减(熟地、当归、白芍、川芎),常加用胡麻仁、蝉蜕、白鲜皮等药。外治用青黛散油膏外搽。

(戴幸平)

复习思考题

1. 试述湿疮的临床特点。
2. 试述湿疮各证型的辨证论治。

第三章　肿　瘤

【内容提要】

肿瘤是目前临床上常见的疾病,中医防治肿瘤有着良好的经验和疗效。肿瘤的病因主要有正气不足、外感六淫、内伤七情、饮食劳倦、外来邪毒。病机是正气亏虚,脏腑功能失调,气机不畅,痰瘀毒浊蕴积。主要病理变化是正气虚损,气滞、血瘀、痰浊、湿聚、热毒等邪实,总属本虚标实,多是全身属虚、局部属实的疾病。肿瘤是一类多因素参与形成的全身性疾病,必须着眼全体,标本兼顾,因人、因地、因时制宜,早期治疗,善治未病,其辨证论治的要点是辨病和辨证相结合、辨阴阳虚实、辨标本缓急、辨局部和整体。治疗以扶正祛邪为原则,包括健脾益气、补肾益精、滋阴补血、养阴生津、理气行滞、活血化瘀、软坚散结、清热解毒、以毒攻毒等方法。

【学习要点】

1. 掌握肿瘤的辨证论治要点、治疗原则和具体治法。
2. 熟悉肿瘤的病因病机和主要病理变化。
3. 了解肿瘤并发症治疗、食疗、外治,中医肿瘤学发展简史及现代研究进展等内容。

肿瘤是细胞增殖和分化异常的一类疾病。机体中的正常细胞,在不同的始动与促进因素长期作用下所产生的非人体需要的过度增生与异常分化所形成的新生物称为肿瘤。肿瘤组织的增生,可破坏正常组织的结构,导致代谢异常与功能障碍,肿瘤的生长变化还与机体的免疫功能有关。根据其对人体危害的不同,肿瘤又有良性、恶性、交界性之分。特别是恶性肿瘤,是一类多发常见的疾病,对人类健康和生命的威胁极大,早期发现和根治较为困难,需要包括手术、化疗、放疗、介入、免疫、中医药、预防等多学科合作。

基于临床实际,中医肿瘤学主要面对的是恶性肿瘤及其治疗相关副作用的防治。中医结合现代医学的手术、介入、放化疗、免疫治疗等多种手段,继承传统,阐发新知,在肿瘤学中的地位日益突出。血液系统肿瘤、癌前病变,肿瘤相关问题如放射性损伤、骨髓抑制、免疫内分泌紊乱等也纳入其中讨论。

第一节　中医肿瘤学发展历程

一、中医认识肿瘤的逐步深入

中医学对肿瘤的认识源远流长。公元前16—前11世纪殷商时代的甲骨文中就有"瘤"的字出现,随后《周礼》中"疡医"所主治的"肿疡"也包括了肿瘤。《黄帝内经》阐述了"瘤"的病名,并分为筋瘤、肠瘤、脊瘤、肉瘤等,而对其肠蕈、石瘕、积聚、癥瘕、噎膈、息贲等病的症状描述,与内脏一些良性或恶性肿瘤的临床表现颇为相似。《难经》对内脏肿瘤"五脏之积"作出大致的区分和描述,此后历代医家又有所发挥。隋代巢元方《诸病源候论》不仅对多种肿瘤形态、病因病机作出详尽描述,并且认识到良性、恶性属性不同。至宋代《卫济宝书》和《仁斋直指附遗方论》中,首先用"癌"字命名,医籍也有使用"岩""嵒"字(通用字)。从历代医籍所记"肿""瘤""癌"的最初含义来看,肿是肿大有形之意,瘤是留滞不去之意,癌是坚硬如石之意,都是肿瘤一类疾病。后世医家又对不同部位、不同脏腑的肿瘤的病因病机、临床表现、治疗和预后,做了更进一步的论述,如在体表的有乳癌、舌蕈、茧唇、恶核等,在内脏的有积聚、痃癖、癥瘕、噎膈、伏梁、失荣。清末,受到传入的西医影响,已用"癌"来翻译 Cancer。病理学发展后,对肿瘤的诊断和认识也随之不断深入。

二、中医辨治肿瘤的方法不断发展

两千多年前《周礼》一书中记载的"疡医",总结出了内治外治相结合,内治"以五毒攻之,以五气养之,以五药疗之,以五味调之",外治以"祝药、劀杀之齐(同"剂")",概括了肿瘤主要的治疗手段,并体现出已经开始使用"毒"来"攻"。《山海经》中收集了120多种药物,不少是治疗与肿瘤有关的疾病。《神农本草经》对抗肿瘤药物功用有确切记载,所载的365种药物中治疗肿瘤一类疾病(如积聚、肿疡、恶疮等)的达150余种。《黄帝内经》对肿瘤的病因病机、治法、护理也有所阐述。

此后东汉张仲景在《伤寒杂病论》中,对"胃反""积聚"及妇科肿瘤的脉因证治及预后作了较为系统的论述,所制鳖甲煎丸、大黄䗪虫丸至今仍为治疗积聚的临床常用方剂。同时期的华佗创造的"刳割疗法"为手术治疗"结积"开拓了先河。皇甫谧总结秦汉以来针灸成就的《针灸甲乙经》,记载了大量针灸治疗肿瘤的方法。葛洪《肘后备急方》论述了甲状腺肿瘤及常见肿瘤的治疗,所载的海藻等药治疗甲状腺肿瘤,红升丹、白降丹等药物开创了化学治疗和外治肿瘤的先河;总结了"癥坚之起(肿瘤发生后)"的发展、预后。

至隋唐,孙思邈《备急千金要方》首载肿瘤专方50余首,突出了虫类药、剧毒药、祛瘀化痰药的使用。王焘《外台秘要》一书记述了甲状腺肿的地方性发病情况,收罗了防治甲状腺肿的药方36首,多数用动物甲状腺等含碘丰富的药物治疗,并记载了用针灸等方法治疗肿瘤。唐初编写的《晋书》录有外科手术治疗"大瘤疾"的病例,藏医《四部医典》也载有以灸刺、药粉为主的"大痨肿痞证疗法"及"瘿瘤疗法"。

宋金元时期,中医肿瘤学的学科理论逐步成型,"扶正治癌"成为重要法则。金元四大家中,刘完素《儒门事亲》述"九积图",以攻邪为主,如"癖积,两胁刺痛,三棱、广茂之类,甚者甘遂、蝎梢。水积足胫、胀满,郁李、商陆之类,甚者甘遂、芫花"。这些理气化结、化痰祛浊等方法在肿瘤及其并发症中医治疗实践中具有典型意义。李杲强调"内伤脾胃、百病由生",提出"养正积自消",创制的方剂如补中益气汤、散肿溃坚汤、连翘散坚汤、救苦化坚汤等,为临床预防、治疗所习用。朱丹溪力主养阴的学术思想在肿瘤治疗中也有所体现,强调了"治痰"的重要性,影响深远。

明清以下,对各类肿瘤辨治的论述不断深入,体系日趋完善。明代张景岳的《景岳全书》较为全面地总结了前人关于肿瘤病因病机的论述,将治疗药物归纳为攻、消、补、散四大类,对噎膈等肿瘤类疾病见解深刻。陈实功《外科正宗》对乳腺癌症状作出详尽描述,并认为治疗肿疡、肿瘤类内外科并重,外科方面发明烧灼止血治疗茧唇(唇癌)等疗法,内科尤以调理脾胃为要。申斗垣的著作中记载了割除法、药线结扎法治疗肿瘤的病例。清代高秉钧《疡科心得集》中描述了"肾岩翻花"发病过程,并把"舌疳""失荣""乳岩""肾岩"列为四大绝症,在当时的医疗条件下,对上述恶性肿瘤预后的判断较准确。王维德《外科证治全生集》中用阳和汤、犀黄丸、千金托里散内服,蟾皮外贴等,确立了许多有效方药和治法。清代末叶前后,西方医学的大规模传入,对肿瘤的认识也吸收了西医成果,进入中西医汇通的时期,对恶性肿瘤的了解和认识日渐深入,治法有内服、外用、手术、针灸、食疗,逐渐发展出了综合治疗的思想,学科体系日渐成熟,为现代肿瘤防治和研究工作提供了丰富的资料。

发展到近现代,特别是新中国成立以后,中医肿瘤学在辨病辨证相结合、有效方药研究、预防肿瘤发生发展、多种给药途径等方面,均取得了较大进展,将中医肿瘤学的理、法、方、药,推进到一个新的高度。在我国的肿瘤临床治疗中,逐渐形成中西医结合取长补短、相辅相成的诊断、治疗、预防体系,尤其在提高晚期恶性肿瘤患者生存质量、减轻放化疗等副作用、防治癌前病变等领域,离不开中医学的独特建树。在挖掘中医临床经验的基础上深入研发的"砒霜治疗白血病""扶正中药在肿瘤治疗的应用"等重大成果举世瞩目。

第二节　肿瘤的病因病机

中医学认为,肿瘤虽然是局部的病变,实是全身性疾病在局部的反映,其发生、发展是内因和外因多种因素综合作用的结果,包括禀赋不足、外来邪毒、情志失调、饮食不节、劳伤过度等多方面因素。这些致病因素,导致脏腑功能失调,阻碍气血运行,造成气滞血瘀、湿聚痰凝、邪毒内结,积久而形成肿瘤。其常见病因主要有:

1. **正气不足**　素体禀赋不足,或年老体弱,或他病迁延,或治疗不当,耗伤精气,脏腑亏损,阴阳失衡,易于感邪发病。《医宗必读·积聚》:"积之成也,正气不足,而后邪气踞之。"流行病学调查发现肿瘤的遗传背景或遗传倾向性,现代医学研究也表明免疫因素等"正气"在肿瘤发生发展中的重要作用。"正气"包括免疫功能和一切已知和未知的机体对有害因子的防御功能、某些遗传的本质等。肿瘤的发病,是正和邪相互关系的一种后果,也是机体防御和致癌因子相互作用的结果。邪盛正虚,肿瘤得以发病;正盛,则虽有邪也不一定发病。"积之成者正气之虚也,正气虚而后积成"。

2. **外感六淫**　六淫之邪入侵,阻碍气血津液的运行和输布,影响脏腑经络正常功能,致使气滞血瘀,痰湿邪毒凝聚,积久生为肿瘤。如《灵枢·百病始生》:"积之始生,得寒乃生,厥乃成积也。"《灵枢·九针论》:"四时八风之客于经络之中,为瘤病者也。"

3. **内伤七情**　七情内伤,气机紊乱,脏腑阴阳气血失调,也是形成肿瘤的重要原因之一。如《妇人良方》论及乳岩病因:"此属肝脾郁怒,气血亏损。"《医宗必读·反胃噎膈》认为噎膈"大抵气血亏损,复因悲思忧虑"。临床上大量的病例证明,长期情志抑郁、忧虑的人,患肿瘤的概率显著高于心情开朗的人。故《素问·上古天真论》指出:"恬惔虚无,真气从之,精神内守,病安从来。"

4. **饮食劳倦**　饮食不节,恣食膏粱厚腻、辛辣炙煿、寒凉苦积之品,或过饥伤正,损及脾胃,湿邪内蕴,化为痰积。或劳倦内伤,正虚邪乘,机体阴阳气血失调,易于气滞血瘀,津枯痰结,形成肿瘤。据流行病学调查,长期过食厚味,体内的阳气有余,阴阳失衡,易于发生肿瘤。

5. **外来邪毒**　长期接触各种化学、物理邪毒,或药石不当,久而邪郁化火,耗伤正气,瘀毒内生,气血经脉运行不畅,脏腑阴阳失调,日以积为肿瘤。

在肿瘤发生发展过程中,病情复杂,变化多端,往往多个病因互相影响,互相转化,互为因果,相兼为病。其基本病机是正气亏虚,脏腑功能失调,气机不畅,痰瘀毒浊蕴藉。主要病理变化是正气虚损,气滞、血瘀、痰浊、湿聚、热毒等邪实,总属本虚标实,多是全身属虚、局部属实的疾病。恶性肿瘤的病机变化往往较为复杂,预后险恶,邪毒猖獗乖戾,严重耗损正气,容易走注它处,恶化后五脏俱损,气血阴阳俱衰,病情危重。

"正气存内,邪不可干","邪之所凑,其气必虚"。正气虚弱是肿瘤发生发展的内因基础。正气虚弱,不能抵御邪气的侵袭,导致诸邪乘虚而入,留滞体内,致使气血脏腑功能失调,滋生肿瘤。故恶性肿瘤病人多有气血两虚、脾虚、肾虚等证。由于病邪日久,耗伤精血,元气亏虚,形体羸弱,易于再感邪气,正衰邪盛,机体抵抗能力低下,癌毒更易扩散,致使正气更虚,互为因果,恶性循环。气血是生命活动的基本物质,气的升降出入是生命活动的基本形式。若情志所伤,则导致气机运行不畅,气血失调,气滞血瘀,瘀结日久,必成癥瘕积聚。所以气滞血瘀是肿瘤发生发展的主要病机之一。而痰湿是水液代谢异常所产生的病理产物。水液凝聚而成痰,水液弥漫而成湿,两者性质相同。人体的痰湿之邪,有外感湿邪而得者,有食伤脾胃,脾失健运,水湿内停而得者。其水湿不化,积久不散,凝聚为痰,痰湿随气机升降流行,至脏腑、筋骨、皮肉,蕴结日久,乃形成肿瘤。另见阳盛生火热,热多为外淫,火常自内生。热为火之渐,火为热之极,外感诸邪侵袭人体、内伤七情及脏腑功能失调,均可化热化火。火热为阳邪,最易耗气伤津、灼阴动血,且常易与痰湿、瘀血兼夹蕴结于肌肤、经络、脏腑,而导致气血不畅,脏腑失调,积聚日久,致成肿瘤。肿瘤多致脏腑失调。人体脏腑功能协调,则气、血、精、津化生有源,生命活动正常。若脏腑功能失调,则导致瘀血、浊气、痰湿内生,凝滞体内,久之变生癥瘕积聚,遂成肿瘤;而肿瘤存于体内,又能导致气血紊乱,脏腑失调。两者互为因果,形成恶性循环,但其中脏腑功能失调是主要方面。故《诸病源候论·积聚病诸候·积聚候》指出:"积聚者,由阴阳不和,腑脏虚弱,受于风邪,搏于腑脏之气所为也。"

第三节 肿瘤的辨证论治及治则治法

肿瘤是个复杂的病证,各种肿瘤其发病机制不同,病位病性有别,患病个体素质各异,邪正关系、病机变化纷繁复杂,常常见到寒热、虚实交错,临床表现头绪纷纭。中医治疗肿瘤,注重整体观念,注重辨证论治,注重以人为本。

一、肿瘤辨证论治要点

肿瘤是一类多因素参与形成的全身性疾病,必须着眼全体,标本兼顾,因人、因地、因时制宜,早期治疗,善治未病。其辨证论治的要点是:

1. **辨病和辨证相结合** 辨病是辨明肿瘤发生的部位、性质、病情程度、病程分期和预后,一般需要结合现代医学研究深入了解病理、分期等资料,还要运用中医的理论辨证,分类分期论治。

2. **辨阴阳虚实** 阴阳虚实是辨明病情的大纲,正邪虚实的力量对比是决定治疗策略的重要考量。发病初期,邪毒偏盛而正虚不甚;中晚期往往正虚明显,或气虚,或阴伤,或气血不足,或阴阳两虚,而邪实同时较盛。从阴阳虚实的具体状况出发,制订扶正祛邪的各种治疗方法。

3. **辨标本缓急** 以"急则治标,缓则治本,标本兼治"的原则,辨明肿瘤的标本缓急,镇咳化痰、通腑退热、清热解毒、镇痛安神、止血敛疮等以治标,待标症缓解后,重点在扶正培本、益气养阴、健脾益肾、活血化瘀、疏肝理气、软坚散结等以治本。中晚期恶性肿瘤往往本证未除而标证难已,临床上多采取"标本兼顾"的策略取得平衡。

4. **辨局部和整体** 肿瘤虽是全身性疾病,局部的病灶往往影响全身,产生各系统的多种复杂变化;全身状况的优劣又能影响局部病灶的发展和治疗的成败。一般情况下,应采取局部攻邪和全身扶正相结合。

肿瘤的辨治,逐渐从以疾病为核心、最大限度地杀伤肿瘤的治疗模式,向以患者为核心、谋求最佳生活质量的人性化治疗方向转变。中医药在综合治疗的各个时期,和西医治疗上可以优势互补,以整体观念和人本思想指导临床辨证,特别是在恶性肿瘤的姑息治疗、癌前病变、放化疗增效解毒等方面中发挥重要作用。

二、肿瘤的治则治法

常用的治疗方法包括扶正和祛邪两方面。"扶正以祛邪,祛邪以安正",在具体运用过程中要权衡轻重缓急,确定先攻后补、先补后攻或攻补兼施,辨证论治。扶正治法包括健脾益气、补肾益精、滋阴补血、养阴生津等,祛邪治法包括理气行滞、活血化瘀、软坚散结、清热解毒、以毒攻毒等。扶正方能达到祛邪的目的,祛邪也是为了正气恢复,故祛邪务须时时顾护正气,从而邪去正安,病情康复。现代研究认为肿瘤表现为增殖和分化的失控,增殖和分化的失控即是正邪关系失衡的一种表现。

（一）扶正

扶助正气,通畅气机,令气血阴阳自复,增强抗病能力,有能力祛邪外达,最终令机体改变病理状态,臻于"阴平阳秘"。正气的盛衰对于肿瘤疾病的进退有着决定性的意义,正如《伤寒发微论》所云:"真气完壮者易医,真气虚损者难治。"

1. **健脾益气** 脾胃为后天之本,气血生化之源。脾主运化失职,水液在体内不正常地停滞,水谷不能运化,致成脾虚。进而产生湿、痰、饮等病理产物,三者聚积煎熬成痰结,久之形成肿瘤。脾主统血功能下降,亦可造成血不能摄,游逸脉外,致成瘀血,积成肿块,可与痰凝,可与气结,相结相搏,化为肿瘤。肿瘤为一种渐进性消耗性疾病,日久必伤脾胃,脾虚生湿,湿滞则脾失健运,气血生化无源,而见食少、腹胀、神疲、乏力、自汗等症。消化道恶性肿瘤、化疗等引起消化道反应的患者应用健脾益气方法在治疗中尤为重要。健脾益气法能补益脾气,祛除湿浊,恢复脾胃功能,提高抗病能力。常用方剂有四君子汤、补中益气汤、十全大补汤、参苓白术散等,常用中药有人参、党参、黄芪、白术、茯苓、山药、薏苡仁、甘草等。

2. 补肾益精　肾为先天之本,是人体真阴真阳的源泉。"先天之本"的肾与肿瘤的发生有着密切关系,且肿瘤久之必伤肾,故中、晚期肿瘤病人多有腰膝酸软、头晕目眩等肾虚之证。现代医学研究证明,补肾药具有提高内分泌调节,促进骨髓造血功能,以及改善全身状况的功能,因此补肾有其重要意义。特别是对生殖系统肿瘤、乳腺肿瘤、神经内分泌系统肿瘤、放化疗后骨髓抑制患者运用之有较好疗效。常用方剂有六味地黄丸、肾气丸、右归丸、龟鹿二仙丹等,常用中药有枸杞子、女贞子、山茱萸、紫河车、何首乌、肉苁蓉、仙灵脾、巴戟天、锁阳、鹿角胶、附子、肉桂等。

3. 滋阴补血　气与血有着密切的关系,气虚往往导致血虚,血虚也往往导致气虚,最后气血两虚。肿瘤病人日久多耗伤气血,尤其是手术后或放、化疗过程中,气血亏虚表现明显,常见头晕乏力、心悸气短、面色萎黄、唇甲苍白等,现代医学研究发现滋阴补血药多能促进红细胞新生,增强骨髓造血功能,有助于机体恢复。常用方剂有四物汤、归脾丸、人参养荣丸等,常用中药有阿胶、何首乌、当归、白芍、龟甲胶、枸杞子、紫河车等。

4. 养阴生津　肿瘤是一种长期慢性消耗性疾病,在其发展中必耗伤阴津。阴耗则阳动,阳无阴制,虚热生火,更加消灼阴液。"阴虚则内热",恶性肿瘤病人常见低热、五心烦热、咽干口燥、盗汗、耳鸣、唇赤颧红、尿黄量少、大便干结、舌红少津、脉细数等症状,均为阴液亏损,虚火内生的表现,尤其是晚期病人和放疗后病人更为多见。恶性肿瘤晚期真阴亏耗,虚阳浮动,阴阳离决之时尤为险恶。当治以养阴生津法。常用方剂有生脉饮、杞菊地黄丸、麦门冬汤等,常用中药有生地黄、麦冬、天冬、沙参、玄参、石斛、龟甲、鳖甲、玉竹、百合、黄精、天花粉、知母、女贞子、墨旱莲、山茱萸等。

扶正法疗效突出,其作用机制研究主要包括抗癌、抑癌、逆转癌前病变,提高机体免疫力,减轻放化疗、手术治疗等毒副反应和损伤。现代研究表明,某些扶正药物可减少恶性肿瘤的转移,具有反突变和反启动作用,对骨髓干细胞有促进作用,可升高外周白细胞,对放化疗有增效减毒功效,降低化疗药物对造血细胞的抑制作用,提高自然杀伤细胞活力,延长抗体存在时间,调节激素、酶系统,起营养、支持作用,改善机体代谢功能和患者生存质量。

(二)祛邪

祛邪是治疗肿瘤的最终目标之一,邪气内盛产生的肿瘤,不仅阻滞气机,并导致瘀血、痰浊、热毒、水湿等多种病理因素,《素问·至真要大论》所云:"客者除之,坚者削之,结者散之,留者攻之,逸者留之。"多种手段并用,以期达到邪去正复的目的。

1. 理气行滞　中医学认为肿瘤的形成,多始于气机不畅,气滞则血瘀,气滞则津液凝聚,皆能积而成块,遂生肿瘤。故肿瘤常有胀满、疼痛、痞闷、便秘等症状。但临床上理气行滞法多与活血化瘀、化痰散结等法配合运用。常用方剂有逍遥散、木香顺气散、枳实导滞丸、天仙丸、六磨汤等,常用中药有柴胡、木香、陈皮、青皮、枳壳、枳实、厚朴、槟榔、砂仁、川楝子、降香、丁香等。

2. 活血化瘀　中医学认为"癥瘕""积聚"等肿瘤形成的机制与瘀血有密切的关系,而临床实践和实验研究也多证明,活血化瘀方药具有抗多种恶性肿瘤作用。常用方剂有大黄䗪虫丸、桂枝茯苓丸、血府逐瘀汤、失笑散等,常用中药有三棱、莪术、三七、川芎、当归、丹参、赤芍、红花、延胡索、乳香、没药、穿山甲、大黄、全蝎、蜈蚣、僵蚕、牡丹皮、斑蝥、蟾酥、五灵脂、降香等。

3. 软坚散结　肿瘤多为有形之块。"坚者削之","结者散之",软坚散结能软化,甚至消除肿块,肿物消除则气血经脉运行畅达,正气自复。现代医学研究,某些化痰软坚药能够直接杀伤肿瘤细胞,抑制肿瘤细胞的生长,逆转癌前病变,减轻瘤周围组织水肿,调整机体的免疫状态,调节神经内分泌功能的平衡。常用方剂有鳖甲煎丸、化积丸;常用中药有鳖甲、藤梨根、石见穿、莪术、八月札、海藻、昆布、地龙、瓜蒌、土鳖虫等。

4. 清热解毒　恶性肿瘤,尤其是中晚期病人,常有全身和局部热象,如发热、肿块增大、灼热、疼痛、口渴、便秘、舌红、苔黄、脉数等,多由邪热瘀毒所致,治用清热解毒法。实验研究证实,许多清热解毒方药有抗肿瘤功效,常用方剂有黄连解毒汤、西黄丸、五味消毒饮、六神丸、片仔癀等,常用中药有白花蛇舌草、蒲公英、紫花地丁、败酱草、土茯苓、野菊花、金银花、连翘、青黛、山豆根、苦参、天葵子、穿心莲、半枝莲、黄药子、重楼、黄芩、黄柏、黄连等。

5. 以毒攻毒　恶性肿瘤系邪毒痼结机体,非攻不克,借有毒之品峻猛之性,在正气未衰情况下攻邪取效,"邪去则正安"。以毒攻毒法往往直接杀灭或诱导分化肿瘤细胞,刺激机体免疫系统,中和恶性肿瘤毒素。常用中药有斑蝥、全蝎、蜣螂、水蛭、蜂房、蜈蚣、土鳖虫、守宫、常山、生半夏、生南星、大戟、芫花、马钱子、生附子、乌头、雄黄、砒石、轻粉等。此类药物一般有效剂量和中毒剂量接近,临床需要极为慎重选择药物和剂量、用药方式,适可而止,必要时利用炮制、复方等方法减毒增效。

目前,中西医结合综合治疗肿瘤,比单一的西医或单纯的中医治疗的疗效都好,它不仅能有效地控制病情发展,又能改善病人整体的内环境,提高疗效,减轻病人的痛苦和西药化疗的毒副反应,延长存活期,提高病人的生活质量。中医药治疗目标不仅仅是简单的肿瘤消亡或减小,也可以带瘤生存或减轻痛苦为目的。《素问·六元正纪大论》云:"大积大聚,其可犯也,衰其大半而止,过者死""以平为期,而不可过"。

中医肿瘤学,尤其重视个体化治疗,表现为辨病辨证结合治疗、强调整体观念、防重于治,力求得到一个适合现状的最佳综合方案。

第四节　治疗肿瘤的常用中草药、调护及治法的研究

一、具有抗癌作用的中草药

近年全国各地经过大量筛选,并经临床实践、实验研究证明,以下中草药有抗癌作用,如在辨证论治的基础上适当加用,则能提高疗效。

（一）对癌细胞有杀伤和抑制作用的中草药

1. 清热解毒类　半枝莲、白花蛇舌草、冬凌草、青黛、山豆根、穿心莲、白英、牡丹皮、龙葵、重楼、天花粉、黄连等。

2. 活血祛瘀类　三棱、莪术、三七、川芎、当归、丹参、赤芍、红花、延胡索、乳香、没药、穿山甲、全蝎、蜈蚣、僵蚕、牡丹皮、石见穿、斑蝥、蟾酥、五灵脂、喜树果、降香等。

3. 软坚散结类　鳖甲、藤梨根、石见穿、莪术、八月札、海藻、瓜蒌、地龙、牡蛎、土鳖虫、昆布等。其他还有:长春花、秋水仙(茎、种子)、三尖杉(粗榧)、农吉利、紫杉、美登木、马蔺子、雪莲花、瑞香狼毒、芦笋等。

（二）对免疫系统有调节作用的中草药

黄芪、人参、女贞子、淫羊藿、枸杞子、冬虫夏草、黄精、灵芝、香菇、猪苓、北五味子、雷公藤、绞股蓝、刺五加、肉苁蓉等。

（三）对肿瘤细胞有促分化作用的中草药

葛根、乳香、人参、丹参、三尖杉、熊胆、巴豆、三七、刺五加、灵芝、莪术等。

（四）具有抗诱变作用的中草药

山楂、杏仁、枸杞子、甘草、冬虫夏草、绞股蓝、大枣、党参、鹿茸、茯苓、丹参、女贞子、半枝莲、蛇床子、柴胡、大黄、牡丹皮、菊花、黄芪、白术等。

（五）能诱导肿瘤细胞凋亡的中草药

香菇、冬虫夏草、柴胡、当归、川芎、桂枝、茯苓、枸杞子、党参、五味子、芍药、黄芩、生地黄、甘草等。

此外,部分虫类药也具有治疗恶性肿瘤的作用,如斑蝥用于治疗肝癌、食管癌、胃癌;全蝎用于治疗肺癌、颅脑肿瘤、胃癌、肝癌、骨肿瘤等癌性疼痛;蟾蜍用于治疗肺癌、肝癌、胃癌、恶性淋巴瘤、白血病;蜈蚣用于治疗恶性淋巴瘤、白血病、胃癌、食管癌、肝癌、子宫颈癌、皮肤癌;地龙用于治疗恶性淋巴瘤、舌癌、肝癌等。

二、饮食治疗

包括肿瘤在内的许多疾病与饮食关系密切。饮食不仅可以提供人体生命活动所需要的营养物质,而且可以燮理阴阳,协调脏腑,通畅气血,既能扶正,又有祛邪作用。药食同源,药有四气五味,饮食中的谷物、瓜果蔬菜、禽鱼肉蛋等,亦有四气五味之别。药物是利用四气五味来调节机体脏腑功能失调及阴阳平衡而达到防病治病的目的,饮食也可以直接或间接地影响体内的阴阳平衡,对肿瘤的防治起到作用。肿瘤患者的饮食应以辨证施膳、因人制宜为大则。

（一）饮食原则

1. **营养均衡**　宜新鲜洁净,品种多样;忌膏粱厚腻,忌暴饮、暴食、三餐不时,或进食过烫、过快,忌腥臊"发物"。"五谷为养,五果为助,五畜为益,五菜为充,气味合而服之,以补精益气。"

2. **根据体质选择食物,因人、因时、因地制宜,寒热搭配合理**　应用"酸甘化阴""苦能健胃"等方法增强患者食欲,纠正肿瘤本身所造成的机体营养不良、免疫低下状态,从而提高治疗效果及生存质量。

3. **选择应用有利于抑制肿瘤、抗癌的食物**　如绿茶、绿豆、赤小豆、西瓜、冬瓜、薏米等利水之物,可以促使毒物排泄;海带、紫菜、牡蛎、芦笋、大蒜等具有软坚散结、消瘤的作用;洋白菜、甘蓝、菜花等具有破坏致癌物质的活力。

4. **善治未病**　如肿瘤术后病人往往会气虚血亏、气阴不足,饮食可加强补气生血、健脾益气、滋补肝肾、生津开胃之功,可酌情进食山药、大枣、桂圆、核桃、芝麻、莲子、河鱼、鸡蛋、瘦肉、荠菜、菱角、无花果、生苡仁、荸荠等。放射治疗期间或放疗后易见热毒过盛、津液受损、脾胃失调,可予养阴清热之品,如木耳、藕汁、梨汁、绿豆、西瓜、荸荠、石斛,忌茴香、桂枝、辣椒、葱蒜等香燥辛辣食物。放化疗常导致骨髓抑制,可予补脾益肾、补精生髓、益气养血之品如猪骨髓、枸杞子、红枣、芝麻等。

（二）肿瘤病人的常用食物举例

1. **瓜果类**　西瓜、冬瓜、桃仁、杏仁、柠檬、枇杷、核桃、猕猴桃、香橼、橙子、无花果、菱角、山楂、乌梅、橄榄、草莓、葡萄、苹果、梨、罗汉果、橘子、香蕉、石榴。

2. **香蕈菌藻类**　香菇、银耳、木耳、猴头菌、灵芝、平菇、蘑菇、海藻、昆布、紫菜。

3. **蔬菜类**　南瓜、丝瓜、茄子、扁豆、刀豆、萝卜、胡萝卜、黄花菜、洋白菜、莴苣、韭菜、大蒜、甘蓝、芦笋、西红柿、芹菜、香菜、木瓜、菠菜、香菜、慈菇、百合。

4. **动物类**　鸡、鸭、鹅、羊、牛、鲫鱼、牡蛎、海参、海蛤、海蜇、田螺、鹅血、泥鳅、海马、乌龟、冬虫夏草、蜂蜜、蚕蛹。

5. **其他类**　薏米、葵花籽、豆腐、酸奶、菊花、茶叶、醋、茅根、芦根、莲藕、金线莲。

"药食同源",合理的饮食可以为人体提供充足的营养,增强机体的抵抗力和免疫力,促进机体的康复,对肿瘤患者大有裨益;不合理的饮食会使患者病情加重或易于复发转移。大量的临床实践表明,肿瘤患者内郁化热,过食厚味,体内阳气偏盛者居多,所以饮食调理时不可盲目进补,特别是鸡肉、羊肉、海鱼、桂圆、荔枝、生姜等偏于燥热的食物,宜少用或慎用。

三、中医药治疗恶性肿瘤的特殊症状和并发症

（一）癌性疼痛

癌性疼痛是癌瘤病人一个最痛苦的症状。根据其疼痛剧烈,持续不休,痛有定处的特点,其性质属血瘀疼痛。疼痛的病机主要是气滞血瘀,瘀结成块,癥瘕积聚引起的"不通则痛"。但导致血瘀的机制,又各有不同,当辨证论治。气滞胀痛偏盛者,治宜理气导滞,方选柴胡疏肝散加减;血瘀刺痛偏盛者,治宜活血通络,方选桃红四物汤加减。另可按疼痛部位选药,如癌性头痛可用生石膏、寒水石、紫石英、牡蛎、桂枝、大黄等;肺癌胸痛可用延胡索、郁金、瓜蒌、西黄丸等;癌瘤性腹痛,虚证可用白芍、甘草;实证可用川楝子、延胡索。此外,还有治疗癌痛的外用止痛药,如蟾酥、乳香、没药、穿山甲、延胡

索、血竭、冰片等。

（二）癌性胸水

恶性肿瘤有血行转移,引起胸膜腔内胸水,多为渗出性血性液体,治宜泻肺逐饮,方用葶苈大枣泻肺汤或十枣汤加减。也可在辨证的基础上选加龙葵、瓜蒌、白花蛇舌草、胆南星、守宫、白芥子;若正气已虚,则应兼顾正气,加扶正之品。

（三）癌性腹水

多见于卵巢癌、胰腺癌、恶性淋巴癌等晚期,大多为渗出性血性腹水。可辨证施治,实证者用健脾利水,活血散结,可选用党参、黄芪、大腹皮、茯苓、白术、桂枝、猪苓、车前子、薏苡仁、莪术、龙葵、半枝莲等组方。脾肾阳虚者可用温补脾肾,化气行水,抗癌解毒。可用济生肾气丸加减,肝肾阴亏者宜滋养肝肾,利水散结,可用六味地黄丸加减。

（四）骨髓抑制

恶性肿瘤进行化疗常可引起骨髓抑制,粒细胞及血小板减少。治宜益气养血,健脾和胃,滋补肝肾。选用生黄芪、鸡血藤、沙参、陈皮、木香、茯苓、枸杞子、鸡内金、焦山楂、女贞子、红枣、龟甲、紫河车、肉桂、仙灵脾、鹿角胶组方。

（五）消化道反应

恶性肿瘤,尤其是化疗反应,常可引起食欲减退、恶心、呕吐、腹胀、腹痛、腹泻等消化道反应。恶心呕吐为主者,可用理气和胃,降逆止呕,胃热者清胃止呕,炒陈皮、姜半夏、茯苓、竹茹、黄连、麦冬、炙枇杷叶、旋覆花(布包)水煎服;胃寒者温胃止呕,炒陈皮、姜半夏、茯苓、炙甘草、党参、丁香、柿蒂、生姜、红枣水煎服。腹痛、腹胀者用六君子汤加味;腹痛加木香、延胡索、白芍;腹泻加肉豆蔻、芡实、莲子肉、罂粟壳。

四、中药治疗肿瘤多种给药途径研究

（一）外用治疗

中药外治法通过体表给药,经皮肤、黏膜表面或经络吸收后药力直达病所,可避免口服经消化道吸收所遇到的多环节灭活作用及一些药物内服带来的副作用,因而具有副作用小、起效快、方便经济的特点。金《儒门事亲》记载"枯瘤方"、清《串雅内编》的"枯瘤散"都是将药粉以冰或醋调匀,涂于肿瘤上,使其干枯而坏死自然脱落;清代吴师机《理瀹骈文》是内病外治的专著,总结了大量的外治肿瘤的方法。在临床上,常用的外治剂型有膏药、油膏、掺药、箍围药、草药、散剂等。经络学说是中医学特有理论,对疼痛等外用取位有一定指导作用。

1. **敷贴法** 拔毒散、五虎膏、如意金黄散、外科蟾酥丸、阿魏化坚膏等敷贴于患处或肚脐、穴位治疗,起抗肿瘤、消除腹水、祛瘀生新、愈合创面等作用。皮癌净、信枣散(均含信石等成分)外敷治疗皮肤癌及宫颈癌,青黛粉外涂治疗慢性粒细胞白血病等肿瘤类疾病,蟾酥膏等于疼痛部位体表给药祛邪止痛,现代也有中药经乙醇等溶剂制取,加氮酮以离子透入方法治疗骨转移疼痛者。

2. **吸入法** 肺癌、鼻咽癌、口腔癌等吸入中药药液蒸汽、药面治疗,起消肿止痛、通窍开闭、平喘止咳等功效。

3. **喷吹法** 锡类散、八宝珍珠散等局部喷吹肿瘤表面治疗,起消肿拔毒、散结祛瘀、止痛等作用。

（二）介入治疗

白及、莪术油、鸦胆子油及其微囊等通过血管介入治疗用于肝癌、肾癌和一些肺癌脑转移、宫颈癌、消化道肿瘤中,也有用羟基喜树碱、榄香烯、华蟾素、薏苡仁酯、斑蝥素以及山豆根注射液、复方丹参注射液等,在疗效上和化学药物介入治疗相似或略优,并且毒副反应明显减轻。榄香烯、薏苡仁酯等中药成分与化疗药物等灌注于支气管动脉治疗原发性或继发性肺癌,或单用羟基喜树碱、鸦胆子乳等中药治疗,可形成肺癌细胞的坏死,肿瘤瘤负减少,合并症的发生率低。超声或 CT 引导下经皮穿刺直接瘤内药物注射斑蝥素、莪术油等中药制剂,使肿瘤凝固、变性、坏死,目前多数应用在肝癌、肺癌等位置较表浅的肿瘤。

（三）靶向控释微粒治疗

微球技术的出现,拓展了中药介入的思路,把中药和微球相结合,如丹参酮纳米粒、蜂毒素微球、去甲斑蝥素微球、华蟾素精微球和羟基喜树碱明胶微球治疗肝癌等肿瘤,明显地提高了疗效而降低了毒副作用。

其他多途径给药还可包括癌性胸腹水的中药局部治疗、直肠癌的"灌肠"治疗、膀胱癌的膀胱内中药局部治疗、含漱中药治疗口腔肿瘤或放射性口咽溃疡等。中医的整体治疗和局部治疗相结合,进一步提高了中医治疗的疗效,减少了毒副作用。

五、防治肿瘤恶变、复发、转移、耐药的研究

中医注重"治未病",对于癌前病变的治疗积累了较为丰富的经验。预防肿瘤需要注意积极治疗一些具有癌变倾向的慢性病,如慢性肝炎及肝硬化、食管上皮重度增生,结肠、直肠息肉和消化道黏膜上皮重度增生等。

中医药在治疗癌前病变方面较有优势。举例来说,慢性萎缩性胃炎伴不完全型肠化生和中、重度不典型增生,中医临床和实验研究证实,可以逆转慢性萎缩性胃炎的萎缩腺体,甚至使不完全型结肠化生及不典型增生逆转。机制主要有:①健脾益气、酸甘生津中药能提高胃内酸度,促进泌酸功能;②疏肝理气和胃中药可调节胃肠运动功能,增加胃窦张力,加快胃排空速度,阻止胆汁反流;③某些中药对幽门螺杆菌有抑制或杀灭作用;④益气活血清热方剂有促进胃黏液分泌,改善胃黏膜微循环,从而增强胃黏膜屏障的作用;⑤中药可调整患者的免疫功能,使异常的免疫功能被抑制,不平衡的体液、细胞免疫得以调整;⑥中药复方通过增加血浆和胃黏膜组织的环磷酸腺苷浓度,调整代谢紊乱的胃黏膜细胞,抑制胃黏膜的肠化、间变,甚至癌变。又如,在一些肝癌高发区,处于中医所谓"卑湿之地",居民往往脾虚湿象较为明显,并常有嗜酒,甚或酗酒的习惯。另外部分甲胎蛋白低浓度升高的人群较易患肝癌。上述这些人群,以健脾、理气、化湿为主治疗,肝癌发生显著减少,启示了中药干预研究的可能性和可行性。也有一些研究表明香砂六君子汤能防止肝硬化向肝癌的衍化。另有研究表明六味地黄丸治疗食管上皮细胞重度增生,减少食管癌的发生率。

肿瘤复发与转移是临床肿瘤治疗失败的主要原因,中医药在预防复发转移有积极和重要的意义。目前主要侧重于活血化瘀和扶正培本两个治法的研究,中药于新生血管、促进肿瘤细胞凋亡、提高机体免疫等方面有一定作用,如近年有报道,某些补肾中药可以调节基质金属酶的活性,从而抗转移。肿瘤的治疗以多药耐药(MDR)的现象最为棘手,这也是导致肿瘤化疗失败的最主要原因之一。中医药具有逆转耐药途径的作用,主要通过阻断产生耐药的机制,使转运的蛋白表达降低,或通过对酶系统调控细胞参与耐药进行调节,改变其代谢过程;又或者是通过基因调控的方式将有关能抑制耐药的基因水平的酶系、转运蛋白及抑癌基因的表达阻断,从而起到逆转多药耐药的作用。

近年来,在肿瘤的治疗方面,由于中医的干预,提高了肿瘤的疗效,减少了毒副反应,改善了患者的生存质量,甚至出现晚期恶性肿瘤带瘤生存数年的良好效果。中西医结合的优势互补,提高了肿瘤的治疗水平,被国际医学界誉为中国模式的恶性肿瘤治疗。

（陈金水）

复习思考题

1. 肿瘤的病因病机和主要病理变化是什么?
2. 简述中医治疗肿瘤的辨治要点及扶正祛邪的具体方法。

附录 方 剂 汇 编

A

安神定志丸(《医学心悟》):人参 龙齿 茯苓 茯神 石菖蒲 远志

B

八珍汤(《正体类要》):人参 白术 茯苓 甘草 当归 白芍 地黄 川芎

八正散(《太平惠民和剂局方》):木通 车前子 萹蓄 瞿麦 滑石 甘草 大黄 栀子 灯心草

半硫丸(《太平惠民和剂局方》):半夏 硫黄

半夏白术天麻汤(《医学心悟》):半夏 白术 天麻 陈皮 茯苓 甘草 大枣 生姜

半夏厚朴汤(《金匮要略》):半夏 厚朴 茯苓 紫苏 生姜

百合固金汤(《慎斋遗书》):生地黄 熟地黄 麦冬 贝母 百合 当归 炒芍药 甘草 玄参 桔梗

补肺汤(《永类钤方》):人参 黄芪 熟地黄 五味子 桑白皮 紫菀

补中益气汤(《脾胃论》):人参 黄芪 当归 白术 陈皮 柴胡 升麻 甘草

补阳还五汤(《医林改错》):当归尾 川芎 黄芪 桃仁 红花 地龙 赤芍

保和丸(《丹溪心法》):茯苓 半夏 陈皮 山楂 莱菔子 连翘 神曲

保阴煎(《景岳全书》):生地黄 熟地黄 黄芩 黄柏 白芍 山药 续断 甘草

萆薢渗湿汤(《疡科心得集》):萆薢 薏苡仁 黄柏 赤芍 丹皮 泽泻 滑石 通草

C

苍术导痰丸(《叶天士女科诊治秘方》):茯苓 半夏 陈皮 甘草 苍术 香附 天南星 枳壳 生姜 神曲

川芎茶调散(《太平惠民和剂局方》):川芎 荆芥 防风 白芷 羌活 细辛 薄荷 甘草

沉香散(《金匮翼》):沉香 石韦 滑石 当归 陈皮 白芍 冬葵子 甘草 王不留行

磁朱丸(《备急千金要方》):煅磁石 朱砂 神曲

程氏萆薢分清饮(《医学心悟》):川萆薢 车前子 黄柏 茯苓 白术 石菖蒲 丹参 莲子心

葱豉汤(《肘后备急方》):葱白 淡豆豉

柴胡疏肝散(《景岳全书》):柴胡 香附 枳壳 陈皮 川芎 芍药 甘草

除湿胃苓汤(《医宗金鉴》):苍术 厚朴 陈皮 猪苓 泽泻 赤茯苓 白术 滑石 防风 栀子 木通 肉桂 甘草 灯心草

D

大秦艽汤(《素问病机气宜保命集》):秦艽 当归 甘草 羌活 防风 白芷 熟地黄 茯苓 石膏 川芎 白芍 独活 黄芩 生地黄 白术 细辛

大补元煎(《景岳全书》):人参 山药 熟地黄 杜仲 枸杞子 当归 山茱萸 炙甘草

大营煎(《景岳全书》):当归 熟地黄 枸杞子 炙甘草 杜仲 牛膝 肉桂

大定风珠(《温病条辨》):生地黄 麦冬 阿胶 鸡子黄 白芍 甘草 五味子 龟板 鳖甲 牡蛎 麻子仁

大承气汤(《伤寒论》):大黄 厚朴 枳实 芒硝

丹栀逍遥散(《内科摘要》):牡丹皮 栀子 当归 白芍 柴胡 白术 茯苓 煨姜 薄荷 炙甘草

丹溪治湿痰方(《丹溪心法》):苍术 白术 半夏 茯苓 滑石 香附 川芎 当归

当归龙荟丸(《丹溪心法》):当归 龙胆 黄芩 黄连 黄柏 大黄 栀子 青黛 芦荟 木香 麝香

当归四逆汤(《伤寒论》):当归　桂枝　芍药　细辛　甘草　通草　大枣

当归饮子(《重订严氏济生方》):当归　生地黄　白芍　川芎　何首乌　荆芥　防风　白蒺藜　黄芪　生甘草

地黄饮子(《宣明论》):生地黄　熟地黄　巴戟　山茱萸　石斛　肉苁蓉　五味子　肉桂　茯苓　麦冬　炮附子　石菖蒲　远志　薄荷　生姜　大枣

地榆散(验方):地榆　茜草根　黄芩　黄连　栀子　茯苓

黛蛤散(验方):青黛　海蛤壳

涤痰汤(《济生方》):制法夏　制南星　陈皮　枳实　茯苓　人参　石菖蒲　竹茹　甘草　生姜　大枣

独参汤(《景岳全书》):人参

定喘汤(《摄生众妙方》):白果　麻黄　款冬花　法半夏　桑白皮　杏仁　苏子　黄芩　甘草

定经汤(《傅青主女科》):当归　白芍　熟地黄　柴胡　山药　茯苓　菟丝子　炒荆芥

E

二陈汤(《太平惠民和剂局方》):半夏　陈皮　茯苓　炙甘草　生姜　乌梅

二阴煎(《景岳全书》):生地黄　麦冬　酸枣仁　生甘草　玄参　黄连　淡竹叶　灯心草　茯苓　木通

F

防风通圣散(《宣明论方》):防风　荆芥　连翘　麻黄　薄荷　川芎　当归　白芍　白术　栀子　大黄　芒硝　石膏　黄芩　桔梗　甘草　滑石

防风汤(《宣明论方》):防风　甘草　当归　茯苓　杏仁　肉桂　黄芩　秦艽　葛根　麻黄　生姜　大枣

附子理中丸(《太平惠民和剂局方》):白术　炮附子　炮姜　炙甘草　人参

肥儿丸(《医宗金鉴》):人参　茯苓　白术　黄连　胡黄连　使君子　神曲　麦芽　山楂　芦荟　甘草

G

归脾汤(《济生方》):人参　黄芪　当归　白术　茯神　龙眼肉　远志　酸枣仁　木香　甘草　生姜　大枣

甘麦大枣汤(《金匮要略》):甘草　浮小麦　大枣

甘姜苓术汤(《金匮要略》):干姜　甘草　茯苓　白术

瓜蒌薤白半夏汤(《金匮要略》):瓜蒌　薤白　半夏　白酒

更衣丸(《时方歌括》):芦荟　朱砂

膈下逐瘀汤(《医林改错》):五灵脂　当归　川芎　桃仁　牡丹皮　赤芍　乌药　延胡索　甘草　香附　红花　枳壳

桂枝汤(《伤寒论》):桂枝　白芍　炙甘草　生姜　大枣

桂枝甘草龙骨牡蛎汤(《伤寒论》):桂枝　炙甘草　煅龙骨　煅牡蛎

桂枝加厚朴杏仁汤(《伤寒论》):桂枝　芍药　炙甘草　生姜　大枣　厚朴　杏仁

固本止崩汤(《傅青主女科》):熟地黄　白术　黄芪　当归　黑姜　人参

固阴煎(《景岳全书》):人参　熟地黄　山药　山茱萸　菟丝子　远志　五味子　炙甘草

葛根芩连汤(《伤寒论》):葛根　黄芩　黄连　甘草

H

藿香正气散(《太平惠民和剂局方》):藿香　紫苏　白芷　桔梗　白术　厚朴　半夏曲　大腹皮　茯苓　陈皮　甘草　生姜　大枣

槐花散(《普济本事方》):槐花　侧柏叶　荆芥穗　枳壳

黄土汤(《金匮要略》):甘草　干地黄　白术　制附子　阿胶　黄芩　灶心土

黄芪建中汤(《金匮要略》):黄芪　白芍　桂枝　炙甘草　生姜　大枣　饴糖

黄连阿胶汤(《伤寒论》):黄连　阿胶　黄芩　鸡子黄　芍药

黄连解毒汤(《外台秘要》):黄连　黄芩　黄柏　栀子

黄芪汤(《金匮翼》):黄芪　陈皮　火麻仁　白蜜

虎潜丸(《丹溪心法》):黄柏　龟板　知母　熟地黄　陈皮　白芍　锁阳　干姜　虎骨(用狗骨代)

J

九一丹(《医宗金鉴》):熟石膏 升丹
加减苁蓉菟丝子丸(《中医妇科治疗学》):熟地黄 肉苁蓉 覆盆子 枸杞子 当归 桑寄生 菟丝子 艾叶
加味二妙散(《丹溪心法》):黄柏 苍术 当归 牛膝 萆薢 防己 龟板
加减葳蕤汤(《通俗伤寒论》):玉竹 生葱白 桔梗 白薇 淡豆豉 薄荷 炙甘草 大枣
橘皮竹茹汤(《金匮要略》):人参 陈皮 竹茹 甘草 生姜 大枣
解语丹(《医学心悟》):白附子 石菖蒲 远志 天麻 全蝎 羌活 胆南星 木香 甘草
金黄散(《外科正宗》):南星 苍术 甘草 白芷 天花粉 厚朴 陈皮 黄柏 姜黄 大黄
金匮肾气丸(《金匮要略》):熟地黄 山茱萸 山药 茯苓 泽泻 丹皮 制附子 肉桂
金锁固精丸(《医方集解》):沙苑子 芡实 莲须 龙骨 牡蛎 莲子肉
济川煎(《景岳全书》):当归 牛膝 肉苁蓉 泽泻 升麻 枳壳
济生肾气丸(《济生方》):熟地黄 山药 山茱萸 丹皮 茯苓 泽泻 炮附子 肉桂 川牛膝 车前子
荆防败毒散(《摄生众妙方》):荆芥 防风 羌活 独活 柴胡 前胡 川芎 枳壳 茯苓 桔梗 甘草
蠲痹汤(《医学心悟》):羌活 独活 桂枝 秦艽 当归 川芎 甘草 海风藤 桑枝 木香 乳香 生姜

K

苦参汤(《疡科心得集》):苦参 蛇床子 白芷 金银花 菊花 黄柏 地肤子 石菖蒲

L

六一散(《宣明论方》):滑石 甘草
六君子汤(《妇人大全良方》):人参 茯苓 白术 陈皮 制半夏 炙甘草
六味地黄丸(《小儿药证直诀》):熟地黄 山茱萸 炒山药 牡丹皮 茯苓 泽泻
六磨汤(《证治准绳》):沉香 木香 槟榔 乌药 枳实 大黄
龙胆泻肝汤(《医方集解》):龙胆 黄芩 栀子 当归 柴胡 生地黄 木通 车前子 泽泻 甘草
良附丸(《良方集腋》):高良姜 香附
两地汤(《傅青主女科》):生地黄 玄参 白芍 麦冬 阿胶 地骨皮
理中丸(《伤寒论》):人参 白术 干姜 炙甘草
羚角钩藤汤(《通俗伤寒论》):羚羊角 桑叶 川贝 生地黄 钩藤 菊花 白芍 生甘草 鲜竹茹 茯神
苓桂术甘汤(《金匮要略》):茯苓 桂枝 白术 甘草

M

妙香散(《沈氏尊生书》):木香 山药 茯神 茯苓 黄芪 远志 人参 桔梗 甘草 辰砂 麝香
牡蛎散(《太平惠民和剂局方》):煅牡蛎 黄芪 浮小麦 麻黄根
麻杏石甘汤(《伤寒论》):麻黄 杏仁 石膏 炙甘草
麻黄汤(《伤寒论》):麻黄 桂枝 杏仁 炙甘草
麻子仁丸(《伤寒论》):火麻仁 白芍 炙枳实 大黄 炙厚朴 杏仁

N

内补丸(《女科切要》):鹿茸 菟丝子 潼蒺藜 黄芪 白蒺藜 紫菀茸 肉桂 桑螵蛸 肉苁蓉 制附子

P

平胃散(《太平惠民和剂局方》):苍术 厚朴 陈皮 甘草 生姜 大枣
普济消毒饮(《东垣试效方》):黄芩 黄连 甘草 玄参 连翘 板蓝根 马勃 牛蒡子 薄荷 僵蚕 升麻 柴胡 桔梗 陈皮

Q

七味白术散(《小儿药证直诀》):人参　茯苓　白术　甘草　藿香　木香　葛根

七味都气丸(《医宗己任编》):地黄　山茱萸　山药　丹皮　茯苓　泽泻　五味子

千金苇茎汤(《备急千金要方》):苇茎　薏苡仁　冬瓜仁　桃仁

牵正散(《杨氏家藏方》):白附子　全蝎　僵蚕

清经散(《傅青主女科》):牡丹皮　地骨皮　白芍　熟地黄　青蒿　茯苓　黄柏

清热固经汤(《简明中医妇科学》):生地黄　地骨皮　龟板　牡蛎粉　阿胶　黄芩　藕节　陈棕炭　生甘草　焦栀子　地榆

清热调血汤(《古今医鉴》):牡丹皮　黄连　生地黄　当归　白芍　川芎　红花　桃仁　莪术　香附　延胡索

清金化痰汤(《统旨方》):黄芩　栀子　桔梗　麦冬　桑白皮　贝母　知母　瓜蒌皮　橘红　茯苓　甘草

清胃散(《兰室秘藏》):生地黄　当归　牡丹皮　黄连　升麻

清骨散(《证治准绳》):银柴胡　胡黄连　秦艽　鳖甲　地骨皮　青蒿　知母　甘草

清热地黄汤(原《备急千金要方》犀角地黄汤):水牛角　生地黄　丹皮　芍药

清燥救肺汤(《医门法律》):桑叶　石膏　甘草　人参　胡麻仁　阿胶　麦冬　杏仁　枇杷叶

羌活胜湿汤(《内外伤辨惑论》):羌活　独活　川芎　蔓荆子　防风　藁本　炙甘草

青黛散(验方):青黛　石膏　滑石　黄柏

青黛散油膏(经验方):青黛散　凡士林

R

人参养荣汤(《太平惠民和剂局方》):人参　白术　茯苓　炙甘草　当归　白芍　熟地黄　肉桂　黄芪　五味子　远志　陈皮　生姜　大枣

润肠丸(《沈氏尊生书》):当归　生地黄　火麻仁　桃仁　枳壳

S

十枣汤(《伤寒论》):大戟　芫花　甘遂　大枣

十灰散(《十药神书》):大蓟　小蓟　侧柏叶　荷叶　茜草根　栀子　茅根　大黄　丹皮　棕榈皮

三妙散(《丹溪心法》):苍术　黄柏　牛膝

三仁汤(《温病条辨》):杏仁　白蔻仁　薏苡仁　半夏　厚朴　通草　淡竹叶　滑石

三子养亲汤(《韩氏医通》):苏子　白芥子　莱菔子

上下相资汤(《石室秘录》):人参　沙参　玄参　麦冬　玉竹　五味子　熟地黄　山茱萸　车前子　牛膝

水陆二仙丹(《证治准绳》):金樱子　芡实

双合汤(《杂病源流犀烛》):当归　川芎　白芍　生地黄　陈皮　半夏　茯苓　桃仁　红花　白芥子　甘草　鲜竹沥　生姜汁

四神丸(《证治准绳》):补骨脂　肉豆蔻　吴茱萸　五味子　生姜　大枣

四物汤(《太平惠民和剂局方》):熟地黄　当归　白芍　川芎

四逆汤(《伤寒论》):附子　干姜　甘草

生脉散(《内外伤辨惑论》):人参　麦冬　五味子

生铁落饮(《医学心悟》):生铁落　天冬　麦冬　贝母　胆南星　橘红　远志　石菖蒲　连翘　茯苓　茯神　玄参　钩藤　丹参　辰砂

生化汤(《傅青主女科》):当归　川芎　桃仁　炮姜　炙甘草

生肌散(经验方):制炉甘石　滴乳石　滑石　血竭　朱砂　冰片

失笑散(《太平惠民和剂局方》):五灵脂　蒲黄

石韦散(《证治汇补》):石韦　冬葵子　瞿麦　滑石　车前子

桑菊饮(《温病条辨》):桑叶　菊花　连翘　薄荷　桔梗　杏仁　芦根　甘草

桑杏汤(《温病条辨》):桑叶　杏仁　沙参　浙贝母　豆豉　栀子　梨皮

苏合香丸(《太平惠民和剂局方》):白术　青木香　犀角　香附　朱砂　诃子　檀香　安息香　沉香　麝香　丁香　冰片　荜茇　苏合香油　熏陆香

苏子降气汤(《太平惠民和剂局方》):苏子　桔梗　法半夏　当归　前胡　肉桂　厚朴　炙甘草　生姜　沉香

实脾饮(《重订严氏济生方》):白术　附子　干姜　甘草　木瓜　槟榔　茯苓　厚朴　木香　草果　大枣　生姜

参蛤散(《普济方》):人参　蛤蚧

参苏饮(《太平惠民和剂局方》):人参　苏叶　葛根　前胡　半夏　茯苓　陈皮　甘草　桔梗　枳壳　木香　生姜　大枣

参附龙牡汤(《验方》):人参　附子　龙骨　牡蛎

参附汤(《正体类要》):人参　熟附子

参苓白术散(《太平惠民和剂局方》):人参　白术　茯苓　甘草　山药　桔梗　白扁豆　莲子肉　砂仁　薏苡仁　陈皮　大枣

疏凿饮子(《世医得效方》):商陆　泽泻　赤小豆　椒目　木通　茯苓　大腹皮　槟榔　羌活　秦艽　生姜

顺气导痰汤(《李氏医鉴》):橘红　半夏　茯苓　甘草　胆星　木香　香附　枳实

身痛逐瘀散(《医林改错》):秦艽　当归　桃仁　红花　乳香　五灵脂　香附　牛膝　地龙　羌活　甘草　川芎　没药

T

天麻钩藤饮(《杂病诊病新义》):天麻　钩藤　石决明　川牛膝　桑寄生　杜仲　栀子　黄芩　益母草　朱茯神　首乌藤

天王补心丹(《校注妇人良方》):人参　玄参　丹参　茯苓　桔梗　远志　五味子　当归　天冬　麦冬　柏子仁　酸枣仁　生地黄　朱砂(为衣)

托里消毒散(《医宗金鉴》):生黄芪　当归　金银花　皂角刺　白芷　川芎　白芍　桔梗　人参　白术　茯苓　甘草

葶苈大枣泻肺汤(《金匮要略》):葶苈子　大枣

痛泻要方(《景岳全书》):白术　炒陈皮　炒白芍　防风

桃仁红花煎(《素庵医案》):桃仁　红花　丹参　赤芍　香附　延胡索　青皮　当归　川芎　生地黄

调肝汤(《傅青主女科》):当归　白芍　山茱萸　巴戟　阿胶　山药　甘草

调营饮(《证治准绳》):当归　川芎　赤芍　莪术　延胡索　大黄　瞿麦　槟榔　葶苈子　赤茯苓　桑白皮　甘草　细辛　肉桂　陈皮　大腹皮

通窍活血汤(《医林改错》):赤芍　川芎　红花　桃仁　麝香　老葱　大枣　鲜姜　酒

通乳丹(《傅青主女科》):人参　黄芪　当归　麦冬　木通　桔梗　猪蹄

透脓散(《外科正宗》):生黄芪　炒山甲　川芎　皂角刺　当归

W

五仁丸(《世医得效方》):桃仁　杏仁　柏子仁　松子仁　郁李仁　陈皮

五皮饮(《中藏经》):桑白皮　陈皮　茯苓皮　大腹皮　生姜皮

五苓散(《伤寒论》):白术　桂枝　茯苓　猪苓　泽泻

五磨饮子(《医便》):槟榔　沉香　乌药　木香　枳实

乌头汤(《金匮要略》):麻黄　白芍　黄芪　制川乌　甘草　蜂蜜

乌药汤(《兰室秘藏》):乌药　香附　木香　当归　甘草

乌头赤石脂丸(《金匮要略》):乌头　附子　蜀椒　干姜　赤石脂

温经汤(《妇人大全良方》):人参　当归　川芎　白芍　肉桂　莪术　牡丹皮　甘草　牛膝

温胆汤(《备急千金要方》):半夏　陈皮　枳实　竹茹　生姜　甘草　茯苓　大枣

完带汤(《傅青主女科》):白术　山药　人参　白芍　苍术　甘草　陈皮　黑芥穗　柴胡　车前子

胃苓汤(《丹溪心法》):苍术　厚朴　陈皮　甘草　桂枝　白术　茯苓　泽泻　猪苓　生姜　大枣

X

小营煎(《景岳全书》):当归　白芍　熟地黄　山药　枸杞子　炙甘草

小陷胸汤(《伤寒论》):黄连　半夏　全瓜蒌

小蓟饮子(《丹溪心法》):小蓟　蒲黄　藕节　滑石　木通　生地黄　当归　甘草　栀子　淡竹叶

小建中汤(《伤寒论》):桂枝　白芍　甘草　生姜　大枣　饴糖

小柴胡汤(《伤寒论》):柴胡　黄芩　半夏　人参　甘草　生姜　大枣

下乳涌泉散(《清太医院配方》):当归　川芎　天花粉　白芍　生地黄　柴胡　青皮　漏芦　桔梗　通草　白芷　穿山甲　甘草　王不留行

仙方活命饮(《校注妇人良方》):金银花　甘草　赤芍　穿山甲　皂角刺　白芷　当归尾　天花粉　贝母　防风　乳香　没药　陈皮

芎归二陈汤(《丹溪心法》):陈皮　半夏　茯苓　甘草　生姜　川芎　当归

血府逐瘀汤(《医林改错》):生地黄　赤芍　柴胡　当归　川芎　桃仁　红花　枳壳　牛膝　桔梗　甘草

新加香薷饮(《温病条辨》):香薷　鲜扁豆花　厚朴　金银花　连翘

逍遥散(《太平惠民和剂局方》):柴胡　当归　白芍　白术　茯苓　甘草　薄荷　煨姜

消风散(《外科正宗》):当归　生地黄　防风　蝉蜕　知母　苦参　胡麻　荆芥　苍术　牛蒡子　石膏　甘草　木通

消渴方(《丹溪心法》):黄连末　天花粉末　生地黄汁　藕汁　姜汁　蜂蜜　人乳汁(或牛乳)

杏苏散(《温病条辨》):杏仁　紫苏叶　陈皮　半夏　生姜　枳壳　桔梗　前胡　茯苓　甘草　大枣

泻心汤(《金匮要略》):大黄　黄芩　黄连

泻白散(《小儿药证直诀》):桑白皮　地骨皮　生甘草　粳米

犀角地黄汤(《外台秘要》):犀角　生地黄　牡丹皮　芍药

香砂六君子汤(《名医方论》):人参　白术　茯苓　甘草　木香　砂仁　陈皮　半夏　生姜　大枣

宣痹汤(《温病条辨》):防己　杏仁　滑石　连翘　薏苡仁　半夏　蚕砂　赤小豆　姜黄　栀子

Y

一贯煎(《续名医类案》):生地黄　枸杞子　沙参　麦冬　当归　川楝子

右归丸(《景岳全书》):熟地黄　山药　山茱萸　枸杞子　鹿角胶　菟丝子　杜仲　当归　肉桂　附子

右归饮(《景岳全书》):熟地黄　山茱萸　枸杞子　山药　杜仲　肉桂　附子　甘草

玉女煎(《景岳全书》):石膏　熟地黄　知母　麦冬　牛膝

玉屏风散(《医方类聚》):黄芪　白术　防风

薏苡仁汤(《类证治裁》):薏苡仁　瓜蒌仁　川芎　当归　麻黄　桂枝　羌活　独活　防风　制川乌　甘草　苍术　生姜

越婢加术汤(《金匮要略》):麻黄　石膏　白术　大枣　生姜　甘草

银甲丸(《王渭川妇科经验选》):金银花　连翘　红藤　蒲公英　茵陈　升麻　紫花地丁　大青叶　椿根皮　桔梗　蒲黄　琥珀　生鳖甲

银翘散(《温病条辨》):银花　连翘　淡豆豉　牛蒡子　薄荷　荆芥穗　苦桔梗　甘草　竹叶　鲜芦根

茵陈五苓散(《金匮要略》):茵陈　白术　桂枝　茯苓　猪苓　泽泻

茵陈术附汤(《医学心悟》):茵陈　附子　白术　干姜　炙甘草　肉桂

茵陈汤(《伤寒论》):茵陈　栀子　大黄

养心汤(《医方集解》):人参　黄芪　茯苓　茯神　当归　川芎　肉桂　柏子仁　酸枣仁　远志　炙甘草　半夏　五味子

益胃汤(《温病条辨》):沙参　麦冬　冰糖　生地黄　玉竹

易黄汤(《傅青主女科》):山药　芡实　黄柏　车前子　白果

Z

止带方(《世补斋·不谢方》):猪苓　茯苓　车前子　泽泻　茵陈　赤芍　丹皮　黄柏　栀子　牛膝

中满分消丸(《兰室秘藏》):黄芩　黄连　知母　厚朴　枳实　半夏　陈皮　茯苓　猪苓　泽泻　砂仁　干姜　姜黄　甘草　人参　白术

左归饮(《景岳全书》):熟地黄　山茱萸　枸杞子　山药　茯苓　甘草

左金丸(《丹溪心法》)：吴茱萸　黄连

左归丸(《景岳全书》)：熟地黄　山茱萸　山药　枸杞子　菟丝子　鹿角胶　龟板胶　川牛膝

朱砂安神丸(《医学发明》)：朱砂　黄连　炙甘草　生地黄　当归

至宝丹(《太平惠民和剂局方》)：朱砂　安息香　金箔　银箔　犀角　冰片　牛黄　琥珀　雄黄　玳瑁　麝香

镇肝熄风汤(《医学衷中参西录》)：牛膝　生龙骨　白芍　天冬　麦芽　赭石　生牡蛎　玄参　川楝子　茵陈　甘草　生龟甲

真武汤(《伤寒论》)：附子　白术　生姜　茯苓　白芍

逐瘀止崩汤(《安徽中医验方选集》)：当归　川芎　三七　没药　五灵脂　丹皮炭　炒丹参　炒艾叶

炙甘草汤(《伤寒论》)：炙甘草　大枣　阿胶　生姜　人参　生地黄　桂枝　麦冬　麻子仁

知柏地黄丸(《医宗金鉴》)：知母　黄柏　熟地黄　山茱萸　山药　茯苓　泽泻　丹皮

枳实导滞丸(《内外伤辨惑论》)：大黄　枳实　黄芩　黄连　神曲　白术　茯苓　泽泻

参考文献

1. 中华人民共和国国务院新闻办公室.《中国的中医药》白皮书.2017 年 12 月 6 日.

2. 高鹏翔. 中医学. 8 版. 北京:人民卫生出版社,2013.

3. 陆付耳. 中医学. 北京:高等教育出版社,2006.

4. 刘时觉. 中医学教程. 北京:人民卫生出版社,1999.

5. 周阿高. 中医学. 2 版. 上海:上海科学技术出版社,2012.

6. 梁永宣. 中国医学史. 2 版. 北京:人民卫生出版社,2016.

7. 郑洪新. 中医基础理论. 10 版. 北京:中国中医药出版社,2016.

8. 李德新. 中医基础理论讲稿. 北京:人民卫生出版社,2008.

9. 印会河. 中医基础理论. 上海:上海科学技术出版社,2009.

10. 何裕民. 中医学导论. 上海:上海中医学院出版社,1987.

11. 谢华校,译. 黄帝内经. 北京:中国古籍出版社,2000.

12. 南京中医学院医经教研组. 黄帝内经素问译释. 2 版. 上海:上海科学技术出版社,1981.

13. 河北医学院,校释. 灵枢经校释. 北京:人民卫生出版社,1982.

14. 季绍良. 中医诊断学. 北京:人民卫生出版社,2005.

15. 朱文锋. 中医诊断学. 北京:中国中医药出版社,2002.

16. 赵金铎,姚乃礼. 中医症状鉴别诊断学. 2 版. 北京:人民卫生出版社,2000.

17. 吴承玉. 中医诊断学. 上海:上海科学技术出版社,2006.

18. 国家药典委员会. 中华人民共和国药典(2015 版). 北京:中国医药科技出版社,2015.

19. 田代华. 实用中药辞典. 北京:人民卫生出版社,2002.

20. 高学敏. 中药学. 北京:人民卫生出版社,2001.

21. 江苏新医学院. 中药大辞典. 上海:上海科学技术出版社,1986.

22. 郑俊华. 生药学. 3 版. 北京:人民卫生出版社,1999.

23. 沈映君. 中药药理学. 上海:上海科学技术出版社,2001.

24. 郑汉臣. 药用植物学. 3 版. 北京:人民卫生出版社,2003.

25. 段富津. 方剂学. 上海:上海科学技术出版社,1995.

26. 李飞. 方剂学. 2 版. 北京:人民卫生出版社,2011.

27. 李雪勇,许能贵. 经络腧穴学. 北京:人民卫生出版社,2012.

28. 黄建军. 经络腧穴学. 北京:中国中医药出版社,2011.

29. 林昭庚. 中国针灸大全. 北京:中国中医药出版社,2000.

30. 仲远明. 针灸学. 南京:东南大学出版社,2009.

31. 黄龙祥,黄幼民. 针灸腧穴通考. 北京:人民卫生出版社,2011.

32. 俞大方. 推拿学. 上海:上海科学技术出版社,2007.

33. 涂蔚生. 推拿抉微. 上海:上海千顷堂书局,1928.

34. 邵铭熙. 实用推拿手册. 北京:人民军医出版社,2006.

35. 张伯礼,薛博瑜. 中医内科学. 北京:人民卫生出版社,2012.

36. 张伯礼,吴勉华. 中医内科学. 10 版. 北京:中国中医药出版社,2017.

37. 周仲瑛. 中医内科学. 2 版. 北京:中国中医药出版社,2007.

38. 王永炎,严世芸. 实用中医内科学. 2 版. 上海:上海科学技术出版社,2009.

39. 黄文东. 实用中医内科学. 上海:上海科学技术出版社,1999.

40. 上海中医学院. 内科学. 上海:上海科学技术出版社,1983.

41. 刘敏如. 中医妇科学. 2 版. 北京:人民卫生出版社,2007.

42. 谈勇. 中医妇科学. 10 版. 北京:中国中医药出版社,2017.

43. 陈红风. 中医外科学. 4 版. 北京:中国中医药出版社,2016.

44. 李日庆. 中医外科学. 2 版. 中国中医药出版社,2009.

45. 张学军. 皮肤性病学. 7 版. 北京:人民卫生出版社,2008.

46. 陈锐深. 中医肿瘤学. 北京:人民卫生出版社,2003.

47. 林洪生. 恶性肿瘤中医诊疗指南. 北京:人民卫生出版社,2014.

48. 杨金坤. 现代中医肿瘤学. 上海:上海中医药大学出版社,2004.

49. 郁仁存. 中医肿瘤学. 北京:科学出版社,1997.

50. 林丽珠. 中西医结合肿瘤临床研究进展. 北京:人民卫生出版社,2017.

51. 中国中医科学院肿瘤研究所. 中医肿瘤临床与基础研究汇编. 北京:中国医药科技出版社,2010.

52. 曹炳章. 中国医学大成. 北京:中国中医药出版社,1997.

53. 宋·朱熹,注. 周易. 上海:上海古籍出版社,1987.

54. 周·荀况. 荀子. 沈阳:辽宁教育出版社,1997.

55. 周·孟轲. 孟子. 朱熹,注. 上海:上海古籍出版社,1987.

56. 汉·张仲景. 伤寒论. 2 版. 熊曼琪,编. 北京:人民卫生出版社,2011.

57. 汉·张仲景. 金匮要略. 2 版. 陈纪藩,编. 北京:人民卫生出版社,2011.

58. 隋·巢元方. 诸病源候论. 宋白杨,校注. 北京:中国医药科技出版社,2011.

59. 唐·孙思邈. 备急千金要方. 北京:中医古籍出版社,1999.

60. 金·李东恒. 脾胃论. 北京:中国中医药出版社,2007.

61. 明·李中梓. 医宗必读. 北京:人民卫生出版社,2006.

62. 明·李中梓. 诊家正眼. 南京:江苏科学技术出版社,1984.

63. 明·张景岳. 类经. 范志霞,校注. 北京:中国医药科技出版社,2011.

64. 明·张景岳. 景岳全书. 北京:中国医药科技出版社,2012.

65. 明·虞抟. 医学正传. 北京:中医古籍出版社,2002.

66. 明·张介宾. 类经图翼(附:类经附翼). 北京:人民卫生出版社,1965.

67. 明·赵献可. 医贯. 北京:人民卫生出版社,2005.

68. 明·李时珍. 本草纲目. 北京:中医古籍出版社,1997.

69. 明·李时珍. 濒湖脉学. 北京:人民卫生出版社,2002.

70. 清·吴瑭. 温病条辨. 北京:人民卫生出版社,2012.

71. 清·叶天士. 临证指南医案. 苏礼,编. 北京:人民卫生出版社,2006.

72. 清·陈士铎. 石室秘录. 徐慧卿,点校. 北京:人民军医出版社,2009.

73. 清·李用粹. 证治汇补. 北京:人民卫生出版社,2006.

74. 清·唐宗海. 血证论. 北京:人民卫生出版社,2006.

75. 清·张锡纯. 重订医学衷中参西录. 北京:人民卫生出版社,2006.

索引